本书是中国社会科学院重大课题的研究成果
是中国历史研究院重大学术项目研究成果

耿云志 主编

中国近代思想通史

第一卷

王法周
刘晨 著

社会科学文献出版社
SOCIAL SCIENCES ACADEMIC PRESS (CHINA)

目　录

卷　首

篇　前

卷　首

《中国近代思想通史》前言

耿云志

一

　　人们常常喜欢引用西方一位历史学家的话，说一切历史都是思想史。这话可能令不研究思想史，或不喜欢思想史的学者们不快。但这话是确有道理的。历史是由人创造的，而人是有思想的。所以，为了揭示历史运动深层次的各种机制，不能不研究人们的思想。凡政治史、经济史、文化史、教育史、学术史以及艺术史等领域中发生的矛盾、论争，在思想史中都会有反映。所以，在一定程度上可以说，思想史确可以涵盖和深化其他各项专门史。然而，历史又很少是按照人们所想的那样呈现的。历史是由多种力量的合力造成，是由怀有各种不同思想的人们，按其不同的主张进行活动，互相较力的结果。其结果自然便与各个参与历史活动的人事前所预想的都不一样，以致人们常常有被欺骗的感觉。但这不足以否定思想在历史上的作用与意义。

　　近年来，思想史学界对思想史的研究对象问题（自然也包括中国近代思想史的研究对象问题）有所讨论，出现许多说法，归结起来有如下三种：（1）坚持以思想家的思想为思想史研究的主要对象；（2）提出以大众思想、大众观念及其信仰为思想史研究的主要对象；（3）以精英思想（即思想家的思想）与大众思想并列为思想史研究的对象。

我在这里不想全面讨论这个问题，我只想着重说明我们这部书，将主要写什么。

我觉得，就目前思想史学科发展状况和我们自身所受的基本训练而言，似乎仍以思想家的思想为主要研究对象，较为适宜。

我个人有一种偏见，以为并非随便一种什么想法或随便一种什么念头，都可算是思想。我以为，凡够得上称为思想的，起码应具备几个必要的条件：（1）有实际针对性，是针对客观存在的实际问题而做的思考，不是胡思乱想。（2）有系统性，对问题的发生、发展及其利弊，应对的方法，都有所思考，提出见解，不是散漫无稽的只言片语。（3）有一定程度的创新意义，不是老调重弹。显然，具备这些条件的思想，不是普通大众能够提供出来的。所以，要写思想史，其主要的原料免不了要向具备这些条件的思想家们的言论著述中去寻找。

至今为止，我们研究历史，不论是一般通史、断代史，还是各种专门史，所依据的材料，最大量的仍是各种文字材料（古代史有相当的地下发掘的实物等史料可资利用），研究中国近代思想史也不例外。大致说来，近代思想史的文字资料主要有以下几种存在形式：①前人遗留下来的著作，②报纸、杂志以及传单之类的印刷品，③日记和书信，④各地的方志、谱牒文献，⑤回忆录或口述之访问记录，等等。显然，这里面绝大多数都是思想家、学者和各领域各层次的领袖分子与知识精英们留下的思想资料。我们不可能抛开这些，或故意贬斥和边缘化它们，来构建一部中国近代思想史。

这些史料是相当庞大的。我们必须做一番披沙拣金的功夫，把足以反映历史时代所提出的问题，以及应对这些问题，乃至试图解决这些问题的材料钩稽出来，然后整理、排比这些材料，运用可靠的分析方法，揭示这些材料之间的内在联系，包括思想家或思想者个人思想资料的内在理路，思想家或思想者同前人的思想之间的关联，以及同时代思想家或思想者之间的互动影响。不仅如此，我们还应尽可能地发现各种思想在产生与传播过程中与一般大众思想观念之间的关系。

研究思想史，在可能条件下，如能充分利用社会史方面的材料，从而扩充史料的范围，开阔研究者的视野，并帮助解析纸上的材料，这一定会使思想史的作品更加丰满。这应是我们努力的目标。

二

中国近代思想史是个有待深入开掘的富矿，这里可以引人产生兴趣的问题实在太多了。一百多年近代中国的历史，充满着内外交织的各种矛盾，外部的威胁，内部的危机，格外逼人。先觉分子们救国之心切，每遇稍具新意义的思想学说便急不可待地学习引介。于是西方思想学说纷纷涌进中国，各阶层、各领域，凡能读书读报者，受其影响，各依其家庭、职业、教育之不同背景而选择自以为不错的一种，接受之，信仰之，传播之。

这种情况直接造成一个重要的历史现象，即中国社会的实际代谢过程（亦即社会转型过程）相对迟缓，而思想的代谢过程却来得格外神速。在西方原是差不多三百年的历史中渐次出现的各种思想学说，在近代中国却集中在几年或十几年的时间里狂泻而来，人们大感应接不暇。一种思想还没来得及成熟，又一种新的思想便发出挑战。人们不及深入研究、审慎抉择，便匆忙引介、传播，引介者、传播者、听闻者，都难免有些消化不良。所以，鲁迅先生曾说，在近代中国，从最落后、最原始的思想，到当今世界最先进的思想同时存在。这就决定了，中国近代思想史充满矛盾，色彩斑斓，群英会聚，异说蜂起，同时也显现出思想家和思想者们的历史角色常及身而数变。原曾经率先接受新思想者，后来却变成落伍者甚至是守旧者。所以，我们研究近代思想史的人，在把握其主导线索的同时，又须展现其多样性和复杂性。

我和我的合作者们写这样一部多卷本的《中国近代思想通史》，是希望在前人研究的基础上，对中国近代思想的演变，做一次较详细的梳理，力图展现这个大变动的时代，中国思想界的纷繁复杂和贯穿其中的主导线索。

本书的部头较大，我想有必要在这里先勾勒一下中国近代思想发展演变的基本轨迹。

思想都是应对问题而产生的。中国近代遇到了什么问题？

第一个问题，是劈头而来的列强的侵略

这是中华民族数千年来不曾遇到过的问题，是所谓"数千年未有之变局"。从前，中国人遇到的只是周边一些民族，偶尔滋扰边界，派得力将军挥师一扫，或者给些好处，直至和亲嫁女，就归于平静了。但有时候也有由少数民族建立中央政权的情况；但他们都不同程度地接受汉文化，使自己变成了中华民族的一员。

现在靠军舰、大炮打进中国来的，竟是国人完全不认识的西方国家，种族不同，习俗大异。国人以向来对付夷狄的态度对待之，激烈排外。但西人展示出的生活方式却自成系统，显示出一种完全不同的文明。中华文明同化不了他们，他们却用他们的器用、工艺等，影响着中国人。每一次以激烈排外的手段对付他们，结果却使自己民族受到更大的伤害。各种排外的口号、手段都失了效用，被迫与之打交道。交往日多，少数先觉者认识到，西人不仅是炮、舰、器用、工艺有其长处，且发现他们的文化自有本末，绝非向来所遇的夷狄可比。中国人吃了亏、受了辱，没办法，只好渐渐承认自己有"不如夷"之处。于是开始学其舰、炮和工艺技术，搞所谓"自强运动"，又称之为"洋务运动"。

搞了一点洋务，建成前所未有的中国北洋海军，结果甲午一战，尽遭毁灭，于是感到，制度不变，人心不齐，不知奋发，有了兵器之类，也不足以强国。甲午战败，民族危机更加严重，乃有康有为、梁启超辈出而倡言，不变法不能救国；不大变，不全变，不足以救国。他们视"自强运动"是"变事"而非"变法"。于是有戊戌维新运动，后来又有规模更大的立宪运动，其目标是建立某种形式的实行立宪制度的国家。

"洋务运动""维新运动""立宪运动"，都是为了救国，虽然没有成功，但其思想都有其不可磨灭的历史意义，而且多少发挥了教育群众的启蒙作用。

第二个问题，是清王朝的统治发生严重的危机

临到末运的清朝政府，自身腐败，无能应付外来的侵凌，却仍变本加厉地盘剥民众，以满足帝国主义侵略者和统治集团的需要，以致在人们的心目中，清政府成了"洋人的朝廷"。于是中国面临的外部危机与内部危机纠结在一起，人民的反抗运动也呈现出对内与对外互相交织的局面。在反抗清朝统治的斗争中，主要有两股力量，一是力主以暴力推翻清政府的革命党，一是力主和平改革实行立宪制度的立宪派。革命党人持以坚决和激烈的态度。其中固然有一些留学生出身的知识分子，以及华侨资产者和个别与革命党领袖关系密切的国内资产者，他们有一定程度的近代民主思想，期待推翻清朝统治之后，建立民主共和国。他们对帝国主义有幻想，以为那些先进的国家会帮助他们推翻帝制、建立共和国。但参加革命的大部分群众，多半来自民间反清会党，或受会党影响的其他群众。他们反抗清朝统治者的主要动机是反满，而反满的重要理由之一是，清政府是"洋人的朝廷"。我在《孙中山的民权主义与辛亥革命的结局》及《论清末的反满革命思潮》两文中，对此有颇为详尽的论述。

改革派的主要成员及其支持者，一部分是维新运动以来，参加历次改革运动的人士，一部分是国内资产者和部分华侨资产者，一部分是知识分子（其中一部分是留学生，一部分是长期从事教育、新闻出版等工作的自由职业者）。他们具备相当的民主思想，有着发展本国工商业的强烈要求。他们发展本国工商业的要求势必与帝国主义的利益相矛盾。所以，改革派同列强国家的朝野人士，既有联络，也有斗争，而且斗争的一面越来越加强。收回利权运动、反对借款筑路运动，最清楚地反映出这一点。改革派的目标是建立一种统治权受到限制，而人民可以拥有参政权和监督权以及基本人权的立宪民主制度。

清朝统治者最后的灭亡，实际是由三种力量较量的结果。革命党，它的武装起义是造成清朝灭亡的第一个条件，等于是敲响了清朝灭亡的丧钟。改革派，他们争取立宪的运动，从旧体制内部瓦解了清朝统治者的合法性基础，也瓦解了清朝的相当一部分统治力量。以上这两种力量基本上造成了清朝统治者必然垮台的条件。而以袁世凯为代表的军事实力派居间运作，挟南方势力（革命党与改革派）以压清廷；又挟清廷以为与南方讨价还价的筹码，达到他夺取统治权的目的。最终是由以革命党与立宪派联合的所谓"南方势力"为一方，和以袁世凯为代表的"北方势力"为一方进行谈判，迫使清帝退位。

民国初建之时，革命党在声势上占有相当的优势，但实际力量不足以控制局面。改革派声势不如革命党，实力更远不如袁世凯一派。如果革命党与改革派联合，应可与袁世凯较量一番，也并非没有取胜的希望。如此，则民主性力量或有可能支持国家渐渐走上民主之路。但两派自清末以来，长期争斗，特别是其领袖分子之间芥蒂甚深。在清帝退位之前，他们尚能暂时联合一致，对付代表清廷的袁世凯。一待清帝退位之后，他们颇有丧失明确目标之感。改革派对革命派一直颇怀疑惧，怕他们仍持激烈革命的态度，造成"暴民政治"。他们对清末立宪运动中表现尚好的袁世凯却颇怀期待，认为可以利用他的实力，稳定全国社会秩序，渐渐引导国家走上立宪之路。革命派完全没有合法斗争的经验，起初误信袁世凯，继则怀疑和反对袁世凯，终至再度发动武装起义。然而，实力相差太远，革命派旋即失败。

　　这种力量格局，决定了民国初年，经历短暂的民主政治试验性的运作之后，权力重新落入专制者之手。共和国差不多就只剩下一个空架子了。

　　在这种情况下，一直怀抱民主理想参加清末以来的革命与改革运动的先觉人士，以及经过新式教育和留学归国的新知识分子，乃不期然而产生一种共识，即在共和国体之下，人们仍受专制政治之苦。之所以如此，其原因是绝大多数人，身在共和国之中，而脑子里却仍装着专制时代的思想观念。若寻求真正民主政治，必须先清除人们脑中的专制思想观念，需要来一次启蒙运动，需要进行一场文化革新运动。于是由老革命党出身的陈独秀出来办起《新青年》杂志（初名《青年杂志》，第2卷起改名《新青年》）以号召青年，进而唤醒国人。

　　此时，欧洲大战爆发了一年多，欧洲以外的国家陆续加入，成了一场世界大战。中国经多番争论和曲折，终于也加入战争。中国虽没有派军队参战，却先后派出20万劳工到欧洲（赴欧华工的数量，有不同的说法，近年有人估计是14万人），再加上此后不久掀起的赴法勤工俭学运动，有大批青年到法国以及其他欧洲国家留学。由此中国真正开始进入世界大潮之中。这一点对此后中国政治及思想文化的演进，具有极其重大的意义。

　　大战拉近了中国与世界的距离，世界大事不再是与国人无关痛痒的了。有关战争，乃至世界各地发生的变故，都比过去任何时候更能引起国人的注意，而且西方各国的教育、学术、思想、文化方面的新说，也能比较迅捷地被介绍到中国来。文化革新运动在这个时候发生，实在是天时、地利、人和，条件具备，一场规模空前的思想启蒙、文化革新运动的大幕随即拉开了。

　　新思想、新观念虽是《新青年》创刊时起，即开始提倡，然而新文化运动却是因1917年初开始的文学革命而兴起。文学革命主张以白话为国语，以白话创作一切文学，取代文言成为文学正宗，成为人们交流的主要工具。这给广大人群带来便利，所以迅速赢得广大青年和广大群众的欢迎。新思想、新观念借白话的利器，迅速地、广泛地传播到各地、各阶层。文学革命的成功、白话国语的通行，对中国近代化的各项事业的开展，其意义无论怎样估计都不过分。此后，发生任何一种关系广大人群的事情，只要有人登高一呼，都可能演变成一场群众运动。这自然有利也有弊。

需要关注的是，在新文化运动中，有哪些思想学说得到传播，它们在群众中得到的反响如何，哪种思想引领了中国历史往后的发展趋向。

大家都知道，整个近代时期，中国所面临的主要议题是救国和强国的问题。在新文化运动起来之前，影响中国人的新思想、新观念主要是进化论和民族主义。它们曾在较长一段时间里充当着支撑救国强国运动的思想基础。新文化运动起来之后，它们多少改变自己的形式，继续发挥作用。

救国与强国首先是一个政治问题。新文化运动领袖们开始的时候曾宣称，他们主要致力于思想文化上的革新，不谈政治。然而他们任何人都不否认，这样做的目的，还是为政治革新建立基础。所以，即使最坚持优先做思想文艺的改革，以至发誓二十年不谈政治的胡适，也终不能不在逼人的政治问题迫在眉睫之时，放弃不谈政治的戒约。

从政治方面看，新文化运动起来之后，在中国传播较广、影响较大的，主要有三种学说。

一个是三民主义。这是创建民国居首功的同盟会——国民党领袖孙中山自清末以来就坚持的一种革命的政治学说。其民族主义主要是独立建国；其民治主义主要是主权在民，民有、民治、民享；其民生主义主要是土地国有，主观上追求某种社会主义的目标。三民主义学说在五四后做了新的解释，但主要是政策性调整，大意并无改变。此学说在新文化运动时期得到进一步传播，首先是得白话文通行之利，而根本上的原因则是它具有高度的涵盖性。第一，它对中国面临的紧迫问题都给出答案；第二，它兼顾西方民主主义、社会主义的美好方面，所以能得许多青年和民众的信从。后来因国民党改组，孙中山得出联俄、联共、扶助农工的结论，实现国共合作，客观上颇有利于社会主义的广泛传播。

另一个是自由主义。自由主义在政治话语中，意义不是非常确定。通常情况下，我们把主张非暴力地争取和实行以保障人民自由权力为基础的民主制度的政治派别称作自由主义派，但有时针对政治斗争中采取中间立场的派别也可以称其为自由主义者。事实上，大多数情况下，两种界定是可以同时适用的。

中国的自由派，没有分际特别清晰而严格的党派组织，有时虽标榜某一组织，实际很松散。在新文化运动及稍后的时期，围绕着一个或几个报纸刊物而集结在一起的编者或主要作者，往往就是自由派存在的一种形式。如《努力周报》《晨报》《时事新报》《民国日报》的副刊、《现代评论》等。也还有因为某一个具体的政治主张而临时联合在一起的，如由胡适发起，而由蔡元培领衔的十六人联署《我们的政治主张》，他们当时即被认为是一个自由主义者的组合。联省自治运动也被认为是一次自由主义的政治运动。

中国的自由主义者，缺乏强固的社会基础。它既没有可靠的经济力量，更没有军事力量。所以它是最没有实力的政治派别。追随自由主义的，只有一小部分中小资产者和从事自由职业的知识分子。他们对青年的影响主要在思想、学术与文化方面，而不是政治方面。大部分政治上活跃的青年，往往不是归于三民主义，就是归于社会主义。

再一个是社会主义。此学说早在清末即已传入中国，但当时分不清社会主义与无政府主义的界限，直到新文化运动初期，仍有许多人分不清其界限。后来参与创建中国共产党的一些人，差不多都曾经历过无政府主义的模糊阶段。直到俄国十月革命后，特别是俄国宣布废除旧俄国与清政府所签订的一切不平等条约之后，人们对新俄国的一切大感兴趣，于是有关俄国革命，有关领导这场革命的领袖们的思想学说，以及关于新俄国的各项社会政策、法律等，都陆续被介绍进来。这时，人们才逐渐比较清楚地知道，社会主义与无政府主义的区别。中国共产党的成立，就是在批判无政府主义，以及其他非科学社会主义学说的基础上实现的。当时人们所了解的科学社会主义，最主要的是两条，一是经济上实行公有制，二是政治上实行无产阶级专政。

中国社会两极分化很严重，富者是极少数，贫者是绝大多数。富者锦衣玉食，穷奢极欲；穷者饥饿病苦，转死沟壑。在如此情况下，实行公有制显得最公平，因而也最能吸引群众。无产阶级专政，在当时恐怕很少人能真正理解，但其主张由占社会最大多数的工农兵来对极少数原来的统治者和压迫者实行专政，这在国家和政府暂时还不能取消的情况下，显然是容易得人信任的。

中国自古就有追求类似社会主义的理想，孔子、老子等都有关于这种理想社会的论说，特别是儒家的大同理想，相传两千余年，深植于读书人的头脑中。所以，对于新传入的社会主义学说，人们并不感到太隔膜，接受起来没有太大的障碍。

还应指出的是，社会主义在当时只是一种理想，俄国革命虽然成功，但人们并不认为它已经就是社会主义，特别是实行新经济政策的俄国，自己也并不认为自己是社会主义。所以，在当时，社会主义还只是理想，而且很富有魅力。所以，社会主义在新文化运动时期及其以后，比其他政治学说，能够更迅速地传播，赢得相当多的青年和群众的信从，绝不是偶然的。

在更高层次上，在哲学学说方面，新文化运动时期及以后一段时期，也有三种流派占据着中国思想界的主要地位。一个是伴随社会主义学说而来的马克思主义；另一个是以经验主义为本源，在美国得到充分发展的实验主义；再一个是力图以孔儒学说应对现实的新保守主义，我们暂称之为尊儒的保守主义。

（1）关于马克思主义。作为一种完整的系统的哲学学说，马克思主义在当时的中国，还没有人能够完整地了解。马克思主要是作为科学社会主义的创始人，和世界无产阶级革命的领袖被一部分中国人所接受的。他的学说，是继承和改造了欧洲几个主要文明大国的思想先辈们的经济学说、哲学学说和社会主义学说而成的内容丰富、思想深刻的理论体系。不消说，马克思和他的合作者恩格斯的著作，当时翻译成中文的极少极少（而且都不是根据马克思、恩格斯的原著翻译的），更不用说作为马克思主义主要来源的那些欧洲先辈的著作了。既然对马克思主义的原典接触甚少，对产生马克思主义的理论来源知之更少，如何能谈得上从整体上了解马克思主义呢？

但是，不能因此而过分低估了早期参加中国共产主义运动和创立中国共产党的那些"初期马克思主义者"的能力。

我在本书第五卷第十章里，考察了这些"初期马克思主义者"对马克思主义了解的情况，他们对马克思所揭示的唯物史观、阶级斗争理论、无产阶级革命和无产阶级专政理论确有相当的了解，这是建党必备的一些基础理论。此外，对马克思的《资本论》，通过阅读翻译过来的、介绍该书主要内容的小册子，他们也有所了解。有些年轻的共产主义者还表现出理论探讨的勇气，力图说明在落后国家实行先进的革命，是不违反马克思主义关于基础决定上层建筑的基本原理的。

虽然他们对马克思主义尚缺乏完整、系统、深刻的了解，但他们所接受的以无产阶级革命学说为核心的马克思主义理论，已涉及马克思主义经济学说及其世界观学说的一些基本面。也正因此，他们在分析中国的内外形势和所面临的主要问题时，能表现出胜过其他政派的理论能力。他们提出了外部的帝国主义和国内的军阀势力是中国人民的主要敌人，提出了中国革命近期和远期的奋斗目标，这是当时其他政派的领袖们（孙中山除外）所未能做到的。他们在分析和解决中国革命的一些基本问题时，已经在一定程度上运用了马克思主义的基本理论和基本方法。随着革命运动的深入发展，他们对马克思主义的学习和研究的兴趣也就越来越广泛和越来越深入。

因为其他政派不能提出简明易懂的认识和解决中国问题的系统理论与纲领，那些被新文化运动和五四运动呼唤起来的青年，便有很多人走到马克思主义的旗帜下。这是马克思主义能够逐渐胜出，成为有更大影响力的思想学说的根本原因。

（2）关于实验主义。新文化运动期间，在中国传播较为广泛、影响也较大的哲学学说，除了马克思主义以外，主要有三种：一是实验主义哲学，二是逻辑分析哲学，三是生命哲学。其中影响大而深远的是实验主义哲学。

实验主义是典型的美国哲学。美国自第一次世界大战以后，是所有西方列强中，给中国人印象较好的一个国家。而它的科学与技术之发达、教育与学术之进步、国力之强大，更是世所公认。许多留美学生这时期陆续回国，在各领域表现出其领袖的才干。正是在这种情况下，又正当新文化运动最高潮、五四运动爆发的时候，迎来了美国颇负盛名的哲学家杜威来华讲学。

这时，杜威在中国的几个学生，如胡适、蒋梦麟、陶知行、郭秉文等，都已成为思想界、教育界与学术界声名显赫的人物，拥有很大的影响力。有他们帮助宣传，杜威及其实验主义学说在中国得到广泛传播，产生了深远的影响。

杜威的实验主义主要包括三个方面：实验主义哲学，实验主义政治哲学，实验主义教育哲学。他在中国讲学次数最多的是教育哲学，其次是政治哲学；于实验主义哲学本身讲得反而最少。应当说，他在这三方面产生的影响都很大：在政治方面，杜威主要是强化了和平改革的理论；在教育方面，则直接影响了教育观念、教育实践的改革，并直接影响新学制的确立。可以说，实验主义学说在政治和教育两方面的影响都是明显可见的。而在纯粹哲学方面，杜威及其实验主义的影响，却较少可见的效果。例如，当时和之后一个时期，中国哲学家队伍中，除了胡适以外，绝少有宣讲实验主义的哲学家。

按胡适的说法，杜威最大的影响除了教育方面外，是他关于思想方法的论述。其方法主要是两个方面：一是历史的方法，强调把握事物的因果链条，知其来龙去脉，不可孤立地看待问题；二是实验的方法，即强调一切问题都要从即时即地的事实出发，已有的学说，都只是参考，或待证的假设，实验才是检验真理的试金石。

思想方法是通过无形的渗透，慢慢被人们所了解，进一步被信从。它的影响虽不像政治和教育那样有形可见，却更为深远。

（3）关于尊儒的保守主义。我们在本书第五卷第十一章讨论新文化运动时期的文化论争时，曾经揭示出，在批评和反对新文化的各派中，差不多都颇明显地表示出崇尚孔子与儒家思想的倾向。后来出现的新儒家学派与他们之间确实存在着思想渊源的关系，我们把这些思想家和学者称为尊儒的保守主义，作为那段时期保守主义倾向的主要代表。

梁漱溟的《东西文化及其哲学》，已经非常明确地表现出尊儒的立场。梁先生说，中国文化是由一些天才的圣人创造起来的，在这些圣人中，"孔子不是与诸子平列的，而是孔子为全为主，诸子为分为宾"。"孔子以前的中国文化，差不多都收在孔子手里；孔子以后的中国文化，又差不多都由孔子那里出来。"所以，中国固有文化，基本上就是孔子与儒家的文化。但梁先生认识到，西方文化的输入是不可避免的。所以，在他看来，问题就是如何以中国固有的文化去调和、中和西方的文化。

"学衡"派的主要代表人物，梅光迪、胡先骕、吴宓，他们也是宗仰孔子与儒家的。这一方面是由他们保守固有文化的情结所决定的。早在留学美国与胡适争论文学革命的问题时，梅光迪就把他的尊孔尊儒思想表现得非常清楚。他认为，"孔子之大，实古今中外第一人"。胡先骕也说："中国二千六百年来之文化，纯以孔子之学说为基础。"另一方面，他们最崇拜的宗师白璧德，也很明白地表示尊崇孔子，曾谓："吾每谓孔子之道有优于吾西方之人文主义者，则因其能认明中庸之道，必先之以克己及知命也。"他竟把孔子的地位抬高到西方文化之上，其中国弟子们岂能不雀跃而欢呼！

至于力言人生观不受科学支配的张君劢，其尊孔尊儒情结更不落诸家之后。他在《再论人生观与科学并答丁在君》中说到学术史上所谓汉宋之争时，强调宋学"一以心为危微精一，允执厥中"，实得孔子之精义，故宜大力提倡。张氏后来成为新儒家学派重镇，其来有自也。

马克思主义、实验主义、尊儒的保守主义，是新文化运动时期及其以后占据中国思想界主要地位的思想潮流。马克思主义的影响主要在政治方面，但也有学者开始学习运用它进行哲学、历史学、经济学、社会学、政治学乃至文艺学方面的研究。实验主义则主要影响于教育和学术方面。尊儒的保守主义，到抗战时期，在民族危机的环境下，而颇得进一步发展，产生新儒家学派。

由于中国社会始终处于内外危机之中，客观上有利于革命形势的发展，因此带有强烈的革命性的马克思主义逐渐赢得最多的信从者。中国共产党取得政权后，马克思主义被确定为整个国家的指导思想。

三

由于近代中国长期处于内忧外患之中，又由于新旧思想学说纷纭丛集，思想论争不断发生，有的论者自认为胜利了，或被后人看成是胜利了。但我们稍稍细心研究一下这些争论，往往一回争论过后，若干年后稍稍改换形式又再起争论。这说明，所争论的问题并没有解决。其实，争论之起因，都是为了解决国家和民族所遇到的问题；问题未得解决，哪一种思想都说不上真正获得了胜利。只能说，某种思想学说在某一时期，曾赢得了更多的群众，占得了上风。

近代史上的思想论争，大大小小有数十次。在这里，我们不可能，也没有必要一一详述。这些争论大抵可以包含在以下三个最大最持久的论争中：一是中西文化的论争；二是激进主义与保守主义的论争；三是革命与和平改革的论争。

（1）关于中西文化的论争。中国自古以来没有遇到发展程度较高的外来文化的挑战，经历几千年的自我完善，又多少吸收了周边民族的某些文化因素，已成一种相当自我圆满的文化体系。一直沐浴其中的中国人，特别是自认为可以代表这种文化的统治者和大批的精神贵族，从未感受到这个文化有什么缺点和不足，遂养成了自大而封闭的文化心态。西方列强挟其坚船利炮打开中国的大门，态度骄横，索款、割地，强开口岸，主海关，建租界，定领事裁判权……让中国人受尽了屈辱。在这种情况下，那些自命可以代表中国文化的人，仍不承认中国文化有什么不妥。他们认为，西洋人没文化，是野蛮民族，是异类，中国人受欺侮，不是我们的文化有什么不如人之处，恰是因为我们遇到了文化低下、蛮不讲理的西方异类。我们需要做的，不是向他们学习什么先进的东西，而是祈求上天和古圣人出来帮忙，驱逐这些异类。曾经颇为流行的两句诗，可说是这种心理状态的反映，诗云："但愿苍天生有眼，终教白鬼死无皮。"还有一个故事，很能说明问题。鸦片战争后不久，民间流传说，洋人的腿没有膝关节，不能打弯，跌倒了就爬不起来。所以海战我们打不过他们，一旦上了岸，就能打败他们。这个传说居然能得相当一部分人的相信。我一直以为，这个故事的杜撰，很可能与乾隆年间英国派人来北京，要求见皇上不肯下跪的事情有关联。试想想，中国是"天朝上国"，中国臣民见皇上都必须下跪，尔等番邦来人，见天朝大皇上，岂有不跪之理？在中国，跪拜是最尊的大礼，英人不跪皇上，就是对皇上不尊，也就是对中国不尊。对此，中国士大夫当然不满，于是编撰出英国人的腿没有膝关节，不能打弯，所以无法下跪的离奇故事。现在英国人打进来了，更伤了面子，于是，此谣言不胫而走。这个谣言，当初不过是给自己稍稍受到伤害的天朝自大心理一点安慰。到这时，用这个谣言给自己鼓虚气，这是中西文化最初的碰撞发生的怪现象。

既然士大夫们不认为我们的文化有什么问题，自然就不需要学习和借鉴西方的东西了。另一个故事则反映出当时的一些官僚士大夫面对西人强势所表现的心态。鸦片战争后不久一位英国军官请一位中国军官到他们的军舰上参观，参观之后，英国军官问中国军官有何想法。这位中国军官蛮有自信地回答说，我们中国所重，不在技术，而在文章。这里的文章，不是狭义的文章，而是泛指人文礼仪等。它反映了，经历巨大的民族创痛之后，绝大部分中国的官僚士大夫，仍然迷恋着"文章千古事"，而不肯面对社会人生种种紧迫的问题。

林则徐、魏源是最初肯睁眼看世界的人，但他们只能就其视域所及，收集可以见到的资料，以引起国人关注。到19世纪60年代初，才有士大夫之具卓识者认识到，洋人同我们一样，是自有其文化的人。既为同类，方可比较；因比较而见差异。冯桂芬的《校邠庐抗议》，提出中国有四不如夷之处："人无弃才不如夷，地无遗利不如夷，君民不隔不如夷，名实必符不如夷。"中国士大夫开始承认我们有"不如夷"之处，这是了不起的进步。因为承认不如夷，所以提出"采西学""制洋器"等建议，成了随后发生的洋务运动的主要思想依据。后来接连发生的戊戌变法、立宪运动，直至辛亥革命，都超越了冯桂芬的思想，力图从政治上吸收西学，改变中国的政治制度。梁启超曾总结自洋务运动直到新文化运动这段历程，指出，中国人对西方文化的认识和学习经历了三个阶段：首先是学其器物、工艺，次则学习其制度，最后是文化本身。在所经历的每一个时期，都曾发生中西文化问题的激烈争论。在学习西洋器物、工艺的洋务运动时期，曾有过所谓"西学中源"说，用意是在减少阻力，但其作用甚为有限。围绕同文馆增设天文算学馆，聘洋人为教习，招收科甲正途出身的士子入馆学习的事，曾发生一场激烈的争论，反映出文化保守主义在此时期有很大的影响力。

　　设同文馆，以及增设天文算学馆，学西人之长，以补己之短，是走文化开放的路线。但在保守派看来，这是不能容忍的。其代表人物倭仁所持理由有二：一则，他认为，洋人是永不能忘记的大仇人，怎可令我读圣贤书的正途出身的士子认仇人为师？况洋人"机心最重，狡诈多端"，怎能真心教授？"恐所习未必能精，而读书人已为所惑，适堕其术中"。二则，立国之本，在人心，不在技艺之末。他认为，中国孔孟之学说乃治国之"正学"，西人之所谓学，乃是"邪氛"。我们只需靠读孔孟之书的"守忠信、秉礼仪之士"，来"伸正气""除邪氛""维持人心""平治天下"，何须讲求天文算学之末艺？要讲求，令工匠习之可矣。在倭仁看来，西洋人是不曾受"正学"训育过的蛮夷，除了中国固有的孔孟之学，此外没有更好的治国之正道。所幸的是，倭仁的主张没有被当局所采纳。当时形势逼人，面临"国亡种灭"之忧，学习西人长技，以卫护国家，增加富力，固结民心，正所谓"以诸国富强之术"，来卫护"中国之伦常名教"（冯桂芬语）。若完全无视西人之优长，甘受西人之欺凌压迫，国家都保不住了，尚何有于"中国的伦常名教"？

　　洋务运动受守旧派的掣肘，进展并不顺利。加之，整个政治、社会，风气败坏，甲午一战，遭到惨败。这时，人们始悟，单是学习西人的器物、工艺，而制度、体制不改，腐败之风习不除，仍不能救国家民族之危，于是乃有维新变法之呼声起。

　　戊戌维新时期，中西文化之争，向前推进了一步。这时，西洋器物、工艺传入中国不少，各种生产洋式器物的工厂，讲求洋式工艺的场所，都已非罕见。不少持保守立场的绅士、名流甚至也参与这类事务中。他们从中得利，自然不再反对这些东西。他们承认，"声、光、化、电及一切制造、矿学，皆当开通风气，力造精能"（王先谦语），认为这是"于万难之中求自全之策"。其所说已与洋务时期主张学习西方的人士所说基本一致了。但这时，改革派提出了进一步的主张，他们要求改变以至高无上的皇权为代表的专制制度，要"设议院以通下情"，又倡男女平等之说。保守派认为，"西学无论巨细，止当以工艺统之"（王先谦语）。也就是说，学习西方，当止于器物、工艺，不可再往前一步。他们强调，中国固有之纲常名教是"千古不易"的根本（王先谦语）。"圣人之所以为圣人，中国之所以为中国"就在于此（张之洞语）。所以，无论如何，纲常绝不能改，更不能废。"舍名教纲常，别无立足之地"（宾凤阳语）。他们指责，康有为、梁启超等人宣扬设议院、提倡民权平等，即是毁坏纲常名教，实是倡乱之说。人们把这时期保守派的主张概括为"中体西用"四个大字。1898 年，围绕变法问题，朝廷两宫之间、朝野两派之间辩论、斗争最激烈之时，张之洞刊出他的《劝学篇》，总结洋务运动以来的思想纷争，提出以"中体西用"为原则，来解决中西文化的问题。

原来，"以中学为体，西学为用"的观念，还在洋务运动兴起之时，即已被提出。冯桂芬所谓"以中国之伦常名教为原本，辅以诸国富强之术"；王韬所谓"器则取诸西国，道则备自当躬"；薛福成所谓"取西人器数之学，以卫吾尧舜禹汤文武周孔之道"；邵作舟所谓"以中国之道，用泰西之器"；皆是"中体西用"之意。真正最早说出"中学为体，西学为用"八个大字的，是一位并不很知名的叫范寿康的人，于 1895 年在西人教会办的报纸《万国公报》上提出来的。他在《救时策》一文中写道："中西学问本自有得失，为华人计，宜以中学为体，西学为用。"

张之洞《劝学篇》全书没有用"中体西用"的字样，他以旧学称中学，以新学称西学，全书贯穿以"旧学为体，新学为用"的宗旨。从梁启超起，后人都把"中体西用"的观念归之于张之洞，是因为他的《劝学篇》对此宗旨做出了最有系统的论述。他在《劝学篇序》中说，其书分内外篇，"内篇务本，以正人心；外篇务通，以开风气"。也就是说，内篇是论纲常名教之不可违，外篇是论西学之不可不讲。这看起来颇为全面而有系统，既坚持了朝廷所重之纲常名教，又容纳了朝野希望改革的部分要求，得到朝廷的认可，下诏广为刊布。因此，"中体西用"之说，得以广泛传播，发生很大的影响。

对于"中体西用"的文化观，以往的批评有些失之片面，认为它完全是保守派用来反对向西方学习，反对改革的。这是不全面、不准确的。我们前面指出，这个观念框架，不是张之洞发表《劝学篇》才有的，而是早在洋务运动兴起时，就有人提出来的。所以，差不多在三十多年里，它曾充当传播西学的护法者。而且即使是戊戌时期及其以后，这个观念框架也不完全，至少不是绝对地充当保守主义者的理论武器。因为这个观念框架有一定的模糊性，有很大的涵盖性。

第一，体与用，本与末，道与器，等等，其界限并非极其严格，不可逾越。它们在一定情况下，是可以互相渗透，互相贯通的。试想想看，若依改革派的见解，"西用"在各个方面都充分用足了，即以张之洞外篇所列十六个方面，例如设学、广译、变法、变科举、农工商学、兵学、交通、矿学等，都最大限度地发展起来，原有一套纲常名教还能原封不动地保持不变吗？

第二，有些事项，究竟是"体"的范围，还是"用"的范围是不易说清楚的。即以科举为例，张之洞把变科举列在外篇，显然是把它排除在"体"之外。实际上，颇不如此简单。一方面，科举是朝廷任用官吏的基本途径。任何时代，任何统治集团都懂得，定方针，用干部，是维护统治的最基本的手段。从这一点上说，科举就不在"体"之外。还有另一个方面，是大家都知道的，科举的内容是由朝廷规定的，必须以孔孟关乎纲常名教的学说为准。而且参加科举人员的甄选，也是按纲常名教的要求严格审查的。所以，经过科举选出来的人才，都是必须符合纲常名教的要求的。我曾说过，科举制度是历代统治者巧妙地实施政教合一的制度安排。因此可以说，科举制度是统治者用来落实和巩固纲常名教的最重要的手段。

基于上述的分析，应该认识到，类似变科举这样的改革，对于

"中体"是颇为不利的。

当然，保守主义者也极力利用"中体西用"的观念框架来束缚改革者的手脚，以达到保守旧制度的目的。这一点过去人们说得很多，这里无须细说了。

在中西文化问题上，还有不少曾经是争论的焦点，也颇为流行的观念或者说是口号，如折中主义或调和论，全盘西化论与本位文化论等。

广义上说，"中体西用"论，也是一种折中论或调和论。但"中体西用"是把"体""用"二分，意义特有所指。折中论或调和论则是主张，在各个领域，中与西、新与旧都应当加以适当折中与调和，不偏向一面，主观上是想达到孔夫子所谓"允执厥中"的境界。

表面上看，折中论与调和论是很平和、很正当的主张，可以赢得很多人的同情，但实际上是很有问题的。文化是成千成万成亿的人在生活实践、社会实践中创造出来的，有谁能够指挥这成千成万成亿的人按照事先定好的比例配方来创造文化呢？肯定是没有。既然没有，说起来岂不就是空话吗？所以，批评折中论、调和论的人就说，折中、调和，乃是文化交流、互动、向前发展过程中自然发生的作用及结果，用不着人们事前定此原则。

至于"全盘西化"与"本位文化"的问题，虽然争论得很热闹，长篇大论的文章甚多，其实，许多是源于误解还有些少的意气。

"全盘西化"本来是针对折中论和调和论提出来的，意思是不要主观设定界限或设定比例配方，允许人们学什么和不许人们学什么，或者必须按一定比例，这个学多少，那个学多少。他们认为，这些全不需要做事前的规定，只需由人们的实践去解决。

但批评"全盘西化"的人，最重要的理由是要维护住中国文化的"本位"。他们指责主张"全盘西化"的人，是要把中国文化的本位完全毁掉，简直是要把中国人都变成西方人。其实，所谓文化的"本位"，就是那创造此文化的人民。这个"本位"是根本无法毁掉的，谁也没有能力将几亿中国人变成外国人。所以，我觉得，这样批评"全盘西化"的人，如不是误解，就是太意气用事，故意曲解对方的主张。照我的理解，"全盘西化"的主张，要避免误解和曲解，应当说是，把文化的革新的问题"全盘"交给成千成万成亿的人在生活实践与社会实践中去解决。自己作为学者、思想家、教授或从事其他任何职业的知识分子，尽可按自己的兴趣、爱好与追求，去学习、引介、阐释西方的思想、学说、科学与艺术等，作为成千成万成亿的人中的一分子，发挥自己的作用。本来，学者们组织起来，有计划、有系统地翻译介绍西方文化典籍，是一种很有意义的事情。无奈，一百多年来，国家、社会不安定，学者无法持续地有计划地进行这样的工作，这自然不是他们的责任。

在中西文化的争论中，还有一个所谓物质文明与精神文明的问题。张君劢在关于人生观与科学的论争中提出来，说西方文化只是物质的，东方文化才是精神的。对于这个说法，当时科学派的大多数人，都没有多加注意，只有吴稚晖抓住这一点，长篇大论地批评了一番。两三年之后，胡适写一篇长文，集中批评张君劢首创的这个说法。其实早在洋务运动时期，先觉者就已指出，西方文化自有本末，绝非工艺器物或什么物质文明可以概之。一切的文明都必须有物质文明为其基础，而拥有一定物质基础的文明，也必定会发展出自己相应的精神文明。这已是常识，无须再多议论。中国的保守主义者"发明"这一不成理论的"理论"，是出于可怜的自慰心理。

（2）关于激进主义与保守主义的论争。现在绝大多数学者都承认，近代中国思想史上，一直存在着激进主义的倾向。差不多在每一个重要转折关头，这种激进主义思想都会突出表现出来，扮演重要的角色。戊戌前后，辛亥前后，新文化运动时期都很明显。

戊戌时期，康有为全面改装孔子学说，利用光绪皇帝名号，企图实行大改革，被视为激进，不仅遭到保守主义者的反对，亦引起不少倾向改革的官绅的怀疑。湖南的气氛尤为紧张。南学会、时务学堂的言论被保守派视为大逆；易鼐、樊锥辈，甚至抬出最早的"全盘西化"论，要一切"唯西法是效"。保守派极为怵惕，上书要求杀康有为及其弟子，可见斗争之激烈。

辛亥时期一度有激烈的排满主义，随后又有无政府主义的宣传，这都是政治上的激进主义，一般士绅难以接受。当时西方思想学说纷纷被引介，虽无系统，亦不深入，但引介者、传播者、迎受者，皆以其新颖而爱慕之，信从之。于是，守旧者，不免忧虑，乃倡国粹主义，以图矫正之。当时的国粹主义者，思想颇复杂，亦不甚清晰。因为他们都是反满革命派。他们的国粹，既是针对西化思潮，也是针对满人专制朝廷。所以他们的保守主义呈现出几个显著的特点：第一，从反满革命而进至反对专制主义制度，遂同前此的保守主义大异。第二，因反对君主专制遂亦反对与君主专制主义密切相连的孔子与儒学之独尊，这更与以往的保守主义者大异其趣。第三，他们倡国粹是要复兴民族精神，以西方文艺复兴自况，故也不排斥西方文化。这最后一个特点颇关重要，这使他们同后来新文化运动时期以留学生为主的"学衡派"在精神上联系起来。

新文化运动时期，激进主义有更突出的表现。如文学革命中，对旧派文学的嫚骂、攻击；主张废汉字，推行世界语；在提倡男女平等的潮流中，休妻与私奔成为时髦；在批判旧道德的口号之下，盲目鼓吹"非孝"；在批孔批儒过程中，有人声言把线装书扔到茅厕里去；如此之类，不一而足。这不但激起传统的保守主义者的反对，也激起一部分留学生的激烈反对。

研究中国近代思想史，激进主义确实令人印象深刻。有的著作者，对之口诛笔伐，将一切社会负面作用尽归咎于彼，以为要使中国走上健康发展之道，非彻底铲除激进主义不可，而且相信，既除激进主义，一切问题都可迎刃而解。

义愤不能解决问题，应当首先探明激进主义易于发生、易于膨胀的历史的、社会的原因，然后方可逐步解决问题。

为什么在近代中国，激进主义特别容易膨胀起来，对思想、文化乃至政治都产生很大的影响？这就必须对中国的政治传统和文化传统做出分析。

自秦始皇灭六国，建立大一统的中央集权的君主专制制度以后，直至清朝皇帝被赶下台，中国的政治制度没有大的变化。在这样一个地广人多的大国家，中央集权赖以维系的，是一个多层级的庞大的官僚体系，所有的官员对皇帝负责。世界上，在近代民族国家出现以前，没有任何国家有类似中国这样庞大而又组织严密的国家机器。每一个王朝兴盛时期，它的国家机器是非常有效率的，能够及时地排除反对的、异己的势力，维持整个国家机器的正常运转。在思想文化上，与政治制度体制相适应，最适合于大一统的中央集权的君主专制制度的孔子与儒家思想被树立为统治思想，享有独尊的地位。通过科举制度，皇权与教权（思想统治）高度统一于皇帝的掌控之下。全国人民"以吏为师"，反对的思想言论和行为，很难得到发育和传播的机会。国家对于任何反对的思想言行，通常只有镇压和消灭的机制，没有制度性的调节机制。社会中不同思想能否得到发育和传播的机会，全视统治者的好恶与宽容心的多寡而定。一旦朝廷和官吏腐败，官逼民反，异教异说蜂起，最终在一场大乱之中，旧朝崩解，取而代之者，建立新朝廷。这样的情况周而复始。

到了近代，由于新思想、新观念的输入，由于旧制度、旧习俗的弊病充分暴露，被压抑了几十年、几百年、上千年的反对极度的政治专制与思想专制的思想观念，都得机会爆发出来，其易于趋向极端，表现为激进主义，是势所必然的。从这个意义上说，激进主义是对于积久的过度专制主义必然的反动。

我们在稍稍贴近地考察近代激进主义的时候，还可以发现，政治激进主义与思想文化上的激进主义有着难解的亲缘关系。即以新文化运动时期的激进主义为例，在新文化运动中，凡比较激进的，差不多都与其政治背景有关。如陈独秀原是清末的革命党，曾经组织过暗杀团。他的不容人讨论的强硬态度不能说与此无关。又如大骂"桐城谬种""选学妖孽"，又主张废汉字的钱玄同，原是大倡"反满革命"的章太炎的弟子，曾在日本读书，参与留学生革命活动。因写了《狂人日记》而出名的鲁迅，也是章太炎的学生，也曾参与留学生革命活动。还有宣称把线装书抛到茅厕里去的吴稚晖，他是清末革命党重要成员，还是一个著名的无政府主义者。这些实例，可以进一步说明，近代激进主义与中国的政治和文化的专制传统有密切的关系。

　　近代中国，国门打开的时候，尤其是一战之后，西方资本主义国家，从最初的文艺复兴、宗教革命时的种种思想学说，直到否定资本主义的社会主义学说，林林总总，如海潮汹涌般地狂泻而来，人们不暇拣择，往往以很偶然的机遇，倾倒和迷醉于某种西来的学说，还不及很好地消化、吸收，便认定为真理，排斥其他，各逞意气，不能从容讨论、切磋。这种氛围，最宜于激进主义的滋长与膨胀。

　　还有一点也应当引起研究中国近代思想史学者的注意，即那些反对激进主义的人，往往本身也是激进主义者，我是说，他们反对激进主义一派人的方式、手段也是激进的。例如，王先谦骂康梁"谬托西教以行其邪说，真中国之巨蠹"。苏舆骂樊锥"背叛圣教，败灭伦常，惑世诬民，直欲邑中人士尽变禽兽而后快"。又如严复骂白话文是"人头畜鸣"。林纾恨不得陈独秀、胡适乃至支持他们的蔡元培都被妖魔吞掉化为粪土。梅光迪污蔑提倡新文化者"如政客娼妓之所为"。更有人写恐吓信，要以炸弹解决这些新文化之提倡者。从这些事例中人们不难懂得，保守主义者、激进主义者，原来是传统政治、传统文化孕育出来的孪生兄弟。所以，要解决激进主义与保守主义的互斗与纠缠，都须从严格地、理性地批判传统政治与传统文化做起，培育民主地、平等地、自由地讨论问题的习惯和风气。

（3）关于革命与和平改革的论争。在改革开放以前的中国近代史（包括思想史）著作中，论及戊戌以后的重大史事，每每要对革命与和平改革的论争加以重笔论述，并且绝大多数都是热烈赞扬暴力革命而严厉批判和否定和平改革。对此，我一直是不赞成的。我觉得，这种看法有很大的片面性，它既不符合历史事实，也没有理论根据。我认为，改革与革命，根本目标都是实现社会制度的变革。一般地说，通过和平改革实现社会制度的变革，造成的社会震荡比较小，代价比较小，是社会变革比较可取的形式。但这需要统治集团对于时代潮流有比较清晰的认识，能够顺应潮流进行变革。不仅如此，还需要统治集团有领导变革的魄力与能力，需要在改革中努力协调各方利益，尽力防止变革过程中秩序失控的局面；更需要社会对于改革的支持。总之，改革是非常艰难的历史过程，不是轻易可得成功的。在近代中国的社会转型过程中，出现越来越激烈的革命倾向，这是由特定的历史条件造成的。一方面，紧迫的外部危机造成了人们国亡无日的紧迫感和要求改变现状的急切心理。另一方面，统治集团对于国家面临的大变局，缺乏知识与精神上的准备；又受体制惯性的制约，不肯放弃或哪怕是部分地放弃自己享有的特权。再加上统治集团内部的利益争夺、意见分歧，不能承担起领导改革的责任，且经常犯下极其愚蠢的错误；从而激起期望改革的人们的失望和不满，致使本来期待改革的人们转而同情革命或被卷入革命潮流之中。这样的过程一次又一次地重复出现，革命一波又一波地相继而起，继长增高，席卷一切。长期在这样风云激荡的情势下，人们的观念起了变化，以为只有革命是根本解决中国问题的不二法门，革命就是一切，革命越激烈越好，越彻底越好。在清末，统治者愚蠢颟顸，不断往革命党的磨盘里注水（梁启超说，清政府是制造革命党的大工厂），使本来有一定的社会影响力的和平改革运动窒息，稳健之士转而同情革命甚或参加革命。民国成立，政府北迁之后，本来人心思定，客观上多多少少存在着推动民主立宪逐步实现的可能性。但当权者迷信强权，不循合法途径解决问题，革命党被逼铤而走险，再度以暴力革命作为解决问题的手段。"五四"以后，这种革命主义思维因受俄国革命的影响而更加被强化。这不仅影响了中国历史的进程，也影响了后来人们对近代历史的看法。在很长一段时间里，近代历史上的和平改革运动与和平改革思想被革命运动与革命思想所遮蔽，并且被判定为阻碍历史发展的反动的力量。这是很不公正的。我以为，把暴力革命同非暴力的改革运动绝对对立起来，认为其中一种形式是解决社会危机的万应灵药，而对另一种形式采取深恶痛绝的态度，是没有道理的。一个国家，一个民族，究竟用哪种方式实现社会制度的变革，这是要由那个国家、那个民族的各种具体历史条件决定的，不能要求处于不同历史条件下的各个国家、各个民族同用某一种预定的模式来实现社会制度的变革。马克思和一些非马克思主义的思想家和学者（例如哈耶克）有一个相同的看法，即认为，一种新的社会制度，不是依据人们预先设计的那样，一下子就实现。实际上，每一次社会制度的变革，都是经过一系列的社会变动才实现的。不具备一定的社会条件，不经过一系列的变动，新的社会制度是不可能建立起来的。有时，在某种特殊的形势下，急风暴雨式地自上而下地创立起一套新制度或新体制，但社会自身却仍沿着自己内在的逻辑继续前行。过了一个时期以后，那些一下子被创建起来的新制度、新体制，竟变得只剩下徒有其表的形式了。辛亥革命后几年，人们就痛感到，"在共和国体之下，备受专制之苦"（陈独秀语）。历史的经验一再证明，暴力革命，只能解决政权问题，现代化的诸多实务，如教育的普及、实业的发展、社会的进步、人民素质的提升等，都需要脚踏实地、一步一步地去推进，而绝非一场革命就能解决的。因此，我们必须从历史实际出发，恰当地认识历史上的和平改革运动与和平改革思想，不可把暴力革命与和平改革思想绝对对立起来，更不可以为暴力革命是普遍的、绝对的、唯一的社会变革方式，而把和平改革看成历史的反动。恩格斯就曾指出，英国1832 年的国会改革是一场真正的革命。历史上，有些改革往往为革命积蓄所需的力量和条件。辛亥革命在武昌爆发是与张之洞在湖广总督任上所做的一系列改革有重大关系的。我们应当如实地看清两者的历史地位及其辩证关系，才能够更清醒地、更有智慧地面对各种挑战。

我们前面说，中国近代史上的暴力革命派与和平改革派，其基本目标其实是一样的，都是要改变现存的社会制度。这个判断是不错的。但在实践中，两者对斗争的直接目标的判定却是不一致的。革命派是把目标对准自己认为的主要敌人——帝国主义和它们在中国的代理人，而且主要是后者，即中国的统治集团。他们之所以特别强调必须用暴力，就是因为只有用暴力才能推翻这个统治集团，把政权夺取到自己手中来。他们认为，改变制度，那是夺取政权以后的事情。改革派所注重的，首先就是社会制度的变革，他们的诉求，是只有通过改变制度才能实现的。而改变制度，只有通过一系列的政治斗争，推动一系列的政治变革才能逐步实现。所以他们的目标是制度与体制上的种种变革。这种对于变革的直接目标的重大分歧，使革命派与改革派很难联合一起，进行斗争。中国近代社会变革之所以迟迟不能完全实现，这两大政治力量不能联合是一个重要的原因。

我们前面也曾说，和平改革之实现，需要两方面的条件。一方面是统治集团对社会危机有足够的认识，有足够的知识和精神上的准备，具有领导变革的能力。显然，清政府、北洋政府和南京政府，都不具备这些条件。另一方面，和平改革要取得成功，须有足够的社会力量的支持。这一方面的条件，也是不具备的。在清末，梁启超就慨叹，中国尚未形成有力量的中等社会，也就是后来常说的社会中坚力量。而这个力量，通常是支持和平变革的最主要的社会基础。后来的北洋时期，乃至国民政府时期，社会中坚力量诚然有所发育，但在广土众民的中国，其力量还是太微弱了，既然太微弱，就肩不起推进社会变革的大责任。

四

　　写作思想史，可以有不同的方式。如，可写成观念史，即抓住几个重要观念，考察其生成、发育、成熟、流变及传播的历史，例如 Franklin L. Baumer 所著《近代欧洲思想史》（李日章译中文书名为《西方近代思想史》）就是如此。也可以写成思潮史，把一些思想家前后相承，加以阐释和传播的，对社会产生较大影响而形成潮流的思想观念做历史的考察，如吴雁南主编的《中国近代社会思潮》即属此类。还可以按时序先后考察各思想家的思想，以见思想史的脉络，如侯外庐的《中国思想通史》即是。这些写法各有其长处：有的很适合于初学者的入门训练，有的对专题研究富有建设性，有的可以在某方面加深思想史的深度。但我觉得，思想史最基本的写法甚或可以说是最正宗的写法，应当是基于对思想史研究对象的理解，来决定一种最基本的写作方式，那就是对各时代的人们关于社会所面临的主要问题的思考、认识，以及试图解决这些问题的种种方案，做综合的、历史的考察。我觉得只有做好这样的思想史，在此基础上再做其他专题的，或抽样式的考察，才会富有建设性。中国思想史学科尚属年轻，应当力求做好基础性的工作，然后再及其他。

　　确定了本书的基本写法，那么如何实施，争取较好的效果呢？

　　我觉得，写好思想史，如同要写好一个人物的传记一样，要在全面、深入、系统研究的基础上，弄清这个人物一生的基本追求。抓住了这个东西，人物就有了灵魂，写起来自然连贯、生动而可信。写中国近代思想史，要在全面、深入、系统研究的基础上，弄清整个历史时期到底要解决什么问题，抓住了这个，就弄清楚了中国近代思想的根本趋向是什么。弄清了近代思想的基本趋向，写出来的近代思想史，也就有了灵魂，有了贯穿全书的中心线索。有了这个中心线索，一切问题便都有了着落，每一种重要的思想的意义便昭然显现出来。

这样做自然是很不容易的。首先，弄清近代思想的基本趋向，就须付出极大的努力；彰显每一种重要思想的意义，也须精细地研究，深刻地辨析。所以，我们给自己提出了相当艰巨的任务。这部书，是我们按照上述要求尽力做出努力的结果，不敢说已经很好地实现了预想，但可以肯定，我们是做了很值得的、很有意义的尝试。

20 世纪 80 年代中期，我便开始考虑中国近代思想文化发展的基本趋向的问题。我以为，近代中国的改革也好，革命也好，文化建设也好，思想变革也好，其目标都是实现国家与社会的现代化。现代化本身的界定是一个长期有争议的问题。我倾向于不把现代化看成是某种固定的可以具体加以描述的标准，而最好是把它如实地描述为一种发展的趋向。现代化主要是两个相互紧密联系的发展过程，发展趋向。从外部关系上说，它是一个世界化的过程；从内部关系上说，它是一个使个人获得解放（即个人价值——自主权利及其创造精神——逐步充分实现）的过程。我以为，对于后发展国家，这两个趋向尤为明显。我将世界化与个人的解放视为近代中国思想文化紧密相关的两个基本趋向。

（1）先谈世界化。人类历史并非一开始就是世界史，世界历史是随着资本主义生产方式产生，伴随着近代世界市场的形成和逐步拓展而发生的。被卷入世界市场的各个国家之间，由物资交流和人员往来而发生文化的交流。这一过程，也就是世界各国打破闭关自守状态，与其他各国发生日渐紧密的联系，逐步融入世界的过程。这一过程就是世界化。对于中国来说，世界化的过程起初是被迫的。世界化对中国是个巨大的挑战。应对这一挑战，最根本的出路就是吸纳各国的优秀文化，进一步激活与创新自己的文化，并将自己的文化贡献于世界。只有这样，我们在这个世界化的过程中，才能生活得泰然自若。这种意识就是我所说的世界化意识。

　　中国的世界化过程在鸦片战争后即已开始，但国人对世界化进程有所认识，并形成世界化意识，则经历了长期而痛苦的过程。鸦片战争前后的一段时间，思想界的主流意识是排拒西方文化，在对外关系上，不肯放下天朝的架子，对外来者，只有"剿"与"抚"的选择，而没有相互交往的意识。对于伴随侵略而来的西学，主流知识界亦缺乏兴趣。鸦片战争后二十年，极少数敏锐之士，才产生"大变局"的观念。第二次鸦片战争后，这种"大变局"的观念始渐渐为较多的人士所接受，自强运动因此而起，开始学习与外国人打交道，略微有了一点世界意识。这种意识历经戊戌变法到辛亥革命前后的十几年，进一步加强。康有为告诉光绪皇帝，今之世非一统垂裳之时，当以列国并立之势治国，积极向西方学习，变法图强。孙中山的三民主义，融汇中西思想而成，包含着明显的世界化意识。

　　新文化运动前后，中国人的世界化意识达到了新的高度。陈独秀创办《青年》杂志，发表《敬告青年》一文，宣示六大宗旨，其第四项即专门阐发"世界的而非锁国的"重大意义。其他新文化运动的领袖如胡适、李大钊、鲁迅等人也都有明确的世界化意识。

　　世界化意识对于实现中国的近代文化转型具有关键性意义。没有世界化意识，没有与外来文化的充分接触，我们无法真正认识世界，不太能心安理得地肯定别人的长处，进而虚心学习。总结本土文化也绝非易事。俗语说，当局者迷。我们生长在本民族文化的氛围中，不容易全面地看清这个文化的本来面貌，只有能够多少超脱本土文化的局限，对世界文化有所了解，具备世界化眼光，才有可能对本土文化有更清楚的认识。中国古代学者之所以不能摆脱孔孟的窠臼，不能对古代文化做出批判性的总结，除了其他原因之外，他们缺乏世界文化的知识，没有比较和参照的材料，没有世界化的眼光，是一个重要的原因。民族文化的自信心绝不是靠关起门来自吹自擂能够培养起来的，只有参与整个世界规模的文化交流与竞争，经历考验，弃旧添新，长足进步，为人类多做贡献，才是加强民族自信心的可靠途径。我们应当相信，在这种世界规模的文化交流与竞争当中，凡是我们民族确有的长处，绝不会丧失，只会发扬光大；而那些一经与异域文化接触就如泥菩萨过河一样的东西，断然不是民族文化中值得珍惜的东西。我们所失掉的，只会是那些往古时代遗留下来的各种赘疣，而我们所得到的，将是更加旺盛的民族生命力。

必须指出，我所说的世界化，同当下流行的所谓全球化意义是不同的。全球化是跨国垄断集团为谋求利益最大化而拼力将自己的产品、品牌、资本及经营方式扩展到全球。这是它们把已成的模式强行推及世界。我所说的世界化，既不是把某个国家、地区或跨国集团的某种已成的东西推及全世界，也不是把世界各国的东西杂汇到一起形成某种超乎各国的东西，而是世界各国在平等相处、自由往来的基础上，各自选择吸收自己所需要的东西；同时把自己的优秀的东西贡献给世界；如此形成一种对世界各国家、各民族有益无损的、良性互动的发展过程。

（2）再谈个人的解放。考察一下世界各主要民族的文化发展，可以发现，凡一个文化能明确肯定人的价值，张扬人的个性，其社会就有生气。因为个人是人类社会的基本单位，只有个人的价值得到肯定，个性能够得到发扬，个人创造能力才能得到发挥，社会才有生气，文化方有可观。反之，一个社会若蔑视个人，否定个人的价值，压抑个人的个性，个人的才能就难以发挥，社会必无生气，文化必黯淡无起色。中国古代文化最灿烂的时期是春秋战国时期，活跃在那个时代的重要人物，大都有鲜明的个性。五四时期中国文化的繁荣，也得益于那个时期的思想精英对于个性主义的倡导。改革开放以来，中国之所以飞速发展，根本原因是中国的改革逐步朝着解放人的方向走，使人的聪明才智能够有所发挥。近代欧洲的发展，起点就是文艺复兴对于人的解放。对人的理性、欲望、价值、权利的肯定，在现代化中具有根本性的意义，世界各国的现代化都离不开这一点，现代文化的基本特性根源于"个人"的解放、"个性"的张扬。

个性主义，本质上与西方的个人主义是同一的东西，只不过由于两千多年来，中国人久处专制主义桎梏之下，人们对个人主义一直存有根深蒂固的恐惧和敌视。中国人常常把个人主义等同于个人中心主义、"自私自利"，一旦倡行个人主义，就担心"人欲横流"。"个人主义"作为一个名词，在辛亥革命时期就已经出现，当时人对于这一概念的使用比较复杂，有些人的用法比较接近于西方的 individualism，但多数人用到这一概念时，就将它等同于自私自利、个人中心主义。在新文化运动时期，在那个中国近代史上最提倡个性解放的年代，人们也还尽量避免直用"个人主义"这个词，而经常说的是"个性主义"或"个性解放"。如果要说"个人主义"，往往要加上形容词，称为"健全的个人主义"。

其实，个人主义只是强调个人自由权利的保障、个人的尊严，个性的发扬、个人创造精神的发挥，与自私自利、罔顾社会利益完全是两回事。任何一个主张伸张个人自由的思想家，都没有把承认"个人的价值"、承认个人的自由归结为"个人自私自利"。恰恰相反，他们强调的正是个人价值的确立，个人创造性的发挥最有利于社会公共的利益。他们相信，若不允许"个人"得到健康的发展，不使每个人有创造的机会，这个社会就不可能进步，就可能停滞、枯萎。弥尔说："凡在不以本人自己的性格，却以他人的传习或习俗为行为准则的地方，那里就会缺少人类幸福的主要因素之一，而所缺少的这个因素同时也是个人进步和社会进步中一个颇为主要的因素。"新文化运动时期，最积极提倡"个性解放"的胡适，恰恰提倡"非个人主义的新生活"，他反对放纵的自由，也反对独善主义，强调"个人——小我"应当对"社会——大我"负责任。他解释个性主义有两个最基本的条件：一是个人要有自由意志，二是个人要对自己所言所行负责任。因为你的主张、你的行为是你经过怀疑、思考然后自己做出的选择，是出于你的自由意志，不是他人强加于你的。所以，你必须对自己的言行负责任。中国人因为排斥个性主义，所以总是起哄者多，负责任者少。

有人或许担心，中国人本来就被人称作"一盘散沙"，若提倡个人的解放，岂不是更加没有凝聚力了吗？这是绝大的误解。自从有了人类社会，个人从来都不是，也不可能脱离社会长期地单独生存，总是以一定的形式生活在某种群体中。问题是什么样的群体，在这样的群体中相互关系如何？近代以前的中国人，生活在种种旧式的群体里，如四世同堂乃至五世同堂的大家庭，同居一村一镇的同祠宗族，或因天灾人祸而从原有群体中游离出来的分子组成的会党，等等。这些群体都不是建立在个人意志自由的基础上的，家长、族长或会党的头目都不是志愿联合起来的各个成员选举出来的。然而他们却对属下拥有生杀大权，各成员只有听命服从的份儿，绝无自由发表主张的权利。所以这些群体都算不上是集体或团体，而只是一个整体。所谓整体与集体的区别在于，集体是各个个人基于自由意志和对共同需要、共同利益的共同关切而结合在一起的。因此他们内部的关系是一种契约的关系，每个人尽到应尽的责任和义务，便可享有他所应有的权利。集体的负责人同样有其应尽的责任和义务，他们的权力是被规定的，不可超越规定的范围。所以，他们对各个成员没有随意处置的权力。集体的任何成员，依据个人意愿在履行契约规定的条件下，可以自由出入。整体则是从一个大的整体或先在的整体中派生出来的（如家庭、宗族，以及旧时国家各层级的机构），或是由地域观念衍生出来的（如同乡会），或是由于偶然的原因凑合在一起的（如会党）。整体中的成员，没有自由意志，也没有确定的责任观念与权力观念，他们对头领必须绝对服从，而头领对属下成员则拥有绝对权力。整体的成员不可以自由出入，入则须宣示效忠，出则被视为叛逆。中国人长期生存于这类整体中，一旦他们离开原来隶属的整体，就不善于应对社会上的种种问题，不善于与他人相处。所谓"散沙"，就是这样形成的。中国人并非在任何情况下都是"散沙"，在他们所隶属的整体里，只要其头领有威望，作为一个整体，他们是有相当的凝聚力和相当的对抗力的。

但近代社会转型期，由于经济生活方式的变化，交通的发达，新思想、新观念的传播，旧的整体受到很大的冲击，头领的权威遭到挑战，整体的凝聚力大为减弱。所以它作为一种社会结构，已变得脆弱不堪。整体渐渐丧失其保护成员的能力，其成员也不再坚守效忠旧整体及其头领的信念。在这种情况下，游离于社会的"散沙"便越来越多，于是造成中国人是"一盘散沙"的印象。但同时，生存方式已有所变化，又接受了新思想、新观念影响的一些人，开始尝试带有社会性的新的结合方式，按行业或纯粹按志趣结合成团体。前者如清末开始有的商会、教育会等，后者则有矢志革命或矢志改革（包括政治改革和其他社会事业的改革）的团体。根据我的研究，从事和平的政治改革和各项社会事业改革的团体，会具备较多的近代性，他们不仅因志愿相同而结合，而且内部关系带有契约性质，进出自由，有的还颇能实行民主的议事方式。革命团体因受旧式会党影响较大，加之，在统治集团的剿杀政策之下，其活动多采取秘密方式。所以，其内部关系仍保留一些会党的遗风，没有自由出会的观念，一旦自行出会，往往被视为叛徒。民国以后自由组织团体的风气大开，到新文化运动起来之后，在各个领域、各种事业中，自由结合成立的社会团体，其数量简直无法统计。但在激烈风潮中建立的社会团体，往往缺乏巩固的经济基础和社会基础，成之也速，散之也速，旋兴旋灭。

由解放了的个人，做社会的结合，乃是造成真正新社会的根基。国家是由自由的个人通过"社会的结合"而建造起来的最大团体。所以，先有个人，后有国家，国家是为保护个人的权利而建立起来的。这种基于个人的权利的国家观念，彰显出民主政治与个人、个性的内在关联。个人的解放与独立，亦即个性主义，是民主的起点，也是民主的落脚点。没有个人的解放与独立，即没有个性主义，民主无法落到实处。由此更显出，个性主义的确是近代中国思想文化发展的一个基本的趋向。

由于世界化，我们得以分享人类一切进步的成果；由于个性主义，人民的创造力得以充分发挥；这使我们不断进步，不断提升，故可立于不败之地。

我们写的这部中国近代思想通史，要抓住世界化与个人的解放这两个基本趋向，作为贯穿全书的基本线索。为了贯彻这个想法，在写作中，我要求各卷作者尽力做到下述各点。

第一，力求既要反映中国近代思想的全光谱，同时又要突出重点。中国近代思想非常复杂，有历史相传下来的，有外国输入进来的，又有中西混合或中西结合产生出来的；有非常激进的，有相对稳健的，也还有比较保守的、非常保守乃至顽固的。本书在叙述中，力求照顾到思想的全光谱，使我们研究和揭示的思想，有比较清晰的社会与历史的位置。但是，我们也必须注意抓住各个时期的重点。什么是重点？最能紧扣中心线索的思想是重点，最能反映当时人们关注的社会焦点问题的思想是重点。

第二，因为我们强调思想是为应对现实社会问题而起的，所以，我们努力避免静态化和平面化的表述，力求动态地、立体地呈现思想的产生、发育、成熟、传播与实践的过程。为此，必须注意揭示思想产生的背景、渊源，或输入的途径，以及提倡者、传播者、信从者的情况，还有相关思想的会通，不同思想间的论争，等等。有时由于材料的限制，或者由于我们的分析不到位，完全做到这些要求，的确不容易，但我们必须提出这种要求，尽量去做。

第三，不要写成政治思想史。我们前面说过，我们选择一种可算是最基本最正宗的思想史写法，依照问题—思想—传播—实践的过程来叙述。因为社会提出的问题，往往最直接地指向政治，如果眼界不开阔，思想不深刻，很可能只停留于政治层面思考问题，那样，就写成政治思想史了。为避免如此，就须开阔眼界，深入思考。社会提出的问题，绝不会只限于政治层面。而且同样的问题，在不同的人那里，会引起不同层面的思考。我们充分注意到这些，就不会陷在政治思想的层面里出不来。

第四，要尽量克服传统学案式写作方法的局限，时时处处追寻思想的脉络，社会出现的问题如何引起人们的思考；不同社会地位的人，不同教育背景的人，产生怎样不同的思想；不同思想的论争，社会实践的检验，怎样造成不同思想的不同命运；如此等等。总之，我们着意要写的是思想的历史，而不是思想家或思想者的历史。

第五，要尽量注重研究的深度，充分显示我们自己的特色。思想史还是很年轻的学科，以往的思想史著作，特别是 20 世纪 80 年代以前的思想史著作，多半停留于介绍思想家的思想或各派思潮的情况，是介绍性的书，较少研究的意味。它们写出了有些什么思想，是什么样的思想；但为什么出现这些思想，这些思想何以是这个样子的？它们之间有怎样内在的联系？它们的发展趋向如何？对于这些问题，不是没有回答，就是只有表面的甚或是似是而非的回答。我们写作这部书，一定要回答这些问题。或许我们的研究有不够系统、不够深入的地方，回答得不够圆满，但我们不可回避这些问题。回答这些问题就是研究的功夫。

我在总结写作《近代中国文化转型研究导论》一书的经验时说过，科学研究最基本的途径就是跟着事实和逻辑走，要尽可能充分地占有材料，掌握事实，合乎逻辑地进行具体分析。我的这种想法，是从 20 世纪 50 年代阅读《资本论》的时候开始形成起来的。我以为，这就是马克思主义的基本理论和基本方法。

遵循同样的理论与方法，写出来的东西并不会完全一个模样。一部真正富有研究意味的著作，总会显出一定的特色。这种特色要有新材料、新见解或新方法来支撑。我在前面已经说过，中国近代思想史是一个富矿，里面有太多的东西待我们去发掘，包括尚未被利用的材料，尚未被研究的问题。有些材料即使曾被利用过，也还可能从某些材料中看出新的意义来，为新见解提供支撑。同样地，即使有些问题曾被研究过了，却仍可以从不同的角度、不同的层面，使用不同的材料和不同的方法做再研究，提出新的结论。新见解的提出，不是一时的感想、议论，而应该是有充足的材料和系统的研究、详慎的论证。

本书的作者努力按照这些要求来进行写作，无论能达到什么程度，对于我们都是一次很好的训练。

五

写作一部《中国近代思想通史》，是我一直有的一个愿望。1990年，我提议在近代史研究所创建近代思想史研究室，就同这一愿望有关。我希望借此培养和训练人才，为将来写作思想史做准备。1992年，近代思想史研究室经院里批准正式成立。可以说，自那时以来，我和研究室的中青年同事所做的基本工作，都是为写这一部《中国近代思想通史》做准备。

我们所做的第一项工作是研究"近代中国人对民主的认识与实践"。因是第一次做集体研究，缺乏经验，进展较迟缓。我对全部书稿做了认真仔细的修改，到2001年，全部书稿始告成，2003年出版，书名为《西方民主在近代中国》。此书首次揭示出，近代中国人对民主的认识，逐步深入；而建立民主制度的实践，却越来越趋于形式化。

紧接着做的一项工作，是研究近代中国文化转型的历史过程。经过反复思考，我们决定采取专题研究的办法，试图从各个不同的侧面，来揭示近代中国文化转型的过程。全书共九卷，分别从社会结构的变迁、生活方式的演变、思维方式的转变、价值观的转变、西学东渐、近代学术体制及科学体制的建立等几个方面加以研究，来展现近代中国文化转型的基本轨迹及其内在机制。我所撰写的一卷《近代中国文化转型研究导论》，是全书的纲领。此书于2008年出版，受到海内外学界的关注和好评。"导论"卷，已有英文版、韩文版，西班牙文版正在翻译中。

以上两项工作，为我们现在这部《中国近代思想通史》的写作，打下了较好的基础。本来，我想让大家稍停下来，做一些休整，以利今后的工作。但研究室的部分同事急切希望立即着手思想史的写作。他们很快就把向院里申请立项的材料准备起来，要我报告上去，不久就获得批准。那是 2008 年秋天的事。我自知已经年过七十，此项工作确实不能再拖延，就只好老骥伏枥，再上征程。我把他们原报上去的十卷书，压缩为八卷。照我的想法，有五卷就足够了，但上面批的是十卷，我要削去一半，很难被认可。

这八卷书的安排是这样的。

第一卷（大致时间区限是 1840 年前后至 1860 年代初）

本卷先用一部分篇幅，把清代思想做一番回顾与总结，这个很有必要。因为中国近代之幕，是帝国主义用大炮轰开的。这容易使人产生疑问，难道没有帝国主义入侵，中国就没有走向近代的机会了吗？显然不是这样的。那么就产生进一步的疑问：清代思想到底是什么样子？它为中国走向近代准备了怎样的基础？特别是人们对明末历史的研究发现，当时已经有些虽不明显，但已略显出一些异于传统的东西在萌动，在滋生；在文学艺术方面，在社会风俗方面，甚至在政治、经济方面，都不同程度地有所反映。清军的武力征服暂时打断了这个进程。但凡是社会上产生了的东西，是不会被消灭得无声无息的，它们会以种种形式顽强不屈地、变相地隐存起来。仔细研究清代考证学的发达和自然人性论的提出，我们认识到，这些东西实质上是隐曲地朝向扬弃传统的方向发展。

这一卷的主体内容主要是两方面：一方面是揭示鸦片战争前后的思想变化，例如，经世思想的抬头，变革思想的萌动，西学的初步传播等；另一方面是探讨太平天国运动在思想史上的客观意义。

第二卷（大致时间区限是 1860 年代初至 1894 年甲午战争前）

本卷是写在内外交逼的危机形势下，清朝廷部分略能开眼看世界的官员勉力开启的自强运动。开启此项运动的官员们都认识到，中国面临数千年未有的大变局。在此种意识支配下搞起自强运动，就仿佛堤防决了一个口子，再难封堵。主事者虽然只是想略仿西洋造一些炮、船和办一些简单的民用工业，可是口子既开，人员、物资的交流，难免把思想、文化之类的东西也带进来。在自强运动期间，西方政治及一般社会管理的思想已经有不少被介绍进来，呼吁改革的主张，渐成舆论所趋。由此，科学、教育、卫生、出版等方面近代性的事业也都开始萌生。这个变化过程，由沿海口岸城市，特别是上海，向内地逐渐辐射，渐推渐广。

第三卷（大致时间区限是 1894 年甲午战争前后至 1905 年）

本卷是写在自强运动未达预期效果的情况下，部分先觉的人士掀起政治改革的运动。康有为、梁启超及谭嗣同等发起的戊戌维新运动，虽仅百日而失败，但它所发生的启蒙性影响是长期存在的。后来的立宪运动，甚至在某种程度上，对于后来革命力量的集结，也是有某种影响的。我常常把谭嗣同的思想和牺牲精神，看成是后来改革派与革命派共同继承的精神遗产。维新运动造成的有形遗产是京师大学堂的建立以及千余年的科举制的废除。在迎接改革运动与革命运动高潮的过程中，近代民族国家的思想观念渐臻形成，个人、世界都有了一定的觉醒。

第四卷（大致时间区限是 1905 年前后至 1915 年前后）

本卷是写立宪运动和革命运动进入高潮期，对清王朝从内部和外部同时给予打击，最终推翻了清王朝，结束了两千多年的君主专制制度。革命党与立宪派的论争，使中国人的政治思想空前活跃起来，既有对西方近代政治思想及其制度的介绍与深入认识，也有对中国传统政治思想和制度的批判性反思。

辛亥革命后建立起来的民主共和国，在建立民主制度方面做了勇敢的尝试。但终因社会基础有欠缺，革命党和立宪派未能联合对付反共和的势力，都付出了很高的代价。旧势力却演出了两度复辟的闹剧，都迅速失败。这表明尽管中国尚未形成民主制度的可靠基础，但任何倒退的选择，都是没有出路的。这期间，思想家和学者们，针对什么样的政治制度和体制才适合中国的问题进行了广泛且有一定深度的讨论与探索。

第五卷（大致时间区限是 1915 年前后至 1923 年前后）

这恰是新文化运动时期，新旧思想、中西文化的冲突都达到高潮，思想斗争相当激烈。由文学革命拉开大幕，白话国语渐次通行，思想革命奔流勇进。人民中久被压抑的个性觉醒、奋兴，有时不免出现偏激。相继发生多次论争，反映出中国人对世界化的大势，对个人的解放达到了新的认识高度。科学民主的观念得到传扬。这是一场思想启蒙运动，也是一场文艺复兴运动。新思想、新道德、新生活毕竟更适合个性的畅发，和生活品质的提升。因此，在非暴力的范围内，它们具有无法抗拒的力量。五四运动的爆发，造成空前的社会动员的局面，广大的社会阶层，不期然而受到这个新文化运动的初步洗礼。更重要的是，五四运动打破了新文化运动倡导者们先不谈政治，而一心一意地为新社会打造思想文艺基础的梦想。原来大体一致的新文化阵营开始分裂。他们分别成为自由主义、三民主义以及社会主义政治的有生力量。新文化运动和五四运动所造成的最重大的结果是马克思主义的传播和中国共产党的成立。

第六卷（大致时间区限是 1924 年前后至 1930 年前后）

这是"五四"后政治力量继续分化的时期。原来以孙中山为代表的革命党吸收了一部分新文化运动的思想和力量，重新解释三民主义，联合新生的中国共产党，演出了一场有声有色的国民革命运动。但不久就在国内外矛盾的作用下，爆发国共分裂。共产党开始武装斗争，并探讨符合中国实际的革命道路。国民党思想开始后退，从民主主义转变到威权主义，走向党国主义。新文化运动中的自由主义力量在这时期稍稍形成一个不很紧密的政治力量。他们既反对共产党的所谓革命，也反对国民党压制人权的党国主义。曾经兴盛一时的国家主义思潮，因严重脱离实际而没有产生多大实际的影响。关于中国社会性质的论战，彰显出社会主义逐渐扩大影响的趋势。

第七卷（大致时间区限是 1931 年至 1937 年）

这是从日本侵略者发动九一八事变，到全面抗战爆发的一段时期。九一八事变后全国民族主义高涨，国民党的"剿共"政策备受指责。几经斗争，在国内外形势的逼迫下，在全国抗日舆论的压力下，到 1937 年七七事变之后，终于实现国共联合、全国共同抗战的局面。思想界一方面为应对民族危难，一方面也为中国未来的发展，就政治、经济、文化等方面一些带有根本性的问题进行了有相当深度的讨论。这些讨论对抗战时期，乃至战后时期的思想、学术都有一定的影响。

第八卷（大致时间区限是 1937 年至 1949 年）

这是包括全面抗日战争和解放战争的时期。因为是在战争环境下，缺乏从容讨论的环境，思想界明显地紧随着客观形势的变化而变化。中国共产党的抗日民族统一战线的思想、理论和政策，以及对于马克思主义中国化的努力，是保障抗日战争和人民解放战争取得胜利的主要条件。而国民党的党国主义一直没有认真反省和做出切实调整，其一个党、一个领袖、一个主义的政策越来越不得人心，在抗战胜利后迅即陷于自我腐败，分崩离析。

中国共产党赢得政权，建立新中国。

在抗日战争时期，在民族主义广泛而深入传播的环境下，由于思想学术界对传统思想的新解读，出现新儒家这一学派。这对以后的中国思想界产生了深远的影响。

以上是对本书各卷内容的扼要介绍，下面再略为介绍一下此书的写作经过。

在撰写此书的开始阶段，我们举行两次正式的研讨会：第一次是 2010 年春，讨论各卷的提纲；第二次是 2011 年夏，讨论各卷样稿。因此书与前一部"文化转型研究"的书不一样，前部书，是各卷各写一个侧面，各具相对独立性，在写法上容许略有参差。这部书是按时序统贯下来，是一个整体，故写法上要力求互相接近。讨论样稿，就是为使各卷作者在写作方法上，能尽量互相照应。

以后课题组又开过若干次工作会议。在这些工作会议上，除了讨论一些学术上的重要问题之外，另一个较突出的内容，就是进度问题。院里自然希望每一个研究课题，都能按计划准时结项。出版社方面也同样希望此书能像预计的那样及时交稿，及时出版。但我们实际从事研究工作的人，从事写作的人，总是有不一样的感觉。在研究和写作的过程中，总感觉越深入下去，越见难度，材料总是越看越多，问题总是越研究越显复杂。如何寻出材料间的内在联系？如何恰当地表述那些与时代紧密相连，有时与社会脉动完全相应，而有时却又与社会的脉动并不直接相应的思想脉动？所有这些，都是十分费时费力费思索的事情。因此我们的工作进展总是嫌慢了些。

本来，科学研究工作是很难计日程功的。已故的李新先生常说，各项工作都可以提前完成计划，唯独科研工作很难如此。这是合乎实际的老实话。我常想，一个比较好的学者，一生中能够精心结撰一两种或两三种有独立价值的著作，就算很可以了。可是现有的科研管理体制与机制，是鼓励人写得越多越好，越快越好。在这样的条件下，指望有更多好的著作出来，更多更好的人才出来，很不易。

在讨论提纲和讨论样稿的会上，以及历次的工作会议上，我都有总结讲话。这些讲话关涉全书的内容重点，贯穿全书的中心线索、写作方法、各卷衔接等全局性的理论问题、方法问题和技术问题。后来我曾经把这些讲话的记录整理稿分发给各卷作者，希望他们能尽力贯彻这些讲话的精神，把此书写成一部资料详备，整体贯穿，中心线索明确，分析有深度，见解有创新的，有自己特色的，有较高学术价值的书。

当然，希望终归是希望，我不能指望各卷的作者都能同等程度地领会我的想法，同等程度地完成我预先的设想。但我还是相信，我们这部书，肯定同以往出版的各种同类作品，乃至以后相当时间内出版的同类作品，都会有明显区别，有自己的特色。

我们的工作，曾预定在 2015 年完成。但 2014 年的下半年，本课题的人员都被征调去参加由中国社会科学院院长王伟光先生主持的"中华思想通史"特大项目，于是本书的写作停止下来。搁置四年多以后，直到 2018 年秋天，我才又把这项工作重新抓起来。长时间的停顿，骤然重启，免不了要多费一些功夫。这时，因种种原因出现内部和外部一些原来预想不到的困难。但在中国历史研究院领导的关心和支持下，总算克服困难，终于完成了这部《中国近代思想通史》的写作。

现在这部书即将与读者见面，这个孕期超长出生的孩子，她的体质状况到底如何，要接受大家的检验。我诚恳地希望得到学界和读者的批评与指正。

附录一：中国近代思想史研究的学术回顾

邱志红

柯林伍德（Robin G. Collingwood，1889 – 1943）曾说，"一切历史都是思想史"，这是很有道理的。因为历史是人创造的。而人之所以能创造历史，是因为他们有思想。虽然思想史学科是作为中西文化结合的产物，从五四新文化运动以后才逐渐发展起来的，但在中国传统经学史、学术史之类的著述中，不乏大量思想史的内容与资料。中国近代思想史研究，如果从梁启超1920年始撰《清代学术概论》算起，已经走过百余年的发展历程，研究成果蔚为大观。如今在中国大陆、中国台湾乃至美国和日本，都有很多学者在从事中国近代思想史和相关主题的研究，研究成果甚丰。但思想史是历史研究中一大富矿，至今仍远未充分发掘，中国近代思想史的研究，尤其如此。本文拟对海内外有关中国近代思想史研究的学术历程、学术成果进行较全面的回顾与盘点，以供学界同行参考。[①]

[①] 关于中国近代思想史研究的学术回顾，已有学者发表过多篇述评，代表性的有王尔敏、郑宗义《中国近代思想史研究的回顾》（收入《六十年来的中国近代史研究》上册，台北"中研院"近代史研究所1988年版，第1—46页）；〔日〕后藤延子著，《日本对中国近代思想史的研究》（《现代外国哲学社会科学文摘》1990年第1期）；马若孟（Ramon H. Myers）、墨子刻（Thomas A. Metzger）合著，刘纪曜、温振华合译《汉学的阴影：美国现代中国研究近况》（《食货月刊》第10卷第10、11期，1981年），沙培德（Peter Zarrow）著，蔡慧玉译《近期西方有关中国近代思想史的研究》（《新史学》第5卷第3期，1994年），〔日〕绪形康《日本中国近现代思想史研究的历史与课题》（《国际儒学研究》第7辑，国际文化出版公司1999年版），龚书铎、董贵成：《50年来的中国近代思想史研究》（《近代史研究》1999年第5期）；郑大华、贾小叶：《20世纪90年代以来中国近代思想史研究的回顾与展望》（《教学与研究》2005年第1期）；左玉河：《30年来的中国近代思想文化史研究》（《安徽史学》2009年第1期）；（转下页注）

一　中国学者的中国近代思想史研究

（一）启动、萌芽：1949 年以前的中国近代思想史研究

中国固有学术中，向来只有经学史、学术史，没有思想史的名目。"思想史"（History of Thought 或 Intellectual History）是受外来学术影响在近代特别是"五四"以后才渐渐兴起。其初，因受根深蒂固的史学传统以及学术不分科观念的影响，民国学人仍习惯采用学案式的著述方式来处理近世思想问题，甚至也未将思想史与学术史、经学史或哲学史做出明确区分。举凡重要的学术史经典著作，往往同时也是思想史意义上的权威作品。

例如梁启超、钱穆有关清代学术史的研究，就涉及部分中国近代思想史命题的讨论。1904 年梁启超为其流寓日本期间所作《论中国学术思想变迁之大势》补写第八章"近世之学术"时，对清晚期今文学之起、康有为改制说与三世说等近代思想内容有很精要的论述。虽然整部书论及近代部分只有区区五六千字，其中很多重要的部分尚付阙如，但梁氏的这部尝试之作仍可视为近代出现的第一本近乎思想史的著作。① 五四以后梁启超在接受胡适劝告记述自

（接上页注①）王毅：《新世纪以来中国近代思想史研究的回顾与展望》（《教学与研究》2010 年第 3 期）；欧阳哲生：《作为学科的中国近代思想史研究》（《社会科学论坛》2013 年第 6 期、第 7 期）；邹小站：《中国近代思想史研究的新趋向》（《近代思想史研究》第 10 辑，社会科学文献出版社 2013 年版）；段炼《近 20 年来中国近代思想史研究的新进展》（《史学月刊》2015 年第 1 期）；傅扬：《思想史与近代史研究：英语世界的若干新趋势》（《中研院近代史研究所集刊》第 99 期，2018 年），郑大华主编《当代中国近代思想史研究》（中国社会科学出版社 2015 年版），等等。本文写作过程中，对上述综述文章多有参考和吸收。

① 《论中国学术思想变迁之大势》，汤志钧、汤仁泽编：《梁启超全集》第 3 集，中国人民大学出版社 2018 年版，第 98—105 页。

己"躬与其役"的晚清今文学运动，同时也是专门论述清代"思想界之蜕变"的《清代学术概论》（上海商务印书馆 1921 年版），以及开总结时代思想学术研究风气之先的《中国近三百年学术史》（上海民志书店 1926 年版）这两部经典著作中，强调"中国之学术思想，随政治为转移"，从"学术源流"和"学术流派"的角度对晚清今文学派和谭嗣同、章太炎等思想家的学术思想进行了精湛的论述，并揭示了严复、孙中山、范源廉等代表的新思想运动的发展方向。特别是梁氏在《清代学术概论》中提出"时代思潮"的概念，并谓每一时代思潮皆可分为四期："一、启蒙期，二、全盛期，三、蜕分期，四、衰落期"，其说颇为学者所借鉴。[①] 1937 年钱穆的同名著述《中国近三百年学术史》则明显沿用传统的学案体例叙事，以人物为主线，为晚清时期的龚自珍、曾国藩、陈澧、康有为等各辟专章，对其思想进行了深入考述与评析。[②]

如果说上述梁、钱的著作偏重思想史中"学术"这一脉络的话，蔡元培、侯外庐、贺麟关于近代学术思想的研究则更具思想史中的哲学倾向。早在 1923 年，蔡元培就在《五十年来中国之哲学》一文中，从"西洋哲学的介绍"和"古代哲学的整理"两方面，对中国近代思想进行了哲学意义上的系谱化的总结，所涉内容包括严复对斯宾塞群学的译介，王国维对叔本华哲学思想的译介，李石曾对尼采思想的介绍，张东荪、张君劢对柏格森哲学的译介，胡适对杜威实验主义哲学的译介，赵元任对罗素学说的翻译，以及康有为、谭嗣同、宋恕、夏曾佑、章太炎、胡适诸人在哲学思想研究方面取得的成绩。[③]

贺麟结集 1930 年代至 1940 年代中期数篇有关中国近代哲学史

---

①　《清代学术概论》，汤志钧、汤仁泽编：《梁启超全集》第 10 集，第 213—296 页；《中国近三百年学术史》，汤志钧、汤仁泽编：《梁启超全集》第 12 集，第 334—346 页。

②　钱穆：《中国近三百年学术史》，台湾商务印书馆 2009 年版，第 580—785 页。

③　蔡元培：《五十年来中国之哲学》，《最近之五十季》，申报馆 1923 年版。

论文而成的《当代中国哲学》一书，更是明显偏重哲学一线的思想史著作。作者从"中国哲学的调整与发扬""西洋哲学的绍述与融会""时代思潮的演变与批判""知行问题的讨论与发挥"四个议题，集中讨论了数十位在中国哲学上有贡献的思想家的思想，作者尤其强调与同时代的其他著作相比，他不仅重视康有为、谭嗣同、章太炎等这些不在世的思想家的思想学问，更敢于批评陈述同时代如梁漱溟、孙中山、蒋介石等人的思想。[①]

对于完整意义上中国近代思想史研究的发蒙，郭湛波无疑是开拓性的人物。学界普遍认为郭氏 1935 年出版的《近三十年中国思想史》，是真正名实相符的中国近代思想史著作。该书成于 1934 年 9 月，1935 年 11 月由北平大北书局出版。全书计分 8 篇，从康有为、谭嗣同、梁启超，写到同时代的胡适、梁漱溟、郭沫若、李达、陶希圣等共计 17 位思想家，评述他们各自在近三十年中国思想史上的贡献，进而揭示近代思想的演进。书中论述了 1920、1930 年代的几次思想论战，以及陈独秀对马克思学说等新思想的介绍等，大致勾勒了甲午至 1930 年代中期中国思想演变的基本进程。该书一年后修订再版时易名为《近五十年中国思想史》，在前书基础上，增补张东荪、金岳霖等思想家，并扩充思想家政治思想的内容，以及本位文化之争的思想论战，使得全书内容更加丰富。整体而言，作者将清末甲午战争前后到 1930 年代中期近五十年时间分成三个时期加以论述。第一时期，甲午战争至辛亥革命，名曰"农业宗法封建社会思想之回光返照"；第二时期，自民国成立至北伐成功，涵盖新文化运动时期，名曰"工业资本社会思想输入"；第三时期，由北伐成功至 1930 年代中期，名曰"由工业资本社会自身的矛盾，所产生的社会思想"。作者预设三个时期的框架，并各命以独特的名称，然后，将要叙述的思想家分别装入各个时期的框架里，有些地方不免略显扞格。例如把梁启超、孙中山放

---

① 贺麟：《当代中国哲学》，（南京）胜利出版公司 1945 年版。

到"农业宗法封建社会思想之回光返照"这个框架下加以论述，就欠妥当。但是值得一提的是，书中论述的对象多为作者同时代人物，且大多在书出版时还健在，郭氏在无可借鉴的境况下采用口述、通讯调查等方法搜集资料，可谓别具一格，开风气之先，也奠定了郭著在中国近代思想史研究的重要地位，标志着思想史学科在近代中国的诞生。[①]

　　第二部近代思想史的著作是侯外庐《中国近世思想学说史》，该书上下册1944年至1945年初版于重庆，1947年在上海重版时更名为《近代中国思想学说史》。侯氏此书是中国学者努力用马克思主义作指导，来研究中国近代思想史的第一部著作。全书贯彻了用经济社会及阶级关系之变动来解释思想家的思想。侯氏著作此书时，尚无明确的近代观念。他从17世纪写起，直到民国初年。全书分三编，第一编写17世纪所谓"启蒙思想"；第二编写18世纪所谓"汉学运动"，即通常所说的清代考据学；第三编写清末至民初的思想。按我们今天公认的"近代"观念，其第三编（即该书的下册）才属于近代思想史的范围。第三编名曰"中国第十九世纪思想活动之巨大转变"，首写经今文学的兴起与魏源、龚自珍的思想，重点是龚自珍；次写康有为与维新运动，重点是康有为。值得注意的是，作者专设一章讲谭嗣同，而对于梁启超只在叙述康有为变法活动中顺便提及。而于革命家章太炎，则用了占全书（指下册）百分之四十以上的篇幅。作者对章太炎的学术思想与学术贡献有很充分的论述，大多亦较中肯。清末至民国初年这一时期，以梁启超的思想为代表的和平改革思想和以孙中山的思想为代表的暴力革命思想之间的矛盾，具有非常重要的意义。但侯氏此书却没有写梁启超与孙中山，是很大的缺憾。[②] 此外，诚如作者所言，写

---

　　① 郭湛波：《近三十年中国思想史》，北平大北书局1935年版；《近五十年中国思想史》，北平人文书店1936年版。

　　② 侯外庐：《近代中国思想学说史》，生活书店1947年版。

作时正值战争年代，受种种客观条件限制，最终无法完成系统完整的近代思想史著作的创作。① 这一部分内容在侯先生辞世之后，以《中国近代启蒙思想史》为名修订出版，与其以《中国近世思想学说史》前两编为基础补充修改而成的《中国早期启蒙思想史》遥相呼应。② 内容以前书最后五章为主，略去龚自珍，开篇首论康有为，并且附录部分增补了有关洪秀全、洪仁玕、严复、孙中山、鲁迅思想的几篇论文，既体现了侯先生独特的学术思想史分期观，也集中展现了侯先生有关中国近代思想史的研究成果。③

郭湛波与侯外庐都还不曾对思想史研究的范围做出清晰的界定，所以其书中都有大量非思想史的材料。同时，两氏的著作也还没有摆脱传统学案体的影响。

除了上述研究成果之外，这一时期中国近代专门思想史领域也有著作问世。朱升苹的《现代中国政治思想史》[（上海）现代书局 1935 年版] 也是值得重视的一部早期中国近代思想史著作。该书将清光绪以来的中国政治思想发展分为启蒙时期、全盛时期和转变时期三个阶段，分别介绍和分析了各个阶段不同思想流派代表人物的政治思想，包括康有为、谭嗣同、章太炎、孙中山、汪精卫、朱执信、廖仲恺、胡汉民、蔡元培、田桐、周佛海、李石曾、吴稚晖、刘师复、陈独秀、江亢虎、胡适、张东荪、曾琦、康白情、戴季陶、王恒、章士钊、梁漱溟、梁启超、朱谦之和张君劢等，所涉思想人物众多，且来自多个不同甚至对立的政治营垒，有的还正在从事思想和政治活动，作者能够做到尽可能"兼容并包"地全面且客观地予以介绍，难能可贵。因此，蔡元培在该书序言中，称作者"以冷静之头脑、纯洁之思想、超然之态度，旁搜博考，网罗现代富有思想各家之政论"编著此书，对其努力和成绩给予充分肯定。

---

① 侯外庐：《中国近世思想学说史》（下），重庆三友书店 1945 年版。
② 侯外庐：《中国早期启蒙思想史》，人民出版社 1956 年版。
③ 侯外庐：《中国近代启蒙思想史》，黄宣民校订，人民出版社 1993 年版。

此外，谢兴尧的《太平天国的社会政治思想》〔（上海）商务印书馆 1935 年版〕和彭泽益的《太平天国革命思潮》〔（上海）商务印书馆 1946 年版〕是专门论述太平天国时期政治思想的著作。而陈安仁的《中国政治思想史大纲》〔（上海）商务印书馆 1932 年版〕、韩梅岑的《中国政治哲学思想之主潮与流变》〔（重庆）青年出版社 1943 年版〕、秦尚志的《中国政治思想史讲话》〔（上海）世界书局 1945 年版〕也对近代政治思想有所讨论。

经济思想方面，1939 年赵丰田的《晚清五十年经济思想史》，把晚清（1861—1911）经济思想概述为"开源节流"与"兴利除弊"八个字，并从国民经济和国家经济两方面，对冯桂芬、薛福成、马建忠等十余位思想家的经济思想和理论观点进行系统的整理和评述，强调"求富强"乃"晚清五十年政治经济思想之中心"。[1] 赵著开晚清经济思想研究之先河，书中展示的丰富的经济思想史料尤为后世学者所重视。

检视 20 世纪上半叶，尤其是"五四"到 1949 年间的中国近代思想史研究，学术与哲学是重要的两个研究理路，讨论内容尤以哲学思想、政治思想为主，间或涉及经济思想，其大多未能完全脱离传统学案式的叙述模式。而无论如何，这些著作奠定了中国近代思想史研究的起点和基石。

（二）起步、初兴：新中国成立初期的中国近代思想史研究

1949 年以后，马克思主义被确定为国家和各项事业的指导思想，做思想史研究的学者自然皆努力用马克思主义指导自己的工作。这一时期也成为中国近代思想史研究的初步发展阶段。在 1949—1966 年的 17 年中，中国近代思想史研究领域在唯物史观指导下，无论在通史著作、人物思想研究、专门思想史研究，还是资料集、文集编纂方面，都取得了长足的进展。据不完全统计，这一

---

① 赵丰田：《晚清五十年经济思想史》，哈佛燕京学社 1939 年版。

时期国内出版有关中国近代思想史的书籍 10 余种，资料、文集、论文集汇编等 17 种，论文 110 余篇。

通史著作方面比较重要的有斐民的《中国近代思想发展简史》[（上海）时代书局 1949 年版] 和石峻、任继愈、朱伯崑编的《中国近代思想史讲授提纲》（人民出版社 1955 年版）。前者出版于新中国成立伊始，是个很简略的小册子，以一百多页的篇幅简述了从鸦片战争到新民主主义革命时期思想发展演变的历史，其马克思主义指导和革命史观是异常明确的。该书从近代史"三大革命高潮"（太平天国革命、义和团运动和辛亥革命）的革命史叙述脉络中，简单勾勒了从鸦片战争到新民主主义革命近百年来中国人民在反帝国主义反封建主义斗争中思想发展的历程，并对从太平天国空想社会主义到新民主主义几种主要思想的发生、发展与相互关系做了简要介绍。该书虽以"近代思想"冠名，讨论的对象已涉及狭义的"现代史"范畴。

《中国近代思想史讲授提纲》乃北京大学哲学系中国哲学组石峻、任继愈、朱伯崑为首次开设"中国近代思想史"课程共同编写的提纲式著作，以鸦片战争至中国共产党成立前这段历史时期为范围。该书有以下突出特点：（1）三位作者虽然都是哲学家，但他们较以往的思想史研究者更加注意思想史的范围，没有过多讲述哲学及其他非思想史范围的内容。（2）贯彻唯物史观，每讲一个时期，一种思想，都先交代其产生的历史条件。（3）构建起以革命史观和阶级斗争观点为核心，以革命思想批判改良主义思想为中心线索的近代思想史基本框架。（4）书中每一重要段落叙述之后，都引证毛泽东的著作，增强结论的权威性。还须指出，该书中对胡适的近乎全盘否定的严厉批判，反映了 1949 年后思想学术方面的"左倾"偏向。该书甫经《新建设》先行刊出，即引起学界关注和讨论。如冯桂芬是否应列入资产阶级改良派，关于中国近代思想史的主线、分期等，学界均有不同意见，其中尤以后者的争论影响较大。王忍之、徐宗勉对该书中强调中国近代思想发展过程主要表现为革命思想和改良主义思想两种不同路线的斗争的观点提出批评，认为中国近代思想史的主线应是新与旧的斗争，是西学与中学之争。① 鉴于对该书有诸多批评意见，哲学研究编辑部专门于 1956 年 4 月 21 日召开"中国近代思想史讲授提纲"的讨论会，会后指出："1. 写中国近代思想史必须贯串着思想斗争的线索；2. 贯串思想斗争应当将落后的反动的思想加以揭露和批判，即使在教学中也有这样做的必要；3. 应当重视思想的继承性，也应重视当时外来思想的影响；4. 整个思潮和个人思想应有很好的结合，特别要从研究整个思潮中来表述个人思想的变化和发展；5. 近代思想史和现代思想史的分期应当有很好的处理，不能一概用写通史的方法；6. 一本完备的中国近代思想史，应当包括经济、技术、文艺等思想发展在内，不应单注意政治思想一个方面。"② 上述意见对中国近代思想史的学科建设和发展产生重要影响。

　　这一时期，对近代人物思想的个案研究颇有成绩。受孙中山 90 周年诞辰、戊戌变法 60 周年、辛亥革命 50 周年等"历史周年纪念"的驱动，有关孙中山、康有为、梁启超、谭嗣同、章太炎思想的研究成为学者关注的热点。据不完全统计，这一时期发表有关上述五位思想人物的论文就有 60 多篇，涉及孙中山革命思想中的改良成分、康有为《大同书》成书年代和评价、梁启超后期思想的评价、谭嗣同的哲学思想是唯物主义还是唯心主义、章太炎在中国近代思想史中的定位等问题。人物研究的专书方面以杨荣国的《谭嗣同哲学思想》（人民出版社 1957 年版）、"王学华"的《孙中山的哲学思想》（上海人民出版社 1960 年版）、李泽厚的《康有为谭嗣同思想研究》（上海人民出版社 1958 年版）为代表。《中国近代思想家研究论文选》（生活·读书·新知三联书店 1957 年

　　① 王忍之、徐宗勉：《评"中国近代思想史讲授提纲"》，《哲学研究》1956 年第 1 期。

　　② 《〈中国近代思想史讲授提纲〉的讨论》，《读书月报》1956 年第 7 期。

版)、《中国近代思想史论文集》(上海人民出版社 1958 年版) 和
《中国近代人物论丛》(生活·读书·新知三联书店 1965 年版) 等
论文集中, 亦多关涉近代思想史的内容。其中杨著将谭嗣同的哲学
思想特点, 归结为属于"唯物论体系的'泛神论'思想", 是属于
"反封建经济与促进资本主义经济的思想", 又是属于"民主主义
与改良主义"兼有的政治思想, 其总的精神是从反对封建主义中
寻求"理性自由的解放", 充分肯定了谭嗣同的哲学思想。《孙中
山的哲学思想》乃王知常、王学庄与姜义华以"王学华"为名共
同撰写, 是新中国成立以来第一本专论孙中山哲学思想的著作。李
泽厚在《康有为谭嗣同思想研究》一书序文中提出:"不强调从思
潮着眼, 就无法了解个别思想家的地位和意义; 而不深入地剖解重
点人物, 也难以窥见时代思潮所达到的具体深度。"这一观点不仅
指出了既有思想史研究中存在的不足, 同时也揭示了进行社会思潮
研究的意义和路径, 对此后的思想史研究具有一定的方法论启发意
义。此外, 思想人物研究方面王栻的《严复传》(上海人民出版社
1957 年版) 也值得重视, 这是国内系统研究严复的第一本专著,
具有一定的开拓性。

　　需要指出的是, 1950 年代发起的声势浩大的批判胡适运动中,
把胡适思想作为资产阶级唯心论的代表给予全面的批判, 运动高潮
时报刊中登载的批判胡适政治思想、哲学思想、文学思想、历史观
等方面的文章多达千余篇, 不久, 选编成《胡适思想批判》八辑
出版。这些相关评论和批判的文章已远超出严肃的学术批评的范
畴, 对思想学术界产生极大的影响。

　　除思想人物领域之外, 这一时期中国近代专门思想史领域也出
版了一些有相当学术水准的论著。其中叶蠖生的《中国近代革命
运动中反对改良主义的斗争》(1956 年版)① 和胡滨的《中国近代

---

　　① 高等教育部政治教育司编:《一九五六年高等学校中国革命史教师讲习班报告
汇编 (内部资料)》, 中国人民大学印刷厂, 1956 年版, 第 131—146 页。

改良主义思想》（中华书局 1964 年版），是国内研究中国近代改良主义思想的两部代表作。赵靖、易梦虹主编的三册本《中国近代经济思想史》（中华书局 1964—1966 年版）是国内第一部系统阐述中国近代经济思想发展史的专著。丁守和、殷叙彝的《从五四启蒙运动到马克思主义的传播》（生活·读书·新知三联书店 1963 年版）是专门研究五四运动及马克思主义在中国传播与论争情况的著作。这些著作基本上代表了 1949 年后中国近代专门思想史领域的最新学术水平。

资料整理和文集汇编方面，这一时期陆续出版了石峻主编《中国近代思想史参考资料简编》（生活·读书·新知三联书店 1957 年版），国家档案局明清档案馆编《戊戌变法档案史料》（中华书局 1958 年版），中国人民大学中国革命史教研室编《批判中国资产阶级中间路线参考资料》（全 4 辑）及其《续辑》（中国人民大学历史系中共党史教研室编 1958—1959、1964 年版），中国科学院哲学研究所中国哲学史组编《中国哲学史资料选辑——近代之部》（中华书局 1959 年版），张枏、王忍之编《辛亥革命前十年间时论选集》（第 1 卷，生活·读书·新知三联书店 1960 年版；第 2 卷，生活·读书·新知三联书店 1963 年版），中国科学院近代史研究所近代史资料编辑组编辑《鸦片战争时期思想史资料选辑》（中华书局 1963 年版），中国科学院哲学研究所中国哲学史组、北京大学哲学系中国哲学史教研室编《中国历代哲学文选·清代近代编》（中华书局 1963 年版），以及《瞿秋白文集》（人民文学出版社 1953—1954 年版）、《谭嗣同全集》（生活·读书·新知三联书店 1954 年版）、《孙中山选集》（人民出版社 1956 年版）、《龚自珍全集》（中华书局 1959 年版）、《林则徐集》（中华书局 1962 年版）等多部资料集和重要思想家文集，具有相当的学术价值，为相关研究的展开提供了史料基础。

纵观 1949 年后十七年间国内的中国近代思想史研究，马克思主义指导思想初步得到了贯彻，对某些重要思想人物的研究有一定深度。政治思想史仍占据主要地位，哲学史与思想史的界限仍比较模糊。一些思想史论著，政治色彩过于浓厚，无论是对中国近代思想史演进的历史评价，还是思想人物的分析，往往着重政治标签和阶级定性，具有教条主义、简单化、模式化的倾向，这也是当时时代特色在学术研究中的反映。

1966—1976 年"文化大革命"期间，学术研究基本处于停滞状态。"文革"后期一度因政治需要，将某些思想史的内容拉入现实大批判运动中，呈现出畸形的思想史片面"繁荣"的现象。如所谓"儒法斗争""评法批儒"之类的热闹场面。实则，当时出现的所谓学术成果，完全偏离正常的学术轨道，思想史沦为"影射史学"的"奴婢"与工具，带有浓厚的"文化大革命"时代印记。

（三）繁荣、再出发：改革开放以来的中国近代思想史研究

"文革"结束，特别是 1978 年 10 月召开中共十一届三中全会以后，告别"文革"时代、拥抱"科学的春天"，中国近代思想史研究伴随改革开放、思想解放的逐步推进和深入，也进入重获新生和真正繁荣的新阶段，发展成为中国近代史研究领域中的热门学科之一。改革开放以来，中国近代思想史研究重心从政治思想、哲学思想，进一步拓展到经济思想、法律思想、文化思想、宗教思想、军事思想、新闻思想、伦理思想等各专门领域；思想家的个案研究，从打破研究禁区的胡适思想入手，渐次扩展和深入；思想进程研究全面展开；思潮史、学术史研究备受青睐，高歌猛进；概念史研究异军突起，方兴未艾；资料整理硕果累累，蔚为大观；研究队伍不断壮大，老中青学者各有开拓和建树。凡此种种，反映了改革开放以来中国近代思想史研究的不断深化和发展。这一时期发表的相关论著，数量上，如潜流喷突，目不暇接；质量上，无论是研究的深度还是广度，都是以前所无法比拟的。尝试从量化的角度对改革开放以来中国近代思想史领域的研究成果进行分析，实非易事。以下举其研究进展与趋向之荦荦大端，以为参考。

1. 体系的重构：从政治思想史发轫

改革开放新时期以来，中国近代思想史研究回归学术轨道，出版了一批系统的以政治思想史为主的中国近代思想通史类著作。

首先揭橥此趋势的是侯外庐的著作。作为马克思主义史学"五老"中唯一研究思想史的大家，其主编的《中国近代哲学史》1978 年由人民出版社出版。该书最初是以"中国近代思想史"的名义着手整理，旨在接续"文革"前即已出版的五卷六本的《中国思想通史》，以完整揭示从古代到五四时期的哲学和社会思想史。[①] 因此书中虽对龚自珍、魏源、康有为、谭嗣同、严复、梁启超、章太炎、孙中山等思想家的哲学思想多有阐释和评判，但除哲学思想外，更注重对从鸦片战争到五四运动期间各个时期社会思潮及其阶级属性的探讨和分析，如鸦片战争时期的地主阶级改革思潮，19 世纪 60—90 年代初的早期改良主义思潮，戊戌变法时期的维新思潮，辛亥革命时期的资产阶级民主革命思潮，以及新文化运动时期马克思主义的传播，等等。这种注意探讨每个时期的思想与当时社会历史的联系，揭示各个时期思想产生的原因及其特征的写法更具有思想史的特点，尤其偏重于政治思想史。政治思想实际构成该书的重要关怀。该书在内容上，可与 1981 年由中国青年出版社出版的《中国思想史纲》下册第五篇"中国近代的社会思潮"互为参考补充。

随后，20 世纪八九十年代，国内思想史研究界集中涌现了一批以"政治思想（潮）史"命名的中国近代思想通史类教材性质的著作。根据当时学界对中国近代史历史分期的一般认识，"近代思想史"和"现代思想史"的界限依旧泾渭分明，其中研究范围集中在 1840—1919 年的冠以"近代政治思想史"，主要有：邵德门的《中国近代政治思想史》（法律出版社 1983 年版），桑咸之、林翘翘编著的《中国近代政治思想史》（中国人民大学出版社 1986

---

① 《侯外庐自传》，《晋阳学刊》1981 年第 5 期。

年版），姚凤莲、郑裕硕主编的《简明中国近代政治思想史》（甘肃人民出版社 1986 年版），张馨、汪玉凯的《中国近代政治思想史》（陕西人民出版社 1988 年版），鱼俊清、余子明主编的《中国近代政治思想史简编》（陕西人民出版社 1989 年版），朱日耀主编、宝成关等著的《中国近代政治思想史》（吉林大学出版社 1990 年版），钟康模编著的《中国近代政治思想史》（华南理工大学出版社 1992 年版），王有光的《中国近代政治思想史》（知识出版社 1993 年版），以及田海林主编的《中国近代政治思想史》（山东大学出版社 1999 年版）等。而范围在“五四”新文化运动到新中国成立的，则称为“现代政治思想史”。这一时期代表性的著作有：彭明的《中国现代政治思想史》（浙江省中共党史学会 1982 印制），林茂生、王维礼、王桧林主编的《中国现代政治思想史（1919—1949）》（黑龙江人民出版社 1984 年版），严怀儒、高军、刘家宾主编的《中国现代政治思想史简编》（北京出版社 1985 年版），李世平的《中国现代政治思想史》（四川人民出版社 1985 年版），范荣祥、丁长江主编的《中国现代政治思想史》（黑龙江教育出版社，1988 年版印制），王作坤、柏福临主编的《中国现代政治思想史》（黑龙江教育出版社 1988 年版），谌宗仁、李淑、王兴富主编的《中国现代政治思想史》（广西教育出版社 1988 年版），高军、王桧林、杨树标主编的《中国现代政治思想评要》（华夏出版社 1990 年版），王金铻、李子文的《中国现代政治思想史》（吉林大学出版社 1991 年版），俞祖华、王国洪主编的《中国现代政治思想史》（山东大学出版社 1999 年版），以及陈哲夫等主编的三卷本《现代中国政治思想流派》（当代中国出版社 1999 年版）等。此外还有贯通 1840—1949 年的政治思想史著作，包括许光枨、林浣芬主编的《中国近现代政治思想史》（南京大学出版社 1990 年版），田子渝、李资源、张春英主编的《中国近现代政治思想史》（档案出版社 1990 年版），刘健清、李振亚主编的《中国近现代政治思想史》（南开大学出版社 1993 年版），朱义禄、张劲的《中国近现代政治思潮研究》（上海社会科学院出版社 1998 年版）等。

上述这些著述大多依附于革命史的宏大叙述，以时间因素结合阶级因素对旧民主主义革命时期和新民主主义革命时期思想流派、思想人物的政治思想进行论述，基本框架和基本观点大致相似。其中稍有特色者，如高军等人主编的《中国现代政治思想评要》，主要以纪事本末的编辑体例，重点阐述了"五四"以后三十年间在社会政治领域有影响的二十余种政治思潮及各政派主张，并将这些形形色色的政治思想分成三类：一是无产阶级领导的人民大众的反帝反封建的民族民主革命政治思想，即新民主主义革命的政治思想；二是大地主大资产阶级的封建买办法西斯主义的政治思想；三是资产阶级和小资产阶级的各式各样的政治思想。其中第一、二类是对垒的两军，是主线，第三类虽有时独树一帜，但处于附属地位。此外，该书对戴季陶主义、乡村建设派等也有新的观点的阐发。王金铻、李子文的《中国现代政治思想史》并不属于通史性的著述，而是按照思想出现的先后，重点论述了三民主义、新民主主义、自由主义和封建买办法西斯主义等主要思想，从而将中国现代政治思想的主体比较完整地呈现出来，提高了研究对象和内容的整体性，为深入研究现代中国各种政治力量以及政治人物的政治思想拓展了空间，像王造时这样不被重视的政治思想人物一定程度上也进入了研究者的视野。

王永康的《简明中国近代思想史》（湖南人民出版社 1986 年版）、张锡勤的《中国近代思想史》（黑龙江人民出版社 1988 年版）和李华兴的《中国近代思想史》（浙江人民出版社 1988 年版），是改革开放以后出版的最早一批通论性的中国近代思想史著作，而且都集中出版在 20 世纪 80 年代后期。这三本著述基本上聚焦于狭义的中国近代（从鸦片战争到五四运动，即 1840—1919 年），按照近代思想史上六个阶段，即鸦片战争时期、太平天国时期、洋务运动时期、戊戌维新时期、辛亥革命时期以及五四新文化运动时期，分述各个阶段主要社会政治思潮产生的社会背景和社会条件，主要思想派别的论争以及代表人物的思想等，基本上还是革命史的叙述框架，研究内容以政治思想为主，张著、李著中偶或涉及思想人物的哲学思想，也是在政治思想领域内哲学观点的阐发。因此可以说，这三本中国近代思想史著作实际上仍属于中国近代政治思想史的范畴，代表了改革开放初期国内学界的整体认识水平。其中张著中对汪士铎思想的挖掘、对无政府主义思潮的客观分析，发前人所未发，为后来研究者所注意。

除上述通论性的教科书、著述外，改革开放后，尤其是 20 世纪八九十年代出版的中国近代思想史论著同样以政治思想史为主，如陈旭麓主编的《五四以来政派及其思想》（上海人民出版社 1987 年版），李泽厚的《中国近代思想史论》（人民出版社 1979 年版）和《中国现代思想史论》（东方出版社 1987 年版），冯友兰的《中国哲学史新编》第 6 册（人民出版社 1989 年版）和《中国现代哲学史》（广东人民出版社 1999 年版），冯契的《中国近代哲学的革命进程》（上海人民出版社 1989 年版）等，可视作这一研究类型的代表。陈旭麓在《五四以来政派及其思想》序中自陈该书既"是五四至建国时的政党史，也是这一阶段的政治思想史"，从梳理思潮与政派的历史演进入手，系统论述了从五四时期新文化运动直到新中国成立期间的中国政派沿革及思想变迁。该书依旧因循革命史的分析框架，但在内容的取材上，有了进一步的扩充，如在述及"十年内战"时期的政派斗争时，就从国共两党的政派分歧，进而扩展到梁漱溟、晏阳初等的乡村建设派，胡适、罗隆基等人权派，邓演达的"第三党"，宋庆龄、蔡元培领导的中国民权保障同盟，甚至托陈取消派、国民党改组派等政派及其政治主张，以及这一时期文化思想领域内的种种论战，内容更加丰富。

李泽厚研究哲学兼及近代思想史，其思想史论三部曲近代、现代部分，即《中国近代思想史论》和《中国现代思想史论》显示其研究重心从传统的哲学史领域向政治思想领域的转移。《中国近代思想史论》系 10 篇分别创作发表于 20 世纪 50 年代和 70 年代的论文的结集，通过对洪秀全、郑观应、康有为、谭嗣同、严复、朱执信、孙中山、章太炎、梁启超、王国维、鲁迅等有代表性人物思想的论述，进而揭示近代思想史的三大社会思潮（太平天国农民革命思想、改良派自由主义的变法维新思想和革命派民主主义的三民主义思想）的递嬗转换。《中国现代思想史论》共收 20 世纪 80 年代写就的论文 8 篇，论及"五四"以后一些重要人物如陈独秀、胡适、鲁迅、毛泽东等人的政治思想，并对以往较少涉及的文化论战、文艺思想领域也有讨论。该书在当时颇受瞩目，缘于开篇以"启蒙与救亡的双重变奏"作为解释五四新文化运动后中国思想史上许多错综复杂现象的基本线索，引起学界巨大反响，尤其是对其"救亡压倒启蒙"的论断争议最大。

《中国哲学史新编》第 6 册和《中国现代哲学史》（实为《中国哲学史新编》第 7 册）为冯友兰晚年目力不济的情况下，仅靠口述和"反刍"完成的鸿篇巨制的压轴之作，也是集中反映其近代思想的名著，主题分别为"近代变法"和"现代革命"。① 因此，两书虽名曰"哲学史"，实为思想史，其中政治思想史的内容尤为重要，这在其第 6 册序中有很直白的解释："这一册《新编》看起来好像是一部政治社会思想史，这种情况是有的，但这不是由于我的作风改变，而是由于时代不同了。"② 冯友兰在两书中对太平天国运动中洪秀全、曾国藩的评价，对五四新文化运动左右翼划分标准以及梁漱溟 20 年代思想定位的论断，对蔡和森与毛泽东新民主主义革命思想的论述，等等，在当时的国内学界独树一帜，引人注目。

作为《中国古代哲学的逻辑发展》的续篇，冯契的《中国近代哲学的革命进程》鲜明地体现了其对于"哲学要回答时代的问

---

① 　陈来整理《〈中国哲学史新编〉回顾及其他》，冯友兰：《三松堂全集》第 13 卷，河南人民出版社 1994 年版，第 503 页。

② 　冯友兰：《中国哲学史新编》第 6 册，人民出版社 1989 年版，"自序"第 1 页。

题"这一命题的思考，强调正是在政治思想领域里反映中国近代反帝反封建现实斗争中的"古今中西"之争，制约着中国近代哲学的发展，因此该书虽以思想家的哲学思想为主，围绕"古今中西"之争的政治思想也占了很大比重。

继李泽厚等以"思想史论"命名通论性思想史论著后，进入21世纪以来，学者相继出版了多部此类著述，如郑大华的《民国思想史论》及《民国思想史论（续集）》（社会科学文献出版社2006年、2010年版）、雷广臻的《中国近代思想史论》（北京师范大学出版社2012年版）等。郑大华在《晚清思想史》（湖南师范大学出版社2005年版）中，将思潮和思想家相结合，系统论述晚清时期思想发展。葛兆光在其《中国思想史》（复旦大学出版社2001年版）导论中提出要打破以思想家为基点构建思想史的传统写法，通过精英思想与一般知识、思想、信仰之间的互动，凸显以往思想史所忽略的一般观念，进而对如何"重写思想史"做出了有益的探索。葛氏提出的"一般知识、思想、信仰"的历史这一观念，引起学界关于"精英思想"和"一般思想"或"大众思想"的广泛讨论。2002年第1期《浙江学刊》主题研讨栏目推出的一组关于中国近代思想史范式问题的笔谈，以及中国社会科学院近代史研究所思想史研究室组织的题为"中国近代思想史研究方法"学术研讨会，将学界的讨论引向高潮。①

耿云志的《近代思想文化论集》（中国社会科学出版社2013年版），选收其20世纪80年代至2011年陆续发表的有关中国近代思想史和文化史研究的论文24篇，基本上反映了他对于中国近代思想史的主要见解。关于思想史研究的对象，耿云志明确主张仍应以各时代的精英思想为主，因为思想是应对时代的问题而产生的，只有精英阶层才有可能对时代的问题有略成系统且有一定深度的思

---

① 参见邹小站《中国近代思想史研究方法学术讨论会综述》，《历史研究》2003年第1期。

想回应。但注意精英思想与大众思想观念之间的互动关系是必要的。耿云志是 1949 年以后，国内第一位将近代和平改革思想和历次改革运动视为推动历史进步的力量的学者。早在 20 世纪 80 年代初开始，他就发表一系列重头文章阐述他的这一观点，赢得海内外学界的关注。他关于近代思想史研究最重要的主张，是他自 20 世纪 80 年代中期以来，一再强调，近代思想发展的主要趋向是围绕着两条基本线索前行的：一个是个性主义，亦即个人的再发现；一个是世界化。前者是内部的改革，以尽可能地释放个人的创造精神为主；后者是与外部的沟通与交流，以国家民族的现代发展与世界化的现代发展充分互动。中国的现代化，应即是这两个发展趋势的必然结果。他的这一见解，已获得越来越多的学者的认同。

2. 个案研究的突破与细化

思想家的个案研究是思想史研究的重要内容之一。新时期以来的中国近代思想史研究领域最能体现"学术上的拨乱反正""打破禁区""填补空白"乃至"重新估定一切价值"的，便是在近代思想家的个案研究方面，不仅涌现了规模可观的思想家的全集、文集、日记等研究资料，而且思想家个案研究的专著大量涌现，发表的研究论文更是与日俱增，其中颇不乏非常有价值的创新之作。

首先，之前一些因为政治因素而被湮没或存有争议的思想家，比如胡适、陈独秀、瞿秋白等人，受到特别关注。研究者突破以往片面强调阶级定性的研究方法，转而注重研究思想家与其时代的密切关联，给予这些重要思想家以比较客观全面和实事求是的重新审视，提出了许多新问题和新观点，呈现出前所未有的研究热潮。在此方面不能不首先提到 1979 年中国社会科学院组织的纪念五四运动六十周年学术讨论会，会上对胡适、陈独秀的讨论文章均开风气之先。耿云志的《胡适与"五四"时期的新文化运动》强调要以"分析的态度"客观对待胡适在五四时期的活动和他所起的作用，文中指出："凡是学有所成的资产阶级学者，我们在研究他们的时候，就既要注意到他们的政治立场与其文化学术活动之间的联系，同时也要注意到两者之间的区别。对于他们的治学方法与其治学的具体成果之间的关系，也应当采取这种符合辩证法的态度。不应当片面地强调其一致性，而不加分析地全盘否定。"① 对于其时尚未破冰的胡适研究而言，耿先生的这一观点无疑是极具前瞻和启示意义的，事实证明，也是经受得住历史和科学的检验的。以此次学术讨论会为契机，重新审视胡适等思想家成为学界的一个重要趋向。研究胡适的学者及其成果纷纷涌现，曾经遭到全面否定的胡适，其在中国近现代史，特别是在近现代思想学术史上的地位，重新得到确认。据统计，到 2013 年底，全国出版研究胡适的专书有 164 种，发表的论文与文章达 3000 余篇。② 较重要的著作，继耿云志的《胡适研究论稿》（四川人民出版社 1985 年版）之后，有易竹贤（湖北人民出版社 1987 年版）、白吉庵（湖南教育出版社 1987 年版）、沈卫威（河南大学出版社 1988 年版）等人的《胡适传》，朱文华的《胡适评传》（重庆出版社 1988 年版），耿云志（四川人民出版社 1989 年版）和曹伯言、季维龙（安徽教育出版社 1989 年版）的《胡适年谱》。这些都是早期影响力较大的研究胡适著作。20 世纪 90 年代以后，胡适研究渐成显学，有关著作层出不穷，较重要的有欧阳哲生的《自由主义之累——胡适思想的现代阐释》（上海人民出版社 1993 年版）、《探寻胡适的精神世界》（北京大学出版社 2012 年版），罗志田的《再造文明之梦——胡适传》（四川人民出版社 1995 年版），耿云志的《胡适新论》（湖南出版社 1996 年版）、《重新发现胡适》（外语教学与研究出版社 2011 年版），胡明的《胡适传论》（人民文学出版社 1996 年版）、《胡适思想与中国文化》（广西师范大学出版社 2005 年版），宋剑华的《胡适与中

---

① 耿云志：《胡适与"五四"时期的新文化运动》，《历史研究》1979 年第 5 期，第 79 页。

② 胡适研究具体可参见宋广波等编《胡适研究编年纪事（1979—2013）》，耿云志、宋广波主编《心长路远：胡适研究的历程》，黑龙江教育出版社 2015 年版，第 132—238 页。

国文化转型》（黑龙江教育出版社 1996 年版），章清的《"胡适派学人群"与现代中国自由主义》（上海古籍出版社 2004 年版），等等。此外耿云志主编的《胡适遗稿及秘藏书信》（全 42 册）（黄山书社 1994 年版）是胡适档案资料的影印版，对于推动胡适研究很有作用。

陈独秀和瞿秋白研究方面，曾乐山的《五四时期陈独秀思想研究》（福建人民出版社 1983 年版）、魏知信的《陈独秀思想研究》（南京大学出版社 1987 年版）、贾立臣的《陈独秀思想发展轨迹》（中国档案出版社 2003 年版）、祝彦的《陈独秀思想评传》（福建人民出版社 2010 年版）、丁守和的《瞿秋白思想研究》（四川人民出版社 1985 年版）和季甄馥的《瞿秋白哲学思想评析》（华东师范大学出版社 1998 年版）等，都是值得重视的研究成果。与此同时，这些思想家的书信、文集、日记等资料集的出版，则为推动相关研究的纵深发展提供了宝贵资料。对胡适、陈独秀、瞿秋白的研究之所以特别受人关注，是因为它代表了此一时期打破教条主义笼罩，推倒一切不实之词，敢于据实书写历史的学术传统。

随着这种据实书写历史的风气的恢复，原来被湮没、被遗忘、被贬斥的一些历史人物，重新进入研究者的视野，研究范围得到较大拓展，涉及过去没有或较少受到关注的思想家，尤其是比较温和的、保守型的思想家也进入研究者的视野。比如曾国藩、张之洞、林纾、辜鸿铭、梁漱溟、林语堂、杜亚泉、章士钊、张君劢、张东荪、罗家伦、傅斯年、吴宓、陈序经、储安平等人的思想，学界都进行了系统的研究，且有专著出版，如朱东安的《曾国藩传》（四川人民出版社 1985 年版），忻平的《王韬评传》（华东师范大学出版社 1990 年版），马勇的《梁漱溟评传》（安徽人民出版社 1992 年版），黄兴涛的《文化怪杰辜鸿铭》（中华书局 1995 年版），郑大华的《张君劢传》（中华书局 1997 年版）、《梁漱溟传》（人民出版社 2001 年版），高力克的《调适的智慧：杜亚泉思想研究》（浙江人民出版社 1998 年版），左玉河的《张东荪传》（山东人民

出版社 1998 年版），沈卫威的《情僧苦行：吴宓传》（东方出版社
2000 年版）、《吴宓与〈学衡〉》（河南大学出版社 2000 年版），邹
小站的《章士钊社会政治思想研究（1903—1927 年）》（湖南教育
出版社 2001 年版），刘集林的《陈序经文化思想研究》（天津人民
出版社 2003 年版），周敏之的《王照研究》（湖南人民出版社 2003
年版），张世保的《陈序经政治哲学研究》（人民出版社 2007 年
版），谢泳的《储安平与〈观察〉》（中国社会出版社 2005 年版），
蔡礼强的《晚清大变局中的杨度》（经济管理出版社 2007 年版），
张晓京的《罗家伦评传：近代中国的"歧路人"》（人民出版社
2008 年版），等等，均是思想家个案研究的新成果，一定程度上弥
补了改革开放前此类思想家研究的不足。上述成果有的陆续推出再
版或增补版，可见其在学术界受欢迎的程度之高。

再者，康有为、孙中山等思想家的研究，一直受到学界较多的
关注，改革开放后，通过召开戊戌变法、辛亥革命以及人物诞辰纪
念的学术讨论会，将关于这些人物的研究不断推向新的高潮。邝柏
林的《康有为的哲学思想》（中国社会科学出版社 1980 年版），马
洪林的《康有为》（上海人民出版社 1986 年版），钟贤培主编的
《康有为思想研究》（广东高等教育出版社 1988 年版），陈慧道的
《康有为〈大同书〉研究》（广东人民出版社 1994 年版），臧世俊
的《康有为大同思想研究》（广东高等教育出版社 1997 年版），李
剑萍的《康有为教育思想研究》（辽宁教育出版社 1997 年版），龚
郭清的《近代中国政治文明的构建：戊戌维新时期康有为政治改
革思想研究》（社会科学文献出版社 2007 年版），曾亦的《共和与
君主：康有为晚期政治思想研究》（上海人民出版社 2010 年版），
朱忆天的《康有为的改革思想与明治日本》（上海人民出版社 2011
年版），肖万源的《孙中山哲学思想》（中国社会科学出版社 1981
年版），韦杰廷的《孙中山哲学思想研究》（湖南人民出版社 1981
年版）、《孙中山民生主义新探》（黑龙江教育出版社 1991 年版），
张磊的《孙中山思想研究》（中华书局 1981 年版）、《孙中山评传》

（广州出版社 2000 年版），刘兴华的《孙中山思想论稿》（黑龙江人民出版社 1985 年版），林家有的《孙中山振兴中华思想研究》（广东人民出版社 1996 年版），吴剑杰的《孙中山及其思想》（武汉大学出版社 2001 年版），刘保刚的《二次革命后孙中山政治思想研究》（中州古籍出版社 2008 年版），等等，这些研究成果显示了学界对康、孙二人思想研究的积累和拓展。

此外，对魏源、严复、蔡元培、章太炎、梁启超等重要思想家的史料挖掘、整理和研究，也有很大的进展。代表性的思想研究专著有李瑚的《魏源研究》（朝华出版社 2002 年版）；欧阳哲生（百花洲文艺出版社 1994 年版）、杨正典（中国社会科学出版社 1997 年版）、皮后锋（南京大学出版社 2006 版）等人的《严复评传》；姜义华的《章太炎思想研究》（上海人民出版社 1985 年版），唐文权、罗福惠的《章太炎思想研究》（华中师范大学出版社 1986 年版），王玉华的《多元视野与传统的合理化——章太炎思想的阐释》（中国社会科学出版社 2004 年版），彭春凌的《儒学转型与文化新命：以康有为、章太炎为中心（1898—1927）》（北京大学出版社 2014 年版）；耿云志、崔志海的《梁启超》（广东人民出版社 1994 年版），李喜所、元青的《梁启超传》（人民出版社 1993 年版），郑匡民的《梁启超启蒙思想的东学背景》（上海书店出版社 2003 年版），董方奎的《新论梁启超》（华中师范大学出版社 2007 年版），张锡勤的《梁启超思想平议》（人民出版社 2013 年版），邱丹丹的《梁启超思想的"变"与"常"（1898—1906）》（吉林人民出版社 2015 年版）；等等。

3. 思潮史研究的拓展与深化

中国近代思想发展的一个重要特征就是各种思潮纵横交织，起伏相继。以故，思潮史研究，一直是近代思想史研究的一个重要方面。但 20 世纪 80 年代末期之前的中国近代思想史著述，要么以思想家的脉络为研究主线，要么偏重于政治思想而遮蔽了对社会思潮自身深度与广度的揭示。20 世纪 80 年代末期以来，随着思想的解放、研究的深入，思潮史的研究呈现出前所未有的多元并进局面。

首先，思潮史研究在广度方面得到进一步拓展，出版了多部系统研究近代社会思潮的重要专著。吴剑杰的《中国近代思潮及其演进》（武汉大学出版社 1989 年版）是较早以"思潮"命名且以思潮为主体阐述中国近代思想史的著作。该书一改过去以人物思想为研究主线的叙述框架，系统论述了鸦片战争到五四运动期间有代表性的政治思潮，如洋务思潮、维新思潮、辛亥革命时期的社会思潮等，并将思潮代表人物的著述制成年表附于书末，以为参考和补充。该书在叙述框架上稍具开拓性，但仍以政治思想为主要内容，反映了 20 世纪 80 年代研究者的认识水平。

进入 90 年代以后，以思潮的脉络为研究主线渐成著述中国近代思想史的一种新趋向。代表性成果如通论晚清、民国乃至整个近代社会思潮历史演进和发展轨迹的吴雁南、冯祖贻、苏中立等编著的《清末社会思潮》（福建人民出版社 1990 年版）和四卷本《中国近代社会思潮（1840—1949）》（湖南教育出版社 1998 年版），戚其章的《中国近代社会思潮史》（山东教育出版社 1994 年版），胡维革的《中国近代社会思潮研究》（东北师范大学出版社 1994 年版），黎仁凯的《近代中国社会思潮》（河南人民出版社 1996 年版），高瑞泉主编的《中国近代社会思潮》（华东师范大学出版社 1996 年版），彭明、程歗主编的《近代中国的思想历程（1840—1949）》（中国人民大学出版社 1999 年版），郭汉民的《晚清社会思潮研究》（中国社会科学出版社 2003 年版）等；集中探讨某一时期或某一流派的社会思潮的如吴廷嘉的《戊戌思潮纵横论》（中国人民大学出版社 1988 年版），章永俊的《鸦片战争前后中国边疆史地学思潮研究》（黄山书社 2009 年版），刘桂生主编的《时代的错位与理论的选择——西方近代思潮与中国"五四"启蒙思想》（清华大学出版社 1989 年版），李永春的《〈少年中国〉与五四时期社会思潮》（湖南人民出版社 2005 年版），吴小龙的《少年中国学会研究》（上海三联书店 2006 年版）等；还有区域性的，如罗福惠《长江流域的近代社会思潮》（湖北教育出版社 2004 年版），刘小林等著的《近代社会思潮与广西》（广西师范大学出版社 2012 年版）等。此外，伴随 80 年代初涌现的"文化热"以及学术界文化史研究的复兴，文化思潮与文化论争也成为学者广泛关注的研究对象，其中重要成果如丁伟志、陈崧的《中国近代文化思潮》（分上卷《中体西用之间——晚清文化思潮述论》和下卷《裂变与新生——民国文化思潮述论》，社会科学文献出版社 2011 年版），郑师渠的《思潮与学派：中国近代思想文化研究》（北京师范大学出版社 2005 年版），等等，此类著作均是体现新时期思潮史研究勃发的重要收获。

与此同时，在对近代中国影响深远的重要社会思潮，如民族主义思潮、无政府主义思潮、启蒙思潮、自由主义思潮、文化保守主义思潮、国粹主义思潮、社会主义思潮等专题研究方面，也取得了相当的成绩，出版了一些比较有学术分量的专题性著作。其中，唐文权的《觉醒与迷误：中国近代民族主义思潮研究》（上海人民出版社 1993 年版）是国内第一部专门研究民族主义思潮的著作，具有一定的开拓性。此后，陶绪的《晚清民族主义思潮》（人民出版社 1995 年版），罗福惠主编的《中国民族主义思想论稿》（华中师范大学出版社 1996 年版），罗志田的《民族主义与近代中国思想》（台北东大图书公司 1998 年版）和《乱世潜流：民族主义与民国政治》（上海古籍出版社 2001 年版），杨思信的《文化民族主义与近代中国》（人民出版社 2003 年版），王建伟的《民族主义政治口号史研究（1921—1928）》（社会科学文献出版社 2011 年版），暨爱民的《民族国家的建构——20 世纪上半期中国民族主义思潮研究》（社会科学文献出版社 2013 年版），郑大华的《中国近代思想脉络中的民族主义》（社会科学文献出版社 2018 年版）等等，均是关于民族主义思潮研究的重要专著。上述研究，从不同角度对中国民族主义思潮的生成、运作、特点、历史作用等进行了系统探讨。唐书从近代着眼，主要论述了近代中国民族主义从传统到近代的转化，同时拓展了近代民族主义思潮研究的范围，认为中国近代民族主义思潮不仅是政治的，同时还是经济的和文化的，进而建构起民族主义的政治正义性和合法性，并在余论中进一步引申关于民族主义与近代化、民族主义与排外主义、民族主义与世界主义等重要命题的思考。陶书则重点考察晚清民族主义思潮的形成和发展，从华夏文化中心的地理观念、华夏文化优于其他民族的文化优越观念、华夏文化制约其他民族的"羁縻"观念以及"夷夏之辨"观念四个方面，系统论述传统民族观念在近代遭遇的挑战和变化。在考察与近代中国民族主义有关的传统观念时，罗福惠在书中重点关注太平天国运动、反洋教斗争和义和团运动中中国乡村民众民族意识的觉醒，以及对近代民族斗争的巨大影响；罗志田在《民族主义与近代中国思想》中则强调要注意其发展演化的内在理路，特别是近代西方观念引入前夕清季士人对这些观念的时代认知。暨爱民的研究从民族国家与现代化的历史框架，集中探讨 20 世纪上半期中国民族主义特别是文化民族主义的表现形态、具体构成以及国共两党关于民族主义的政治诉求和政治运作等问题。

关于中国近代无政府主义思潮的重要著作有徐善广、柳剑平的《中国无政府主义史》（湖北人民出版社 1989 年版），路哲的《中国无政府主义史稿》（福建人民出版社 1990 年版），蒋俊、李兴芝的《中国近代的无政府主义思潮》（山东人民出版社 1991 年版），汤庭芬的《中国无政府主义研究》（法律出版社 1991 年），胡庆云的《中国无政府主义思想史》（国防大学出版社 1994 年版），李怡的《近代中国无政府主义思潮与中国传统文化》（华中师范大学出版社 2001 年版），孟庆澍的《无政府主义与五四新文化——围绕〈新青年〉同人所作的考察》（河南大学出版社 2006 年版）等。这些论著对无政府主义思潮在近代中国的传入、流布、衰落直至消亡的历史情况，以及不同时期的各自特点和历史作用，均有所探讨，有助于丰富我们对这一社会思潮的认识。

在近代中国，思想启蒙是思想领域的一个特别重要的课题。唐明邦主编的《中国近代启蒙思潮》（江西人民出版社 1993 年版）和彭平一的《冲破思想的牢笼——中国近代启蒙思潮》（湖南师范大学出版社 2000 年版）是系统论述中国近代启蒙思潮发展、演变的代表性著作。前书将近代启蒙思潮追溯到明清之际的启蒙思想先驱，后书则将 20 世纪 40 年代后期关于自由主义的讨论视为近代启蒙思潮的"绝唱"。此外丁守和主编的三卷本《中国近代启蒙思潮》（社会科学文献出版社 1999 年版）也是值得重视的研究近代启蒙思潮的资料性著作，尤其对五四启蒙运动的历史走向有系统的梳理，弥补了唐书之不足，可与彭书相互参考。

除以上研究成果外，中国社会科学院近代史研究所思想史研究室主编的《中国近代思想史研究集刊》（已出版十余辑），其中有许多研究近代社会主义、自由主义、民族主义等思潮的很有分量的论文，颇为学界所重视。

4. 学术思想史研究的回归与推进

自 20 世纪 90 年代以来，随着国内学风的转变和研究范式的转型，中国思想史研究呈现出哲学色彩淡出、学术史取向回归的趋势，学术思想史研究再次从边缘走向中心，成为近代思想史研究的热点。其中钱宏等策划推出的"国学大师丛书"和戴逸主编的"20 世纪中国著名学者传记丛书"是最具代表性的集中成果。

"国学大师丛书"中所谓"国学"的概念，"实指近代以降中国学术的总称"，因此该套丛书倡导兼容并蓄的观念，"凡所学宏通中西而立术之本在我中华，并在文、史、哲任一领域开现代风气之先以及首创新型范式者皆在入选之列"，[①] 共收录 28 位近代思想家的学术思想评传，包括汉学大家刘师培、传统经学家廖平、文化保守主义者陈寅恪、自由主义者胡适、渐进改革主义者梁启超等，其中刘师培、廖平、辜鸿铭、欧阳竟无、张君劢、柳诒徵、钱穆、

---

① 钱宏：《重写近代诸子春秋》，章清：《胡适评传》，百花洲文艺出版社 1992 年版，第 8—9 页。

马一浮、贺麟等评传，均为国内首部系统、翔实的学术思想传记，都具有开创性的学术价值。

"20世纪中国著名学者传记丛书"主要由《梁启超学术思想评传》（陈鹏鸣著）、《严复学术思想评传》（马勇著）、《钱穆学术思想评传》（汪学群著）以及包括瞿秋白、翦伯赞、吕振羽、郭沫若、范文澜等马克思主义学者在内的二十余部思想人物的学术思想评传构成，侧重对每个思想人物的学术思想渊源、学术思想演变、学术交往、学术成就等进行系统的探讨，代表了世纪之交近代学术思想史研究的最新进展。需要指出的是，该套丛书虽然冠以"学术思想"，但研究者关注的并不限于思想家的学术思想，而是力图挖掘思想家的全部思想价值。比如左玉河的《张东荪学术思想评传》、颜炳罡的《牟宗三学术思想评传》、王中江和安继民合著的《金岳霖学术思想评传》等，都是如此。

清末民初重要学术流派的专题研究这一时期也取得长足的进步。晚清经学方面，汤志钧的《近代经学与政治》（中华书局2000年版）从经学与政治的关系深入探讨晚清经学的学术流变，其中对今文经学集大成者康有为着笔最为用力。陈其泰的《清代公羊学》（东方出版社1997年版）对于公羊学的起源，中间消沉的原因，清代公羊学复兴经过的阶段与主要代表人物及其贡献，20世纪初期公羊学说与学术潮流、文化潮流的关系等诸问题，都有较深入的论述。龚书铎主编、张昭军著的《清代理学史》下册（广东教育出版社2007年版）和史革新的《晚清理学研究》（商务印书馆2007年版）是晚清理学研究方面非常有影响的学术专著。李细珠的《晚清保守思想的原型——倭仁研究》（社会科学文献出版社2000年版）、罗检秋的《近代诸子学与文化思潮》（中国社会科学出版社1998年版）、郑师渠的《晚清国粹派——文化思想研究》（北京师范大学出版社1993年版）、张京华的《古史辨派与中国现代学术走向》（厦门大学出版社2009年版）等也都是值得重视的研究成果。

此外，李侃的《近代传统与思想文化》（文化艺术出版社 1990年版）、《李侃史论选集》（中华书局 2002 年版）中收录的《康梁思想同异述论》《论林则徐思想的历史地位》《论魏源》《所谓孙中山"激进主义"质疑》，以及龚书铎的《清代学术史论》（故宫出版社 2014 年版）收录的《刘开生平及其学术思想》《张之洞的儒学》等文章，均是中国近代思想史方面的代表性论文。

用新理论、新方法和新视角来研究近代中国学术转型问题，也是很有建树的一个方面。除专题论文外，著作方面重要者如陈平原的《中国现代学术之建立——以章太炎、胡适之为中心》（北京大学出版社 1998 年版），罗志田的《权势转移：近代中国的思想、社会与学术》（湖北人民出版社 1999 年版），桑兵的《晚清民国的国学研究》（上海古籍出版社 2001 年版），左玉河的《从四部之学到七科之学——学术分科与近代中国知识系统之创建》（上海书店出版社 2004 年版），罗检秋的《嘉庆以来汉学传统的衍变与传承》（中国人民大学出版社 2006 年版），陈勇、谢维扬主编的《中国传统学术的近代转型》（上海人民出版社 2011 年版），等等，都是很值得注意的成果。这些研究成果反映了近代学术思想史研究领域的进一步拓展，也从一个侧面推进、深化了中国近代思想史研究。

5. 概念史研究方兴未艾

近代中国是中西文化接触和知识转型的重要时期，考察近代以来跨越"中—西—日"各语言的新词语、新概念，即所谓新名词的生成与实践，揭示概念语义变迁背后的观念形塑及其思想意涵，对思想史研究具有重要的意义。这里说的观念不是某些学者所说的大众观念，而是指凝结着思想、被传播并发生社会影响的观念或概念。20 世纪 90 年代以来，尤其是进入 21 世纪后，受所谓"语言学转向"对历史研究的影响，以及伴随话语分析方法在思想史研究领域的广泛运用，中国近代思想史上的新名词研究，逐渐与源自西方学术界的"概念史"（Conceptual History）研究汇流，成为中国近代思想史研究颇值得注意的新趋向和热点领域，至今仍方兴未艾，相关研究成果斐然。冯天瑜对"封建"概念的研究、黄兴涛对"中华民族"及其观念的研究、方维规对"知识分子""经济"① 概念的研究等，都是中国近代思想史研究领域新名词研究或者概念史研究的代表性研究成果。

冯天瑜是国内较早从事研究概念变迁，并实践概念史研究的先行者之一，其代表作《"封建"考论》（武汉大学出版社 2006 年版）也是国内较早的略具概念史色彩的近代思想史著作。该书以宏阔的视野，对"封建"一词进行了长时段的概念史考察，通过系统梳理该词语在中国古代、西方、日本以及近代中国的使用，尤其着力于探讨清民之际、五四时期以及大革命失败后不同时期的语义迁衍，具体分析其本义、西义、马克思的封建原论以及现代中国"泛化封建观"生成的来龙去脉。作者将这一考论过程定义为"历史文化语义学"。在重新界定"封建"概念的基础上，该书还对聚讼未决的中国历史分期提出新的观察视角，建议以"宗法地主专制社会"取代"封建社会"来指称自秦汉至晚清两千多年的社会形态。此书出版后受到学界的广泛关注与讨论，不断再版，并引发学界关于"封建"名实问题的论争。除"封建"概念外，冯天瑜的其他研究对"革命""共和""经济""科学""人民""社会""自由"等概念在近代的流变过程也有同样精彩的探究和考论。

黄兴涛是国内另一位较早对近代诸多概念的新名词进行研究，并逐渐明确具有概念史研究自觉的学者。他对清末民初新名词、新概念现代性问题的探讨，以及对现代"社会"概念在中国的认同，现代"文明"和"文化"概念在晚清民初的生成、实践，及其与戊戌思潮和五四新文化运动的关系，"民族""宗教""现代化"等概念的形成、流播与运用等问题的阐发，均是将概念史研究方法引入近代中国的思想史研究，运用概念史研究方法整体把握中国近

---

① 方维规：《Intellectual 的中国版本》，《中国社会科学》2006 年第 5 期；《"经济"译名溯源考——是"政治"还是"经济"》，《中国社会科学》2003 年第 3 期。

代思想史发展脉络的有益尝试和突破。[1] 其新著《重塑中华：近代中国"中华民族"观念研究》（北京师范大学出版社 2017 年版）以"中华民族"这一概念符号为中心，对清代至民国尤其是清末至全面抗战时期现代中华民族观念的孕育、萌生、发皇，内涵的演变，以及它广泛传播、社会认同的历史过程，做了较为系统深入的整体性考述和阐释。该书是其自觉运用概念史研究颇有影响的一部力作。

任职于香港中文大学的金观涛、刘青峰以十年之功建立了庞大的"中国近现代思想史专业数据库（1830—1930）"，[2] 并据此将研究拓展为"以关键词为核心分析对象""以句子为基本分析单位"的"数据库研究方法"，进而从概念史的角度考察近代中国如"真理""科学""民主""个人""权利""社会""革命""经济""世界"等重要政治术语的起源和演变，揭示中国近代思想史重要观念的变迁脉络。简体本《观念史研究：中国现代重要政治术语的形成》（法律出版社 2009 年版）即是作者利用此数据库的成果汇编而成，也是一幅系统呈现近代中国权利观念、个人观念、革命观念等中国近代思想史的观念史图像。

孙江和方维规是国内直接接受德国学界概念史研究的影响，积极译介、倡导和从事概念史研究的学者。孙江不局限于中国近代概念的变迁，他将自己的研究进一步定位为"东亚近代知识的考古"，力图从概念、文本和制度互动的角度将"东亚近代知识与制度的形成"与概念史研究关联起来。[3] 方维规的论文《论近现代中

---

① 黄兴涛：《清末民初新名词新概念的"现代性"问题——兼论"思想现代性"与现代性"社会"概念的中国认同》，《天津社会科学》2005 年第 4 期；《晚清民初现代"文明"和"文化"概念的形成及其历史实践》，《近代史研究》2006 年第 6 期；《民国时期"现代化"概念的流播、认知与运用》，《历史研究》2018 年第 6 期。

② 2012 年后更名为"中国近现代思想史全文检索数据库（1830—1930）"，香港中文大学中国文化研究所当代中国文化研究中心研究开发。

③ 孙江：《近代知识亟需"考古"——我为何提倡概念史研究?》，《中华读书报》2008 年 9 月 3 日。

国"文明"、"文化"观的嬗变》则是借鉴德国概念史进行实证研究的较早尝试。

此外，将新名词视为近代思想史的研究对象，开展概念史研究的思想史著述还有陈建华对"革命"及革命话语的考论，罗志田对五四时期"科学"概念的研究，谢放、马敏对"绅商"概念不同角度的探究，章清对"自由"概念在清末民初呈现方式的考察，桑兵对近代"哲学"和"中国哲学"概念起源的梳理，等等，都极富学术价值。①

概念史的研究对中国近代思想史研究的积极影响，如黄兴涛指出的，通过概念史研究，可以"实现对近代中国重要概念、基本概念乃至一般概念本身的个案和系统清理，对于认知近代中国思想的演变，透视思维方式和价值观念的变革，意义重大"。② 当然，中国近代思想史研究领域中的概念史研究目前还处于起步阶段，学者之间对有关概念史与观念史、概念史与"话语分析"的区分、研究路径等都有各自的理解，有待提升的空间还很广阔。整体而言，通过概念史研究有利于厘清中国近代思想领域诸多重要概念的形成与变迁，拓展中国近代思想史研究的领域，其对中国近代思想史研究的推动作用，甚可期待。

（四）中国台湾和香港地区的中国近代思想史研究

由于台、港两地与大陆曾较长时期没有学术交往，所以，其中国近代思想史研究与大陆学者的研究呈现很大的不同。20 世纪 80

---

① 陈建华：《"革命"的现代性：中国革命话语考论》，上海古籍出版社 2000 年版；罗志田：《走向国学与史学的"赛先生"——五四前后中国人心目中的"科学"一例》，《近代史研究》2000 年第 3 期；谢放：《"绅商"词义考析》，《历史研究》2001 年第 2 期；马敏：《"绅商"词义及其内涵的几点讨论》，《历史研究》2001 年第 2 期；章清：《"国家"与"个人"之间——略论晚清中国对"自由"的阐述》，《史林》2007 年第 3 期；桑兵：《近代"中国哲学"发源》，《学术研究》2010 年第 11 期。

② 黄兴涛：《概念史方法与中国近代史研究》，《史学月刊》2012 年第 9 期，第 13 页。

年代末期，台湾两地与大陆交流日益增多，情况渐有变化。

台湾"中研院"近代史研究所的王尔敏是专治中国近代思想史且有很大成就的学者。《晚清政治思想史论》（华世出版社 1969 年版）、《中国近代思想史论》（华世出版社 1977 年版）和《中国近代思想史论续集》（社会科学文献出版社 2005 年版）"三部曲"是其在中国近代思想史研究领域的代表作，围绕西化问题论争、中体西用论、托古改制论、近代民族主义、商战观念、国际观念、外交观念等与近代"时代思潮"密切相关的议题做出深入探究，既具有明确的问题意识，又以深刻的分析和丰富的史料见长。

王汎森在中国近代思想与学术史方面有多种有影响力的著作。如《章太炎的思想（1868—1919）及其对儒学传统的冲击》（时报出版公司 1985 年版）和《古史辨运动的兴起——一个思想史的分析》（允晨文化实业股份有限公司 1987 年版）从不同角度讨论了传统与现代的关系，揭示两者之间的复杂性。《傅斯年：中国近代历史与政治中的个体生命》（*Fu Ssu-nien: A life in Chinese History and Politics*, Cambridge University Press, 2000；中译本，王晓冰译，生活·读书·新知三联书店，2012 年版）[①] 从思想与生活"互缘"的角度探讨傅斯年的学术思想，以及他后半生跟政治的关系。《中国近代思想与学术的系谱》（联经出版事业股份有限公司，2003 年版）主要追问"中国近代社会和思想文化的生成"问题，其中对"思想资源"和"概念工具"重要性的重视，表现出概念史研究的自觉。

黄克武的研究深受美国学者墨子刻的影响，在其代表作《一个被放弃的选择：梁启超调适思想之研究》（中研院近代史研究所 1994 年版）中援用并充分贯彻了墨氏的"转化-调适"分析架构，将辛亥革命前后知识分子面对现代化与文化传统所采取的不同态度，分为强调渐进变革的"调适"思想和强调激进变革的"转化"

---

① 英文中译本以初译本为主，下同。

思想。通过对《新民说》的分析，黄克武认定梁氏具有强烈的幽暗意识（这一点又是受到张灏的影响），对个人自由与尊严有着根本的尊重，同时又深受儒家传统的影响，这些都是梁氏调适思想的重要体现，而谭嗣同思想则是转化思想的典范。以转化思想作为参照，研究梁启超的调适思想，即是该书的中心旨趣。这种"转化－调适"分析模式在其随后出版的研究严复思想的专著《自由的所以然：严复对约翰弥尔自由思想的认识与批判》（允晨文化实业股份有限公司 1998 年版）与《惟适之安：严复与近代中国的文化转型》（联经出版事业股份有限公司 2010 年版）中继续一以贯之。在《自由之所以然》中，黄克武从严复调适思想的角度重新审视其翻译穆勒《自由论》的过程，得出与史华慈不同的结论，认为严复的思想是一脉相承的，自由主义是其核心。

潘光哲是中国台湾新生代学者中治中国近代思想史的佼佼者。他在胡适研究、概念史研究方面均有不俗的成绩。[①] 此外，周昌龙的五四时期新思潮研究，[②] 薛化元的晚清中体西用论思想研究，[③] 王樾的谭嗣同思想研究，[④] 以及沙培德（Peter Zarrow）对中国从帝制转变为共和的思想史研究，[⑤] 等等，都是值得重视的成果。值得注意的是，张朋园教授虽不以思想史为专业，但其思想史训练极佳。他的《梁启超与清季革命》（1964 年）、《梁启超与民国政治》（1978 年），对梁启超的思想有非常深入的分析，对其思想在晚清民国发生的影响有中肯的论述。近年，他以 90 岁高龄完成对孙中

---

① 潘光哲：《晚清士人的西学阅读史（1833—1898）》，台北"中研院"近代史研究所 2014 年版。

② 周昌龙：《超越西潮：胡适与中国传统》，台北，台湾学生书局 2001 年版；《新思潮与传统——五四思想史论集》，百花洲文艺出版社 2004 年版。

③ 薛化元：《晚清"中体西用"思想论（1861—1900）》，弘文馆出版社 1987 年版。

④ 王樾：《谭嗣同变法思想研究》，台北，台湾学生书局 1990 年版。

⑤ Peter Zarrow, *After Empire*：*The Conceptual Transformation of the Chinese State*, *1885–1924*, Stanford：Stanford University Press，2012.

山思想由民权主义到威权主义的转变的研究。①

台湾时报文化出版事业有限公司在 20 世纪 80 年代出版的"近代中国思想人物论"丛书，包括《晚清思想》《民族主义》《自由主义》《社会主义》《保守主义》五部，亦是中国近代思想史方面有影响的出版物。

台湾学者在整理近代思想文献方面亦有很好的成绩，就中尤以"中研院"近代史研究所编辑的《近代中国对西方及列强认识资料汇编》（10 册，1972—1990 年），有较大影响。

中国香港地区治中国近代思想史的学者不多，但研究成果颇具特色，且有一定影响。

王德昭的《国父革命思想研究》（台北中国文化研究所 1962 年版）是一部较早从理论上系统探讨孙中山革命思想演变的重要著作。《从改革到革命》（中华书局 1987 年版）是其论文结集，内容包括对黄遵宪、梁启超、谭嗣同、孙中山等人思想的分析。

周佳荣重点关注清末民初知识分子的思想与活动，主要著作有《苏报与清末政治思潮》（昭明出版社 1979 年版）、《辛亥革命前的蔡元培》（波文书局 1980 年版）、《言论界之骄子：梁启超与新民丛报》［中华书局（香港）有限公司 2005 年版］等。

在对五四人物及其思想的研究方面，陈万雄的《新文化运动前的陈独秀（一八七九年至一九一五年）》（香港中文大学出版社 1979 年版）和《五四新文化的源流》（生活·读书·新知三联书店 1997 年版）是值得注意的成果。此外，林启彦在清末民权思想、辛亥时期的民主宪政思想、孙中山军事思想等专题研究上多有创获。

---

① 张朋园：《梁启超与清季革命》，台北"中研院"近代史研究所 1964 年版；《梁启超与民国政治》，台北，食货出版社有限公司 1978 年版；《从民权到威权：孙中山的训政思想与转折兼论党人继志述事》，台北，"中研院"近代史研究所 2015 年版。

二　外国学者的中国近代思想史研究

（一）日本学者的中国近代思想史研究

日本与中国同属汉语文化圈，故其学者多有不错的汉学修养。二战前的所谓中国学，是为日本侵略中国服务。其研究是将中国作为"物"来理解，并以西方式的理论、话语研究中国思想，而较少真切体会中国思想家思想认识的真实含义。战后，经过多年的反思，日本的中国近代思想史研究再度繁荣，成为海外中国近代思想史研究的一个重镇。竹内好是此领域的领军人物。1953 年竹内好主编出版《中国革命之思想》（岩波书店），并于 1956 年组织成立中国近代思想史研究会，该研究会一直持续到 1968 年，最盛时会员有百余人，发行会刊《中国近代思想史研究会会报》共 50 期，研究对象包括康有为、谭嗣同、章太炎、孙中山、李大钊、毛泽东、鲁迅等人。研究会成员后来大多参与了 1976 年至 1977 年出版的《原典中国近代思想史》（岩波书店）的编纂工作。①

近藤邦康研究章太炎著述甚勤，除翻译章氏作品外，从 1962 年开始就有讨论章太炎革命思想形成的文章，1981 年将有关研究谭嗣同、李大钊思想的文章一并结集为《中国近代思想史研究》（劲草书房 1981 年版），② 集中探讨戊戌变法、辛亥革命、五四运动的代表人物谭嗣同、章太炎和李大钊的思想，解答他所提出的"中国近代是什么"的问题。

---

①　中国近代思想史资料集，西顺藏编共 6 册，第 1 册《从鸦片战争到太平天国》，第 2 册《洋务运动与变法运动》，第 3 册《辛亥革命》，第 4 册《从五四运动到国民革命》，第 5 册《毛泽东思想的形成和发展》，第 6 册《从国共分裂到解放战争》。
②　中译本名《救亡与传统——五四思想形成之内在逻辑》，丁晓强等译，山西人民出版社 1988 年版。

　　佐藤慎一的《近代中国的知识分子与文明》（东京大学出版会1996年版）在日本学术界被誉为是标志日本的中国近代思想研究水准的代表性著作。佐藤深受列文森研究范式的影响，全书从"万国公法观的变化""法国革命观的变化""体制选择"三个方面分析近代中国知识分子对世界认识的转变过程。在佐藤看来，中国近代知识分子分为两种类型：一种是以陈独秀为代表的知识分子，他们继承了士大夫的经世意识，在社会政治方面有新的作为；一种是以陈寅恪为代表的知识分子，他们不问政治而自足于新的学术世界，成为新的学术传统的创造者。

　　狭间直树是"京都学派"的代表人物，曾先后主持京都大学人文科学研究所主办的"五四运动"（1973—1978）、"民国初期的文化与社会"（1978—1983）、"梁启超的研究——以日本为媒介认识近代西方的问题"（1993—1997）等多个共同研究班，是目前日本学界五四运动研究、梁启超研究领域的翘楚，著有《中国社会主义的黎明》（岩波书店1976年版）、报告论文集《五四运动研究序说》（同朋舍出版1982年版）和《梁启超·明治日本·西方——日本京都大学人文科学研究所共同研究报告》（社会科学文献出版社2001年版）、讲义《东亚近代文明史上的梁启超》（上海人民出版社2016年版）等，并参与编译日文版《梁启超年谱长编》。狭间对梁启超在日本"所涉及的精神生活领域"等因素对其思想形成的影响的重视，代表了学界有关梁启超研究的一个新趋势。

　　此外，小野川秀美的《清末政治思想研究》（京都东洋史研究会1960年版），山口一郎的《中国革命之思想》（岩波书店1953年版）、《现代中国思想史》（劲草书房1969年版）及相关孙中山系列研究，岛田虔次的《中国近代思维的挫折》（筑摩书房1949年初版，改订版1970年）[1]，岛田虔次与小野信尔的《辛亥革命的思想》（筑摩书房1968年版），野村浩一的《近代中国的政治和思

---

[1]　中译本《中国近代思想的挫折》，甘万萍译，江苏人民出版社，2018年版。

想》（筑摩书房 1964 年版），丸山松幸的《五四运动》（纪伊国屋书店 1969 年版），里井彦七郎的《近代中国民众运动及其思想》（东京大学出版会 1972 年版），坂出祥伸的《中国近代的思想和科学》（同朋舍出版 1983 年版），沟口雄三的《中国的公与私》（研文出版 1995 年版）、《中国思想史》（东京大学出版会 2007 年版），坂元弘子的《中国民族主义的神话——人种·身体·性别》（岩波书店 2004 年版）、《中国近代思想文化史》（岩波书店 2016 年版），及其新近出版的《中国近代思想的"连锁"——以章太炎为中心》（上海人民出版社 2019 年版）等著作，均为海内外治中国近代思想史者所重视。

（二）欧美学者的中国近代思想史研究

美国的中国近代思想史研究主要是从战后对中国问题的关注开始的。第二次世界大战以后，中国的国际地位骤然提升。而被满心希望会紧跟美国的脚步进入世界大国俱乐部的中国，却走上了与美国完全不同的道路。怀有领导世界雄心的美国，对中国问题感到无比的困惑。在这种背景下，中国研究，特别是近代中国的研究陡然兴盛起来。以往的西方汉学，一直是以古代中国为研究对象。战后以美国为首的西方汉学，改以近代中国为主要研究对象，思想史也是如此。美国学者研究中国近代思想史主要关注的是，在近代，中国传统思想遭遇怎样的命运，中国思想家怎样应对他们遇到的近代挑战。需要指出的是，在欧美国家尤其是美国学术界，活跃着一批华人、华裔学者，他们在美国的学术环境中成长、工作，其学术风格、研究路径与中国学者迥然有别。

20 世纪 50、60 年代美国汉学界在中国近代思想史研究领域中的代表性人物当推列文森（Joseph R. Levenson）和史华慈（Benjamin I. Schwartz）。二人都师从美国汉学权威费正清（John King Fairbank），但是研究风格迥异。

列文森是美国中国近代思想史研究领域的开拓者和领导者，被视为"莫扎特式的历史学家"（the Mozartian Historian）。英年早逝的他留给学界两部重要的里程碑式著作：《梁启超与中国近代思想》和三卷本《儒教中国及其现代命运》。前者是海外梁启超研究的开山之作，也是列文森在美国中国近代思想史研究领域的成名之作。他在书中重点探讨了梁启超的思想与中国文化传统的关系。他的结论是：深陷历史与价值、感情与理智巨大冲突中的梁启超在情感上牵系传统，但在理智上却疏远传统。中国传统最终是因为他们这一代知识分子的疏离，而走向覆亡。[1]

列文森关于"现代中国的三部曲"即《儒教中国及其现代命运》三卷本《思想继承性问题》（1958 年）、《君主制衰亡问题》（1964 年）和《历史意义问题》（1965 年）的问世，进一步奠定了其在美国的中国近代思想史研究领域的领导地位。该书接续上部梁启超思想一书中提出的有关中国近代思想主题的追问，并将"历史与价值"之间的张力等核心问题进一步发挥。他认为，中国近代思想史上的变化是西方冲击的产物，他将这种变化称为"语言"的变化，并区分了中国传统社会内部的变化与传统和近代之间的变化这两种变化，而后者才真正具有历史的意义。他创制了"博物馆"这一著名比喻，宣示代表传统文化的"儒教已死"，只能是博物馆的陈列品了。这就是著名的美国学者研究近代中国的所谓"冲击－回应"模式。[2]

与列文森同时期的史华慈，其早年博士论文是《中国的共产主义与毛泽东的崛起》，[3] 后以《寻求富强：严复与西方》得享大

---

① Joseph R. Levenson, *Liang Ch'i-ch'ao and the Mind of Modern China*, Cambridge：Harvard University Press, 1953. 中译本：《梁启超与中国近代思想》，刘伟、刘丽、姜铁军译，四川人民出版社 1986 年版。

② Joseph R. Levenson, *Confucian China and Its Modern Fate*, Berkeley：University of California Press, 1958, 1964, 1965. 中译本：《儒教中国及其现代命运》，郑大华、任菁译，中国社会科学出版社 2000 年版。

③ Benjamin I. Schwartz, *Chinese Communism and the Rise of Mao*, Cambridge：Harvard University Press, 1951. 中译本：《中国的共产主义与毛泽东的崛起》，陈玮译，中国人民大学出版社 2006 年版。

名。他认为，严复作为一个尚未摆脱中国传统的读书人，一下子就发现并抓住了欧洲思想中两个最重要的方面：一是充分发挥个人的全部能力，二是培育把能力导向集体运动目标服务的公益精神。这正是建立现代社会的主要精神动力。在史氏看来，对国家富强的追求是严复思想的核心，严复对自由主义表现出热切，是因为其具有作为促进"民智民德"和达到国家富强手段的价值。史氏不赞成中国学者周振甫关于严复思想"全盘西化"、"中西折衷"和"反本复古"的阶段划分，特别批评其有关严复晚年思想"复古"的论断，认为严复始终"深嵌在他的西方前提里"。史氏也不完全赞成列文森的"传统－现代"说。但是他同时又认为严复评点老子经典的动机，是试图从中国思想中寻找类似西方民主、科学的因子，以期在近代西方思想的优越性面前挽回中国思想的自尊。可见其也未能完全免于当时流行的"传统－现代"二分模式的影响。①

　　史华慈在中国近代思想史研究领域的成绩，还体现在 20 世纪 70 年代一度将研究重心转向对五四运动的反思，《五四运动的反省：专题论丛》是其主编的一本会议论文集。在该书"导言"中，史华慈对之前的观点做了修正，指出：与那种"中国传统"和"现代西方"的决然两分法的看法相反，五四的知识分子在中国思潮和西方思潮之间寻找各种类似性和相融性。他们在某种超文化界限的关系中看待问题和讨论问题。② 在为《剑桥中华民国史（1912—1949 年）》独立撰写的第 8 章"思想史方面的论题：五四及其后"中，史华慈将上述观点做了更全面的阐发。③

_____

　　①　Benjamin I. Schwartz, *In search of Wealth and Power*：*Yen Fu and the West*, Cambridge：Harvard University Asia Center, Harvard University, 1964. 中译本：《寻求富强：严复与西方》，叶凤美译，江苏人民出版社 1995 年版。

　　②　Benjamin I. Schwartz, "Introduction", in *Reflections on the May Fourth Movement*：*A Symposium*, Cambridge：Harvard University Asia Center, Harvard University, 1972, p. 5.

　　③　费正清编：《剑桥中华民国史（1912—1949 年）》（上），杨品泉等译，中国社会科学出版社 1994 年版，第 456—504 页。

　　严复是第一位将自由主义介绍到中国的人。胡适无疑是第二代自由主义的核心人物。史华慈的学生贾祖麟（Jerome B. Grieder）关于胡适的思想传记《胡适与中国的文艺复兴——中国革命中的自由主义（1917—1937）》堪称可与乃师严复研究相比肩的重要著作。该书抓住了胡适两个最主要的东西，一个是他领导的现代中国的文艺复兴运动，一个是他终生坚守的自由主义，从胡适对文学革命、科玄论战、人民及社会的改造以及对西方文化的态度等方面，论述了1917年至1937年中国文艺复兴运动的发展状况，并将胡适作为中国自由主义的思想代表，重点梳理胡适思想中自由主义的一面，以及20世纪中国自由主义的命运，认为自由主义在中国的失败，"乃因为中国人的生活是淹没在暴力革命之中的，而自由主义则不能为暴力与革命的重大问题提供什么答案"。[1] 此外，贾祖麟还注意从近代知识分子围绕重要政治事件的思想论述来探讨知识分子与国家之间的关系，中国近代思想通史性质的《知识分子与现代中国——他们与国家关系的历史叙述》成为海外研究中国近代知识分子史的代表作。[2]

　　作为费正清和史华慈的学生，柯文（Paul A. Cohen）和艾恺（Guy S. Alitto）在中国近代思想史研究中的贡献各有特色。柯文在20世纪80年代提出"在中国发现历史"的"中国中心观"引领美国汉学界新的研究趋势，影响深远。而他在70年代就已经开始对乃师的"冲击－回应"论进行批判性反思，其成名作《在传统与现代性之间——王韬与晚清革命》便是通过对王韬教育、经济和

---

　　① Jerome B. Grieder, *Hu Shih and the Chinese Renaissance*: *Liberalism in the Chinese Revolution*, *1917 - 1937*, Cambridge: Harvard University Press, 1970. 中译本：《胡适与中国的文艺复兴——中国革命中的自由主义（1917—1937）》，鲁奇译，江苏人民出版社 1989 年版。

　　② Jerome B. Grieder, *Intellectuals and the State in Modern China*: *A Narrative History*, New York: The Free Press, 1981. 中译本：《知识分子与现代中国——他们与国家关系的历史叙述》，单正平译，广西师范大学出版社 2010 年版。

政治等方面变革思想的研究，试图寻找中国内部的变革动力。围绕
王韬的变革思想，柯文在书中重点讨论了改良与革命的关系、世代
变迁与历史变迁的区别、以内部的观点为基准量度的社会关系、传
统与现代的复杂关系、器物之变与价值观念之变的对立、19 世纪
与 20 世纪中国变迁的地域文化源流等。然而正如书名所示，该书
的中心思想是探讨王韬作为当时的"新人物"是如何在传统和现
代之间行动的，因此柯文在书中表现的思路，仍然在"冲击－回
应"论和对这种观点提出质疑之间徘徊。柯文对王韬思想研究的
另一贡献是创造性地将晚清改革者分为"沿海"与"内地"两类，
颇富启发意义。①

　　柯文的研究取向和学术方向在《历史三调：作为事件、经历
和神话的义和团》(*History in Three Keys: The Boxers as Event,
Experience, and Myth*) 后发生重大转变，开始对自己提出的"中国
中心观"做出某些调整。这也与 20 世纪 70、80 年代后伴随新文化
史的兴起，西方历史研究中所谓"记忆的转向"的学术发展不无
关系。2003 年出版的《不受局限的中国：对中国历史的不断发展
的看法》② 以及 2009 年出版的《与历史对话：20 世纪中国对越王
勾践的叙述》③ 是柯文有关中国近代思想史研究的最新力作。前者
是其几十年研究精华的结集，其中有关勾践故事的研究在《与历
史对话》一书中加以更全面和深入的阐释。该书以跨文化的视角，
从"国耻"和近代中国的历史关系着手，对中国家喻户晓的越王
勾践卧薪尝胆"受辱－复仇"的故事在 20 世纪中国——辛亥革

　　① Paul A. Cohen, *Between Tradition and Modernity: Wang T'ao and Reform in Late
Ch'ing China*, Cambridge: Harvard University Asia Center, Harvard University, 1974. 中译
本：《在传统与现代性之间——王韬与晚清革命》，雷颐、罗检秋译，江苏人民出版社
1998 年版。

　　② Paul A. Cohen, *China Unbound: Evolving Perspectives on the Chinese Past*, London
and New York: Routledge Curzon, 2003.

　　③ Paul A. Cohen, *Speaking to History: The Story of King Goujian in Twentieth-Century
China*, Berkeley: University of California Press, 2009.

命，20、30 年代的民族救亡，抗日战争，60 年代"反修斗争""三年严重困难"等关键时期——对中国人意识的影响做了层层剖析，通过勾践故事的多样性，展示历史的变迁与多变的勾践故事之间的种种关联。在柯文看来，勾践故事表现为一种"内生性知识"（insider cultural knowledge），完全属于"中国人的事情"，无须参照西方。从这点来看，柯文对勾践故事的研究，试图将美国中国学引向一个更加内部视角的领域。正如他自己所说，这是中国中心观的"报复性"回归。

艾恺（Guy S. Alitto）关注的是文化保守主义，1979 年出版的《最后一个儒家——梁漱溟与现代中国的困境》是其成名之作。[①] 同时艾恺用中文写就《世界范围内的反现代化思潮——论文化守成主义》一书。[②] 两部著作互相参照，从中可见艾恺对梁漱溟文化保守主义的分析框架，即从全球性的反现代化思潮来理解和分析梁漱溟对现代化认同危机的意义，认为梁漱溟不仅在中国现代史上具有重要地位，而且是一位有着世界意义的思想家。

史华慈指导过的学生，还有张灏、墨子刻（Thomas A. Metzger）、林毓生、浦嘉珉（James Reeve Pusey）、艾尔曼（Benjamin A. Elman）等著名学者，其中张灏对梁启超思想的研究，墨子刻对新儒学的研究，林毓生对五四时期反传统主义的研究等，从不同角度推进了美国的中国近代思想史研究。张灏、墨子刻等还是 1970 年代对列文森理论展开批判与反省的领军人物。

张灏较好地结合了中国史学与美国史学的长处，对中国近代思想的剖析颇有深度，其研治中国近代思想史多集中在思想家思想的内在变化上。1971 年出版其博士学位论文《梁启超与中国思想的

---

① Guy S. Alitto, *The Last Confucian*：*Liang Shu-ming and the Chinese Dilemma of Modernity*, Berkeley：University of California Press, 1979. 中译本：《最后一个儒家——梁漱溟与现代中国的困境》，郑大华等译，湖南人民出版社 1988 年版。

② 〔美〕艾恺：《世界范围内的反现代化思潮——论文化守成主义》，贵州人民出版社 1991 年版。

过渡（1890—1907）》，对列文森有关梁启超思想的研究提出挑战。张灏试图从中国传统内部发现梁启超的思想力量，认为梁氏肯定某些儒家传统自有其价值，因此在情感上和理智上均保持了一定的认同。张灏在书中还提出 19 世纪 90 年代中叶至 20 世纪最初十年乃中国近代思想发展的分水岭这一重要论断，认为梁氏正是这一过渡时期的核心人物，"他继承了晚清思想中儒家经世致用的传统，同时将这一传统固有的关切转变为以他著名的国民形象为标志的新的人格和社会理想"。① 延续这一论断，张灏在另一部思想史著作《危机中的中国知识分子——寻求秩序与意义》中，专门讨论这一过渡时期的其他知识分子领袖人物，即康有为、谭嗣同、章太炎和刘师培的思想变迁。张灏认为，他们四人处在民族主义和世界主义的两极之间，他们的思想实际上表现出的是承续性和断裂性的混合。② 在这本书的副产品《烈士精神与批判意识——谭嗣同思想的分析》中，张灏力图把谭嗣同的思想放回到时代脉络中，通过时代的刺激和生命的感受，观察其是如何在思想上做出自觉的反应的。通过对谭嗣同的家庭背景、历史处境、心路历程、仁学思想的分析，张灏认为，谭氏思想具有特殊性和代表性两个方面。③ 相较于张灏对梁启超、谭嗣同思想的研究，国内学界对其最为熟知的是其提出的"幽暗意识"这一观念，论文集《幽暗意识与民主传统》对此有具体的阐发。④

墨子刻在 1977 年出版的《摆脱困境——新儒学与中国政治文

① Hao Chang, *Liang Ch'i-ch'ao and Intellectual Transition in China*, *1890 - 1907*, Cambridge：Harvard University Press，1971. 中译本：《梁启超与中国思想的过渡（1890—1907）》，崔志海、葛夫平译，江苏人民出版社 1993 年版。

② Hao Chang, *Chinese Intellectuals in Crisis*：*Search for Order and Meaning*，*1890 - 1911*，Berkeley：University of California Press，1987. 中译本：《危机中的中国知识分子——寻求秩序与意义》，高力克、王跃、许殿才译，山西人民出版社 1988 年版。

③ 张灏：《烈士精神与批判意识——谭嗣同思想的分析》，台北，联经出版事业有限公司 1988 年版。

④ 张灏：《幽暗意识与民主传统》，台北，联经出版事业有限公司 1989 年版。

化的演进》是一部重新认识新儒学的力作。通过对宋明理学、清代官僚制度、唐君毅等的新儒学思想的探讨，墨子刻不同意列文森"儒家已死"的观点，也不认为近代中国革新的动力源自中国模仿西方的"普罗米修斯精神"，强调儒学实具有摆脱困境的意识，正是这种困境和焦虑，反而能给中国带来转机。①

林毓生在《中国意识的危机——"五四"时期激烈的反传统主义》② 一书中强调五四新文化运动诸领袖都是"全盘反传统"主义者，引起很大争议。

值得一提的是，20 世纪 80 年代以《华北经济的小农经济与社会变迁》在美国汉学界声名鹊起，成为美国少壮派史学家中佼佼者，后来在社会经济史和法律史方面多有建树的黄宗智，最初是在萧公权门下研究中国近代思想史，博士学位论文即以梁启超的自由主义思想为研究对象。1970 年代初，除张灏出版梁启超研究专著外，黄宗智的博士学位论文《梁启超与近代中国自由主义》也于 1972 年出版。在该书中，黄宗智同样对列文森所谓"历史与价值""情感与理智"二分的论调予以反驳，强调梁启超无论在情感上还是理智上都依恋着他的传统，特别是依恋着他得自康有为的"公羊三世"说。黄宗智在该书中大量利用了日本方面的资料，比如日本外务省保存的秘密警察监视梁氏活动的逐日记录等原始文献，因此书中对梁氏戊戌政变后逃亡日本期间的活动以及所受日本思想影响的论述颇为翔实。③

---

① Thomas A. Metzger, *Escape from Predicament*：*Neo-Confucianism and China's Evolving Political Culture*, New York：Columbia University Press, 1977. 中译本：《摆脱困境——新儒学与中国政治文化的演进》，颜世安、高华、黄东兰译，江苏人民出版社 1990 年版。

② Lin Yüsheng, *The Crisis of Chinese Consciousness*：*Radical Antitraditionalism in the May Fourth Era*, Madison：University of Wisconsin Press, 1979. 中译本：《中国意识的危机——"五四"时期激烈的反传统主义》，穆善培译，贵州人民出版社 1986 年版。

③ Philip C. Huang, *Liang Ch'i-ch'ao and Modern Chinese Liberalism*, Seattle and London：University of Washington Press, 1972.

　　整体来说，20 世纪 60—70 年代是美国中国学界对中国思想史研究的高潮阶段，除了上文大致通过学者师承的联系对有关近代思想史方面的重要著作略为介绍外，还有以下专著值得提及。

　　一是周策纵关于五四运动史研究的经典之作《五四运动：现代中国的思想革命》。此书虽然出版于 1960 年，但至今仍是公认的研究五四运动史最全面、最深入的里程碑式的著作，在整体上尚无人超越。其书，既长于史事考证，又有深入的分析论述。他把新文化运动包含在广义的五四运动史中，其时间范围是 1917 年到 1921 年，认为是一场由知识分子主导的思想革命、知识革命、文化（学）革命和社会革命。他提出"三个五四"之说，即除了"启蒙"与"革命"外，来自极端保守的民族主义者和传统主义者的批评构成第三个"五四"。[①]

　　二是郭颖颐（Daniel W. K. Kwok）关于五四时代提倡的"赛先生"的专题研究。《中国现代思想中的唯科学主义（1900—1950）》是较早将科学主义引入中国近代思想研究的重要著作。郭氏在书中区分了科学与科学主义的不同含义，重点论述了科学主义的两种类型：以吴稚晖、陈独秀为代表的物质的科学主义，和以胡适为代表的经验的科学主义。[②]

　　三是萧公权关于康有为、费侠莉（Charlotte Furth）关于丁文江的人物思想传记。

　　萧公权早年以《中国政治思想史》闻名于世，而《近代中国与新世界：康有为变法与大同思想研究》是其最后一部长篇学术巨著。后者大量利用康氏未刊稿，在资料上极具分量。萧公权把康氏思想

　　[①]　Chow Tse-tsung, *The May Fourth Movement：Intellectual Revolution in Modern China*, Cambridge：Harvard University Press, 1960. 中译本：《五四运动：现代中国的思想革命》，周子平等译，江苏人民出版社 1996 年版。

　　[②]　Daniel W. K. Kwok, *Scientism in Chinese Thought*, 1900 - 1950, New Haven：Yale University Press, 1965. 中译本：《中国现代思想中的唯科学主义（1900—1950）》，雷颐译，江苏人民出版社 1989 年版。

放在整个中国思想史的视野来观察，多有宏论。关于《大同书》的成书年代、康氏与廖平的纠葛等问题的考证也极富学术价值。[①] 费侠莉的《丁文江：科学与中国新文化》则深受费正清"冲击－回应"论的影响，通过考察丁氏的科学生涯以及政治信仰与活动，重点探讨中国对西方的回应。[②]

　　四是德里克（Arif Dirlik）关于中国马克思主义的相关研究。

　　德里克以《革命与历史：中国马克思主义历史学的起源（1919—1937）》一书而名世，该书以 20 世纪二三十年代的社会史论战为中心，对马克思主义史学在中国的起源进行了深入剖析，是海外研究中国马克思主义史学的经典著作。[③] 1989 年、1991 年德里克又相继出版《中国共产主义的起源》和《中国革命中的无政府主义》，前者关于中国知识分子折中主义的倾向，后者对无政府主义在 1920 年代的革命话语中所扮演的角色等均有极富洞见的精彩分析。这两部著作进一步奠定了其在美国研究中国马克思主义领域的权威地位。[④] 2005 年德里克将其之前有关马克思主义研究的精华文章结集为《中国革命中的马克思主义》出版，则显示了其向革命史传统研究路径的回归。在他看来，马克思主义的阶级概念和阶级分析方法，在当代仍具有不可低估的解释力。[⑤]

---

①　Hsiao Kung-chuan, *A Modern China and a New World*：*K'ang Yu-wei*, *Reformer and Utopian*, *1858 - 1927*, Seattle：University of Washington Press, 1975. 中译本：《近代中国与新世界：康有为变法与大同思想研究》，汪荣祖译，江苏人民出版社 1997 年版。

②　Charlotte Furth, *Ting Wen-chiang*：*Science and China's New Culture*, Cambridge：Harvard University Press, 1970. 中译本：《丁文江：科学与中国新文化》，丁子霖、蒋毅坚、杨昭译，湖南科学技术出版社 1987 年版。

③　Arif Dirlik, *Revolution and History*：*Origins of Marxist Historiography in China 1919 - 1937*, Berkeley：University of California Press, 1978. 中译本：《革命与历史：中国马克思主义历史学的起源（1919—1937）》，翁贺凯译，江苏人民出版社 2005 年版。

④　Arif Dirlik, *The Origins of Chinese Communism*, *Oxford*：Oxford University Press, 1989；*Anarchism in the Chinese Revolution*, Berkeley：University of California Press, 1991.

⑤　Arif Dirlik, *Marxism in the Chinese Revolution*, Lanham：Rowman & Littlefield Publishers, Inc., 2005.

20 世纪 80 年代以后，伴随新文化史的兴起，社会史研究开始成为美国学术界的主流，比如费侠莉在结束丁文江的研究后，在 80 年代开始转向有关妇女和医药的社会文化史研究领域。但中国近代思想史研究领域仍有不少学者在默默耕耘，且成绩显著。

浦嘉珉在 1983 年出版了他有关达尔文主义对中国的影响的研究专著《中国与达尔文》。该书以观念史的方式，对以进化论为载体的"进步"观念和"竞争""互助"话语如何渗透到 20 世纪中国各派思想和行动人物的过程进行了全景式的考察。在他看来，从严复到毛泽东，各派思想和行动人物在接受达尔文主义这一点上，20 世纪中国思想有着内在的因果连续性。①

20 世纪 80 年代以后，艾尔曼相继出版多本有关中国近代思想史研究的专著，比如《从理学到朴学——中华帝国晚期思想与社会变化面面观》《经学、政治和宗族——中华帝国晚期常州今文学派研究》《晚期中华帝国科举文化史》（*A Cultural History of Civil Examinations in Late Imperial China*）、《科学在中国（1550—1900）》以及《中国近代科学的文化史》等，② 涉及的议题有清代乾嘉学派思想体系、清代中后期今文经学、晚清科举制度改革、晚清的现代

---

① James Reeve Pusey, *China and Charles Darwin*, Cambridge：Councilon East Asian Studies, 1983. 中译本：《中国与达尔文》，钟永强译，江苏人民出版社 2008 年版。

② Benjamin A. Elman, *From Philosophy to Philology：Intellectual and Social Aspects of Change in Late Imperial China*, Cambridge：Council on East Asian Studies, Harvard University, 1984. 中译本：《从理学到朴学——中华帝国晚期思想与社会变化面面观》，赵刚译，江苏人民出版社 1995 年版。*Classicism, Politics and Kinship：The Ch'ang-chou School of New Text Confucianism in Late Imperial China*, Berkeley：University of California Press, 1990. 中译本：《经学、政治和宗族——中华帝国晚期常州今文学派研究》，赵刚译，江苏人民出版社 1998 年版。*A Cultural History of Civil Examinations in Late Imperial China*, Berkeley：University of California Press, 2000；*On Their Own Terms：Science in China, 1550 - 1900*, Cambridge：Harvard University Press, 2005. 中译本：《科学在中国（1550—1900）》，原祖杰等译，中国人民大学出版社 2016 年版。*A Cultural History of Modern Science in China*, Cambridge：Harvard University Press, 2006. 中译本：《中国近代科学的文化史》，王红霞等译，上海古籍出版社 2009 年版。

科学建设、科学与戊戌维新、近代中国科学启蒙等。艾尔曼将思想史与社会史贯通起来进行考察的研究方式，极大地更新和丰富了人们对思想史的理解，这在上述几本专著中得到充分的体现。艾尔曼思想史研究的另一特色是重视中国思想在近代演变的内在动因。在《从理学到朴学》一书中，艾尔曼认为从理学到朴学的转变是基于中国内部的变化而发生的历史性转变，柯文因此将此视为"中国中心观"研究取向下的重要成果。艾尔曼关于常州今文经学的研究，为中国学术界重新理解乾嘉之后的"汉宋之争"、晚清今文经学运动等，提供了新的视角。

舒衡哲（Vera Schwarcz）的《中国的启蒙运动——知识分子与五四遗产》是继周策纵《五四运动：现代中国的思想革命》之后海外又一研究五四新文化运动的力作。该书的一个核心主题就是围绕着"启蒙"去解释五四运动，以知识分子寻求变革的角度来观测这场发生在 20 世纪初的中国思想运动。其中她对启蒙与救国、启蒙与知识分子、后政治启蒙等问题都提出了有自己特色的阐释。[1]

余英时精熟于中国传统思想学术，对西方思想学术也有深入了解，其治学的眼光、识力与方法，均称上选。他围绕中国近代思想、学术撰著了大量作品，对清末以来中国思想变迁的大趋势及其重要关节，有清晰的把握，对一些重要的思想家和学者都有专精的研究。其《中国思想传统的现代诠释》（台北，联经出版事业股份有限公司 1987 年版）、《中国文化与现代变迁》（台北，三民书局 1992 年版）、《历史人物与文化危机》（台北，东大图书公司 1995 年版）等书，皆广受海内外学人的高度关注，影响很大。

汪荣祖的《晚清变法思想论丛》（台北，联经出版事业股份有限公司 1983 年版）、《康章合论》（台北，联经出版事业股份有限公

---

① Vera Schwarcz, *The Chinese Enlightenment: Intellectuals and the Legacy of the May Fourth Movement of 1919*, Berkeley: University of California Press, 1986. 中译本：《中国的启蒙运动——知识分子与五四遗产》，李国英等译，山西人民出版社 1989 年版。

司 1988 年版）、《追寻现代民族主义：章炳麟与中国革命（1869—
1936）》（*Search for Modern Nationalism：Zhang Binglin Revolutionary
China，1869 - 1936*，Oxford University Press，1989），对晚清思想研
究具有参考价值。

周质平多年来致力于胡适思想的研究和胡适著述的整理工作，
也是美国治中国近代思想史的重要学者，《胡适与鲁迅》（台北，
时报文化出版公司 1988 年版）、《光焰不熄：胡适思想与现代中
国》（九州出版社 2012 年版）以及《胡适未刊英文遗稿》（台北，
联经出版公司 2001 年版）、《胡适英文文存》（外语教学与研究出
版社 2012 年版）等为其代表作。

此外，汉学家狄培理（William Theodore de Bary）的新儒学研
究，① 瑞贝卡·卡尔（Rebecca E. Karl）的清末知识分子与中国近
代民族主义研究②等，也都为学界所重视。

需要指出的是，中国学者往往很赏识美国学者在理论建构方面
的特长。但要知道，美国学者研究中国问题多半从很具体的人物或
事件入手，而他们受学过程中都有较好的思想训练，善于从一个或
几个具体问题出发，推演出某种一般性的结论或模式。然而，这本
身就蕴含着很大的危险性。所以，往往一种模式流行不久，就陷入
片面性而被新的模式取代。

法国学者从事中国近代思想史研究最重要者当数耶稣会士马远
程（Michel C. Masson），他的扛鼎之作《冯友兰论中国哲学与传

---

① William Theodore de Bary, *The Liberal Tradition in China*, Hong Kong and New
York：The Chinese University Press and Columbia University Press, 1983. 中译本：《中国
的自由传统》，李弘祺译，香港中文大学出版社 1983 年版；*East Asian Civilizations：A
Dialogue in Five Stages*, Cambridge：Harvard University Press, 1988. 中译本：《东亚文
明——五个阶段的对话》，何兆武、何冰译，江苏人民出版社 1996 年版。

② Rebecca E. Karl, *Staging the World：Chinese Nationalism at the Turn of the
Twentieth Century*, Durham：Duke University Press, 2002.

统》是第一部研究冯友兰哲学思想的英文专著。[①] 他还翻译有大量
梁漱溟和冯友兰的著作。

　　俄罗斯（苏联）的中国近代思想史研究成果在海内外同行中
独树一帜，亦占有一定的地位。例如国内学者最熟悉的著名汉学家
齐赫文斯基（С. Л. Тихвинский）便是以副博士学位论文《孙中山
的民族主义原则及其对外政策》（1945 年）和博士学位论文《19
世纪末中国的维新运动》（1953 年）而闻名学界，后者于 1959 年
以《19 世纪末中国维新运动与康有为》[②] 为题修订出版，成为康
有为研究方面颇有影响的一部力作，至今仍为海内外学界所重视。
华裔学者郭绍棠（А. Г. Крымов）在其名著《中国的社会思想和意
识形态斗争（1900—1917）》（1972 年）中重点讨论了 20 世纪初改
良派和革命派的各种论点及两者之间的论战，并在另一本著作
《中国的社会思想和意识形态斗争（1917—1927）》（1962 年）中
论述了 20 世纪 20 年代中国知识界的两场思想辩论。杰柳辛
（Л. П. Делюсин）则在《关于社会主义的争论——20 年代初中国
社会政治思想史略》（1970 年）中对中国 1920 年代初马克思主义
者与非马克思主义学派关于社会主义的论战进行了探讨和揭示。

---

　　① Michel C. Masson, *Philosophy and Tradition—The Interpretation of China's Philosophic Past：Fung Yu-lan, 1939 – 1949*, Paris：Institut Ricci, 1985.

　　② 中译本《中国变法维新运动和康有为》，张时裕等译，生活·读书·新知三联书店 1962 年版。

附录二:《中国近代思想通史》作者介绍

（以姓氏笔画为序）

王　波　北京大学历史学博士，中国社会科学院近代史研究所助理研究员，研究方向为中国近代思想史。本书第四卷第五章、第六卷第九章作者。

王法周　中国社会科学院近代史研究所副研究员，研究方向为中国近代学术思想史。本书第一卷篇前一、二、三章和正篇一、二章作者。

左玉河　北京师范大学历史学博士，中国社会科学院历史理论研究所研究员，研究方向为中国近代思想史、文化史。本书第八卷作者。

刘　晨　北京大学历史学博士，北京大学历史系助理教授，研究方向为太平天国史，中国近代史。本书第一卷正篇第三、四、五章作者。

宋广波　中国社会科学院近代史研究所副研究员，研究方向为中国近代史。本书第六卷第八章第一、二节作者。

李　锐　中国人民抗日战争纪念馆副研究馆员，研究方向为抗日战争史。本书第七卷第一、十一章作者。

李红喜　中共党史和文献研究院编审，研究方向为中国新民主主义革命时期党史及其领袖人物。本书第六卷第七章作者。

陈于武　中国社会科学院近代史研究所历史学博士，中国社会科学院新闻与传播研究所副研究员，研究方向为中国近代思想史。本书第六卷第三章作者。

邹小站　中国社会科学院近代史研究所历史学博士，中国社会科学院近代史研究所研究员，中国社会科学院大学历史学院教授，研究方向为中国近代思想史。本书第四卷第一、二、三、四、六、

七、八、九章，第六卷第一、二、五、六章及第八章第三节作者。

邱志红 中国人民大学历史学博士，中国社会科学院近代史研究所副研究员，研究方向为晚清政治史，近代思想文化史，兼及中国法制史、华侨史。本书《前言》的附录一《中国近代思想史研究的学术回顾》作者。

郑大华 北京师范大学历史学博士，中国社会科学院近代史研究所研究员，研究方向为中国近代思想史。本书第七卷第二、三、四、六、七、八、九章作者。

郑匡民 日本大东文化大学文学博士，中国社会科学院近代史研究所研究员，研究方向为晚清思想史及近代中日思想文化交流史。本书第三卷作者。

俞祖华 鲁东大学教授，研究方向为中国近代思想史。本书第七卷第五、十章作者。

耿云志 中国社会科学院学部委员，中国社会科学院近代史研究所研究员，研究方向为中国近代政治史、思想史、文化史。本书主编，本书《前言》及第五卷作者。

彭姗姗 北京大学文学博士，中国社会科学院近代史研究所助理研究员，研究方向为中国近代思想史，比较思想史。本书第六卷第四章作者。

熊月之 上海社会科学院研究员，研究方向为中国近代思想文化史、上海史。本书第二卷作者。

前　篇

第 一 章
明清之际的思想

    在中国思想史上，明清之际是一个思想剧烈变动的时期，也是思想空前解放的时期。在经历了阳明心学对晚明社会广泛的思想洗礼之后，明代理学已不再具有思想弹性，基本上失去了整合社会观念的能力。此一时期，思想界经历了晚明时期理学与心学的漫长碰撞与交锋，人们的思想视野已经打开，社会观念已日趋开放。明清易代，王纲解纽，满族统治者暂时疲于军事占领而无力顾及思想控制，客观上有利于学术思想获得相对宽松的自由空间。正如梁启超所说："旧学派权威既坠，新学派系统未成，无'定于一尊'之弊，故自由研究之精神特盛。"①

    明末之际，学者置身于王朝鼎革的剧变之中，历尝国破家亡亲人离丧之痛，加之清军南下过程中"扬州十日""嘉定三屠"等野蛮杀戮，强推薙发令"留发不留头"的心灵摧残，给时儒带来了难以言表的心理巨创。因之，他们从社会政治的现实状况出发，回到经史之学的研究与探索中，试图从历史经验、从历代王朝治乱兴衰之道，来探寻明王朝覆亡的原因，希望真正找到天下国家致太平之路。

    明清之际的学者大多具有明确的学术经世意识。黄宗羲以

---

① 梁启超：《清代学术概论》，《饮冰室合集·专集之三十四》，中华书局1989年版，第20页。

"出而主张斯道者以大明于天下"之强烈的学者使命意识，① 将后半生心血付之于对传统学术与政治的批判与重建。顾炎武提出"自一身以至于天下国家，皆学之事也"，② 一语道尽了时儒以学者身份担当"天下兴亡"之道的普遍心态。在他们看来，尧舜孔孟本来即视学术治道为一体，故黄、顾等人力返考经证史的治学之路，以重光先秦原儒的王道政治理想。

在这种背景下，明末清初形成了一股极具深度与广度的社会文化批判思潮。当时出现了一批大胆而思想新颖的著作，黄宗羲的《明夷待访录》，顾炎武的《日知录》，唐甄的《潜书》，王夫之的《读通鉴论》《黄书》，等等。在这些著述中，他们以开放的思想、大胆的言论和新颖的见识，对秦汉以下的君主集权制度下的政治、社会、文化进行反思，对民族观念、民本政治、社会制度、道德伦理等诸多方面进行重新考量，他们提出的"凡帝王皆为贼"，在一定程度上解构了帝王神话；他们培植地方与家族力量以制衡帝王权力，以贴近百姓日用之道来诠释道德与人性；他们在学术与治道上都取得了相当丰富的思想成果，并对此后的学术思想产生了深远的影响。

一　晚明社会之思想解体与士风颓废

（一）君主专制以及制度与文化双重解体之趋向

秦汉以来的君主专制政体，至明王朝达到一个空前的高度，一方面皇帝专制权力极度集中，另一方面对天下臣民的防范日益严酷，从而激起士人阶层的群体性反动，引发了晚明时期长达近百年的社会批判思潮。

---

① 《孟子师说》，《黄宗羲全集》第 1 册，浙江古籍出版社 2012 年版，第 154 页。

② 顾炎武：《与友人论学书》，《顾亭林诗文集》，中华书局 1983 年版，第 41 页。

　　明王朝君主极权专制对士人心理的负面影响，至少有如下三个方面。

　　第一，明朝皇帝通过庞大的宦官集团维持其专制统治，堪称史上罕见。明承元制，不过在组织控制与人心管控方面比元王朝更决绝。明王朝是中国皇权空前集中之时代，明太祖朱元璋通过罢相、"封疆"等军政权力之调整，经成祖等成为定例，君主专制政体得到高度的发展。无论是制度史还是思想史意义，明代罢相都堪称历史性的转折，它导致了皇权空前的集中与专断，而以宦官取代宰相权力更成为晚明士人追求治平理想的最大噩梦。

　　明代皇帝通过宦官监控中央与地方军政事宜。在很大程度上，明朝皇帝的专制权力就是通过庞大严密的宦官体制，而得以在全国范围内行使。明代的宦官体制，设有十二监、四司、八局，即二十四衙门。其中司礼监"无宰相之名、有宰相之实"，在事实上成为一人之下万人之上的最高权力机构。明初，太祖朱元璋、成祖朱棣将监察权、批红权赐予宦官，后来逐渐形成了以司礼监为中心的宦官权力系统。司礼监拥有批红权、承宣谕旨权，皇帝的圣旨、内阁的票拟、通政司的章奏等均须经过太监之手，有时甚至新皇即位也需宦官的监督。皇帝通过司礼监操纵东西两厂与锦衣卫，① 再通过厂卫摄取三法司即刑部、大理寺、都察院的权力。这样，宦官事实上就把持了中央的行政权与司法权。庞大的宦官组织系统还渗透于地方的各个角落。明代的太监机构庞大，网络遍布全国各地。在京师重心之地，二十四衙门、东西两厂、锦衣卫均有最齐备的系统。在地方上，设有镇守太监、留守守备等。宦官人数不断增加，景泰年间更激增至数万人。明初太监只是皇帝制约内阁大臣的棋子，明中叶以后皇帝懒政日益成为一种普遍现象，太监的权力亦日益扩大，并长期成为明朝政治中一股很重要的力量。"廷杖、东西厂、

---

　　① 锦衣卫虽非宦官系统，但实质上也是属于皇帝私人的特务机构，分布于全国各地的卫所，监督与控制地方军政。两者都是皇权专制极端扭曲的产物。

锦衣卫、镇抚司狱是已。此数者，杀人至惨，而不丽于法"。① 这种情形到了天启时期达到登峰造极之地步，以致在事实上魏忠贤一度成为整个国家权力的最高主宰者，厂卫对天下臣民的监控到了空前绝后之程度，两厂与锦衣卫宦官也成为全国各地无孔不入的存在，给广大臣民的身家性命造成了严重的威胁。

在中国历史上皇权专制几乎是无代无之，因此，一般的君主集权并不足以形成对人们心理的过分刺激。而明代特殊的宦官制度则不然。宦官从身体到生命都是帝王的私有物，有明一代被皇帝杖毙就如家常便饭，连生命都可以被随时收回，其被皇帝赐予的权力自然也可以随时被剥夺。故从根本上说，宦官执掌中央权力并无异于皇帝亲身掌权。明王朝以"中涓"代替内阁，让宦官取代了内阁宰相的权力，对广大士人造成了最直接的心理刺激。东林党人直言"今之肆毒者，固在中涓"，② 中涓即宦官，宦官以皇帝奴仆代行主人之权，逐渐演成阉宦肆意弄权，成为士人最大的心理创伤。黄宗羲说："吾以谓有宰相之实者，今之宫奴也。"③ 黄宗羲称宦官为"宫奴"，毫不掩饰他对变态的宦官的轻蔑之情，一针见血地道出了士大夫群体对宦官专权的愤怒与无奈。然而，其中也不难见到这种史上奇特的宦官制度对士人造成的心理创伤。

第二，皇帝懒政荒政现象日益突出。皇帝懒政甚至荒政是晚明政治的又一突出现象，其奇葩程度堪与宦官执政相"媲美"。明中叶开始，皇帝懒政怠政已日益增多。到了晚明时期，皇帝荒政已到了空前绝后之程度。万历中叶以降，朝廷与地方政治几近瘫痪，以万历三十年（1602）的官缺为例，出现"两京缺尚书三、侍郎十、科道九十四，天下缺巡抚三、布按监司六十六、知府二十五"④ 的

---

① 张廷玉等《明史·刑法三》，中华书局 1974 年版，第 2329 页。
② 高攀龙：《答周绵贞二》，《高子遗书》卷 8（下），清文渊阁四库全书补配清文津阁四库全书本。
③ 《明夷待访录》，《黄宗羲全集》第 1 册，第 8 页。
④ 张廷玉等《明史·田大益传》，第 6173 页。

可笑状况，甚至出现朝廷部院"阖署无一人"、地方郡守"旷年无官"① 的可怕情况。皇帝荒政至少引起两种政治后果：其一，皇帝不理朝政，宦官自然乐见其成，因为这正是他们乘机弄权的大好时机，朝臣难以一见的皇帝，太监却可以很方便地见到。最具讽刺意味的是，政治失序到如此地步，皇帝权力却丝毫未损，在宦官与厂卫蹦得最欢的时候，通常也正是皇帝权力随处延伸的时候。其二，皇帝荒政最易激发官僚士大夫的不满情绪。皇帝长期旷政，正是造成大量职位缺员的原因，对此官僚士人不可能不清楚。其直接后果是，大量官员丧失正常的升迁机会，从而导致官员对皇帝的失望情绪与疏离心理。简单地说，明季皇帝荒政截断了大批官员的仕进之途，使他们数年甚至数十年苦读付之流水，同时也使他们光宗耀祖以及得君行道的种种梦想随之破灭。

第三，朝廷对官僚士大夫极尽摧残之能事。为体现皇帝之权威，明代朝臣遭受了肉体与尊严的双重摧残，最典型者莫若廷杖。顾名思义，廷杖就是在朝廷中用大杖惩罚官员。廷杖虽不始于明朝，却以明朝最臭名昭著。正德帝、嘉靖帝、万历帝都不断创新一百多人同时受杖的历史纪录，正德年间刘瑾曾创下杖毙 23 名官员的纪录。明朝的另一创举是去衣行杖，众目睽睽之下将被罚大臣剥光衣服，堪称没有极限的有辱斯文之举，这种情形难免会激起"是可忍孰不可忍"的心理反动。

以上三种情形，尚远不足以描述明王朝君主专制政体的全貌。比如明代军权问题，两宋皇帝为牵制武人而以文人执掌兵权，至少还体现了对文人的优待意识，而明朝皇帝则对文人也不放心，派遣大批宦官去各地监控执掌军权的文官。除了宦官，明代皇帝对任何政治力量均严加防范，在在反映了明朝君主制度不同于以往的新专制特征。

上述三种情形，无不暴露了明王朝君主专制制度的内在性缺

---

① 张廷玉等《明史·王元翰传》，第 6150 页。

陷，这种缺陷的主要表征就在于破坏了长期以来君主与士大夫共治天下的基本格局。尤其是宦官专权这种"现象级"政治，更是以一种扭曲的制度，在相当程度上取代了以士大夫为主体的文官制度。不论是宦官还是锦衣卫，他们在明代的所作所为都是中国历史上罕见的。尤其是宦官集团执掌国家之权，更是畸形中的畸形现象。明代宦官集团的权力达于登峰造极之地步，但说到底也不过是皇权登峰造极的表征。皇帝是宦官的主人，对宦官拥有随时随地的生杀大权。宦官为皇权的奴婢，只听命于皇帝一人，不受皇帝之外的任何权力机关之制约。所以宦官集团在全国各地的机构在事实上也只是皇帝的私人机构。宦官权力在儒学为主干的治道传统中毫无根据，属于一种非正当性权力。宦官只对皇帝私人负责，扭曲的宦官权力正是扭曲的皇权的延伸。① 大体上讲，在经历了近两千年的演变后，君主专制在明代达到了空前的高度，在事实层面上明代帝王已经背离了君主与士大夫共治天下的政治传统，充分暴露了明王朝皇权极端专制的本质。这一点最能表征明代士人所置身的历史环境，也正是晚明社会批判思潮形成的直接动因，惜乎学术界对此状况仍缺乏充分的理解。

君主权力的高度集中并不能保证明王朝的长治久安。相反，皇权的过分集中，正是明王朝灭亡的主要原因之一。明中叶以后，王朝政治日益暴露出其制度性弊端。自正德皇帝大开旷政之先例，皇帝长期不临朝听政的情况日甚一日，至万历朝甚至出现大臣数年不见皇帝一面的极端情形。而君主政体之下，皇帝怠政最令宦官集团与锦衣卫衙门高兴。因为皇帝勤政必然会影响宦官与厂卫的权力泛滥，只有皇帝不临朝、不听政，宦官才有更多的机会上下其手，横行无忌。这种情况消磨的是官僚士大夫的耐心。官僚的才略既然在

---

① 依儒家政治原理与孔孟王道观念，臣权无论如何都是中国传统政治权力中不可分割的一部分。虽然大多数儒家学者认为大臣的权力也来自于皇帝，但儒家学说同时坚持大臣拥有平衡帝王滥权的责任。换言之，君权并非臣权的唯一权源。因此，有学者说宦官掌权与大臣掌权在本质上并无不同，纯粹是一种历史的错位与时代的倒置。

现有的政治网络中难以施展，于是在仕进无望的情形下，转而追求经济利益的最大化，终致贿赂公行，贪腐当道。此亦晚明不良政治的恶性循环之怪圈。所以说，明代皇帝高度集权与社会秩序日益崩坏是一种制度性的内在循环，明王朝灭亡的根本原因之一，即在于彻底失去弹性的皇权专制本身。至崇祯年间，阉宦恶势力虽遭诛灭，但社会秩序已然崩坏，崇祯帝以史上近乎空前的勤政与苦行，也无力挽既倒于万一。政治社会秩序近乎解体，官僚缙绅结党营私几至无所不为之地步，"朘削肥家"，饰功欺君，肆意侵削，"种种罪恶，罄竹难尽"。从中央到地方政治已然一片糜烂，明王朝政治秩序在事实上近乎解体。豪绅横行无度，百姓不堪侵凌，表明官僚贵族及整个上层社会与广大百姓在根本利益上形成了完全对立之局。"其心既变，川决山崩"，① 因彻底失去民心，崇祯朝不可避免地走向土崩瓦解。

> 崇祯末年，缙绅罪恶贯盈，百姓痛入骨髓，莫不有"时日曷丧，及汝偕亡"之心。故流贼至而内外响应，逆虏入而迎刃破竹，惑其邪说流言，竟有前途倒戈之势，一旦土崩瓦解，不可收拾耳。②

崇祯朝的政权崩塌，是明中叶以来王朝政治问题长期积累所造成的，它种因于明王朝君主政体结构之内在性矛盾。而且这不仅是一种结构性的矛盾，也是一种系统性的矛盾。文官集团与代表皇权的宦官集团的旷日持久的拉锯战，几乎消耗了统治阶层的所有有效力量。③ 在正常言行动辄得咎的情形下，文官们或者苟且度日被动自保，或者争名逐利谋求私欲，加之晚明时期王朝纲纪荡然，不复

---

① 《中原阳九述略》，《朱舜水集》，中华书局1981年版，第3页。
② 《中原阳九述略》，《朱舜水集》，第1页。
③ 无论从政治制度史还是从社会史的角度而言，士林社会与皇权的分裂成为晚明到清初社会批判思潮形成的最直接的原因。其思想史意义也是如此。

具有对社会规范之效力，终致官场贿赂公行，贪风日炽一日，土地兼并成风，百姓饥寒交迫，社会矛盾空前激化。顾炎武记述万历年间的情况是"富者百人而一，贫者十人而九"，又记当时富贵者之"贪婪罔极，骨肉相残，受享于身，不堪暴殄"。① 在这种情况下，社会秩序日趋混乱就势必成为不可避免的结局。不幸的是，崇祯末年自然灾害频频发生，种种天灾人祸日益把百姓逼入绝境，农民起义持续大规模地爆发，明王朝终于走向了末路的一天。

思想层面，明王朝也实施了专制主义的文化政策。朱元璋肆意删削《孟子》，以帝王私意独裁天下思想，开了一个很不好的头。明中叶以后皇权越来越呈现一种任意性，加之宦官集团的上下操弄，文化专制亦复日益肆虐，从打压阳明心学始，到迫死何心隐、李贽，再到大肆逮捕东林党人，一步一步地把士人"逼上梁山"。同时，作为官方哲学的程朱理学日益失去规范社会人心的力量。以四书学为中心的明代理学，基本上沦为科举入仕的敲门砖，修齐治平成为口头卖弄之物，天下充斥着虚伪、欺瞒与背叛，社会人心日益涣散，忠直之士日益陷入身心无以安顿的困境之中。此时，不少学者或积极介入语录讲章，终日空谈心性而乐此不疲，或消极出儒入禅，汇入逃禅之一路。可以说，明朝中晚期，政教二途双双丧失了稳定社会秩序的功用。

（二）阳明心学与晚明思想开放

晚明思想解放的潮流导源于王守仁（1472—1529）。王守仁之前，有明代心学的开先河者陈献章。陈献章（1428—1500），广东新会白沙里人，世称陈白沙，终生倡行"澄心"静养之说。其"学贵知疑""学贵自得"之说，认为怀疑是觉悟之机，独立思考方是为学之道。白沙之学对于打破理学的僵化教条、突出人的主体

---

① 《天下郡国利病书》卷 32，《顾炎武全集》第 13 册，上海古籍出版社 2011 年版，第 1026 页。

价值方面有解放思想的作用。但其学过分强调向内收敛，缺乏王守仁从整体上敢于革新社会人心的勇气，故真正对后来发生影响的是王守仁。王守仁，字伯安，号阳明，浙江余姚县人。王守仁出身显宦家庭，早年任兵部主事时，因反对刘瑾专横被贬为贵州龙场驿丞，后多次平定农民起义，并以平定宁王内乱而受封新建伯，是儒学史上罕见的能够同时成就文成武功的人物。在思想史上，王守仁在龙场悟道后创立心学。其思想承陆九渊，从理学中脱胎出来，是宋明理学的一部分，故统称宋明理学。王守仁生活的时期，正值程朱理学一统天下思想的时期。然而，流入陈词滥调的明代理学已日益失去规范世俗人心的作用。于是王守仁从维持世教人心的愿望出发，创"心即理"说，主张每个人的心中都具有先验意识，试图进一步将天理道义内在化，力挺良知的主体性，张扬心性之体的能动性，试图从根本上消除人心不安的现状，以拯救嘉靖以后日益严重的政治与思想之双重危机。

关于"良知"与"致良知"，王守仁指出："所谓致知格物者，致吾心之良知于事事物物也。吾心之良知，即所谓天理也。致吾心良知之天理于事事物物，则事事物物皆得其理矣。致吾心之良知者，致知也；事事物物皆得其理者，格物也。是合心与理而为一者也。"① 这是公开而直接地否定宋儒心与理、理与事析之为二，实际上意味着树起了反对理学的旗帜。王守仁又说："是非之心，不待虑而知，不待学而能，是故谓之良知。是乃天命之性，吾心之本体，自然灵昭明觉者也。"② 其将孟子、《中庸》以来的"反身而诚"赋予认识主体以主动性与能动性，同时弥合了认识主体与客体的截然两分之困境。王守仁又进而张扬一种极具特色的知行说，认为"知之真切笃实处即是行，行之明觉精察处即是知"，有意凸显"知行合一"的意义。阳明知行说是针对朱熹的知先行后说，

---

① 王守仁：《答顾东桥书》，《王文成公全书》，中华书局 2015 年版，第 55—56 页。
② 王守仁：《大学问》，《王文成公全书》，第 1117 页。

认为朱熹以先后论知行，是将知与行分开，致使其修养工夫被打成了两截，故王守仁强调知即是行，行即是知："心虽主于一身，而实管乎天下之理；理虽散在万事，而实不外于一人之心。……外心以求理，此知行之所以二也。求理于吾心，此圣门知行合一之教，吾子又何疑乎？"① 在王守仁的心中，程朱理学的理，是一种纯粹客观理性之理，是灰色的缺乏生命活力的理。由此，他以清醒的自觉意识，拈出"良知"一词，赋良知于哲学本体的意义，以良知将天理、万物一概涵摄其中。其良知的主体性，将世界解释成良知主体纯纯不已的创造不息的过程，意在从思想根本处解决士人空有口头说教，而难于真正落实到日常行为中去的问题。

王守仁的独特之处，在于他提出了"良知是自家准则"，这种说法有助于突破理学过于僵化的教条。王守仁说：

> 尔那一点良知，是尔自家底准则。尔意念着处，他是便知是，非便知非，更瞒他一些不得。尔只不要欺他，实实落落依着他做去，善便存，恶便去，他这里何等稳当快乐。此便是格物的真诀，致知的实功。若不靠着这些真机，如何去格物？我亦近年体贴出来如此分明，初犹疑只依他恐有不足，精细看无些小欠阙。②

良知"是尔自家底准则"，显然是极力拔高良知作为认识主体与行为主体的能动性，将良知视为判断是非真伪的最高标准。这一点在理论上不无问题，但这并不重要，重要的是王守仁倡导良知说的真实用意。阳明突出良知的价值，其真实意图是要打破理学道德标准无法维持世教人心的困境，所以极力提高吾心之知的作用，希望人们能够从种种外在的僵死规则中走出来。王守仁说：

① 王守仁：《答顾东桥书》，《王文成公全书》，第52—53页。
② 王守仁：《答罗整庵少宰书》，《王文成公全书》，第115页。

　　夫学贵得之心，求之于心而非也，虽其言之出于孔子，不敢以为是也，而况其未及孔子者乎？求之于心而是也，虽其言之出于庸常，不敢以为非也，而况其出于孔子者乎？①

又说：

　　夫道，天下之公道也；学，天下之公学也，非朱子可得而私也，非孔子可得而私也，天下之公也，公言之而已矣。②

　　这在当时自然属于叛逆性质的言论，所以不被朝廷与理学正统所容。但最具讽刺意味的是，对王学打压最积极的是宦官集团，这不能不从反面说明王学冲击一切现实政治之罗网的意义。

　　"言之出于孔子，不敢以为是"与"言之出于庸常，不敢以为非"，不仅在客观上有助于打破人们对圣经贤传的迷信，而且在主观上也不无提振普通人的主体担当意识。换言之，良知说不仅要弥合理与事的分裂，还要弥合上与下的分裂。宋代讲学之风盛行，各派弟子门人汇聚一堂相互砥砺德性提撕精神，在当时确实起到了提振士林风气的作用。但其眼光无疑是向上的，有专对上根者立说之嫌。理学各派的弟子门人也多为社会中上层读书人，故程朱理学的社会性格也有专为上位者立说之嫌。故王守仁转而将目光向下，对准社会上的一般人："良知之在人心，不但圣贤，虽常人亦无不如此。"③ 王守仁甚至认同了"满街人都是圣人"的话：

　　先生锻炼人处，一言之下，感人最深。一日，王汝止出游归，先生问曰："游何见？"对曰："见满街人都是圣人。"先

<hr />

　　①　王守仁：《答罗整庵少宰书》，《传习录》（中），《王文成公全书》，第93—94页。
　　②　王守仁：《答罗整庵少宰书》，《传习录》（中），《王文成公全书》，第93—94、97页。
　　③　王守仁：《答陆原静书》，《王文成公全书》，第76页。

生曰："你看满街人是圣人，满街人到看你是圣人在。"又一日，董萝石出游而归，见先生曰："今日见一异事。"先生曰："何异？"对曰："见满街人都是圣人。"先生曰："此亦常事耳，何足为异？"盖汝止圭角未融，萝石恍见有悟，故问同答异，皆反其言而进之。洪与黄正之、张叔谦、汝中丙戌会试归，为先生道途中讲学，有信有不信。先生曰："你们拿一个圣人去与人讲学，人见圣人来，都怕走了，如何讲得行。须做得个愚夫愚妇，方可与人讲学。"洪又言："今日要见人品高下最易。"先生曰："何以见之？"对曰："先生譬如泰山在前，有不知仰者，须是无目人。"先生曰："泰山不如平地大，平地有何可见？"先生一言剪裁，剖破终年为外好高之病，在座者莫不悚惧。①

王艮所说的"满街都是圣人"，是说即使是一字不识的愚夫、愚妇也一样可以成为圣人，指出了一条平民百姓的成贤成圣之路。所以，阳明心学不仅是要解放士人的思想，还意味着要解放平民的思想，由此可知，万历以降阳明后学日益呈现一种扫荡一切规矩的性格，是有其内在的思想根源的。正如章太炎所说，阳明心学的特点就是敢想敢干。黄宗羲称之为"震霆启寐，烈耀破迷，自孔孟以来未有若此之深切著明者也"。② 迄今，海内外不少学者把阳明心学作为中国近代思想之先导，不是没有道理的。③ 总体而言，阳明心学不仅引起了思想界对程朱理学的反动，也引发了士人对君主专制政治下文化大一统的反思与批判。

所以，阳明心学是体系性的从程朱理学中突围而来的。其"良知"与"致良知"之说，最大限度地突出了人之个体的主动性

---

① 王守仁：《传习录》（下），《王文成公全书》，第144页。
② 黄宗羲：《明儒学案·师说·王阳明守仁》，中华书局2008年版，第7页。
③ 嵇文甫指出，阳明心学直可与马丁·路德的宗教革命相比。参见嵇文甫《晚明思想史论》，东方出版社1996年版，第1章。

与能动性，方向性地改变了程朱理学天地之性与气质之性的二元思维模式，在一定程度上消解了理学哲学的僵化主义与教条主义，具有浓厚的解放思想的社会品格。

王守仁以"良知"矫程朱理学之弊，在晚明社会发生了极大的影响，最终几乎导致明代中后期的学术思想从官学一统天下的局面中解放出来。

王守仁去世后，心学传到王畿，开始偏离了传统伦理纲常的价值方向，到王艮及其泰州学派，出现了更多的更具有叛逆精神的学者。阳明后学敢于"掀翻天地"，"前不见有古人，后不见有来者"，① 思想大多指向一种鸢飞鱼跃、自由自在的精神状态。尤其是王艮、李贽等人更是精神洒脱殊少拘羁，将视野从书斋移向空间广阔的社会，将眼光由士林转入亿万庶众，心态烂漫一任自然，实是晚明市民社会逐渐开放的思想表征。

阳明后学中出现了一批真正的平民思想家，如盐丁王艮（1483—1541）、樵夫朱恕、陶匠韩贞等。王艮 38 岁始入王门问学，之后创立了社会影响极大的泰州学派。他大量吸收平民弟子，抉发平民理念，终生致意于圣人之道如何在社会下层民众中落实，是中国历史上少见的平民思想家。其著名的百姓日用即道，强调圣人之道，无异于百姓日用，愚夫愚妇，与知能行便是道，言说对象明显指向愚夫愚妇等社会下层民众。他认为圣人之道应以百姓日用为核心，所以再三强调圣人经世，只是家常事。百姓日用的条理处，就是圣人的条理处。王艮所著《复初说》《明哲保身论》《乐学歌》《鳅鳝说》，均为民间喜闻乐见。

（三）逃禅之风与士习颓废

如果说王艮及其弟子映射了中国思想文化重心下移的方向性转变，反映了广大民间社会尤其是下层民众的诉求，那么李贽的思想

---

① 黄宗羲：《明儒学案（修订本）》，第 703 页。

更多地折射了当时一部分读书人对人性在长期压抑中的爆发性反弹。李贽（1527—1602），号卓吾，福建泉州人。他26岁中举后，前后经历了二十多年的府县官员生活，因不能忍受官场的龌龊与束缚，51岁毅然辞官游学，随之撰写了一系列在当时与后世都堪称惊世骇俗的著作，对读书人尤其是对文学界影响极大，代表作有《焚书》《续焚书》《藏书》《续藏书》等。概括而言，李贽的思想有三大特征。

第一，倡"童心"以反名教。李贽指出，童心即真心，是人生之初的"本心"，即人生而俱来的纯真心性。李贽指出：

> 夫童心者，真心也。若以童心为不可，是以真心为不可也。夫童心者，绝假纯真，最初一念之本心也。若失却童心，便失却真心，失却真心，便失却真人。人而非真，全不复有初矣。童子者，人之初也；童心者，心之初也。夫心之初曷可失也！[1]

"夫童心者，真心也"是一个概括性的结论。与其说这里所讲的是"童心"，不如说他所指更多的是"真心"。在长达二十多年的官宦生涯中，李贽满耳听到的大多是官僚政客的满嘴仁义道德，但满眼看见的却多是追名逐利的丑恶行径。其言"知美名之可好也，而务欲以扬之而童心失。知不美之名之可丑也，而务欲以掩之而童心失"，径直斥责这种心口不一的官僚，把仁义道德当成了粉饰名利之具。李贽进而指出，挂在嘴上的一切"闻见"之知，写在书上的一切"道理"，既是掩饰"丑名"的工具，也是丧失童心的根因。[2] 不难看出，李贽提倡"童心说"，意在呼唤人间干渴已久的真诚道德心的再现。

---

① 李贽：《童心说》，《焚书》，中华书局2009年版，第98页。
② 李贽：《童心说》，《焚书》，第98页。

第二，"人必有私"的自然人性说。李贽公开宣扬"人必有私"，认为人心都是自私的，自私是人的本性，是人之为人的根本特征。李贽说：

> 夫私者，人之心也。人必有私，而后其心乃见；若无私，则无心矣。如服田者，私有秋之获，而后治田也必力。居家者，私积仓之获，而后治家也必力。为学者，私进取之获，而后举业之治也必力。故官人而不私以禄，则虽召之必不来矣；苟无高爵，则虽劝之必不至矣。虽有孔子之圣，苟无司寇之任、相事之摄，其不能一日安其身于鲁也，决矣。此自然之理，必至之符，非可以架空而臆说也。然则为无私之说者，皆画饼之谈，观场之见，但令隔壁好听，不管脚根虚实，无益于事，只乱道耳，不足采也。①

"私者，人之心也"实际上就是他对人性所下的定义。从孔子到"学者"，再到"服田者"，即不论圣凡，一切人的行为动力都来自于物质利益之基本诉求。"人必有私"是"自然之理"，也是"必至"之律，而道学家高唱的"无私之谈"，只是不可能落实的"画饼"。在这些看似平常的话中，寄托着李贽对宋儒道学心性体系的颠覆性认知："人必有私，而后其心乃见；若无私，则无心矣。"这无异在说，自私是人之心性之根本，若无私心则人就不成其为人了。

实际上，"人必有私"指向了道学为中心的治道体系。李贽强调"穿衣吃饭，即是人伦物理；除却穿衣吃饭，无伦物矣。世间种种皆衣与饭类耳，故举衣与饭而世间种种自然在其中，非衣食之外更有所谓种种绝与百姓不相同者也"②。即肯定私产为人们之所

---

① 李贽：《无为说》，《李温陵集》卷9，明刻本。
② 李贽：《答邓石阳》，《焚书》卷一，第4页。

需，也为治者之所本，良善政治绝非"衣食之外"的那些"与百姓不相同"的治理目标，明确告诉统治者，能满足人的衣食需要的政治就是好政治："世间一切治生产业等事，皆其所共好而共习，共知而共言者，是真迩言也。"① 这实际上是公开颠覆作为官方哲学的理学之公私观念，将社会秩序依托在私心与私产的基础上。不难看出，治道目标紧紧围绕人们的真实需求，其政治眼光已与宋儒的明德至善论完全背离了。

第三，公开打出反对道学的旗帜。作为思想家的李贽始终生活在道学观念的层层重压之下，在当时就被很多人视为异端，但他仍然公开宣称"我谓不如遂为异端，免彼等以虚名加我"，② 不惜以"异端"自居，不惜与"今世俗子"和"一切假道学"开战。李贽说：

> 夫天生一人，自有一人之用，不待取给于孔子而后足也。若必待取足于孔子，则千古以前无孔子，终不得为人乎？③

李贽以历史的变化与发展观来解释既往的学术思想，认为古圣人之言，是古圣人的是非，而不是"吾心之言"，更不是吾人心中的是非。是非越辨越明，"不是非谬于圣人，何足以为迂乎？"④ 若只是亦步亦趋地跟定圣人的脚跟而不敢越雷池一步，学术思想怎么能够发展呢？这是把至圣先师孔子也扫了进去。《焚书》与《续焚书》就是要打破一切束缚世人观念的成说，李贽自知其书离经叛道，故自题名为《焚书》。果然，李贽以《焚书》等作"流行海内，惑乱人心"入罪，⑤ 于万历三十年被逮捕入狱，不久在狱中

---

① 李贽：《答邓明府》，《焚书》卷一，第40页。
② 李贽：《答焦漪园》，《焚书》卷一，第8页。
③ 李贽：《答耿中丞》，《焚书》卷一，第16页。
④ 李贽：《司马迁》，《李温陵集》卷15。
⑤ 顾炎武：《李贽》，黄汝成集释：《日知录集释》卷18，岳麓书社1994年版，第667页。

自杀。

　　李贽对晚明的思想文化影响甚大。李贽自己也评点了一批流行中的小说、戏曲，如《水浒传》《西厢记》等，其点评人物唯性格之真实与传神为上："说淫妇便像个淫妇，说烈汉便像个烈汉，说呆子便像个呆子，说马泊六便像个马泊六，说小猴子便像个小猴子。得觉读一过，分明淫妇、烈汉、呆子、马泊六、小猴子光景在眼；淫妇、烈汉、呆子、马泊六、小猴子声音在耳，不知有所谓语言文字也。何物文人有此肺肠，有此手眼！若令天地间无此等文字，天地亦寂寞了也。"① 这是以情感宣泄为上，彻底背离了文以载道的儒家正统审美观。这种叛逆观念在明季一般读书人中间流行很广。《藏书》《焚书》等屡遭焚禁，而在士林社会中却越传越广。

　　李贽揭示"人必有私"的现实人性，提倡真心与真情实感，在明季文学界很有市场，在相当程度上催生了公安派文学的"独抒性灵"说。公安派的核心人物袁宏道（1568—1610）、袁中道（1570—1623）与李贽交往甚密，他们的文学观念受李贽影响最大。明末文学家冯梦龙自称酷爱李贽之说，也明显受到李贽的影响。

　　公安派是晚明重要的文学流派，主张文学随时代而变，极为注重人的自然性情或自然情趣，强调文章要直抒性灵。袁宏道称许其弟的诗"大都独抒性灵，不拘格套，非从自己胸臆流出，不肯下笔"，② 实际上正是公安派文学主张的夫子自道。袁宏道有一个在当时很有名的"人生五快活"之论，其字里行间都有李贽的影子。袁宏道说：

　　　　目极世间之色，耳极世间之声，身极世间之鲜，口极世间之谭，一快活也。堂前列鼎，堂后度曲，宾客满席，男女交舄，烛气薰天，珠翠委地，金钱不足，继以田土，二快活也。

---

　　① 《李卓吾先生批评忠义水浒传评语批语摘编》，张建业主编：《李贽全集注》第19册，社会科学文献出版社2010年版，第52页。

　　② 《叙小修诗》，钱伯城笺校：《袁宏道集笺校》卷4，上海古籍出版社2018年版，第202页。

箧中藏万卷书，书皆珍异。宅畔置一馆，馆中约真正同心友十余人，人中立一识见极高，如司马迁、罗贯中、关汉卿者为主，分曹部署，各成一书，远文唐、宋酸儒之陋，近完一代未竟之篇，三快活也。千金买一舟，舟中置鼓吹一部，妓妾数人，游闲数人，泛家浮宅，不知老之将至，四快活也。然人生受用至此，不及十年，家资田地荡尽矣。然后一身狼狈，朝不谋夕，托钵歌妓之院，分餐孤老之盘，往来乡亲，恬不知耻，五快活也。士有此一者，生可无愧，死可不朽矣。[1]

这简直是以快活为人生唯一之宗旨，耳目唯见声色，生活只求"受用"。袁宏道是赤裸裸地公开宣扬享乐主义了。快活必然不能缺失感官欲望的刺激。袁中道回忆说："忆予与二郎二十四五时，视钱如粪土。与酒人四五辈，市骏马数十蹄，校射城南平原；醉则渡江走沙市，卧胡姬炉旁，数日不醒。置酒长江，飞盖出没波中，歌声滂湃。每一至酒市，轰轰然若有数千百人之声，去则市肆为之数日冷落。"[2]

袁氏二兄弟"卧胡姬炉旁，数日不醒"，由重情走到纵欲，正是当时士林风气的一个缩影。明中叶以后，中上层社会生活日益趋向奢靡，《金瓶梅》一书从头到尾的荒淫与堕落就是万历时期社会现实的写照。万历以后，类似宏道与中道兄弟这种放浪行为，在当时文人中更是十分的流行。张岱曾生动地记述了杭州西湖"胜会"中的夜景："二鼓以前，人声鼓吹，如沸如撼，如魇如呓，如聋如哑，大船小船一齐凑岸，一无所见，止见篙击篙，舟触舟，肩摩肩，面看面而已。"这种万人云集人潮鼎沸的场景中，"娈童""名妓"通常是不可或缺的要角，伴随着"酒醉饭饱""声光相乱"，

---

① 《龚惟长先生》，《袁宏道集笺校》卷5，第221—222页。
② 袁中道：《赠崔二郎远游序》，《珂雪斋集》卷9，上海古籍出版社1989年版第444页。

人们置身于感官世界中流连忘返。① 这种对世人情态的描述手法像极了袁中道所说的"迩烟霞，则入烟霞，近粉黛，亦趋粉黛"，② 可谓与公安派的直抒性灵说有异曲同工之妙，传神地呈现了士人沉醉烟花的心理世界。总之，贪图肉欲，追逐声色，已经成为文人圈的共同话语与乐趣，成为士林社会的公开透明的群体行为，同时也渗透于江南一带的市民生活之中。

肉欲享受的背后，是一种社会心理上的不振、消沉与颓唐，反映了理学为代表的主流价值观被打破后，社会上不少人陷入一种迷惘、颓废的精神状态。同时，正如鲁迅《中国小说史略》所云"每叙床第之事"与"颓风渐及士流"，极致张扬的肉体与萎靡的心灵之间的巨大落差，亦进一步凸显了心灵的沉闷、精神的无寄托。

享乐与纵欲的背后，是士人对占统治地位的天理世界观的叛逆与颠覆，也是精神颓丧的一种表现方式。李贽自称一生之学归孔门，但儒学并不能解释其说，于是又据禅学以解惑：

> 所云山农打滚事，则浅学未曾闻之；若果有之，则山农自得良知真趣，……夫世间打滚人何限，日夜无休时，大庭广众之中，谄事权贵人以保一日之荣；暗室屋漏之内，为奴颜婢膝事以幸一时之宠。无人不然，无时不然，无一刻不打滚，……当滚时，内不见己，外不见人，无美于中，无丑于外，不背而身不获，行庭而人不见，内外两忘，身心如一，难矣！难矣！不知山农果有此乎，不知山农果能终身滚滚乎！……山农为己之极，故能如是，倘有一毫为人之心，便做不成矣。

> 佛法原不为庸众人说也，原不为不可语上者说也③

---

①　张岱：《西湖七月半》，《陶庵梦忆》，作家出版社1995年版，第137页。

②　袁中道：《东游记》，《珂雪斋集》卷13，第584页。

③　李贽：《答周柳塘》，《焚书》增补一，第263、264页。

　　李贽的思想具有激昂与消沉之二重性格。一方面，他激烈批判道学主流文化，力倡纯朴的自然人性以与伪道学的高调道德奋勇抗争。另一方面，他辞官后长期逃避政治，甚至逃避家庭，出儒入佛。此时的士林社会，刮起了一阵不小的消极避世之风。不少人逃避现实，流于狂禅，李贽只是当时士林中逃禅之风的一个代表而已。

　　李贽的这种说法，在张岱那里可以得到充分的印证。张岱说：“第见有明一代，国史失诬，家史失谀，野史失臆，故以二百八十二年总成一诬妄之世界。”① 可见部分文人生存的世界，已是一个虚妄不实、价值彻底错乱的世界，故他们日益消沉颓废溺于酒色。有学者把类似冯梦龙式的“借男女之真情，发名教之伪药”，视当时的民间文学为“性情之响”，② 但对于时儒而言，则不啻是宣告了时下文化已滥到极致，濒于死亡，正所谓悲哀莫大于心死是也。

　　这种社会心理状况，一直持续到清初的很长时间。张岱曾回忆道：“少为纨绔子弟，极爱繁华，好精舍，好美婢，好娈童，好鲜衣，好美食，好骏马，好华灯，好烟火，好梨园，好鼓吹，好古董，好花鸟。”明亡后，“向以韦布而上拟公侯，今以世家而下同乞丐，如此则贵贱紊矣，不可解一”。张岱又说：“劳碌半生，皆成梦幻。年至五十，国破家亡，避迹山居。所存者，破床碎几，折鼎病琴，与残书数帙，缺砚一方而已。布衣蔬食，常至断炊。回首二十年前，真如隔世。”③ 江南一带曾饱受战火的荼毒，不难想象，张岱的境遇，也同样是不少江南士人之噩梦。

　　晚明出现了一批淫秽小说，如最有名的《金瓶梅》，书中放浪、淫荡、堕落的情节比比皆是，其中不乏大段大段赤裸裸的肉欲细节。士人虽非此书的主要角色，至少从一个侧面印证了当时社会精神消沉的普遍存在。

---

　　① 《石匮书自序》，《张岱诗文集（增订本）》，上海古籍出版社 2014 年版，第 183 页。

　　② 游国恩等主编：《中国文学史》第 4 册，人民文学出版社 1964 年版，第 115 页。

　　③ 《自为墓志铭》，《张岱诗文集（增订本）》，第 373 页。

（四）东林学派的思想复振及其影响

晚明社会的颓废士风，在明末激起了学术思想界的剧烈反弹，东林学派即为最重要的一股势力。东林学派批判主义与热切关注现实的政治热情，为士林社会重新注入了新的活力。正如梁启超所说："当晚明心学末流猖披之时，而东林学派，兴于其间。创之者为无锡高景逸攀龙、顾泾阳宪成，以省身克己砥砺名节为教，而最留意于当世之务。学派之得名，则以无锡东林书院为二公讲学地也。其后阉孽以此名陷正人，'东林党'遂遍天下。其后继者曰复社，主之者则太仓张天如溥，虽流品渐杂，要不失为历史上有价值之讲学团体。"①

东林学派虽意图矫正王学末流的狂禅之风，却把王学中担当历史道义的精神延续了下来。顾宪成（1550—1612）、高攀龙（1562—1626）等人有意识地肩起了士大夫论争国是的天下道义。万历后期，顾、高等人在东林书院以国事天下事相召，东林书院渐成江南人文荟萃之地，深孚时望，日益成为士林社会或民间社会的舆论中心。高攀龙奉行"是非者天下之是非"，②顾宪成也同样高扬"天下之是非自当听之天下"。顾氏曾公开宣言：

> 生平有二癖。一是好善癖，一是忧世癖。二者合并而发，勃不自禁。至是非者，天下之是非，自当听之天下，无庸效市贾争言耳。③

作为东林党的后起者，复社的政治理念一如东林。张溥对君主专制之下皇权对社会的危害有深刻的体认，他甚至说出"天子以人之死为乐，天下亦必以死反之"一类的激烈言论。可见，明代君主

---

① 梁启超：《饮冰室合集·文集之四十一》，第61页。

② 高攀龙：《答汪若谷》，《高子遗书》卷8（下）。

③ 顾枢编：《顾端文公年谱》下卷，万历三十八年"刻以俟录"条，清康熙何硕卿刻本。

专制对士大夫的精神冲击，逐渐激成了士大夫与明王朝专制政治文化的心理对抗。既然对君主或上层政治已经失去了信心，于是士人转变观念，将经世的眼光转向社会中下层。顾宪成清醒地看到了这一点，他说："夫救世者有二端，有矫之于上，有矫之于下，上难而下易，势使然也。"① 这一认识与朝廷清算东林党人的历史背景大为相关。朝廷仿《水浒传》出笼东林 108 将名单，赵南星等众多官员入罪，此前的"众正盈朝"已不复存在，奸佞小人把持朝政，背靠皇权肆无忌惮，朝政及社会政治陷入空前的黑暗，个人命运转向悲惨，彻底失去自上而下改革朝政的信心。故下野后的东林派士人撇开朝廷，在民间社会积极活动，不断地进行抗争。顾宪成曾直斥明廷与天下人作对，"外人所是，庙堂必以为非。外人所非，庙堂必以为是"，② 这与高攀龙所谓"有益于民而有损于国者，权民为重，则宜从民"，③ 都说明士人的经世视野由朝廷转向了民间社会。

士人与皇权之疏离，构成晚明批判专制主义之文化思潮兴起的社会背景。士大夫的学术、治道双重观念转向社会层面，是秦汉以来第一次具有社会规模意义的疏离以君主为中心的时代性经世理念，在思想上具有彻底的反专制性格。上述东林党人的"天下"观，已然包含了把君主、国家与天下区别开来的意蕴。从他们对朝廷的轮番抨击中，大约可见明末士人敢于自我挺立政治主体性的精神风貌。可见，东林党成为中国历史上罕见的以社会团体与皇权抗争的民间社团，有其较为清晰的思想逻辑。

以上，王守仁、李贽、东林学派，显然都有一个相同的观念，即是非付之天下公论；到了黄宗羲与顾炎武之时代，则又发展成了天下是天下人的天下观。这两种观念的背后，体现的

---

① 顾宪成：《赠凤云杨君令峡江序》，《泾皋藏稿》卷8，清文渊阁四库全书本。
② 顾枢编：《顾端文公年谱》上卷，万历十四年"九月补吏部验封司主事"条。
③ 高攀龙：《四府公启汪澄翁大司农》，《高子遗书》卷8（下）。

是士人疏离君主政治中心，以及士人政治主体性的自觉意识。

从王守仁放言虽出于孔子亦"不敢以为是"，李贽的天下是非"不待取给于孔子而后足"，到顾宪成的"天下之是非自当听之天下"，及高攀龙的"是非者天下之是非"，再到黄宗羲、顾炎武是非公之天下的观念，形成一条重要的思想史线索。从这条线索中，晚明以来力挺士之主体性的思想主线呼之欲出。

二　明清之际政治思想的变化

明清之际，中国学术思想进入黄宗羲、顾炎武时代。这是一个思想急剧变化的时代。作为一代儒学宗师的黄宗羲、顾炎武等，通过对宋明理学的批判性反思，将学术思想引上了经世实学的新路向。在政治思想上，通过对秦汉以来尤其是明王朝政治文化的历史反思，他们对儒家的王道政治理想进行了重新诠释。他们一方面激烈地批判专制君主；另一方面力挺先儒的民本观念，并试图抉发社会多元力量以制衡君主的权力。他们提出的新颖民本观念与制度构想，成为中国思想史与制度史上的重要学说，也成为中国近代化进程的思想资源。

（一）君民论：民本观念之抉发

满族统治者入关与明王朝的覆灭，使明末清初儒者创痛巨深。痛定思痛，黄宗羲、顾炎武等一批儒者不约而同地追问：明王朝何以迅速灭亡？汉族民族主权何以骤然丧失？经不断的反思与总结，他们认识到，君主专制政治就是明王朝灭亡的主要原因。

顾、黄等人对于君主专制的深刻认识，缘于王朝鼎革与满族凌虐的时代剧变，更缘于他们跌宕起伏而异常丰富的人生阅历。黄宗羲、王夫之等都经受了南明政权旋起旋灭的沉痛经历，他们目睹了在军政岌岌可危之时，官员仍终日钩心斗角，政治腐败到了令人发指之地步，产生了极大的失望心理与不满情绪。顾炎武的足迹遍布于大半个中国，目睹了当时社会政治的种种状况，对皇权专制之弊亦有深刻的体认。唐甄曾在清初知县任上被罢职，对君主制度下的官场实况也多有体会。基于经验与理性的双重认知，黄、顾等人对君主专制政治与文化进行了重新审视。他们认识到，过度集权的君主专制是明王朝灭亡的根本原因。由此，他们基于儒家三代之治的政治理想，对君主专制主义进行了尖锐的批判，在君主论、君臣论、君民论等方面，提出了一系列极富民本主义色彩的言说。他们的思想言论，是士人精英反思与重光传统士大夫精神世界的写照，是儒家学者依托三代理想重构中国社会政治秩序的创造性尝试，同时也构成了中国历史上一个重要的现实批判主义之思想高峰。

明清之际黄宗羲、唐甄等对君主专制主义的批判，集中揭露了君主为一己之私而祸害天下的事实。他们思想激昂，说理透彻，又不乏充分的学理根据。黄宗羲首先揭示尧、舜等上古君主与后来君主的巨大反差。黄宗羲说：

> 古者天下之人爱戴其君，比之如父，拟之如天，诚不为过也。今也天下之人怨恶其君，视之如寇仇，名之为独夫，固其所也。①

"古者"即上古三代时期，尧、舜、禹三位君主深得人民拥戴与爱护，"比之如父，拟之如天"。而"今也"主要指明代，人们普遍"怨恶其君，视之如寇仇，名之为独夫"，与之不共戴天。这是通过三代之君与当今君主的巨大反差，以凸显后来君主是一种不得人心的存在。这短短的两句话，实际上提供了一个理解明清之际学术思想的逻辑范本："公天下"与"三代之治"是黄宗羲批判君主专制

---

① 《明夷待访录》，《黄宗羲全集》第1册，第2页。

主义的思想基石，也是明清之际思想家政治文化学说的思想基石。①

　　黄宗羲的君主"独夫"论，在明末清初实是一种较为普遍的说法。与之最相似的说法，是唐甄的"帝王皆贼"论。唐甄屡屡数说既往帝王的种种罪恶，将帝王与盗贼相提并论，并指出帝王比盗贼更恶更坏。唐甄说：

　　　　自秦以来，凡为帝王者皆贼也。妻笑曰："何以谓之贼也？"曰："今也有负数匹布，或担数斗粟而行于涂者，或杀之而有其布粟，是贼乎？非贼乎？"曰："是贼矣。"唐子曰："杀一人而取其匹布斗粟，犹谓之贼，杀天下之人而尽有其布粟之富，而反不谓之贼乎！三代以后，有天下之善者莫如汉。然高帝屠城阳，屠颍阳；光武帝屠城三百。……大将杀人，非大将杀之，天子实杀之。……官吏杀人，非官吏杀之，天子实杀之。杀人者众手，实天子为之大手。天下既定，非攻非战，百姓死于兵与因兵而死者十五六，暴骨未收，哭声未绝，目眦未干。于是乃服衮冕，乘法驾，坐前殿，受朝贺，高宫室，广苑囿，以贵其妻妾，以肥其子孙。彼诚何心而忍享之！若上帝使我治杀人之狱，我则有以处之矣。……有天下者无故而杀人，虽百其身不足以抵其杀一人之罪。"②

唐甄对帝王罪恶的揭露比黄宗羲更形象，其"凡为帝王者皆贼也"这句话，在二三百年后成为打倒专制帝王的一句名言。唐甄还把帝

---

　　①　按照儒家经典，尧、舜、禹是古代圣君的标杆，在他们的治理下实现了"三代之治"。此时是"公天下"的时代，又叫"大同"时代。这个时代圣贤盈朝，人尽其才，讲信修睦，老安少怀，物尽其用，路不拾遗，此即《礼记·礼运》所谓"大道之行也，天下为公，……外户而不闭。是谓大同"，是中国古代理想政治的蓝本。这是整个儒学传统中流行最广泛的一个观念，也是在整个社会中最深入人心的观念。故黄宗羲、顾炎武等以此为其思想的出发点，即最具说服力。而这种语境是现代人未必能够完全理解的。

　　②　唐甄：《室语》，《潜书》，中华书局 1963 年版，第 196—197 页。

王直斥为世界上最大的罪犯，甚至明确说出应将所有无故杀人的帝王一律处死这样极为泄愤的话。唐甄之说痛快淋漓，其说虽充满了对专制帝王的痛恨之情，却也是据史实而言，依道理而说。黄宗羲与唐甄的这种极端愤懑情绪，揭示了明清之际国破家亡的人们所普遍遭受的巨大创痛。这是特殊年代的特殊感知，而唯有全身心的真情实感，最能蕴藏独特而永恒的思想旋律。

唐甄认为，历代君主中占绝大多数的是昏庸之君，贤明之君并不多见："帝室富贵，生习骄恣，岂能成贤？是故一代之中，十数世有二三贤君，不为不多矣。其余非暴即暗，非暗即辟，非辟即懦……惟是懦君蓄乱，辟君生乱，暗君召乱，暴君激乱。君罔救矣，其如斯民何哉！"[1] 唐甄认为，秦汉以来的帝王多为盗贼。他说："自秦以来，屠杀二千余年，不可究止。嗟乎！何帝王盗贼之毒至于如此其极哉！"[2] 这种对专制帝王的痛恨情绪，是在历史追溯与文化反思中展开的，这在当时是很普遍的。黄宗羲也说：

> 后之为人君者不然，以为天下利害之权皆出于我，我以天下之利尽归于己，以天下之害尽归于人，亦无不可；使天下之人不敢自私，不敢自利，以我之大私为天下之大公。始而惭焉，久而安焉，视天下为莫大之产业，传之子孙，受享无穷；汉高帝所谓"某业所就，孰与仲多"者，其逐利之情不觉溢之于辞矣。[3]

黄宗羲又说：

> 今也以君为主，天下为客，凡天下之无地而得安宁者，为君也。是以其未得之也，屠毒天下之肝脑，离散天下之子女，

---

① 唐甄：《鲜君》，《潜书》，第66页。
② 唐甄：《全学》，《潜书》，第176页。
③ 《明夷待访录》，《黄宗羲全集》第1册，第2页。

以博我一人之产业，曾不惨然，曰："我固为子孙创业也。"
其既得之也，敲剥天下之骨髓，离散天下之子女，以奉我一人
之淫乐，视为当然，曰："此我产业之花息也。"①

　　秦汉以下的君主，"敲剥天下之骨髓，离散天下之子女"，坏事做
绝做尽。这是目睹山河破碎，饱受战祸离乱之后，把君主专制体制
视为一切罪恶的总根源。激愤之余，黄宗羲又说出了一句很响亮的
话："为天下之大害者，君而已矣。"
　　黄宗羲、唐甄等人都把秦朝看成中国历史上的一座分水岭。他
们明确指出，黎民百姓在历史上的绝大多数时间生活在昏暗君主之
世，秦汉以下的历史是一部充满了黑暗的历史。上文中黄宗羲所谓
的"今也"，主要指明代，但实际上也暗含秦汉以下的各个历史朝
代。以秦代作为历史转变的一大关节点，是儒学的一个传统，不少
儒家学者将中国历史划分为王道与霸道两个意义世界，在很大程度
上秦汉以降被理解为一个日益丧失王道政治理想的历史，儒者据此
进退古今历史，褒贬天下人物。在明清两朝被视为圣人的朱子，即
曾屡屡直斥秦汉以下之帝王"未尝一日得行""尧舜三王周公孔子
所传之道"，② 依朱子的逻辑，黄宗羲与唐甄之说也就并不算过分。
以上黄、唐的说法，不过是在明末清初这样思想激荡的历史时代，
大胆地说出了实话而已。但由此可知，当时君主这一天经地义的存
在，在不少士人心目中几乎失去了以往所有的神圣光环，而且历代
君主中大多数失去了道义上的合法性。
　　黄宗羲比前人思想更深入的地方，在于前人多是在描述一种历
史事实，而黄宗羲是在尝试揭示一种社会现象，总结一些历史规
律。他先阐述儒家治道中的君道观念，就是为了揭示秦汉以下人君
的"君不君"的现象级存在。按照孔孟以来的儒家君道观，"君

---

① 《明夷待访录》，《黄宗羲全集》第1册，第2页。
② 朱熹：《答陈同甫》，《晦庵先生朱文公文集》卷36，四部丛刊景明嘉靖本。

君"即施行仁政是成为君主的前提，也是天下国家治平的前提，若君不像君，则会丧失其统治的合法性。进而言之，若人君被天下人"视之如寇仇，名之为独夫"，则必然丧权亡国。这段话不仅是黄宗羲关于君主制度的一个判断，更是他的一个历史结论。

在对明代君主专制的长期观察与感悟中，在对中国两千多年历史经验之凝练与反思的基础上，黄宗羲进一步揭示出一个极为重要的政治原理："天下为主，君为客。"他说：

> 古者以天下为主，君为客，凡君之所毕世而经营者，为天下也；今也以君为主，天下为客，凡天下之无地而得安宁者，为君也。①

黄宗羲出于刘宗周门下，对理学与心学均深有理解，对儒家传统的"公天下"与三代政治理想之认识更是十分透彻。"天下为主，君为客"，这是天下最大的是非。黄宗羲一开始就立足于思想的最高度，立足于天下是非与公论的高度，在理论上根本否定秦汉以下日益走向极端专制的君主制度的合理性。②

黄宗羲又从法理上揭示帝王专制。他认为后世帝王实行的都是非法之法，是不法之法，所以后世帝王多为不法分子，从而为"帝王为贼"这句话找到了更充分的理据。黄宗羲说：

---

① 《明夷待访录》，《黄宗羲全集》第 1 册，第 2 页。
② 部分现代学者称，黄宗羲此论是完全可以媲美卢梭的人民主权说。但也有学者根据其他材料否定此说，认为黄宗羲是君主制度的拥护与改良者。笔者倾向于后说，因为这一段话的意思还是很明确的。但也不能说黄说与民主不相容。实际上，古代民本与近代民主之间不是不相容的，在一定条件下民本是可以转化为现代民主理念，故民本作为民主的先声似无疑义。由黄氏所言"古者天下之人爱戴其君，比之如父，拟之如天"可知，他并不是要取消或否认君主制度，而只是要否定三代以下民"视之如寇仇，名之为独夫"的专制，希望恢复三代以上的仁民爱物的君主，以回到古圣人的王道政治之轨。

三代之法，藏天下于天下者也。山泽之利不必其尽取，刑赏之权不疑其旁落，贵不在朝廷也，贱不在草莽也。在后世方议其法之疏，而天下之人不见上之可欲，不见下之可恶，法愈疏而乱愈不作，所谓无法之法也。后世之法，藏天下于筐箧者也。利不欲其遗于下，福必欲其敛于上；用一人焉则疑其自私，而又用一人以制其私；行一事焉则虑其可欺，而又设一事以防其欺。天下之人共知其筐箧之所在，吾亦鳃鳃然日唯筐箧之是虞，故其法不得不密。法愈密而天下之乱即生于法之中，所谓非法之法也。[①]

明末清初思想家还从君臣关系的角度，揭示绝对君权的邪恶本质。他们指出，秦汉以下，君主制度日益走向专制，随着君主的权力越来越大，大臣的权力越来越小，君臣之间的权力与责任也越来越呈现出一种完全不对等的状态。这种情形发展到最后[②]达到极致，大臣不仅丧失了最基本的权力，甚至连身家性命也时刻处于危险的境地。唐甄用形象的笔墨来描述现实政治中君臣之间的危险关系：“君臣，险交也。不必直谏而险，直言亦险；不必临战而险，立朝亦险；不必事暴君而险，事贤君亦险。”[③]

相比于唐甄，顾炎武之说则有更强的历史感。作为当世名副其实的大儒，顾炎武从史学史的角度梳理官爵制度的流变，不可辩驳地证明了秦汉以下君主日益专尊的不合理性。其《日知录》“周室班爵禄”条云：

为民而立之君，故班爵之意，天子与公、侯、伯、子、男一也，而非绝世之贵。代耕而赋之禄，故班禄之意，君、卿、

---

①　《明夷待访录》，《黄宗羲全集》第 1 册，第 6—7 页。
②　多指明代。
③　唐甄：《利才》，《潜书》，第 190 页。

大夫、士与庶人在官一也，而非无事之食。是故知天子一位之义，则不敢肆于民上以自尊；知禄以代耕之义，则不敢厚取于民以自奉。不明乎此，而侮夺人之君，常多于三代之下矣。①

所以，在君臣关系上，明清之际思想家都极力张扬提高大臣的权力、地位与人格尊严。黄宗羲说：

官者，分身之君也。孟子曰："天子一位，公一位，侯一位，伯一位，子男同一位，凡五等。君一位，卿一位，大夫一位，上士一位，中士一位，下士一位，凡六等。"盖自外而言之，天子之去公，犹公、侯、伯、子、男之递相去；自内而言之，君之去卿，犹卿、大夫、士之递相去。非独至于天子遂截然无等级也！昔者伊尹、周公之摄政，以宰相而摄天子，亦不殊于大夫之摄卿，士之摄大夫耳。后世君骄臣谄，天子之位始不列于卿、大夫、士之间，而小儒遂河汉其摄位之事，以至君崩子立，忘哭泣衰绖之哀，讲礼乐征伐之治，君臣之义未必全，父子之恩已先绝矣。不幸国无长君，委之母后，为宰相者方避嫌而处，宁使其决裂败坏，贻笑千古，无乃视天子之位过高所致乎？②

这一段话称得上是以经史经世的学术典范。黄宗羲中年以后，潜心学问，其经学尤其是易学之造诣极高。作为一代史学大师，其史学功力与见识都能代表当时的最高水平。考经证史的厚实工夫，使他对君臣关系的解释得心应手，把先秦时期的君臣关系，简洁明了地勾勒出来。在黄宗羲看来，殷周时期君臣之间主要是分工的不同，是相对平等的。只是秦汉以降，才出现了人君高高在上与"君骄

---

① 顾炎武：《周室班爵禄》，《日知录集释》卷7，第257—258页。
② 《明夷待访录》，《黄宗羲全集》第1册，第8页。

臣谄”的情形。按儒家的一贯逻辑，殷周时期离三代不远，其君臣之道也最接近三代治世。所以，后世人君在上独掌权柄是完全不合理的。

黄宗羲认为，君臣之间是一种社会分工的需要，因为"夫天下之大，非一人之所能治，而分治之以群工"。① 他用形象的比喻来说明君臣之间的分工合作："夫治天下犹曳大木然，前者唱邪，后者唱许。君与臣，共曳木之人也；若手不执绋，足不履地，曳木者唯娱笑于曳木者之前，从曳木者以为良，而曳木之职荒矣。"②

黄宗羲执着于自己的治道原则与治平理想，十分看重君臣之间的合理分工，以及君臣之间的权力平衡，故十分痛恨明太祖的罢相之举。黄宗羲说：

> 或谓后之入阁办事，无宰相之名，有宰相之实也。曰：不然。入阁办事者，职在批答，犹开府之书记也。其事既轻，而批答之意，又必自内授之而后拟之，可谓有其实乎？吾以谓有宰相之实者，今之宫奴也。盖大权不能无所寄，彼宫奴者，见宰相之政事坠地不收，从而设为科条，增其职掌，生杀予夺出自宰相者，次第而尽归焉。有明之阁下，贤者贷其残膏剩馥，不贤者假其喜笑怒骂，道路传之，国史书之，则以为其人之相业矣。故使宫奴有宰相之实者，则罢丞相之过也。阁下之贤者，尽其能事则曰法祖，亦非为祖宗之必足法也。其事位既轻，不得不假祖宗以压后王，以塞宫奴。祖宗之所行未必皆当，宫奴之黠者又复条举其疵行，亦曰法祖，而法祖之论荒矣。使宰相不罢，自得以古圣哲王之行摩切其主，其主亦有所

---

① 《明夷待访录》，《黄宗羲全集》第1册，第3页。
② 《明夷待访录》，《黄宗羲全集》第1册，第4页。

畏而不敢不从也。①

明太祖罢相，对明代政治产生了十分恶劣的影响。其第一个后果，就是宦官当政，宦官在事实上掌握了原属于宰相的一切权力。黄宗羲生平最恨宦官，称宦官为宫奴。他认为明太祖罢相以后，不仅君臣的权力平衡被打破，而且宦官治国带来了更多变态的恶政。②

对君主专制抨击最有力的唐甄，在自我意识的世界中干脆把君臣一伦从五伦中彻底排除出去，可见他对君臣之间的扭曲关系痛恨到了何种地步。唐甄说：

> 中庸曰：天下之达道五：君臣也，父子也，夫妇也，昆弟也，朋友之交也。唐子曰：自古有五伦，我独阙其一焉。或曰：何谓也？曰：君臣之伦不达于我也。或曰：子居盛世，志巢父乎？曰：非然也，吾不敢也。吾为贫而仕，为知县十月而革为民，吾犹是市里山谷之民也，不敢言君臣之义也。③

这里，唐甄并不是要颠覆传统的五伦观念，而是借此突出君臣一伦的不平衡与不合理。这段话很感性，与唐甄个人的伤痛经历相关。他曾在山西长子县县令职任上，勤勉尽现，但仅十个月就被革职，成为专制制度的牺牲品。

黄宗羲、顾炎武等人以儒家"公天下"理想为立说之本。依《礼记·礼运》天下为公为"天下为本，君为客"的思想蓝本，公天下实际上就是以民为本。这种说法与历代帝王所津津乐道的"朕即国家"正形成鲜明的对照或对峙。所以，在君民关系上，他

---

① 《明夷待访录》，《黄宗羲全集》第 1 册，第 9 页。
② 黄宗羲在《明夷待访录·奄宦》中有详尽的述论，其中黄宗羲认为宦官的权力在本质上是属于人君所有。
③ 唐甄：《守贱》，《潜书》，第 88 页。

们张扬的是民为国本。值得注意的是，随着民本观念的逐渐拓展，黄宗羲的言说中心已经从君主与人民关系，一转而至天下与人民的关系。黄宗羲说：

> 故我之出而仕也，为天下，非为君也；为万民，非为一姓也。吾以天下万民起见，非其道，即君以形声强我，未之敢从也……盖天下之治乱，不在一姓之兴亡，而在万民之忧乐。……为臣者轻视斯民之水火，即能辅君而兴，从君而亡，其于臣道固未尝不背也。……嗟乎！后世骄君自恣，不以天下万民为事。①

这段话有四个中心词，即"我"（臣）、"君"、"天下"与"万民"。但仔细品读就会发现，这段话在逻辑上有两个中心义项，即"天下"与"万民"。黄宗羲的全部思想关怀都落在了"天下之治乱"与"万民之忧乐"这十个字上。这是一个非常微妙的变化，其思想的重要性不容忽视，表明黄宗羲等人的君主观念渐渐淡化了。顾炎武所谓的"天下兴亡，匹夫有责"，所关怀的实际上也是天下与万民。

黄宗羲、顾炎武等都强调以民为本，主张民是君道之本，也是一切治道、一切政治之本，故无论为人君，抑或为人臣，其一切行止进退只能以民意为归，也只能唯民意是归。在《日知录》"周室班爵禄"一条中，顾炎武抑君主张的根本理由就在于"为民而立之君"，所以他一再强调"知天子一位之义，则不敢肆于民上以自尊。知禄以代耕之义，则不敢厚取于民以自奉"，② 实际上是否认了三代以下君主政治的合法性。顾炎武又说"古之圣人以公心待天下之人"，而"今之君人者尽四海之内为我郡县犹不足也"。秦

---

① 黄宗羲：《明夷待访录》，《黄宗羲全集》第 1 册，第 3—4 页。
② 顾炎武：《周室班爵禄》，《日知录集释》卷 7，第 257—258 页。

汉以下之人君以私心待人臣，以日益增多的严规苛条防范众臣，以层层监管控制众臣，大小臣工既人人被疑事事被制，甚而终日陷溺于"凛凛焉救过之不给"之自保状态。[①] 试问，如此繁密而苛刻的律法之下，谁还有余力去做为国为民的有益之事呢？顾炎武的结论很明确，正是人君依靠严苛的律法与组织机构，对人臣进行重重防范与严控，使人臣的权力被剥夺殆尽而无所作为，才最终导致社会政治秩序的日益混乱。

黄宗羲、顾炎武等人的民本言说，明显是从限制皇权的角度展开论述的，甚至是径直从权力源头寻找制衡专制皇权的社会力量与观念性力量的。[②] 由此可见，民本与民主并非两个截然不同的概念。民本是一个极具张力的概念，是一个在一定条件下可以转化为民权与民主的概念。两百多年后，康有为、梁启超等近代中国思想家直接从民本观念中发掘出近代意义上的中国民权说，本身也是中国历史与思想的自然与合理的展开。

明末清初思想家在展开君臣论与君民论的过程中，还蕴含了其他方面的一些文化内涵。比如对于公私观念的重新考量。《明夷待访录》第一段话就开宗明义地揭示了全书的立论之旨。黄宗羲说：

> 有生之初，人各自私也，人各自利也，天下有公利而莫或兴之，有公害而莫或除之。有人者出，不以一己之利为利，而使天下受其利；不以一己之害为害，而使天下释其害。此其人之勤劳必千万于天下之人。夫以千万倍之勤劳而己又不享其利，必非天下之人情所欲居也。故古之人君，量而不欲入者，许由、务光是也；入而又去之者，尧、舜是也；初不欲入而不得去者，禹是也。岂古之人有所异哉？好逸恶劳，

---

① 顾炎武：《郡县论一》，《顾亭林诗文集》，中华书局1983年版，第12页。
② 结合下文的封建论可知。

亦犹夫人之情也。①

　　黄宗羲直言不讳地说，"自私""自利""好逸恶劳"是人的本性，是人生而固有的天性，不论贤愚贵贱，从之于好逸恶劳趋利避害的本性都是没有什么不同的。即使是尧、舜那样的圣人，他们可以为了天下人而"不以一己之利为利"，却也终因难耐其苦而禅位于他人。②

　　顾炎武、王夫之、陈确等对人君之"私"也多有揭示，同时对公私观念的认知也各具启示意义。比如王夫之在《自谋其生论》中说：

　　　　人则未有不自谋其生者也，上之谋之，不如其自谋；上为谋之，且弛其自谋之心，而后生计愈蹙。……乃欲夺人之田以与人，使相倾相怨以成乎大乱哉？故不十年而盗贼竟起以亡隋。民之不辑也久矣，考其时，北筑长城，东巡泰岳，作仁寿宫，而丁夫死者万计，……不待炀帝之骄淫，而民已无余地以求生矣。③

　　王夫之指出，隋文帝夺人之产致使民不聊生，反映出统治者早已忘记古圣厚德生民之美意，只是"薄取其形迹之言，而忘其所本"。④从来把君臣大义视为人禽之分界的王夫之，也对人君图一己之私而戕害庶民生命的恶行发出了强烈的抗议。难能可贵的是，王夫之提出了人需"自谋其生"的说法，这在一定程度上反映了一些保守

---

　　①　《明夷待访录》，《黄宗羲全集》第1册，第1—2页。
　　②　黄宗羲的目的，是要从人性之"私"揭示君主祸害天下的原因。他指出，后世君主之所以为祸天下，原因就在于一个"私"字。当然，这丝毫无损于其抨击君权专制的思想锋芒。相反，长期以来人们已在神圣君主与公正无私之间画上了等号，极端自私的君主早已被万人唾弃。故黄宗羲直接抨击后世君主"以天下之利尽归于己"，只知逞一己之私欲，自私自利，一味向天下索取，这在当时的历史背景中，对于说明后世人君完全丧失了作为人君之资格，是有其现实意义的。
　　③　王夫之：《读通鉴论·隋文帝》，中华书局2013年版，第566—567页。
　　④　王夫之：《读通鉴论·隋文帝》，第567页。

的儒家学者在公私、义利观念上的某些调整。至于陈确的说法，则要更包容，更开明。陈确说：

> 学问之道，无他奇异，有国者守其国，有家者守其家，士守其身，如是而已。所谓身，非一身也。凡父母兄弟妻子之事，皆身以内事，仰事俯育，决不可责之他人，则勤俭治生洵是学人本事。①

这两段话已涉及了公、私观念问题。"有国者守其国，有家者守其家，士守其身"，国与家之间蕴藏着一条隐隐约约的公私界线，这意味着两千多年牢不可破的家国同构已开始有松动的迹象。同时，"不能自谋而须人之谋者，而可谓之学乎？"显然，陈确之说已经与传统的重义轻利的观念有了截然的不同，他把谋身上升到"学"的高度，在当时堪称是石破天惊之论。

由此，明末清初学者在抨击君主专制与提倡民本的思想中，有着相当丰富的思想维度，这是不可不注意的。

（二）封建论：地方自治观念之萌动

明末清初关于封建与郡县的讨论，是唐宋以来"封建论"论争的一个思想高峰。一方面，这一讨论参与者较多，当时主要的思想家大都参与其中。另一方面，大多数人主张以封建制限制专制皇权，这一点在黄宗羲的《明夷待访录》、唐甄的《潜书》、顾炎武的《日知录》、魏禧的《封建》、颜元的《存治篇》等书中，都有不同程度的体现。即使王夫之反对恢复封建，认为封建制的恢复没有可行性，但其《黄书》《读封建论》等书中，也有不少抨击皇权专制的内容。

明清之际思想家痛斥君主为天下之祸端，对于绝对皇权支配的

---

① 《学者以治生为本论》，《陈确集》（上），中华书局1979年版，第158页。

国家政治大都感到难以容忍。其中虽不免带有对帝王荼毒天下的激愤情绪，但更多的是充满了一种历史理性。因为对君主专制制度在认识上产生了疑虑，在态度上发生了动摇，所以他们潜心于经史之中，从丰富的历史资源中探索天下的治平之道。他们热衷于对郡县制实行以来所暴露出来的社会弊端进行考量，鉴于宋代以降尤其是明王朝不断削弱大臣与地方权力，导致国破家亡的灾难性后果，于是大多主张扩大大臣与地方的权力。这一点，明显表现出士人精英对君主专制之社会危害性的一种时代认同。即如唐甄，他并无关于封建与郡县的专文论述，但对此一议题的见解不乏卓识。他主张守官的权责统一，要"各专其职"，因为"历年既久，守官既专，其虑益熟，其学益精，其事易成"。① 唐甄强调君臣之权责贵在分、贵在专，其限制君权的意图也是相当明确的。唐甄又说："天下有天下之智，一州有一州之智，一郡一邑有一郡一邑之智，所言皆可用也。我有好不即人之所好，我有恶不即人之所恶，众欲不可拂也。"② 所以，在反对君主专制的价值方向中，他主张君主分权于守臣，且"既有成绩，终身不迁"。③ 唐甄此说，与黄宗羲、顾炎武封建论中主张官职继承的用意如出一辙，其主张地方分权的意图也就呼之欲出了。在江南文人中颇有影响的魏禧也值得注意，他的封建论，主张"封建为经，而纬以郡县"④ 的封建郡县混合制，提出师周代封建之意的见解，这一点就极似顾炎武之说。此外，更典型的当属大儒陆世仪。有纯儒之称的理学家陆世仪，实际上是坚持传统的德化政治观念的，但同时也明确主张扩大地方的权力。陆世仪说：

　　夫今之藩臬诸司，当古方伯之职，今之县邑长，当古诸侯

---

① 唐甄：《善任》，《潜书》，第 133 页。
② 唐甄：《六善》，《潜书》，第 146 页。
③ 唐甄：《善任》，《潜书》，第 133 页。
④ 魏禧：《封建一》，《魏叔子文集》，中华书局 2003 年版，第 196 页。

之职。古之诸侯治一国，征赋繇己，政令由己，诛杀由己。而又选辟卿、士大夫以为之佐，即不足，又从而任他国之贤才，展布如此其易也，佐理如此其多也。而勇如仲由，艺如冉求，量力度德，犹曰三年而治之。今之县邑长，征赋由上，政令由上，诛杀由上，三年一易，官如传舍。胥吏之属，多历年所，舞文弄法，相率为奸。加以忌讳多端，虚文拘束，顽民梗政，处士猖狂，欲从容而理之，非有百古诸侯之才不能济也。况今承平日久，法度放废，廪无余粟，人不知兵，弁髦官府，尸祝盗贼。静言思之，可不为寒心者乎！①

这一段话，与下文即将讲到的顾炎武封建主张几乎没有什么两样，涉及了扩大地方权力、延长地方令长的任职期限，以及反对朝廷频繁干涉地方事务等主张。这在一定程度上表明，江南一带士人普遍认同或部分认同了加强地方权力的观念。而在北方，则有颜元对封建论的较系统的言说，他大多立足于民生说封建，主张彻底恢复封建制。在具体观点上，其"非封建不能尽天下人民之治，尽天下人材之用"，② 也略似顾炎武，而其所谓"人主亦乐其自私天下"则与黄宗羲之说十分接近。总体上，缘于对秦汉以下尤其是对明王朝日益扩张乃至泛滥无归的帝王权力的警惕，明末清初士人对帝王的高度集权多有戒备，故在士人精英阶层，分权观念称得上是一种较具普遍性的社会意识。

清初封建论的代表人物是黄宗羲和顾炎武。黄、顾二人进一步明确地从观念领域深入到制度领域，对君主专制制度的功能性缺陷进行了系统的审视，对君臣之间、家族与国家之间、中央与地方之间等权力关系，提出了一系列大胆而富有创意的设想。

---

① 陆世仪：《桑梓五防》，《桴亭先生遗书》第 12 册，丛书集成初编本，商务印书馆 1936 年版。

② 《封建》，《颜元集》，中华书局 1987 年版，第 111 页。

黄宗羲是最先对封建制进行系统思考的思想家。他的封建论，主张恢复封建，但同时认为全面废除郡县制并不现实，因此提出了一种封建与郡县并行的制度。黄宗羲说：

> 今封建之事远矣，因时乘势，则方镇可复也。自唐以方镇亡天下，庸人狃之，遂为厉阶。……然则唐之所以亡，由方镇之弱，非由方镇之强也。是故封建之弊，强弱吞并，天子之政教有所不加；郡县之弊，疆埸之害苦无已时。欲去两者之弊，使其并行不悖，则沿边之方镇乎！①

黄宗羲的总体方案，是在中原内地仍实施现行的郡县制度，而在西北部边境地区则依封建制推行方镇制度，以化解郡县与封建的各自弊端。其具体设想，则是在西北地区及云贵一带推行方镇制，具体包括辽东、蓟州、宣府、大同、榆林、宁夏、甘肃、固原、延绥以及云贵地区。黄宗羲主张在边境地区复封建，主要是从抵抗"夷狄"的角度着眼的。方镇制的设想，最早出于《封建》一文中，所谓："自三代以后，乱天下者无如夷狄矣，遂以为五德沴青之运。然以余观之，则是废封建之罪也。"② 黄宗羲的封建论，其主要出发点之一，在于试图依靠军政合一的边镇势力来防止"夷狄"入侵。③

而黄宗羲封建论的意蕴，并不限于抵御"夷狄"一方面，他的整体思路主要体现在《明夷待访录》一书中。此书写于康熙三年（1664）前后，已在《留书》的十年之后，其中体现出黄宗羲

---

① 《明夷待访录》，《黄宗羲全集》第 1 册，第 19 页。
② 《明夷待访录》，《黄宗羲全集》第 1 册，第 43 页。
③ 《留书》作于 1653 年，即顺治十年，此时黄宗羲投入抗清活动，此书披露了黄宗羲创作封建论的出发点。《留书》中有《文质》《封建》《卫所》《朋党》《史》五篇，《封建》是其中比较重要的一篇。此书创作的直接动因之一，是明王朝面对清八旗兵的摧枯拉朽之势而无力抵御，引发了黄宗羲的长期思考。

对封建问题的长期探索。黄宗羲的封建论表现出一种比较宏阔的历史眼光，是在"治乱之故观之也熟"的历史思考的基础上，[①] 试图构建出一套通向治平的新制度。黄宗羲认为，"夷狄"军事入主是外缘，朝廷政治自身的腐败才是国破家亡的内在根因。黄宗羲把明王朝覆灭的根因，归结为皇权高度专制下政府的体系性腐败。他认为，正是封建制的废除，始逐渐形成君权独大的局面，随之大臣也逐渐失去了相应的一切权力，既无力担负地方治理之职，更无法担负起领导抵抗"夷狄"之责。所以，黄宗羲提出了在方镇地区大大提高地方权力，即"分割附近州县属之。务令其钱粮兵马，内足自立，外足捍患；田赋商税，听其征收，以充战守之用；一切政教张弛，不从中制；属下官员亦听其自行辟召，然后名闻。每年一贡，三年一朝，终其世兵民辑睦，疆场宁谧者，许以嗣世"。[②] 这就把原属于帝王的专制权——包括军事、行政、财政、人事、教育——全部归之于地方。不仅如此，方镇地区的相应官职还"许以嗣世"，企图永久性地避免君主专制对地方事务的干涉。在广大内地，则主张地方的一些关键官职不得委派，即"必使治天下之具皆出于学校"，且"郡县学官，毋得出自选除"。[③] 可见，黄宗羲的相关言说全是围绕限制与平抑君权立论，其思想锋芒明确地指向了皇权本身，这与他在《原君》《原臣》等文中的君民论主张首尾一贯，表现出思想的系统性与完整性。

黄宗羲的封建论最闪光的地方，在于他提出了"有治法而后有治人"的观念，对封建论的法理依据做出了系统的阐释。黄宗羲说：

> 即论者谓有治人无治法，吾以谓有治法而后有治人。自非

① 《留书·自序》，《黄宗羲全集》第 21 册，第 609 页。
② 《明夷待访录》，《黄宗羲全集》第 1 册，第 19 页。
③ 《明夷待访录》，《黄宗羲全集》第 1 册，第 9—10 页。

法之法桎梏天下人之手足，即有能治之人，终不胜其牵挽嫌疑之顾盼，有所设施，亦就其分之所得，安于苟简，而不能有度外之功名。使先王之法而在，莫不有法外之意存乎其间。其人是也，则可以无不行之意；其人非也，亦不至深刻罗网，反害天下。故曰：有治法而后有治人。[①]

这里，黄宗羲明确针对天下治乱不系于法而系于人的说法。秦汉以来尤其是程朱理学统治天下的时代，人治论始终是压倒一切的影响巨大的观念。于是，黄宗羲有意识地提出了这个反向命题，即"有治法而后有治人"。他认为，三代以下，非法之法桎梏天下人的手足，在非法状态下即使有"能治之人"并想有所作为，也终会因为束手束脚左右失据而逐渐在苟且中麻木，注定难有作为。而只有在良好治法的基础上，才可以出现真正意义上的"能治之人"，才能真正顺利地实现良善的治理。反过来说，即使不得其人，也终会因良好的治法框架而不至于产生"深刻罗网"的危害。

这里"使先王之法而在，莫不有法外之意存乎其间"，明显是指封建之遗意："即论者谓天下之治乱不系于法之存亡。夫古今之变，至秦而一尽，至元而又一尽。经此二尽之后，古圣王之所恻隐爱人而经营者荡然无具，苟非为之远思深览，一一通变，以复井田、封建、学校、卒乘之旧，虽小小更革，生民之戚戚终无已时也。"[②] 简言之，"先王之法"即"井田、封建、学校、卒乘"等三代旧法，这与顾炎武"寓封建之意于郡县之中"自然合辙，从逻辑到主要内容，都十分相似。顾炎武受黄宗羲的影响，对治法也相当看重，但没有像黄宗羲这样展开系统的论述。

明清之际儒者的封建论，以顾炎武之说最完整，也最具代表性。顾炎武也是主张部分地恢复封建制。他通过对西周以来历代政

---

① 《明夷待访录》，《黄宗羲全集》第 1 册，第 6 页。
② 《明夷待访录》，《黄宗羲全集》第 1 册，第 6 页。

体结构的梳理，总结了封建与郡县在制度上的利弊得失，认为二者各有利弊，即"封建之失，其专在下，郡县之失，其专在上"。[①]他的核心观念是"寓封建之意于郡县之中"，[②] 在限制君主专制权力方面与黄宗羲一脉相承。

顾炎武否认了所谓"唐亡于藩镇"的流行说法。相反，"唐之弱者，以河北之强也。唐之亡者，以河北之弱也"。[③] 正是藩镇的存在，使唐代中晚期得以避免频频发生外患与内乱。唐代如此，宋明两代亦复如此。顾炎武说：

> 呜呼，世言唐亡于藩镇。而中叶以降，其不遂并于吐蕃、回纥，灭于黄巢者，未必非藩镇之力。宋至靖康而始立四道，金至兴元而始建九公，不已晚乎！[④]

顾炎武的封建论，是立足于历史与现实的双重考量。他将思考的重心放在了与明王朝同样亡于异族的南宋。所谓"明代之患，大略与宋同"，[⑤] 显然是将视觉焦点放在最有现实借鉴意义的宋代。顾炎武指出：

> 岳飞说张所曰："国家都汴，恃河北以为固。苟冯据要冲，峙列重镇，一城受围，则诸城或挠或救，金人不敢窥河南，而京师根本之地固矣。"文天祥言："本朝惩五季之乱，削除藩镇，一时虽足以矫尾大之弊，然国以浸弱，故敌至一州，则一州破；至一县，则一县残。今宜分境内为四镇，使其地大力众，足以抗敌，约日齐奋，有进无退。彼备多力分，

---

① 顾炎武：《郡县论一》，《顾亭林诗文集》，第 12 页。
② 顾炎武：《郡县论一》，《顾亭林诗文集》，第 12 页。
③ 顾炎武：《藩镇》，《日知录集释》卷 9，第 339 页。
④ 顾炎武：《藩镇》，《日知录集释》卷 9，第 338 页。
⑤ 顾炎武：《藩镇》，《日知录集释》卷 9，第 338 页。

疲于奔命，而吾民之豪杰者又伺间出于其中，则敌不难却也。"①

南宋岳飞、文天祥是中国历史上的名臣，是南宋王朝走向覆灭的见证者，他们对于宋代军政体系与权力结构无疑相当熟悉。顾炎武通过岳、文二人的切身体会，来说明宋代削除藩镇带来的滔天祸机，试图揭示君主集权专制下地方力量羸弱的严重危害。这是从反面揭示削弱地方势力的危害。顾炎武又从正面展开论说，以宋初"折氏袭而府州存"等例，说明地方军政权力统一的历史意义。顾炎武说：

> 不独此也，契丹入大梁，而不能有者，亦以藩镇之势重也。王应麟曰，郡县削弱，则戎翟之祸烈矣。《宋史》：刘平为鄜延路副总管。上言，五代之末，中国多事，惟制西戎为得之，中国未尝遣一骑一卒远屯塞上，但任土豪为众所服者，封以州邑，征赋所入，足以赡兵养士，由是无边鄙之虞。……宋初之事，折氏袭而府州存，继捧朝而夏州失。一得一失，足以为后人之鉴也。贾昌朝为御史中丞，请陕西缘边诸路守臣皆带安抚蕃部之名，择其族大有劳者为首帅，如河东折氏之比，庶可以为藩篱之固。②

对于宋王朝灭亡的根本原因，顾炎武的结论十分简洁而明确，宋太祖剥夺地方守令的军事与财政大权，是宋朝亡于北方"夷狄"的根本原因：

> 呜呼！人徒见艺祖罢节度为宋百年之利，而不知夺州县之兵与财，其害至于数百年而未已也。陆士衡所谓"一夫从横，

---

① 顾炎武：《藩镇》，《日知录集释》卷9，第338页。
② 顾炎武：《藩镇》，《日知录集释》卷9，第339页。

而城池自夷"，岂非崇祯末年之事乎！①

"岂非崇祯末年之事乎！"表明顾炎武考察宋代政制与探索宋朝灭亡的原因，是为了进一步了解明王朝覆亡的原因，也是为了彻底搞清楚他所置身的那个时代。依顾炎武的观察，不仅宋、明皆亡于"夷狄"，而且更重要的是宋、明两朝的地方势力都十分薄弱，都失去了抵抗"夷狄"的基本力量。顾炎武如此不惜笔墨地探研宋代制度，根本意图是要说明明王朝皇权高度专制下地方权力被严重侵削的极不合理的政权结构。在他看来，明王朝的权力体系与宋代很相似，都是中央专权而地方无权，且明代君主权力比宋代更集中，最终导致地方彻底丧失抵抗"夷狄"的能力。

通过对古今政体的对比，尤其是对宋、明两朝君主政体的观察，顾炎武找到了历代王朝不能免于危亡之根因："方今郡县之敝已极，而无圣人出焉，尚一一仍其故事，此民生之所以日贫，中国之所以日弱而益趋于乱也。何则？封建之失，其专在下；郡县之失，其专在上。"② 顾氏认识到，也正是"方今郡县"的制度性弊端，导致地方守令失去了一切应有的权力，导致当今的亡国大祸，此种情形若无改变，将来也仍然会日复一日地重复于这种贫穷与祸乱之中。顾炎武在《郡县论》中反复强调，秦汉以下历代人君以层层监控迫人臣就范，地方守令终日陷溺于人人被疑事事被制的"凛凛焉救过之不给"之自保状态，③ 地方官员没有余力去做有益于地方之事，人间正道又何日得见，天下秩序又何以安定？从顾炎武为"一夫从横而城池自夷"发出的沉痛叹息中，可见其对宋代以后高度专制的皇权政治之根深蒂固的忧虑之深。

秦汉以下郡县制的弊病既已明显，那么救治之途何在？通过简

---

① 顾炎武：《藩镇》，《日知录集释》卷9，第341页。
② 顾炎武：《郡县论一》，《顾亭林诗文集》，第12页。
③ 顾炎武：《郡县论一》，《顾亭林诗文集》，第12页。

单地恢复封建制就可以挽救吗？显然是不可能的。顾炎武在其名文《郡县论》开篇就道出了这一宗旨：

> 知封建之所以变而为郡县，则知郡县之敝而将复变。然则将复变而为封建乎？曰，不能。有圣人起，寓封建之意于郡县之中，而天下治矣。盖自汉以下之人，莫不谓秦以孤立而亡。不知秦之亡，不封建亡，封建亦亡；而封建之废，固自周衰之日而不自于秦也。封建之废，非一日之故也，虽圣人起，亦将变而为郡县。①

一方面，如上文所述，"方今郡县之敝已极"，已经日益导致国家的贫弱与祸乱，郡县制从制度层面进行变革也就势在必然。另一方面，"封建之废，非一日之故也"，郡县制取代封建制又是千百年来形成的历史大势，所以"虽圣人起，亦将变而为郡县"，废除郡县而恢复封建并不具备现实性。那么天下之治的希望何在呢？按照顾炎武的思想理路，如果能够将封建制中的一些有益因素注入郡县制之中，使郡县制能够同时兼有封建制的优点，那么希望即可寄托在经过改良的新郡县制之上，这就是"寓封建之意于郡县之中"。

"寓封建之意于郡县之中"，这是理解顾炎武封建论观念最关键的一句话。这句话的意思，集中地反映在以下一段简短的文字中：

> 然则尊令长之秩，而予之以生财治人之权，罢监司之任，设世官之奖，行辟属之法，所谓寓封建之意于郡县之中，而二千年以来之敝可以复振。后之君苟欲厚民生，强国势，则必用吾言矣。②

---

① 顾炎武：《郡县论一》，《顾亭林诗文集》，第12页。
② 顾炎武：《郡县论一》，《顾亭林诗文集》，第12页。

顾炎武激烈批判秦汉以下君主独尊之局。他认为西周封建时代，君主与大臣不过处于官阶序列中的相对位置，并无截然判分的尊卑高下，而秦汉以下君主日益成为一种超品，一种绝品，一种独一无二的无上尊位，最终形成天上地下唯我独尊的独夫民贼之局。故"寓封建之意于郡县之中"就是恢复封建时代的官等，让守令在地方独享其独尊之位，此"尊令长之秩"也。此义在上文君主论部分说之已详，兹不赘述。而"予之以生财治人之权，罢监司之任，设世官之奖，行辟属之法"，在笔者看来，这四项正好构成"寓封建之意于郡县之中"的四层意思，以下即按此四方面的内容分而述之。

第一，"予之以生财治人之权"，是特别要求郡守、县令拥有充分的财政权与人事权。由于郡、县两级地方长官长期困于无权的尴尬境地，即"用人不得专辟，临事不得专议，钱粮悉拘于官而不得专用，军卒弗出于民而不得与闻"，[1] 不仅致太平难望，甚且"延国命"都成了一种奢求。"是故天下之尤急者，守令亲民之官。而今日之尤无权者莫过于守令"，[2] 故顾炎武特别强调扩大地方守令之权的急迫性，强调地方长官享有相当独立的政治权力。顾炎武的具体主张是："每三四县若五六县为郡，郡设一太守，太守三年一代。"[3] 甚至比黄宗羲更进一步，顾炎武主张内地守令也应该拥有治军掌军之权。通过引用元代吴莱的文章，他强调地方守令拥有四项具体的权力。此四大权力为：

　　夫辟官、莅政、理财、治军，郡县之四权也，而今皆不得以专之，是故上下之体统虽若相维而令不一，法令虽若可守而议不一。为守令者既不得其职，将欲议其法外之意，必且玩常习故，辟嫌碍例，而皆不足以有为。又况三时耕稼，一时讲

---

① 顾炎武：《守令》，《日知录集释》卷9，第328页。
② 顾炎武：《守令》，《日知录集释》卷9，第327页。
③ 顾炎武：《郡县论二》，《顾亭林诗文集》，第13页。

武，不复古法之便易，而兵、农益分。遇岁一俭，郡县之租税悉不及额，军无见食，东那西挟，仓廪空虚，而郡县无复赢蓄以待用，或者水旱洊至，闾里萧然，农民菜色，而郡县且不能以振救，而坐至流亡。是以言莅事而事权不在于郡县，言兴利而利权不在于郡县，言治兵而兵权不在于郡县，尚何以复论其富国裕民之道哉！必也，复四者之权一归于郡县，则守令必称其职，国可富，民可裕，而兵、农各得其业矣。[①]

这是要将把控在君主手中的地方军政大权，依"封建之意"仍然归还于地方守令，从而改变天子之权日尊的局面。

第二，"罢监司之任"，即撤销朝廷派到地方的一应监察机构与官员。在《郡县论》一文中另有一种更具体的说法，要求"督抚司道悉罢"。[②] 明王朝之督抚，名义上是领导一方的地方大员，但依官制其身份仍隶属都察院的监察系统，由朝廷任命委派。至于作为布政司、分守道等衙门之通称的司道，更是朝廷派到地方的监察机构，代表中央行使对地方的监督。除此之外，更有宦官对地方事务无处不在的监控，以及对地方官绅肆无忌惮的欺凌与剥削。总体上，不论是督抚还是司道，在实质上都是唯朝廷之命是从，都是代表中央层层控制地方的多机构并存的监管系统。督抚司道等机构的存在，正说明了地方官员行政权力的深度弱化。因此，顾炎武把督抚司道等朝廷的层层监督机制视为中央与地方权力失衡的要素，要求撤销中央派到地方用以监督地方官员的一切衙门与官员，反复强调朝廷不得干涉地方政务，以尽可能让地方官员拥有相对独立的权力。

第三，"设世官之奖"，主要意图是依托家族势力维持地方治理的长期稳定。世官泛指封建制度下由贵族世代承袭的一些官职。

---

① 顾炎武：《守令》，《日知录集释》卷9，第329页。
② 顾炎武：《郡县论二》，《顾亭林诗文集》，第13页。

王夫之认为世官是古代"诸侯世国"中大夫一职的世代沿袭,[1] 而顾炎武"设世官之奖",强调郡守、县令等地方长官一职,主要采取一种类似封建制的家族承继方式。顾炎武说:"其初曰试令,三年,称职,为真;又三年,称职,封父母;又三年,称职,玺书劳问;又三年,称职,进阶益禄,任之终身。其老疾乞休者,举子若弟代;不举子若弟,举他人者听;既代去,处其县为祭酒,禄之终身。所举之人复为试令。三年称职为真,如上法。"[2] 父兄老疾致仕后,其职则荐举子弟代之,要求对于经考核称职的家族子弟,可以有条件地逐渐承袭父辈的官职。这里的"封父母""禄之终身""任之终身",以及后文特意揭出"使天下之为县令者,不得迁又不得归,其身与县终,而子孙世世处焉",[3] 都在于凸显宗族世守其官的"封建"意蕴。这是鉴于权力严重错位的政治现实:君主为了防范地方长官的坐大而频繁更换守令,或因其他类似的做法,致使守令任期太短,"每以三岁为守令满秩,曾未足以一新郡县之耳目而已去",[4] 最终造成每一任守令全然无暇稳固其相应的权力。顾炎武借"封建之意"大大延长守令任期,即使是最初的考察试用期也要三年,而经全程考核后即可终身任职,甚至子孙可能世袭其职,这是试图从根本处削弱中央对地方的控制权。

总之,"设世官之奖"的中心意图,是要延长守令等职的任期,希望通过家族的自然延续来保障地方政治的持续性与稳定性。顾炎武并非一意强调家族血缘关系,也并未把世官完全等同于世职,而只是希望在制度上保障家族子弟尽可能承任父兄原来的官职,希望只要宗法家族不亡,地方政治就不会骤然失序。这才是顾氏反复咏慨"重在氏族哉,重在氏族哉"之本意。

第四,"行辟属之法",是要求郡守、县令等地方长官可以自

① 王夫之:《读通鉴论·秦始皇》,第1页。

② 顾炎武:《郡县论二》,《顾亭林诗文集》,第13页。

③ 顾炎武:《郡县论二》,《顾亭林诗文集》,第13页。

④ 顾炎武:《守令》,《日知录集释》卷9,第328页。

主聘任下属官员。这一条其实相当重要，主要是加强地方长官之于人事任免权的独立性。顾炎武引元人吴渊颖的话：

> 盖古之治郡者，自辟令丞；唐世之大藩，亦多自辟幕府僚属。是故守主一郡之事，或司金谷，或按刑狱，各有分职，守不烦而政自治。虽令之主一邑，丞则赞治而掌农田水利，主簿掌簿书，尉督盗贼，令亦不劳，独议其政之当否而已。今自一命而上，皆出于吏部，遇一事，公堂完署，甲是乙否。吏或因以为奸，勾稽文墨，补苴罅漏、涂擦岁月，填塞辞款，而益不能以尽民之情状。①

这里的主要内容有二：一是由郡守、县令"自辟幕府僚属"，掌握本地的人事聘任权；二是由"古之治郡者，自辟令丞"。可知顾氏是主张郡守与县令都应该从本郡本县产生。在《郡县论》一文中，顾炎武也着重强调地方官职由本地人担任，"改知县为五品官，正其名曰县令。任是职者，必用千里以内习其风土之人"。"簿以下得用本邑人为之"，其称职者，"既家于县"，县令"不得迁又不得归，其身与县终，而子孙世世处焉"，② 强调不仅地方长官要从本土产生，还要世守其土，从而改变"今自一命而上，皆出于吏部"的局面。简言之，"行辟属之法"意在扩大守令用人的自主权，主张太守"主一郡之事"，而县令同样"独议其政之当否"，强调守令独立地行使财赋、军政等大权，从制度层面上限制朝廷对地方行政的过多干涉。另外，"行辟属之法"还有打破朝廷科举制人才单一选拔机制的意义，这一点也值得注意。

顾炎武还进一步揭示统治者通过层层律法对于君主权力的强化，明确地从制度层面揭示君主专制制度的巨大危害。他指出，后世人君

---

① 顾炎武：《守令》，《日知录集释》卷9，第328页。
② 顾炎武：《郡县论二》，《顾亭林诗文集》，第13页。

利用重重密布的严规苛条防范众臣，"科条文簿日多于一日"，① 致使地方守臣的权力被剥殆尽。对此，顾炎武可谓是再三致意。他说：

> （后世人君）尽天下一切之权而收之在上。而万几之广，固非一人之所能操也，而权乃移于法，于是多为之法以禁防之。虽大奸有所不能逾，而贤智之臣亦无能效尺寸于法之外，相与兢兢奉法，以求无过而已。于是天子之权不寄之人臣，而寄之吏胥，是故天下之尤急者，守令亲民之官。而今日之尤无权者莫过于守令，守令无权而民之疾苦不闻于上，安望其致太平而延国命乎！②

因为天下很大，权力非天子"一人之所能操"，故天子将"权乃移于法，于是多为之法以禁防之"。这样一来，不论奸愚贤智，大小官员无人"能效尺寸于法之外"，而只能"相与兢兢奉法"，不求有功但求无过，苟活于层累的法禁之中，民困不能苏，国乱不能治，天下安有致太平之一日？顾氏为之感慨叹惜，亦见其反思的切身之痛。与黄宗羲一样，时儒多历国亡家丧之痛，对于天下秩序崩塌有切身之痛，其言均非泛泛。简言之，顾炎武的最终结论简明扼要，"郡县之失，其专在上"，国家日入危途的根本症结就在于高度集权的君主制度。

按照顾炎武的观点，守令、诸侯等地方势力不仅仅对于靖边有重要意义，对于防止内乱也具有极其重大的作用。顾炎武援引宋人尹源《唐说》一文的观点："如是二百年，奸臣逆子专国命者有之，夷将相者有之，而不敢窥神器，非力不足，畏诸侯之势也。"③ 这是以唐代历史为例，说明诸侯势力对于国家内部稳定的战略意

---

① 顾炎武：《郡县论一》，《顾亭林诗文集》，第 12 页。
② 顾炎武：《守令》，《日知录集释》卷 9，第 327—328 页。
③ 顾炎武：《藩镇》，《日知录集释》卷 9，第 338 页。

义；认为唐代开国二百年来，诸侯势力始终是令奸臣逆子畏惧的力量，即便有逆反之心也因忌惮诸侯之力而不敢作为。这与黄宗羲之说十分接近。不过，黄宗羲更侧重于对依附于皇权的宦官，以及对皇权本身的制约。

顾炎武的封建论设想，总体上仍在传统君主政体下的郡县制框架之内，与西周的封建制中诸侯拥有掌控地方军政的独立权力颇有不同。在顾炎武设想中，守令的权力相当于西周诸侯权力的缩小版，即守令既有相对独立的权力，同时也受君主权力的制约。比如县一级中，县令及县丞以下官员由地方自主选择，而县丞一职则由"吏部选授"，县丞以下的主簿、县尉等职虽听县令自择，却也要"报名于吏部"。顾氏的意图是要在中央与地方之间寻求一种权力互相牵制的动态式的平衡，即以地方权力制衡中央，同时中央对地方也形成一定的牵制。因此，他既反对把单一的封建制施之于当今之天下，也不同意单纯的郡县制可施之当今而无弊，即所谓"封建之失，其专在下；郡县之失，其专在上"，主张将封建与郡县两种制度相结合，取二者之长而舍二者之短。顾炎武相当自信地认为，只要有效抉发"封建之意"，三代之治就一定"可以复振"。①

因此，顾炎武强力批评秦汉以来君主权力的日益泛滥，认为君主权力极大地抑制了地方理乱的功能，强调把原属于地方的权力仍归地方。"寓封建之意于郡县之中"，关键在于将封建制中的地方分权概念植入郡县制之中，主张地方有相对独立的财政及军事大权，中央不得干涉。其核心意义指向了中央与地方的关系，要求扩大地方权力，将把控在君主手中的地方军政大权，依封建制之意蕴仍然归还于地方守令，相应地提高守令的官秩品级，延长守令等地方官员的任职期限，守令以下地方官职由地方推举。简言之，黄宗羲、顾炎武等人的封建论，大大超越了汉代以来的封建论言说，无论是观念意义还是制度意义，都获得了一种历史性的突破。

---

① 顾炎武：《郡县论一》，《顾亭林诗文集》，第12页。

　　明清之际的封建论言说，实际上是接着汉唐以来，尤其是接着宋儒的封建论来讲的。柳宗元和朱熹是唐宋儒者言说封建的两大代表人物。与贾谊等汉唐儒者一样，柳宗元的基本主张是反对封建，并认为秦亡的原因"失在于政，不在于制"。[1] 包括朱熹在内，宋代主流学者言说封建也基本不出柳宗元的套路。朱熹的一贯思想在于突出德化政治，是一条内圣而外王的路线，要求士大夫上通过格君心之非，下通过立己立人实现良政美俗。其封建论也是如此。朱熹说：

　　　　大抵立法必有弊，未有无弊之法，其要只在得人。若是个人，则法虽不善，亦占分数多了；若非其人，则有善法，亦何益于事！且如说郡县不如封建，若封建非其人，且是世世相继，不能得他去；如郡县非其人，却只三两年任满便去，忽然换得好底来，亦无定。[2]

　　朱熹说"未有无弊之法"，认为封建与郡县各有其利，亦各有其弊，意在突出政治"其要只在得人"，强调人治，亦即强调以道德转化政治。朱熹之说，最能代表宋儒的普遍想法。即如被朱熹批评的胡宏，虽看到了人君之私不能免，却仍跳不出君主论的范围，而最后不得不归于人君行天健之道，认为"君者，天之道也；臣者，地之道也。……故知道之臣，宁有死于其分，而无犯分以邀功也。"[3]

---

① 柳宗元：《封建论》，《柳河东集》，上海古籍出版社 2008 年版，第 46 页。

② 朱熹：《朱子语类》卷 108，中华书局 1986 年版，第 2680 页。

③ 《知言·中原》，《胡宏集》，中华书局 1987 年版，第 45 页。牟宗三认为，胡宏对黄宗羲的思想深有影响。牟宗三把宋明儒分为三系，即程朱、陆王与"五峰蕺山系"，认为从胡宏到刘宗周、黄宗羲是理学与心学之外的另一系，可谓别具眼光。牟宗三：《心体与性体》（上），吉林出版公司 2010 年版，第 41—45 页。胡宏本已着意揭示皇权之私的性质，在《知言》一文中，他说："故封建也者，帝王所以顺天理、承人心、公天下之大端大本也；不封建也者，霸世暴主所以纵人欲、悖大道、私一身之大孽大贼也。"胡宏的说法，已经与黄宗羲等清初大儒之说比较接近了，但在根本处仍摆脱不了宋儒过分伦理化与道德化的思维模式，也是时代使然。

总体上，除了陈亮、叶适等被理学主流所鄙薄的少数人，宋代主流学者几乎都强势主张贤君政治。对比而言，明末清初儒者与宋儒的区别至少有三：第一，程朱理学的主流思想家多认为封建不可行，而明末清初多明确主张封建说，即便是有最正统理学家之称的陆世仪也主张实行封建；第二，宋儒以泛道德论说封建，明末清初儒者则多能看到制度层面；甚至黄宗羲、顾炎武在不同程度上都提出了"治法"先于或重于"治人"的主张；第三，宋儒是在皇权中心的基础上说封建，明末清初儒者是在制约皇权的意义上说封建。这三者中最重要的是，封建论的讨论从纯粹观念层次进一步深入制度层次。如果把柳宗元、朱熹与黄宗羲之说做一简单的对照：柳宗元说"失在于政，不在于制"；朱熹说"若非其人，则有善法，亦何益于事"，"未有无弊之法"；而黄宗羲说"论者谓有治人无治法，吾以谓有治法而后有治人"。① ——则两个时代、两种思想无疑形成了鲜明的对比。

要之，明清之际学者关于限制皇权的新制度构想，是中国思想史与制度史上的重大突破。这意味着，自汉代以来的整个政治文化观念与思维方式已开始发生重要转折。汉代以降，封建论的讨论始终局限在人治或德化政治的思想模式之中，而明清之际则进入到制度层面，依托地方、家庭与士绅阶层等社会力量，来安顿社会政治秩序。这有助于改变以往的泛道德化政治的思维方式与价值倾向，从而在观念与制度的双重意义上打开思想的空间。在此意义上，明清之际的封建论称得上是一个历史性的思想转折。

三　西学的初步接触

晚明时期，欧洲传教士开始进入中国。自 1557 年嘉靖帝批准

---

① 《明夷待访录》，《黄宗羲全集》第 1 册，第 6 页。

葡萄牙人在澳门传教后，西欧传教士即开始不间断地来到中国。至万历朝后期，随着意大利、西班牙、法国等国的传教士越来越多地进入江南与京城等地，中国官僚士大夫有了相当多的机会与西方教士接触。在中西方人士的接触过程中，西方近代学科知识如天文学、地理学、历法、几何、医学以及西方宗教、哲学开始进入中国人的视野，中国人在历史上第一次略具规模地接触到一些西学知识，了解了一些西学概念。

（一）中国人与西学的初步接触

嘉靖年间，西洋传教士始入中国。西洋教士中，对中国影响最大的莫过于意大利耶稣会士利玛窦。万历二十九年（1601）是利玛窦来华的第十九年，在这一年，利玛窦成功地进入北京并朝见了万历皇帝，获许居留北京。万历皇帝对于利玛窦等人的来华颇为嘉许，导致了西洋传教士与中国士人之间日益广泛的交流，清代史家称之为"公卿以下……咸与晋接"。[①] 可见，万历帝与利玛窦会面，是一次历史性的突破，意味着西方传教士在中国内地的活动具有了合法性。至明末，越来越多的西洋传教士进入中国，由沿海而逐渐深入内地，其足迹遍及十余省。崇祯末年，仅宫中的信教者即多达五百四十余人，[②] 由此亦见，西洋传教士对晚明时期的中国产生了较为广泛的影响。

西洋传教士对明末中国知识界也产生了相当显著的影响。一些早期天主教士采取了较为灵活的文化策略，有意识地把京师与江南等文化发达地区作为重点活动区域，主动渗入上层中国官僚与知识阶级。利玛窦等人还采取亲儒的传教策略，服儒衫、戴儒冠，借此博得官僚士人的好感，成功实现了与中土士大夫的广泛接触，对中国上层知识界产生了比较深刻的影响。值得注意的是，利玛窦、汤

---

① 张廷玉等撰：《明史·意大里亚传》，第8461页。
② 徐宗泽：《中国天主教传教史概论》，圣教杂志社1938年版，第202页。

若望等西方教士曾经与中国学者徐光启、李之藻、李天经等人有过相当深度的合作。最重要的合作成果当属《崇祯历书》的编纂。《崇祯历书》137 卷,[①] 由徐光启和李天经先后担任主编,自崇祯二年(1629)始,经 6 年时间编纂成书,先后聘请西洋教士邓玉函、龙华民、汤若望、罗雅谷等参与编撰,其中邓玉函、汤若望对此书的完成贡献尤多。此历系统引进托勒密、第谷的天文学说,在中国史上首次引进地球经纬线原理,并大量吸收了西方天文学、数学与几何学知识,是中国人最早吸取西方知识观念与方法并改良传统历法的学术巨制,是中西学术文化交流史上的典范。此书的完成,颇为典型地反映了明末中国人接触并吸收西学的广度与深度。除了《崇祯历书》,西方教士与中国学者的直接合作成果还有不少,如天算方面利玛窦与徐光启合译的《测量法仪》,利玛窦和李之藻合译的《乾坤体义》,数学上利玛窦与徐光启合译的《几何原本》,等等。此外,熊三拔的《简平仪说》,地理学上利玛窦的《万国图志》、庞迪我的《海外舆图全说》等,在不同程度上都有中国士人参与编译与润色。这些情况说明,中西学者合作交流的广度与深度,都颇有值得称道之处。

　　明末西学在中国的传播,也反映了中国学术思想开展的内在性诉求。其主要思想特征即在于中西学术所共同指向的实证思想方向。

　　晚明时期,经世实学思想兴起之势已日趋明显,在实学经世思潮的推动下,中国本土已出现了一大批科技方面的名著。其代表作有李时珍《本草纲目》(1578)、朱载堉《律学新说》(1584)、程大位《算法统宗》(1592)等。另有宋应星《天工开物》(1637),以及徐弘祖《徐霞客游记》(1640)。宋、徐二书在时间上属于传

---

　　① 后汤若望删简为 103 卷,顺治帝御赐名之《西洋新法历书》,《四库全书》以避乾隆讳而易名《西洋新法算书》,再整齐为 100 卷。此历因明王朝的战乱与速亡,崇祯帝未及颁布,至顺治帝始颁为国历,在有清一代施行二百多年。

教士进入内地之后的作品，但在内容上这两部书几乎未受到西学的影响。这一批著述，无不有赖于实地实测一类的手段写成，无不带有明显的实证精神印记，本身就意味着对晚明空疏学风的反动，属于晚明以来经世实学思想影响下的产物。然而，总体上讲，16、17世纪中国的科技水平明显落后于西方，在知识理念的创新方面与西方同时期有很大的差距，尤其是缺乏近代学术方法的精确性与周密性。这一情形，随着中西文化的交流而有了明显的改变。

徐光启、李之藻等人的实学思想就是在这样的背景中产生的。正因为热衷于实测之学，徐光启、李之藻等人对西方科学技术产生了很大的热情。而利玛窦等西方教士带来的科技知识与实验方法，也很容易与明末清初的实学思想进一步合流，尤其是西方科学的精确性，大大有助于矫正晚明以来的粗疏学风。事实上，西学注重实证、实测的学术特征，也很快吸引了一些士人精英的目光。随着利玛窦、徐光启合译的《测量法仪》和《几何原本》、利玛窦和李之藻合译的《乾坤体义》以及熊三拔的《简平仪说》等书的问世，中国人对西方科技的了解有了长足的进展。徐光启、李之藻一辈学者都肯定西学不仅可以救中国之学，还可以救中国之人，更可以救多病之世。所以，晚明学者对西方近代科学的拥抱，实际上反映了中国学术思想发展的内在要求。

明清之际对西学了解较为透彻的学者，大多崇尚实学。徐光启之学即可归结为一个字——"实"也。他对晚明以来盛行于世的空虚学风十分不满，尤其是对时下流行的逃禅之风更是十二分厌弃。对于深刻影响时下学风的释、道二教，徐光启径斥其非，原因是其"无所用于世"。他尊崇实学，故他对于儒、释、道三大学派之是非高下，判定的标准只有一个，即"有用与无用而已"。① 实际上，"有用与无用"正是徐光启判定传统学术思想，乃至判定中

---

① 《刻紫阳朱子全集序》，王重民辑校：《徐光启集》，中华书局 2014 年版，第95 页。

西思想文化的最高标准。在徐光启看来，学术的真正价值就在于实用。李之藻之学，同样也可归为一个"实"字，他说"儒者实学，亦惟是进"，① 亦唯其为实学、有实用，儒学才有进步与发展的空间，从而在价值意义上远非释、道二教所能及。徐光启又以"儒效"名之：

> 夫学之精者以为身心性命，其施及于家国天下……使居四民之业者人人得以从事，而天下已平已治，则儒效已。②

"实学"二字，堪称明清之际学者能主动接受西方科学技术的一道桥梁。在徐光启一辈看来，西方科学技术是最实用也最有价值的学问。在《几何原本杂议》一文中，劈头第一句话就是：

> 下学工夫，有理有事。此书为益，能令学理者袪其浮气，练其精心，学事者资其定法，发其巧思。故举世无一人不当学。③

"下学工夫"何解？徐氏《刻几何原本序》中的一段话，似可为其恰当的注解。该序文说：

> 顾惟先生之学，略有三种：大者修身事天；小者格物穷理；物理之一端别为象数，一一皆精实典要，洞无可疑，其分解擘析，亦能使人无疑。④

徐氏把利玛窦之学分为三种：第一种是"大者修身事天"，主要指道德与宗教学说；第二种是"小者格物穷理"，指科学技术一类的

---

① 《浑盖通宪图说自序》，《李之藻集》，中华书局 2018 年版，第 65 页。
② 《刻紫阳朱子全集序》，王重民辑校：《徐光启集》，第 95 页。
③ 《几何原本杂议》，王重民辑校：《徐光启集》，第 76 页。
④ 《刻几何原本序》，王重民辑校：《徐光启集》，第 75 页。

知识；第三种是"物理之一端"的"象数"之学，相当于今天的数学。这里的学问之"小者"，与上文"下学工夫"同义。① 所谓"一一皆精实典要，洞无可疑"，是徐光启着意凸显"下学工夫"或"小者"的既"精"又"实"的学术特征。学求其实，正是徐氏终生治学之要旨，也是矫正时下玄虚学风的有效途径。徐氏指出：

> 人具上资而意理疏莽，即上资无用；人具中材而心思缜密，即中材有用。能通几何之学，缜密甚矣！故率天下之人而归于实用者，是或其所由之道也。②

所以，徐光启是有意识地通过吸收西方科学知识，以之来补救当时疲弊之学风，同时以科技发展来改变弊病丛生的社会现状。因此，徐光启才说"余乃亟传其小者"，流露出以科技知识来改变社会现状的强烈愿望。在此意义上，我们说实学思想是当时沟通中西文化的一个渠道。

（二）吸收西学的成绩

自利玛窦留居京师，中西思想文化的初步接触与交流，总体上

---

① "下学工夫"或"小者"之称，关乎当时的历史语境。对利玛窦而言，传教才是始终之大事，传播科技知识只是一种手段。对于时儒而言，其大多视具体的格物之学为不屑小事，甚至是奇技淫巧避之唯恐不及的事。所以，徐光启称"格物穷理"之学为"小者"、为"下学"，似是时习因素，其心目中反而是学问之"大者"。在《刻几何原本序》中，徐光启说"《几何原本》者度数之宗，所以穷方圆平直之情划规矩准绳之用也"，对该书的实用价值推崇备至。徐氏又说"下学工夫，有理有事"，实际上也是明确肯定了几何一类的"象数之学"是贯穿本末的成体系的大学问。所以徐光启反复说"此书为用至广"，"是书之为用更大矣"，再三肯定几何学是实用价值最高的学问。徐光启一贯提倡于实事实地做功夫，在每次论及《几何原本》时，他都充满了溢美之词。因此，徐氏称《几何原本》是"下学工夫"与"小者"，丝毫不能减少他对该书的推崇之意。

② 《几何原本杂议》，王重民辑校：《徐光启集》，第76—77页。这段话意在肯定《几何原本》对于提倡实学的意义。

显得平和而顺畅，这与清季西方传教士挟炮舰之威来华的情形迥然不同。晚明知识精英在接触西学的过程中，大都没有过多的主观成见，多能以理性的态度来接纳西学。尤其是徐光启、李之藻等思想先觉者，对于西方科学的知识与逻辑有着相当透彻的领悟与理解。当时，思想文化观念的进展约有如下三个方面。

第一，对经验与实测的偏重。其思想特征，是在方法上注重实测，在结果上注重效验，极类今天的实践是检验知识的标准之观念，主张一切学理须待事实之验证。

徐光启可谓是终生致力于实业，同时终生置身于科学实验之中。徐光启吸收西学知识的动力源于实学救国的观念。他曾在北京、天津、上海等地设置农业试验田，长期潜心于种植实验，试验成功甘薯等农作物。他又曾仿制西方火炮，并把火器制造提高到时务的重要高度，正所谓"火器者今之时务也"。① 徐光启回忆说："时时窃念国势衰弱，十倍宋季，每为人言富强之术。富国必以本业，强国必以正兵，二十年来，逢人开说，而闻之者以谓非迂即狂。"② 当然，振兴实业以求国家富强被时人视为"迂狂"，亦见当时普通士人对于西学观念之淡薄。

第二，科学观念与方法的进展。

徐光启、李之藻二人对于科学的思维方式与逻辑方法，对于科学方法在诸多实际领域中的应用，都有独到的见解。徐光启有一个十分形象的比喻，他借鸳鸯与金针来说明具体事务与普遍方法的关系，透露出他对于方法意义的强烈诉求。徐光启说：

　　昔人云："鸳鸯绣出从君看，不把金针度与人。"吾辈言几何之学，政与此异。因反其语曰："金针度去从君用，未把

---

① 　朱维铮、李天纲辑校：《徐光启全集》（3），上海古籍出版社 2010 年版，第223 页。

② 　《复太史焦座师》，王重民辑校：《徐光启集》，第 454 页。其练兵、治兵的思想集中在《徐氏庖言》中，其中的"器胜"观念是中西文化交流史上的一个闪光点。

鸳鸯绣与人"，若此书者，又非止金针度与而已，直是教人开卝冶铁，抽线造针，又是教人植桑饲蚕，冻丝染缕。有能此者，其绣出鸳鸯，直是等闲细事。然则何故不与绣出鸳鸯？曰：能造金针者能绣鸳鸯，方便得鸳鸯者谁肯造金针？又恐不解造金针者，蒐丝棘刺，聊且作鸳鸯也！其要欲使人人真能自绣鸳鸯而已。①

徐光启把数学或"度数"提升到一种具有普遍方法论意义的高度，认为数学对于国家、社会与民生的诸多方面都有重要的应用价值。徐氏总结性地勾勒了"度数旁通十事"：

其一，历象既正，除天文一家言灾祥祸福、律例所禁外，若考求七政行度情性，下合地宜，则一切晴雨水旱，可以约略豫知，修救修备，于民生财计大有利益。

其二，度数既明，可以测量水地，一切疏浚河渠，筑治堤岸、灌溉田亩，动无失策，有益民事。

其三，度数与乐律相通，明于度数即能考正音律，制造器具，于修定雅乐可以相资。

其四，兵家营阵器械及筑治城台池隍等，皆须度数为用，精于其法，有神边计。

其五，算学久废，官司计会多委任胥吏，钱谷之司，关系尤大。度数既明，凡九章诸术，皆有简当捷要之法，习业甚易，理财之臣尤所亟须。

其六，营建屋宇桥梁等，明于度数者力省功倍，且经度坚固，千万年不圮不坏。

其七，精于度数者能造作机器，力小任重，及风水轮盘诸事以治水用水，与凡一切器具，皆有利便之法，以前民用，以

---

① 《几何原本杂议》，王重民辑校：《徐光启集》，第78页。

利民生。

其八，天下舆地，其南北东西纵横相距，纡直广袤，及山海原隰，高深广远，皆可用法测量，道里尺寸，悉无谬误。

其九，医药之家，宜审运气；历数既明，可以察知日月五星躔次，与病体相视乖和顺逆，因而药石针砭，不致差误，大为生民利益。

其十，造作钟漏以知时刻分秒，若日月星晷、不论公私处所、南北东西、欹斜坳突，皆可安置施用，使人人能分更分漏，以率作兴事，屡省考成。①

以上"十事"，涉天文历法、水利测量、音律、军事器械、财会、建筑、机械、测绘地理、医药及时钟，把"度数"在经济、社会等诸多领域的广阔应用前景，解释得简明而又透彻。"度数"与"十事"的关系，就好比刺绣技术与鸳鸯绣品，掌握了"度数"的规律与方法，自不难绣出一件又一件绣品。在提出上述"十事"后，他紧接着提出了其立说的学理依据，即"盖凡物有形有质，莫不资于度数故耳"。② 徐光启深信，度数规律不仅构成天文、历法、地理、水利等诸多领域的认识基础，而且其理念与方法对进一步掌握具体知识，有着重要的思维启迪意义。徐氏认为，世界上万千有形有质之物莫不含有"度数"，世界万物以及万物之间也无不"资与度数"，也就是说，世间万物之中无不存在着普遍性的规定，世界万物也无不可以借助"度数"的方法去加深了解与认识。有学者把"度数旁通十事"称为"具有近代科学倾向的系统思想"，"在我国科学发展上是极其重要的"，又把徐光启的这一思想概括为"度数之学"："'度数之学'徐光启也叫作'象数之学'，就是把数学的原则应用到实验科学上去，从而发见自然界的客观法则，

① 《条议历法修正岁差疏》，王重民辑校：《徐光启集》，第337—338页。
② 《条议历法修正岁差疏》，《徐光启集》，第338页。

也就是徐光启所常说的由'数'达'理'。[①] 这一说法还是比较中肯的。因为"度数旁通十事"之说确非数学学科所能范围，它实际上是从数学原理与方法出发，上升到了事物及事物之间的定数、理则、规律的高度，上升到具有普遍意义的公理化体系的高度，大略相当于今天的数理之学，可理解为在数学、物理等诸学科交互发明的基础上的一种系统化的格物学。

以上，"度数旁通十事"是徐光启在就修历事宜上呈皇帝的奏疏中提出的，是在"修正历法"、"修历用人"与"急用仪象"等修历本事之后，突兀地出现的一项与修历几无直接关系的文字。从奏疏文理与内容而言，"度数旁通十事"明显并非奏疏中的应有之义，显然是徐氏有意识地强加进去的。然而，唯因如此，可以看出"度数旁通十事"是经过徐氏仔细推敲得出的结论。他的目的，在于推广数理方法在实际事务上的应用，从而改善经济、社会与民生中不如人意的现实状况。所以，他特别向崇祯帝建议："右十条于民事似为关切。臣闻之《周髀算经》云：'禹之所以治天下者，勾股之所由生也'。盖凡物有形有质，莫不资于度数故耳。此须接续讲求，若得同事多人，亦可分曹速就。伏乞圣裁。"[②] 他试图获得皇帝的支持，逐渐建立与推广百千有用之学，从而促进一切相关行业的发展。徐光启希望此十项事宜"接续讲求，若得同事多人，亦可分曹速就"，更不难看出他对于提升专业化研究水平的强烈愿望，以及他对于数理方法应用前景的强烈信心。

徐光启关于"度数之学"的思想，是中国古代数学思想的理论升级版。中国古代数学虽有久远的历史，但主要是应对生活中的一些具体问题，以数与算为主，故称之算学。或者说，中国数学偏于技与艺的层次，重经验而轻理论，向来缺乏严密的逻辑体系。而欧几里得的《几何原本》则由大量的公式与定理组成，由严格的

---

①　王重民：《〈徐光启集〉序言》，王重民辑校：《徐光启集》，第 35、33 页。

②　《条议历法修正岁差疏》，王重民辑校：《徐光启集》，第 338 页。

逻辑推理贯穿始终，自成一套严密的逻辑体系或公理体系。《几何原本》有西方数学经典中的经典之称，是西方近代数学与科学技术迅猛发展的重要基础。徐光启深知中国古代数学在逻辑体系上的缺陷，积极推动利玛窦翻译此书，最终徐、利合译的中文《几何原本》成功面世。

像徐光启这样的对于科学理论与数理方法的认识高度，在明清之际学者中自然是很少见的，但也并非完全没有。与徐光启的方法论理念如出一辙，李之藻亦曾再三强调"推论"作为一种思维方法的重要性。徐、李二人长期合作，在价值观念与思想方法等诸多方面堪称志同道合。李之藻对数学的热情丝毫不亚于徐光启，他对于数学方法的普遍性意义的认识，也与徐光启十分相似。李之藻说：

> 数于艺，犹土于五行，无处不寓。耳目所接，已然之迹，非数莫纪。闻见所不及，六合而外，千万世而前而后必然之验，非数莫推。已然必然，总归自然。乘除损益，神智莫增，谲诡莫掩，颛蒙莫可诳也。……亦使人跃跃含灵，通变之才渐启。小则米盐凌杂，大至画野经天，神禹赖矩测平成，公旦从《周髀》窥验。[1]

李氏之学，在时儒中以浓厚的理论思辨色彩著称。其论数，也始终强调经验知识到理性思维的贯通。李氏论数，从闻见之知始。他认为，数之于生活实际"无处不寓"，一切闻见之知都是"非数莫纪"。但知识仅局限于经验层面是远远不够的。李之藻有一个牢固的观念，即中学所不及西学之处就在于知识推论与逻辑推理方面有严重不足，对于"闻见所不及"则往往阙如而茫然，故李氏强调运用以数学所代表的普遍方法进行推论。李氏此说，已不是传统的

---

[1]　《同文算指序》，《李之藻集》，第71页。

举一反三式的以已知推求未知的泛泛之论，而是在数之普遍性或公理性基础上演绎与推理。李之藻所谓的从自然到必然，有着宏阔的思想视野，这实际上是把闻见之知提升到普遍思维方法。这就是典型的以西学之长补中学之不足，以演绎、推论等理性思维弥补传统思维中囿于经验的弊病，在很大程度上具有对数千年来传统思维进行重新审视、总结并提升的意蕴。

第三，中西文化会通之观念。这一观念的形成，以历法、天算、地理测量等技术领域最为典型。也就是说，中西文化会通的观念是从中西科学与技术的实际需求开始并形成的。所以，严格地讲，中西文化会通的确切说法应该是中西科技会通之观念。这一观念的代表人物，仍然是徐光启与李之藻。李之藻说："不揣为之《图说》，间亦出其鄙谚，会通一二，以尊中历。"① 表明他对中西历法各自的长短优劣深有体会与了解，在此基础上形成以中历为主西历为辅、有针对性地吸收西历之长的新方法与新观念。徐光启也同样是在编制历法过程中形成了中西科学的会通观念，不过他对于会通的路径与步骤更为清晰，其视野也更为宏阔高远。

崇祯历法的编制，就是徐光启中西会通思想的一次有益尝试。崇祯三年（1630）6 月，钦天监对日食预测严重失误，崇祯帝开始下决心修改历法。徐光启在主持与主创此次修历时，提出了"欲求超胜，必须会通；会通之前，先须翻译"之中西会通思想。徐光启说：

> 《大统》既不能自异于前，西法又未能必为我用，亦犹二百年来分科推步而已。臣等愚心，以为欲求超胜，必须会通；会通之前，先须翻译。盖《大统》书籍绝少，而西法至为详备，且又近今数十年间所定，其青于蓝、寒于水者，十倍前人。又皆随地异测，随时异用，故可为目前必验之法，又可为

---

① 《浑盖通宪图说自序》，《李之藻集》，第 67 页。

二三百年不易之法，又可为二三百年后测审差数因而更改之
法。又可令后之人循习晓畅，因而求进，当复更胜于今也。翻
译既有端绪，然后令甄明《大统》、深知法意者，参详考定，
镕彼方之材质，入《大统》之型模。①

徐光启认为"翻译"最基础也最重要。因为徐光启深知《大统历》
存在的诸多误差，也相当了解西历的"详备"与精确，了解西历
方法具有"随地异测"与"随时异用"的覆盖功能，所以提出
"尽译其书，用备典章"的工作计划。按照徐光启的思想，中西会
通有三个步骤，即翻译到会通，会通再到超胜，其中会通最为关
键。徐光启特别强调"西法至为详备"，强调西历学理精深而广
大，非"深知法意者"无法贯通。这在当时的历史语境下，是意
在提倡主动学习西历之所长，虚心吸收"彼方之材质"，突出的是
吸取西学的态度与价值取向。此时，徐光启已是一个古稀老人，似
是意识到会通的艰巨性，意识到会通是一个持续而漫长的过程，只
有反复地不断会通才有可能超胜。所以，他特别自信地说后人
"当复更胜于今也"，似乎主要是一种正面的心理暗示，既鼓励同
志也激励自己，同时顺势宣扬积极接受西学的价值取向。事实也验
证了这一点，三个步骤中最大的成绩也主要体现在翻译上。而会通
却在刚开始不久即被打断了。

　　明清之际士人对西学的认识并不限于科学技术方面，他们在道
德、宗教等文化领域也不乏独特的见解。这些好学深思者大体上可
分三类。如杨廷筠、李之藻信教甚笃，故他们的文化观念不免有过
激之嫌。而王徵、方以智等则主要是接受西方科技知识，对西方宗
教观念则相对淡漠，方以智甚至固守传统而排斥西方文化。与前两
类人比，徐光启属于中间派，其思想富有弹性，代表性亦较广。其
《辨学章疏》对中西道德、宗教等文化领域做了比较系统的研究。此

① 徐光启：《历书总目表》，王重民辑校：《徐光启集》，第 374 页。

文是上呈给万历皇帝的奏疏，是针对朝臣主张驱逐传教士、盲目排外的舆论，恳切请求万历帝隆重表彰西教。在奏疏中，徐光启说：

> 远人学术最正，愚臣知见甚真，恳乞圣明，表章隆重，……臣累年以来，因与讲究考求，知此诸臣最真最确。不止踪迹心事一无可疑，实皆圣贤之徒也。且其道甚正，其守甚严，其学甚博，其识甚精，其心甚真，其见甚定，在彼国中亦皆千人之英，万人之杰。……其说以昭事上帝为宗本，以保救身灵为切要，以忠孝慈爱为工夫，以迁善改过为入门，以忏悔涤除为进修，以升天真福为作善之荣赏，以地狱永殃为作恶之苦报。一切戒训规条，悉皆天理人情之至。……其法能令人为善必真，去恶必尽。盖所言上主生育救拯之恩，赏善罚恶之理，明白真切，足以耸动人心，使其爱信畏惧，发于由衷故也。臣尝论古来帝王之赏罚，圣贤之是非，皆范人于善，禁人于恶，至详极备。然赏罚是非，能及人之外行，不能及人之中情。又如司马迁所云：颜回之夭，盗跖之寿，使人疑于善恶之无报。是以防范愈严，欺诈愈甚。一法立，百弊生，空有愿治之心，恨无必治之术，于是假释氏之说以辅之。其言善恶之报在于身后，则外行中情，颜回盗跖，似乎皆得其报。……必欲使人尽为善，则诸陪臣所传事天之学，真可以补益王化，左右儒术，救正佛法者也。①

奏疏明确赞扬了西来教士，称他们都是品德端正的圣贤之徒，并指出他们的学说是"以忠孝慈爱为工夫，以迁善改过为入门"，完全符合我国古圣贤的"天理人情"之说。而西教的"以升天真福为作善之荣赏，以地狱永殃为作恶之苦报"，贴合我朝国人善恶福报的普遍心理，且其说"能令人为善必真，去恶必尽"，更可使人真

---

① 《辨学章疏》，王重民辑校：《徐光启集》，第 431—432 页。

正在内心深处明白赏善罚恶的道理。徐光启的这一番说辞，显然颇费苦心。作为一个教徒，徐光启希望朝廷支持西方传教士，其是非曲直可置而不论。但其中关于道德、文化、心理诸方面比较，并未停留在中西之间的简单比附上，而是有了一些比较与分析，文字并不生硬。徐光启在奏折中力图做到以理服人又以情动人，这种君臣之间的互动内容，有助于了解当时朝廷及上层士大夫接触西方文化的一般状况。

(三) 西学的接触与局限

晚明西学对中国人的影响也不可过于夸大。中欧相距数万里，交流十分不便，故万历之前中国人对西方世界几乎不曾了解。本来，中西历史文化、思维方式等方面就存在着巨大的差异，加上西方传教士在中国集中活动的时间有限，活动范围也集中在北京、广州等很小的区域，这就使西方传教士对中国知识界的影响，并没有想象中来得大。尤其是明朝的迅速覆灭，使崇祯朝刚刚开始加速的中西交流步伐，几乎是骤然间被打断。大体上，西学的真正影响，主要只是限于徐光启、李之藻、杨廷筠、王徵等少数知识精英，对一般士人的影响并不大。甚至于知识精英阶层中，也有不少人对西方科技与文化知识缺乏基本的理解。即如徐、利合译的《几何原本》，依徐光启观察到的情况是："习者盖寡，窃意百年之后必人人习之。"[1]

明清之际儒者对西学一般知识印象，总体上不脱西学中源式的认识框架。他们对西学的了解，基本上还停留在最简单的中西比附上，即使是与传教士接触较多的上层士大夫，也多持西学中源、古已有之一类的看法。其中，邹元标之说最有代表性：

> 得接郭仰老，已出望外，又得门下手教，真不啻之海岛而见异人也。……门下二三兄弟，欲以天主学行中国，此其意良

---

[1]　《几何原本杂议》，王重民辑校：《徐光启集》，第 77 页。

厚。仆尝窥其奥，与吾国圣人语不异，吾国圣人及诸儒发挥更详尽无余，门下肯信其无异乎？中微有不同者，则习尚之不同耳，门下取易经读之，乾即日统天，……不知门下以为然否？①

以上，是邹元标致利玛窦的信。郭仰老系指意大利传教士郭居静，他在中国传教长达四十余年。写此信之前，邹元标已对西学有过一些基本的了解。邹氏平生读书很认真，惯于独立思考，且思想开放，但在他的印象中，传教士带来的西学观念，"吾国圣人及诸儒发挥更详尽无余"，没有任何新鲜的东西。

明末士人对西方传教士的印象，更多的是流于表面，比如外貌形象、言谈举止、仪表风度等。晚明思想家李贽曾详细谈及他对利玛窦的印象。他在致友人的信中说：

> 承公问及利西泰。西泰大西域人也，到中国十万余里，初航海至南天竺始知有佛，已走四万余里矣。及抵广州南海，然后知我大明国土先有尧、舜，后有周、孔。住南海肇庆几二十载，凡我国书籍无不读，请先辈与订音释，请明于《四书》性理者解其大义，又请明于《六经》疏义者通其解说。今尽能言我此间之言，作此间之文字，行此间之礼仪，是一极标致人也。中极玲珑，外极朴实，数十人群聚喧杂，仇对各得，傍不得以其间斗之使乱。我所见人未有其比，非过亢则过谄，非露聪明则太闷闷聩聩者，皆让之矣。②

以上描述，主要还停留在利玛窦在华的足迹、仪表等方面，虽也涉

---

① 邹元标：《答西国利玛窦》，《愿学集》卷3，清文渊阁四库全书补配清文津阁四库全书本。

② 李贽：《与友人书》，《焚书·续焚书》，中华书局2009年版，第35页。

及利玛窦读中国书、作中国文以及行中国礼仪诸事，但并未深入学理的层面。实际上，即使有过多次接触，李贽对于利玛窦何以要穿儒服、习儒学，始终都不了解。李贽说：

> 不知到此何为，我已经三度相会，毕竟不知到此何干也。意其欲以所学易吾周、孔之学，则又太愚，恐非是尔。①

可见，即使对于利玛窦来华的基本意图，李贽都缺乏起码的了解。

由李贽对西方传教士和西学的认知，不难想见明末士人接受西学知识的一般状况。总体上说，与徐光启、李之藻一辈相比，普通士人对于西方的了解还是很肤浅的。像徐光启这样的西学水平，只能代表极少数的士人精英，这些精英仅限于十分热心西学而又有较多机会接触西洋教士的一类人，在当时这类人实属凤毛麟角。事实上，当时绝大多数士人对天主教以及西学知识都处于一种十分隔膜的状态，即如张岱对利玛窦的描述，在时儒中已经是比较详尽了，但他的西学知识却几乎是一张白纸。张岱说：

> 天主一教盛行天下，其所立说，愈诞愈浅，《山海经》、《舆地图》，荒唐之言，多不可问。所出铜丝琴、自鸣钟之属，则亦了不异人意矣。若夫《西士超言》一书，敷词陈理，无异儒者，倘能通其艰涩之意，而以常字译太玄，则又平平无奇矣。故有褒之为天学，有訾之为异端，褒之訾之，其失均也。②

在张岱的印象中，最能体现西方精湛技艺的钢琴、钟表一类，也不过是"了不异人意"，觉得实在没什么了不起。最可惊异的，是他

---

① 李贽：《与友人书》，《焚书·续焚书》，第 35 页。
② 张岱：《石匮书》第 210 卷《方技列传·利玛窦列传》，稿本补配清抄本。

把海客荒诞之谈的《山海经》与代表西方科学知识水平的《舆地图》相提并论，且几乎是完全等同，这就不是好学深思之士应有的态度了。然而，张岱之说，基本上代表了多数人的看法，毕竟好学深思之士在任何时代都是极少数。由此即见时人对于西学的隔膜。这一点，从时儒的笔记、书信以及崇祯末年问世的《圣朝破邪集》中都可以得到印证。

大体上，多数士人对西学的了解流于似海客奇谈式的耳食之言，甚至沦为饭桌上的谈资，殊少人能进一步去做读书与思考的事。

在严谨的一流学者中，情况要好很多，对西学的认识也要更客观一些。我们从史学家的笔下，看看时人对西方传教士的一般态度与价值取向：

> 所云耶稣，译言救世者陡斯，则降生后名陡斯，造天地万物，无始终形际。汉哀帝二年庚申诞于如德亚国童女玛利亚家，称耶稣。……所言诞妄不经，略如此。然其为人深湛多思，善算法，考测躔度，为巧历所不能建。所制器，若简平仪、龙尾车、沙漏、远钟之类，尤擅绝当世。玛窦紫髯碧眼，面赤色如朝华。既入中国，则袭衣裳，修揖让，循循娓娓，以儒雅称。①

关于耶稣与天主教的一些说法，明史馆人直言其"诞妄不经"，这大概最能反映当时一般儒者"不语怪力乱神"的传统观念。这说明，在关于道德、宗教等人文领域，时儒往往会陷入主观与偏见；但是关于西学科技知识方面，则能平实记述，且不吝赞赏之词，比如称利玛窦"深湛多思，善算法"，其所制仪器"擅绝当世"等。万斯同把利玛窦描述为"袭衣裳，修揖让，循循娓娓，以儒雅称"的一派温文尔雅的儒者形象，说明万氏认同利玛窦受中国文化熏陶之说，这也基本符合时儒心目中利玛窦的总体印象。这与张岱的说

---

①　万斯同撰：《明史·利玛窦传》，清抄本。

法颇为相似，张岱之于《山海舆地全图》，虽亦认为其荒诞，也只是说"多不可信"，并未一味贬斥。从明史馆史家的笔端，能够感受到明末学者对西方传教士还是宽容的，态度还是客观公允的。

绝大多数的一流学者，都很难客观地看待西学。对于西学中与儒学价值观念有出入的地方，时儒基本上缺乏去做进一步了解的努力，普遍囿于先入为主的传统价值框架中。这种情况，尤其体现在当时的儒家主流学者身上。比如关于西方传来的天地圆体说，就被儒家主流学者断然否定。比如，刘宗周再三强调天圆地方是"规矩之至也"："天圆地方，规矩之至也。人心一天地也，其体动而圆，故资始不穷，有天道焉。其用静而方，故赋形有定，有地道焉。君子之学，圆效天，方法地也。"[1] 时儒对于西学的接受，似乎呈现出这样一个现象，凡属于国计民生有实际应用价值的具体学科，比如火器、水利测量等，则接受起来比较容易；凡涉及儒家主流价值方面的人文知识领域，则接受起来就明显困难；而凡是与传统观念相抵者，则毫无余地地断然抵触，由刘宗周与万斯同之说即见。[2] 同样，王夫之对利玛窦的地圆说始终耿耿于怀，说利玛窦其人"狂骇"，其说"何其陋"，[3] 已到了不能容忍的地步。

西学传播与影响随着崇祯朝的灭亡而减弱。至黄宗羲、顾炎武、王夫之一代学者，对西学的认识已明显逊色于徐光启、李之藻一辈。如王夫之断言西方天文地理诸说主要是窃取于中国："盖西夷之可取者，唯远近测法一术，其他则皆剽袭中国之绪余，而无通理之可守也。"[4] 即使是西学中的可取之处，王夫之也认为是"窃

---

① 黄宗羲：《明儒学案（修订本）》，第 1591—1592 页。

② 对传统天算知识颇为熟知的万斯同，也把利玛窦的《山海舆地全图》与邹衍之说相提并论，可见万氏并不了解西方的天文与地理，在一定程度上也能反映出中西文化价值冲突方面的影响。

③ 王夫之：《思问录外篇》，《思问录》，中华书局 2009 年版，第 65—66 页。

④ 王夫之：《思问录外篇》，《思问录》，第 44 页。

张子左旋之说以相杂立论"。① 即使是黄宗羲、顾炎武等思想明通的清初大儒，以及在自然科学上颇有建树的方以智等人，对西学的宏观认识也大体与王夫之相当，都是西学中源说的认同者。

　　总之，具有比较系统的西方知识观念的明末科学家徐光启、李之藻等少数人，因编制崇祯历法的实际需要，获得朝廷的大力支持，因而风云际会在天文历法方面成就了一时伟业，其编制的历法成为后来近三百年中国历法的蓝本。徐、李是学习西方知识思想的杰出先驱，但他们却没有接力者。随着满人入关，时人的全部身心都投入抵御满人、救亡图存的时代大潮中，西学知识自然迅速淡出并远离了人们的视线，因而徐、李的科学思想未能及时地流播于中国知识界，就被现实困局所打破。所以，清初大儒黄宗羲、顾炎武、王夫之等人，在吸收西学知识方面反而远远落后于他们的先辈。再往后，雍正皇帝关闭了中西交流的大门，使中国人学习西方的步伐长时间被打断，这是后话了。

---

① 王夫之：《思问录外篇》，《思问录》，第44页。

第 二 章

乾嘉考据学的兴盛及其意义

在中国学术思想史上，清代考据学与先秦诸子学、两汉经学、魏晋玄学、隋唐佛学和宋明理学前后辉映，它既是对此前学术思想的继承，也是对此前学术思想的反思、整理与总结。

有清一代，具有明确的学术路径与精神取向、能够构成一套方法论体系，且称得上时代学术风尚的，是清代考据学。清代考据学大盛于乾嘉时期，又称乾嘉考据学。乾嘉时期，考据学舞台上聚集了大批的学术精英，他们以"求实""求是"为治学宗旨，广为发掘周、秦、两汉经说，力图通过文字训诂等经典注疏方式恢复先儒经旨和先王治道。乾隆中期始，考据学风逐渐淹灌了经、史、子、集等各学术领域，并长时间占据学坛霸主之位。[①] 随着考据学方法的日趋成熟，及考据范围渐次扩大至史学、子学等领域，经学垄断学术的格局不再，乾嘉学者渐趋于抉发理性与人文精神，甚至于在一些学者圈中日益呈现出学术兼容与思想开放的势头。总体上讲，清代考据学是建立在严密的考据方法之上的有本有末的新学术体系，是堪与汉代经学、宋明理学比美的新的学术形态。

明末清初为乾嘉考据学的开创期。清初大儒黄宗羲、顾炎武、胡渭、阎若璩等开出了考经证史的学术新方向，成为清中叶考据学

---

① 语出梁启超《中国近三百年学术史》，梁氏明发此义后，一直为学界所认同。

的先导。乾嘉两朝为清代考据学的兴盛期。到了道光年间，清代考据学始由盛转衰。① 但清代考据学的思想影响远未消失，其中的科学方法与精神，在清末民初的学术思想界仍有深远的影响。

一　清初大儒开启的学术新方向

　　明末清初是中国学术思想史上的一个重大历史关节。数百年来始终占据主流意识形态地位的宋明理学，日益陷入僵化与教条的泥潭，也日益丧失了其因应时代变化与现实困境的能力。尤其是晚明时期儒学的禅学化，越来越多的儒者远离社会现实，以致儒学几乎彻底丧失了整合社会秩序的功能。对此，东林学派极力振作，"风声雨声读书声声声入耳，家事国事天下事事事关心"影响了整个明末一代学者，黄宗羲、顾炎武、王夫之等大儒无不入心甚深。

　　清初儒者"经术所以经世"的学术担当意识，② 是了解动荡世界中的清初学术思想之关键。知人而论学，知人而论世，设身处地地了解时儒微妙的心理轨迹，殊有必要。在《孟子师说》一书的结尾章，即"由尧舜至于汤"一章，黄宗羲明白无误地透露了其学术经世的强烈愿望。黄宗羲说：

　　　　此是孟子自序，如庄子之《天下》，史迁之《六家要指》一例。道之在天地间，人人同具，于穆不已，不以一人之存亡

---

　　① 道光以后不在讨论范围。晚清时期考据学仍称得上人才辈出，成果亦丰，代表人物有俞樾、孙诒让、章太炎等。但随着西学东渐大潮的到来，中西学术转而成为思想的主流问题，加之公羊学兴起与理学重新复兴，考据学在晚清时期已日益从中心走向边缘。从思想史意义而言，清季考据学日益趋于琐碎，在思想创造性方面基本上是乏善可陈。

　　② 全祖望：《梨洲先生神道碑文》，《全祖望集汇校集注》，上海古籍出版社2000年版，第219页。

为增损。故象山云："且道天地间有个朱元晦、陆子静，便添得些子，无了后便减得些子。"然无添减而却有明晦，贞元之会，必有出而主张斯道者以大明于天下，积久而后气聚，五百岁不为远也。尧舜以来，其期不爽，至孟子而后，又一变局，五百岁之期，杳不可问。……吴草庐曰："尧舜而上，道之元也，尧舜而下其亨也，洙泗鲁邹其利也，濂洛关闽其贞也。"余以为不然。尧舜其元也，汤其亨也，文王其利也，孔孟其贞也。若以后贤论，周程其元也，朱陆其亨也，姚江其利也，蕺山其贞也。孰为贞下之元乎？①

　　第一，否定以元人吴澄为代表的理学道统说，指出宋儒之说障蔽了孔孟之道；第二，道统统绪由蕺山师门直接孟子，是由刘宗周发其覆，由黄宗羲等刘门弟子弘扬光大之；第三，寄希望于贞下起元，期望自己发覆的尧舜孔孟之道重光天下，开启一个以学术通向治平的新时代。这一心路历程，贯穿了黄宗羲数十年的学者生涯。早在康熙二年（1663），黄宗羲在《〈明夷待访录〉自序》中，即披露了其苦心探研"何三代而下之有乱无治"的学术经世理念，②若干年后又在同样重要的著作中再复斯旨。黄宗羲以"后圣"自居，力主返回先儒经典以期"斯道大明天下"的学术经世理想跃然纸上。

　　黄宗羲这种以学术担当治道的自觉意识，道出了明末清初学者的学术关怀。黄宗羲、顾炎武、王夫之等清初大儒几乎无一例外地带着遗民情结走完了后半生，并将后半生心血全部付之于学术与治道的整理与总结。士以天下为己任是儒家士大夫的悠久传统。顾炎武称之为"生平之志与业皆在其中"的《日知录》，③其宗旨也在

---

① 《孟子师说》，《黄宗羲全集》第 1 册，第 154—155 页。
② 《〈明夷待访录〉自序》，《黄宗羲全集》第 1 册，第 1 页。
③ 顾炎武：《初刻自序》，《日知录集释》，第 2 页。

于"明学术，正人心，拨乱世，以兴太平之事"。① 从黄、顾、王到孙奇逢、李颙、颜元等，几乎无不把恢复先儒学旨视为治道之基础。

清初大儒中，顾炎武、黄宗羲、阎若璩、胡渭等人更明显侧重于经史实证之学，一方面对宋明理学的玄虚学风进行了深入的批判，另一方面对周秦到宋明的学术脉络与流变进行了系统的清理与总结。他们在治学途径上主张重返先儒经典，以实学经世为学术宗旨，揭示出"舍经学无理学"的实证学术新方向。同时，他们撰写了一系列考据辨伪著作，为经史考据之学提供了一套新的研究方法。经清初一代学人的努力，转变了以往空泛的学术风气，并长期影响了清代学术思想的发展方向。

（一）对宋明理学的批判

在长达两千多年的儒学演变史上，儒家思想后来不断遭受释、道二教的浸透，至宋明理学而臻其极。程朱理学又称新儒学，程朱的本来意图是以儒学为主合理地吸收释、道两家思想，但在相当程度上反而被释、道两家所污染，日益变成了一种玄远高妙而不切日用的心性之学。最终结果是，具有强烈入世精神的孔孟儒学被空谈讲章的程朱理学所取代。

清初的经史考据之学，建立在对宋明理学的清理与批判的基础之上。元明两朝是理学独尊学术思想之时代。至清初，士人仍普遍尊奉"程朱一派为正统"，学术思想依然维持了"此亦一述朱，彼亦一述朱"之局面。有鉴于此，清初大儒顾炎武、黄宗羲等人"出而主张斯道者以大明于天下"，② 试图通过对程朱理学的清理和批判，重新回归先儒的王道理想，以达到"明道救世"的目的。

---

① 顾炎武：《日知录初自序》，《日知录集释》，第 1 页。又，顾炎武在看到黄宗羲的《明夷待访录》后赞叹不已，"读之再三"，发现《日知录》与此书相同者"十之六七"。可见，顾炎武与黄宗羲的学术旨趣非常接近。

② 《孟子师说》，《黄宗羲全集》第 1 册，第 154 页。

简单地说，清初儒者对宋明理学的批判主要表现在以下三个方面。

第一，批判宋明理学的玄虚不实之风。

宋儒的先天易学是程朱理学立说的基础，也是理学作为官方哲学的一个基础。黄宗羲通过邵雍、朱熹的先天易说，揭示了宋儒理学对先儒经典之严重扭曲。黄宗羲说：

> 康节上接种放、穆修、李之才之传，而创为《河图》先天之说，是亦不过一家之学耳。晦庵作《本义》，加之于开卷，读《易》者从之。后世颁之学宫，初犹兼《易传》并行，久而止行《本义》。……《河图》、《洛书》，欧阳子言其怪妄之尤甚者，且与汉儒异趣，不特不见于经，亦是不见于传。先天之方位，明与"出震"、"齐巽"之文相背，而晦翁反致疑于经文之卦位。生十六、生三十二，卦不成卦，爻不成爻，一切非经文所有，顾可谓之不穿凿乎！晦翁云，谈《易》者譬之灯笼，添得一条骨子，则障了一路光明。若能尽去其障，使之统体光明，岂不更好？斯言是也。奈何添入康节之学，使之统体皆障乎？[1]

邵雍的先天易学，开始也不过是一家之言。自朱熹的《周易本义》被颁之学宫，理学成为官方哲学，元明数百年间，谈易者弃置经传于不顾，只知株守朱子本义，从而易之"统体"尽为朱子本义所遮蔽。进而，讲理学者日益陷入玄谈妙论，不仅影响了学术思想，而且严重腐蚀了官场与士林风气。因此，清初儒者普遍视之为明王朝政治、经济、社会和文化"天崩地解"的罪恶渊薮。黄宗羲说：

---

[1] 黄宗羲：《易学象数论序》，《黄梨洲文集》，中华书局 2009 年版，第 378—379 页。

儒者之学，经纬天地。而后世乃以语录为究竟，仅附答问一二条于伊、洛门下，便厕儒者之列，假其名以欺世。治财赋者，则目为聚敛；开阃扞边者，则目为粗材；读书作文者，则目为玩物丧志；留心政事者，则目为俗吏。徒以生民立极，天地立心，万世开太平之阔论钤束天下。一旦有大夫之忧，当报国之日，则蒙然张口，如坐云雾。世道以是潦倒泥腐。遂使尚论者，以为立功建业，别是法门，而非儒者之所与也。①

在黄宗羲心目中，"儒者之学"是理财开边等实际政事，是关切时务的士儒担当精神，而非后世俗儒空谈心性的语录讲章。黄宗羲此说，虽不免带有明遗民的激愤情绪，却清晰地反映了时儒究心实学实物的普遍认识。对此，顾炎武也深有同感。在顾炎武看来，"古有好学，不闻好心，心学二字，《六经》孔孟所不道"，② 空谈心性正是祸害国家社会的重要因素。顾炎武说：

刘、石乱华，本于清谈之流祸，人人知之，孰知今日之清谈有甚于前代者。昔之清谈谈老、庄，今之清谈谈孔、孟，未得其精而已遗其粗，未究其本而先辞其末。不习六艺之文，不考百王之典，不综当代之务，举夫子论学、论政之大端一切不问，而曰"一贯"，曰"无言"，以明心见性之空言，代修己治人之实学。股肱惰而万事荒，爪牙亡而四国乱，神州荡覆，宗社丘墟。昔王衍妙善玄言，自比子贡，及为石勒所杀，将死，顾而言曰："呜呼，吾曹虽不如古人，向若不祖尚浮虚，戮力以匡天下，犹可不至今日。"今之君子得不有愧乎其言？③

---

① 黄宗羲：《赠编修弁玉吴君墓志铭》，《黄梨洲文集》，第 220 页。
② 顾炎武：《心学》，《日知录集释》卷 18，第 656 页。
③ 顾炎武：《夫子之言性与天道》，《日知录集释》卷 7，第 240 页。

这里，不仅是在斥责晚明士林的清谈之风，更是在指责当时充斥学坛的语录之学。在顾炎武看来，后世俗儒"以明心见性之空言"，取代了孔孟"修己治人之实学"，从而破坏了社会文化秩序。浮虚学风为因，士风好尚为果，因此他同样把"神州荡覆，宗社丘墟"的原因归为空疏之学风。

在黄宗羲、顾炎武等人的心目中，儒学的核心精神就是一个实字，是既可以经天纬地，也可以淑身立行的朴实之学。换言之，儒学应该是以现实为旨归，能应付一切生活变化与社会现实问题的学问。而近世儒学则流于空谈讲章的语录之学，入乎耳出乎口，既非身心所寄，又不关国家治平，彻底沦为一种无用之学。正如顾炎武所谓"近世号为通经者，大都口耳之学，无得于心"，[1] 以致一遇国家有难，时儒普遍坐视天崩地解而蒙然无对。

以上对空疏学风的清理，意味着清初学术思想开始呈现出突破宋明理学束缚的新趋向。

实学是明末清初最强劲的学术思潮，几乎成为当时所有不同派别共同的精神方向，即使是理学家也概莫能外。比如，以哲理思辨称世的王夫之，其学带有浓厚的理学色彩，但他对时下的玄虚学风拒斥甚力，丝毫不下于黄宗羲和顾炎武。王夫之说：

> 耳苟未闻，目苟未见，心苟未虑，皆将捐之，谓天下之固无此乎？越有山，而我未至越，不可谓越无山，则不可谓我之至越者为越之山也。[2]

王夫之终生拒斥虚假之学，力倡实学与实行。其《周易稗疏》一书，抨击宋儒陈抟、邵雍的图、书之学，"于先天诸图、纬书杂说，皆排之甚力。而亦不空谈元妙，附合老庄之旨。故言必征实，

---

① 顾炎武：《与任钧衡》，《顾亭林诗文集》，第169页。
② 王夫之：《尚书引义》卷5，中华书局1962年版，第122页。

义必切理，于近时说《易》之家，为最有根据"。① 与黄宗羲并称
为清初三大儒的孙奇逢和李颙，也一如王夫之。孙奇逢的《四书
近指》、李颙的《四书反身录》等书，虽未完全摆脱理学心性论的
影响，但均拒斥玄虚之理，要求回到日用学行的践实工夫上。孙奇
逢自称其书名"标曰'近指'，以告吾党士之共读四子书者，亦以
示不可求于远且难之意"。② 李颙的《四书反身录》，则在事实上将
矛头直接对准宋明儒者的词章记诵之学，力倡"实反诸身"的实
体实践之学。③ 大体上，黄、顾、王、孙、李这五位学术背景与特
点各不相同的清初大儒，在求实的精神方向上表现出明显的一致
性，反映出清初唯实是求的时代学术特征。

第二，对宋儒心性之学的批判。

清初大儒将批判的锋芒对准了理学的思想基石，对于心、性、
天道等理学的核心范畴一一进行揭露，指出其完全不合孔孟原儒之
学旨。顾炎武说：

> 窃叹夫百余年以来之为学者，往往言心言性，而茫乎不得
> 其解也。命与仁，夫子之所罕言也；性与天道，子贡之所未得
> 闻也。性命之理，著之易传，未尝数以语人。其答问士也，则
> 曰"行己有耻"；其为学，则曰"好古敏求"；……是故性也，
> 命也，天也，夫子之所罕言，而今之君子之所恒言也；出处、
> 去就、辞受、取与之辨，孔子、孟子之所恒言，而今之君子所
> 罕言也；……呜呼！士而不先言耻，则为无本之人；非好古而
> 多闻，则为空虚之学。以无本之人，而讲空虚之学，吾见其日
> 从事于圣人而去之弥远也。④

---

① 《四库全书总目》卷 6《周易稗疏提要》，中华书局 1965 年版，第 35 页。
② 孙奇逢：《四书近指序》，《夏峰先生集》，中华书局 2004 年版，第 131 页。
③ 李足发：《〈四书反身录〉引》，李颙：《二曲集》，中华书局 1996 年版，第
394 页。
④ 顾炎武：《与友人论学书》，《顾亭林诗文集》，第 40—41 页。

在顾炎武看来，终日讲求性、命、天道等问题无益于学治大道，因而"夫子之所罕言也"；而宋明理学家却专门围绕性、命、天道立说，并以此为核心建立起庞大的理学体系。顾炎武指出，"以无本之人，而讲空虚之学，吾见其日从事于圣人而去之弥远也"，他断言理学家建立的"空虚之学"，其学愈精、其体愈大则与圣人之学相去愈远。

顾炎武还力攻宋儒的十六字心传于史无据。十六字心传，向来被理学家视为儒家圣道千年不传之秘的再发现。朱熹反复强调，"人心惟危，道心惟微，惟精惟一，允执厥中"这十六字，是尧舜禹等"上古圣神"道统传承的秘诀，也是孔颜到子思等圣贤继往开来的精髓。孟子以后心传绝了一千多年，至二程兄弟"得有所考"，并得以继续传承此"千载不传之绪"。据朱熹的解释，十六字心传区分了"人心道心之异"，道心即天理，可以以之"胜夫人欲之私"。① 可见，十六字心传是构造理学大厦的精神内核与历史根据。对此，顾炎武从史学源流上进行了有针对性的辩驳。顾炎武说：

> （孔夫子）与门弟子言，举尧、舜相传所谓危微精一之说一切不道，而但曰："允执其中，四海困穷，天禄永终。"呜呼！圣人之所以为学者，何其平易而可循也，故曰"下学而上达"。颜子之几乎圣也，犹曰："博我以文。"其告哀公也，明善之功，先之以博学。自曾子而下，笃实无若子夏，而其言仁也，则曰："博学而笃志，切问而近思。"今之君子则不然，聚宾客门人之学者数十百人，"譬诸草木，区以别矣"，而一皆与之言心言性，舍多学而识，以求一贯之方，置四海之困穷不言，而终日讲危微精一之说。是必其道之高于夫子，而其门

---

① 朱熹：《中庸章句序》，《四书集注》，岳麓书社 1985 年版，第 25—26 页。

> 弟子之贤于子贡，祧东鲁而直接二帝之心传者也。我弗敢
> 知也。①

这里明确指出，孔子"与门弟子言，举尧、舜相传所谓危微精一
之言一切不道"，断然否定了理学家所谓的"千年不传之绪"。随
之，顾炎武又明确揭示了程朱理学与孔孟儒学的本质性差异，即孔
子时时教弟子以平易朴实的成己成人之学，而理学家则"终日讲
危微精一之说"。顾炎武此说，在客观上有助于从根本上动摇宋明
理学的思想基础。

黄宗羲虽不否认《大禹谟》和十六字心传，却清楚看到了心
传之于理学体系的核心意义，认为"从来讲学者，未有不推源于
危微精一之旨。若无《大禹谟》，则理学绝矣！"②更重要的是，黄
宗羲把十六字心传与道心说歧之为二，明确指出，理学家以人心与
道心之异来解说十六字心传，是曲解孔孟儒学的原旨。黄宗羲说：

> 孟子言求放心，不言求道心；言失其本心，不言失其道
> 心。夫子之从心所欲，不逾距，只是不失人心而已。然则此十
> 六字者，其为理学之蠹甚矣。③

黄宗羲强调，孔子和孟子只说"不失人心"而"不言求道心"，是
明确揭示孔孟原儒从来未有"道心"之说，"道心"之说是理学家
凭空创造出来的。这显然是断然肯定程朱的十六字心传不合孔孟原
旨。在另一篇文字《授书随笔》中，黄宗羲还指出理学的十六字
心传系袭取《论语》《荀子》等书。可见，黄宗羲、顾炎武二人的
基本论旨并无二致。黄氏一门，易学名家辈出，黄宗羲之弟黄宗

---

① 顾炎武：《与友人论学书》，《顾亭林诗文集》，第40页。
② 黄宗羲：《尚书古文疏证序》，《黄梨洲文集》，第311页。
③ 黄宗羲：《尚书古文疏证序》，《黄梨洲文集》，第311页。

炎、之子百家，对宋儒太极说均攻之甚力，持论也基本相同。黄宗炎说：

> 周子《太极图》创自河上公，乃方士修炼之术也，实与老、庄云"长生久视"又属旁门。老、庄以虚无为宗，无事为用，方士以逆成丹，多所造作，去"致虚静笃"远矣。周子更为《太极图》，穷其本而反于老、庄，可谓拾瓦砾而得精蕴，但缀说于图，而又冒为《易》之太极则不侔矣。盖夫子之言太极，不过赞《易》有至极之理，专以明《易》也，非别有所谓太极而欲上乎羲、文也。①

黄宗炎通过一系列的考辨，断定周敦颐《太极图》"乃方士修炼之术"，本于老、庄虚无之说，与孔子儒学毫无共同之处。这与顾炎武揭示十六字心传背离孔孟之旨的说法如出一辙。总体方向上，黄氏易说基本反映了清初学者日益明显的一种时代性共识，即宋儒先天易学出自道家。

清初学者还揭示了理学即禅学的思想本质。他们认为，宋明理学之所以一步一步地流于高妙无实之学，在更大程度上是因为受到了释家的污染。晚明时期士风颓丧，士林中普遍出现了一种逃禅之风。明清鼎革之际，不少士人难于从家国丧乱之痛中走出来，逃禅之风有增无减，以致像黄宗炎、方以智这样的睿识之士也不能免。有感于此，清初学者大多直言指斥，理学在事实上已经沦为了释学。顾炎武说：

> 今之所谓理学，禅学也。……舍圣人之语录，而从事于后儒，此之谓不知本矣。②

---

① 《宋元学案·濂溪学案下》，《黄宗羲全集》第4册，第602页。
② 顾炎武：《与施愚山》，《顾亭林诗文集》，第58页。

顾炎武反复揭示，理学已为佛禅所污："《中庸章句》引程子之言曰：'此篇乃孔门传授心法。'亦是借用释氏之言。"① 又说："今之所谓内学，则又不在图谶之书，而移之释氏矣。"② 类似之说，黄宗羲、颜元等人也多所揭示。

清初儒者反复强调时下玄虚学风受理学的影响，逐渐走向了日益远离孔孟先儒之道的不归路。他们对宋儒理学的批判，最终归结到了理学以释、道阐儒的理论本质，对作为儒家正统学说的理学的打击是不言而喻的。

第三，由学术史的梳理，揭穿了理学的道统传承的神话。

对宋儒道统说的清理，由黄宗羲、顾炎武等率先揭幕，后由阎若璩、胡渭以经史实证之学进一步凿实。

"道统"之说由韩愈首创，至宋由理学大师二程和朱熹将其发扬光大。道统即儒学正统，朱熹认为自尧、舜、禹、汤、文、武、周公、孔、孟以来，道统一脉代代相承，孟子去世后道统长期中绝，一千多年后"始得程先生兄弟发明此理"。③ 到了元明时期，理学成了官方哲学，于是程朱道统说挟官方权威之势影响了一代一代的科考士子，成为士人普遍尊奉不疑的学术信条，制约了学术思想的发展空间。

通过对儒学史的梳理，清初儒者指出，在儒学史上，并不存在这个所谓的道统。黄宗羲率先对道统说提出质疑：

> 夫《十七史》以来，止有《儒林》。以邹、鲁之盛，司马迁但言《孔子世家》、《孔子弟子列传》、《孟子列传》而已，未尝加以道学之名也。……周、程诸子，道德虽盛，以视孔子，则犹然在弟子之列。入之《儒林》，正为允当。今

---

① 顾炎武：《心学》，《日知录集释》卷18，第656页。
② 顾炎武：《内典》，《日知录集释》卷18，第653页。
③ 朱熹：《孔孟周程张子》，《朱子语类》卷93，第2350页。

无故而出之为《道学》，在周、程未必加重，而于大一统之
义乖矣。统天地人日儒，以鲁国而止儒一人。儒之名目，原
自不轻。儒者成德之名，犹之日贤、日圣也。道学者，以道
为学，未成乎名也。犹之日志于道，志道可以为名乎？……
此元人之陋也。①

黄宗羲的道统之说，是在辨章经史源流的过程中形成的结论，
又是在长时期探研学术与治道的关系中形成的一个成熟的学术理
念。至少在六年之前，黄宗羲即形成了此一理念。康熙十五年
（1676），黄宗羲在结束为期两个多月的海昌讲学生活时，甚至已
将"夷狄"入主中原天下陆沉的责任归于无用之理学，并以道学
家章句之学的空泛无用作为海昌学子的第一大诚。黄宗羲说：

三代以上，只有儒之名而已。司马子长因之而传《儒
林》。汉之衰也，始有雕虫壮夫不为之技。于是分《文苑》于
外，不以乱儒。宋之为儒者，有事功经制改头换面之异。《宋
史》立《道学》一门以别之，所以坊其流也。盖未几而道学
之中又有异同，邓潜谷又分理学、心学为二。夫一儒也，裂而
为文苑，为儒林，为理学，为心学，岂非析之欲其极精乎！奈
何今之言心学者，则无事乎读书穷理；言理学者，其所读之书
不过经生之章句，其所穷之理不过字义之从违。薄文苑为词
章，惜儒林于皓首。封己守残，摘索不出一卷之内。其规为措
注，与纤儿细士不见长短。天崩地解，落然无与吾事，犹且说
同道异，自附于所谓道学者。②

回头再看，在时隔六七年之后，黄宗羲再作《移史馆论不宜立理

---

① 黄宗羲：《移史馆论不宜立理学传书》，《黄梨洲文集》，第451—452页。
② 黄宗羲：《留别海昌同学序》，《黄梨洲文集》，第477页。

学传书》这一长文，系统论析宋儒立道学传之非，可见他对《宋史》别立《道学》一门是如何地耿耿于怀。

黄宗羲之后，毛奇龄、费密等纷纷攻击道统说。顺着黄宗羲的思路，毛奇龄（1623—1716）详考程朱道统论出笼的史实，进而揭出道学乃"道家之学"的思想实质。毛奇龄说：

> 圣学不明久矣。圣以道为学，而学进于道，然不名"道学"。凡"道学"两字，六经皆分见之，即或并见，亦只称"学道"，而不称"道学"。如所云，君子学道，小人学道，盖以学该道，而不以道该学。……惟道家者流，自鬻子、老子而下，凡书七十八部，合三百二十五卷。虽传布在世，而官不立学，不能群萃州处，朝夕肄业，以成其学事。只私相授受以阴行其教，谓之"道学"。道学者，虽曰"以道为学"，实道家之学也。①

毛奇龄所谓"以道该学，不以学该道"，与黄宗羲之说如出一辙，并无新意。但他以大量篇幅考辨宋代道学论的历史，大胆地指出了道学在本质上是道家之学，亦见当时学者对道统说的严重不满。

黄宗羲、毛奇龄等力辨"儒林"与"道学"问题，是从史学源头上澄清，所谓道学是后来发生的问题，是学术史上的一个伪命题。他们认为，自《史记》立《儒林传》始，历代史家无不将之奉为典范，尊为惯例。黄宗羲等人的意图十分明确，即借《元史·道学传》之不合史例，在根本上否定理学传统的道学论。

在倡导考经证史的学者之外，士林社会中也出现了不少批评道学论的声音。如唐甄这样并不从事经史研究的退隐之士，也同样忧心于道途之分裂。唐甄说：

---

① 毛奇龄：《辨圣学非道学文》，《西河集本》卷122，清文渊阁四库全书本。

至于宋，则儒大兴而实大裂。文学为一涂，事功为一涂，有能诵法孔孟之言者别为一涂，号之曰道学。人之生于道，如在天覆之下，地载之上，孰能外之？而读书聪明之士别为一涂，或为文学，或为事功，其愚亦已甚矣！①

唐甄称聪明之士将道学别为一说"其愚亦已甚"，其持论的理由，与黄宗羲的"以道为学，未成乎名"接近。唐甄之说，亦见士林社会对宋儒道统说的不满。

（二）经学即理学：经史之学的新方向

清初学者对理学的批判，正是要把理学影响下的玄虚学风清扫一番，以回到先儒朴实一路上去。顾炎武指出宋儒易学"强孔子之书以就己之说"，②，斥陈抟、邵雍易说是牵强附会的"方术之书"。③顾炎武终生反对玄妙高远之学，主张博文约礼的踏实工夫，认为朴实平易的论学论政是实现先王之道的不二之途。黄宗羲力倡"六经皆载道之书"，其意图也明确指向以六经为根基的学术经世之思想方向，即通过学习儒家经典而通向先王的天下治平之道。

第一，考经证史的学术新方向。

在晚明上层士人中，经即史之说已颇不少见。明万历年间，王世贞、胡应麟、李贽等人已从不同角度倡言"经即史"说，④清初大儒黄宗羲、顾炎武等人则在对宋明理学的全面清算的基础上明确

① 唐甄：《劝学》，《潜书》，第 46 页。
② 顾炎武：《易逆数也》，《日知录集释》卷 1，第 25 页。
③ 顾炎武：《孔子论易》，《日知录集释》卷 1，第 27 页。
④ 王世贞已有"天地间无非史而已"之说，胡应麟则明确指出："《尚书》，经之史也。《春秋》，史之经也。"又说："夏、商以前，经即史也。"李贽则指出："经、史一物也。史而不经，则为秽史矣，何以垂戒鉴乎？经而不史，则为说白话矣，何以彰事实乎？……故谓六经皆史也。"这是公开而明确地张扬"六经皆史"的观念。三说分别见于王世贞《艺苑卮言校注》，齐鲁书社 1992 年版，第 63 页；胡应麟《少室山房笔丛》，上海书店出版社 2001 年版，第 16 页；李贽《焚书·续焚书》，第 214 页。

揭示了经学即理学、经学即史学的时代方向，进一步全面系统地论证了他们的观点。

在黄宗羲、顾炎武等人看来，先儒学旨载之六经，皆是实行实治之学，是真正的致太平之道。既然理学不合先儒原旨，那么摒弃理学玄虚的形上学，重新返回原始儒家的学治轨道就成为不二之途。正如黄宗羲所说，后世儒者视宋儒语录为儒学之"究竟"，而把"立功建业"视为儒门外之事，[①] 已严重偏离了孔门儒学的立说精义。黄宗羲又说：

> 六经皆载道之书，而礼其节目也。当时举一礼必有一仪，要皆官司所传，历世所行，人人得而知之，非圣人所独行者。大而类禋巡狩，皆为实治；小而进退揖让，皆为实行也。[②]

这里，黄宗羲紧紧抓住理学务虚而经学唯实的学术特征，实际上离揭出经学与理学是两种性质不同的学术形态并不遥远。他还明确提出"摘发传注之讹，复还经文之旧"，回归经典的学术主张。黄宗羲说：

> 稍有出入其说者，即以穿凿诬之。夫所谓穿凿者，必其与圣经不合者也。摘发传注之讹，复还经文之旧，不可谓之穿凿也。《河图》、《洛书》，欧阳子言其怪妄之尤甚者，且与汉儒异趣，不特不见于经，亦是不见于传。先天之方位，明与出震齐巽之文相背，而晦翁反致疑于经文之卦位。生十六、生三十二，卦不成卦，爻不成爻，一切非经文所有，顾可谓之不穿凿乎！[③]

---

① 黄宗羲：《赠编修弁玉吴君墓志铭》，《黄梨洲文集》，第 220 页。
② 黄宗羲：《学礼质疑序》，《黄梨洲文集》，第 311—312 页。
③ 黄宗羲：《易学象数论序》，《黄梨洲文集》，第 378—379 页。

这是批评时儒所谓的"穿凿"论。当时，绝大多数学者以朱子学为百家学术之准绳，将凡不合于朱子标准者都讥为"穿凿"。黄宗羲反其道而攻之，指出宋儒易说多以主观解易，理学恰恰是最不合经典的"穿凿"之学。因此，黄宗羲提出回归经史之学的治学之路。他一方面倡经，一方面切实研经，于五经无所不涉，主要经学著述《易学象数论》《孟子师说》《律吕新义》《授书随笔》《深衣考》等，无不是当时的研经名作，也无不是在切身实践其经世致用的经史之学。

顾炎武更是简捷有力地提出了经学即理学的新论断。顾炎武说：

> 愚独以为理学之名，自宋人始有之。古之所谓理学，经学也，非数十年不能通也。故曰："君子之于《春秋》，没身而已矣。"今之所谓理学，禅学也，不取之五经而但资之语录，校诸帖括之文而尤易也。又曰："《论语》，圣人之语录也。"舍圣人之语录，而从事于后儒，此之谓不知本矣。①

依顾氏的见解，先儒那里本来是没有"理学"名称的，理学只是宋儒新创之名。先儒的义理都囊括在经学之中，古之君子毕生致力于五经，从经典中学习修身治国之道。宋以后的学者撇开五经，终日从事于受到释教污染的语录讲章之学，从而日益失去为学之本。所以，"经学即理学"这一著名的论断，不仅颇富学术史意蕴，也有深刻的思想史意义：一方面揭示了宋明理学偏离了周秦原始儒家的基本学旨；一方面将思想锋芒对准晚明以来日益弥漫的空疏学风，以倡明经学经世的时代学术新风尚。

重返先儒经学以正时下空虚学风，是明末清初的思想大潮。经学家如此，理学家也是如此。著名理学家李颙说：

---

① 顾炎武：《与施愚山书》，《顾亭林诗文集》，第58页。

> 能经纶万物而参天地，谓之儒；务经纶之业而欲与天地
> 参，谓之学。儒而不如此，便是俗儒；学而不如此，便是俗
> 学。俗儒、俗学，君子深耻焉。①

这里的"俗儒""俗学"是碌碌于语录讲章而不读先儒经籍者，所
以他又说"经书垂训，所以维持人心也"。② 与顾炎武潜心经史不
同，李颙终生学旨在贯彻实修实证的崇德践礼工夫，但其成德实证
之学入手处却离不开先儒典章。李颙之说属于理学内部的自我批
判，他未必主张治经，却力主改变宋明理学玄虚高妙而无益经世的
陋风，亦见时儒思想已普遍趋于经世实学之一路。

这不仅是学术方向的改变，也是时代思想文化方向的转变。即
如顾炎武那个著名的论断"文须有益于天下"，反映的正是当时整
个文坛要求脱虚务实的思想趋势。顾炎武说：

> 文之不可绝于天地间者，曰明道也，纪政事也，察民隐
> 也，乐道人之善也。若此者有益于天下，有益于将来，多一
> 篇，多一篇之益矣。若夫怪力乱神之事，无稽之言，剿袭之
> 说，谀佞之文，若此者，有损于己，无益于人，多一篇，多一
> 篇之损矣。③

依顾炎武的基本观念，即"凡文之不关于六经之旨，当世之务者，
一切不为"。则"有益于天下"的文章，至少要满足两个条件，一
是须关于"六经之旨"，一是须关于"当世之务"，这两条都指向
当时离经讲学与离现实讲治平的空虚学风。由此说明，顾、黄等人
提出的重回先儒经典的主张，不仅关乎学术史的发展方向，更关乎

---

① 李颙：《盩厔答问》，《二曲集》，第 120 页。
② 李颙：《匡时要务》，《二曲集》，第 104 页。
③ 顾炎武：《文须有益于天下》，《日知录集释》卷 19，第 674 页。

整个社会与时代思想文化的价值方向。

第二，返回汉唐的学术途径。

清初大儒顾炎武、黄宗羲等不约而同地将目光对准了宋代之前的学术形态，从汉唐儒学中寻求资借，重新抉发出经学的价值。

清初之学术，弃宋明理学而要求回归孔孟先儒之学，已成一种时代的思想趋向。当时儒者经说也一改理学家以玄虚说经，代之以隋唐之前的朴素经说。实际上，这一趋势在晚明已露端倪。在晚明学者日益厌倦阳明后学的空谈讲章的同时，一批学者已有意识地弃理学而返回先儒经典，焦竑、陈第等皆以"明经"著称。明清之际对黄宗羲、顾炎武等影响很大的钱谦益，在黄宗羲、顾炎武之前率先提倡治经"必以汉人为宗主"的主张。钱谦益说：

> 六经之学，渊源于两汉，大备于唐、宋之初，其固而失通，繁而寡要，诚亦有之，然其训故皆原本先民，而微言大义，去圣贤之门犹未远也。学者之治经也，必以汉人为宗主，如杜预所谓原始要终。寻其枝叶，究其所穷，优而柔之，餍而饫之，涣然冰释，怡然理顺，然后抉摘异同，疏通凝滞。汉不足求之于唐，唐不足求之于宋，唐、宋皆不足，然后求之近代。庶几圣贤之门仞可窥，儒先之钤键可得也。①

钱谦益在当时被公认为文坛宗主，他的治学从六经始、治经以汉儒为宗的学术主张，强调汉代经学离"圣贤之门"未远，对黄宗羲、顾炎武一代学者影响甚大。

清初大儒顾炎武、黄宗羲等进一步从经学变迁的历史，雄辩地说明了汉魏以下经文与经说的不可靠性。顾炎武说：

---

① 钱谦益：《与卓去病论经学书》，《牧斋初学集》卷79，四部丛刊景明崇祯本。

　　自唐明皇改《尚书》，而后人往往效之，……及朱子之正《大学》、《系辞》，径以其所自定者为本文，而以错简之说注于其下，已大破拘挛之习。后人效之，《周礼》五官互相更易，彼此纷纭；《召南》、《小雅》且欲移其篇第，此经之又一变也。闻之先人，自嘉靖以前，书之锓本虽不精工，而其所不能通之处，注之曰疑；今之锓本加精，而疑者不复注，且径改之矣。以甚精之刻，而行其径改之文，无怪乎旧本之日微，而新说之愈凿也。①

　　顾炎武严厉批判宋明理学，除了有意针砭理学的空疏学风，同时也是因为理学家随意删改经书导致的无书可读的恶劣情形。与宋代以来的情形完全不同，当汉魏之时，五经勒之石碑，经之文字内容最接近经典的原貌。顾炎武说：

　　昔者汉西平四年，议郎蔡邕奏求正定五经文字，乃自书丹于碑，使工镌刻，立于太学门外，后儒晚学咸取正焉。魏正始中，又立古文篆隶三字石经。自是以来，古文之经不绝于代。传写之不同于古者，犹有所疑而考焉。②

　　这是通过详考经文的变迁史，有力地揭示了返回汉儒经学的根因。按照顾氏的逻辑，既然唐宋以来经文不断遭到窜改，那么回到汉魏时期的儒学形态就成为顺理成章之事了。顾炎武指出所谓"《五经》得于秦火之余，其中固不能无错误。学者不幸，而生乎二千余载之后，信古而阙疑，乃其分也"。③ 这里的"信古而阙疑"的"信"，即可理解为汉儒经说去古未远的基本可信度。

---

① 顾炎武：《答李子德书》，《顾亭林诗文集》，第 69—73 页。
② 顾炎武：《答李子德书》，《顾亭林诗文集》，第 72 页。
③ 顾炎武：《丰熙伪尚书》，《日知录集释》卷 2，第 75 页。

黄宗羲也看到了宋明儒学的主观解经，深深忧心于先儒经学已面目全非。黄宗羲说：

> 《诗》之小序、《书》之今古文、《三传》之义例，至今尚无定说。《易》以象数、谶纬晦之于后汉；至王弼而稍霁、又以老氏之浮诞，魏伯阳、陈抟之卦气晦之；至伊川而欲明，又复以康节之图书、先后天晦之。《礼》经之大者，为郊社、禘祫、丧服、宗法、官制，言人人殊，莫知适从。士生千载之下，不能会众以合一，由谷而之川，川以达于海，犹可谓之穷经乎！①

黄宗羲看到经过长期的理学化，先儒经典中有大量的问题均待重新整理，因而在承认宋明儒学之"理明义精"的同时，赞许陆符"用汉儒博物考古之功"补理学的实证之阙，②希望从逐渐恢复的儒家诸经中寻求解决时代学术困局的出路。

清初儒者致力于返回六经之学以振先王之道，提出了汉儒"去古未远"的学术观念，在思想源头上成为乾嘉学者树立汉学帜志的先导。

第三，治经的方法。

首先，声音文字训诂是清初学者治经的基本方法。实际上，顾炎武、黄宗羲等人对汉儒经说的基本肯定，已经蕴含了治经的基本方法应该侧重于汉儒的章句训诂之学。所谓训诂，汉儒也称作诂训或故训，均指章句训诂，强调在弄清楚字义与句意的基础上才能理解经文义旨。但清初大儒与汉儒的最大不同点，在于经学理学化以后，文字训诂面临着更多的困难，其首要者即因时代相隔久远，文字的音、形、义均已发生了不小的变化。对此，顾

---

① 黄宗羲：《万充宗墓志铭》，《黄梨洲文集》，第 198—199 页。
② 黄宗羲：《陆文虎先生墓志铭》，《黄梨洲文集》，第 158 页。

炎武说：

　　三代六经之音，失其传也久矣，其文之存于世者，多后人所不能通，以其不能通，而辄以今世之音改之，于是乎有改经之病。始自唐明皇改《尚书》，而后人往往效之，……汉人之于经，如先后郑之释三礼，或改其音而未尝变其字。……及朱子之正《大学》、《系辞》，径以其所自定者为本文，而以错简之说注于其下，……今之锓本加精，而疑者不复注，且径改之矣。以甚精之刻，而行其径改之文，无怪乎旧本之日微，而新说之愈凿也。①

　　顾炎武认为，文字是随着历史的变迁而不断变化的。清初距汉代已然经历了一千几百年的历史，很多字的音、形、义都发生了不小的改变，尤其是经过宋明儒的窜改，流行的诸经版本已大失经典原貌。顾炎武深刻认识到"三代之音不存于两京，两京之音不存于六代，而声音之学遂为当今之绝艺"，②从而提出了由通古之音而达到通古之经的治经途径。顾炎武说：

　　学者读圣人之经与古人之作，而不能通其音，不知今人之音不同乎古也。

又说：

　　故愚以为读九经自考文始，考文自知音始。以至诸子百家之书，亦莫不然。不揣寡昧，僭为《唐韵正》一书，而于《诗》、《易》二经各为之音，曰《诗本音》，曰《易音》。以

---

① 顾炎武：《答李子德书》，《顾亭林诗文集》，第69—73页。
② 顾炎武：《乐章》，《日知录集释》卷5，第176页。

其经也，故列于《唐韵正》之前，而学者读之，则必先《唐韵正》而次及《诗》、《易》二书，明乎其所以变，而后三百五篇与卦、爻、彖、象之文可读也。其书之条理最为精密，窃计后之人必有患其不便于寻讨，而更窜并入之者，而不得不豫为之说以告也。①

在此，顾炎武强调在音、形、义三者之中，字音的变化是最大的，经解的最大难题即在于音声一项，故音训也就成为经典考据中最关键的因素。所以，顾炎武的结论是："读九经自考文始，考文自知音始。以至诸子百家之书，亦莫不然。"明确地揭示了由知音而考文而读经的治经基本方法。

在揭示知音读经的学术方向的同时，顾炎武还撰写了中国音韵史上的名作《音学五书》，比较系统地考辨了《易》《诗》诸经的古韵，堪称清初以音训通经的学术范例。顾著之外，黄宗羲的《律吕新义》、方以智的《通雅》等书，也都是古音韵史上的力作。

其次，以经证经的方法。顾炎武终生倡导通经以致用，其通经的方法之一就是以经证经，力图消除后儒臆解经义的影响。他在与友人讨论研治《周易》时，即明确主张应以《诗经》《尚书》诸经与《易经》相互印证。顾炎武说：

愚尝劝人以学《易》之方，必先之以《诗》、《书》，执《礼》，而《易》之为用存乎其中，然后观其象而玩其辞，则道不虚行，而圣人之意可识矣。②

与顾炎武的以经证经之说如出一辙，黄宗羲也明确主张"以经解经"，强调"会通各经，证坠缉缺"，通过诸经之间的比较，

---

① 顾炎武：《答李子德书》，《顾亭林诗文集》，第72、73页。

② 顾炎武：《与友人论易书》，《顾亭林诗文集》，第43页。

以及诸经文字与内容的相互勘校，考其同异，别其轻重，以最终疏通古圣之旨。黄宗羲此说细致周密，在其弟子中影响甚大，不少弟子亦深得其旨。万斯大去世后，黄宗羲提炼、总结了万氏以经证经的治学方法。黄宗羲说：

　　（充宗）湛思诸经，以为非通诸经不能通一经，非悟传注之失则不能通经，非以经释经则亦无由悟传注之失。何谓通诸经以通一经？经文错互，有此略而彼详者，有此同而彼异者，因详以求其略，因异以求其同，学者所当致思者也。何谓悟传注之失？学者入传注之重围，其于经也，无庸致思，经既不思，则传注无失矣，若之何而悟之？何谓以经解经？世之信传注者过于信经，试拈二节为例。八卦之方位载于经矣，以康节《离》南《坎》北之臆说，反有致疑于经者。平王之孙、齐侯之子，证诸《春秋》，一在鲁庄公元年，一在十一年，皆书王姬归于齐。周庄王为平王之孙，则王姬当是其姊妹，非襄公则威公也。毛公以为武王女、文王孙，所谓平王为平正之王，齐侯为齐一之侯，非附会乎？如此者层见叠出。充宗会通各经，证坠缉缺，聚讼之议，涣然冰泮。①

　　实际上，顾、黄倡导的这种以经证经的方法，在清初儒者中颇不乏同调。毛奇龄即明确主张以经解经的治经方法，他说："予之为经，必以经解经，而不自为说。苟说经，而坐与经忤，则虽合汉、唐、宋诸儒，并为其说，而予所不许。"② 简言之，不论是以经证经，还是以经解经，均在强调诸经文字内容的互勘对校，对于消除后世儒者的传注之失，尤其是宋儒臆说经义的消极影响，甚为有力。而以经证经之说，则迥异于宋明理学的主观解经，构成了清

---

　　① 黄宗羲：《万充宗墓志铭》，《黄梨洲文集》，第 199 页。
　　② 毛奇龄：《经义考序》，《西河集》（190 卷本）卷 52。

初儒者治经的一种基本方法。

再次，以史证经的方法。以史证经，亦可称为经史互证的方法，实际上是以经证经在方法论层面的延伸。既然清初学者倡言经学即史学，那么以史辅经，经史兼治也就成为顺理成章之事。黄宗羲明确提出"治经兼令读史"的治学新概念。全祖望在总结黄宗羲的为学宗旨时说：

> 公谓明人讲学，表语录之糟粕，不以六经为根柢，束书而从事于游谈，故受业者必先穷经。经术所以经世，方不为迂儒之学，故兼令读史。[①]

顾炎武也明确肯定经学的史学性格，认为儒家经典是对古代政治文化的历史记录，主张以历史的眼光看待古圣人经典。从他对《易经》的界说中，即可明显看出。顾炎武说：

> 夫子言包羲氏始画八卦，不言作《易》，而曰："《易》之兴也，其于中古乎？"又曰："《易》之兴也，其当殷之末世，周之盛德邪？当文王与纣之事邪？"是文王所作之辞始名为《易》。而《周官》大卜掌《三易》之法：一曰《连山》，二曰《归藏》，三曰《周易》。连山、归藏非《易》也，而云三《易》者，后人因《易》之名以名之也。犹之墨子书言"周之《春秋》，燕之《春秋》，宋之《春秋》，齐之《春秋》"。周、燕、宋、齐之史，非必皆"春秋"也，而云"春秋"者，因鲁史之名以名之也。[②]

《易经》和《春秋》一样都属于历史典籍，这就很明白地把《易》

---

① 《梨洲先生神道碑文》，《全祖望集汇校集注》，第219页。
② 顾炎武：《三易》，《日知录集释》卷1，第1—2页。

解释为周代的纪事文献。这一意识，对于顾炎武来说是十分明确的，于是，他干脆下了一个定义："《易》本《周易》，故多以周之事言之。"[1] 仅此一说，即可剔除《易经》被后人所加的一切神秘光环。但顾炎武并未止步于此，他以之贯穿诸经，主张以历史的眼光看待儒家六经。顾炎武说：

> 《诗》之次序，犹《春秋》之年月，夫子因其旧文，述而不作也。……孟子曰："其文则史。"不独《春秋》也，虽《六经》皆然。今人以为圣人作书，必有惊世绝俗之见，此是以私心待圣人。[2]

顾炎武之说，实际上就是在提倡以史证经的学术方法。这种观念缘于明末清初的史学经世思潮，在当时学者中也颇多见，这一点从浙东大散文家魏禧（1624—1681）之说中可见一斑。魏禧说：

> 读书所以明理也，明理所以适用也，故读书不足经世，则虽外极博综，内析秋毫，与未尝读书同。经世之务，莫备于史。禧尝以为，《尚书》史之大祖，《左传》史之大宗，古今治天下之理，备于《书》。而古今御天下之变，备于《左传》。明其理，达其变，读秦汉以下之史，犹入宗庙之中，循其昭穆而别其子姓，了如指掌矣。[3]

魏禧于儒家经传，尤推侧重于史的《尚书》和《春秋左传》。他所谓"古今治天下之理，备于《书》"，"古今御天下之变，备于《左传》"，肯定后世之学术、治道经验在先儒经传中"已先具之"。

---

① 顾炎武：《妣》，《日知录集释》卷1，第20页。
② 顾炎武：《鲁颂商颂》，《日知录集释》卷3，第106页。
③ 魏禧：《左传经世序》，《魏叔子文集》，第367页。

这与黄宗羲思想一脉相承。黄宗羲说："《六经》皆先王之法也。其垂世者，非一圣人之心思，亦非一圣人之竭也。"① 亦明确肯定《六经》是二帝、三王等先贤的心血与智慧的结晶，其中有无数治平经验与理念，是可以千秋万代"垂世"的治世要典。另外，魏氏此说，可略见清初学者的返古读史之风。魏禧于明亡后长期藏匿于翠微峰，在二十多年的避难生涯中依赖史传度日，从其经历中，依稀能看到一丝当时读书人对史学热度的升温，至少在一定程度上反映了在黄宗羲影响下浙东地区史学经世的一般观念。上文说过，一代文坛宗主钱谦益提出"六经史之祖"之说，更是影响了不少清初学者。②

总之，清初学者主张经学即史学，将先儒经传视为朴实的纪史文字，在思想旨趣上很容易与玄虚的理学划清界限。这实际上意味着清代学术开始摆脱理学的影响，逐渐走上朴实的考经证史的学术新路。

（三）经史疏证的学术范例

清初大儒力倡恢复汉儒经说，初步开创证经考史的学术新风，有两个重要的标志：一是顾炎武、黄宗羲提出经学即理学的治学新方向，二是阎若璩、胡渭等对儒家经典的考证与辨伪。前者主要是创立一个新的学术价值系统，后者则是通过经典考证树立一个可操作的技术典范。

经史考证作为中国学术思想史上的一个重要学术形态，辨伪往往是第一步。自汉代以降的近两千年时间中，儒家经典不断遭受种种劫难。除了战火以外，还有各种人为的灾难，尤其是经典注疏中几乎是无代无之的窜改、伪造经文的现象，积累了大量的荒诞奇妙

---

① 《孟子师说》卷4，《黄宗羲全集》第1册，第82页。

② 钱谦益《再答苍略书》说："六经，史之宗统也。六经之中皆有史，不独《春秋》三传也。"见《牧斋有学集》卷38，四部丛刊景清康熙本。

的经说。至清初，经文的文字乃至内容都呈现出严重违背经典原貌的情况。而自两宋欧阳修、司马光以及程朱等人怀疑经典失真始，明代归有光、杨慎等人纷纷对诸经不同程度地失去原貌和原旨，从不同角度提出了种种质疑，杨慎即批评宋儒易说是眩惑千古的道士之学。顾炎武、黄宗羲等人的考经证史工作，在辨伪方面已有一些不俗的成绩。到了阎若璩和胡渭手里，证伪方法更完备也更系统，他们将全部精力集中于经书辨伪，尤其是对河图、洛书说与伪《古文尚书》的辨伪，成为清初经史考证学的典范之作。以下，即从两方面分别说明之。

第一，清理宋易的神秘主义，初步建立清代朴学易的证经方法。

《易》作为六经之首，向来是儒家各派经说的大宗和冲要。在中国易学史上，汉代易学重章句，特点是以质朴说易，魏晋易说开始玄学化。到了宋代，道学家创先后天易说，使易学彻底沦为一种神秘主义学说。理学大师朱熹据周敦颐等人的太极说与图、书说构建了先后天易说，从而建立起太极—天理的理学思想体系。元明两朝奉程朱理学为官学正学，使理学在事实上取得了学术独尊之地位。随着元明易说的日益理学化，先儒质朴的易说变成了充满神秘主义色彩的体系性理论。

宋明理学的主观解易之风在明中叶受到部分学者的抵制。归有光的易学名著《易图论》，已系统批驳朱熹的太极先天说，唯当时虚理解经之风盛行，故归氏之说影响不大。至清初实学思潮大兴，归氏《易图论》才真正受到重视，黄宗羲、胡渭等人都曾对之隆重表彰。

清初儒者对宋易的批评，主要集中在象数之学与图、书之说上。易学史上著名的象数学大师黄宗羲率先对宋易发难，其易学名作《易学象数论》指出，自汉代以来各派易说均过分偏重象数，尤其是后世儒者过于相信宋儒的象数之学，从而使《周易》本原日益晦暗。黄宗羲说：

夫易者，范围天地之书也，广大无所不备。故九流百家之学，俱可窜入焉。自九流百家借之以行其说，而于易之本意反晦矣。……（康节）创为河图先天之说，是亦不过一家之学耳。晦庵作《本义》，加之于开卷，读《易》者从之。后世颁之学官，初犹兼《易传》并行，久而止行《本义》。……河图、洛书，欧阳子言其怪妄之尤甚者，且与汉儒异趣，不特不见于经，亦是不见于传。先天之方位，明与出震齐巽之文相背，而晦翁反致疑于经文之卦位。生十六、生三十二，卦不成卦，爻不成爻，一切非经文所有，……世儒过视象数，以为绝学，故为所欺。余一一疏通之，知其于《易》，本了无干涉，……①

《易学象数论》共六卷，前三卷论象，后三卷论数，对种种真伪象数说从学术源流上做了清理。该书对宋儒的伪象数学尤其是对邵雍、朱熹的神秘易说攻之甚力，指出经朱熹颠倒卦序臆解《周易》后，"卦不成卦，爻不成爻，一切非经文所有"。黄宗羲的意图是剔除易学中的玄虚之说，而一一归之于实。如他把《河图》、洛书解释为如地理志一样的类名，并非像宋儒所说的专指某一本书，认为："谓之河、洛者，河、洛为天下之中，凡四方所上图书，皆以河、洛系其名也。"②此说意味着一种新的研究方法，对于打开当时的学术视野有重要意义。也正是在此意义上，梁启超认为黄著《易学象数论》是后来胡渭《易图明辨》的先导。

顾炎武虽无易学专著，但他有大量的论易文字，能在更宏观的层面把握宋易与原始儒家易说的本质区别。顾炎武说：

孔子论《易》，见于《论语》者二章而已，曰"加我数

---

① 黄宗羲：《易学象数论序》，《黄梨洲文集》，第378—379页。
② 《易学象数论》卷1，《黄宗羲全集》第18册，第4页。

年，五十以学《易》，可以无大过矣"；曰"南人有言曰：'人
而无恒，不可以作巫医。'善夫，不恒其德，或承之羞。子
曰：'不占而已矣。'"是则圣人之所以学《易》者，不过庸
言、庸行之间，而不在乎图书象数也。……是故"出入以度，
无有师保，如临父母"，文王、周公、孔子之《易》也；希夷
之图，康节之书，道家之《易》也。自二子之学兴，而空疏
之人、迂怪之士举窜迹于其中以为《易》，而其《易》为方术
之书，于圣人寡过反身之学去之远矣。①

顾炎武的高明之处在于，他不仅从源头上紧抓陈抟、邵雍的神
秘易说不放，指出二氏的图、书之学在本质上是道家之学，而且从
更高的思想视野论证了理学家以空虚说易，与孔孟原儒朴实的
"寡过反身之学"相距甚远。

黄宗羲、顾炎武之外，清初易学名家尚有黄宗炎、毛奇龄、胡
渭等人。黄宗炎的《图书辨惑》、毛奇龄的《河图洛书原舛编》与
胡渭的《易图明辨》，是此一时期研易的代表作。毛奇龄对太极说
的攻击，集中于道学家周敦颐身上，其结论是周氏《太极图》出
自道士。再后来，黄宗羲之子黄百家将矛头更直接指向了朱子，指
出朱子"举其图架于文王、周公、孔子之上"，②对后世易说造成
了极大的迷惑。黄百家说：

先天卦图传自方壶，谓创自伏皇，此即《云笈七签》中
云某经创自玉皇、某符传自九天玄女，固道家术士假托以高其
说之常也。先生得之而不改其名，亦无足异，顾但可自成一
说，听其或存或没于天地之间，乃朱子过于笃信，谓程演周
经、邵传牺画，掇入《本义》中，竟压置于文象、周爻、孔

① 顾炎武：《孔子论易》，《日知录集释》卷1，第27页。
② 《宋元学案·百源学案下》，《黄宗羲全集》第4册，第464页。

翼之首，则未免奉蜈蚣为高曾矣！①

这里，黄百家综论邵雍与朱熹易说，进一步揭示了邵、朱易学在本质上属于道士之学。百家此说，实际上是对清初黄宗羲等清理宋学易的一个概括。

对宋儒易学批评最力也最系统的是胡渭（1633—1714）。胡渭是清初首屈一指的地理学大师，其《禹贡锥指》迄今仍堪称地理学的经典著述。他的《易图明辨》则是在当时更有影响力的一部考易名作，对于清理宋学易和建立清代朴学易起到了开创性与示范性的双重作用。其他著述如《洪范正论》《大学翼》等亦多能纠前人之偏而有功于清代经学。

胡著《易图明辨》十卷，系专门考辨"河图""洛书"真伪。此书广泛收辑了秦汉至宋代儒、道、阴阳诸家的各种"易"图，对其作者、年代、内容做了详尽的考辨，对其前后变化的脉络逐一勾勒整理，在对各图进行比较分析的基础上，得出了图书之学来自道家的结论。在该书的"题辞"中，胡渭对全书大旨做了简明而透彻的说明：

> 古者有书必有图，图以佐书之所不能尽也。……唯《易》则无所用图。六十四卦二体六爻之画，即其图矣。白黑之点，九十之数，方圆之体，《复》《姤》之变，何为哉？其卦之次序、方位，则《乾》《坤》三索，出《震》齐《巽》二章尽之矣。图，可也，安得有先天、后天之别？《河图》之象，自古无传，从何拟议？《洛书》之文，见于《洪范》，奚关卦爻？
>
> 五行、九宫，初不为《易》而设。《参同契》、《先天太极》特借《易》以明丹道，而后人或指为《河图》，或指为《洛书》，妄矣。妄之中又有妄焉，则刘牧所宗之《龙图》，蔡

---

① 《宋元学案·百源学案下》，《黄宗羲全集》第 4 册，第 480 页。

元定所宗之《关子明易》是也。此皆伪书，九、十之是非又何足较乎！故凡为《易》图以附益经之所无者，皆可废也。……故吾谓先天之图与圣人之《易》，离之则双美，合之则两伤。伊川不列于经首，固所以尊圣人，亦所以全陈、邵也。①

在诸多具体问题的考辨上，《易图明辨》均论据充分而说理透彻。比如，关于宋儒牵强附会的数，胡渭指出，《系辞》言数，都是主蓍而言，其于图书并无关涉。宋儒不知此义，而以数为图书，致使"数"与"图""书"的关系被彻底颠倒，从而数字成了《易》之本原，成为宇宙之先天本体。即如宋儒所谓的"五十五"之数，胡渭亦详为考辨。胡渭说：

> "天地之数五十有五"，专为"大衍之数五十"张本。此蓍策之原，非画卦之法。《易雅》云：九六七八为揲蓍策数，乃先有卦而后揲蓍，非先得数而后画卦。夫子未尝以是明《河图》也。李泰伯云：天一至地十，乃天地之气体降出之次第，而曰五十有五者，盖圣人假其积数以起算法，非实数也。……以积数为实数，以算法为卦原，而写之以成象，九《图》十《书》，十《图》九《书》，总无是处。②

从一到十累计相加计五十五，本来只是算法而并非实数。胡渭从易学史源流上继续辨证，指出宋儒五十五定数之图书远非汉儒图书之面貌，以数字组成的黑白点数阵图始于北宋的刘牧。胡渭说：

> 自春秋以迄两汉，言五行者，……虽皆言生成之数，却非

---

① 胡渭：《〈易图明辨〉题辞》，《易图明辨》，中华书局 2008 年版，第 1 页。
② 胡渭：《启蒙图书》，《易图明辨》，第 122—123 页。

为《易》而设。至郑康成始援以注《易》，而四象之义乃定。要之，未有以此数为《河图》、《洛书》者。何则？刘歆以《河图》为八卦、《洛书》为九章；郑康成以九篇为《河图》，六篇为《洛书》；……彼既自有其《图》、《书》，必不于其外更标一《图》、《书》，可知也。自伪《龙图》出，而始以五十有五为羲皇重定之数矣！……自此以后，刘、蔡迭为兴废，或以此为《河图》，或以此为《洛书》，谬种流传，变怪百出……①

　　胡渭基本厘清了这样一条线索：刘牧的图书之学是陈抟龙图之变式，刘氏以九宫图为"河图"，凑齐五十有五点之图而提出了九图说。以上即五十五之数与河图说关系被颠倒的由来。同时，刘牧又以五行图为"洛书"，凑出四十五点之图提出十书说或洛书说。此后"河图""洛书"对宋儒易说影响极大，由邵雍而朱熹，终于构造出一套完整的先天、后天易学。这样一来，邵雍到朱熹但取其数之巧合，而未暇究其太古以来从谁授受，从而使元明学者淹没在"谬种流传"的伪图书中。

　　顾名思义，《易图明辨》的宗旨即在攻驳朱熹《周易本义》卷首所列的九图。该书广征博引诸家之说，对宋儒图书说的来龙去脉一一梳理，系统地清理了宋易中的图书之学与先天易学。《四库全书总目提要》认为此书在易学史上有正本清源之功，万斯同称此书一出，朱熹"《易》首之九图即从此永废可也"。② 这些评价并不过分。万斯同又说他青少年时代"唯知朱子《本义》而已"，③可见即使是向称私人藏书极富的浙东，士子也轻易看不到朱子之外的其他《周易》读本了。要之，胡渭的易学考辨，使朱熹基于先天

---

① 胡渭：《五行》，《易图明辨》，第40页。
② 万斯同：《易图明辨序》，《易图明辨》，第269页。
③ 万斯同：《易图明辨序》，《易图明辨》，第267页。

易说构造的理学体系受到动摇，为清代考据学的形成奠定了基础。①

第二，《古文尚书》考证。

《尚书》是中国第一部以文字记录上古时期历史的文献，保存了夏、商、周三个王朝尤其是商末周初时期的一些重要史料。《尚书》原称《书》或《书经》，相传为孔子所编，但事实上诸如《尧典》《皋陶谟》《禹贡》《洪范》等篇是后人窜补进去的。《尚书》是儒家六经之一，是儒家学说建立的重要根据之一，也成为历代王朝官方与学者建构时代文化的学术必争之地。因而，《尚书》在汉代即成为学术聚讼之地。汉初《书》尚存 28 篇，以汉隶书写，故称《今文尚书》。至汉武帝时，自孔宅墙壁中另发现了以先秦古文书写的《古文尚书》，并比《今文尚书》多出了 16 篇。再至东晋，梅赜自称他又发现了《古文尚书》25 篇，清代以后公认为伪《古文尚书》，自此以后《尚书》今古文之争更加激烈。然而，今古之争、真伪之争虽旷日持久，但不仅互不相下，而且分歧更多。现今通行的《十三经注疏》本的《尚书》，即由《今文尚书》与伪《古文尚书》合编而成。

自宋代起，即有朱熹等人怀疑梅赜的《古文尚书》为伪，此后续有吴澄、梅鷟等元明学者的不断质疑。到了清初，经史考辨蔚成一种时代学风，学者纷纷对《古文尚书》发出质疑的声音，出现了不少《尚书》辨伪之作。较有力度的著作，有黄宗羲的《授书随笔》、顾炎武的《日知录》卷二《古文尚书》等条和胡渭的《禹贡锥指》、阎若璩的《古文尚书疏证》等。黄宗羲的《授书随笔》，辩驳伪《古文尚书》之非，是阎氏《古文尚书疏证》之先导。一代地理学大师胡渭从地名考证中，发现了《孔安国传》系伪作。除阎若璩外，以顾炎武的《尚书》辨伪对当时学者影响最

---

① 胡渭易说上承黄宗羲、黄宗炎，向下影响到清中叶汉学家，如吴派经学宗师惠栋在《松崖笔记·道学》中指出："濂溪之太极，朱子之先天，实皆道家之学"，与黄、胡之说一脉相承。

大。顾炎武质疑《尚书》流行本"今文与古文为二，而古文又自有二"之纷乱状况，指出："今之《尚书》，其今文、古文皆有之，三十三篇固杂取伏生、安国之文，而二十五篇之出于梅赜，《舜典》二十八字之出于姚方兴，又合而一之。《孟子》曰'尽信书则不如无书'，于今日而益验之矣"①，明确指出梅氏古文等不可信。顾炎武还揭示统治者依伪《尚书》实现政治野心的事实，指出："汉东莱张霸伪造《尚书》百二篇，以中书校之，非是"，而王莽反而"假王莅政之语""以称居摄"。②然而，以上顾炎武等人只是为解决《尚书》的历史疑案揭示了学术方向，并未能系统消解其中的历史遗留问题。

阎若璩的《古文尚书疏证》一出，对于伪古文一案成为"定谳"奠定了扎实的基础。③

阎若璩（1636—1704），清初经学大师。其学出入经传史乘之间，长于考证，遇疑义则反复考究，必得确解而后已。其主要经学著述有《四书释地》6卷、《孟子生卒年月考》1卷、《潜邱札记》6卷等，这些都是当时经史考据力作。在20岁时，阎若璩即怀疑梅赜25篇系伪作，此后积三十余年功力撰成《古文尚书疏证》一书，专门辨析东晋晚出的梅氏《古文尚书》及孔安国《尚书传》为伪书。

阎著《古文尚书疏证》8卷，其立说共计128条。该书首辨篇数不合，次辨篇名不合。卷1—5共立论80条，详细列举孔安国29篇与梅赜《古文尚书》多出的25篇之篇目，以证篇数、篇名各皆不合。此外，阎著又辨证章句、内容、史实、地名等诸方面的同异与出入，一一通过广泛引征先秦文献中所引用的《尚书》逸文，进一步凿实梅氏《古文尚书》与先秦文献所载不合。此外，该书

---

① 顾炎武：《古文尚书》，《日知录集释》卷2，第71页。
② 顾炎武：《丰熙伪尚书》，《日知录集释》卷2，第77页。
③ 梁启超：《中国近三百年学术史》，《饮冰室合集·专集之七十五》，第69—70页。

还寻出《大禹谟》以下诸篇章句的来源，论定《古文尚书》乃
"晚出之书，盖不古不今，非伏非孔，别为一家之学者也"。[1]

《古文尚书疏证》一书言必有据，始终寻求旁参与互证，并力
求史料的前后贯通，其方法称得上是相当成熟的考辨方法。《古文
尚书疏证》一出，黄宗羲即称其"取材富，折衷当"。[2]乾嘉学者
推阎氏为考据学的创派宗师，《古文尚书疏证》被誉为清代经学疏
证的典型范例。《四库全书总目提要》誉之为"反复厘剔之，祛千
古之大疑。考证之学，则固未之或先矣"。江藩也许阎氏为国朝汉
学的经学大师。梁启超则以近代思想家的卓识，进而指出了阎氏
《尚书》辨伪在中国学术思想史上重要的意义。梁启超说：

> 新学问发生之第一步，是要将信仰的对象一变为研究的对
> 象。既成为研究的对象，则因问题引起问题，自然有无限的生
> 发。中国人向来对于几部经书，完全在盲目信仰的状态之下，
> 自《古文尚书疏证》出来，才知道这几件"传家宝"里头，
> 也有些靠不住，非研究一研究不可。研究之路一开，便相引于
> 无穷。自此以后，今文和古文的相对研究，六经和诸子的相对
> 研究，乃至中国经典和外国经典相对研究，经典和"野人之
> 语"的相对研究，都一层一层的开拓出来了。所以百诗的
> 《古文尚书疏证》，不能不认为近三百年学术解放之第一
> 功臣。[3]

梁启超将阎氏誉为"近三百年学术解放之第一功臣"，足以说明阎
氏在清代学术史上的重要地位。

明清之际考经证史的学者，自不限于胡渭与阎若璩二人。其他

---

①　江藩：《国朝汉学师承记》卷1，中华书局1983年版，第7页。
②　黄宗羲：《尚书古文疏证序》，《黄梨洲文集》，第311页。
③　梁启超：《中国近三百年学术史》，《饮冰室合集·专集之七十五》，第69—70页。

学者也纷纷从事经史考证，较有代表性的，如陈确关于《大学》
与《中庸》的辨证，万斯大对《周礼》的考证，以及姚际恒对诸
经的考证等，都是清初考证学的力作。以姚际恒为例。以疑古精神
著称的姚际恒，持论虽严但考辨精审，其辩驳伪古文之功不在阎若
璩之下，惜其辨伪力作《九经通论》遗稿散佚。仅从今天存世的
辨伪著作《古今伪书考》二卷，即显见其强烈的怀疑精神与实证
精神。

（四）影响与局限

清初学者对宋明理学的批判，以及通过恢复汉儒经注进而返回
先儒学术与治道，预示着理学长期垄断学术的时代即将结束，以及
一个一切基于经验与证据的考据学时代的来临。

清初大儒顾炎武、黄宗羲、王夫之等人的学术思想，向以博大
见称。他们主张学术包容，批判思想的教条化，力倡广泛吸纳历代
经史著述中不同学派的见解。黄宗羲说：

> 有一偏之见，有相反之论，学者于其不同处，正宜着眼理
> 会，所谓一本而万殊也。以水济水，岂是学问？①

黄宗羲强调学术的独创性，强调"万殊"中蕴含的不同学派与不
同时期的学术见解。黄宗羲把学者的学术个性与学术文化总生命喻
为百川归海："夫道犹海也，江淮河汉以至泾渭蹄涔，莫不昼夜曲
折以趋之，其各自为水者，至于海而为一水矣。"② 肯定一偏之见
甚至是异端之说均无不具有独特的学术价值。然而，也因其博大，
清初大儒还不能做到专主一宗，在不少乾嘉学者眼中，黄、顾等人
并不完全符合汉儒家法。比如，黄宗羲致力于返回先儒之学术与治

---

① 黄宗羲：《明儒学案发凡》，《明儒学案》卷首，第 15 页。
② 黄宗羲：《明儒学案序》（改本），《黄梨洲文集》，第 380 页。

道，在已经否定宋儒经说的情况下，又不能坚挺其说，不能在汉学与宋学之间完全划清界限。全祖望所谓"公以濂洛之统，综会诸家，横渠之礼教，康节之数学，东莱之文献，艮斋、止斋之经制，水心之文章，莫不旁推交通，连珠合璧，自来儒林所未有也"，[①] 即认识到梨洲之学兼收汉宋的学术特征。正因如此，黄宗羲已然看到了《大禹谟》"危微精一之旨"之于宋明理学的关键意义："从来讲学者，未有不推源于危微精一之旨。若无《大禹谟》，则理学绝矣！"但他仍对于阎若璩的辨伪发出"而固伪之乎"的质疑。[②] 可见，黄宗羲仍囿于其师门的心学立场而不能完全突围。当然，以今天的学术眼光来看，黄、顾二人对宋儒与明儒的部分肯定，确有其合理的成分，但在清代学术创立之初需要自坚壁垒的关头，很容易被认为是学术立场不够坚定。

所以，需要强调的是，明末清初学者开辟的治经考史的学术新方向，还只是一个开头，到了乾嘉时期，考据学的精神、观念与方法才得以进一步确立，作为一种与宋明理学并立的学术形态也才得以成熟。或者说，清初大儒黄宗羲、顾炎武等虽开创了经史考据的学术新方向，但汉宋之间的学术壁垒未打破，复汉的学术宗旨也未能彻底确立。钱谦益在明确提出学者治经"必以汉人为宗主"的同时，又主张"汉不足求之于唐"，唐宋不足"求之近代"，[③] 从而未能与宋儒经说划清界限。黄宗羲、顾炎武等人也大体如此。黄宗羲曾明确提出研易而"反求之程传，或亦廓清之一端也"。[④] 黄宗羲又说：

> 《易》以象数、谶纬晦之于后汉，至王弼而稍霁，又以老氏之浮诞，魏伯阳、陈抟之卦气晦之，至伊川而欲明，又复以康节之图书、先后天晦之。……士生千载之下，不能会众以合

① 《梨洲先生神道碑文》，《全祖望集汇校集注》，第 220 页。
② 黄宗羲：《尚书古文疏证序》，《黄梨洲文集》，第 311 页。
③ 钱谦益：《与卓去病论经学书》，《牧斋初学集》卷 79 页。
④ 黄宗羲：《易学象数论》，《黄梨洲文集》，第 379 页。

一，由谷而之川，川以达于海，犹可谓之穷经乎！①

　　黄氏先说"《易》以象数、谶纬晦之于后汉，至王弼而稍霁"，又说"魏伯阳、陈抟之卦气晦之，至伊川而欲明"，再后来又说治《礼》要千载之下"会众以合一"，这实际上是要把王弼、程朱等人的经说与汉儒经说兼收并蓄，未能旗帜鲜明地与魏晋以来主观经解之习划清界限。在这一点上，顾炎武与黄宗羲的学术旨趣再次表现出惊人的一致性。顾炎武说："经学自有源流，自汉而六朝，而唐而宋，必一一考究，而后及于近儒之所著，然后可以知其异同离合之指。"② 此说几乎就是黄宗羲兼收并蓄说的翻版。因此，顾炎武一方面斥责宋儒易说为"道家之易"，③ 另一方面又要求"复程、朱之书以存《易》"。④ 实际上，顾炎武对宋明理学的批判，多是集中针对明代理学尤其是阳明心学，而对程朱理学尤其是对程颐、朱熹往往表现出惯有的偏好。同样的情况，王夫之、颜元等对人之私欲在学理上已有所肯定，但在伦理实践上远未做到应有的宽容，甚至常常比宋儒更为严苛，这都说明清初大儒与宋明理学有着剪不断理还乱的关系。

　　实际上，阎若璩与胡渭也有类似情形。比如，胡渭与黄宗羲一样都主张恢复程颐易说。胡渭过于相信孔子作《系辞》之说，又据《论语》而肯定上古曾有"河图""洛书"，进而肯定圣人曾据"图""书"以作《易》。同时，胡渭此说与其序文首句"唯《易》则无所用图"亦有所扞格。由此亦见清初大儒的汉学壁垒未能确立，方法尚不严密，直到乾嘉时期，吴派经学大师惠栋始全面肃清宋儒易说的余毒，清代朴学易才得以全面奠基。至于阎著《古文尚书疏证》，因其著述体例驳杂而未被阮元收入《皇清经解》，也

①　黄宗羲：《万充宗墓志铭》，《黄梨洲文集》，第 199 页。
②　顾炎武：《与人书四》，《顾亭林诗文集》，第 91 页。
③　顾炎武：《孔子论易》，《日知录集释》卷 1，第 27 页。
④　顾炎武：《朱子周易本义》，《日知录集释》卷 1，第 6 页。

从一个侧面反映了阎氏经说的局限。

总之，在清初，宗汉之学旨尚未能彻底挺立。江藩将顾炎武与黄宗羲列为经学先导，而未列入经学大师之列，其原因之一，在于他认为，"梨洲乃蕺山之学"，亭林"以朱子为宗"，二人在汉宋之间"多骑墙之见，依违之言"。① 汉学宗旨的彻底确立，至清中叶由惠栋奠定，所以梁启超说："清代经学，至惠定宇戴东原而大成，前此只能算启蒙时代。"②

二　惠栋、吴皖二派及清代汉学形态之确立

清王朝入主中原后，一方面加紧压制思想言论，一方面提倡程朱理学。康、雍、乾三朝都自觉地维护理学的学术正统地位，企图以理学规范士人之心。然而，理学从宋代起被确立为官方哲学，在历经数百年之后，已然逐渐走向颓势，丧失了思想权威。中间虽然经过陆王心学的改造，但不久心学的流弊暴露得更为严重。满族的入关和明朝的灭亡，使广大知识分子的心灵产生了巨大的震撼。对于明朝灭亡的原因，不少人直接归咎于王学末流的空谈心性。对陆王心学的批判逐渐导致对程朱理学本身的检讨。清初学者顾炎武、唐甄、傅山等人对君臣之纲的批判，黄宗羲、胡渭对宋儒先天易学的批判，锋芒直指程朱理学的纲要及其赖以建立的哲学基础，理学大厦的根基面临全面动摇的危险。程朱理学失去了规范人心的功能，同时也将失去规范学术的功能，新的学术规范取代理学的旧规范，已成不可避免之势。

清初学者黄宗羲、顾炎武、胡渭、阎若璩等人，倡导经世实用学风，试图以考经证史之学代替理学的讲章语录之学，初步扭转了

---

① 江藩：《国朝汉学师承记》卷8，第133页。
② 梁启超：《中国近三百年学术史》，《饮冰室合集·专集之七十五》，第73页。

宋明以来的学术方向。黄、顾等人一方面对理学末流进行了激烈的批判，另一方面，则开始提倡"读经考文"的治学方向。顾炎武明言"古今安得别有所谓理学者？经学即理学也"。[①] 黄宗羲提倡考据经籍，顾炎武研治声音训诂之学，阎若璩考据《古文尚书》的真伪，胡渭否定河图之说，都标志着治学风气转变的开始。总的来讲，明末清初时期，正是中国学术思想发生转捩的重要关头，是汉学即将复兴和有待于全面复兴的学术时代。顾氏经学之外无理学的思想，表明了理学空谈性理的学风被斥黜，取而代之的是一条通向经学考据的学术之路。但清初学术刚从程朱理学与阳明心学中脱胎出来，常杂糅宋明之言，未能与宋儒划清界限。故清初大儒对于复兴汉学有清障之功而无开创之力，无论是黄、顾还是阎、胡，均未能明确提出复兴汉学的主张。

在乾嘉汉学之学术方向与学术风格形成与发展过程中，惠栋和戴震是两个关键人物。以惠栋为代表的吴派和以戴震为代表的皖派，是乾嘉汉学的两大派别，同时也构成了乾嘉汉学的学术主干。

（一）惠栋的弃宋复汉说

惠栋（1697—1758），字定宇，号松崖，江苏吴县（今属苏州）人。惠栋是清代著名的经学家，是吴派经学的鼻祖。他终生以注经为业，著述宏富，其主要作品有《周易述》21 卷，《易汉学》8 卷，《易例》2 卷，《周易本义辨证》5 卷，《古文尚书考》2 卷，《左传补注》6 卷，《九经古义》16 卷，《后汉书补注》24 卷，《九曜斋笔记》3 卷，《松崖笔记》3 卷，《松崖文钞》2 卷；等等。惠栋治学领域颇广，学风朴实，不蹈空言，于名物考据屡有创获。但惠栋的贡献主要在于其对清代学术所产生的重大影响，钱穆称"吴学高瞻远瞩，划分汉宋"，乃是"革命之气度"，[②] 即有见于惠

---

① 《顾亭林先生神道表》，《全祖望集汇校集注》，第 227 页。
② 钱穆：《中国近三百年学术史》，中华书局 1986 年版，第 321 页。

栋及其吴派在清代学术史上的革命性质。惠栋继承清初学者顾炎武、阎若璩、胡渭考据经史的学风，坚执惠氏数代揭橥的复兴汉学的学术方向，一方面，全面清理魏晋以来妄谈说经的空泛学风，在学理上判然划分了汉宋之间的学术界限，明确提出了弃宋复汉的学术主张；另一方面，惠栋埋头于汉儒经说的钩稽考证，以尊汉信古的学术标准遍考儒家九经，建立了以易学为中心的汉学系统，对确立清代考据学的学术方向实有奠基之功。简言之，在清代学术史上，惠栋堪称一个具有划时代意义的人物。他不仅是吴派经学的鼻祖，也是乾嘉朴学的奠基人。

惠栋学术思想的直接渊源，是惠氏家学。惠氏之学，走的正是一条复兴汉学的路线，且比清初诸儒走得更远。与清初学者黄宗羲、顾炎武、阎若璩等人不同，顾、黄、阎等人是从理学出发走向经学考据的，而惠氏一门则表现出埋头经学的异趣，在相当程度上表现出为考据而考据、为治经而治经的汉学特征。惠栋之父惠士奇（1671—1741），已经把汉学的方法作为判断学术真伪的主要标准。惠士奇是当时有名的经学大师，其学以经学为主，经史兼治。他对儒家经典的解释，先从考证材料入手，对于汉代经说，以及周秦诸子，凡是他认为可靠的史料，都加以搜集征引，然后进行解说，而材料的考证，以汉代经说为基础。《易说》一书最能代表惠士奇的治学风格与学术方向。他认为："《易》始于伏羲，盛于文王，大备于孔子，而其说犹存于汉。不明孔子之易，不足与言文王，不明文王之易，不足与言伏羲，舍文王孔子之易而远问庖羲，吾不知之矣。"汉儒"其说不同，而指归则一，皆不可废"。[1] 同样，舍汉儒之易而远求孔子，也是不可能的。惠士奇解易，举凡孟喜的卦气说，京房的通变说，荀爽的升降说，郑玄的爻辰说，虞翻的纳甲说，均广泛征引，表现出专宗汉学的学术倾向，在此基础上，以象数之学为主对卦爻辞进行解释。惠士奇对王弼以来漫无根据地解

---

① 江藩：《国朝汉学师承记》卷2，第20—21页。

《易》的空泛学风大为反感，指出，现今流传的《周易》经传，是由费直传承而来，费氏易本为古文，而王弼却尽改为俗书，又创虚象之说，使易学流于空泛。"易者，象也，圣人观象而系辞，君子观象而玩辞，六十四卦皆实象，安得虚哉?"① 惠士奇解易，已表现出比较明显的专宗汉学的治学倾向，他另外的重要著作《礼说》和《春秋说》，也基本能够持守汉学立场。惠士奇还试图从理论上解释专宗汉学的原因。他认为，汉儒之所以可信，是因为汉代"去古未远"，较能接近先儒的原意。"礼经出于屋辟，多古音古字"，"识字审音，乃知其义"。汉代经说都是七十子之徒一脉传承而来，所说都有一定的根据。汉学之所以可信，是"以其去古未远，故借以为说"。② 惠士奇之学，其价值在于他把汉学作为判定学术思想的主要标准，其学术特征在思想的总体架构方面已经呈现乾嘉汉学的风貌。但是，士奇之学还没有严格区分汉宋界限，也未能建立起一个汉学系统，《四库全书总目》称其经文之中常杂出己意，呈现过渡时期杂乱无章的思想特征。与惠栋相比，惠士奇还未能明确高扬汉学之帜。惠栋之学，在思想宗旨、学术特征、治学规模等方面，都承继并张大了父说。

惠栋自幼熏习汉学，坚持惠氏三代尊崇汉学的治学方向。他说："栋少承家学，九经注疏粗涉大要，自先曾王父朴庵公以古义训弟子，至栋四世咸通汉学。"③ 又说："栋曾王父朴庵先生尝悯汉学之不存也，取李氏易解所载者参众说而为之传。天崇之际，遭乱散佚，以其说口授王父，王父授之先君子，先君子于是成《易说》六卷，又尝欲别撰汉经师说易之源流，而未暇也。"④ 从其曾祖朴庵先生起，惠氏即数代传经，数代治易。也是从朴庵先生时起，惠家便"以古义训弟子"，因此惠氏一门到惠栋，"四世咸能通汉学"。他自

---

① 江藩：《国朝汉学师承记》卷 2，第 21 页。
② 江藩：《国朝汉学师承记》卷 2，第 21 页。
③ 惠栋：《上制军尹元长先生书》，《松崖文钞》卷 1，清聚学轩丛书本。
④ 惠栋：《易汉学自序》，《松崖文钞》卷 1。

己更是"少承家学"，"长闻庭训"，从小对于九经注疏涉其大要，治学一宗汉儒。可见，惠栋的家学训练，不仅使他初步掌握了汉家训诂之学之技术训练，而且获得了以汉学作为判断学术真伪的标准。

惠栋所处的历史时代，是清代学术思想发生转折的重要时期，理学的衰落和汉学的复兴形成鲜明的对比。在这种思想转折的时期，惠氏家学充当了承前启后的角色，对惠栋未来的学术思想产生了深刻的影响。

1. 弃宋复汉的学术宗旨

魏晋时期的玄谈之风，导致了主观臆断的解经风气的泛滥，到宋明理学而造其极，所以，宋学实在是魏晋以降一千多年空言解经的主要代表。惠士奇未能从清初学者对宋学的批判中把握这一学术的大背景，惠栋要在父辈的基础上继续前行。惠栋更不满意清初学者对宋学的不彻底的批判，他要在学理上建立一套批评的标准——以汉学为标准，以汉代经师的解经方法为准——对宋学所代表的千余年来的解经流弊进行全面的清理。复汉必须弃宋，把宋学从经学研究中剔除出去，在宋学和汉学之间划分出一条泾渭分明的界限。这是惠栋治学的宗旨，也是他治学的思想起点。

关于惠栋的弃宋复汉说，以下从弃宋与复汉两个方面依次阐述。

首先是弃宋说。惠栋少承庭训，自小即对汉代以后的经说和注疏持一种怀疑态度。随着年龄的增长和经学研究的不断深入，惠栋越来越多地发现了魏晋以来解经注经的荒谬，对这种解经的凿空之风也越来越感到不满。他经常不厌其烦地指斥这种空言说经的现象：

> 杜元凯为《春秋集解》，虽根本前修，而不著其说，又其持论间与诸儒相违。[1]

---

[1]　惠栋：《左传补注自序》，《左传补注》卷1，清文渊阁四库全书本。

> 宋儒经学不惟不及汉，且不及唐，以其臆说居多而不好古也。①

> 说经无以伪乱真，舍《河图》《洛书》《先天图》，而后可以言《易》矣；舍"十六字心传"而后可以言《书》矣。②

诸如此类，如力斥王弼空谈《周易》，杜预注经不明，孔颖达毫无见识，宋人不可以穷经，等等。解经而陷入无根之谈，最典型的就是宋儒。这里首先需要对弃宋说进行明确的界说，弃宋不仅是指弃绝宋学本身，而且是要弃除魏晋以降千年来的主观片面的解经之风。

惠栋批评王弼的虚象说易。在《易汉学》一书中，惠栋指出，孔子手定的六经，在汉代还得以保存，但到了魏晋人的手里，却几被糟蹋殆尽。六经之中只有《诗》、《礼》得以部分保存。而《周易》《尚书》《春秋》三经，或被解释得面目全非，或被窜改得错误百出。六经之中，以《周易》的损失最为严重，其罪魁祸首即魏人王弼。"王辅嗣以假象说《易》，根本黄、老，而汉经师之义，荡然无复有存者矣。"③ 王弼以虚象说解易，空谈义理，纯粹是无根之说，汉易之遭到破坏，王弼实为祸首。自王弼以黄老为根本，援黄老空虚无为之说来解易，倡言得象忘言，得意忘象，以一己之意随意解释，对汉儒之易造成了毁灭性的破坏。王弼以后，研易者虽多，但徒蹈空言，离汉儒之说日远，而孔子之易日非。王弼还把周易的古文全部改为俗书，使汉易正解荡然无存，真乃"王弼出而易学亡"。

惠栋认为，王弼空谈义理对晋人影响甚大，晋人经师之说普遍

---

① 惠栋：《九曜斋笔记》卷2，清聚学轩丛书本。
② 惠栋：《九曜斋笔记》卷2。
③ 惠栋：《易汉学自序》，《松崖文钞》卷1。

不合经旨。在《周易述》《左传补注》《古文尚书考》等书中，惠栋极力批评晋人歪曲解经之弊。于《周易述》明夷卦说中，惠栋指出："但魏晋以后，经师道丧。王肃诋郑氏而禘郊之义乖，袁准毁蔡服而明堂之制亡，邹湛讥荀谞而《周易》之学晦。郢书燕说，一倡百和，何尤乎后世之纷纭矣。"[1] 他并非将晋人的功劳完全抹杀，晋人治经，并非一无是处，如杜预注《左传》，在地学方面就胜过东汉的服虔。但晋人经师道丧，可取之处实在太少。晋人治经多不合汉经师之旨，杜预注经不明，王肃之攻郑玄，袁准"昧于古制"，邹湛讥讽荀爽，均以其不明汉儒经说之故。杜预作《春秋左氏经传集解》，虽然所说都来自前人，其中大多出自汉儒经说，但他注释不明，持论乖悖，大大不合汉儒的原意。杜氏又为博得君主之欢，将守制时间大大缩短，"创短丧之说以媚时君，《春秋》之罪人也"。[2]

更有甚者，东晋人梅赜，伪造《古文尚书》，并将之献于朝廷，随后又被立于学官，使后世儒者不知孔安国的真古文。惠栋对梅氏大加鞭挞，指出梅氏随意采撷汉儒著述，错误纷出，"东晋之古文出而西汉之古文亡矣"，[3] 梅氏实为千古罪人。

晋人治经，或全凭己意，空谈说经，或曲解古人，注经无据，或偏于一说，昧于古制，汉学的严肃客观治经之方法几乎丧尽。后来的学者沿袭晋人，"郢书燕说，一倡百和"，于是"明堂之制亡，周易之学晦"，治经遂离汉儒日远，西汉古文濒临不保，晋人为害不小。

到了唐代，这一状况仍无改善。惠栋首先肯定唐人的存古之功。他说，李鼎祚撰《周易集解》，保存了部分汉儒易说，使汉易不致完全散失，厥功不小。又说，唐人注疏，首推孔颖达和贾公彦

---

[1] 惠栋：《周易述》卷5，中华书局2007年版，第102页。

[2] 惠栋：《九曜斋笔记》卷2。

[3] 惠栋：《古文尚书考》卷上，清乾隆宋廷弼刻本。

二人。除《周易》采王弼注,《尚书》采伪《古文尚书》不足取之外,至于《毛诗》《春秋》《左传》和"三礼",则旁采汉魏诸儒之说,学有师承,文有根柢。古说得以保存,很大程度上是孔、贾二人的功劳。

唐人虽有存古之功,但更有亡古之过。孔颖达主纂《五经正义》,为古经作注释,于《左传》只采杜氏。"《左传》不用服虔,而用杜预,此孔颖达、颜师古之无识。"① 本来,杜氏治《左传》远不及东汉的服虔,而服氏之说在北方又一直流行,五代时期虽亡而不尽亡,孔颖达取杜氏而全弃服氏,遂使服虔的《左传》真正地亡失了。无独有偶,东晋人梅赜的伪《古文尚书》传之后世,唐人孔颖达等辈盲然信从其真。孔氏正义于《尚书》也只采梅氏伪书,对梅氏之伪一无所见。还有,孔颖达等人于《周易》也只采王弼之学,汉代古文被弃之于不问之列。这真是毫无见识,不解汉学的真义。

空谈说经之风,到了宋代,达至极点,故惠栋直斥宋儒不可与穷经。宋儒解经,漫无根据,空谈性理,完全抛弃了汉经师注经的方法,流风所及,举世风从,数百年而不振,汉学随之丧失殆尽。宋儒对先儒经说的破坏,罪莫大焉,惠栋愤愤地说,宋儒之祸,甚于秦灰。

惠栋对宋儒也并非全盘否定,而表现出一种客观的治学精神。惠栋说:"宋儒谈心性,直接孔孟,汉以后皆不能及。"②

但是,宋儒的心性之学,不久即流于一种大言空谈的极大弊端,解经注经一无根据,甚至像朱熹这样的一代宗师也不能幸免。在惠栋看来,宋人大多根本算不上大儒,因为真正的大儒必须同时兼通"汉人经术"。总之,"宋儒经学不惟不及汉,且不及唐,以

---

① 惠栋:《九曜斋笔记》卷2。
② 惠栋:《九曜斋笔记》卷2。

其臆说居多而不好古也”。①

　　惠栋对宋学的清理，集中体现在对河图洛书之说和先后天易学的批判，彻底否定了宋儒易说中的神秘主义因素。《周易述·系辞上》中说，河图洛书并非宋易中所说的十河九洛图。《易汉学·辨河图洛书》称，自古相传的戴九履一之图，就是《乾凿度》中所说的九宫之法。大量的材料证明，在宋以前，从来就没有人以九宫之法为《河图》，至宋代才有此种谬说。宋代的刘牧，开始以之为《河图》，又以五行生成图为《洛书》。阮逸又伪作《洞极经》，以五方为《河图》，以九宫为《洛书》。汉儒郑玄和虞翻关于“天地之数”的说法，虽与《河图》之数相合，“然康成、仲翔未尝指此为《河图》，则造此图以为伏羲时所出者，妄也”。②惠栋此论与胡渭的考证颇相一致，从考据学的角度，把宋以来的《河图》《洛书》视为晚出，把易学中的神秘主义扫荡一空，于是，惠栋的《河图》《洛书》之说遂为定论。

　　惠栋认为，邵雍和周敦颐解易都大大受到了道教的污染，失去了先儒言易的本旨。他说，伏羲四图，出之于邵雍，而邵雍又本之于道教和佛教。周敦颐的《太极图》同样出之于道教。在《易汉学》中惠栋进一步发挥此论，指出，道教以宋代最盛，所以邵雍的图式和周氏的太极图，都来自道家。世人说易，都以他们为表率，“而不自知其陷于虚无而流于他道也”。惠栋还以宋以前的史料为据，揭示宋儒说易之谬。在《易汉学》中，惠栋指出，邵雍一分为二、二分为四、四分为八之说，在汉唐的易学著述中均未见。据此，惠栋指出邵氏解易，全任臆说，漫无根据。虽然程颐对于邵氏解易，多不以为然，然而自朱熹以下则多不能逃出邵氏之论了。总之，以邵氏为代表的宋易，不合于《周易》经传。这样，惠栋提倡汉易，排斥图书学和先后天易学，不仅反对宋易的义理之

---

① 惠栋：《九曜斋笔记》卷2。
② 惠栋：《辨河图洛书》，《易汉学》卷8，清文渊阁四库全书本。

学，同时也反对了宋易的象数之学。

直言之，对于先儒古经，宋儒一无所能，所以"宋儒可与谈心性，不可与穷经"。① 惠氏强调"宋儒不可与穷经"的论断，他说："栋尝三复斯言，以为不朽。"惠栋还提出了彻底的弃宋说，指出："说经无以伪乱真，舍《河图》《洛书》《先天图》，而后可以言《易》矣；舍十六字心传，而后可以言《书》矣。"② 先后天易学及《河图》《洛书》之说，是程朱理学的哲学基石；十六字心传，是理学道德心性论的精义。惠栋此说，是要把宋学对于经学研究的影响连根拔起，以断然的态度否认宋儒之学在经学研究中的地位，把宋学剔出经学的研究范围之外。

以上，惠栋对魏、晋、唐、宋等各个时代的经学研究历史几乎进行了全程的追踪清理，对于主观解经和片面解经——前者以王弼和宋明理学为代表，后者以晋代和唐代学者为代表——的两种流弊进行了批判。惠栋的清理工作有两个特点，一方面是他的系统性，全面清算了王弼和宋明理学所代表的义理之学及晋人和唐人片面解经的流弊；另一方面是他的彻底性，指出宋儒不可与穷经，把宋学所代表的千余年来的空谈说经之风，从经学研究中清除。

弃宋并不是目的，弃宋的目标是复汉。重要的是，弃宋与复汉是一个事情的两个方面，惠栋对宋学所代表的义理之学的批判是在复原汉学的工作中同步展开的，是在大量排比汉儒经说的基础上进行的，所以与其说是批判，不如说是清理。比如，他对宋易的批判，以汉代易说为据，对自周秦以来的历史材料极力排比归纳，一步一步地剥去了宋儒给易学罩上的神秘光环，犹如剥笋，一层一层剥落下来，最后露出汉学的原汁原味。惠氏对宋易的批判，是在复原汉易的过程中实现的；对魏晋及唐人的批判也是如此，是在对儒

① 惠栋：《九曜斋笔记》卷2。
② 惠栋：《九曜斋笔记》卷2。

家诸经的具体注疏中完成的。换言之，弃宋与复汉，犹如手心和手背，不能判然断为两截。

其次是复汉说。弃宋的目的是复汉。惠栋治学，以恢复汉代经说为依归。在把宋学从经学研究中彻底剔除之后，惠栋断然宣布："若经学，则断推两汉。"①研究经学只能取法两汉，以汉儒的治经方法为标准。这样，惠氏严格地区分了汉学和宋学的界限，指出前者是治经之学，后者是性理之学，二者是学术上的两个不同范畴。这是清代学者在经学史上第一次严格区分汉宋界限，确立汉学门墙。

惠栋在论说复汉的前提条件时指出，"《诗》《礼》毛、郑，《公羊》何休，传注俱存；《尚书》《左传》，伪孔氏全采马、王，杜元凯根本贾、服；唯《周易》一经，汉学全非"。②孔子手定的六经，虽经秦火之难，在汉代尚得以保存；魏晋以降，六经被糟蹋得几至面目全非，至今汉学失传已久。虽然如此，古经中的《诗经》、三礼和《春秋公羊传》，赖毛亨毛苌叔侄、郑玄以及何休而有完好的保存。《尚书》和《春秋》二经虽被窜改，但毕竟还保留了一些汉儒经说。古经之中，汉易亡失最为严重，但仍可寻得一些散见的材料。所以汉学是虽亡而未尽亡。那么，复汉的合理性何在呢？惠栋提出复汉说的理由有四。

第一，汉代去古未远。惠栋认为，唐代经说不如汉代可信，宋代不如唐代可信。汉儒说经所以可信，是因为"汉犹近古，去圣未远"。③秦火之后，在时间上汉代离先儒古经的距离最近，故其可信的程度也最高。所以，恢复汉学，就是把经学研究建立在一种可信的史料或尽量接近真实或事实的基础上。惠栋治经，不仅根据汉儒经说，而且也援引晋代和唐代的材料，比如惠栋解易，批评邵

---

① 惠栋：《九曜斋笔记》卷 2。
② 惠栋：《上制军尹元长先生书》，《松崖文钞》卷 1。
③ 惠栋：《上制军尹元长先生书》，《松崖文钞》卷 1。

雍的"一分为二"说，就指出"汉唐言易者未有此理"，据唐代比宋代更可靠的公例，以越近古越接近史实为原则，以唐人为据而批驳宋人，推翻了宋易中的一些不合史实的说法。尊汉信古，援古正后，把历史材料以愈接近古代而愈可信作为考据的公例，这是惠栋治学的一个根本观念，也是乾嘉学派的一个重要学术概念。惠栋此说，与现代史学的实证方法也是比较接近的。

第二，汉儒不妄下己意。惠栋称述汉儒说经不妄下己意，屡屡赞扬汉经师客观平实的治学精神。惠栋指出，郑玄注《周礼》，韦昭①注《国语》，纯采先儒之说，从不妄下己意，现在的学者可以从中考得失而审异同。惠栋说他自己作《左传补注》，就是"刺取经传，附以先世遗闻，……宗韦、郑之遗，前修不掩，效乐、刘之意，有失必规，其中于古今文之同异者，尤悉焉"。② 惠栋有意识地张扬汉儒不妄断己意的治学精神，也是乾嘉学者治学的根本观念之一。

第三，汉学重故训。惠栋认为，汉儒重故训之学，最能接近儒家经典的本义。在《九经古义·述首》中，惠栋指出："汉人通经有家法，故有五经师训诂之学，皆师所口授，其后乃著竹帛。所以汉经师之说立于学官，与经并行。五经出于屋壁，多古字吉言，非经师不能辨。经之义，存乎训，识字审音乃知其义。是故古训不可改也，经师不可废也。"③ 于《左传》采杜预注，于《尚书》采梅赜伪古文，而王、杜、梅三氏都不懂古文，把不少古字径改为俗字。晋以后治经的学者大多不识古字，往往不考古言古字的本来意义，而以近代文字的字形和字音来度测古文的含义，大大失却了先儒的真义。惠栋的结论是：汉儒治经，代代相传均有根据，汉代故训之学是由恢复古代语言和文字的本来意义入手的，所以治经必须

① 韦氏是三国人。
② 惠栋：《春秋左传补注自序》，《松崖文钞》卷1。
③ 惠栋：《九经古义述首》，《松崖文钞》卷1。

从汉代经师的故训之学做起。汉代故训即文字训诂，是惠栋治学的基本方法，也是乾嘉汉学的不二法门。

第四，汉儒重师传口授。惠栋指出，汉儒通经，学有渊源，代有师承，先儒经说由经师口授，其说皆有根据。经师之说又著之于书，被立于学官，与古经本身的地位同等重要。因为汉儒通经有家法，一代代传承而来，汉儒对经书的理解接近古经原义。魏晋以降，诸家的解释都不免离经背义，其中的重要原因就是没有经师。因此，惠栋特别强调"经师不可废也"。惠栋进而指出有经师与无经师之别："汉有经师，宋无经师。汉儒浅而有本，宋儒深而无本。有师与无师异。"① 惠栋不止一次地指出，惠氏四世传经，重视家学传承，颇能持守汉儒师法之义。他极力宣扬尊家法重师传的汉学传统，并视之为与文字训诂具有同等重要的地位。

2. 恢复汉儒的治经方法

惠栋之学，崇信汉儒，一尊汉经，对汉代经师的注经方式给予充分的肯定。惠栋复原汉学的方法，主要是恢复汉儒的学术精神与风范，如不妄下己意、说经有根据，这既是汉儒的治学精神，又是一种客观实证的治学方法。以汉家故训之学即声音训诂为标准，就必然导致治经从考据文字入手，对儒家经典进行广泛的考稽和注释，恢复六经的本义。

惠栋治经，由考据文字入手，而考文则又以汉儒经说和注疏为主要根据。他认为，魏晋之后的学者大多不识古字，其注经解经的著述多不足取。而汉代经师的故训之学，保存了先儒的古言古字，最为接近先儒说经的本来意义，故汉儒故训之学，是治经的唯一正确的入手方法。惠栋治经，对汉儒诸家的注释详加排比，力求使经文合乎古义，试图确立经学研究的牢固基础，如《周易述》注乾卦"元亨利贞"，即据《子夏传》、何休《公羊传》及董仲舒、荀爽、虞翻等诸家说，所引详细，力求在诸家易说的基础上做出折

---

① 惠栋：《九曜斋笔记》卷 2。

中、适当的解释。惠栋注经，旁及先秦诸子，但主要是根据汉儒，也引述晋唐学者之说，但多出于从中搜寻汉儒的资料。

恢复汉儒笺注的重要任务之一，是把魏晋俗儒改为俗字的经文，凡有据可查者全部恢复成古字。惠栋认为，古文字历经变迁，在读音、字形和含义方面都已发生诸多变化。汉以后的学者多不识古字，而以近代的声音来训读古字，常以一知半解将古字改为俗字，以讹传讹，致使西汉古文几乎不复存在。所以，应该通过声音训诂等手段，尽可能改正魏晋以来各种注释本中的错误文字，将其恢复成古字。惠栋指出，唐代孔颖达等人纂《五经正义》，《周易》只采王弼一家，把很多古字改为俗字，如"巽"当为"䢁"，"垢"当为"遘"。惠栋把魏晋以来所改之字，其中有据可查的七十多个俗字尽改复为古字。比如在《周易述·周易下经·明夷》中，释"箕子"为"其子"，认为"其"读为"亥"，亦作"箕"。惠氏据刘向、荀爽、赵宾等说，"箕"与"亥"音义相通，音训义训将"箕"训为"亥"，"箕子"即"亥子"，系"荄兹"之误，从而把"箕子"训作"荄兹"。惠栋自称其易学研究的最得意之笔，即是把《周易》中被后人错改的七十多个俗字，尽行改成了古字，他自称此项发现"卓然无疑"。惠栋作《九经古义》，对有据可查的俗字尽行改为古字，所改遍及儒家九经，如《礼记古义》："拾"为"涉"声之误；"刀"从力训为"劳"；"迁"与"还"义得相通，故"迁"或为"还"；等等。其他诸经的改字之例在在皆是。惠栋还解释他改字的原因："某安敢涂改圣经，但据汉魏以来数十家传《易》，字异者而折衷焉，思以还圣经之旧，存什一于千百耳。"[1]

惠栋对辑佚、校勘等治经方法也非常重视。校勘方面，江藩说他"校勘精审，于古书之真伪，了然若辨黑白"，[2] 可见惠栋于古

---

[1]　惠栋：《九经古义》卷2，清文渊阁四库全书本。

[2]　江藩：《国朝汉学师承记》卷2，第23页。

书版本的识辨之精，校勘功力之厚，还是得到清中叶学者认可的。惠栋治经，运用辑佚、辨伪、校勘、考据文字等诸种方法，于汉儒经说，拾遗补阙，钩稽考训，辨源察流，极尽搜集钩稽之工。他的主要经学著述，无一例外地依据汉代经说对儒家经典进行广泛的注释，对经文的辑佚、文字的衍脱、篇章次序的考订，也极尽其工。比如他撰《易汉学》，几乎遍涉汉儒言易各家，保存了大量的汉易资料，今天研究汉易的学者也仍然无法跳过《易汉学》一书。

概括地说，惠栋复汉的方法，是以声音训诂为中心，以汉儒经说为基本材料，对汉儒诸家经说进行考稽钩沉、对汉代经学源流进行条理性的梳理，并通过对汉儒治学精神与方法的一致性的把握，在整体上来复原汉学。

弃宋复汉说，在清代学术史上有不同寻常的意义。清初学者黄宗羲、顾炎武、阎若璩等人对理学的批判，已经昭示了学术研究即将发生转变的历史趋向，但他们还未能与理学划清界限，更没有明确的弃宋复汉的思想意识。在相当的意义上，弃宋复汉是对汉儒治学精神与风格的肯定。惠栋不厌其烦地赞扬汉儒说经有本、不武断的治学风尚，他提倡的是一种整体性的学术风范与学术精神，是一种以汉代去古未远为立说基础的信古求真的精神，汉学的客观实证与宋儒的主观武断形成鲜明的对比。惠栋对魏晋以来主观武断的治经习气及其代表人物进行的全面清算以及对恢复汉学的理论根据和方法的解释，一方面严格划分了汉宋界限，把宋学从经学研究中彻底清理了出去，另一方面坚执尊崇汉学的旗帜，把汉学确立为经学研究的唯一标准，在清代学术史上第一次从程朱理学中彻底地走了出来，也是清代学术史上第一次严格地确立了汉学门墙。

3. 以易学为中心的汉学系统之创立

从治学领域而言，易学、《尚书》和《左传》堪称惠栋治经的三大部门，概言之，惠氏遍考儒家九经，兼及考史，建立了以声音训诂为基本方法，以易汉学为中心的汉学系统。

惠栋是清代的易学名家，他的学术思想与成就集中体现在易学研究领域。惠栋治易，对汉儒诸家易说进行详尽的考证梳理，其中以汉易中的象数之学为主干，在此基础上对《周易》经传进行注释。他的主要易学著作有《周易述》《易汉学》《易例》《周易本义辨证》《周易古义》《新本郑氏周易》等。《周易述》是惠栋学术思想的代表作，也是清代易学史上的重要著作，此书广取汉儒诸家易说，以荀爽和虞翻之说为主，采集汉儒诸家易说，对《周易》经传逐句注疏解释。该书共 40 卷，第 1 卷至第 21 卷，皆训释经文；第 22、23 卷为《易微言》，杂录各家论易材料；第 24—40 卷，载有《易大义》《易例》《易法》《易正伪》《明堂大道录》《禘说》六书书名，但都是有录无书。《易汉学》8 卷，是易学史上研究汉易的重要著作，对于汉儒诸家——孟喜、京房、郑玄、荀爽、虞翻，以及《易纬》《参同契》等——各家各派易说广为辑佚、考证和爬梳，对各流派进行系统阐述，篇末以汉易及晋唐易说驳宋易，辨证"图书"之学及"先后天"之学。《易例》2 卷，是对于自己解易的体例和原则所做的列举说明。按照内容，此书极为重要，《四库全书总目提要》认为此书为未成稿，其说较妥。《周易本义辨证》5 卷，是以音训考订朱熹的《周易本义》。《周易古义》2 卷，是对《周易》经传的文字进行考订训释。《新本郑氏周易》3 卷，是对南宋王应麟辑录的《周易郑氏注》的补正。

对于恢复汉代易学，反对宋儒易说，惠栋有着明确的自觉意识。易学在儒家的学术思想中历来占有重要地位，且其重要性随着时代的变迁也越来越凸显。程朱理学更以易学为立说的理论根基，对于惠栋确立以易学为中心的治学方向起到了重要的启示作用。惠栋认为，王弼毁易之后，宋儒又援道家谬说以入易，先后天易学与河图洛书之说纷出，世人已完全不得易之真解了。故反对宋易必须恢复汉易，由恢复汉易进而恢复孔子易学的古义，成为惠栋治易的目标。惠栋指出，自孔子作《易传》十翼，始建立起广大精深的易学体系。这一体系赖于孔子七十弟子及后学的传承，至汉代，古文《周易》经传仍行之于世。经王弼到宋代千余年的曲说谬解，易学真义几乎尽丧。所幸唐代李鼎祚《周易集解》中尚保存了汉易中的一些零散的资料，易学不致完全失传。惠栋以上，惠氏数代治易，皆宗汉儒。至其父惠士奇，已粗立汉易规模。惠栋继起治易，承接以汉易为宗的家学传统，建立起比较成熟的汉易考据学。惠栋力图勾勒出一个汉易传承的学统出来，直追韩愈恢复儒家道统的努力，可见其恢复汉易的自觉与真诚。

惠栋治易，一仍治经从经文考据的入手方法，对孔颖达正义本中的《周易》经传的篇章次序、文字内容进行考校，对于文字内容的考订尤所着力。《周易古义》即系专门考订《周易》之文字。惠栋说："自唐人为五经正义，传易者止王弼一家，不特篇次紊乱，又多俗字。如晋当为㬜，巽当为𢁸，垢当为遘"。① 又指出：孔氏正义多衍字、伪字及脱落字，如乾卦"不成乎名"，衍"乎"字；"文言曰坤至柔"，定本中没有"文言曰"三字；《蒙卦·象传》"匪我求童蒙，童蒙来求我"，脱"来"字；等等。对于孔氏正义本的误字、衍字、脱字及他谬，惠栋据上自先秦下至唐代的易说材料，以汉代易说为主，证孔氏之非。如蒙卦初六爻爻辞"以往吝"，惠栋引《说文》《史记》《汉书》及周伯琦《六书正讹》等资料，从声音训诂证"吝"是"遴"的俗读。又如需卦的"需"字，惠栋根据《归藏》，改作"溽"，认为"需"是"溽"的俗读。惠栋从两方面证明"需"为"溽"字之误：一是从声音训诂，引《说文》"需声读若嫟"，"需"与"溽"音同；二是从文理方面，引《礼记·儒行》"饮食不溽"及郑玄注、服虔的左传注，以证"需"改作"溽"与《象传》所说"君子以饮食宴乐"在义理上相合。要言之，惠栋广泛采辑汉儒的笺注，力图恢复《周易》经传文句的古义，这是惠栋治易的基础工作。

惠栋复原汉易的重要工作，是恢复汉代诸儒的易说，勾勒汉易的源流和演变。他的重要易学著述，如《周易述》《易汉学》《周

---

① 惠栋：《九经古义》卷2。

易古义》等，均广泛征引汉儒易说，显示了对于汉代易学的精湛功力。惠栋历三十余年撰成的《周易述》，以荀爽和虞翻的易说为主干来解释《周易》，形成以象数之学为特色的汉学易系统。他的汉学易是对汉易的恢复，但并非无条理的死搬硬套，而是对汉易的重新整理，是清代学者中第一个以完全的汉学方法建立汉易系统的。以下即以《周易述》为主，对其汉学易的内容与特征做简单的阐述。

第一，首重卦象。象数之学，首在象。惠栋的象数之易，首重卦象和爻象，以及卦爻所象的事物，如以乾为道，以地为器；又以乾为天，以坤为田；辟卦为君，杂卦为臣；等等。大凡六十四卦，每一卦及每一爻都有其所象之实，剔除了易学中的神秘主义因素。如关于《说卦》所谓的"穷理尽性以至于命"，宋儒极力发挥，赋予其深厚的哲学和道德意义，"穷理尽性"遂成为理学体系中的重要哲学范畴。而惠栋则一本象数，据虞翻之义解释说：坤为理，天动而地静，以乾通坤，就是穷理；乾为性，以坤变乾，就是尽性；巽为命，乾下有伏巽，所以至于命。这样，惠栋依乾坤二卦之卦象，采虞翻的卦变说来解释穷理尽性，自然地否定宋儒的义理之学。

在汉代，易学已有象数之学与义理之学之分。惠栋恢复象数之学，首先肯定易含万象之说，以取象说为纲，对《周易》经传进行详尽的注疏和解说。惠栋的注疏，汉代诸儒的卦气说、五行说、卦变说、爻辰说、纳甲说、九宫说、互体说及乾升坤降说等等，把孟喜、京房、虞翻、荀爽、郑玄、干宝等诸家之说详加罗列和排比，然后会通其说，进行解释。比如，关于乾卦，惠栋注卦辞"元亨利贞"为"元始亨通利和贞正"，其自注而又自疏：取《子夏传》之说，以乾为始，亨为通，利为和，贞为正；据何休《公羊传》注，解释乾元之义说，乾初，谓初九爻，初为始，元亦始义；取荀爽之说，初九爻为乾卦之始，亦是乾道之始，故象称乾元；又依董仲舒的《对策》，疏解为乾初九谓之道本，并称其为元。其中，惠氏对虞翻的卦变说和月体纳甲说解易尤为推崇，说虞氏易学有系统，说有根据，在汉易中最为广大。

第二，注重物象之数。惠氏的象数，重视卦象的数度，认为《周易》六十四卦卦爻的物象都包含一定的数序与法度，每一卦与每一爻的象数都代表了特定事物的发展状态与规律，而周易则表现了世间万事万物发展的总规律。对于《系辞》中的"天一，地二；天三，地四"及"大衍之数五十"等，惠栋也以象数之学来解释天道和人事的变化，其具体的解释，又糅合了卦变说和升降说，而以卦气说作为解释的根据。他以卦气说来解释《周易》卦爻辞，其中即含有以卦象和爻象与二十四节气相配的思想。如对乾卦九五爻的爻辞"飞龙在天，利见大人"的疏解，采《说文》之义，龙为星象，其解释为："春分而登天，秋分而潜渊。"又依干宝说，乾九五爻为三月卦，表示阳息至九五爻，龙已登天。卦气说是惠栋解易的主要根据之一，他对六十四卦卦象的解释，皆主卦气说。如《易汉学》发挥孟喜、京房的卦气说，以坎、离、震、兑为四正卦，四卦主四时气候，二十四爻主二十四节气。其余六十卦主六日七分，爻主三百六十五又四分之一日。从复至乾、姤至坤另为十二月消息卦，代表一年十二月阴阳消息的变化过程，如乾卦象征消息四月，坤卦消息十月，蒙卦消息正月，师卦消息四月，明夷卦消息九月等。其意旨明显包含了恢复先儒解易踏于实地、与百姓的日用相即不离、与人们的生活相关相切的思想倾向。他解释"一阴一阳之谓道"说，一阴一阳所蕴含的十五之数，既是天地之数，又是君子之道，而天道之变化、人事之变化及百姓日用都在其中。卦气说是惠栋易学思想中最富有哲学意义和理论特色的部分，他以卦气说与取象说相结合，着眼于象数，与宋易中的义理之学和象数之学都不相同，在汉易考据学的基础上进行条理化和贯穿工作，颇有自己的特色。

第三，以阴阳相交说为纲。惠栋还以虞翻的取象说为基础，对荀爽的乾坤升降说和乾坤相交说、虞翻的旁通说加以贯通，以阴阳相交说对《周易》六十四卦的卦义进行通盘的解释。以下以其对乾卦的部分注疏为例说明之。惠栋对"元亨利贞"的解释，采汉儒各家之说，其中以荀爽和虞翻说为主：荀氏的乾坤升降说，乾二升于坤五之位，坤五降于乾二之位，表示乾坤相交；虞氏"以阳通阴，故始通"，都是以阴阳相通为"亨"，这与《象传》以"刚柔正位"解释"利贞"一脉相承。惠栋还依虞氏义，卦辞中凡言"元亨利贞"四德者，皆指卦体变为既济卦象。他解释乾卦的各爻，如二五爻，按荀爽乾坤升降说及乾坤相交说，乾二升于坤五之位，坤五降于乾二之位，表示乾坤相交——乾二上升到坤五之位为坎卦的卦象，坤五下降到乾二之位为离卦的卦象，坎上离下又成既济卦象，故虞氏也说阴阳交通为亨；乾卦二四六爻为阳居阴位，皆不当位，故说"匪正"。在荀爽和虞翻之说的基础上，惠栋把阴阳相交而得其正，作为代表汉易的根本大义。他说，"独阳不生"，非化育之常，须以阴相济，阴阳相济相交才有生化之道，这是元亨利贞之四德的根本大义，也是《周易》六十四卦的根本大义，六十四卦中的每一卦无不符合此义。汉易阴阳相交说几乎成为绝学，对此惠栋感慨系之："今幸东汉之易犹存，荀虞之说具在，用申师法，以明大义，以溯微言，二千年绝学庶几未坠。其在兹乎？其在兹乎？"①以继孔子之绝学的口气而作论，可见其对以荀、虞为代表的汉代易重视之程度。

　　惠栋以易学名家，他的易学研究，有两大贡献。

　　其一，对汉代易学的恢复和保存。惠栋一本汉儒的治经传统，以声音训诂为基础，对《周易》经传中的文字，严格按照故训进行注疏，对汉儒诸家易说的恢复和保存做出了重要贡献。惠栋治易，可谓是再次复原了汉代易学。

　　其二，是清代易学史上第一个完整意义的汉易考据学。惠栋治易，是在复原汉易的基础上进行的，但又不仅是对汉易的恢复，他

---

① 惠栋：《易例》卷1，清皇清经解续编本。

对汉儒诸家是有所取舍、有所选择的，是在对庞杂的汉易诸说整理的基础上，以取象说为纲，以象数之学为主体，从卦象和爻象的形成和变化来解释《周易》经传中的概念和范畴，从而建立了与宋易判若河汉的汉易考据学。可以说，惠栋的易学，是对汉儒诸家易说的融会与贯通，已超越了汉儒解易的水平，他的易学已不是纯粹的汉易，而进入了朴学易的范畴。惠栋的朴学易并非精致，而只是粗略地形成了自己的轮廓，但在清代易学研究史上具有重要意义，这就是终于建起了一个清代朴学易的坚实平台。惠栋的易学研究，是乾嘉学派取代宋儒易学进而建立起全新的朴学考据学的标志。

惠栋治易，其局限也比较明显。表现之一，是在哲学思想方面。惠栋对《周易》经传的注疏和解释，主要限于卦象的形成和变化，而把《周易》经传中的哲学思想大大地淡化了。按照现代的学术标准，其哲学方面，除了其卦气说外，并没有什么重要贡献。又如易学上试图沟通天人之学，以公羊传三世之说配合说易，杂有阴阳灾变等迷信之说，他引《参同契》等书以六十四卦来验人事、占吉凶，诸如所谓"失道妄行则卦气悖乱"等迷信思想也在所不少。①

《周易》之外，《尚书》是惠栋治学的又一重要领地，其学术成绩也斐然可观。其著作有《古文尚书考》和《尚书古义》两种，虽不若易学之篇幅浩大，但以精要著称。《尚书古义》着力于文字训诂，意在恢复《尚书》经文的古义，从声音训诂方面兼证梅氏古文之非。以下仅就《古文尚书考》谈惠栋的《尚书》研究。惠栋治《尚书》，其主旨与内容主要体现在两个方面。

第一，证孔安国《古文尚书》为真有。《古文尚书考》开篇即肯定孔安国的《古文尚书》为真有："孔安国古文五十八篇，汉世未尝亡也。三十四篇与伏生同，二十四篇增多之数，篇名具在。"

惠栋考孔安国《古文尚书》的传授系统，指出，孔安国得壁

---

① 参见朱伯崑《易学哲学史》，华夏出版社 1995 年版，第 297—306 页。

中古文，然后传给都尉朝，然后由都尉朝—庸生—胡常—徐敖—王璜和涂恽，再由涂恽传给桑钦和贾徽，然后由贾徽传至其子贾逵。贾逵为《古文尚书》作训，马融作传，郑玄作注解，遂使孔安国的《古文尚书》大备。①

惠栋考索汉代经典传注，发现孔安国得逸书 24 篇，确有其事。对于这 24 篇古文，在汉代有不少书引用过，比如"刘歆造《三统历》，班固作《律历志》，郑康成注尚书序，皆得引之"。② 惠栋又录郑玄所述增多的 24 篇的篇名，指出，24 篇之中，《九共》9 篇合为一卷成 16 篇之数，分开即为 24 篇，郑玄所录的 24 篇就是逸书 16 篇。而"所逸十六篇，当时学者咸能案其篇目，举其遗文，虽无章句训故之学，翕然皆知为孔氏之逸书也"。③ 总之，这 24 篇古文，在汉代仍然存在，此书曾藏入中秘，刘向校阅古文时曾经录其篇目，并把 24 篇篇目录于《别录》中。

惠栋进而指出，何以马融作序说，历代经师传授中并无逸书 16 篇呢？惠栋从两方面加以解释，一是汉代的学官制，二是重师说的学风。因汉代未把孔壁古文立于学官，所以贾逵、马融等虽传孔安国的古文，但不传这 24 篇。同时汉代重家学和师传，学习《尚书》的人都以为 29 篇已经齐备了。伏生所传的 28 篇，加上后来所得的《泰誓》，所以说是 29 篇。当时虽有孔壁之文，但也只是视之为逸书，所以没有传授。刘向《别录》本来著录 58 篇，但到东汉迁京时，24 篇中缺少了《武成》一篇，故刘歆《艺文志》所载为 57 篇。据服虔《春秋左氏传解谊》指出，汉代也曾有逸诗，因未立于学官而不传，用来作为逸书不传的旁证。

惠栋又解释孔安国古文 58 篇何以与《汉书·艺文志》等所记不符。④ 惠栋引桓谭《新论》所载，《古文尚书》的 45 卷为 58 篇。

---

① 惠栋：《古文尚书考》卷上。
② 惠栋：《古文尚书考》卷上。
③ 惠栋：《古文尚书考》卷上。
④ 此书记孔氏《尚书》46 卷。

也就是贾逵、马融的《尚书》注 34 篇，加上多出的 24 篇，共为 58 篇。具体来说，45 篇之数是指，《内般庚》3 篇同卷、《泰誓》3 篇同卷、《顾命》《康王之话》两篇同卷，共 29 篇，这 29 篇正合贾、马《尚书》的 34 篇之数。在多出的 16 篇中，《九共》9 篇同卷，分开即为 24 篇之数。所以桓谭所说的 45 卷为 58 篇是对的，恰与贾、马《尚书》相合。而《艺文志》所谓 46 卷，是指桓谭的 45 卷外加序言。

惠栋还力辨孔氏逸书不是张霸伪书，因为以孔颖达等人为代表的后来学者，多认为孔安国的逸书 24 篇是张霸所伪。惠栋还引《汉书》《论衡》等书，指出古籍所载言之凿凿，孔氏逸书绝非张霸所伪。孔颖达等辈只是"信所疑而疑所信"，[①] 是无知的表现。

在《证孔氏逸书九条》中，惠栋还试图搜求文献，拾辑逸书的佚文，但成效甚微。

第二，证梅赜《古文尚书》为伪。惠栋通过对晋以前的几乎所有文献资料的钩稽，引伏生的今文本《尚书》及《左传》《国语》《墨子》《荀子》等书，论证梅氏《古文尚书》从篇章数目、分篇次序到文字内容，有诸多方面之谬。

从篇章数目上证梅氏古文为伪。惠栋指出，梅氏古文的篇章数目与伏生今文本、汉志、《别录》及魏以前的诸书记载不相符合。惠栋首先与伏生本《今文尚书》对照，列出梅氏增多的古文 25 篇。增多的篇数中，《太甲》《说命》《泰誓》3 篇，又各分为上、中、下 3 篇，共 9 篇，所以梅氏古文增多篇数分开为 25 篇，合计为 19 篇。按照《汉书·艺文志》所记载，孔壁中《古文尚书》多得的篇数为 16 篇，把《九共》分为 9 篇，分开之数为 24 篇。可见梅氏古文的篇数与《艺文志》的记载不合。梅氏又因刘向《别录》记载《古文尚书》有 58 篇，遂分《尧典》"慎徽"以下为《舜典》，分《皋陶谟》"帝曰来禹"以下为《益稷》，以合《别录》

---

① 　惠栋：《古文尚书考》卷上。

之数，于是现在流行的《尚书》为 33 篇。然而，汉魏以来的典籍中，从来没有 33 篇之数。

从分篇次序上证梅氏古文为伪。或是为了迎合古籍的记载而凑篇数，或是出于无知，梅氏古文分篇极为混乱。如伏生《尚书》和他本《古文尚书》原书都无《舜典》一篇，从"粤若稽古"到"陟方乃死"都是《尧典》之文，故司马迁的《史记》和郑玄、王子雍注《尚书》，均以"慎徽五典"以下为《尧典》之文，孟子称"二十有八放勋乃殂"也可证其为《尧典》文。而梅氏从《尧典》中分出《舜典》一篇，即从"慎徽五典"以下分出一篇别为《舜典》，从而把《尧典》从中间一分为二，明显与《孟子》及上述诸书相悖。又如伏生《尚书》，以及马融、郑玄、王子雍等人的《尚书》注本，均把《皋陶谟》作一篇，而梅氏也只根据片言只语，就把《皋陶谟》从中间分断，从"帝曰来禹"以下别分为《益稷》一篇。① 以上二例，梅氏分篇错乱，其原因之一，是他不知道《尧典》与《皋陶谟》之外本来就有《舜典》与《益稷》，从而不是根据孔安国古文之原文进行补缀，而是把原篇从中分断。惠栋继续揭出梅氏在分篇次序上错误纷出，乱如麻团，如"征苗誓师"为《禹誓》的文字，"往于田号泣于旻天"为《舜典》的文字，而梅氏却以之为《大禹谟》；"葛伯仇饷"是《汤誓》中的文字，而以之为《仲虺之诰》；"聿求元圣，与之勠力""万方有罪，在予一人"都是《汤誓》中的文字，而以之为《汤诰》；"惟尹躬先见于西邑夏"是《咸有一德》之文，而以之为《太甲》。皆与书传不合。②

从文字内容上证梅氏古文为伪。梅氏伪古文，在文字内容上诸多错乱，惠栋也详考其出处原委。惠栋对梅氏增多的《大禹谟》《五子之歌》《胤征》等 25 篇，篇篇进行详细考校，对各篇中有疑

---

① 惠栋：《古文尚书考》卷上。
② 惠栋：《古文尚书考》卷上。

问的部分逐句辨证，一一析考其源，指证其从何而来，出于何典。如《大禹谟》"稽于众舍己从人"，惠栋承阎若璩之说，指出梅氏将孟子之言窜改为"入于舜口中以称尧，非也"；《大禹谟》"人心惟危"等十六字心传，惠栋再次承阎氏之说，指斥此十六字系杂采《荀子·解蔽》之"人心之危，道心之微"等语以及《论语》"允执厥中"而来，并力攻梅氏此十六字之不通。《说命中》的"有备无患"是本《左传》，《大禹谟》"祗承于帝"是根据《孟子》"启贤能敬承继禹之道"，[①] 如此等等。

惠栋还从与史实不合、与史例不合、与古籍不合、与先儒之旨不合、与文理不合、与古制不合等方面证梅氏古文之伪。如援引《左传》所引夏书，及伏生《尚书》虞夏传，证明启时才有九歌，而梅氏古文却以虞时已有九歌，与史不合。又如，引《墨子·兼爱》、伏生《尧典》、《荀子》、《榖梁传》等书之记载，说明"誓始于禹"，舜时还没有誓师之事，而梅氏把誓师之事采入《大禹谟》，显然与史例及古籍记载均不相符；梅氏根据《荀子·议兵》说"舜伐有苗"，而误以"伐"指誓师之事，而如《国语》所说"大刑用甲兵"，只称之为"伐"而不称"誓师"，所以舜时还没有"誓师逆命"之事，梅氏之说与先儒之旨不合。梅氏如此牵引"先代政典之言"，[②] 而据以伪造，实乃大开伪造三坟五典之先河，真是造伪的始作俑者。

最后，惠栋得出结论有二：其一，孔安国的古文共58篇，在汉代还没有亡佚，其中34篇与伏生同，24篇增多之数篇名都保存在汉代的典籍中；其二，现在所传的所谓《古文尚书》，不过是梅赜的伪作，并不是壁中所藏的古文。所以东晋之古文出而西汉之古文亡也。惠栋继阎若璩之后，再度证明东晋晚出的25篇为伪作，这一说法遂成为被现今学术界所普遍接受的铁案之说。惠栋的考证

---

① 惠栋：《古文尚书考》卷下。
② 惠栋：《古文尚书考》卷上。

比阎若璩更加缜密，被认为是伪古文之伪的最后定案者。《尚书》研究是惠栋之学的重要部门，他的《古文尚书考》一书，通过大量钩稽周秦及汉儒诸家说，证明了沿传一千三百余年的梅赜《古文尚书》为伪，确为惠栋治《尚书》的主要功绩。惠栋同时力图证明孔安国的《古文尚书》为真有，而不是仅把它作为辨伪的手段与前提。证明梅氏之伪，与证逸书之真，这两者之中，其重要性实在难分轩轾。而长期以来，人们往往忽略其证孔氏逸书为真的一面，不便于全面把握惠栋治《尚书》的学术特征。惠栋与阎若璩的区别之一，也正在于惠氏具有鲜明的复兴汉学的思想意识。一方面，辨伪的目的在于恢复汉学，在对梅氏伪古文逐条辩驳之同时，部分地恢复《尚书》的古义；另一方面，逸书16篇是否真有过，虽是一个历史悬案，但从中可见惠栋复汉的宗旨与精神，我们不可因为惠栋未能确切考出逸书的条文而否认这一点。

惠栋之学，以治经为主，兼及考史。其方法与体例一如治经。由其治学规模可见，惠栋的全面复兴汉学之志确已表露无遗。

4. 惠栋的学术贡献与影响

惠栋治学，以文字训诂入手治经，以易学为核心，由易学而《尚书》、而《左传》，稽考遍及儒家九经，并旁及史学及其他治学领域，其汉学研究可谓全面开花。惠栋初步建立了以易汉学为中心的汉学系统，这是乾嘉学派登上清代学术舞台的标志。惠栋之学，对清代学术产生了深远的影响。

惠栋之学产生于清代学术思想发生转变的重要关头，对惠栋之学的评价也必须放在这一时间范围之内。谈惠栋的学术贡献，理应把他与前人相比较。清初学术思想的主要代表人物黄宗羲、顾炎武、胡渭、阎若璩等，他们对清代学术思想的影响主要在于对宋学的批判，并揭出了经史考据的治学方向。相比之下，惠栋无论是在对宋学清算的力度及彻底性方面，还是在治经考史的具体成绩尤其是在系统性方面，都明显地超越了这些清初学者。

梁启超在《清代学术概论》中，把清代学术的形成分为两个时期，一是启蒙期，一是全盛期。启蒙期的代表人物是顾炎武、胡渭、阎若璩，全盛期的首要代表人物就是惠栋。全盛期的学者，又称为正统派。启蒙派与正统派的区别有二：第一，启蒙派对于宋学，一方面进行猛烈攻击，另一方面又因袭了宋学的一部分，正统派则自固壁垒，将宋学置于不议不论之列；第二，启蒙派抱通经致用的观念，喜欢谈论经世之学，正统派则为考据而考据，为治经学而治经学。惠栋的学术思想，来自两个方面，一是对宋学的彻底批判与清理，一是建立在训诂考据基础上的治学成就。惠栋之学对清代学术思想的深远影响，正在于对这两个方面的有机结合。

惠栋对宋学的批判与清理，并非表现为单纯地攻击宋学，而是建立在学理上的，是在正面复原汉学、恢复汉学的治学方法的过程中完成的，尤其是在研究易学的过程中完成的。具体内容，已见前述，不再赘言。这里略谈其清算的力度及彻底性。惠栋的弃宋复汉说，在汉学与宋学之间划出泾渭分明的学术界限。惠栋指出，治经"则断推两汉"，"宋儒不可与穷经"，明确指出以汉学方法作为治经的标准，经学研究中没有宋学存在的余地，把宋学从经学研究领域断然剔除。这种彻底的不可调和的态度，正是乾嘉学派建立自己学术阵地的思想前提。惠栋一再标榜的汉儒说经有本、不武断的治学风尚，并极力批判宋儒主观武断的解经习气，就在于从整体上恢复汉学的学术方法、学术风范与学术精神，把经学研究彻底导向以训诂为特征的汉学轨道。在学术思想上明确高举复兴汉学的旗帜，以汉学取代宋学，正是启蒙派与正统派的区别之所在，也正是惠栋对宋学批判与清理的力度之所在。清初学者顾炎武、阎若璩等人就是没有区分这种汉宋之间的明确界限，因而在学理上缺少了批判的力度。未能判然划分汉宋界限，也正是清初学者不能作为乾嘉汉学正统派代表的主要原因之一。

惠栋提倡的训诂考据之学，导源于黄宗羲、顾炎武等人提倡的读经考文的治学方向。黄、顾等人虽然倡导儒经的研究，但他们个人的学术旨趣是以理学或心学作为背景的。如顾氏"由朱子之言，以达乎圣人下学之旨",① 其"以朱学为宗"而辨陆王之非，表明他并不曾放弃理学立场。黄氏的尊刘，即所谓的"梨洲乃蕺山之学，矫良知之弊",② 也极具代表性地道出了宗刘述王而不出宋明儒学的范围。以易学为例，惠栋之前，清初学者治易而有成绩者，主要有顾炎武、黄宗羲、毛奇龄和胡渭。顾炎武以古韵治易，黄宗羲对象数易学的清理，均有可观，但二人尊王或述朱之意甚明，都未能完全摆脱宋易的义理派立场。毛奇龄在提倡朴学易及对宋易的批判上甚为有力，胡渭的《易图明辨》，更对宋易进行了有力的清算，可谓清初以来易图辨伪的集大成之作，但毛、胡二人都还停留在辨伪的阶段，未能判然划分汉宋之间的界限，更谈不上系统恢复汉易了。胡渭论易学正宗，还明确指出他自己是正统的义理易学家。而惠栋的易学研究，彻底剔除了宋易的义理之学，他对汉易的恢复、融会与系统整理，形成了易学史上独具特色的汉易考据学，是清代易学史上第一个成系统的朴学易。在《尚书》研究领域，阎若璩的《古文尚书疏证》，钩稽考证，条分缕析，根据充分，功夫精到，但也仅限于辨伪功夫。正如钱穆所说，阎氏之意本在于尊崇朱熹，是从理学内部得出通经在溯古的结论。简言之，顾炎武、黄宗羲等清初大儒，常杂糅宋明之言，未与宋学划清界限；至胡渭、阎若璩，于汉学考据及古籍整理，都有进一步的成果，宋学也早已声名式微，但草创未精，且仍然未能与宋学俨然划界。清初学者对于复兴汉学虽有清障之功，却无开创之力，这与惠栋从一开始俨然划分汉宋阵营、高张恢复汉学的鲜明旗帜是大异其趣的。

　　苏州惠氏之学，从对宋学的怀疑精神变为对汉学的尊崇，由辨伪的功夫转向求真的考据，从蔑弃唐宋开始，执尊汉信古之立场，治学一尊汉儒。复兴汉学的学术方向，到惠士奇开始明朗化。惠士奇已经把汉学作为治经的学术标准，确立了宗汉的学术宗旨，并且

---

① 顾炎武：《下学指南序》，《顾亭林诗文集》，第132页。
② 江藩：《国朝汉学师承记》卷8，第133页。

他在《易》《礼》《春秋》三经之研究方面也都有具体的贡献。但士奇之学尚不成熟，还不能卓成系统，其治《易》、治《礼》均不能严格恪守汉学方法和精神。诚如钱穆所说，士奇治易独遵己意，而惠栋的《周易述》则能持守汉儒旧说，父子二人颇有不同。

　　在清代学者中，确然以研究汉学卓成系统并标宗名家的，正是从惠栋开始。清初黄宗羲、顾炎武及惠士奇等人均未能形成独立的治学方法系统。至惠栋弃宋复汉说出，判分汉宋界限，确立汉学门墙，唯汉是尊，唯古是信，以汉学为治经之标准，考据治经才从宋儒义理之学脱出，辨伪、辑佚、校勘、训诂等考据手段才成为独立的方法——具有新的学术规范的完整意义上的方法。由此，惠栋之学，训诂考经，由《易》而《书》、而《春秋左传》，遍考儒家九经，治经兼及考史，从而建立以易学为中心的汉学系统，乾嘉汉学从方法到规模得以奠基。清代学者臧庸称惠栋为"经学之巨师"，认为惠栋对经之古义的发明"功为不可及"；[1] 江藩称"汉学之绝者千有五百余年，至是粲然复章矣"。[2]

　　惠栋是清代考据学的奠基人，其以易汉学为中心的汉学系统与学术方法，不仅开创了吴派经学，也初步奠定了乾嘉考据学的基础。这一点，清代学者多给予明确的肯定。钱大昕说："惠氏世守古学，而先生所得尤深，拟诸汉儒，当在何邵公、服子慎之间，马融、赵岐辈不能及也。"[3] 汪中认为他是"接二千余年沈沦之绪"，乃千年不传之绝学的"继往开来者"。[4] 但惠栋泥汉泥古的特点也相当明显，乾嘉学者王引之、阮元等批评他泥于汉儒之说而见识不高，梁启超批评他"盲从、褊狭，好排斥异己"，缺乏"怀疑的精

---

①　徐世昌等编纂：《清儒学案》卷43，中华书局2008年版，第1727页。

②　江藩：《国朝汉学师承记》卷2，第24页。

③　《惠先生栋传》，《嘉定钱大昕全集（增订本）》第9册，凤凰出版社2016年版，第626页。

④　参见江藩《国朝汉学师承记》卷7，第113页。

神，批评的态度"，① 也并非没有根据。惠栋的学术贡献，有两方面，一是在思想观念上彻底打破了宋明理学一统天下的格局，一是在治学规模与方法上完成了乾嘉汉学的奠基，这两方面都是前代学者不能比肩的。乾嘉学派中，最主要的派别是吴、皖二派，这一说法，自章太炎、梁启超以来，基本已成定论。惠栋作为乾嘉学派的开派宗师，其学术思想对吴、皖二派均有较大的影响。

（二）吴派汉学之学术

作为吴派汉学的奠基人，惠栋之学旨在总体上确立了吴派汉学的学术发展路向。吴派汉学的主要学术特征是：尊信汉儒，持守家法的汉学壁垒；弃绝主观臆断，崇尚朴实的客观实证的治学精神；秉持以文字训诂入手考经证史的治学方法。

吴派经学是乾嘉学派中的两大派别之一，其所以称为吴派，正是因其奠基人物惠栋为苏州吴县人。吴派的主要学者都来自吴县及元和、阳湖、嘉定、华亭等地，在地域上形成以惠栋的居住地苏州府为核心地带的汉学研究中心。惠栋之学，多是搜集汉儒旧说，注重训诂考证，不重义理发挥，这种学风逐渐成为吴派不同于皖派的最显著特点。吴派的重要代表人物有沈彤、江声、余萧客、王鸣盛、钱大昕、王昶、汪中、孙星衍、江藩等。其中，几位主要代表人物，如江声、余萧客、王鸣盛、王昶、钱大昕等人，形成了吴派的中坚力量。

江声（1721—1799），字叔云，号良庭，吴县人。江声 35 岁时成为惠栋的弟子，得以阅读惠栋所著的《古文尚书考》，从此明白了梅赜的《古文尚书》为伪作，开始花大力气治《尚书》，其《尚书集注音疏》为清人治尚书的重要著作。

余萧客（1729—1777），字仲林，别字古农，吴县人。余萧客 22 岁时，成为惠栋的高足，以后在惠栋熏陶下，专心致力于经书

---

① 梁启超：《清代学术概论》，《饮冰室合集·专集之三十四》，第 24—25 页。

的辑佚和解释，从各种类书中广泛辑录汉、晋、唐三代的解经之说，撰成《古经解钩沉》30 卷。余氏颇能领悟惠栋的治学方法，对吴派学风的阐发功不可没。江、余二人为惠栋弟子，惠栋对他们影响之大之深自不待言。

王鸣盛（1722—1798），字凤喈，一字礼堂，号西庄，江苏嘉定人。大约在乾隆十九年（1754）或稍前，王氏在苏州认识惠栋，得与惠栋常相过从，共同研求经义，从此明白了训诂必以汉儒为宗。王氏著有《尚书后案》30 卷，此书以郑玄之注为主，旁采马融等诸家之说，力图恢复汉代注经的古义，自称有存古之功。他所注的《周礼》，也尊郑玄。王氏撰成《十七史商榷》100 卷，为史学名篇，该书以汉学家考经的方法考订史籍，颇能体现吴派经学的治学方法。

王昶（1725—1806），在 21 岁到 29 岁之间随惠栋游学，彼此关系处于师友之间，治经则受到惠氏的深刻影响。王氏潜心经术，从汉代诸儒入手，讲求声音训诂之学。他对惠栋学术思想的评价是："流风所煽，海内人士无不重通经，通经无不知信古，而其端自先生发之。"[①]

钱大昕（1728—1804），字竹汀，嘉定人。钱氏在乾隆十九年之前的一段时期，与惠氏一起游学，精研经学古义，致力于音韵训诂之学。钱氏的经学造诣颇深，精于声音训诂之学。此外，钱氏于史学、地学、金石以至天文历算，均有较深的造诣。他根据金石文字校订经文，著《经典文字考异》等，在经学研究中别树一帜。他把吴派经学的治经方法援以治史，撰著了大量的史学著作，他的《廿二史考异》更是史学名篇。

吴派学者受惠栋影响很大，表现在治学宗旨、治学风格乃至治学领域等诸多方面，几乎是全方位的。吴派治学，一尊汉儒，其持守汉儒家法之严，比惠栋更甚。钱大昕指出："训诂必依汉儒，以其去古未远，家法相承；七十子之大义犹有存者，异于后人之不知

---

① 王昶：《惠定宇先生墓志铭》，《春融堂集》卷 55，清嘉庆十二年塾南书舍刻本。

而作也。"① 从字面到思想均承惠栋之说。吴派后学持守汉宋界限，对宋儒指斥之力，也不让惠栋本人，江声就明确声明他厌恶宋儒的性理之学。至于从声音训诂考经证史，更是吴派的不二法门。

吴派经学的主要治学领域是易学、《尚书》、《左传》。惠栋之学，以易学、《尚书》、《左传》为三大领地，吴派治学也以易学、《尚书》、《左传》与史学为主要治学领域，使吴派学术首尾一贯，前后呼应。于易学，惠栋之后，有江藩和李松林的《周易述补》，均以荀爽、虞翻两家说为主，兼及汉儒诸家易说，从内容到方法，与惠栋治易如出一辙，只是成就不及惠栋。《尚书》方面，有江声的《尚书集注音疏》，广泛搜集汉儒之说，为《古文尚书》29 篇作注，以"音疏"为主，又沿袭惠栋以古字改俗字之习，极力张大师说，成为继阎若璩、惠栋以后又一部治《尚书》的力作。江声之后有王鸣盛的《尚书后案》，以郑玄注为主，广集东汉诸儒之说，也充分体现了吴派的学术风格。再后有孙星衍，沿吴派学风治《尚书》，其《尚书今古文注疏》，辑录汉魏古注，又采江声、王鸣盛的考订成果，是吴派汉学关于《尚书》研究的集大成之作。《左传》方面，洪亮吉的《春秋左传诂》，沿惠栋治学遗风，训诂以东汉贾逵、许慎、郑玄、服虔等人为主，并参据汉唐石经校误字，是春秋左传学的重要著述。

吴派学术对乾嘉汉学的主要贡献，经学之外是史学。关于史学，惠栋治经兼及考史，则由此开辟了吴派后学由经入史的治学新路，且成绩斐然。王鸣盛的《十七史商榷》和钱大昕的《廿二史考异》，不仅为吴派学者治史的代表作，而且都是中国史学的名篇。王、钱二人在史学方面的成就均超过了经学，吴派由经入史，至钱大昕而达到了高峰。治经兼及考史，以及由经入史，使传统学术研究突破了经学的范围，在中国传统学术千年以来以儒家经典为尊的学术时代，这一突破在清代学术史上具有不同寻常

① 《臧玉林经义杂识序》，《嘉定钱大昕全集（增订本）》第 9 册，第 365 页。

的意义。

随着乾嘉考据学方法上的不断完善，一些吴派学者也逐渐走出了早期唯汉是尊的学术格局。以钱大昕为例，他与戴震齐名，是乾嘉考据学的标志性人物之一。钱大昕被陈垣、陈寅恪誉为清儒第一人，并非过誉。钱氏自 21 岁受教紫阳书院，五十多年始终潜力于经史之学。作为一代儒宗，其学术经世意识也越来越明显。钱氏主观上确有学术经世的意识，主张"经以明伦，虚灵玄妙之论，似精实非精也。经以致用，迂阔深刻之谈，似正实非正也"。① 钱氏深知学术与治道之关系，其云："夫儒者之学，在乎明体以致用。《诗》、《书》、执礼，皆经世之言也；《论语》二十篇、《孟子》七篇，论政者居中其半"。② 钱氏的经史考证之中含有比较明显的反专制倾向，对宋儒道德理想主义掩盖下的虚假道德观念尤其致意。钱大昕自认为一生中最重要的著作《十驾斋养新录》，原因即在于其朴实严谨的考据之学中深藏着不凡的思想意蕴。此书是钱氏多年积累的读书札记、心得，以模仿顾炎武《日知录》的内容与旨趣而成书，强调"文以贯道，言以匡时。雕虫绣帨，虽多奚为！"③这与顾炎武力倡的"君子之为学，以明道也，以救世也。徒以诗文而已，所谓雕虫篆刻，亦何益哉！"一致。④ 钱、顾二人的治学旨趣、经世宗旨甚至连语气也如出一辙。钱大昕的学术经世主张于此可见一斑，也可见清中叶儒者的一个侧面，但这已非吴派学术所能限制。

（三）戴震与皖派：从汉学到考据学

乾嘉学派中，与吴派并称的为皖派。戴震是皖派的奠基人物，是清代学术史上继惠栋之后的又一关键性人物。

---

① 《廿二史札记序》，《嘉定钱大昕全集（增订本）》第 10 册，第 412 页。

② 《世纬序》，《嘉定钱大昕全集（增订本）》第 9 册，第 389 页。

③ 《文箴》，《嘉定钱大昕全集（增订本）》第 9 册，第 259 页。

④ 顾炎武：《与人书二十五》，《顾亭林诗文集》，第 98 页。

戴震（1724—1777），字慎修，一字东原，安徽休宁人。他是清代杰出的文字学家、哲学家，被章太炎推许为清儒第一人，梁启超、胡适等也明确地肯定其在清代学术思想上的巨大贡献。戴震著述丰富，不少著作堪称清代学术之扛鼎之作。其主要作品有《勾股割圆记》《考工记图注》《六书论》《尔雅文字考》《声类表》《方言疏证》《声韵考》《尚书今文古文考》《诗经补注》，并纂修地方史志《汾州府志》与《汾阳县志》等，在《四库全书》纂修官五年任期内，校勘《水经注》、《仪礼集释》及《周髀算经》等近十部算经。晚年完成了重要哲学著作《法象论》《原善》《孟子字义疏证》《答彭进士允初书》等。乾隆四十二年（1777）逝于四库馆任上，享年55岁。

戴震学术思想的形成过程中，曾受到惠栋的影响。惠栋弃宋复汉的学术宗旨、以文字训诂而求经义的方法、客观实证的治学精神，比较明显地影响了戴震区分汉宋壁垒的学术方向。乾隆二十二年冬，戴震由北京南归，在扬州与惠氏结识。此时戴震34岁，惠氏年逾花甲，二人当时的学术造诣及地位声望均不可相提并论。惠栋一见戴震就十分热情，表现了对这个年轻学者的无比爱惜，使戴震惊喜不已。此后，惠、戴二人切磋论学，惠栋不断向戴震讲述自己的经学主张，时间长达半年。戴震对惠栋的学术思想十分推崇，在惠栋去世七年之后，他仍以"莫能窥测先生涯"而自愧。诸多情况表明，戴震学术思想发生转变的关键时期，受到了惠栋的深刻影响，这不仅关系到戴震学术思想本身，而且与皖派学术有重要的关系。

惠、戴结识之前，戴震师事江永。江永自称其学以"卒朱子之志"为宗旨，戴震与江永同归一途，时人称为江戴，这时程朱理学的格物致知说还主导着戴震的学术思想。在扬州结识惠栋之前，戴震也推崇汉儒，重视考据名物，已有从文字训诂而求经义的思想，但他汉宋并举，同时称许郑玄与程朱，把义理之学与名物制度等量齐观，明确地把名物考据和义理之学分为二途，各不相干，充分说明他仰宋尊汉的学术宗旨和训诂以明经义的学术原则还未确立。

戴震学术思想发生变化，正是在结识惠栋以后。此后，戴震不再汉宋并称，而是抑宋尊汉，主张以训诂推求义理，同时明确反对把训诂与义理视为二途，这正是从惠栋弃宋复汉、训诂考经的学术思想而来。乾隆三十年，戴震对惠栋之学推崇备至，称颂惠栋上追汉代经师之学，对复兴汉学有莫大的功劳。他说："故训明则古经明，古经明则贤人圣人之理义明，而我心之所同然者乃因之而明。"又说："松崖先生之为经也，欲学者事于汉经师之训故，以博稽三古典章制度，由是推求理义，确有据依。"① 以后，戴震反复斥责空言说经，强调从文字训诂以明义理，与以前汉宋并立的主张大异其趣，其思想转变的关键正在于受到了惠栋的影响。

但惠栋对戴震的影响也不能过分夸大。戴震在乾隆二十七年中举之前，已从江永受学，此后与程瑶田、汪梧凤、方晞原、金榜等师友有长达十多年的切磋论学。中举后他沉潜于文字、名物考据，已有《勾股割圆记》《考工记图注》等考据学名作问世。这些都是惠、戴结识之前的事。

此后，戴震学术益臻成熟，尤其乾隆三十八年出任《四库全书》纂修官后，与钱大昕、秦蕙田、纪昀、朱筠、卢文弨、王鸣盛等著名学者有密切的学术交谊，很快即以其渊博的学识而享誉京城，其考据学方法与成绩也达至乾嘉考据学之巅峰。

在一定意义上，戴学是在对惠学的扬弃过程中达到成熟的。惠栋处于乾嘉朴学草创时期，其学术思想有明显的局限性。大体而言，惠栋治学，拘泥于古说，以古为是；治经不分今文古文，混淆了经学中今古文的界限。对此，戴震与皖派学者做了重大修正，戴震首先肯定舍经而谈义理，必是凭胸臆的凿空之学，肯定汉儒去古

---

① 《题惠定宇先生授经图》，《戴震全书》第 6 册，黄山书社 1995 年版，第 505 页。

未远解经多有凭据。但戴震认为圣人之道在六经，并非唯汉是尊，"苟害六书之义，虽汉人亦在所当改，何况魏、晋、六朝"，① 明确指出学术求真存真的态度，对汉儒也不可偏信。由此，戴震明确了其训诂、辞章、义理的学术三分，指出："由文字以通乎语言，由语言以通乎古圣贤之心志。……不可以躐等。"② 又说："经之至者道也，所以明道者其词也，所以成词者字也。由字以通其词，由词以通其道，必有渐。"③ 确立了由文字以通义理的学术方向。戴震敢于怀疑古人，认为"《说文》所载九千余文，当小学废失之后，固未能一一合于古，即《尔雅》亦多不足据"，④ 并在怀疑的基础上树立实事求是的学术宗旨，进一步建立了基于音韵训诂等更为成熟的考据学方法，把乾嘉汉学的发展向前推进了一大步。

戴震著名弟子有段玉裁、王念孙、王引之、任大椿、孔广森等。这些弟子即皖派中坚学者，在乾嘉考据学的发展中均有重要的学术贡献。其中段玉裁与高邮王氏父子，都是清代文字音韵训诂的杰出学者。段玉裁（1735—1815），江苏金坛人，清代著名的文字学家与经学家，其《说文解字注》为中国文字训诂的名作，另有《六书音韵表》《古文尚书撰异》《毛诗故训传定本》《经韵楼集》等。王念孙（1744—1832），江苏高邮人，其《广雅疏证》《读书杂志》在文字音、形、义上于古义多有发明。王引之（1766—1834），高邮王念孙之子，有《经传释词》与《经义述闻》等，于音韵训诂之学也多有创发。任大椿（1738—1789），专精于测算之学，对名物典章也有较深入的研究，著有《弁服释例》《深衣释例》《小学钩沉》《子田诗集》等。孔广森（1751—1786），字众仲，号巽轩，山东曲阜人，系孔子六十九代孙，兼治经学、小学，对清代公羊学有重要影响，著有《春秋公羊经传通义》、《大戴礼

---

① 《与卢侍讲召弓书》，《戴震全书》第 6 册，第 283 页。
② 《古经解钩沈序》，《戴震全书》第 6 册，第 378 页。
③ 《与是仲明论学书》，《戴震全书》第 6 册，第 370 页。
④ 《答江慎修先生论小学书》，《戴震全书》第 3 册，第 330 页。

记补注》、《诗声类》及《经学卮言》六卷等。

戴震与皖派学者，实际上就是乾嘉考据学的中坚力量。皖派学者的考据学方法，首先也是建立在对惠栋等前辈学术的重新检讨之上。他们批评惠栋治学，一尊汉说，盲从汉人，以为凡古皆好，凡汉皆是。由此大量引征汉儒之说，以为可以存古，实则杂乱错综。正如《四库全书总目》所说，"不免曲徇古人，失之拘执"，"牵引旁文，无关训诂"，"为例不纯"等。[1] 王引之说，惠栋"考古虽勤，而识不高，心不细，见异于今者则从之，大都不论是非"。[2] 阮元批评说，《周易述》一书，其"改字多有似是而非者"，[3] 认为实在不必擅自易说，仅录之以供考证就可以了。

在一定意义上，皖派学者的批评还是相当中肯的。[4] 惠栋及部分吴派学者，以弃宋复汉为标帜，重视汉儒诸家经说，不遗余力地广为搜辑钩稽，确实反映了其学术方法之粗疏。汉代经学本身就包括古文经与今文经两大派，惠栋不加区别，只知崇汉，以为汉人都是古学，有不分今古文学派、不知家法之嫌。比如治易，惠栋把今古文易说混杂，兼收并蓄，对汉儒的爻辰、纳甲、卦气、旁通、反复、升降说和《易纬》中的谶纬神学一道征引、详尽发挥。尤其是惠栋以西汉古文改替俗读，以古字替换俗字，在一定程度上背离了学术求真求是的精神。惠栋这种"凡古必真，凡汉皆好"，无"怀疑的精神，批评的态度"的治学方式，[5] 在戴震及皖派学者段玉裁与高邮王氏父子手中方得到根本性的改变。

---

① 《四库全书总目》卷 33，第 277 页。

② 王引之：《与焦理堂先生书》，《高邮王氏遗书》，江苏古籍出版社 2000 年版，第 205 页。

③ 阮元：《十三经注疏校勘记序》，《研经室集》，中华书局 1993 年版，第 253 页。

④ 王引之等人的批评，主要从文字训诂方面立论，在此一方面惠栋之学确有粗疏之嫌，但这并不妨碍惠学在清代学术史上的革命性意义，即在学术观念与方法上双双突破宋学的藩篱而建立清代汉学系统的历史贡献。

⑤ 梁启超：《清代学术概论》，《饮冰室合集·专集之三十四》，第 24—25 页。

汉学的复兴，堪称一场学术观念与方法的革命。惠栋之学以汉为尊，以古为是，不求义理，与后来皖派实事求是的学术宗旨尚有差距。清代考据学方法的日益完善，有一个日益积累的历史过程。从清初学者到惠栋，复经吴派经学和戴震、段玉裁的洗礼，到高邮王氏父子达至一个新的巅峰。清代考据学遂成为与先秦诸子、两汉经学、隋唐佛学和宋明理学前后相序的一个新的学术形态。

三 乾嘉考据学的实证方法及科学精神

在中国学术思想史上，清代考据学是继两汉经学、隋唐佛学、宋明理学之后，能够标志一个时代的学术典范。相对宋代理学与明代心学，清代考据学是一个新的学术范式，它的问世本身就蕴含着独特的思想意义，意味着时代思想方法与价值取向的转移。

现代学者胡适、梁启超等人，将鼎盛时期的考据学称为一种"科学的精神"与"科学的方法"。[①] 胡、梁之说虽非定谳，却深中学术之肯綮。关于学者的实证方法与科学精神，近代以来研究颇多，以下主要围绕学术方法、怀疑精神和学术多元的萌动等方面略做阐述，以进一步透析乾嘉考据学的思想特征和精神风貌。

（一） 从归纳证实到演绎
关于清代学者对归纳与演绎方法的运用，胡适、梁启超等人都

---

① 民国时期，以胡适、梁启超为代表的现代学者，对清代考据学的学术精神与方法进行一再的表彰。胡适认为："中国旧有的学术，只有清代的'朴学'确有'科学'的精神"，朴学的治学方法是一种"科学的方法"。梁启超概括性地指出："乾嘉间学者实自成一种学风，和近世科学的研究方法极相近，我们可以给他一个特别名称，叫做'科学的古典学派'。"参见《清代学者的治学方法》，《胡适文存》1 集卷 2，黄山书社 1996 年版，第 285—286 页；梁启超《中国近三百年学术史》，《饮冰室合集·专集之七十五》，第 22 页。

曾有过论述。梁启超说，"清儒之治学，纯用归纳法，纯用科学精神"，[1] 胡适也认为，清儒治学善于运用"归纳的方法"，又称"他们的方法是归纳和演绎同时并用的科学方法"，[2] 梁胡之说基本获得了学界的普遍认可。为了避免重复前人之说，这里紧紧围绕清代学者的"义例"或"类例"观念略做说明。王念孙曾谈到他治《广雅》的方法。他说：

> 窃以诂训之旨，本于声音，故有声同字异、声近义同，虽或类聚群分，实亦同条共贯。譬如振裘必提其领，举网必挈其纲，故曰本立而道生，知天下之至啧而不可乱也。[3]

又说：

> 今则就古音以求古义，引伸触类，不限形体，苟可以发明前训。[4]

"类"的观念是成就《广雅疏证》卓越超凡的第一关键。王念孙的归类法对其子引之也产生了重大影响。王引之自述其《经传释词》创作过程："自九经三传及周、秦、西汉之书，凡助语之文，遍为搜讨。"至于对虚词的归类，则"凡其散见于经传者，皆可比例而知，触类长之"，每立一例，都要反复勘对经传中的所有相关材料。[5] 王氏父子的方法，第一步是大量搜集相关材料，第二步是归类，然后执此"类例"回归群书文本重新检验，即"揆之本文而

---

① 梁启超：《清代学术概论》，《饮冰室合集》专集之三十四，第 45 页。

② 《清代学者的治学方法》，《胡适文存》1 集卷 2，288 页。

③ 王念孙：《〈广雅疏证〉自叙》，高邮王氏四种之一《广雅疏证》，江苏古籍出版社 2009 年版，第 1 页。

④ 王念孙：《〈广雅疏证〉自叙》，高邮王氏四种之一《广雅疏证》，第 1 页。

⑤ 王引之：《经传释词自序》，高邮王氏四种之四《经传释词》，第 1—2 页。

协，验之他卷而通"，直至字当义适。在中国学术史上，王氏四书
所以有卓越的地位，在相当程度上也都是归纳与演绎方法的产物。
即如王念孙的《读书杂志》，将古籍的错乱归为"传写讹脱"和
"凭意妄改"两大类，两大类中又分为六十二例。每立一例，都遍
考群书，材料搜寻务期求全求当，真所谓"每考一字辄数万言"，
不敢稍有阙漏。① 王氏父子的方法，是清代学者归纳与演绎方法的
典范。

　　义例或归类的方法，是乾嘉学者运用得最普遍的方法。凌廷堪
治礼也以例为主。《仪礼》最称难治，其头绪纷杂，清儒一向视为畏
途。凌氏十余年浸淫其间，日夜研磨，于纷乱中得其经纬，数易其
稿，终成《礼经释例》一书。他自述此书的撰写心得说："《仪礼》
十七篇，礼之本经也。其节文威仪，委曲繁重。骤阅之如治丝而棼，
细绎之皆有经纬可分也；乍睹之如入山而迷，徐历之皆有途径可跻
也。是故不得其经纬途径，虽上哲亦苦其难；苟其得之，中材固可
以勉而赴焉。经纬途径之谓何？例而已矣。"② 据此可知例类的发明
对于凌氏治《仪礼》的极端重要性。所以，凌氏再三强调："宏纲
细目必以例为主，有非训诂名物所能赅者"，治《仪礼》若不能做
到"会通其例一以贯之"，只能陷入胶结迷乱之中不可自拔。此书中
凌氏将所谓的"礼仪三百，威仪三千"诸种礼仪，分为"通例"
"饮食之例""宾客之例"等八大类二百四十六例。江藩称凌氏为
"一代之礼宗"，钱大昕称此书为治《仪礼》的"指南车"。③

　　乾嘉学者大多熟悉归类方法，戴震、钱大昕、阮元等人皆为其
中翘楚，至段玉裁、王念孙、王引之，将归纳方法发展至巅峰。如
上所述，他们对演绎法也相当熟悉，其中焦循的"旁通"说可视
为其典范。

---

　　①　王念孙：《读淮南子杂志书后》，高邮王氏四种之二《读书杂志》，第962—
976页。

　　②　凌廷堪：《礼经释例序》，《校礼堂文集》卷26，中华书局1998年版，第241页。

　　③　参见《校礼堂文集序》《钱辛楣先生书》，《校礼堂文集》卷首，第3、4页。

（二）怀疑的态度与理性的精神

宋元以来，人们即使对古经有疑，也多是一些零星的火花。清初学者胡渭、阎若璩分别辨《易》《书》之伪，实开清儒疑经之先河。乾嘉学派虽不以疑经称世，却是接续胡、阎的考经而来。况且，有所信则有所疑，乃是最正常的学术活动。正统派学者之考经证史，从惠栋时即以疑宋儒经注为开始，后来考证越多，其值得怀疑之处也就越多。至乾嘉之际，考据学者以求实求是为的，大量证出汉儒经注之误，对汉儒经说的信心开始动摇。乾隆中期尊汉学者的"宁道周、孔误，莫言郑、服非"，已成为嘲讽汉学家泥古不化的名言了。因此，阮元论仁、论性命，径直取子思以上的时代立说，对儒家原始经典《诗经》和《尚书》给予了高度的重视，而秦汉以下的材料则取之甚谨。凌廷堪论礼，三礼中以《仪礼》为经，千数百年来被目为经典的《周礼》和《礼记》在凌氏心目中也不再可靠。而焦循治易，虽采汉儒之说，但更重视经传文字的互证，于汉儒易说采摘也甚严。故而，以凌、焦、阮为代表的乾嘉正统派学者，虽不直接疑经，而实际上，他们在材料取舍上已经体现了一种怀疑的态度。焦循说："经学之道，亦因乎时。汉初，值秦废书，儒者各持其师之学。守之既久，必会而通。故郑氏注经，多违旧说。"[1]

按照焦循的变化史观，经义的理解也是要因时而宜，时代不同其侧重点也异，所以他才提出"无性灵不可以言经学"。他强调郑玄注经"多违旧说"，表明他对于一成不变的经义也产生了怀疑，因此他又主张"以己意解经"。焦氏的学术个性特征鲜明，但毕竟也是其时代观念的反映。

乾嘉考据学流风所至，对正统考据派之外的学者也影响极大。嘉道时期公羊学所以能迅速崛起，实与乾嘉考据学在在相关。龚、

---

[1]　《与刘端临教谕书》，《焦循诗文集》，广陵书社 2009 年版，第 247 页。

魏的前辈学者刘逢禄等作为考据学的中坚人物，由古文学转向今文学、公举学，本身即表明其怀疑论或存疑论倾向。最为典型的，则有袁枚公开地怀疑儒家经典。为了反驳当时一些汉学家对"疑经者非圣无法"的非难，同时也给自己倡导的怀疑和批判精神寻找依据，袁枚宣称：

> 六经中惟《论语》、《周易》可信，其他经多可疑。疑，非圣人所禁也。孔子称"多闻阙疑"，又称"疑思问"。仆既无可问之人，故宜长阙之而已。且仆之疑经，非私心疑之也，即以经证经而疑之也。其疑乎经，所以信乎圣也。六经者，文章之祖，犹人家之有高、曾也。高、曾之言，子孙自宜听受，然未必其言之皆当也。六经之言，学者自宜参究，亦未必其言之皆醇也。疑经而以为非圣者无法，然则疑高、曾之言，而为之干蛊、为之几谏者，亦可谓非孝者无亲乎？①

这是说，一方面，六经之言本身并非"皆醇""皆当"，另一方面，怀疑精神本来就是儒家圣人所提倡的，所以，疑经不仅不是"非圣"，反而是为了"信圣"。

值得注意的是，袁枚对大多数儒家经籍持怀疑态度。他对《尚书》《春秋》《礼记》的历史真实性皆表示怀疑，未产生怀疑的除了《周易》就是《论语》，其中对《论语》最为肯定。然而，即便是"可信""足据"的《论语》，袁枚也能客观对待，指出其中的不可尽信之处：

> 即如论管仲，忽而褒，忽而贬；学不厌，诲不倦，忽而自认，忽而不居，皆不可解。其叙事笔法，下论不如上论之朴老，如"道千乘之国"、"弟子入则孝"两章，直起直落，不

---

① 《答定宇第二书》，《袁枚全集》（2），江苏古籍出版社1993年版，第307页。

作虚冒架子。至下论，则论仁而曰"能行五者于天下"，论政
而曰"尊五美屏四恶"，都先作一虚冒，如廋词隐语，教人猜
度。倘子张不问，则不知"五者"为何行，"五美四恶"为何
事矣！其他如九思、三戒、三损、三益、三愆、三畏，都是先
加虚冒，开《周礼》九贡、九赋之门。"子见南子"一节，子
路何以不悦？夫子何至立誓？至今解说不明。①

袁枚认为，《论语》之所以出现这些记载前后不一、说法相互矛
盾，以及笔法上下互异的疑义之处，是因为"《论语》一书，亦是
孔子亡后弟子之弟子记之"，并且"《论语》记言，不出一人之手，
又其人非亲及门墙者，故不无所见异词、所传闻异词之累"。袁枚
认为，弟子各有所好亦各有所讳，所记也自然就各有侧重，因而造
成同一人物前后褒贬不一的矛盾现象。这一看法，应当说是有一定
道理的。

关于乾嘉学者的怀疑精神，梁启超曾经指出："清学家既教人
以尊古，又教人以善疑，既尊古矣，则有更古焉者，固在所当尊。
既善疑矣，则当时诸人所共信者，吾曷为不可疑之？……如欧洲近
世史初期，各国内部略奠定，不能不有如科仑布其人者别求新陆。
故在本派中有异军突起，而本派之命运遂根本动摇。"② 梁氏之说
卓然有见。有考据学边缘色彩的崔述，其古史考辨，是考据学之怀
疑精神的一个侧面。在后期，崔述辨伪也非纯粹的个性化行为。在
普通士人尤其是中原内地省份的士人心目中，对六经发生任何怀疑
都是不可想象的。但在江南、北京这些人文荟萃的地方，疑经也并
非只是崔述的个人行为。《许翰日记》载，会稽人陶思曾在乡试大
考前将所著《诗考考》《书疑疑》等经学辨伪一类的书，进呈给考
官，说明辨伪在普通士子中间也不新鲜。重要的是，阮元竟对陶氏

---

① 《答叶书山庶子》，《袁枚全集》（5），第 163 页。
② 梁启超：《清代学术概论》，《饮冰室合集·专集之三十四》，第 51 页。

其人其书"甚称之"，可见其辨伪学有相当工夫。① 考据学就像一棵大树，崔述的辨伪则是斜出的一枝。从康有为至顾颉刚，古史辨伪日益粗壮，终至导出颠覆三千年正统古史观的一部大剧，从源流而论，与正统派学者的怀疑精神也不无关系。

然而，怀疑并非目的，怀疑是为了使经考征之于实。乾嘉学者治学的总态度，毋宁说是一种阙疑的、理性的态度。

考据学重实证，力求广征博引，不仅孤证不立，而且证据务求其全。乾嘉学者秉承这一传统，考经证史更加精严。他们强调无一字无来历，无一事无证据，对考据材料或证据极尽搜求之功，务期无阙无漏，在充分占有材料的基础上，才审慎地下判断，得出其结论。如阮元的《孔子论仁论》《性命古训》等，都是建立在遍考相关经传文字的基础之上。故胡适、梁启超所谓清代考据学开中国近代实证科学方法之先河，堪称灼见。

与实证精神一脉相承，乾嘉学者表现出严谨的学术风格，在证据不足时即表现为一种阙疑的态度。钱大昕发明古书轻唇音，读其《十驾斋养新录》本条即知其必先有百数十条之初稿札记，即获得梁启超的极高赞赏。② 凌廷堪自述《礼经释例》一书的撰纂过程，约于乾隆四十九年（1784）始全心研治《仪礼》，历八年左右而初稿成。但是，当他听到江永曾撰《仪礼释例》的消息时，因"虑其雷同，辍而弗作者经岁"。直到确知江氏之书只是寥寥数页的未成稿，凌氏才开始对该书进行重新修订，其治学之严谨一至于此。关于此书的撰述原则，凌廷堪说："证以群经，合者取之，离者则置之，信者申之，疑者则阙之"，③ 表现出严谨、求实的学术精神，以及阙疑、朴实的治学态度。梁启超即以"实验"与"冥证"来标示清学与宋学的区别，④ 实在是切中两代学术的本质。总体来说，乾

---

① 《许翰日记》，道光十九年二月十三日，河北教育出版社2001年版，第98页。
② 梁启超：《清代学术概论》，《饮冰室合集·专集之三十四》，第45页。
③ 凌廷堪：《礼经释例序》，《校礼堂文集》卷26，第243页。
④ 梁启超：《清代学术概论》，《饮冰室合集·专集之三十四》，第6页。

嘉学者崇尚智识、尊重证据与阙疑的态度，都体现出其实事求是的学术精神，关于这一点，长期以来罕有异议，一直是学术界的共识。

这种只求合于经义，唯以求是的治学态度，以及由此发生的种种争辩表明，在一流学者之间形成了一股自由论辩的学术风气。争论辩难是学术繁荣的动因，故当时学者多主张学术的自由论争：

> 刘炫规杜，孙毓评毛，同异并呈，是非互见。……孔子曰：'当仁不让于师。'不让者，争之谓也。"①

争者，争于至当，争于实，争于是也。正如钱大昕所谓儒者当"乐有诤友"，只有在不间断的论辩中，才能求其至当，归于其是。他们争辩的范围虽然主要限于经史考据层面，却依稀透出一些自由争鸣的思想曙光。用今天的话说，就是真理面前人人平等，真理面前人人都有表达自己意见的权利。自然，自由争论也体现出一种学术独立的精神。

以上可见，清代学术思想发展至乾嘉后期，隐然出现了肯定人的理性能力的倾向。如焦循所说，"道必察乎其理，而德必辨乎其义"，② 此言在一定意义上暗合了近代理性主义的价值取向。焦氏的意旨十分明显，他所要强调的，是要对"道"与"德"进行理性的分析与判断。因为按照焦循的历史观，"道"与"德"都不是一成不变的。他说："夫经者，法也，法久不变，则弊生，故反其法以通之，不变则不善，故反而后有善。"③ 焦氏的《说权》八篇与《说定》上下两篇，反复强调世界的变化与流动性，主张不要以停滞的眼光或执一的观点看问题。思想文化与典章制度亦然，一切都是因时、因地制宜的产物。故焦氏强调当权可以反经，这显然

---

① 《代阮侍郎撰万氏经学五书序》，《焦循诗文集》，第 272 页。
② 焦循：《易话》卷上，"道德理义释"，《焦氏遗书》，光绪丙子重刻本。
③ 《说权三》，《焦循诗文集》，第 175 页。

是要破除对"天不变道亦不变"的迷执，是对固守执一不知变通的有力反拨。

以上，焦循实际上是在主张变化日新的天道观，认为每一个时代都有各自不同的社会状况，因而也有属于自己时代的学术思想，在个人性灵得以充分伸展的情形下，后来胜于前者，即其所谓"愈久而愈精"。焦循说："圣人之道日新而不已，譬诸天度，愈久而愈精，各竭其聪明才智，以造于微，以所知者著焉。"① 焦循把思想视为时代的产物，且时代越后而其学愈精。用今天的话说，这种观点是一种进化的历史观。这种观念在乾嘉学者中十分普遍。

因为世界和历史都是变动不居的，所以真正的儒者就要充分展现自己的智识，开放自己的心胸，以动态的观念看世界，同时以通儒之识看待先贤的思想。所以，在"德"与"智"的关系上，智具有先在性。焦氏说：

> 人之所以异于禽兽者，在此利不利之间。利不利即义不义，义不义即宜不宜。能知宜不宜，则智也。不能知宜不宜，则不智也。智，人也。不智，禽兽也。几希之间，一利而已矣，即一义而已矣，即一智而已矣。②

这段话的原意，是要从学理上解释性何以善的问题。焦循的意思很简明，人与禽兽的区别，就在于人有智慧，因为有了智慧，才谈得上性之善恶与否。此说秉承戴震。按照余英时的说法，清学的主要思想特征，就是颠覆了宋儒"尊德性"与"道问学"关系，把道问学摆在了优先的位置，从根本上表现为一种"智识主义"的内在理路，开近代中国理性主义思想的先河。③

---

① 《述难一》，《焦循诗文集》，第 133 页。

② 焦循：《孟子正义》卷 8，《诸子集成》(1)，中华书局 1954 年版，第 344 页。

③ 余英时的相关论说，参见《论戴震与章学诚》(生活·读书·新知三联书店 2000 年版)，"自序"，"内篇"之三"儒家智识主义的兴起"，"内篇"之七"后论"。

（三）兼容精神与开放心态

大约从四库开馆后，乾嘉学术逐渐出现了两个势头：一是史学、子学越出经学范围日有并驾而独立之势；一是无论是治经、治史还是治诸子者，考据材料的范围亦渐扩大。与此相关，一流学者渐趋于以子证经、以史证经，学者治学的心态也日益开阔。其中，尤以子学的崛起与学术的开放心态关系更大。当时一流学者的治学重心渐渐有从经学转向子学的趋向。这些学者广泛吸纳周秦诸子的思想营养，对其学术视野影响极大。加上治子学的学者中，不少学者是考据学派的中坚人物，如孙星衍、王念孙、王引之等。简而言之，在思想风格上，乾嘉学术日益表现出一种学术兼容与开放的态势。

乾嘉学者中，素以政治保守著称的凌廷堪，其学术思想却并不保守。凌廷堪的礼学体系，在相当程度上是通过吸收荀子的"化性起伪"说而形成的。凌氏专作《荀卿颂》表彰荀子，极力提升荀子的地位。他说：

> 卓哉荀卿，取法后王。著书兰陵，儒术以昌。本礼言仁，厥性乃复。如范范金，如绳绳木。金或离范，木或失绳。徒手成器，良工不能。韩氏有言，大醇小疵。不学群起，厉声诟之。孟曰性善，荀曰性恶。折衷至圣，其理非凿。善固上智，恶亦下愚。各成一是，均属大儒。小夫咋舌，妄分轩轾。中风狂走，是谓自弃。史迁合传，垂之千年。敬告后人，毋歧视焉。①

荀子主张性恶，取法后王，是对圣学的折中，是儒学昌盛的大功臣。所以，司马迁作《史记》，把孟、荀合为一传是有根据的。荀子是真正的大儒，后人无知，才妄分轩轾，尊孟而抑荀，乃是

---

① 凌廷堪：《荀卿颂》，《校礼堂文集》卷10，第77页。

"自放于礼法之外"的愚行。凌氏似认为对荀子的表彰仍嫌不够，于是在嘉庆八年（1803），在为陈宝泉的《孟子时事考征》作序时，对荀子更加着意地进行表彰。此序开头便说，孔子之后，"明王道，守儒术者，孟、荀二子也"，指出"孟荀之称，由汉迄唐无异辞"，对于荀子大有功于圣学，凌氏再三致意。凌氏还作进一步分析，指出，后来罢荀卿从祀而以孔孟并举，以及朱著《四书集注》，这都是"后儒之意，于古未之前闻也"。凌氏深为荀子书的长期被湮没而愤愤，说这是"儒林之深耻也"。① 依常例，此序内容与荀子无关，而凌氏竟将扬荀写成序文的主题，显见其有意为之，要为荀子的千年之冤鸣不平了。程朱之后，《孟子》已升为儒家的重要经典了。而在凌氏眼中，《荀子》的地位实际上已经越《孟子》而上了。凌氏不遗余力地表彰荀子，当时就被一些学者斥为离经叛道，这也从反面说明，凌氏学术存在一种兼容的取向。

同为治礼名家的张惠言也委婉地表达了对墨学成为千年绝学的同情。张惠言说：

> 孟子之后，至今千七百余年而杨氏遂亡，墨氏书虽存，读者盖鲜。……墨氏之言修身亲士，多善言，其义托之尧禹，自韩愈氏以为与圣贤同指，孔墨必相为用。向无孟子，则后之儒者，习其说而好之者，岂少哉。②

当其时，张惠言自然无法非难孟子，但他称墨子"修身亲士""多善言"，显是对墨子的肯定。他又说：

> 墨之本在兼爱，而兼爱者，墨之所以自固而不可破。兼爱之言曰：爱人者人亦爱之，利人者人亦利之。……此其与圣人

---

① 凌廷堪：《孟子时事考征序》，《校礼堂文集》卷 26，第 243—244 页。
② 张惠言：《书墨子经后》，《茗柯文编》初编，清同治八年刻本。

所以治天下者复何以异？故凡墨氏之所以自托于尧禹者，兼爱也。①

张氏的意图，是要肯定墨子兼爱说的思想价值。下文又说，孟子辟墨，"不诛其说而诛其心"，最终导致墨学"无以自立"，似是在含蓄地表达对孟子武断态度的不满，同时寄托了对墨学长期失传的同情。张惠言之说颇能代表当时其他一些学者的看法，如焦循所说，"杨子之为我，墨子之兼爱，当其时则无弊"。②

可见，乾嘉学者已然开始从思想层面重新审视诸子学说了。以下引焦循之说为例，作进一步的申述。我们首先看看他对《论语》"攻乎异端，斯害也已"的解释。焦循说：

攻犹摩也。我有好爵，吾与尔靡之。靡即摩，摩即攻。他山之石可以攻玉。他者，异也；攻者，砣切磨错之也；已者，止也。各持一理，此以为异己也而击之，彼亦以为异己也而击之，未有不成其害者，岂孔子之教也？异端犹云两端，攻而摩之，以用其中而已。③

焦氏此言，是在广征《诗经》及诸子之说的基础上，对于"攻乎异端"的重新解释。对于宋、明以来人人视异端为洪水猛兽，焦循大不以为然。他认为，异端就是见解相异的两端，异己就是某种见解不同于自己。争辩双方各坚执己见而不能了解对方的意见，这才是异端的本义。"攻乎异端"之"攻"，就是彼此切磋琢磨，相互砥砺，在相互纠错中形成适当的认识，从而达到"别殊类使不相害，序异端使不相悖"。焦氏此说，隐含了片面错误中包含真理

---

① 张惠言：《书墨子经后》，《茗柯文编》初编。

② 《说权一》，《焦循诗文集》，第 175 页。

③ 《攻乎异端解上》，《焦循诗文集》，第 166 页。

的灼见。他继续举例说，如果杨子不执于为我，墨子也不执于兼爱，而是互相切磋，"贯乎为我兼爱"，那么杨、墨二人就都无异于"圣人之道"了。焦循认为，不仅杨朱、墨子如此，凡坚执一端者皆害道，隐隐暗示了固执于所谓"圣道"，也会始于卫道而终于害道。故焦氏继续说：

> 孟子之距杨也，距其执于为我也；其距墨也，距其执于兼爱也。距其执，欲其不执也。执则为杨、墨，不执则为禹、稷、颜、曾。①

焦循认为，"为我"与"兼爱"之说本身并非邪说，杨、墨之误在于其固守执一的思想态度。至此，焦氏兼容开放的精神气质显露无遗。即如其所说，"圣人之道，贯乎为我、兼爱、执中者也"，也是要求人们以宽容的心态来重新审视杨、墨。总之，焦循的立说之旨，是要人们明白，即使所谓的异端，也"各有所当"，② 进而使人们能够弃置"执己之一端不能容人"的陋习。③ 这种开放、兼容的精神，与焦循试图贯通传统学术的追求一脉相承，正如焦氏所说，"盖古学未兴，道在存其学，古学大兴，道在求其通"。④

上述焦氏之说，与张惠言所谓的孟子辟墨"不诛其说而诛其心"，有异曲同工之妙。这种对异端持宽容态度的，在乾嘉学派中不乏其人。如上文中凌廷堪所谓的"天下不见学术之异，其弊将有不可胜言者"，其意与焦、张二人之说颇为合拍，也体现了对异端的宽容心态。张、焦、凌等人之说，体现了乾嘉学者的学术开放态度，或者说是一种学术兼容精神。

兼容精神，与乾嘉学者广泛汲取诸子百家的思想精华有密切的

---

① 《攻乎异端解下》，《焦循诗文集》，第 168 页。
② 《攻乎异端解下》，《焦循诗文集》，第 168 页。
③ 《攻乎异端解上》，《焦循诗文集》，第 167 页。
④ 《与刘端临教谕书》，《焦循诗文集》，第 248 页。

关系。即如焦氏之说，他所谓的古圣，已不限于儒家一家。焦循明确地指出，经学不仅包括经文，还包括"子、史、天文、算术、阴阳、五行、六书、七音"等诸子百家。他还极力强调，贾逵、郑玄之所以成为大儒，就在于他们能够贯通经、史与诸子，即"以百家诸子之书通之于经"。[①] 兼容百家是焦循的一贯主张，故焦循所谓"以精汲精"，就不仅包括孔、孟之"精"，也包括了杨、墨诸家之"精"。

实际上，所谓兼容，就意味着学者不拘成说，开放个人的胸怀，以独立而自主的精神去拥抱门户之外的其他知识。当时，一流的汉学家追求贯通，以通天下之志为鹄的，所以，当他们面对经史中的复杂问题时，往往会调动自己的学术经验与智识来诠释经典。即如高邮王氏"以己意逆经意"之说：

> 说经者，期以得经意而已。前人传注不皆合于经，则择其合经者从之。其皆不合，则以己意逆经意，而参之他经，证以成训，虽别为之说，亦无不可。必欲专守一家，无少出入，则何邵公之墨守见伐于康成者矣。故大人之治经也，诸说并列则求其是，字有假借，则改其读，盖孰于汉学之门户，而不囿于汉学之藩篱者也。[②]

此言既是叙述其父王念孙的治经心得，又是王引之的夫子自道。需要说明的是，所谓以己意解经，反映了王氏父子之音韵训诂之纯熟，几至于随心所欲而不逾矩的程度，绝非宋、明儒滥用主观的臆解经传。王氏之意在于破除对汉儒的拘执，强调通识在贯通经传注疏中的作用。在王氏看来，汉学考据，不仅要理解经传的文字，更要理解经传的意义，这是对戴震"以故训明义理"的发扬光大。

---

① 参见本章第四节。
② 王引之：《〈经义述闻〉自叙》，高邮王氏四种之三《经义述闻》，第2页。

王氏反对的是离开文字故训而纯用主观的解经习气，并不拒绝个人智识对于考经的功用。王氏此言，与焦循的通儒意识完全合辙，不过焦循更向前走了一步。焦氏也主张以己意解经，指出"依经文而用己之意，以体会其细微，则精而兼实"。[①] 焦氏所谓的"用己之意"，不仅在于肯定个人的经验与智识，还在于进一步肯定个人的性灵在治经中的重要作用。焦循说：

> （经学者）以己之性灵，合诸古圣之性灵，并贯通于千百家著书立言者之性灵，以精汲精，非天下之至精，孰克以与此？……盖惟经学可言性灵，无性灵不可以言经学。[②]

据此，后期的朴学考据并不排除主观认知的作用。焦氏的意思，治经不仅要通文字故训，更要发明经义，仅靠文字训诂是不能获得经义的。治经必须参以己意，充分展开自己的个性与智能，以与古人的精神相契。他的中心意旨，在于强调个人的经验与智识在治经中的作用。

考据学者由重视通识、主学术兼容，渐趋发展为一种具有开放意识的学术氛围。这种现象，虽然未必如一些论者所谓的，是体现了一种"自由社会关系"，[③] 但在以考据学者为中心的乾嘉学坛，的确表现出自由争辩、自由讨论的学术风气，一些学者身上也体现出一种学术独立和自由思考的精神气质。焦循的异端解、旁通说，汪中的诸子学，王引之的义利辨等，无不表现出自由、独立的学术精神。

（四）实证精神与经学的式微

若用最简单的话来概括乾嘉考据学的学术精神与方法，唯

---

① 《与王钦莱论文书》，《焦循诗文集》，第 266 页。
② 《与孙渊如观察论考据著作书》，《焦循诗文集》，第 246 页。
③ 参见侯外庐《中国思想通史》第 5 卷，人民出版社 1956 年版，第 571 页。

"实事求是"四字可以当之。"实事求是"，从字面看，求是乃最高标准，"是"属于主观认识范畴，"是"的根据还须落在"实"上，即一切让证据说话，有充分证据支持者即为"实"，亦即为"是"。所以，从根本上说，清儒治经，就是要以充分的证据作为判别经说的标准，而这本身就意味着在经典之外另立一个新标准了。"实"之一字，乃认识乾嘉学术之关键，清儒常自称其学为"朴"与"实"，确然不易之论也。

一流的汉学家，其治学态度几无例外地以求是为旨归。求是并非皖派学者的专利，吴派学者也大多奉之为圭臬。上文谈到，吴派学者钱大昕、王鸣盛等人都明确反对墨守汉儒成说。吴派学者的尊崇汉儒经说并不违背求是精神。相反，师古也是为了求是，正所谓"以古为师，师其是而已矣"。① 需要说明的是，自纪昀等撰《四库全书总目提要》揭出吴派学者"泥古"论之后，晚清以降学者莫不依循此说。有鉴于此，钱大昕有意识地为之辨正，揭出师古的目的在于"师其是"。可见，师古的目的在于求是，"泥古"并非吴派的固定标签。至于皖派学者的求是精神，经戴震揭出后，其后学更是自觉地倡明治学的目的在于"求其是"。②

在求实求是精神的熏陶下，乾嘉学者之间逐渐形成了一种自由论辩的学术空气。不少乾嘉学者在面对师长时，往往能自由地表达自己的意见，不畏与前贤立异，也不惧与师长争执，而不以为是忤逆师道。钱大昕与王鸣盛就前贤经考之误，曾做过专门探讨。钱大昕说：

> 愚以为学问乃千秋事，订讹规过，非以訾毁前人，实以嘉惠后学。但议论须平允，词气须谦和。一事之失，无妨全体之善。不可效宋儒所云，一有差失，则余无足观耳。郑康成以祭

---

① 《臧玉林经义杂识序》，《嘉定钱大昕全集（增订本）》第9册，第365页。
② 王引之：《〈经义述闻〉自叙》，高邮王氏四种之三《经义述闻》，第2页。

公为叶公，不害其为大儒；司马子长以子产为郑公子，不害其
为良史。①

面对汉儒大宗师郑玄的错误，钱氏不讳言其非，反而认为，
"去其一非，成其百是"，而并"不害其为大儒"。钱氏认为，无论
古今，真正的大儒都"当乐有诤友，不乐有佞臣"。钱氏其人其
学，向以宽广兼容为时儒所称，但独于求真求是当仁不让，由此亦
见乾嘉学术独立精神之一斑。

梁启超曾对高邮王氏父子直言服、郑之疵赞赏有加，称之为
"毛郑贾马服杜之诤臣"。② 实则，一流学者相互辨学，从不吝直言
对方之误，此乃求是之学风使然，这一点在学者往来论学的书信中
比比皆是。至乾嘉后期，订汉儒文字之误成为考据学的主要内容之
一。所以，桐城派攻汉学家墨守汉儒经学，称汉学家"宁道周、
孔误，莫言郑、服非"，只是部分适当于吴派创派时期，而无当于
乾嘉中后期汉学，尤其无当于皖派汉学家。于汉儒如是，即使是面
对其尊亲师长，当时学者也绝不讳言其非。如王引之直陈同门师长
段玉裁之误，书中屡有"段说非也"，段氏"迂曲而不可通"，段
说"大误"，等等。③ 对于戴震亦然。比如王氏父子说戴氏对"光
被四表"的解释，"是此而非彼"，是徒劳解经。④

以考据为主要特征的学派，在本质上是要打破程朱理学对儒家
经典的解释系统，通过恢复汉代经师的注疏，使儒家先圣之学得以
回归。然而，疏不破注为唐人解经的总纲，乾嘉学派对于经、传、
注、疏、解区分，其严远甚于唐。但随着经传注疏与考订日益走向
狭窄琐碎，考据学要发展，势必寻求突破周秦两汉的传、注之囿。

---

① 《答王西庄书》，《嘉定钱大昕全集（增订本）》第 9 册，第 569—570 页。
② 梁启超：《清代学术概论》，《饮冰室合集·专集之三十四》，第 32 页。
③ 王引之：《启籥见书》《其灌其栵》《其卜贰圉也》，高邮王氏四种之三《经义
述闻》卷 3，第 89 页；卷 6，第 161 页；卷 17，第 408 页。
④ 王引之："光被四表"条，高邮王氏四种之三《经义述闻》卷 3，第 66 页。

故到了后期，就连最号称正统的阮元，也要矫疏不破注之弊，试图通过以疏破注的途径别开学术新局。对于阮元的主张，凌廷堪虽然复函表示反对，[1] 但纵观凌氏礼学，他对礼义的解释本身就是破注的典范。实际上，乾嘉时期，汉学考据学日臻鼎盛，其日益精密的考订成果，自然会越来越多地揭出前贤注疏之陋，最终必将导致以疏破注的结果。乾嘉学者对墨守汉儒的激烈批评，就是最好的说明。

值得注意的是，对先儒注疏的突破，一方面固然来自证据或史料，或者是找到了新的证据，或者是材料的收集更全面、更充分；另一方面是考据方法的精密化和系统化，尤其是声音训诂学的极度发达。前一方面，诸子学的兴起，以及下文将谈到的金石学的发展，都构成了解经的新材料。后一方面，小学从经学的附庸逐渐发展，自成系统，都兆示清代考据学在未来可能发生的深刻变化。

汉儒经注可以讨论，周秦经传能否讨论呢？也就是说，古圣先贤之说是否可以研究呢？这是以求实求是为旨归的清代考据学所要面对的问题。按学派的观点，汉儒所以比宋儒可信，是因为汉代"去古未远"，更近古圣之道。钱大昕说：

> 训诂必依汉儒，以其去古未远，家法相承，七十子之大义犹有存者，异于后人之不知而作也。[2]

钱氏此说乃惠栋说的翻版。此义经惠士奇、惠栋父子揭出，成为乾嘉汉学弃宋尊汉的立说根据，乾嘉学者凌廷堪、阮元等均尊奉不渝。阮元说：

> 百世学者皆取法孔子矣，然去孔子渐远者，其言亦渐异。

---

① 凌廷堪：《与阮伯元孝廉书》，《校礼堂文集》卷22，第199页。
② 《臧玉林经义杂识序》，《嘉定钱大昕全集（增订本）》第9册，第365页。

子思、孟子近孔子而言不异，犹非亲受业于孔子者也。然则七十子亲受业于孔子，其言之无异于孔子而独存者，惟《曾子》十篇乎？①

依钱大昕、阮元之说，离孔子愈近者愈真，那么考据学的发展势必由两汉而上推。钱穆论阮元说，"芸台之意，凡取法孔子者，其时代去孔子益近，其说益可信。故宋不如唐，唐不如晋、魏，晋、魏不如两汉，两汉不如子思、孟子，子思、孟子又不如七十子"。钱穆之学，尊宋而抑汉，他对汉学家所谓以训诂明经义之说十分怀疑，不无忧惧地说，如此一层一层地上推，"乃超越孔子而前，谓孔子义理亦本之《诗》、《书》之古训，然则孔子亦止等于一汉儒"，最后必将推至于上古茫昧之时代。② 钱穆此说是否适当，姑且不论，但就考据学证实、求是的学术精神而言，在逻辑上的确蕴含了颠覆孔孟之道的潜在性危险因素。如上文所述，考据学的怀疑精神在民国时期被发扬光大，最终导致了儒家古史观的覆灭。有新儒家之称的钱穆之忧在此，胡适等人表彰清代考据学的用意也在此。

考据学发展到后来日益出现为考据而考据，为学术而学术的趋势。从经学家的眼光看，史学、子学以及声音训诂学，本来都是考经的材料或工具。但汉学家循着愈近古也愈近真的思路，视周秦诸子比汉儒经注的史料价值更高，于是出现了凌廷堪平视孟、荀，张惠言、焦循尊崇墨子。这样，汉学家从肯定诸子的史料价值，渐渐上升为肯定诸子本身的思想价值了。

谈到清代经学的式微，有两个显著的例子。

第一是子学的崛起。子学之兴，一方面缘于经学考订日趋琐碎，学术要发展自然要开辟新的领域；另一方面也是当时学者清理

---

① 阮元：《曾子十篇注释序》，《研经室集》，第46页。

② 钱穆：《中国近三百年学术史》（下），中华书局1986年版，第483页。

和总结传统学术的必然产物。乾嘉后期学者治子学者日多，最著者为汪中，此外，毕沅、孙星衍、张惠言治《墨子》，孙星衍治《晏子春秋》，王念孙、王引之父子广泛考订诸子，称得上群起研治诸子。问题是，越到后来，学者越关注诸子学之自身，而与经传的考订渐渐脱节了。即如王念孙的《读书杂志》，全系于对《逸周书》《战国策》《史记》《汉书》《管子》《晏子春秋》《墨子》《荀子》《淮南子》的专门考订，与发明经义并无直接的关系，在很大程度上可以说是为治诸子而治诸子。这表明，子学的独立发展，开始逐渐疏离儒学正统思想的轨道，走上一条独立发展之路。

第二是小学。小学本来是经学之附庸，从清初大儒到戴震、钱大昕，均以小学发明经义。至后期，小学逐渐离开经学而自立，婢作主妇，蔚为大国。① 从诸子学与小学的发展与演变中，可见后期学术日益有趋于独立的迹象。

总之，到了乾嘉后期，清代考据学的发展与演变，越来越呈现史学、子学等疏离经学的趋向，渐渐有了独立发展的态势，经学的独尊地位事实上已发生了动摇。

不过，乾嘉考据学逐渐呈现的经典消解与多元观念的萌动，对于清儒来说并不成问题。消解经典权威与多元意识的萌动，并非清儒治经的初衷，而主要是他们在面对皇权裹挟理学与极权意识形态的形势下，在思想拨乱反正的过程中，应时呈现出来的一种学术形态与思想趋向。换言之，经典消解主要是一种客观结果，而非一种有意识的思想运动。或者说是一种不经意中的呈现，是一种治经过程中技术与价值的暂时分裂。在清儒眼中，儒学自有应时重新调整的功能。

说经典消解主要是一种客观趋势，却也并不能因此否认乾嘉学者始终存在的被压抑着的经世意识。正如顾炎武所说，"（圣人之道）其施之天下在政令教化刑法，其所著之书皆以为拨乱反正，

---

① 参见梁启超《中国近三百年学术史》，《饮冰室合集·专集之七十五》，第 204 页。

移风易俗，以驯致乎治平之用"。① 顾氏强调，学者立言要有应时性、针对性的有为而发，否则就是无用之学。乾嘉诸儒大多极力推崇顾氏之学，也是要站在他们的时代，对学术思想进行拨乱反正，戴、钱、阮等人的学术经世意识，其意蕴潜藏在他们的经典注疏形式中，需要仔细发掘。

　　总括以上，乾嘉考据学的思想意义有如下几个方面。第一，乾嘉考据学是乾嘉学者在批判宋明儒学尤其是在批判官方背景的程朱理学的过程中，在理、心、性、命等一系列问题上的种种辨证，破中有立，本身就是对传统思想的正面诠释，戴震、焦循、阮元等都提出了具有典型实证精神与经验论色彩的性理说，是一种新义理、新思想。第二，是乾嘉学术中所蕴含的具有兼容、开放的近代气息，甚至逐渐有学术思想多元论的思想苗头。第三，乾嘉考据学的思想宗旨是一个"实"字，以一切归之实事实物的实证精神，把一切未经事实检验的玄虚的形上学哲学连根斩断。这就带有一些近代经验主义的色彩。总的来说，乾嘉考据学基于严格证据的经史考据之学，则越来越明显地表现出反先验与反独断的理性特征。在梁启超、胡适等近代思想家的眼中，乾嘉考据学透露出的种种近代气息，成为启蒙思想的先导，成为近代学术革命与思想解放的重要资源。梁、胡之说是近代思想应时求变的题中应有之义，有其时代与思想的双重合理性。

---

① 顾炎武：《答友人论学书》，《顾亭林诗文集》，第 135 页。

第 三 章
清代思想的高峰：自然人性论

　　乾嘉考据学虽以训诂之学称世，但并不缺乏思想的创见。相反，清代理学囿于程朱理学完全成熟的思想系统，理学思想自身缺少了进一步发展的空间，从而在乾嘉时期彻底丧失了思想创造的生机。① 钱穆曾直言清代理学在理论上的贫困："至论清儒，其情势又与宋明不同；宋明学术易寻其脉络筋节，而清学之脉络筋节则难寻。清学脉络筋节之易寻者在汉学考据，而不在宋学义理。"② 就思想发展史的角度而言，清中叶的理学殊少可称述者，反而是乾嘉考据学中多有思想创获。故冯友兰写《中国哲学史》，关于清中叶的道学思想部分，就只能以戴震这个考据学宗师一人为代表，亦颇能说明一些问题。

　　考据学者的思想创造力，在一定程度上是受乾隆帝极权意识形态的刺激而形成。乾隆帝以圣人的姿态诠释儒学经典，复挟帝王权力垄断思想话语权，使清代理学沦落成为皇权意识形态的一个有机部分，也使一切清议在朝野上下失声。受此刺激，随着乾隆中后期考据学的学术方法和观念日益成熟，乾嘉学者的思想亦复活跃，开始不断对专制皇权发出质疑的声音。以戴震、钱大昕、阮元为代表

---

　　① 顺康时期出现了李光地、汤斌、张履祥等一批理学名臣，道咸时期则有倭仁、曾国藩等影响甚大的理学名家。唯独乾嘉时期是理学名臣的空窗期。乾隆帝公开打压清流，结果导致乾隆执政六十年的时间中，没有出现一个理学名人。

　　② 钱穆：《〈清儒学案〉序》，《中国学术思想史论丛》卷8，安徽教育出版社2004年版，第361页。

的一些考据学者，以自然人性抗议官方与社会中深入渗透与广泛流行的天理，以其政治宽容论对抗皇权专制。但置身于思想高压与文字狱肆虐的时代，他们的思想锋芒被迫包裹在经典注疏的外衣中。这一思想趋势，贯穿乾隆中后期与嘉庆时期，且愈往后愈明显。乾嘉学者的思想锋芒虽较收敛，表达形式亦复隐蔽，但其指向相当明确，其思想启迪意义颇为深远。

一　乾隆王朝及其极权意识形态

在清王朝二百多年的统治期间，自康熙平定三藩之后，从康熙中期一直到整个乾隆朝，在广大的内陆区域殊少发生成规模的内乱。这一段时期，经康熙朝中后期近三十年的减税及其他惠民政策，复经雍正帝持续十多年的整肃吏治与充实府库，再加上乾隆帝前期的勤政安民与务实之国策，整个 18 世纪的一百年间，广袤的中原大地上长期出现了"海宇承平"的安定局面。对于康、雍、乾时期这种稳定的社会政治局面，史称康乾盛世。

一般认为，乾隆中后期是康乾盛世的最鼎盛时期。而乾隆朝前期的宽松政治，为鼎盛时期的到来打下了坚实的基础。乾隆帝登基伊始，即发表了"教民之道必先之以养民"的富民国策。[①] 在乾隆朝的前十数年间，乾隆帝始终注重实效，宽待臣下，惠施庶民。乾隆九年（1744），他颁发长谕谆谆教诲州、县等地方官，必须要对民生之事"洞悉于中"，殷切期望州、县父母官不负亲民之望：

> 州县所属地方，虽广狭不一，事务亦繁简不同，然一月之中，岂无斋戒停刑之日，亦有因公下乡之时。果能乘此余暇，不辞劳

---

① 《高宗纯皇帝实录》卷3，雍正十三年九月壬戌条，《清实录》，中华书局 2008年影印版，第 8152 页。

瘁，亲履田间，与父老子弟，欢然相接，如家人父子，言孝言慈。
启其固有之良，化其惰窳之习，因而询问疾苦，讲求利益，度其
原隰，相其流泉。审物土之宜，因闾阎之便，利所当兴者举之，
害所当除者去之，则养教兼施，善政莫大乎是。"①

乾隆帝细心到每一个乡村及每一个具体环节，诸如百姓疾苦、风
俗、水利、土壤等都关怀备至。谕旨中娓娓之谈说、心思之细腻，
颇见其求治之心切，其心爱子民直比孔子浴沂舞雩、老安少怀之关
切，透露出他向往三代之治的强烈愿望。大体上，乾隆前、中期持
续实施了切实的与民休息的宽松政治，对全国百姓安居乐业以及盛
世鼎盛时期的到来打下了一个良好的基础。长期的宽政，终于在乾
隆中期迎来了康乾百年盛世的最鼎盛时期。②

　　然而，自乾隆十三年（1748）打击大学士鄂尔泰与张廷玉开始，
乾隆朝政治变得越来越严厉，且随着盛世鼎盛期的步步到来愈来愈
滑向专制，甚至是随着盛世标杆《四库全书》修纂而走上极致皇权
专制之巅峰。乾隆朝中后期大兴文字狱，使盛世鼎盛时期始终笼罩
在文化恐怖的阴影下。因而，在一定意义上鼎盛时期成为一种营造
出来的虚假盛世，并成为嘉庆以后持续爆发全面性社会危机的直接
原因。③

---

　　①　《高宗纯皇帝实录》卷 217，乾隆九年五月庚子条，《清实录》，第 10981 页。
　　②　在此期间，仅人口的增长，从康熙初年到乾隆五十五年即达十五倍之多。因
明清之际大规模的战乱，康熙初年人口约二千万，至乾隆五十五年已达三亿之多。人
口多寡历来是传统社会治乱与否的重要指标，在此意义上，把乾隆时期称为"富庶"
大概无过言之失。
　　③　仅从乾隆中后期层出不穷的贪案，即可见一斑。此一时期，总督一级的贪官
即有恒文、李侍尧、勒尔谨、陈辉祖、伍拉纳、富勒浑等，这还不包括巡抚一级的国
泰、王亶望等动辄百万两以上的巨贪，也不包括史上第一贪和珅。同时，贪腐案的背
后有议罪银制度作背书，这就意味着乾隆晚年贪腐是制度性的。大规模的贪腐必然导
致系统性的社会问题，导致民贫国困，导致饥民的聚众造反，这是历史的常识。值得
注意的是，乾隆帝竭力维护盛世繁荣与圣君形象，始终视贪腐为个案，终于错过了解
决贪腐这一重大问题的历史时机。

(一) 乾隆帝非议程朱的专制本质

身处盛世的乾隆帝，对清廷政权的稳固性也并非没有隐忧。满族人入主中原后，清初大儒顾炎武、黄宗羲、王夫之等思想的影响力并未根本消除，尤其是民本思想在广大汉族士人的心中根深蒂固。从康熙到乾隆的一百多年间，康、雍、乾三帝不厌其烦地反复宣说"满汉一体"论，似能体现他们对汉人尤其是汉族士人的疑虑始终不能消除。至少，在乾隆帝的心目中，他需要时时面对不服"王化"的汉族士人。乾隆帝登极后，承康熙、雍正的政教策略，继续奉理学为官方哲学，冀以收笼士人之心。乾隆朝的前二十年，朱子学一直受到乾隆帝的大力扶持。乾隆帝自称"自幼读书，研究义理，至今《朱子全书》未尝释手"。① 他还公开声明以继朱子道统自任，高调地表彰理学，指出宋儒"于天人性命大本大原之所在，与夫用功节目之详，得孔孟之心传"，希望天下士子崇朱子正学，治心修身，以能"有功于世道人心"。② 此后，乾隆帝多次盛称朱子光大孔门之功。要之，执政的前二十年，乾隆帝一直以阐发朱子理学而自矜。

乾隆帝对朱子的态度，至乾隆二十一年（1756）发生了变化。在这一年二月的仲春经筵中，乾隆帝对《中庸》朱注"明"与"诚"二字发生了质疑，认为"朱子谓与天命谓性，修道谓教二字不同，予以为政无不同耳"。③ 自此以后，乾隆帝开始不断与朱子说立异，后来则日益严厉地批评理学。

乾隆帝非议理学的同时，开始逐渐扶植经学。实际上，在乾隆帝心中，理学、经学都是儒学，皆为辅政之资。故其初政后大倡理

---

① 《高宗纯皇帝实录》卷146，乾隆六年七月癸亥条，《清实录》，第10021页。
② 《高宗纯皇帝实录》卷128，乾隆五年十月己酉条，《清实录》，第9802页。
③ 《高宗纯皇帝实录》卷506，乾隆二十一年二月甲辰条，《清实录》，第14989页。

学，却同时支持经学。对乾隆帝而言，扶植经学也是应时之举。[①]
自乾隆二十一年后，乾隆帝加大提倡经学的力度。至乾隆四十六年
（1781）第一部《四库全书》抄写完成，乾隆帝终于成就了他的一
代文治功业。

乾隆帝与朱子的分歧，在乾隆中期以后显得越发清楚。

乾隆四十六年仲春经筵，论题为《大学》"絜矩之道"。朱注
为："絜，度也。矩，所以为方也。"关于"絜矩之道"，朱子说：
"君子必当因其所同，推以度物，使彼我之间，各得分愿，则上下
四旁，均齐方正，而天下平矣。"又说："如不欲上之无礼于我，
则必以此度下之心，而亦不敢以此无礼使之；不欲下之不忠于我，
则必以此度上之心，而亦不敢以此不忠事之。"[②] 朱子之说，本
"絜矩"与"忠恕"之义，主旨在发"己所不欲，勿施于人"，且
此论既以之说"上"，也以之说"下"，如此上下左右皆能推之以
恕，则天下平。对此，乾隆帝深不以为然，发表了一通别出心裁的
议论：

> 曾子闻夫子一贯之心传。其告门人曰，"夫子之道忠恕而
> 已矣"。故其释治国平天下，以为有絜矩之道。又申之以上
> 下、前后、左右，有所以接之之境、处之之理，而曰"此之
> 谓絜矩之道"。盖矩者，境也；絜者，理也；理也，境也，不
> 外乎一心。境者，心之接；理者，心之处；中心之谓忠，处理
> 之谓也。如心之谓恕，接境之谓也。一以贯之岂更外于此乎。

---

① 经清初顾炎武、阎若璩、胡渭等倡行经说，尤其是经过惠栋弃宋复汉说的洗
礼，至乾隆中期，吴、皖二派崛起，汉学已成显学之势。乾隆帝要化解与士人的紧张，
于是乘势起而支持汉学，亦属明智之举。这一问题相当复杂，学界的研究还不够充分。
本文认为，此问题需要以帝王治道与乾嘉士人的复杂关系为切入点，视觉焦点需放在
乾隆帝独特的历史时代及其本人的文治国策，以及清中叶学术思想内在的变化态势等
问题上。此问题尚需专文讨论。

② 朱熹：《四书集注》，第14页。

然非克己复礼，理境相融，其能与于此者鲜矣。仲弓问仁，而夫子示之以敬恕。此物此志也。[①]

朱子言恕、言以己度人；乾隆帝说心、说境，强调心之所接之境要克制一己之私欲，洒扫应对要时时持一颗礼敬之心。这些分歧看似细小、平常，实则意味着对孔子之道如何理解的大问题。看来，朱子之"一贯"与乾隆帝心中之"一贯"颇有扞格。下面一例，更有助于解释此处分歧之所在。

《论语》载，樊迟问知，孔子曰"务民之义，敬鬼神而远之"；又问仁，孔子曰"先难而后获"。对此，朱子以专注于人道实事、置鬼神于不论作解。对朱子之说，乾隆帝不以为然，而以"天理""私欲"解之，乾隆帝说：

"问仁于孔子者多矣，而所对各有不同。然圣门以颜渊为高弟，孔子所对者，则曰克己复礼。以此知克己复礼，实为仁之最切最要。即所对樊迟者，亦岂外于是哉？盖先难者何，克己也。后获者何，复礼也。夫难莫难于克己。仁者天理也，私欲介于中，其能存天理者鲜矣。……董仲舒正谊明道之论，略为近之"。[②]

对于樊迟问知、问仁，朱子之说平实通透，最称训诂精严的清儒也颇能认同。乾隆帝之说不着边际，然其说已不能以纯粹的学术眼光来看。乾隆帝持"克己复礼""天理""私欲"之说立言，一如上文解"絜矩"也以"克己之私"、心中存"理"存"敬"等作解，此段末尾又以董仲舒的义、利之说发论，其逻辑是一贯的。乾隆帝说学论道素善"执中"，此两处论说皆高玄微妙，颇便于他左右逢

---

① 《高宗纯皇帝实录》卷 1124，乾隆四十六年二月己酉条，《清实录》，第 23553 页。
② 《高宗纯皇帝实录》卷 952，乾隆三十九年二月己丑条，《清实录》，第 21111 页。

源、上下其便，亦即颇便于其"执中"。至于"执中"之度标准若何，也只有问乾隆帝自己的"心"与"境"了。

乾隆帝非朱，是乾隆王朝政治的一件大事。他以帝王之尊屡驳朱子，终至群臣争相效法，渐而朝野上下以攻朱相尚，士风也随之发生了重大的变化。此事与清中叶社会政治走向关系甚大，与乾隆后期思想文化的走向关系尤大。因此，对于乾隆帝攻朱及其原因，需认真对待，重新审视。这里实际关涉理学与帝王思想的内在性紧张处。让我们回头再重新检视朱子论君臣的一些相关言论：黄仁卿问，何以秦始皇之法"后世人君皆不能易之"，朱子回答说：

> 秦之法，尽是尊君卑臣之事，所以后世不肯变。且如三皇称皇，五帝称帝，三王称王，秦则兼皇帝之号。只此一事，后世如何肯变！[①]

以朱子执道统之坚，其学自然有限制君权的一面。朱子说，三代君王也只称皇、称帝和称王，秦以下则"兼皇帝之号"，自为秦以下之帝王所喜。朱子之说精确命中了帝王内心之要害。许慎《说文》云："皇者，大也，从自，自始也。"皇帝即大帝，且有开创新元之意，哪个帝王又会不喜欢呢？不仅如此，朱子还有更严重的议论。他曾与陈亮讨论，关于帝王之心是出于义还是出于利的问题。朱子说：

> 老兄视汉高帝、唐太宗之所为而察其心，果出于义耶？出于利耶？出于邪耶？正耶？若高帝则私意分数犹未甚炽，然已不可谓之无。太宗之心，则吾恐其无一念之不出于人欲也。直以其能假仁借义以行其私，而当时与之争者，才能知术既出其下，又不知有仁义之可借，是以彼善于此而得以成其功耳。若

---

①　朱熹：《朱子语类》卷 134，第 3218 页。

以其能建立国家，传世久远，便谓其得天理之正，此正是以成败论是非，但取其获禽之多，而不羞其诡遇之不出于正也。千五百年之间，正坐如此，所以只是架漏牵补过了时日。其间虽或不无小康，而尧舜三王周公孔子所传之道，未尝一日得行于天地之间也。①

　　这是在公然剖析帝王的心术了。此段论汉高帝和唐太宗是否出于义，对人君之衡准，完全以道学中"理""欲"分际为标的，且有"太宗之心，则吾恐其无一念之不出于人欲也"。朱子对帝王心术的揭露，堪称毫不留情，淋漓尽致，入木三分。而以人欲说君，则置圣明之君于无地。朱子此说，堪称儒学传统以道统对抗君主专制的典范。以唐太宗之英明才略而得此评，那么康、雍二帝又将如何？乾隆帝本人又将如何？《朱子语类》127 卷以后，说史论政，非议尊君卑臣之言论多多，又多直言人君之非者，以乾隆帝自称熟读朱子，此类言论应较熟悉，其訾议攻讦朱子也就可以解释了。
　　而乾隆四十六年的尹嘉铨案，则可以进一步解释乾隆帝厌弃理学的原因。② 这一年，尹嘉铨为曾经身为协办大学士的父亲请谥，被查出所著书中有称大学士为相国之类的话，触乾隆帝大怒。他发长谕以斥之，并大论君臣之道：

　　　　尹嘉铨所著各书，内称大学士、协办大学士为相国。夫宰相之名自明洪武时已废而不设，其后置大学士，我朝亦相沿不改。然其职仅票拟承旨，非如古所谓秉钧执政之宰相也。况我朝列圣相承，乾纲独揽百数十年以来，大学士中岂无一二行私者。然总未至擅权舞法，能移主柄也。大学士之于宰相，虽殊

_____

①　朱熹：《答陈同甫》，《晦庵先生朱文公文集》卷 36。
②　厌弃理学是乾隆帝的个人好恶，理学仍然是乾隆王朝的官方思想。不过，乾隆帝非朱后，理学在事实上已经在朝廷丧失了影响力，但因科举考试的缘故在士人中的影响力依然很大。

其名，而其职自在。如明季严嵩，岂非大学士，而其时朝政不纲，窃弄威福，至今称为奸相。可见政柄之属与不属，不系乎宰相、大学士之名，在为人君者之能理政与否耳。为人君者果能太阿在握，威柄不移，则备位纶扉。不过委蛇奉职，领袖班联。如我皇祖圣祖仁皇帝，皇考世宗宪皇帝，暨朕躬临御四十六年以来，无时不以敬天爱民勤政为念，复于何事借为大学士者之参赞乎。即如傅恒任大学士最久，亦仅以茇忱勤职自效，今伊身后十余年，朕于庶务岂致废而不理乎。昔程子云"天下之治乱系宰相"，此只可就彼时朝政阘冗者而言。若以国家治乱，专倚宰相，则为之君者，不几如木偶旒缀乎？且用宰相者，非人君其谁为之。使为人君者，深居高处，以天下之治乱付之宰相，大不可也！使为宰相者，居然以天下之治乱为己任，目无其君，此尤大不可也！……总之，人君果能敬天爱民勤政，自能庶事惟和，百工熙载。否则虽有贤相，亦何裨政事。我国家世世子孙，能以朕心为心，整纲维而勤宵旰，庶几永凝麻命，垂裕万年。①

乾隆帝对尹氏妄议"宰相之名"大为震怒。因为"若以国家治乱，专倚宰相"，那么帝王岂非像木偶一样任人摆弄了。其实"国家治乱，专倚宰相"并非尹氏所言，乃是宋儒程颐所说。程颐原说如下：

臣窃意朝廷循沿旧体，只以经筵为一美事。臣以为，天下重任，唯宰相与经筵；天下治乱系宰相，君德成就责经筵。由此言之，安得不以为重？②

① 《高宗纯皇帝实录》卷1129，乾隆四十六年四月辛酉条，《清实录》，第23611—23613页。
② 程颐：《论经筵第三》，《二程集》，中华书局2004年版，第540页。

这段话是正论的"帖黄"。《论经筵第三》正文还有激戒人君之说者，如"人主居崇高之位，持威福之柄，百官畏惧，莫敢仰视，万方承奉，所欲随得"。又有"中常之君，无不骄肆；英明之主，自然满假。此自古同患，治乱所系也。……从古以来，未有不尊贤畏相而能成其圣者也"。① 这些话都是警劝人君不要自满自大，应时时念念行仁施德厚待臣下。

乾隆帝说："使为宰相者，居然以天下之治乱为己任，目无其君，此尤大不可也"。他深信天下治乱全在帝王一人，只要"乾纲独揽"，权柄不移，就能"备位纶扉"，实现天下大治。中国历史上，或称君主与宰相共治天下，或称人君与人臣共治天下，又或称士与君主共治天下，乾隆帝却极力拔高君主一人独治天下。谕中还说大学士之职"仅票拟承旨"，则连位极人臣的大学士也只是小属吏了。此说虽因境而发，却可见其对大臣分权的严防之心。最终，尹嘉铨以"妄自尊崇毁谤时事"处以斩决，谓为"加恩免凌迟"。

至此，大体上可以了解乾隆帝非刺朱子厌弃理学的思想原因。程、朱二人均以道统衡量君权，以儒者身份对帝王进行公开大胆的议论，甚至对帝王心术也妄加猜测，此论必为士人所乐道，却是乾隆帝所深恶痛绝，所绝不能容忍的。康、雍、乾三帝都再三斥责假道学、斥骂名士，都隐藏了其对儒家传统以道统限制政统或治统的畏惧。程朱理学，程颐与朱熹均遭如此反感，乾隆帝非程又非朱，他厌弃理学也就顺理成章了。当然，这是从乾隆帝个人的主观好恶而言，其厌弃理学还有一些复杂的政治原因。举其大端，主要因为：第一，理学经惠栋以下汉学家的攻击，已为相当一部分士人所不喜，乾隆帝顺势为之，有助于收天下士人之心；第二，在程朱手中，理学已经形成一个严密的体系，思想发展空间不大，不合乎乾隆帝一贯求新、求大的心态；第三，乾隆帝终生以赶超圣祖康熙帝为目标，既然康熙以一生功业实现了朱子的内圣外王之道，一生追

---

① 程颐：《论经筵第三》，《二程集》，第 539 页。

求完美的乾隆帝自要另辟蹊径;① 第四，厌理学与倡经学有着共同的背景，汉学或经学考据学已渐成气候，顺势支持经学也是顺应人心之举，同时经学最易随时而变，不仅方便帝王随意出入发挥，同时更可以乘势推广，建立一种可以与宋代理学并驾齐驱的、属于乾隆时代的盛世学术文化。以上，就乾隆帝作为帝王的主观取向而言，其非议程朱、抨击理学是以强化帝王专制为根本出发点的。

总之，乾隆帝抨击程朱的根本意图，在于彻底抹灭儒家传统的士与人君共天下的理念，张扬天下乃天子之天下的绝对君权观。因为，在乾隆帝看来，宰相与大臣不能以天下为己任，认为有此心即意味着可能有非分之想，有不臣之心，是不能容忍的。

（二）盛世巅峰与修纂《四库全书》

乾隆中后期的三四十年间，是康乾百年盛世的巅峰时期。这一盛世巅峰，可以说与乾隆帝有意识地精心打造是密切相关的。自乾隆中期两平准噶尔与平定回部之后，乾隆帝已建立了赫赫武功，但文治方面离盛世还有较大的差距。因此，乾隆帝逐渐把主要精力转移到文治大业之中。

康、雍、乾三帝既不乏才略，也不乏政治文化雄心，作为历代帝王中少数对儒家文化的熟知者，他们都有"作君"又"作师"的强烈愿望。但最具雄心的非乾隆帝莫属。乾隆帝堪称中国历史上最富文治雄心的君主。乾隆帝甫为新君，即颁行《十三经》《二十一史》至各省府州县，并开博学鸿词试。种种迹象显露，乾隆帝自初政时即有兴文治继圣业的宏大抱负。他说：

> 惟四子六经，乃群圣传心之要典，帝王驭世之鸿模，君天
> 下者，将欲以优入圣域，茂登上理，舍是无由。我皇祖圣祖仁

---

① 参邓国光《康熙与乾隆的"皇极"汉、宋义的抉择及其实践》，《清代经学与文化》，北京大学出版社 2005 年版，第 101—105 页。

皇帝，皇考世宗宪皇帝，时御讲筵，精研至道，圣德光被，比隆唐虞。朕夙承庭训，典学维殷。御极以来，勤思治要，已命翰林科道诸臣，缮进经史，格言正论，无日不陈于前。[1]

此言可注意者有三：一是认为朱子所承古圣道统，为帝王"优入圣域"之阶，帝王熟读精研，方能入于圣境；二是大赞其祖其父的圣教德业，称康熙、雍正的文治之功已远迈秦汉以下历代帝王，完全可以与三代圣君比美，甚至唐宗、宋祖提也未提；三是乾隆帝表明心迹，要继承父祖之志，继续弘扬圣教，成为一代圣君。乾隆帝登极不久，就向天下臣民展示了建立文治功业的勃勃雄心。除编修《满文大藏经》《老满文原档》等满文经籍之外，四库开馆前，乾隆帝就颁布《钦定四书文》《钦定大清一统志》《明通鉴纲目》《钦定大清会典》《御批通鉴辑览》等，重修、续修、重辑《大清一统志》《续文献通考》《续通典》《续通志》《大清律例》等。

乾隆中期将主要精力越来越多地转向了文治大业。乾隆三十七年（1772），乾隆帝谕令各督抚及地方官购访古今著作，次年，诏令四库开馆。自四库馆成立之日起，举国上下官员及士子都加入《四库全书》征、编这一浩大工程之中。乾隆四十六年，《四库全书总目提要》成书，年底第一部《四库全书》告成。至此，费近十年时间、倾巨大之人力物力、集千百学者心血的《四库全书》文化大业告成。其规模之巨，存书3457部，存目6766部，撇除其官方意识形态背景，其版本、校勘、编辑、抄写及《提要》论断之谨严等，都称空前。《四库全书》作为康乾盛世文化巅峰的标尺，其于整理、保存中国文化典籍之功业，贡献之巨大是无法抹杀的事实。

《四库全书》的征集、修纂，以及《四库全书提要》的编撰，

---

① 《高宗纯皇帝实录》卷60，乾隆三年正月癸亥条，《清实录》，第8929—8930页。

将乾隆帝的文治功业推向巅峰，也获得朝野上下的普遍赞誉。尤其是士林阶层，大感文化盛世之美好时代。官僚士人的颂辞数不胜数，不须赘言。就连一向被誉为纯儒、正人与士林标杆的阮元，在若干年后也还在赞盛世文化之精美纯备："我朝列圣，道德纯备，包涵前古，崇宋学之性道，而以汉儒经义实之，圣学所指，海内向风。御纂诸经，兼收历代之说，四库馆开，风气益精博矣。"①

另一方面，《四库全书》的纂修也是一个不断地除"异端"、弃"邪说"的过程。大的方面来说，同为中国历史上影响巨大的儒、释、道三家，《四库全书》只取儒家一家，对于佛道两家典籍，尽行摒弃，概不收录，这不能不说是重大缺失。同时，即使是儒家典籍，所有被认为是违碍的注疏文字一概径行挖掉。史学中被挖掉与篡改者则更多。可以说，经史子集四部遍遭挖改。如此一来，即便是被收录的图书也多不乏残缺，所谓全书，实际上也并非名副其实。在《四库全书》第一部告成的数年之后，乾隆五十二年，因李清《诸史异同录》事件，所有办理《四库全书》的人，从皇子、大臣及总纂纪昀、孙士毅、陆赐熊，到一干馆臣，"俱著交部分别严加议处。"② 当时，关于编修的处分条例极严，所参与的大小馆臣，动辄得咎，直有日日胆战夜夜惊心之惶恐。据统计，仅乾隆四十五年冬，纪、孙、陆三位总纂就被记过三次。记过最多的总校官，竟有两人同时达到了三千七百多次。③ 处分如此之严，说明乾隆帝以自己的标尺裁量天下学术的决心，以及由此所造成官场的恐怖气氛。

更严重的是，寓禁于征、寓禁于编，在征编过程中，直接禁毁图书无数。据统计，自乾隆三十九年至五十八年，在大规模的收缴

---

① 阮元：《拟国史儒林传序》，《研经室集》，第 37 页。

② 《高宗纯皇帝实录》卷 1277，乾隆五十二年三月丁亥条，《清实录》，第 25760 页。

③ 唐文基、罗庆泗：《乾隆传》，人民出版社 1994 年版，第 304 页。

违禁图书的近二十年间，毁禁图书即有三千一百余种，计有十五万一千多册。① 从篇幅上讲，确实相当于毁掉了另一部四库全书。其中对私人藏书的摧残也值得注意。虽有到期归还之说，但还是有不少的藏书楼受到摧残。如扬州马氏藏书楼，不仅藏书丰富，且有大量的书画与金石精品。在被征取七百七十多种图书后，马氏藏书楼地位"一落千丈，从此绝无影响"。② 又如杭州鲍氏久负盛名的知不足斋藏书楼，在被采用六百二十余种图书后，同样是一落千丈，"鲍氏此后不再以藏书家著称"。③

《四库全书》的编纂过程，就是乾隆帝对学术文化的裁定过程。一方面，他对编辑体例、宗旨均亲自详加规定，要求务必体现"朕折衷详慎之至意"，强调"朕则笔削权衡，务求精当，使纲举目张，体裁醇备，足为万世法程。即后之好为论辩者，亦无从置议，方为尽善"。④ 事实上，对于《四库全书》，乾隆帝也确实投入了很大的心血，不少错讹都是乾隆帝自己发现的。肯花这么大的精力，乾隆帝显然是要为后世万代千秋树立一个学术样板。《提要》的成书也颇蕴含裁定书籍价值以作后世范型之义。简言之，《四库全书》的编纂，颇有清理、"总结"天下学术的意味，无论是征编还是禁毁，皆出于乾隆帝"折衷详慎之至意"。此处"折衷"二字，是乾隆帝构建其治道观的中心理念，乃对儒家经传集大成之意，实不可等闲视之，足见乾隆帝本人以盛世文化的首创者自居。作为学术文化之样本，《四库全书》将"昭垂久远公之天下万世"。⑤

乾隆五十七年，《十全记》撰成，乾隆帝自称"十全武功"。"十全武功"者，是两平准噶尔、定回部、两扫金川、靖台湾、降

---

① 黄爱平：《四库全书纂修研究》，中国人民大学出版社 1989 年版。
② 《清代名人传略》中册，青海人民出版社 1995 年版，第 37—38 页。
③ 《清代名人传略》中册，第 241 页。
④ 《高宗纯皇帝实录》卷 1124，乾隆四十六年二月戊午条，《清实录》，第 23560 页。
⑤ 《高宗纯皇帝实录》卷 1124，乾隆四十六年二月戊午条，《清实录》，第 23560 页。

缅甸、服安南以及两降廓尔喀，其实也是康、雍、乾"三朝累积的事业"。① 无论如何，此功此业是在乾隆帝手中底定完成。乾隆帝素有开疆拓土之大志，富有超越乃祖之心。自乾隆十二年用兵大金川开始，乾隆中后期不断用兵边陲。经一系列的边战，乾隆朝的疆域，东北至库页岛，北跨外兴安岭，西北达巴尔喀什湖，西到葱岭，南达曾母暗沙，为历史上除元朝以外疆域最广者。乾隆帝于中国疆域版图的奠定之功亦不容否认。

乾隆朝之盛世，一半是实力，一半靠粉饰。其六次南巡，声势浩大，每次皆万人簇拥，靡费巨亿，耗尽积蓄。但其所到之处，花繁锦簇，群呼万岁；又大规模造修园林，天坛、清漪园（颐和园）、圆明园、静宜园、静明园、避暑山庄，所造皆美轮美奂，壮丽辉煌；他擅书画，长诗文，精熟新老满文，懂蒙、藏、维等多语种，一生四处巡视，到处挥洒墨迹，题墨堪称古今帝王之第一；晚年荒政，腐弊丛生，仍称政通人和；退位时都有"金凤颁诏"，举国欢歌，和谐美满，弄虚作假，千秋楷模。如此种种，说明乾隆帝是一个高大全式的圣君，乾隆朝也是一个假大空的时代。故有称其"性喜夸饰，往往思突过前人，而适滋流弊"。②

康、雍、乾三帝中，尤以乾隆帝既为帝王复作圣人的心理期望最为强烈。尽管康、雍二帝也有作君作师的心理，但只有乾隆帝真正把自己视为"十全老人"，基本上实现了治统与道统的合二而一，至少他自己认为，他几乎就是一个既作帝王又作教主的千古圣君。乾隆帝是绝对高产的诗文皇帝，一生撰写了大量的文字。③ 自学术价值言，他的文章自有大可批评者，但作为帝王，其文也绝不简单。

一般的观点认为盛世修书，有了乾隆盛世才有了《四库全

---

① 萧一山：《清代史》，辽宁教育出版社，1997年版，第57页。
② 印鸾章：《清鉴纲目》卷9，嘉庆四年附记，世界书局1936年版。
③ 《乾隆御制诗文集》计文一千三百余篇，诗四万余首。

书》；但在乾隆帝的眼中，更多是有了《四库全书》就有了乾隆盛世。

（三）文字狱与盛世巅峰

文字狱在中国历史上并不罕见，历朝历代屡有发生，但只有明清两代才臻至高峰。就明清两朝比较而言，清代的文字狱不论是规模还是严酷程度，都要明显高于明代。乾隆朝是清代文字狱的最高峰，不论是狱案的数量，还是狱案涉及的范围，都大大超过了康雍两朝。一般认为，顺治、康熙、雍正三朝共发生文字狱四十起左右，而乾隆一朝则达到了一百多起，是三朝总量的两三倍。[①] 乾隆帝 1735 年即位，1796 年禅位于嘉庆帝，在位六十年，再加上仍然大权独揽的三年多太上皇，统治中国达六十三四年之久。乾隆帝以"书生皇帝"自居，作为皇帝确实拥有较好的知识素养。他自幼饱读诗书，文思敏捷，其著述之丰堪称历代帝王之最。然而，乾隆帝对于成就千古圣君的自我期望过高，权力欲望也过大，从而这样一个颇富诗书才华的皇帝，却利用其娴熟的权力操控技巧，挟绝对权力制造了一波又一波的文字狱案，从而形成了一种史无前例的文化恐怖的政治生态。

乾隆朝的文字狱，大体上可分为三个阶段。

第一个阶段，是乾隆元年至三十七年。[②] 乾隆朝前中期，是康乾盛世的高峰时期，其政治与后期相比称得上是相对开明。这是乾隆朝文字狱较轻的时期，但文字狱也不绝如缕，始终未尝间断。

---

① 关于清朝的文字狱，据《清朝文字狱》一书的统计，其中顺治朝 6 起，康熙朝 13 起，雍正朝 20 起，乾隆朝的数量达到 140 起。见郭成康、林铁钧《清朝文字狱》，群众出版社 1990 年版。又有统计说，雍正朝的文字狱计 25 起，乾隆一朝计 135 起。亦可参考张兵、张毓洲《清代文字狱的整体情况与清人的载述》，《西北师大学报》2008 年第 6 期。

② 一般以乾隆帝发动文字狱的乾隆三十九年为界，笔者从《四库全书》修纂与文字狱兴盛的共振共生角度立论，认为乾隆三十七年已埋伏了两年后大兴文字狱的因子。

乾隆六年的谢济世案、乾隆十五年暴出的孙嘉淦伪奏稿案、乾隆
十七年暴出的卢鲁生父子传抄伪稿案、乾隆十八年的胡中藻《坚
磨生诗钞》案及稍后的鄂昌案、乾隆二十一年的朱思藻案，等
等。且这一时期并不乏规模大影响广的案件。如乾隆十五年的孙
嘉淦伪奏稿案，乾隆帝严令在全国范围内彻查相关嫌疑人与传播
者。各省大批逮捕疑犯，仅四川一省一年之内就抓捕了三百多人。
此案连续追查数年，仅省级大员被惩治者就有近十人。此一时期
狱案的主要特点是，一不许非圣，二严禁非君。但非圣无君的范
围很大，比如朱思藻案只是把矛头对准了贪官污吏，但仍被判非
圣无法。非圣无君的标准，也只有乾隆帝本人才明白。在更早的
谢济世案中，乾隆帝已不经意地流露出其垄断权力的强烈欲望。
乾隆帝说：

> 朕闻谢济世将伊所注经书，刊刻传播，多系自逞臆见，肆
> 诋程朱，甚属狂妄。……我圣祖将朱子升配十哲之列，最为尊
> 崇，天下士子，莫不奉为准绳。而谢济世辈倡为异说，互相标
> 榜，恐无知之人，为其所惑，殊非一道同风之义，且足为人心
> 学术之害。朕从不以语言文字罪人，但此事甚有关系，亦不可
> 置之不问也。……将谢济世所注经书中有显与程朱违悖抵牾，
> 或标榜他人之处……即行销毁，毋得存留。[1]

这段话揭示出，乾隆帝早期即具有强烈的求大求全的政治理
念，这种高大全式政治理念在逻辑上预示了未来大兴文字狱的可能
性。或者说乾隆帝极权专制的政治性格中，内在地蕴含着的文字狱
在未来的必然发生。不过，在乾隆前期宽松政治的掩盖下，文字狱
的严酷性还未完全暴露出来。

---

[1] 《高宗纯皇帝实录》卷151，乾隆六年九月丁亥条，《清实录》，第10091—
10092页。

　　第二个阶段，是乾隆三十七年到四十七年初的十年时间，这是乾隆朝文字狱最严酷的时期。此一阶段的特征是狱案多，特别是乾隆三十九年到四十六年的六七年间，成为整个中国历史上文字狱案发最集中的时间段，常常一年即有数起之多。乾隆朝为时最长、牵涉极广的两大案——王锡侯《字贯》案和徐述夔《一柱楼诗集》案——都发生在此一时期。此一时期，正是乾隆帝从策划到编纂《四库全书》最紧张的时期，这就意味着《四库全书》的编纂与文字狱存在着某种密切的关系。按照乾隆帝追求绝对专制的政治性格，他在开始打算修纂《四库全书》时，就有了严密控制思想文化的意图。或者说，实行文化统制为因，编辑《四库全书》为果。乾隆三十八年三月，乾隆在对各省督抚的明发谕旨中，已露出全面查禁一切违碍书籍之意。但在策略上，为了避免收缴图书的困难，才不得已多次谕示不以文字罪人。

　　尤其是乾隆三十九年，进一步扩大了文化控制的范围。即在《四库全书》修纂中，将一切被认为是"违碍字句"的图书，根据程度不同予以全部"销毁"或部分"抽毁"。在收缴与查禁违碍图书的过程中，越来越多的书被毁，越来越多的人被涉案。所以，乾隆帝通过收查禁书，在事实上直接提升了文字狱的等级，意味着乾隆王朝对文化管控的全面升级。

　　乾隆四十年发生了清代文字狱中影响重大的王锡侯《字贯》案，这是乾隆朝文字狱的再一次升级。王锡侯系江西新昌人，因感《康熙字典》检索不易，于乾隆四十年重新编成一部易于查检的简洁版字典，书名为《字贯》，被人以擅自改削《康熙字典》与诋毁圣祖之罪告发。江西巡抚海成接案后并未发现什么大问题，但仍按宁重勿纵的原则，以狂放之罪建议革除王氏举人功名而上报朝廷。乾隆帝亲自查看，发现《字贯》中多次涉康熙帝、雍正帝的庙讳，以及乾隆帝本人的名讳，遂以大逆罪判王锡侯斩立决。值得注意的是，《字贯》案引发的文字狱呈现出几何级的陡升：

一是违禁文字范围的迅速扩大，此前查禁范围基本上限于与编纂《四库全书》有关的书籍，此后则扩大到时文、碑帖甚至墓志、对联、门匾、便条纸等；一是涉案人员也从学者、名士等上层士人，进一步扩大到大量的普通读书人，甚至很多不识字的人也牵涉其中。试想，当普通士子的八股文习作也要被查禁时，会有多少人入罪？而更严重的问题是，江西巡抚海成因判案过轻被革职问罪。海成此前因在收缴禁书上献策有功，曾受到乾隆帝的公开表彰，至此则一下子由功臣变成了罪臣。这表明，查禁违碍书籍的标准只在乾隆帝的一手掌握之中，地方大员心中丝毫无谱。又或者只是在乾隆帝的一己之心中，这样就免不了判案尺度会随着情绪的波动而波动，从而更使查禁官员如坐雾中。《字贯》案导致了查禁违碍图书的再一次升级，各级地方官员在收缴禁书时纷纷抱着宁枉勿纵的心态，由此造成查禁之网越张越大，并引发更多的莫须有的冤案。

文字狱最高峰发生在乾隆三十九年到四十七年，这一阶段也是《四库全书》编纂的最紧要时期。这从一个侧面说明《四库全书》编纂工程是乾隆帝政治文化恐怖统制的一部分。

第三个阶段，是乾隆四十七年到六十年。乾隆四十六年底四十七年初，随着《四库全书》编纂工程即将告成，文字狱的恐怖气氛始稍显宽松。

文禁略为松动的唯一原因，与乾隆帝个人心态的变化相关。随着《四库全书》的即将告竣，乾隆帝的心情开始放松，于是开始不断向群臣暗示，要放宽文禁的尺度。乾隆四十七年以后，在乾隆帝的相关批示与谕令中，越来越多地出现了对于文字狱"不为已甚"、不能"吹毛求疵"等字眼。

但松动是有限度的，文字狱在全国各地仍不断发生。仅以搜缴禁书为例。此一阶段各地上缴解京的禁书日益增多。仅仅浙江一省，在乾隆五十三年至五十四年间，上缴解京应禁图书共有三次，第一次上缴禁书20种，第二次26种，第三次仅四个月时间即上缴

146 种。① 可见，文禁的某些环节不仅未缩小，反而有所扩大。

据上，乾隆朝文字狱的基本特征是，文字狱案数量多，涉及的图书多、范围广，所涉人数众等，创造出中国文字狱史上的种种奇观。

文字狱案还有一个很鲜明的特征，即奇案、怪案多。比如涉案的疯子人数多，乾隆十八年的丁文彬案、刘得俊《大江滂书》案、林志功捏造诸葛碑文案及刘三元案等，狱案主犯都是疯子。据不完全统计，乾隆朝文字狱案中，疯子涉案有近二十起，其中三分之一左右案犯被凌迟，至少十起的案犯被处死。又如涉案骗子也颇多，仅《清代文字狱档》即列举了五起。其他的怪案，诸如腐儒因歌功颂德而涉案，同族举告案，种种为争名利而涉案等，也所在多有。更荒唐的是，乾隆四十七年，广西回民海富润居然因抄录与携带回教经卷被巡抚朱椿逮捕，闹出了一个天大的笑话。

乾隆朝奇案怪案层出不穷，其原因很多很复杂，摘要列举如下。第一，最重要也最明显的原因，是乾隆朝空前严酷的文字高压政策，因为狱案数量多，涉及范围广，涉及人数众，其中自然会出现很多奇案怪案。第二，最直接的原因，来自于乾隆朝判罪缺乏明确的标准。如果与康雍两朝对比，则不难发现，康雍两朝的文字狱，涉案者基本上有相对确切的反满言行，而乾隆朝却无明确的标准，地方官员唯恐查禁不力而宁错也不放过，涉及范围自然会扩大，也自然会导致很多莫须有的狱案。第三，最根本的原因，则来自乾隆帝"致君尧舜上"的求高求全求大的圣君心态与理想。与此相关的，是乾隆帝迫切打造盛世巅峰的强烈诉求。故乾隆朝文字狱呈现另一个突出的特征，即积极主动地发动文字狱，防患于未然，以将一切违碍图书、一切非圣无君的文字扫除干净。乾隆三十九年，乾隆帝对查缴违禁图书进行了升级，其八月初五日谕云：

---

① 《宫中档乾隆朝奏折》第 73 辑，台北故宫博物院，1982，第 837—838 页。

各省进到书籍，不下万余种，并不见奏及稍有忌讳之书。岂有裒集如许遗书，竟无一违碍字迹之理！况明季末，造野史者甚多，其间毁誉任意，传闻异词，必有诋触本朝之语。正当及此一番查办，尽行销毁，杜遏邪言，以正人心而厚风俗。断不宜置之不办。此等笔墨妄议之事，大率江浙两省居多，其江西、闽、粤、湖广亦或不免。岂可不细加查核！①

此中用语颇为微妙，需细读方能领会。乾隆帝说，在一万多种图书中，"竟无一违碍字迹之理"，他判断其中"必有诋触本朝之语"，这实际上只是一种事前的猜测；又说江浙两省及江西等地，或者是"大率居多"，或者是"亦或不免"，也都属于一种猜测与预判。但拥有绝对权力的乾隆帝，就是凭着这一猜测毫不犹豫地发布了影响巨大的查禁谕令，结果是一猜即中，后来果然在江浙两省发现了大量的违禁图书。重要的问题是，在绝对权力的支配下，乾隆帝创立千古盛世蓝图和个人意愿，完完全全地变成了一种文化国策。或者说乾隆帝的圣君心态，演成了绝对君权笼罩朝野上下的极权意识形态与恐怖文化生态。最终，帝王的权力独占性与随意性，导致文禁政策的随意性，②演成了五花八门的文字狱奇案与怪案。

在乾隆朝的最鼎盛时期，也正是文字狱案最集中的时期。从乾隆帝对圣君的自我期许中，文字狱与盛世呈现了一种微妙的逻辑联系。

---

① 《高宗纯皇帝实录》卷964，乾隆三十九年八月丙戌条，《清实录》，第21290页。
② 乾隆三十八年，乾隆刚公开表示，不会因藏书获罪，说"或有违背忌讳字面，……岂有下诏访求遗籍，顾于书中寻摘瑕疵，罪及收藏之人乎？"时间不到一年半就要求"尽行销毁，杜遏邪言"，"断不宜置之不办"。分见《高宗纯皇帝实录》，乾隆三十八年三月丁巳条，《清实录》，第20705页；乾隆三十九年八月丙戌条，《清实录》，第21290页，这种随意性的变动所在多有，比如若依乾隆四十七年后的较宽标准，则此前的多数狱案都不会发生；若依乾隆四十年前后的严酷标准，则乾隆四十七年之后的文字狱案将会数不胜数。

（四）意见为理的时代

控制朝臣容易，难的是收服士人之心。士人以其在传统宗法社会中向上与向下的强大渗透力，对朝野局势影响很大，在很大程度上，收服士人之心才是真正实现天下大治的关键所在。乾隆帝对此十分清楚，他殷切希望士人归心朝廷，为此，他着实花费了很大的心血。乾隆帝六次南巡，其重要意图就是收服江南士人之心。①

乾隆帝初政，首先就大力宣扬其右文政策，并对士人许以名利。早在乾隆六年（1741），他就令省级官员访求民间著述，说："国朝儒学，研究六经，阐明性理，潜心正学。醇粹无疵者，当不乏人。虽业在名山，而未登天府。着直省督抚学政留心采访，不拘刻本钞本，随时进呈，以广石渠天禄之储。"② 能获国家奖掖印行自己的著述，当然是学者梦寐以求之事，乾隆帝此举自能获取无数士人的好感。

《四库全书》的问世，成为乾隆帝创造盛世的帜志，也成就了其"作君"又"作师"的愿望。该书纂修的过程，就是乾隆帝表彰正人、扶植正学的过程，亦即从正面为士人树立样板的过程，乾隆帝甚至下令收录一部分明遗民的著述：

> 若刘宗周、黄道周，立朝守正，风节凛然，其奏议慷慨极言，忠荩溢于简牍，卒之以身殉国，不愧一代完人。又如熊廷弼，受任疆场，材优干济，所上封事，语多剀切，乃为朝议所挠，致使身陷大辟。尝阅其疏内有洒一腔之血于朝廷、付七尺之躯于边塞二语，亲为批识云。观至此为之动心欲泪。……又彼时直臣如杨涟、左光斗、李应昇、周宗建、缪昌期、赵南

① 此论由来已久。近著可参杨念群《何处是"江南"：清朝正统观的确立与士林精神世界的变异》，三联书店2010年版。

② 《高宗纯皇帝实录》卷134，乾隆六年正月庚午条，《清实录》，第9867页。

星、倪元璐等，所有书集，并当以此类推。即有一二语伤触本朝，本属各为其主，亦止须酌改一二语，实不忍并从焚弃，致令湮没不彰。①

对广大汉族士人来说，乾隆帝"亲为批识"并"为之动心欲泪"，其言辞多么亲切动人。乾隆帝乘机夸称"朕大公至正"，并怒斥明朝皇帝对忠言听若不闻，昏庸至极，真是"明欲不亡得乎？"如此种种，乾隆帝已通过《四库全书》向天下士人明示了正人、正学的统一标准。

具有讽刺意味的是，乾隆帝公开表彰忠臣直臣，但对于直臣如杨涟、左光斗、赵南星、倪元璐等，则"止须酌改一二语"；对于"不愧一代完人"的刘宗周、黄道周，也"当改易违碍字句"；而像熊廷弼这样让乾隆帝"为之动心欲泪"的忠直之臣的著述，如《熊经略书牍》《经略续草》《熊芝冈诗草》，居然也出现在地方的毁禁目录之中。可见，乾隆帝之所以表彰忠臣，是为了制定符合帝王心愿的忠臣之统一标准。

实际上，乾隆帝重道为表、重术为里，他念兹在兹的是帝王心术，以防未然的心态去猜测臣下的忠心与否。无论理学还是经学，在他眼中都是资治之具，甚至是玩弄帝王权柄的道具。偶尔，他会不小心地说点实话，如"帝王之学与儒者终异"。②故而，他用各种手法来驯服臣属。他继康雍二帝的经验，一贯压制名臣，并且毫不讳言地公开宣称：

　　名臣之称，必其勋业能安社稷，方为无愧。然社稷待名臣而安之，已非国家之福。况历观前代忠良，屈指可数，而奸佞

---

① 《高宗纯皇帝实录》卷 1021，乾隆四十一年十一月甲申条，《清实录》，第 22192 页。

② 《高宗纯皇帝实录》卷 1106，乾隆四十五年五月戊子条，《清实录》，第 23348 页。

则接踵不绝，可见名臣之不易得矣。朕以为本朝纪纲整肃，无名臣，亦无奸臣。何则？乾纲在上，不致朝廷有名臣奸臣，亦社稷之福耳。①

乾隆帝此言，意味着他宣示了一个皇权极致巅峰的时代。就制度层面讲，皇权专制在康、雍、乾三朝也的确是一步步走向巅峰。② 事实上，乾隆帝也的确做到了大权独控。他说我朝无奸臣，实即喻示他有一双火眼金睛，大臣的言行举止甚至内心所想，他都能一一烛照；说朝中无名臣，也是表示国家大事小情他都十分清楚，不需忠臣、名臣、正臣来提醒，更不需谏诤。既无奸臣也无名臣，朝中只有听话的属员。乾隆帝的权力欲空前强大，对付大小臣工，他确能做到掌控自如。和珅一案，证据并非不足，乾隆帝一言而无罪；同时被处置的大臣，有罪无罪、罪大罪小，皆其一言而决。一如乾隆帝本人所称，"大学士之职仅票拟承旨"，就连位极人臣的大学士也只能充当秘书的角色，遑论其他。

乾隆帝素喜长篇大论，评品古今学术与人物，而其既为且智且仁且圣之圣君，则自然最具评品、裁定学术思想的资格。即如上文，乾隆帝非议朱子，其于《大学》"絜矩之道"，于《论语》中

---

① 《高宗纯皇帝实录》卷1129，乾隆四十六年四月辛酉条，《清实录》，第23612—23613页。

② 政治上清承明制，但从决策到运行，皇权之强大远非明代可比。监察部门历来是朝廷政治健康运行的保障，是防止皇帝及大臣专权的有效制衡机构。从都察院到六科衙门，在明代还都是有独立权限的实权部门，到了清代，一应独立的实权均被剥夺殆尽。以六科衙门为例，在明代，它的一应权限是相对独立的。《明史·职官三》记述："掌侍从、规谏、补阙、拾遗、稽察六部百司之事。凡制敕宣行，大事覆奏，小事署而颁之；有失，封还执奏。凡内外所上章疏下，分类抄出，参署付部，驳正其违误。"而在清代，六科名义上仍为言官，但权力被大大收缩，不但不能封驳上谕，而且一应职权变成了只能是帮助皇帝传达谕旨处理文案的秘书一类的工作，监察机关变成了皇帝的秘书处。总之，乾隆之前，康、雍二帝已逐渐解消了议政王大臣会议，雍正还设立了军机处，在很大程度上，把一切议政与决策的权力统统收归皇帝一人，为乾隆帝乾纲独断奠定了制度性的基础。

樊迟问知、问仁，都把平实的、贴切的立己立人、达己达人之义轻松抹掉，代之以玄妙的、极富弹性的"心""境""敬"之说。大体上，乾隆帝后期立言，至少有三个思想特征。其一，是高调的道德理想主义，习惯以"心""执中"及理欲、义利等圣贤道德，来研判经义与评判人物。其二，是强调下位者的道德义务，对臣属、士人始终不信任，防民之心远甚山川之险。其三，是弃平实而务玄虚。即使面对理学大宗师朱子，也敢于说理、说欲、说心、说境、说形上，显示出其主观裁断上的高度自信。乾隆帝说学论道素善"执中"，此两处论说皆高玄微妙，颇便于他左右逢源、上下其便，亦即颇便于其对天下万端的"执中"权衡。至于"执中"之度标准为何，也只有问乾隆帝自己的"心"与"境"了。

乾隆帝晚年自称"十全老人"，并认为他的王朝基本上已经实现了大治。乾隆五十五年，内阁大学士尹图壮因议罪银制度上奏，认为大臣以贪罪可交银两免惩，助长了官场恶习，建议"请永停罚银之例"。乾隆帝不喜，于是尹氏的覆奏又进一步申说。其中说道："各督抚声名狼藉，吏治废弛。经过各省地方，体察官吏贤否，商民半皆蹙额兴叹。各省风气，大抵皆然。"① 乾隆帝闻奏巨怒，对于尹氏所言"竟似居今之世民不堪命"尤为无法容忍，认为尹氏否定了其治世功业，发长谕怒斥之：

> 朕临御五十五年，子惠元元恩施优渥，普免天下钱粮四次，普免各省漕粮二次，为数何啻万万。偶遇水旱偏灾，不惜千百万帑金。初助抚恤，赈贷兼施，蔀屋穷檐，共沾实惠。凡身被恩膏者，无不家喻户晓②

---

① 《高宗纯皇帝实录》卷 1367，乾隆五十五年十一月丁酉条，《清实录》，第 27248 页。

② 《高宗纯皇帝实录》卷 1367，乾隆五十五年十一月丁酉条，《清实录》，第 27249 页。

此后数月，乾隆帝发了一系列的谕旨痛驳尹氏，还不解恨，乾隆帝又派员押尹氏到山西、直隶、山东诸省重新核查实情，直至尹氏承认"经过各州县地方，百姓俱极安帖。随处体察，毫无兴叹情事"。[①]因尹氏认罪态度尚可，乾隆帝才对其做出"宽大"的免罪处理。

在乾隆帝看来，他的赈灾、减税等政策早已惠及万民，他的治下到处是一片"商民乐业情形"，[②]所以，他决不容尹图壮为盛世抹黑。他认为，当今天下已经基本实现大治了，当下政策的重心已经不是富民养民，而是教民化民了。当今的国策，其至要者莫过于王道教化了。他相信经过自己努力化民成俗，将开创秦汉以降的全新历史，甚至已经超过了三代之治。

既是盛世，则是不容抹黑的。乾隆三十九年爆发王伦起义，给事中李漱芳奏折中有"大半皆无告饥民激成"，这句话大大激怒了乾隆帝。乾隆帝自认其在位三十九年在在以"通民隐""纾民力"为务，"何致有穷黎无告之事"，[③]在我的圣明治下，怎么会有饥民出现呢？乾隆帝认为李漱芳是为乱民设说辞，怒斥李氏"尚可谓之人类乎！"[④]自此，凡遇乱民之事，无人再以饥民之因置一词。另一例为乾隆五十一年，曹锡宝弹劾和珅家人刘全儿案，意在揭出和珅贪案。乾隆帝说："朕用人行政，一秉大公，……且我朝纲纪肃清，大臣中亦无揽权借势，窃弄威福之人。此所可自信者。"[⑤]乾隆帝据我朝无权臣的逻辑，即判曹锡宝事实上有罪。两个事例，其逻辑是一致的：朕即理。此可为戴震所谓上位者挟势以为理的一个注脚。乾隆帝怒骂李漱芳"尚可谓之人类乎"，也同样构成戴震

① 《高宗纯皇帝实录》卷 1369，乾隆五十五年十二月甲戌条，《清实录》，第 27285—27286 页。

② 《高宗纯皇帝实录》卷 1369，乾隆五十五年十二月甲戌条，《清实录》，第 27286 页。

③ 《高宗纯皇帝实录》卷 968，乾隆三十九年十月辛巳条，《清实录》，第 21391 页。

④ 《高宗纯皇帝实录》卷 968，乾隆三十九年十月辛巳条，《清实录》，第 21391 页。

⑤ 《高宗纯皇帝实录》卷 1259，乾隆五十一年秋七月己未条，《清实录》，第 25439 页。

所谓上位者以理责下的一个注脚。

是故，晚年的乾隆帝益喜玄高，到他的最后几年，已几无一丝前期务实政治之风格。

笔者查《高宗纯皇帝实录》中"富教"与"教养"二者出现次数，在数以千万字计的《高宗纯皇帝实录》中，"富教"未出现一次；体现富民国策的"养教"二字出现一次，且是乾隆早期最勤政的那一段时间。简言之，"养教"二字是出现于乾隆帝的执政理念尚未成熟之前。① 而"教养"二字则不计其数，其中属于国策性的富民、教民均以"教养"二字该之。更重要的是，还有以"化民""教民""导民""孝治"等字眼大量反复宣示教化的谕旨。这一点在乾隆后三十年相当突出。② 可见，乾隆帝有着较明显的以教为治的心理倾向，把极为强势的意识形态向民间进行渗透。其中内容，举其大端约如下几方面：其一，向中央及各级地方官员强调教化方针者；其二，每年例行的表彰孝、义、节、烈者；其三，翰林院、策试等场合阐扬圣教者等。尤其是前两条，上意所向，举国动员，乾隆朝的政治效率在此得到充分的体现。笔者又查《圣祖仁皇帝实录》，则"富教""养教"二字一如乾隆朝，惟"教养"二字大都特对蒙古这个非汉民族，③ 针对八旗一次，少数几次针对皇室子弟，涉汉人的"教养"也仅少数几次，且其内容都有特定范围，如针对暴民乱民、作养人才时方用"教养"二字。④

---

① 乾隆帝称："训督抚劝课州县，实行教养。谕为治以安民为本，安民以教养为本。"又云："审物土之宜，因间阎之便，利所当兴者举之，害所当除者去之，则养教兼施，善政莫大乎是。"《高宗纯皇帝实录》卷217，乾隆九年五月庚子条，《清实录》，第10980页。

② 《高宗纯皇帝实录》中，乾隆前期"教养"二字出现的频率并不低，而中、后期"教养"二字也非绝对的只教不养。然而，结合"化民""孝治"诸语，尤其是乾隆帝日益喜欢说教与裁断，其治道理念变化之迹则至为明显，并无疑义。

③ 康熙谕称"绝域荒陬之蒙古"，又说蒙古人"性懒惰"。分见《圣祖仁皇帝实录》卷191，康熙三十七年十一月丙戌条与十二月丁巳条，《清实录》，第4886、4891页。

④ 如康熙二十四年贡士策试谕示制文末尾有云：希望士子们"各抒所学，以裨教养之隆。"参见《圣祖仁皇帝实录》卷120，康熙二十四年三月庚辰条，《清实录》，第4125页。

涉汉人之经济与教育等国策性的用词，"教养"二字未出现一次。我们姑且据此得出一个简单结论：康熙帝是自认有资格教育驯化蒙古人的，但没有充分的证据说明他有驯化汉人的自信。或者他认为，汉人文明成熟，已经不存在所谓驯化的问题了。据此可以认为，以康熙大帝之才略也没有充分的自信来教化汉族士人，而到了乾隆帝，其做天下教主的自信心可谓相当强大了。

上文所说，乾隆帝与朱子立异，把仁恕和"絜矩"都解释为克制私欲之义，这是儒学被政治化的典型标本。乾隆帝时时高调地说理论道，习惯以义、利、理、欲说人论事，《实录》中类似的记载数不胜数。乾隆帝之论，化导万民，渗入律法，在农业宗法社会的土壤中极易生长壮大，最终形成一种空前强势的政治文化生态。天下臣民生活在举国声讨万恶"利""欲"的弥漫气氛中，其价值观念可见一斑。这也是戴震力"辨乎理欲"，控诉"以意见为理而祸天下"的时代背景。①

要之，以道德说教裁判天下事，以理责天下人，是乾隆帝中晚期的文化国策。② 尤其是中晚期三十年，乾隆的种种作为显示出明显的极权意识形态之性格。在文化高压的政策下，天下臣民人人皆惧因言入罪，几乎所有士人不敢稍涉时论。与晚明的张扬思想个性性格相比，乾隆朝大多数士人的个性与思想锋芒均极度收敛，个体创造性与思想主体性也几乎消磨殆尽。

---

① 戴震：《孟子字义疏证》卷下，中华书局1982年版，第53页。又：这一段时期，又复合乾嘉考据学的鼎盛时期，经学考据学经乾隆帝力倡，复挟《四库全书》风涌之力，几乎成为学坛的独霸势力，几有以官方正学身份与理学相抗之势。而乾嘉学者应对现实的种种思想特征，与乾隆王朝后三十年的政治文化生态有莫大的关联。

② 这并不是说，乾隆帝后期理政就罔顾民情，以乾隆帝之才略定不至此，这也是显而易见的。笔者不过是从其帝王的治道重心角度立说，以期贡献一隅之得。

二　戴震的自然人性论及其思想史意义

化解宋儒理学的绝对道德主义，消除天理说的教条与僵化，是明中叶以来思想史的一条重要线索。从王阳明到黄宗羲、顾炎武，再到戴震、阮元，都无不着意于对程朱理学的批判与调整。

宋代以降，作为官方哲学的程朱理学，日益呈现一种力求齐整划一的思想固化形态，越来越变成了高高在上的说教。程朱强调"存天理，灭人欲"，把理与欲视为绝对对立的两端，这就意味着，作为主流思想的理学，已经不能正视人的欲望，日益远离人们的现实社会生活，日益失去处理人生问题的灵活性，日益失去规范人心的理论弹性。这不仅是一种理论上的结构性弊病，而且因科举制时代广大士子习于朱注四书，它同时也是一种结构性的社会弊端。王阳明认识到程朱理学的"理"是一种纯粹客观理性之理，在现实社会中逐渐丧失了生命活力，故起而矫之，拈出"良知"一词，赋良知于哲学本体的意义，将天理、万物一概涵摄于良知之中。阳明的良知与致良知，有意提升个体的能动性与创造性，力挺人之道德主体的自觉意识，可视为应时而出的一套新哲学。

阳明心学尚未一展重新安顿社会秩序的宏图，良知说即在其王门后学那里泛滥无归，成为明末清初儒者反思学术与社会的一个引爆点。在一定意义上，阳明后学暴露出来的问题，根源还在阳明心学本身。本来，程朱理学完美无缺的社会蓝图，初衷也是希望安定天下秩序，但这种完美的理则同时极大地束缚了人性之自然伸展。故阳明以良知说调动人的主动性与能动性，以矫程朱之弊。然而，阳明不仅强调良知，且强调良能，认为良知自能呈现，人欲的泛滥在根本上不可能遮蔽良知主体，良知自能主动地灭掉一切人欲。阳明心学漠视人的私欲，近似于主张从灵魂深处彻底根除私欲，其所谓破心中贼之说，比程朱更为决绝，也更少了人情味。这样，阳明心学就从提升人的主动精神，回到了"灭人欲"的理学老路。物极必反，阳明后学的良知说，又走向了过分强调人心自然呈现的一面，以致纵欲之风盛行，士习日益颓废，甚至社会秩序濒临崩解。于是东林学派以及黄宗羲、顾炎武等以拨乱反正、提振社会风习为己任，一方面力图消弭王学末流的消极影响，一方面力挺士人的政治主体意识，以重新安顿人心，以重整社会秩序。然而，黄、顾等人终无法躲过阳明后学自然人性说的正面影响，他们自觉或不自觉地摒弃了宋儒的存理灭欲之说，在不同程度上提倡一种贴近日用生活的尊情的人性说。这一点在浙东学者黄宗羲、陈确等人身上表现得颇为明显。明末清初大儒黄、顾等人的人性论说，后来对乾嘉学者有不容忽视的影响，钱大昕、戴震、阮元等人大多主张一种质朴的宽容的人性，固有其历史的思想脉络。

上文说过，乾嘉学者通过恕道观化解专制政治的压力，通过对自然性情的疏解力求达到对人性的透彻了解，但终因其囿于文字而不能在义理上有完整意义的突破。因此，戴震强调文字考据以求明通义理为旨，有意识地从哲学的高度对理学的理欲观进行了重新审视与清理。

戴震把理学思想僵化的主要症结，归因于理学家对天理人欲的主观判分。理学家片面认为天理与人欲为对立的两端，这一观念长期影响人们的心理。有鉴于此，戴震对宋儒理学的辨证，将核心议题对准了理与欲的关系。他严厉批评宋儒以"意见为理"，[①] 揭露官方理学"以理杀人"的实质。

戴震哲学最闪光的地方，是他的自然人性论。晚年的戴震全力致意于此一工作，代表作有《原善》《孟子字义疏证》《答彭进士允初书》等。戴震以考证与疏解的形式对"理""天道""性""才"等一系列哲学范畴进行辨证，在本体论、认识论与道德观等方面对人性问题重新辨证，提出了"理在欲中""德性资于学问"

----

① 戴震：《孟子字义疏证》卷上，第4页。

"达情遂欲"等许多人性论命题，这些命题多是发前人所未发，且条理清晰，本末毕具，形成一套中国思想史上极富创新意义的新学说。

（一）突出个殊意义的"分理"说

戴震是乾嘉汉学派中首屈一指的哲学家，其思想精深而条理，观点鲜明而独特。戴震以注疏儒家经典的形式来表达自己的哲学观念。首先，他引据《周易》"一阴一阳之谓道，继之者善也，成之者性也"，[①] 从哲学本体论或本源论的意义上，提出了"气化即道"的自然观，并以此作为其自然人性论的基础。戴震解释天地万物之道：

> 易曰："一阴一阳之谓道，继之者善也，成之者性也。"一阴一阳，盖言天地之化不已也，道也。一阴一阳，其生生乎，……言乎人物之生，其善则与天地继承不隔者也。有天地，然后有人物；有人物而辨其资始曰性。……明乎天地之顺者，可与语道；察乎天地之常者，可与语善；通乎天地之德者，可与语性。[②]

戴震认为，宇宙是一个气化流行的世界，天地之道即阴阳二气流行不息的变化过程。这样，戴震就把天地之道解释成了一个生生不息的变化过程。其哲学意义有两层。一是本体论意义，强调气是万物的载体，天地万物都是有形质的气所构成的。有了气，才有天地之道。与宋儒的理气二元论比较，在理与气关系上，戴震明确肯定气是万物之本，没有气就没有理。二是哲学本源论意义，即气是宇宙的本源，天地万物和人类都是阴阳二气的流行与化生。

---

① 《周易·系辞上》。
② 《原善》卷上，《戴震全书》第 6 册，第 8—9 页。

　　戴震的人性论正是建立在其"气化即道"的自然观基础之上的，可以称之为"与物同有欲"的自然人性论。他指出："有天地，然后有人物；有人物而辨其资始曰性。人与物同有欲，欲也者，性之事也。"① 认为一阴一阳之气的自然流行，产生天地万物与人类，无论是万物还是人类，都无不带有自然的特性，明确肯定人性之"人与物同"的自然欲望。

　　戴震论气与论理，旨在驳正宋儒无所不在的普遍之"理"的主观性与片面性。因此，戴震对理学家玄妙的抽象之理做出进一步的分解，提出了他的"分理"说。

　　戴震人性论对前儒的第一个重要突破口，是其特别拈出的"分理"二字。② 戴震特别强调"分理"。在一般与个别的关系上，与程朱强调理的普遍性不同，戴震首先着意于个别的具体的"分理"。《孟子字义疏证》开宗明义地把"理"解释成"分理"：

　　　　理者，察之而几微必区以别之名也，是故谓之分理；在物之质，曰肌理，曰腠理，曰文理；得其分则有条而不紊，谓之条理。……中庸曰："文理密察，足以有别也。"乐记曰："乐者，通伦理者也。"郑康成注云："理，分也。"许叔重说文解字序曰："知分理之可相别异也。"古人所谓理，未有如后儒之所谓理者矣。③

　　《孟子字义疏证》全书的第一句话，即"理者，察之而几微必区以别之名也，是故谓之分理"，把"理"径直定义为"分理"。戴震强调具体的"肌理""腠理""文理"，引经据典反复言说

────────────

　　① 《原善》卷上，《戴震全书》第 6 册，第 9 页。
　　② "分理"是一个重要的概念，是戴震构建其自然人性论的一个逻辑起点，但迄今并未引起学术界足够的重视。至今所有的中国哲学史与思想史著述中，几乎无不是围绕戴震的"条理"说而展开，而关于"分理"则往往一笔带过。
　　③ 戴震：《孟子字义疏证》卷上，第 1 页。

"区以别之""足以有别""知分理之可相别异"，突出具体事物的
具体之理。这与程朱理学把理释为抽象的形而上之理有着本质的区
别。程朱等理学家把"理"解释为天地万物的普遍原理，① 认为理
不仅包含自然万物，也包含伦理道德等一切人类社会现象与精神现
象，是自然与人类社会产生、存在与发展的总根据。不言而喻，这
样的理自然是自然秩序与社会秩序的完美化身，也是官方理学谋求
经济、政治及思想文化整齐一律的理论根据。在这一逻辑下，凡是
不合乎理的现象，凡是人的一切不好的观念与行为，都是异在于理
的，因而应一概摒弃。

戴震认为，当纯粹抽象的理与具体事物几无挂搭的情形下，个
人意志与行为不论是否合乎理，都不具有价值意义。换言之，依程
朱之理，不论是个人的观念与行为，还是社会经济、政治、文化乃
至一应风俗习惯，只有整齐划一地符合于理，才有存在的价值与理
由。而这样的理只是一种理想，在现实性上也就只能是一种空想，
因为这样的理与人们生存的现实世界差距太大。戴震十分警惕这种
笼罩天下与裁断天下之事的普遍的理，认为这样的理可能正是
"以理杀人"的理。他指出"得其分则有条而不紊，谓之条理"，
强调"分理"才是普遍的有序的理的基础与条件，是普遍之理存
在的唯一可能的形式。如上文所述，戴震从本体论意义上论证气是
宇宙的本源，是万物的载体，天地万物都是有形质的气所构成的。
有了气，才有天地之道。在理与气的关系上，强调气的优先性，从
一般与个别的关系讲，他明确强调个别具体事物的优先性。也正是
在这一意义上，戴震特别强调具体的"分理"，他一遍一遍地反复
致意：

---

① 朱熹认为："理也者，形而上之道也，生物之本也。"《答黄道夫》，《晦庵先生
朱文公文集》卷 58。

古人所谓理，未有如后儒之所谓理者矣。①

古人所谓天理，未有如后儒之所谓天理者矣。

又强调：

"物者，事也；语其事，不出乎日用饮食而已矣；舍是而言理，非古贤圣所谓理也。"

这三句话的锋芒都指向了程朱的普遍抽象的理。且这三句话分别是《孟子字义疏证》一书论"理""天理""情与理"三个问题的结尾句，可以说是带有结论性的三句话，且都是特别加重的语气。戴震以《孟子》《中庸》及汉儒等说为据，认为宋儒"所谓理"，根本不符孔孟先儒的原意。他进一步揭示程朱理学的"形而上"之理对后儒的迷惑。戴震说：

易曰："形而上者谓之道，形而下者谓之器。"程子云："惟此语截得上下最分明，元来止此是道，要在人默而识之。"后儒言道，多得之此。朱子云："阴阳，气也，形而下者也；所以一阴一阳者，理也，形而上者也；道即理之谓也。"朱子此言，以道之称惟理足以当之。今但曰"气化流行，生生不息"，乃程朱所目为形而下者；其说据易之言以为言，是以学者信之。然则易之解可得闻欤？②

戴震指出，程朱理学强调器生于道，是为了说明气生于理，并据此逻辑认为理是形而上而气是形而下的，形上之理独立于形下之气上，理就成了高高在上的抽象存在而完全有别于现实中一切有形

---

① 戴震：《孟子字义疏证》卷上，第1、2、3页。

② 戴震：《孟子字义疏证》卷中，第21页。

之物。戴震指出："六经、孔孟之书不闻理气之辨，而后儒创言之，遂以阴阳属形而下，实失道之名义也。"① 程朱理学妄辨理气，妄分形上与形下，全失孔孟先儒之旨，而后儒长期受其迷惑，从而执意见与偏见以为理。简言之，宋儒所讲的理，是高高在上的不接地气的普遍的理，古圣人所讲的理，都是贴近日用生活的一件一件具体的"分理"。言外之意也十分明显，"古贤圣所谓理"是具体事务的"分理"，它来源于真实的生活，是可以真正指导现实生活、安定天下的理，而"后儒之所谓理"只是高悬在天上的、口头上的理。

戴震还通过对"才"与"性""命"的关系来说现实人性之"分理"。戴震说：

> 才者，人与百物各如其性以为形质，而知能遂区以别焉，孟子所谓"天之降才"是也。气化生人生物，据其限于所分而言谓之命，据其为人物之本始而言谓之性，据其体质而言谓之才。由成性各殊，故才质亦殊。才质者，性之所呈也；舍才质安睹所谓性哉！以人物譬之器，才则其器之质也；分于阴阳五行而成性各殊，则才质因之而殊。犹金锡之在冶，冶金以为器，则其器金也；冶锡以为器，则其器锡也；品物之不同如是矣。从而察之，金锡之精良与否，其器之为质，一如乎所冶之金锡，一类之中又复不同如是矣。②

对于命的解释，戴震也主要是从"分"的角度讲，即"气化生人生物，据其限于所分而言谓之命"，但性与命关系也并非戴说的重点。戴震的重点是讲性与才的关系。概括地讲，戴震认为"性以本始言，才以体质言"，即性是指本源意义上人之初生性状，

---

① 戴震：《孟子字义疏证》卷中，第 22 页。
② 戴震：《孟子字义疏证》卷下，第 39 页。

才是指性所呈现出来的具体的形质的最初始的本质，性是抽象的蕴藏于事物之内的，才是具体的显现于外的，对性的把握通过对才的察知而实现。所以，"才质者，性之所呈也"。这与戴震讲分理的逻辑是一致的，即抽象的理要通过对具体"分理"的"察之几微"而把握。

对于才的理解，最重要的是把握其"分"之一面，所以《孟子字义疏证》第一句话就说，"才者，人与百物各如其性以为形质，而知能遂区以别焉"。强调人之才是阴阳之道的化与"分"，即"分于阴阳五行而成性各殊，则才质因之而殊"。种类繁多、性状各异的世界万物之呈现就是一个一个的"分"，每一个具体的人也都会呈现出种种不同的才情，即人性在现实呈现中也是一个一个具体的"分"。因此，不依抽象的理，而依具体的"分理"，才能曲尽对微妙之人性的洞察。所以，戴震在《孟子字义疏证》一书中劈头就说，对于种种"分理"诸如"肌理""腠理""文理"等，都需要有一个"察之而几微必区以别之"的过程，强调只有在充分细致地观察与区别这一个一个的"分理"的基础上，才能真正把握普遍意义的理。① 当然，戴震并不否认普遍的理，但他强调的无疑是具体的"分理"，先有"分理"之后才有普遍的理，强调的是"品物之不同如是"及"一类之中又复不同如是"的具体而独特的物。

"分理"说是戴震自然人性论的一个重要理论基石。以"分"论才已如上述，戴震续揭此旨，论性、论命重其全也重其"分"："分于道谓之命，形于一谓之性。""分于道者，分于阴阳五行也。一言乎分，则其限之于始，有偏全、厚薄、清浊、昏明之不齐，各随所分而形于一，各成其性也。……天道，阴阳五行而已矣；人物之性，咸分于道，成其各殊者而已矣。"② 很明显，

① 似也是戴震对宋儒所谓"人心惟危，道心惟微"之圣人心传的一种回应。
② 戴震：《孟子字义疏证》卷中，第25页。

性与命都是人所得之于天，由阴阳化生而成，也由"分于阴阳五行"而成。其中，"天道""阴阳""五行"名称虽异，但其义都是指天地生生之道。个体之性既有"偏全、厚薄"，就不能以固全之理绳之一律。戴震的"分理"说，强调"分"，强调"殊"，强调具体与个别的价值。他认为，只有在了解各种事物的各种特性的基础上，才能真正透彻地认识这个世界。戴震似乎有意突出这些千差万别之物的内在价值，突出事物多样性与社会多元性的意义，这也是有意与程朱过分强调理的普遍性与超越性立异。

戴震的"分理"说有三层意义需要特别注意。

第一，具体性与个别性。上文所述较详，不赘。

第二，客观性。戴震之"分理"所谓"有人物而辨其资始"，强调的是人与物之可供观察与辨别的某些性状；其所谓"在物之质，曰肌理，曰腠理，曰文理"，径直点明"分理"即是在对这些有形质的、客观之物辨察的基础上呈现出来的。概括地说，戴震的"分理"完全不同于程朱的纯粹主观的抽象之理，其"分理"是一种心知可以观察与认识的客观性根据，此即戴震所强调的"理义岂别若一物，求之所照所察之外！"[1]

第三，现实性。戴震之"分理"不仅包括自然与物质领域，还包括社会、政治、道德等精神领域。但精神层面的"分理"，也是基于其客观性与自然性，是指社会上真实的或现实呈现的东西，即戴震所谓"自然之分理，以我之情絜人之情，而无不得其平是也"。[2] 所以，戴震的"分理"完全不同于程朱的疏离于现实生活的超越性之理，是与社会现实生活与情感真实呈现不能分割的理。

"分理"的客观性与现实性，是戴震知性化道德或智能化德性说的核心支柱。

在"分理"的基础上，戴震进一步提出了他的"条理"说。

---

① 戴震：《孟子字义疏证》卷上，第6页。
② 戴震：《孟子字义疏证》卷上，第2页。

戴震说：

> 得其分则有条而不紊，谓之条理。孟子称"孔子之谓集大成"，曰："始条理者，智之事也；终条理者，圣之事也。"圣智至孔子而极其盛，不过举条理以言之而已矣。易曰："易简而天下之理得。"自乾坤言，故不曰"仁智"而曰"易简"。"以易知"，知一于仁爱平恕也；"以简能"，能一于行所无事也。"易则易知，易知则有亲，有亲则可久，可久则贤人之德"，若是者，仁也；"简则易从，易从则有功，有功则可大，可大则贤人之业"，若是者，智也；天下事情，条分缕析，以仁且智当之，岂或爽失几微哉！①

"条理"说至少有三层意思。其一，具体与个别中蕴含普遍的秩序。戴震以大树做比喻："譬天地于大树，有华、有实、有叶之不同，而华、实、叶皆分于树。形之巨细，色臭之浓淡，味之厚薄，又华与华不同，实与实不同，叶与叶不同。一言乎分，则各限于所分。……人物与天地，犹然合如一体也。体有贵贱，有小大，无非限于所分也。"② 万物杂多而不乱，众庶而有序，如树之叶、树之花、树之果，每一物都在秩序之中。具体事物之条理，即"得其分则有条而不紊，谓之条理"，是立足于对万事万物的具体的经验观察，所形成的对物性与人性的把握。其二，强调条理的普遍性，任何事物无不有条理。包括道德在内的宇宙万物都有其内在的条理："生生，仁也，未有生生而不条理者。条理之秩然，礼至著也；条理之截然，义至著也；以是见天地之常。三者咸得，天下之懿德也，人物之常也。"③ 其三，条理的简易性及其"平恕"的

---

① 戴震：《孟子字义疏证》卷上，第 1 页。
② 《答彭进士允初书》，《戴震全书》第 6 册，第 357—358 页。
③ 《原善》卷上，《戴震全书》第 6 册，第 9 页。

特点。一切条理源于对自然与社会生活的察知，是贴近人们的日常生活实际的，它既不是高玄的妙理，也不是纯粹抽象之物，就在人们的身边，只要用心就能察知，就能践行。从这三条意思中，还可以推衍出另一条核心义，即在于将欲纳入理的系统中，使理不挂空，使儒家德性学说安顿天下秩序成为可能。

"条理"是戴震人性论中的又一个重要概念，甚至说是一个中心观念。因为"条理"说的形成，进一步赋予了"分理"道德秩序的意义。

所谓"一阴一阳，其生生乎，其生生而条理乎！"即把世界解释为纷繁万千具体品物的生化与流行，天地万物依时运行秩然有序。戴震又说"生生，仁也"，认为条理秩序是"礼至著""义至著"，其中蕴含了"天下之懿德也"。其意在强调生生之仁，要把人性中丰富多维的情感世界涵括在大道化行之中，从而不仅把人的情感与欲望纳入传统的心性之学，而且使儒家德性理论可能变成涵容了情与欲的健全的道德学说。

（二）"理在欲中"的自然人性论

关于理欲关系以及理情关系，戴震有两个清晰的论断：一是"理者存乎欲者也"。一是"理也者，情之不爽失也；未有情不得而理得者也"。[①] 以上两条，就是戴震自然人性论的两个结论，戴震的人性论即围绕此两个结论而展开。

上文说过，戴震的人性论，是从天地化生之道说起。戴震把宇宙之道解释为一个生生不息的变化过程，是从哲学本源论的意义上解释天地万物之道，换言之，即从哲学本源论解释其自然人性论：

> 一阴一阳，盖言天地之化不已也，道也。……言乎人物之生，其善则与天地继承不隔者也。有天地，然后有人物；有人

---

① 戴震：《孟子字义疏证》卷上，第 8、1 页。

物而辨其资始曰性。人与物同有欲，欲也者，性之事也。①

戴震又说：

> 凡有生，即不隔于天地之气化。阴阳五行之运而不已，天地之气化也。人物之生生本乎是，由其分而有之不齐，是以成性各殊。②

性即人性，也是包括动物在内的天地万物之性。先有天地万物，然后才有人，天地万物之性是人性的一个基础。"人与物同有欲，欲也者，性之事也"，即物与人都产生于自然，都不可避免地带有自然的性状，肯定人与天地万物"不隔"的自然特征。戴震反复言说天地生生之道，是从哲学本源论的意义上解释性与欲是天地阴阳化生万物与人的过程中形成的，旨在强调对人性的了解要符合人性生生而自然的实际状态，要承认欲是人的天性中之所有，是人之生来就有且会伴随着生命的存在而存在。

戴震还进而从哲学本体论意义论证自然人性。戴震说：

> 欲，其物；理，其则也。……而宋以来之言理欲也，徒以为正邪之辨而已矣，不出于邪而出于正，则谓以理应事矣。理与事分为二而与意见合为一，是以害事。③

戴震指出，欲是一种有质之物，理是物之文理与法则，欲与理都是指物之生成与存在的自然状态，欲与理是统一的而不是割裂的，宋儒理欲论的根本错误就是将理与物、理与欲、理与事判分为二，从

---

① 《原善》卷上，《戴震全书》第 6 册，第 8—9 页。
② 戴震：《孟子字义疏证》卷中，第 28 页。
③ 戴震：《孟子字义疏证》卷上，第 8—9 页。

而得出"不出于理则出于欲，不出于欲则出于理"的错误结论。①
戴震所谓"禀受之全，则性也"，"合而言之，是谓天性"，② 都是
从人性存在的角度，把自然人性看成人之存在的一个基本要素。在
此意义上，戴震揭示了理在欲中，理离不开欲而存在，也就是从存
在的统一性上，论证了人性与物性的统一、理与欲的统一。

戴震还进一步阐述了理与欲在道德意义上也具有统一性。他首
先引经据典，肯定欲只是一种自然的存在状态："《诗》曰：'民之
质矣，日用饮食。'《记》曰：'饮食男女，人之大欲存焉。'"③ 这
实际上肯定了欲并非是一种所谓的恶。不仅如此，戴震还进而指出
欲是达于善的必不可少的条件：

> 仁者，生生之德也；'民之质矣，日用饮食'，无非人道
> 所以生生者。一人遂其生，推之而与天下共遂其生，仁也。④

日用饮食是人之生活的基本欲求，是"人道所以生生者"，没有了
欲也就没有了生生之动力。因此，戴震极力抉发《周易》"天地之
大德曰生"之义，反复演绎"仁者，生生之德也"，强调没有了生
生就谈不上什么仁德。这与上文所说的"欲，其物；理，其则
也"，在逻辑上是首尾一贯的。戴震说：

> 天地、人物、事为，不闻无可言之理者也，诗曰"有物
> 有则"是也。物者，指其实体实事之名；则者，称其纯粹中
> 正之名。实体实事，罔非自然，而归于必然，天地、人物、事
> 为之理得矣。⑤

---

① 戴震：《孟子字义疏证》卷下，第53页。
② 戴震：《孟子字义疏证》卷下，第39—40页。
③ 戴震：《孟子字义疏证》卷上，第9页。
④ 戴震：《孟子字义疏证》卷下，第48页。
⑤ 戴震：《孟子字义疏证》卷上，第12页。

"天地、人物、事为，不闻无可言之理者也"，实际上就是肯定包括人欲在内的天地万物都有理的存在。从人之欲来说，先有了欲求，才会有行为的动力，同样，先有了行为，然后才会有行为之理则。所以，戴震的结论是："理者，存乎欲者也"；"理也者，情之不爽失也"。这样，戴震比较清楚地说明了人的生理物质层面与道德精神层面的统一性。

总之，天地之道，有物有则，有欲有理，理在欲之中而不在欲之外。欲与理是"一"而不是"二"，将"理与事分为二"，认为不出于理即出于欲，是宋儒受了佛、老影响才有的说法。如果将"理与事分为二"，就会造成巨大的社会危害：

> 不出于理则出于欲，不出于欲则出于理，虽视人之饥寒号呼，男女哀怨，以至垂死冀生，无非人欲，空指一绝情欲之感者为天理之本然，存之于心。……小之一人受其祸，大之天下国家受其祸。[1]

所以正确的观点是"气不与天地隔"，理不与欲隔，这是生生之道，也是圣贤之道。戴震指出：

> 是故气不与天地隔者生，道不与天地隔者圣……五色五声，五臭五味，天地之正也。喜怒哀乐、爱隐感念、愠懥怨愤、恐悸虑叹、饮食男女、郁悠喈咨、惨舒好恶之情，胥成性则然，是故谓之道。[2]

"气不与天地隔"，理不与欲隔，是宇宙大化流行之道。这是一种简易直接的自然人性论。只有顺适天地生生之道，才有士之参

---

① 戴震：《孟子字义疏证》卷下，第53页。
② 《原善》卷中，《戴震全书》第6册，第15页。

天地而赞化育，才有三代圣治之理想。戴震强调理与欲不隔，强调理在欲中，意在打破程朱理学以二元论割裂理想与现实的思想局面，意在补救理学家将理与现实人性打成两橛的思维误区。① 戴震认为，若普遍抽象之理不能涵容人的基本欲望与正常的情感，若思想不能正视或客观审视真实的人性，那么理学的理论基石在根脚上就极不牢靠，从而以"天理"学说安排人类社会秩序的真实性、有效性与正当性，从头到尾就都值得怀疑。戴震在理论上的建设性贡献，在于通过《易》之生生之道，说明了人的自然情欲，包括人的喜怒哀乐爱恶等一切欲望与情感，都是天地之道赋予人的自然生机，是阴阳化生的天地生生之大德。情与欲本身并不是非道德的存在，相反，理在欲中，情与欲都是自然而合理的存在，是达到至善进入圣域的前提性的现实存在，此即戴震在《原善》中所说，"耳目百体得其顺，于其有欲，君子以观仁焉"，② 肯定只有顺其欲、遂其欲，才能与天地合德。所以戴震才说"五色五声，五臭五味，天地之正也"，"喜怒哀乐""饮食男女"等都可以"谓之道"。简言之，戴震清晰地论证了现实中普遍呈现的真实人性，而只有建立在真实人性的基础上，才可能有效地构建合乎道德的理想社会；或者说只有在人性真实而自由的伸展中，才可能真正谈得上道德的生活。总之，戴震认为"喜怒哀乐""饮食男女"等欲是理之所存在的基础，真正的理必须基于情与欲，这样的理才是真实的理，才是真正合理的理。

（三）"圣学重知"：知识化的道德论

到此为止，戴震的人性论刚讲了一半。戴震自然人性论的宗旨，在于解决中国传统的道德认识问题，故戴震的自然人性论，也

---

① 实际上，戴震也有意打破康雍乾帝王独裁天下文化思想的超级垄断权，以从观念上打破这种"以理杀人"的现状。

② 《原善》卷中，《戴震全书》第 6 册，第 16 页。

可称为自然主义的道德人性论。戴震试图恢复孔孟原儒贴近社会人生的仁德之旨，以重建一套以仁恕为中心理念的新道德学说，以矫理学绝对理想主义的普世道德观之偏。在下文论述中，我们可以看到，戴震的新道德呈现一种明显的重智主义的思想倾向。

以上戴震所讲的都是人性非恶，人性可以至善，但性本身并不等同于善。欲并非恶，但欲也不能等同于理。至于如何知理，如何至善，仍然还是问题。那么，如何知理与至善呢？戴震首先提出了"血气心知有自具之能"，"思者，心之能也"，认为人的"心知"可以知理，并可以至善。戴震说：

> 味也，声也，色也，在物，而接于我之血气；理义在事，而接于我之心知。血气心知，有自具之能：口能辨味，耳能辨声，目能辨色，心能辨夫理义。味与声色，在物不在我，接于我之血气，能辨之而悦之；其悦者，必其尤美者也；理义在事情之条分缕析，接于我之心知，能辨之而悦之；其悦者，必其至是者也。……心之精爽，有思辄通，……故孟子曰："耳目之官不思，心之官则思。"是思者，心之能也。精爽有蔽隔而不能通之时，及其无蔽隔，无弗通，乃以神明称之。凡血气之属，皆有精爽。其心之精爽，巨细不同，如火光之照物，……所照者不谬也。……而人之精爽能进于神明，岂求诸气禀之外哉！①

这段话有三层意思。

第一，知识的对象具有客观性。戴震说："耳之能听也，目之能视也，鼻之能臭也，口之知味也，物至而迎而受之者也"。② 认为感觉是事物引发的，外在事物是感觉之源。人生活于其中的世

---

① 戴震：《孟子字义疏证》卷上，第5—6页。
② 《原善》卷中，《戴震全书》第6册，第20页。

界，天地自然万物与人间世情事理，构成了人之感知的客观世界，是人的眼耳鼻舌等感觉的对象，是"心"之官的思维对象。人有智愚之分，人的认识也有精粗之别，但并不影响其所感所知的客观性。因此戴震说："味也，声也，色也，在物，而接于我之血气；理义在事，而接于我之心知。"强调"味也，声也，色也，在物"与"理义在事"，正是在此意义上，戴震才指出"人之精爽能进于神明，岂求诸气禀之外哉！"

第二，知识、知识主体与知识对象具有统一性。人是阴阳二气化生而成的有血气心知的智慧生物，知识的形成是以人的生理结构即血气心知为基础的，同时知识是对于天地人物与事情的感觉和思考。换言之，人的身心机能源于天地自然，而人的感觉经验也源于天地自然，进而一切知识道理也源于天地自然。在此意义上戴震强调人与天地万物不隔，心知与血气不隔，知觉与感觉不隔，指出："凡血气之属，皆有精爽。其心之精爽，巨细不同，如火光之照物，……所照者不谬也。"① 戴震又说："人之得于天也一本……血气者，天地之化；心知者，天地之神；自然者，天地之顺；必然者，天地之常"。② 这是认为人作为认识主体与知识对象有其统一性，能够由"自然"走向"必然"。强调知识与主客体的统一性，是戴震"生生而条理"这一逻辑的自然延伸，旨在否定宋儒割裂主体与客体、一般与个别的形而上之理。

第三，人有辨识事理的能力。"血气心知有自具之能"，即人性之中有血气，血气中有精爽，人是精爽程度最高的智慧生物，人不仅有血气，还有心知有思维，天地之中只有人能认识与把握世界。戴震强调人与物之别，尤其是人与动物的区别，正在于人有心知，即人有认识物则与事理的能力。他说："夫人之异于物者，人

---

① 戴震：《孟子字义疏证》卷上，第5页。
② 《原善》卷中，《戴震全书》第6册，第10—11页。

能明乎于必然，百物之生各遂其自然也。"① 百物无知，故只能遵循其天然本性自然而然地生存，但是人与物不同，因为人有灵明，拥有获取知识的能力，故人不仅能顺应自然，还能在了解自然法则的基础上，按照规律与法则去生存与发展。戴震认为，心知能察照辨识物则与事理，心知能明了天地之道，就像"口能辨味，耳能辨声，目能辨色"一样，这是一种植根于自然人性之中的与生俱来的能力。人有智愚，智者识之精，愚者识之粗，但不论智与愚，无不具有认知的能力。

从人与动物区别的高度，来定义人的知识能力，体现了戴震对知识因素的独特重视。戴震特别指出：

> 神明之盛也，其于事靡不得理，斯仁义礼智全矣。故理义非他，所照所察者之不谬也。何以不谬？心之神明也。人之异于禽兽者，虽同有精爽，而人能进于神明也。……而人之精爽能进于神明，岂求诸气禀之外哉！②

到了神明之境，仁智礼义即无不得，这一点好理解。重点是"所照所察者之不谬"。戴震说"理义非他"，是强调礼义诸德是人心之所照所察，即道德基于心知的观察与判断；更重要的是，他进一步强调"何以不谬？"是人禽之异，是"人能进于神明也"，强调的是由血气进于心知，是天地大化独独赋予人的，即心知是人所独有的。戴震又说：

> 自古及今，统人与百物之性以为言，气类各殊是也。专言乎血气之伦，不独气类各殊，而知觉亦殊。人以有礼义，异于禽兽，实人之知觉大远乎物则然，此孟子所谓性善。而荀子视

---

① 戴震：《孟子字义疏证》卷上，第16页。
② 戴震：《孟子字义疏证》卷上，第6页。

礼义为常人心知所不及，故别而归之圣人。程子朱子见于生知安行者罕睹，谓气质不得概之曰善，荀扬之见固如是也。①

这是一方面强调"人以有礼义，异于禽兽"；一方面进而强调人有礼义的根本原因，是"人之知觉大远乎物则然"，亦即强调道德源于人的知识能力。戴震的基本观点是：天地阴阳化生万物，天地之道赋予人之心知，人的知识能力深深植根于自然人性之中，这是人与动物的根本区别，也是人之道德实践的根据。戴震指出，孟子看到了这一点，才提出了性善论，这正是孟子与荀子、程朱的区别之所在。

在中国儒学思想史上，戴震之说是"人禽之辨"的一个重大历史转向。人禽之辨由孟子发其端。孟子强调仁智礼义为人所独有，以道德作为人禽之界，并开了视小人为禽兽之先河。② 此说被宋儒发扬光大，演绎成理欲之辨，把真实人性隔绝在天地秩序之外。至明末清初王夫之，其"性日生日成"等说极富辩证色彩，但仍以仁德为人禽之辨的界尺，其人禽之辨与君子小人之辨，直斥小人为禽兽，其严厉堪比程朱的理欲之辨。这种道德至上论与绝对理想主义的道德，因难于实践，不仅阻碍了人之才情与个性的伸展，还致使虚假道德的普遍发生。故戴震以知识能力作为人禽之辨的根据，其思想史意义自不待言。

在此基础上，戴震提出了其道德人性论中的一条重要命题——"智足以择善"。戴震认为，人有择善的能力，或有理解与践行道德的能力："物不足以知天地之中正，是故无节于内，各遂其自然，斯已矣。人有天德之知，能践乎中正。"③ 他强调，因为人有认识事物的能力，人也就有了道德选择的能力：

---

① 戴震：《孟子字义疏证》卷中，第35页。

② 如孟子说："人之所以异于禽兽者几希，庶民去之，君子存之。"（《孟子·离娄下》）

③ 《原善》卷中，《戴震全书》第6册，第18页。

有血气，夫然后有心知，有心知，于是有怀生畏死之情，因而趋利避害。其精爽之限之，虽明昧相远，不出乎怀生畏死者，血气之伦尽然。故人莫大乎智足以择善也，择善则心之精爽进于神明……①

"人莫大乎智足以择善也"，这是一个十分明确的论断，揭示了知识之于道德的特殊重要性。此说之义旨有四。

第一，人有择善的能力，或称人性择善论。戴震认为，人与动物都是有感有欲的，这是二者相同的地方。但是人与动物有一个根本区别，是人有心知，人能思维。正是在人与动物的区别上，戴震揭出了一个与理学迥异的重要观念——"智足以择善"。他认为，人最大的特点就是凭借智慧，有能力对善恶做出判断与选择。戴震说："示之而知美恶之情，告之而然否辨；心苟欲通，久必豁然也。观于此，可以知人之性矣。"② 即人能达到"神明"或至善之境，靠的是人之知识与思辨的能力。辨别某事是善还是恶，就需要仔细地观察探究，"久必豁然"，即上下观察左右探索，积累到一定程度就会豁然贯通。人能知美丑、辨善恶、断是非曲直，赖于人能审时度势，对当下情境做细致的观察与分析。

第二，知识与道德具有统一性。戴震主张知识与道德的统一。在戴震看来，天地之道"生生而条理"，自然秩序与人类社会秩序都是条理的呈现，因此自然性与道德性具有统一性。所以戴震说"生生者，仁乎！生生而条理者，礼与义乎！"③ 戴震又说：

物之离于生者，形存而气与天地隔也。卉木之生，接时能芒达已矣；飞走蠕动之俦，有觉以怀其生矣；人之神明出于

① 《原善》卷中，《戴震全书》第 6 册，第 16 页。
② 《原善》卷中，《戴震全书》第 6 册，第 17 页。
③ 《原善》卷上，《戴震全书》第 6 册，第 8 页。

心，纯懿中正，其明德与天地合矣。是故气不与天地隔者生，
道不与天地隔者圣，形强者坚，气强者力，神强者巧，知德者
智。……心之精爽以知，知由是进于神明，则事至而心应之
者，胥事至而以道义应，天德之知也。是故人也者，天地至盛
之征也，惟圣人然后尽其盛。天地之德，可以一言尽也，仁而
已矣；人之心，其亦可以一言尽也，仁而已矣。耳目百体之欲
喻于心，不可以是谓心之所喻也，心之所喻则仁也；心之仁，
耳目百体莫不喻，则自心至于耳目百体胥仁也。心得其常，于
其有觉，君子以观仁焉；耳目百体得其顺，于其有欲，君子以
观仁焉。①

这一大段，都是在讲自然律与道德律的统一。实际上，《原
善》与《孟子字义疏证》，主要议题之一即辨天地之性与气质之
性，这是戴震自然人性论的基础。这里需要注意的是，戴震拈出了
"知德者智"，他指出，因为"人之神明出于心"，所以"其明德与
天地合"；心知"进于神明"，所以"胥事至而以道义应"，都把知
识作为道德的条件。其结论是："心得其常，于其有觉，君子以观
仁焉；耳目百体得其顺，于其有欲，君子以观仁焉。"即人之情欲
与道德秩序，都是"生生之条理"的展现，是天地之道的开展形
式，体现了"天地之大德曰生"。对于此义，戴震是反复强调，再
三致意。如其谓："凡有血气心知，于是乎有欲，性之征于欲，声
色臭味而爱畏分；既有欲矣，于是乎有情，性之征于情，喜怒哀乐
而惨舒分；既有欲有情矣，于是乎有巧与智，性之征于巧智，美恶
是非而好恶分。生养之道，存乎欲者也；感通之道，存乎情者也；
二者自然之符，天下之事举矣。……是故血气者，天地之化；心知
者，天地之神；自然者，天地之顺；必然者，天地之常。"② 简单

---

① 《原善》卷中，《戴震全书》第 6 册，第 15—16 页。
② 《原善》卷上，《戴震全书》第 6 册，第 10—11 页。

地说，人的知性与善性都源于自然禀赋。戴震强调自然律与道德律的统一性，正是要以自然律化解道德律的僵性与绝对性，以补救程朱“不出于理则出于欲”之偏蔽。

第三，“去私在求去蔽”。无知与偏见是道德的障碍，所以为善在于“去蔽”。宋儒所谓“不出于理则出于欲，不出于欲则出于理”，实际上是把欲看成人的道德生活主要障碍甚至是唯一障碍。戴震批评“宋儒乃曰‘人欲所蔽’，故不出于欲，则自信无蔽”。①他认为宋儒一意把欲视为阻塞道德的根源是片面的，因为欲是人之自然禀赋，深深植根于人性之中，欲是不可能除掉的。戴震指出：

> 圣人之言，无非使人求其至当以见之行；求其至当，即先务于知也。凡去私不求去蔽，重行不先重知，非圣学也。孟子曰：‘执中无权，犹执一也。’权，所以别轻重；谓心之明，至于辨察事情而准，故曰‘权’；学至是，一以贯之矣，意见之偏除矣。”②

“去私在求去蔽”，“非圣学也”，强调“求其至当，即先务于知”，是戴震关于道德心性论的又一重要论旨。这意味着人们需要发挥天赋之禀，以自己的眼睛观察，用自己的头脑去判断，旨在消除程朱以“意见”为理的偏见。

第四，后天学习可以提高知识能力与择善能力。现实社会中，人与人的才情是不可能一样的，甚至会有很大的差异，同理，每一个人的道德素养也不尽相同。但无论如何，人都可以通过后天的学习而得到提升：“人之初生，不食则死；人之幼稚，不学则愚。食以养其生，充之使长；学以养其良，充之至于贤人圣人，其故一

---

① 戴震：《孟子字义疏证》卷下，第54页。
② 戴震：《孟子字义疏证》卷下，第57页。

也。"① 戴震把学习比作吃饭。人不吃饭就会饿死，同理，人不学习就会变得愚蠢。人的身体赖饮食而获取营养，德性的养成也有赖于知识的不断汲取。以饮食作比喻，是为了突出人有通过学习获得知识与道德的内在动因。戴震强调人有学习的动力，也有学习的能力，而最后强调的是学习可以提升德性修养："试以人之形体与人之德性比而论之。形体始乎幼小，终乎长大；德行始乎蒙昧，终乎圣智，其形体之长大也，资于饮食之养，乃长日加益，非复其初；德性资于学问，进而圣智，非复其初明矣。"② 把人的情与欲比喻成吃饭喝水，旨在阐明由欲而到理，由凡夫而圣智是一件可能的事。戴震强调"德性资于学问"，知识有助于德性的养成。戴震与程朱的区别是，程朱是要在静与敬中养成，戴震强调的是先分辨善恶，他说只有敬是不行的，关键是要知。③

戴震的知识择善论，认为知识与学习是择善与至善的必要条件，甚至在一定情境下就是充分必要条件。在戴震看来，无知与偏见才是最大的不道德，往往会对社会造成巨大危害："人莫患乎蔽而自智，任其意见，执之为理义。吾惧求理义者以意见当之，孰知民受其祸之所终极也哉！"④ 戴震区分了人的自然性与社会性，并统一了知识与道德，认为人在自然性或在生理身体上圣凡之间并无差异，差异只是在后天学习与习惯的养成上。从上述对善以及何以至善的层层分析与诠释中，戴震有意凸显知识在道德养成中的价值，这在当时堪称是一种知识与观念的启蒙。

戴震的智能择善论，已完全不同于孟子的性善论。他所说的是可以至善或可以选择向善，是通过后天学习与经验知识的积累可以知善

---

① 戴震：《孟子字义疏证》卷下，第 42 页。
② 戴震：《孟子字义疏证》卷上，第 15 页。
③ 理学家主敬，而要敬就要有一个敬的对象，那么敬的对象就是外在的；戴震讲生生之德、生生之仁，即德性是人生的潜在能力或种子，可以资知识能力将种子养大。
④ 戴震：《孟子字义疏证》卷上，第 3 页。

与择善。而孟子的善是性本善，是先天性的或先验论的。由此，戴震与孟子对"扩而充之之谓圣人"的解释也完全是另一条路径，孟子讲的是扩充仁义礼智的四端，此四端也叫四心，[①] 指的是人生来而有天赋本性，是一种抽象的天赋道德，故其"扩而充之"，走的是"反求诸己"[②] 的向内的求自省的道德之路，这与其"良知""良能"等主观的、先验的知识论是一脉相承的。[③] 所以，戴震的自然人性论虽为疏证《孟子》的形式，却是戴震自己的思想。

戴震的知识化道德论，预示着儒家传统的尊德性至乾嘉时期发生了转向，开始从尊德性转到道问学一路上去。戴震说：

> 惟学可以增益其不足而进于智，益之不已，至乎其极，如日月有明，容光必照，则圣人矣。此中庸"虽愚必明"，孟子"扩而充之之谓圣人"。神明之盛也，其于事靡不得理，斯仁义礼智全矣。故理义非他，所照所察者之不谬也。何以不谬？心之神明也。[④]

戴震强调人的心知在察物知理的过程中，知识经不断积累，日益增益其所不足与不能，人就会越来越聪明智慧，即可达到"神明"之境。"神明"之境则"于事靡不得理，斯仁义礼智全矣"，即人的知识达到极致以后就会智且圣，达到至善的道德境界。值得注意的是，"益之不已，至乎其极，如日月有明，容光必照，则圣人矣"，即从智到圣是知识积累的一个自然结果。"惟学"二字可见，

---

① 孟子说："无恻隐之心，非人也；无羞恶之心，非人也；无辞让之心，非人也；无是非之心，非人也。恻隐之心，仁之端也；羞恶之心，义之端也；辞让之心，礼之端也；是非之心，智之端也。"(《孟子·告子上》)

② 语出《孟子·公孙丑上》。

③ 如《孟子·尽心上》所谓"万物皆备于我，反身而诚"，即明显是主观的、先验的一路。

④ 戴震：《孟子字义疏证》卷上，第6页。

知识不仅助成道德，甚至是唯一决定道德之因素。

　　戴震与宋明理学不同的是，他把德性的直观与体悟，变成了一种人的理性认知的过程与能力，这是其智能的道德论对于中国思想史的重大贡献。实际上，自孔孟到程朱陆王，儒家心性论始终不曾解决从工夫到本体的矛盾。孔孟对仁与智也都相当重视，孔子把仁智勇视为三达德，孟子的仁义礼智四端说，智与仁都处于重要位置。但无论如何，智始终笼罩在仁的价值光辉之下。到了理学时代，智在仁德系统中几无安排，只是重复先儒的老话，一直到刘宗周为了克服工夫到本体之间的问题，提出了慎独说，则仍是理学依赖体悟的证道方式。黄宗羲试图解决此一问题而无果，顾炎武则对心性问题几于搁置不论。① 大体上，传统儒学在行先知后与知先行后的问题上纠结了两千多年，一直陷于循环与无解中，至于如何通过德性修养工夫而达于本体则始终缺少一个合理的解释。造成理论无解的原因，是中国学者未能跳出儒学道德理想主义的框架，在道德中心与道德笼罩一切的思维惯性中，知识的独立始终是一个有待解决的问题。简单说，中国哲学几乎始终陷入注重价值而漠视知识的泥潭而不能自拔。戴震试图挑战这一历史重大难题，确实需要极大的智慧与勇气。而戴震把智作为仁的基础或条件，从知行关系上把知识作为道德的基础，有据有论，逻辑清楚，说理充分。戴震有意识地在传统心性论中凸显知性的价值，将原始儒家经验层面或描述层面的道德学说，上升到本体论与认识论的层面，意味着一个超越传统儒学的新道德学说的产生。戴震的新道德，是基于知识的道德理性、经验理性和历史理性。他坚信，如果人能以知识获得事实的真相，就能大大有助于道德的证成。鉴于宋儒割裂事实与价值，将道德判断代替事实判断，戴震先将事实与价值进行层层分析，从天地万物的形成即本源论言，又从自然到必然的规律性言，最后把

---

　　①　甚至直到现代新儒家重镇牟宗三，其终生营造的良知自我坎陷，也未能使道德理性从知识理性中坎陷出来。

事实与价值或知识与价值有机统一了起来。他又把心知上升到人禽之别的高度，实际上从根本上抽掉了君子小人之辨的逻辑基石，这显然与包括王夫之在内的宋代以降的道德理想主义者大异其趣。他的"自然而归于必然"说，指出了从认识到价值，或从知性到德性是一个必然的过程，这就明确肯定了从自然人性到道德行为不仅是可能的，在理论上也是必然的。在知识与道德的逻辑分析基础上，又在终极意义上将二者打成了一片，表现出一种系统性的深度思维。

总之，戴震强调"智"的一面，把"智"或"知"内在于人性，有别于程朱理学把性视为德、德视为性的德性合一的纯粹道德主义的解释，对于消解就价值意义谈德性价值有重要的思想史意义，是宋代以来思想史上的一个转折，标志着清代学术从传统的尊德性走向道问学。

（四）"达情遂欲"：恕道观及其时代意义

戴震的自然人性论是时代的产物。戴震正视人的真实欲望与情感，是受到江南地区城市化与商业化的影响，是市民社会重新认识自我生活状态的一种理论诉求。[1] 正是在这一社会背景下，戴震试图重新估量欲与情在道德与文化上的定位。无论如何，从理学形成的年代，到乾嘉时期，社会政治生活与文化空间已经与世转移，无论是程朱还是陆王之学都不足以应付乾嘉这样一个特殊的时代。也正是在此意义上，戴震的人性论或性情论，是社会文化长期变迁后的一种因时制宜的文化建设。当戴震把遂情达欲之说，从治道到人生，从社会政治追溯到人性根源，从宋明理学回归到孔孟儒家，始终强调大众日用的、平恕近情的道德，我们没有理由不站在他的时代来理解他的新思想。

---

① 前人论说已多，此略。参见艾尔曼《从理学到朴学》、侯外庐《中国思想通史》第 5 册等相关部分。

　　乾嘉时期的考据学虽有一时独盛之称，但就社会的宏观一面来看，也主要只是范围有限的学术层面。此一时期，程朱理学仍然占据官方哲学的位置，科举考试仍以朱注四书为主要内容，这就意味着广大士人仍然要在理学话语中讨生活、求出路。这也说明，在相当程度上乾嘉时期的学术与政治是分裂的。乾隆帝一方面提倡经史朴实之学，另一方面又天天将高大上的德化政治挂在嘴上，力图以一把尺子裁量天下学术思想。一边骄奢无度，一边又天天喊大公无私。于是，乾嘉学者一边享受着百年盛世的喜悦，一边生活在文字狱的高压下。一方面，他们有充足条件去整理文献、研究学术；另一方面，又不得不随时提防身边潜在的天降之祸。乘着朝廷提倡汉学的政策风向，他们将批判的锋芒对准了宋儒理学，但又不能对时局放言。这实际上是不得已地游走在政策的边缘。因此，他们的心境也往往是矛盾的。钱大昕离开官场，一意治学，但乾隆帝大寿又急迫地想去；戴震晚年四库馆生活并不如意，而乾隆帝却对他并不错。戴震与多数学者一样被朝廷体制紧紧捆绑着，但捆得越紧，就意味着思想弹性也越大。加之乾嘉学者一贯求真与求是的作风，他们对上述问题不可能视而不见，也不可能不去思考。所以，戴震强调"'民之质矣，日用饮食'，自古及今，以为道之经也"。他以恕道观解欲情："人之生也，莫病于无以遂其生。欲遂其生，亦遂人之生，仁也；欲遂其生，至于戕人之生而不顾者，不仁也。不仁，实始于欲遂其生之心；使其无此欲，必无不仁矣。然使其无此欲，则于天下之人，生道穷促，亦将漠然视之。己不必遂其生，而遂人之人生，无是情也。"断言欲与情都是天地之道，都是天经地义的。所以，一切政治，一切道德，乃至一切学理，都不应该漠视情欲的真实存在。要实现天下太平，就必须从情与欲出发，使情与欲合理地展开，这样，才能真正有助治平之道。这实际上是要求统治者要踏踏实实地做一些真正惠民与利民之事。此说与钱大昕、阮元等人的恕道观和养在教先之说如出一辙。

　　戴震将条理赋予包括情与欲在内的人性的自然因素，即意味着找到了一个将道德①有可能真正落实到个人道德实践的具体行为，落实到家庭及社会生活伦理的诸多具体的环节，从而化解了程朱理学道德理想主义的高高在上不接地气的问题。试问：即使是理学家，又有谁能够真正地灭掉人欲呢？若连理学家都不能做到，则如何能够奢望一般人能做到呢？若社会上多数人都做不到，又如何可能有一个良好的道德秩序与社会政治秩序呢？如果是这样，那么儒家传承了两千多年的仁义道德与王道理想又将置于何地呢？长期在四书学中熏染的士人又如何面对家国天下呢？在此提出这一系列的问题，是为了说明这是传统儒学长期面对却始终悬而未决的一个极其重要的问题。戴震通过知识与道德的有机联系，证明理欲不隔或理在欲中，并将之下移到百姓大众的日用伦常之中，同时也有助于解决清初大儒黄宗羲、顾炎武、王夫之、颜元等人始终未能解决的理想与实践之间的巨大落差问题。这是一个道德基准线下移的过程，也是一个回归孔孟原始儒学朴素道德论的过程。

对自然情欲的肯定倾向，是戴震、钱大昕、阮元等乾嘉主流学者共同的思想观念。生活在文字狱的高压下，乾嘉学者无法直接批评现实政治，故表面上将批判的锋芒对准了宋儒理学，但文字背后无时不有现实主义批判的存在。乾嘉学者对理学的批判，其经典注疏的方式与广求证据的方法确实也有相当的说服力，但其中的缺陷也较为明显，即对宋儒的心性学搁置不论，这无疑会降低批判的效果。因此，要收到更好的成效，还需深入理学家的思维方式内部，入室操戈，方能击中要害。戴震是乾嘉时期绝无仅有并独树一帜的思想家，他对义理的解释在当时也并不被时儒所理解。但这并不意味着其人性论与时代思潮关联不大。恰恰相反，戴震的全部论证方式虽都是典型的考据学方法，但其思想的中心理念是恕道观。戴震以"仁恕"二字为核心对达情遂欲进行的层层分析与论证，精准

---

① 仁义或仁善。

命中了宋儒之理不合孔孟原旨的要害。而恕道观恰恰是钱大昕、阮元等人后来论学论治的核心理念。这一理念与乾嘉考据学拒斥理学家以道德理想主义独断世界、复归原始儒家能近取譬、平恕地论学与论政，在逻辑上前后一致。

戴震的人性论，有本有末，首尾一贯，称得上是一个完整的自然人性论体系。在多数汉学家斤斤从事琐细的文字考据时，戴震晚年把主要精力放在了对义理的探讨上，成为乾嘉时期在思想史意义上建树最大的学者。戴震以强烈的经世眼光，始终热切地关注现实，他以疏证儒家经典的方式，对道德哲学、政治哲学以及人性原理进行了极具深度的思考，对长期占据官方哲学地位的宋明理学做出了严厉的批评，认为理学所谓理，已是一种受到释家污染的理，成为官方哲学背景下的一种强势屈人的意见，已基本偏离了原始儒家贴近日用生活的精神方向。在乾嘉考据学的学术方法日臻完善的基础上，戴震以文字训诂为基础，对儒家义理之学做出新的诠释，呈现出一种新颖而体大思精的学术面貌。戴震之学通过疏证原始儒家著作的方式，立足于对宋代以来以理学为代表的主流学术思想的重新检讨，几乎涵括了传统儒家心性论的全部哲学范畴，代表了清代学者对中国传统学术思想的系统总结，而其人性论则堪称最富哲学意义的对传统哲学思想的一次改造。梁启超称戴震为哲学界的革命建设家，称戴震哲学在世界哲学史上也是极有价值的。胡适赞许戴震是"朱子以后第一个大思想家、大哲学家"[①]。其自然人性论，是在乾嘉考据学独盛的大背景下形成的，其说由经典的文字训诂始，在大量可靠的证据之上对传统的人性论进行重新解释——戴震的自然人性论是属于他的时代的。

---

① 《戴东原在中国哲学史上的位置》，《胡适学术文集·中国哲学史》下册，中华书局 1993 年版，第 1106 页。

三　自然情欲论与礼治论

就乾嘉考据学的学术特征而言，其由文字训诂以明经义的经传注疏形式，在一定程度上确实会掩盖乾嘉考据学在治道方面的思想锋芒。而乾嘉考据学朴实证经的背后，存在着明显的去玄学化或去形上学化的趋向。这种思想趋向中，不仅始终伴随着对宋明理学绝对道德主义的清算，而且日益衍变为对周秦以来学术思想的全面清理与总结，其思想领域涵括经济、政治、道德及社会伦理诸多方面。这是一个对传统逐渐扬弃的过程，其中兼容精神与多元意识时隐时现地贯穿在这一过程中。

在乾嘉学术思想的演变、发展过程中，兼容精神与多元意识越往后越得以凸显，一些学术精英由主张学术兼容进而提倡政治宽容。其中富有时代意义的思想命题，前有戴震的自然人性论与钱大昕的帝王仁恕论，后有钱大昕、凌廷堪、焦循、阮元等人的自然情欲论、帝王去圣论与礼治论，等等。这些思想命题都是从不同侧面对绝对君权专制与极权意识形态进行反拨，其共同指向，都在于力图抉发原始儒家和传统政治中蕴含的宽容精神，以调整皇权全面笼罩下的失衡的社会政治秩序。

（一）指向治道的自然情欲论

在儒家传统思想中，如何解决自然欲求与伦常道德的矛盾，始终是一个重大的理论问题，也是一个社会实践的问题。从戴震到阮元，乾嘉学者论性论欲，所要解决的主要问题是，如何能使人的欲望既得到节制而又不致遭受过分的挤压，或者说是如何使自然的情欲获得合理的社会生存空间。乾嘉时期，自然性情论逐渐被越来越多的学者所认同。

戴震的自然人性论，以对中下层民众生存现状的关怀为出发点，是乾嘉时期自然情欲论与礼治论的思想发端。

章太炎在《释戴》一文中说，宋儒言理是"制言以劝行己，其本不为长民"，① 即宋儒论理欲属于儒者自己的工夫论，这是章氏所揭出的养性节欲并不针对小民之说。但章氏忽视了朱子学由内圣而外王的政治诉求，更未能措意于理学作为官方哲学已经"长民"之事实。而且戴震辨理欲主要并非针对程朱本身，而是针对意识形态化之后的现实政治本身，故章氏释戴之说难免有无的放矢之嫌。而由此恰可以看出，阮元才是最理解戴震之人，他把官方理学或者礼法化的理学看得很通透，经过他对"命""仁"等的训诂释义，戴震的遂情达欲说或宽容政治论得以延续。

阮元等乾嘉后期学者多通过经传注疏的形式，来表达一种以政治宽容和文化宽容为指向的情欲自然论。他们的性情观，导源于戴震。

戴震晚年，以全部心血结撰《孟子字义疏证》，他的理欲之辨对乾嘉学者影响很大。戴震的理欲性情之辨，是完全不同于程朱理学的一套新义理，焦循称之为新的"发明"。② 我们回过头来回顾戴震那段著名的"以理杀人"的话：

> 圣人之道，使天下无不达之情，求遂其欲而天下治。后儒不知情之至于纤微无憾是谓理，而其所谓理者，同于酷吏之所谓法。酷吏以法杀人，后儒以理杀人，浸浸乎舍法而论理，死矣，更无可救矣。③

---

① 《释戴》，《章太炎全集·太炎文录初编》，上海人民出版社 2014 年版，第 121 页。

② 焦循对《孟子字义疏证》推崇备至，认为该书是戴氏晚年"精魄"所铸成，称戴氏性情之说"至精极妙"。（《申戴》、《国史儒林文苑传议》，《焦循诗文集》，第 125、217 页）

③ 《与某书》，《戴震全书》第 6 册，黄山书社 1995 年版，第 496 页。

戴震理欲之辨的学理根据是"理在欲中""理在事中"，而立说之旨是对人的物质要求和自然欲望的合理性的肯定。

戴震的自然情欲论几乎全为小民立说。他关心小民百姓的生活，其立言其政论，多为小民争。洪榜说，戴震念念不忘地称许汉代王成、黄霸等人居官造富于民的佳话："所居民富，所去民思，生有荣号，死见奉祠。"洪榜总结戴震的治道观，是"论治以富民为本"。① 此说不谬，正如戴震所说："人之生也，莫病于无以遂其生。欲遂其生，亦遂人之生，仁也；欲遂其生，至于戕人之生而不顾者，不仁也。不仁，实始于欲遂其生之心，使其无此欲，必无不仁矣。然使其无此欲，则于天下之人，生道穷促，亦将漠然视之。"② 人之性情欲望都是自然的，一切政治良否的判断标准只有一个，就是是否能够达人之情、遂人之欲。戴震又说："以我之情絜人之情，而无不得其平是也。"③ 此即"以情絜情"，是戴震据《论语》和《大学》而立说。戴震认为，天下之事，国家政治，其一切目的，都是要使人的自然情欲得到合理的释放与满足：

> 天下之事，使欲之得遂，情之得达，斯已矣。……遂己之欲者，广之能遂人之欲；达己之情者，广之能达人之情。道德之盛，使人之欲无不遂，人之情无不达，斯已矣。④

戴震连用"斯已矣""斯已矣"，是强烈感慨，达人之情、遂人之欲，不仅是儒家可以终生奉行者，也是一切上位者治国理政的根本目的。反之，若仅仅拘执于严酷的"理"，则只会害政祸民。

乾嘉后期学者承接戴震之说，首先对宋儒理欲对立的观念进行了批判和清理。他们立足于历史文献，揭示出宋儒以体用说论性是

① 洪榜：《戴先生行状》，《戴震全书》第7册，第11页。
② 戴震：《孟子字义疏证》卷上，第8页。
③ 戴震：《孟子字义疏证》卷上，第2页。
④ 戴震：《孟子字义疏证》卷下，第41页。

源于释氏。凌廷堪说：

> 但沾沾于汉学、宋学之分，甚至有云'名物则汉学胜，理义则宋学胜'者，宁识宋儒之理义乃禅学乎？或谓禅学以理为障，宋儒以理为性，其宗旨自别。此黯者欲盖弥彰之说也。夫《楞严》二障，由《华严》之理事而生，理事无碍为法界，有碍即为障，则更为理事出于释氏增一证矣。①

凌氏认为，程朱一派的心性说，是袭取佛教华严宗的"理事无碍"而来；其体用说，则是出于慧能《坛经语录》所谓"定慧为本"说，在思想实质上，是援释氏以立说，不过是禅学的变种流传而已。

阮元之《性命古训》遍考五经、《论语》、《孟子》及汉儒经注，指出李翱"去情而始复性"是"惑于释、老之说"，全不合先王古圣之旨。② 阮元说：

> 寂然静明，感照通复……尧、舜、孔、孟相传之心性，则断断不然。③

"寂然静明，感照通复"语出唐人李翱，在此阮氏点名批评李翱与陆、王，实际上也把宋儒的以虚理言性扫了进来。阮元说古圣人从不独坐观空，从未有虚理虚性等形而上之说，唐以下的虚寂说性是佛性，而不是孔、孟之性。阮元的目的，是要说明：只有释家才主张绝人之性，而孔门儒家则是要顺遂人之性情。

在批判宋儒的基础上，乾嘉学者建立了属于自己时代的独特的

---

① 凌廷堪：《好恶说》（下），《校礼堂文集》卷16，第144页。
② 阮元：《性命古训》，《研经室集》，第226页。
③ 阮元：《性命古训》，《研经室集》，第236页。

性情观。与宋明儒高妙的情欲论相反，清儒言性表现出质朴、平易、践实的特征。焦循说：

> 性善之说，儒者每以精深言之，非也。性无他，食色而已，饮食、男女，人与物同之。①

乾嘉学者反复强调，古圣贤性命之言，全本于一个"实"字。阮元也说，古圣从不虚高论性，即使《周易》或涉于高明，但是"无言不由实事而起"。在阮元看来，商周人言性命全根据实事，且把欲看成人的天性中的一部分，所以人们"易于率循"。② 凌廷堪也认为，古圣人之说，全本于升降揖让、洒扫应对等日用伦常，强调圣人之言的特点，是平凡和浅近。③ 凌氏更把性与欲的问题，直接归结为"好恶"二字。凌氏说：

> 《大学》言好恶，《中庸》申之以喜怒哀乐。盖好极则生喜，又极则为乐；恶极则生怒，又极则为哀。过则佚于情，反则失其性矣。先王制礼以节之，惧民之失其性也。然则性者，好恶二端而已。④

据此，性与欲不过是人的喜欢与否的一种感觉，只是人的情感的自然流露而已。这就将宋明儒高妙的心性论从天上拉回人间，重新回归人们的正常情感。

---

① 《性善解一》，《焦循诗文集》，第 158 页。
② 阮元：《性命古训》，《揅经室集》，第 235 页。
③ 凌氏特别强调，圣人之道不离百姓的日常生活实际。他反复强调："圣人之道，至平且易"。"圣人之言，浅求之，其义显然。此所以无过不及，为万世不易之经也。深求之，流入于幽深微眇，则为贤知之过以争胜于异端而已矣。"（《校礼堂文集》卷 4，第 31、32 页）
④ 凌廷堪：《好恶说》（上），《校礼堂文集》卷 16，第 140 页。

　　唐宋以下，儒者通常把欲看成是大罪大恶。乾嘉学者极力肯定人的正常欲望。他们认为，性与欲一样，都是天生的，有所欲求是人与生俱来的一种自然情感。"夫人有性必有情，有情必有欲"，①性内有欲，欲中有性，性与欲之间并没有一条不可逾越的界限。把性与欲截然对立起来，是释氏清静性体对圣学的污染。阮元说："晋、唐人嫌味、色、声、臭、安佚为欲，必欲别之于性之外，此释氏所谓佛性，非圣经所言天性。"② 在《性命古训》一文中，阮元通过对儒家经传的详尽梳理，断然得出一个结论：把性与欲打成两截全不合古圣贤之旨。总体上讲，当时的主流学者都抛弃了程朱理学的理、欲二元对立的观念，③ 把被宋明儒打成两截的性与欲重新贯通起来，强调性与欲的统一论，从而对人的正常欲望予以肯定。这与理学家将理、欲对立起来的观点完全相反。

　　平实、浅近以论性，并肯定人的正常欲望，是乾嘉学者情欲自然论的一个突出特点，而所以以平实说情欲、以自然说情欲，都与治道论息息相关。在乾嘉考据学者中，从哲学到治道最能全面理解戴震的，不是如时论所说的焦循，而是阮元。凌廷堪也自称私淑戴氏，其实并不完全理解戴震辨理欲的真意。焦循的伦理观与戴震之说出入颇大。以下我们从阮元的性、情说中透视其人性论之于治道的命意。

　　阮元认为告子"食色性也""本不为误"，肯定欲在性内、欲本不为恶，可见他基本上承认人欲的合理性。这是阮与戴震之说一脉相承者。因此，阮元如戴震一样，深恶"绝欲"之说：

---

　　① 凌廷堪：《荀卿颂》，《校礼堂文集》卷 10，第 76 页。阮元说得更直接，"欲生于情，在性之内，不能言性内无欲"。（《性命古训》，《研经室集》，第 228 页）

　　② 阮元：《性命古训》，《研经室集》，第 233—234 页。

　　③ 理学家在理、欲关系上持一种二元对立的观念，即使像朱熹这样对人欲稍有同情的大儒也是如此，如朱熹说，"人之一心，天理存，则人欲亡，人欲胜，则天理灭"；又说，"学者须是革尽人欲，复尽天理，方始是学"。（《朱子语类》卷 13，第 224～225 页）

欲生于情，在性之内，不能言性内无欲。欲不是善恶之恶。天既生人以血气心知，则不能无欲，惟佛教始言绝欲。若天下人皆如佛绝欲，则举世无生人，禽兽繁矣。①

阮元与戴震稍有不同之处，在于戴讲寡欲，而阮元讲节欲，阮说不如戴说在人欲的正当性上富有弹性，是有所保留的。关键是，阮元与戴震的人性说，都是直接指向治道，且均对现实有很强的针对性，这是他最能明白戴震辨理欲者。但由于政治身份不同，阮元只能隐忍地表达他颇为大胆的思想。《孟子·尽心》"口之于味"一段，赵岐注指出，味、色、声、臭，"皆人性之所欲也"。阮元引了赵注中一大段文字：

> 得居此乐（味、色、声、臭）者，有命禄人不能如其愿也，凡人则触情从欲而求可乐。君子之道，则以仁义为先，礼节为制，不以性欲而苟求之也，故君子不谓性也。仁者得以恩爱施于父子，义者得以义理施于君臣，好礼者得以礼敬施于宾主，知者得以明智知贤达善，圣人得以天道王于天下，此皆命禄，遭遇乃得居而行之，不遇者不得施行。然亦才性有之，故可用也。凡人则归之命禄，任天而已，不复治性。以君子之道，则修仁行义，修礼学知，庶几圣人，亹亹不倦，不但坐而听命，故曰"君子不谓命也"。②

赵岐此注，一循汉儒命禄说性，并无大的理论特色。但恰恰是这一段话，阮元十分称许，在《孟子论仁论》中罕见地大段征引，后来在《性命古训》中又两次引用，且都是大段地引用。③ 在《孟子

---

① 阮元：《性命古训》，《研经室集》，第 228 页。
② 阮元：《孟子论仁论》，《研经室集》，第 207 页。
③ 阮元：《孟子论仁论》，《研经室集》，第 212、233 页。

论仁论》中他明白指出"此章赵岐注最为详明质实"。这一点十分耐人寻味。重要的是，这里正是理解阮元论性的关键，同时也是乾嘉之际学术思想转向的一个关键。

这里，以性命说欲，其中含有劝罚"凡人"顺命之义。但阮元引赵注的用意显然不在于此，他在这段引文的前后已经说得很明白，他的立论之旨，是要使"性命"恢复到孔孟"质实"一路上，以免重蹈宋明的"虚玄"论性。这与戴震辨理欲显然一脉相承，即承认人的正常的欲望。但阮元的立意重心有所侧重，就是揭出：在养性节欲方面，无论其意蕴还是其范围，"君子"与"凡人"都不是一个标准。人君、大臣和士人要养性要节欲，而小民百姓在很大程度上却可以"任情"而"从欲"。

阮元此说，实际上涉及南宋以降儒学史上极重要的一重公案，即儒者致力于心性修养，能否与小民百姓共用一个标准。戴震指斥宋儒动辄以理责人，"举旷世之高节，著于义而罪之"，[①] 即已揭示了这个标准。这略类于我们今天所说的道德理想主义，随意挥动道德的大旗入人于罪。阮元此说，在于点破了儒家心性修养只为君子立说的边界与限制。此说仍其论学一归于实的惯常宗旨，也颇合原始儒家亲亲、尊尊的阶级等差观念，不过他明确点出扩展到性、欲之说上。不知是否因为担心与朝廷的化民成俗的国策有冲突，身为显宦的阮元未敢高论了。赵岐注之后，阮元接着以瞽瞍与舜之事说性命，意在强调人君当积极行仁理政、体臣恤民，其笃行恕道思想旨趣未变，笔致却转委婉。

从阮元之说可见，乾嘉学者的情欲自然论与治道观有不可分割的联系，它最终是要落实到治道上。除了戴震、阮元外，说得最明白易解的是袁枚。袁枚说：

天下之所以丛丛然望治于圣人，圣人之所以殷殷然治天下

---

① 戴震：《孟子字义疏证》卷上，第10页。

者，何哉？无他，情欲而已矣。老者思安，少者思怀，人之情
也。而老吾老以及人之老，幼吾幼以及人之幼者，圣人也。好
货，好色，人之欲也。而使之有积仓，有裹粮，无怨无旷者，
圣人也。使众人无情欲，则人类久绝而天下不必治；使圣人无
情欲，则漠不相关而亦不肯治天下。①

这成为当时相当一部分学者士夫的共识。即如江藩这样被世人
看作最是株守不知变通的人，对阮元性命说也极力赞扬，字里行间
偶尔流露出对情欲的宽容或对自然情欲论的某种认同。②

乾嘉时期，自然性情说的影响已波及士林社会，尤其是在南方
影响更大。首先是来自文学界的强烈回应。袁枚说："好色不必
讳，不好色尤不必讳。人品之高下，岂在好色与不好色哉？文王好
色而孔子是之，卫灵公好色而孔子非之。卢杞家无妾媵，卒为小
人；谢安挟妓东山，卒为君子。"③ 这已是从道德论的高度论证或
肯定自然本性了，至少可使以好色等人的本性进行道德说教不再那
么理直气壮。简言之，袁枚肯定人的感情与欲望的正当性，实际上
比戴震之说更大胆，因为在袁枚那里，情欲本身的价值在一定程度
上具有理论自足性。他公开主张，真性情为立人之本，亦为为学之
本。因为人欲本身是具有正当性的，所以，当情欲与礼法发生冲突
时，袁枚主张不能简单地抹杀情欲。重要的是，袁枚打出"人欲
当处，即是天理"的大旗，④ 建立起一套以情欲为内涵的"性灵"
论的文学理论，倡导诗歌等文学应该把包括人性在内的一切自然情

① 《清说》，《袁枚全集》（2），第 374—375。
② 江氏称《性命古训》"使千古沉霾之精义，一旦轩露，可谓功不在禹下"，评
价甚高。他特别看重的，是阮著"大可以探礼乐之原，致治平之要；小可以进德居业，
乐行忧违"，即阮氏性命说之旨在经世济民。（江藩《书阮芸台尚书性命古训后》，《江
藩集》卷 4，上海古籍出版社 2006 年版，第 74 页）
③ 《答杨笠湖》，《袁枚全集》（5），第 135~136 页。
④ 《再答彭尺木进士书》，《袁枚全集》（2），第 340 页。

感和欲望作为创作的出发点。袁枚以真性情为思想基础的"性灵"论，在乾嘉诗界有广泛影响，蔚成一时之风气。[①] 嘉庆年间李汝珍（1763—1830）的《镜花缘》一书，以唐女皇武则天的历史为镜，通过百花获谴降红尘的神话，大胆表达了男女平等的思想。作者同情妇女，反对缠足、娶妾等社会强加于妇女身上的诸多不平等。他尊重女权，要求女子拥有与男子一样读书、科考、参与社会政治等的权利。[②]

概言之，乾嘉学者的情欲自然论是一个富有时代特色的学术思想体系。自然人性说在中国思想史上源远流长，自先秦的告子以下，魏晋、晚明等时期均有不少极具个性的自然人性说。但乾嘉学者的情欲自然论自具独特的思想意义。第一，经过戴震哲学的洗礼，构成了一个完整的哲学体系的一部分。第二，在乾嘉考据学基础上形成，成为乾嘉考据学学术体系的一部分。此前的人性论多是抒发性，而乾嘉学者的情欲自然论是在注经中形成的，如《孟子字义疏证》《性命古训》等名篇都是如此。这一点现在看来可能并无什么特殊，但在古代中国确是非同小可，因为它是一场恢复孔孟原儒真精神的运动，是在对传统思想求真基础上的一种正面重建，有更大的社会效用。第三，情欲自然论与仁恕治道论及稍后的礼治论相联结，在士林社会中成为一种影响颇为广泛的时代思想。

（二）淡化道德说教的礼治论

戴震理欲论出，当时贬抑者多而赏识者少，但无论如何，此问题构成了后来学者的一个重要的问题意识。至乾嘉之际，凌廷堪、焦循、阮元等倡行礼说，将戴震思想去道德说又往前推了一步，并试图把哲理意义的"理"转化为社会形态或制度性的"礼"。我们

---

① 性灵派诗人张问陶、孙原湘竞相申说，恽敬在《上曹俪笙侍郎书》中说："为赋咏者，或率意自恣，而大江南北，以文名天下者，几于昌狂无理，排溺一世之人，其势力至今未已。"（《大云山房文稿》初集卷3，四部丛刊景清同治本）

② 该书被胡适誉之为"将来一定要成为世界女权史上的一篇永永不朽的大文"。

把凌、焦、阮的礼说称为礼治论。

凌、焦、阮的礼治论也基于戴震以来的情欲自然论，并且汲取荀子以性说为基础的论礼传统，把礼视为性情之节文。焦循引《淮南子》说：

> 民有好色之性，故有大昏之礼；民有饮食之性，故有大飨之谊；有喜乐之性，故有钟鼓管弦之音；有悲哀之性，故有衰经哭踊之节。先王之制法，因民之所好，而为之节文者也。……皆人之所有于性，而圣人之所匠成也。①

焦循说性，更近于荀子的性恶说。焦氏承认"化性起伪"之说，认为礼的功用正在于此。焦氏以为，因为人性可能流于恶行，所以要"化性起伪"，即通过礼仪的约束，使情欲不至于泛滥无归。乾嘉学者讨论人的情欲问题，最后大多都归结到了礼上。阮元也说：

> 所谓七情，即包在孟子所说性也之中。所谓十义，即包在孟子所说命也之中。而孟子所说君子不谓性不谓命，即是此篇以礼治之之道。心之大端，治之必以礼。礼仪三百，威仪三千，非可以静观寂守者也。②

阮元认为，孟子所说的性包括七情六欲，并未把性与情分开来讲，孟子与古圣贤的性情一体说是一脉相承。阮元的儒家正统观念较浓，又身居显位，故他有意强调孟子也主张礼治，就显得稍有生硬。阮元指出"古今所以治天下者礼也"，③ 他辨正性命，坚持

---

① 《性善解五》，《焦循诗文集》，第 160 页。
② 阮元：《性命古训》，《研经室集》，第 227 页。
③ 阮元：《书东莞陈氏学部通辨后》，《研经室集》，第 1062 页。

"礼治"之说，都是为了"治天下"。换句话说，阮元对性命情欲的辨正，意在为以礼治天下的治道观清理障碍。

凌廷堪是乾嘉考据学的重要人物，被称为"一代之礼宗"，[①]是乾嘉之际礼治论的主创者。以下即以凌氏礼说为例来阐发礼治论的基本理念与旨趣。

凌廷堪论礼最有系统。从凌氏礼学中，我们可以明显地看出，从性情到礼学再到治道的清晰的逻辑顺序。以下我们对凌氏礼学做一简略阐述，以从中透视出乾嘉学者礼治论的基本理路。

凌廷堪论性，一归于礼，其一生之学，亦可以"礼学"二字概括之。凌氏说：

> 夫人之所受于天者，性也。性之所固有者，善也。所以复其善者，学也。所以贯其学者，礼也。是故圣人之道，一礼而已矣。[②]

总括凌氏之言：修身，礼也；正心，礼也；诚意，礼也；致知，礼也。小至格物，大至治国、平天下，一一皆为礼也。一句话，三纲五伦皆是一个"礼"字，圣人之道也只是一个"礼"字，"礼之外，别无所谓学也"。[③]

凌廷堪之礼学，以论性论欲为起点，以礼为中心点，最后落实到社会政治之改良。在《好恶论》中，凌廷堪称赞"子产之言，礼之精义"，正是因为子产的施政措施能够顺遂民情民欲。凌氏之所以把性归为"好恶"二字，其目的是希望统治者能依循人的自然性情来施政，即"民之所好好之，民之所恶恶之"，"治国平天下亦在于好恶也。"[④] 只有以民之好恶为施政的根本原则，天下才

①　江藩：《校礼堂文集序》，《校礼堂文集》卷首，第3页。
②　凌廷堪：《复礼上》，《校礼堂文集》卷4，第27页。
③　凌廷堪：《复礼上》，《校礼堂文集》卷4，第27页。
④　凌廷堪：《好恶说上》，《校礼堂文集》卷16，第141页。

能大治。所以，凌氏以礼治为中心的治道观，其出发点也是从关注民之情欲开始的。

承乾嘉实证学术之精神，凌氏将宋儒的心性道德归于日常的实际礼仪。他解释"慎独"说：

> 考古人所谓慎独者，盖言礼之内心精微，皆若有威仪临乎其侧，虽不见礼，如或见之，非人所不知，己所独知也。①

而古人所说的格物，是指人们常习常行"礼之器数仪节"。这样，通过对一系列传统道德范畴的重新解释，则宋儒所谓的一切先在的道德都变成了人们习礼学礼的日常行为。

把心性道德训解为日用礼则，就意味着形上的道德从意识形态转化为了社会实践形态。这一点值得特别注意，可以说这是整个凌氏礼学的中心理念。概言之，凌氏礼学就是通过对道德问题的重新解释，把宋以来纯粹精神层面的道德心性问题，转化成社会层面的政治问题，企图通过风化教育化导民俗。凌廷堪说：

> 夫圣人之制礼也，本于君臣、父子、夫妇、昆弟、朋友，五者皆为斯人所共由，故曰道者所由，适于治之路也，天下之达道是也。若舍礼而别求所谓道者，则杳渺而不可凭矣。而君子之行礼也，本之知、仁、勇，三者皆为斯人所同得，故曰德者得也，天下之达德是也。若舍礼而别求所谓德者，则虚悬而无所薄矣。②

据此，道德不过是"适于治之路"。上文已经谈到，在乾嘉学者看来，宋儒空言性体，虚置一个"理"字，是"杳渺而不可凭"

---

① 凌廷堪：《慎独格物说》，《校礼堂文集》卷 16，第 145 页。
② 凌廷堪：《复礼中》，《校礼堂文集》卷 4，第 30 页。

的。凌氏认为，依宋儒之说，人人各自臆解其心中认定的性与理，人人相信生命个体一旦豁然而悟，即能臻于圣域。既然宋儒的性与理属于纯粹精神层面的东西，只能寄希望于人的道德自觉，就不具有社会实践的可操作性。在此，凌廷堪通过对道与德的重新诠释，将道（指君臣、父子、夫妇、昆弟、朋友）与德（知、仁、勇）一归于礼，"舍礼"之处别无所谓道德，从而，就巧妙地把道德从纯粹精神层面的问题转化为社会治理层面的问题。

理学家的性理之说，在社会实际中缺乏可操作性，但以礼求治的治道观有没有可操作性呢？在凌廷堪看来，这是不成为问题的。凌氏说：

> 道无迹也，必缘礼而著见，而制礼者以之。德无象也，必借礼为依归，而行礼者以之。①

凌氏强调，与道德之无迹象可寻恰恰相反，礼是实实在在地贯彻于日用生活之中，是可"循"可"案"的。凌氏又说：

> 冠昏饮射，有事可循也；揖让升降，有仪可案也；豆笾鼎俎，有物可稽也。使天下之人少而习焉，长而安焉。其秀者有所凭而入于善，顽者有所检束而不敢为恶；上者陶淑而底于成，下者亦渐渍而可以勉而至。②

"冠昏饮射""揖让升降"等礼仪，本于日用伦常，有固定的仪式和程序，不像道德心性之说容易发生歧义。"礼仪三百，威仪三千"，在上为典章制度，在下可为敦厚风俗，圣人制礼，包罗万有，无一遗漏。君臣、父子、夫妇、昆弟、朋友之道，不仅有具体

---

① 凌廷堪：《复礼中》，《校礼堂文集》卷 4，第 30 页。
② 凌廷堪：《复礼下》，《校礼堂文集》卷 4，第 31 页。

而清楚的意义，也有确切可绳的行为方式，人人都不会产生异解。乡党村里，冠婚丧祭，乡绅士人行之，民众习之，"上以礼为教也，下以礼为学也"，① 凌氏认为，理学家的德性说最多也只适于"上智"者，于广大的"下愚"者的生活日用毫无关系可言。礼则人人可习。而以礼治天下，则"下者"可以"勉"而力行之，习以为常，礼的风化教育功能自然而成，天下大治自能实现。

凌氏礼学体现了乾嘉学者论礼的时代思想风貌。焦循、阮元等人，都倾向于从学理上阐明，情欲本身并非罪恶的渊薮，合理的政治就是要在一定程度上遂民所欲。这是在肯定人的正常情欲的基础上，通过恢复先王之礼，因时制宜地推行顺民情遂民欲的治道，从而达到改良社会与文化的目的。这种治道观，增加了不少平易、亲和的魅力，在一定程度上体现了先儒重民、亲民的思想风采。他们的礼治论经过戴震达情遂欲的情欲说的洗礼，虽然主张以礼节性，但已迥异于传统的严重束缚人性的纲常礼教。

按照张寿安之说，凌氏礼学有淡化礼教上下尊卑观念的意图。凌氏礼学主要以五伦关系立说，而五伦中的父子、君臣、夫妇关系，绝非汉代三纲中片面强调的上下尊卑，而是具有一种自然性与互动性的关系。同时，凌廷堪有重新考证并定位君的意向，称"所谓君，指土而言也"，认为尊君乃是尊其职责，而非尊其名位。君后来专指南面帝王，是唐以下对经的谬解。关于"亲亲"与"尊尊"，《礼记》服术六项，首列亲亲，次属尊尊，而后儒曲解经义，不明尊尊之旨，遂至尊君太过。②

张寿安之说未必即为定论，但有一点可以肯定，即凌、焦、阮的礼治论的确有淡化强势道德说教的倾向。经过一系列的训诂工夫，他们把高妙的道德理想转化成了日常的社会实践，把宋儒的一个个心

---

① 凌廷堪：《复礼上》，《校礼堂文集》卷4，第28页。

② 参张寿安《以礼代理——凌廷堪与清中叶儒学思想之转变》，河北教育出版社2001年版，第32—75页。

性问题，与被皇权专制转化了的意识形态问题，全部转变为种种日常行为与社会礼则。如果说凌、焦、阮论学论治在一些具体问题上或时有出入，但在淡化极权道德主义方面，他们是相同的。

综上，凌、焦、阮的礼治论，主张以礼调节人的正常欲望，以礼仪来规范人心，移风易俗，是传统儒者试图调整和巩固既存统治秩序的一种尝试。他们把一切归为礼，礼涵括了一切天道人事，不仅包括了道德人心，也包括了社会治理风俗教化。在思想实质上，是把德性伦理变为一种规范伦理。但凌廷堪淡化道德说教的有效性存在着一定的不确定性，尤其是其礼治论，对高度集权的帝王专制缺乏明确的针对性和有效的制约性，与戴震、钱大昕等以君道论治道的强烈的现实穿透力存在着不小的差异。尽管如此，礼治论思想宗旨，是要重新确立一种新的治道观，以取代被士人厌弃的理学政治观，消解高度皇权专制与极权意识形态对整个社会的压力。凌、焦、阮的礼治论，体现了士大夫以学术对抗君主专制政治的经世情怀。

（三）论学与论治的统一性

乾嘉学者中，凌廷堪、焦循和阮元三人交游密切，相互切磋论学，引为同道。他们的共同特点之一，在对学术思想的发展大势更为敏感。他们首先激烈批评时下汉学家普遍缺少经世观念，凌廷堪大刺汉学家"搜断碑半通，刺佚书数简"，"而语以古今成败，若坐雾雾之中"。[1] 阮元则批评汉学"株守传注，曲为附会"。[2] 焦循却另有说辞，指斥当下学者拘泥于汉儒传注，对于经文往往扞格不通，"是所述者汉儒也，非孔子也"。[3]

凌、焦、阮三人更关心的问题，是如何整理和总结两千多年来

---

[1] 凌廷堪：《大梁与牛次原书》，《校礼堂文集》卷23，第200页。
[2] 阮元：《焦里堂循群经宫室图序》，《研经室集》，第250页。
[3] 《述难四》，《焦循诗文集》，第135页。

的学术思想。对此，他们的观点虽不尽相同，但从思想层面上说，他们三人在不同程度上都具有一种兼容精神与开放心态。在焦循看来，只有打破泥古之风，贯通经传子史，才能真正明白古圣为学之旨。他认为，真正的经学是兼赅百家，贯通古今的。焦循说：

> 经学者，以经文为主，以百家子史、天文术算、阴阳五行、六书七音等为之辅，汇而通之，析而辨之，求其训故，核其制度，明其道义。①

焦循的《述难》五篇，内容上自周秦墨、道诸家，下至乾嘉时期，对于先秦、两汉、唐、宋、元、明、清的学术思想，尤其是对同时代的汉学考据学，从学理上做了鸟瞰式的审理，实际上是一部学术史简评，其清理、总结传统学术思想的意图极为明显。焦循是易学一代宗师，贯通意识即其治《易》的最大心得。在治易的过程中，他再三申论融会经史、贯通百家的学术意旨。而凌廷堪治礼，则以守汉儒家法称世，其礼学以《仪礼》为本，严格判分经、传、记等类别，又坚持注、疏、释等之成例。但他终究是乾嘉之际的学者，不仅有经世关怀，也有比较开通的学术观念。凌氏论千古学术之大势说：

> 宋以前学术屡变，非汉学一语遂可尽其源流。即如今所存之《十三经注疏》，亦不皆汉学也。盖尝论之，学术之在天下也，阅数百年而必变。其将变也，必有一二人开其端，而千百人哗然攻之；其既变也，又必有一二人集其成，而千百人靡然从之。夫哗然而攻之，天下见学术之异，其弊未形也；靡然而从之，天下不见学术之异，其弊始生矣。当其时亦必有一二人矫其弊，毅然而持之。及其变之既久，有国家者，绳之以法

---

① 《与孙渊如观察论考据著作书》，《焦循诗文集》，第246页。

制，诱之于利禄，童稚习其说，耄耋不知非，而天下相与安之。天下安之既久，则又有人焉，思起而变之，此千古学术之大较也。①

这是宏观地把握古代学术史的流变，总结两千多年学术思想发展与演变的规律。其论天下学术流变，虽从汉宋之辨起，却不斤斤于汉宋之局部，而是跳出汉宋门户之争，以更广阔的视野，从规律性上对古今学术的演变做了高屋建瓴的把握。在此文结尾提出"矫其弊，毅然而持之者，谁乎？"骨子里透出以开启学术新风自任的担当意识。值得注意的是，凌氏极力批评学术思想一尊之格局，指出"天下不见学术之异，其弊将有不可胜言者"。他强调，缺失了不同流派之间的相互论争，学术的发展是没有生机的。②

凌、焦、阮的学术理念是相当开放的，且与礼治论肯定人的情欲自然说颇能一体贯穿。可见，凌、焦、阮在思想文化观念上确有开通的一面。然而，正如不少学者指出的，礼治论在政治实践层面的本质是保守的，是以五伦说为基础对现实的政治矛盾进行调整，是对清代中叶极权政治进行维护。一般而论，传统儒学的学与治极少有彻底断裂的情况。那么，凌、焦、阮的学术与治道之间是否存在逻辑的断裂？如果其间存在着矛盾，则这种矛盾如何理解？这是令海内外学者颇为难解的问题。以下试图以阮元的仁论以及仁礼关系为例，做一些初步的探讨。

阮元的核心思想之一——仁论的主要意旨，是要揭示孔门之仁只是人与人相接相与的过程中，能够合于恕道的种种具体言行。阮元概括性地论述仁的主旨：

诠解"仁"字，不必烦称远引，但举《曾子·制言篇》

---

① 凌廷堪：《与胡敬仲书》，《校礼堂文集》卷 23，第 204 页。
② 凌廷堪：《与胡敬仲书》，《校礼堂文集》卷 23，第 206 页。

"人之相与也，譬如舟车，然相济达也，人非人不济，马非马不走，水非水不流"及《中庸篇》"仁者，人也"。郑康成注"读如相人偶之人"。数语足以明之矣。春秋时，孔门所谓仁也者，以此一人与彼一人相人偶而尽其敬礼忠恕等事之谓也。相人偶者，谓人之偶之也。凡仁，必于身所行者验之而始见，亦必有二人而仁乃见，若一人闭户斋居，瞑目静坐，虽有德理在心，终不得指为圣门所谓之仁矣。①

"仁"从人从二，人与人相接才有仁。宋儒所谓的一人斋居静坐，只是"德理在心"而不是孔孟所说的仁。阮元此论，也意在破除宋儒仁说之玄寂无根，与凌廷堪、焦循之说同声相应，这一点上他们三人并无差别。

值得注意的是，在凌、焦、阮三人中，身为显贵的阮元，其论治最能切中皇权专制弊病，也最能承继戴震、钱大昕以学术反拨政治乱象的经世精神。阮元是一个对现实政治弊端深有体会的高官学者，深悉现实弊政之根因在于最高统治者的随意所为，对于乾隆帝晚年粉饰盛世的虚假政治有颇深的疑虑，故其论学论政一归于实，且立言的重心放在了上层统治者甚至主要放在了帝王身上。这一点本章第二节已有论述，以下再稍加解说，以明阮元论礼的意图，以及阮与凌、焦在礼治论上的出入。

阮元仁论所要劝惩的主要对象就是帝王，企图通过帝王践仁而率天下归仁。在《孔子论仁论》首段中，阮元就指出：

仲弓问仁，孔子答以"见大宾，承大祭"诸语。似言敬恕之道于仁无涉，不知天子诸侯不体群臣，不恤民时，则为政不仁极之。视臣草芥，使民糜烂，家国怨而畔之，亦不过不能

_____

① 阮元：《论语论仁论》，《研经室集》，第176页。

与人相人偶而已，秦、隋是也。①

阮元似乎觉得如此，上一段文字强调得还不够，后面又大发议论：

> 古天子诸侯之不仁者，始于不敬大臣，不体群臣，使民不以时，渐至离心离德。甚至视臣如草芥，糜烂其民而战之，若秦、隋之杀害群臣，酷虐百姓，行不顺，施不惠，家邦皆怨，是不仁之至也。究其始，不过由不敬不恕，充之以至于此。浅而言之，不爱人，不人偶而已。若有见大宾、承大祭之心，行恕而帅天下以仁者，岂肯少为轻忽哉！②

阮元反复从正反两面强调君主要体臣恤民，关键就是要践行仁德，强调"仁之有益于人民者甚大"，又说"仁道以爱人为主，若能保全千万生民，其仁大矣"。③ 其言说对象都是以君王为主。这都是从正面劝励。他又从反面对帝王进行警示，如"不得心不可云得民，不得民不可云得天下"。④ 他甚至把是否仁治视为《孟子》全书的根本宗旨，说"治民者必以仁，暴民者必致亡，为七篇之纲领"。⑤ 阮元以上之说，虽谈不上创见，也并不出《孟子》民本思想的范畴，但难得的是，以他重臣的身份，能够以注疏经典的方式不厌其烦地反复强调申说。由此，我们不难发现其立说之旨，是要君王恤民、爱民、薄赋、使民以时、勿轻启战事等。惜乎阮元的礼治论未能形成体系，但由其仁论可知，其礼治观念如果在逻辑上继续展开，也必然会把绳君作为重要的议题。

由上述关于阮元的仁论，也颇可见乾嘉学者礼治论中蕴含着一

---

① 阮元：《论语论仁论》，《研经室集》，第 177 页。
② 阮元：《论语论仁论》，《研经室集》，第 185 页。
③ 阮元：《论语论仁论》，《研经室集》，第 187、190 页。
④ 阮元：《孟子论仁论》，《研经室集》，第 198 页。
⑤ 阮元：《孟子论仁论》，《研经室集》，第 196 页。

些反对君权专制的意图。同时还需注意，凌、焦、阮的礼治论固然有其共同的一面，但也不应一概而论，应还阮元之礼于阮元，还凌廷堪之礼于凌廷堪。

四　指向君权专制的恕道论

乾嘉考据学是有理论有方法，有技术也有价值的一整套学术体系，绝非无关国计民生的纯粹经生之业，也绝非所谓的纯粹在故纸中讨生活。其归纳方法、怀疑态度与求真求是的学术宗旨，直接导致考据范围的扩大，并打破了经学垄断学术思想的局面。简单地说，乾嘉考据学在注疏经典的外衣下，包裹着趋于宽容与开放的思想趋向。

就思想文化的宏观层面上讲，如果说清初大儒黄宗羲、顾炎武、王夫之等人的思想是对于晚明社会严重失序而做出的反应，那么戴震、钱大昕、阮元等乾嘉考据学者的思想，则是对清中叶以来日益走向皇权专制政治的反拨。乾嘉学者对皇权意识形态的抗争，是以注经的形式进行的。当他们以精确的方法与技术对经典中的内容从源流进行透彻的梳理后，他们自信重新发现了先圣原旨与治道精义，这在某种意义上就意味着他们拥有了对真理解释的能力，也意味着他们对皇权垄断真理的无言抗争。也正因为其学术方法的严谨性，表现出一种高层次批判与反思的思想特征。

与康、雍、乾时期高度集中的皇权专制政治相呼应，乾嘉时期主流学者的政论，多围绕君主这个环节立说，即以君道论治道，表现出立足于君权层面应对社会政治问题的主体思路。大体上从乾隆三十一年（1765）到嘉庆前十多年，在这四十多年的时间中，戴震、钱大昕、赵翼、阮元等人，越来越多地把治道问题集中到君道一层上，提出了以人君为主要立说对象的恕道论。就君如何为君，以及君与臣、君与民、富与教等问题提出了一系列具有深意和创见的社会政治观点。

（一）帝王去圣论

按照儒家经典和中国传统政治观念，君王称天子代天行政，所以，从根本上说，国家政治权力之本源于天。但在传统政治之制度运行的实际层面上，政治权力则根源于君王。

乾嘉士人生活在康、雍、乾三代英主打造的盛世中，又空前承受着文化政策的压抑，这种异常突出的好与坏的对比，使他们能够更深刻地体认到皇权政治文化的两重性，即对君权至上所潜涵的巨大威力和危害，都有着更清醒的认识。凌廷堪说："盖君之于国也，犹心之于身也。百体虽健，心无以运之，则必颓惰而不支；庶政虽存，君无以操之，则必废坏而不立。"[①]

乾嘉士人对社会现实的心态是纠结的。一方面，他们为其时代的文教昌明而欣慰；另一方面，面对森严密布的文网，他们又不免因此而遭遇种种困境。同时，乾隆朝晚期从上到下无处不在的官场腐败与民生疾苦，与盛世形成了强烈的视觉反差。尤其是当时假大空政治生态，以及将可能导致的严重社会后果，他们也不乏比较充分的认识。

因而，乾嘉学者论政论治多围绕人君立说。即如阮元，其著述中少见议论性的文字，而其论仁的两篇名作《论语论仁论》与《孟子论仁论》，往往在帝王问题上发挥议论。仔细检视二文，凡引申与议论较多的地方，几乎全部是针对君王立说。概述其要，总体上是要求君王之治能切于实事实政，行仁践礼，其对君王仁政的要求，可以概括为一个"恕"字。换言之，阮元论仁论恕，议论较多的地方主要针对的就是帝王，直接专门针对士人或儒者的立言之处反而不多。

身为读书人，乾嘉学者对于文化高压政策自有最切身的体会，所以他们在痛恶文字狱上最能形成共识。钱大昕痛于文禁，借考史

---

① 凌廷堪：《两晋辨亡论》（上），《校礼堂文集》卷20，第175—176页。

而斥责文字狱现象："蔡京禁人读史，以《通鉴》为元祐学术，宣和所以速祸也。"① 无独有偶，赵翼也屡屡借史实专揭文字狱之恶，斥秦桧"语言文字稍触其忌即横遭诬害"，② 责明初不少文字狱都属太祖的"疑误杀人"。③ 在《秦桧文字之祸》中，赵氏特发议论："秦桧造成和议，自以为有功，惟恐人议己，遂起文字之狱，以倾陷善类。因而附势干进之徒承望风旨，但有一言一字稍涉忌讳者，无不争相告讦，于是流毒遍天下。"如果去掉人名和少数特定文字，让人以为就是写清代文字之祸的。

天下大乱往往是帝王太过专权造成的，因此，钱大昕大羡春秋之前的君臣关系，"古之人君于其臣也，尊之信之，礼貌以待之"，春秋以下人君不行忠恕而任刑法用权术，以致上下皆乱。尤其是秦任法术，"尊君而抑臣"，"商鞅以之强秦，而卒以自亡"。④

因缺乏对君权的有效制约，所以越有才略的帝王越易流于专制。对此，乾嘉学者有足够清醒的认识。钱大昕借梁武帝之事发论。他说：

> 昔梁武帝以雄才手定大业，在位四十余年，修礼正乐，祥瑞毕臻。迹其生平，无大失德，而终于国破身亡，为天下僇……武帝博通经史，洞尽物情，不可云昏；三更理事，日昃就食，至于百司，莫不奏事，不可云怠……
>
> 病在自以为是，而恶人之言。……以四海之大，百司之众，无一人能为朝廷直言而国不亡者，未之有也。⑤

---

①　钱大昕：《士大夫不说学》，《十驾斋养新录》，江苏古籍出版社 2000 年版，第 389 页。

②　赵翼：《秦桧文字之祸》，《廿二史札记》卷 26，清嘉庆五年湛贻堂刻本。

③　赵翼：《明初文字之祸》，《廿二史札记》卷 32。

④　《晁错论》，《嘉定钱大昕全集（增订本）》第 9 册，第 49 页。

⑤　《梁武帝论》，《嘉定钱大昕全集（增订本）》第 9 册，第 52—53 页。

在此，钱大昕明确肯定，即使是有雄才大略的帝王，也可能会落一个悲惨的下场。梁武帝就是一个颇具雄才大略的皇帝，他博学、聪明、勤政，从政经验丰富，可以说具备了不少明君的素质，一生也并没有什么明显的失德之举，最后却落了个国破家亡的下场。钱大昕又说：

> 以武帝之聪明才略，岂不知为其身与其国计？特以自信太过，视谏诤之言，皆浮而不切于务，徒足以损己之名，故拒之甚力也。①

钱氏指出，很多事情梁武帝自己都是很明白的，但最终败亡的主要原因，就在于其以圣明自命，太自信，太自满，太自以为是，因此听不进别人的话。可见，自以为圣明的帝王也最可能有失败的下场。依钱氏的逻辑，自以为圣明，往往就会自以为无过，其实这才是最大的过错。钱大昕在另一篇文字《改过》中继续贯彻这一思想：

> 过者，圣贤所不能无也。自以为无过，而过乃大矣。自以为有过，而过自寡矣。孔子曰："五十以学《易》，可以无大过矣。"言大过而不言小过，是圣人犹未敢言小过之必无也。……圣贤之学，教人改过迁善而已矣……陆宣公上疏，言"圣贤以改过为能，不以无过为贵。陛下若纳谏不违，传之适足增美；若违谏不纳，又安能禁之勿传。"②

是人就会有过错，就连古圣贤都不能无过。所以真正的圣明，在于知错而能改。需要注意的是，《改过》显然也是针对帝王立说的。在大论改过为懿德善行后，结语部分引陆氏的上疏，从而全

---

①　《梁武帝论》，《嘉定钱大昕全集（增订本）》第 9 册，第 53 页。
②　《改过》，《十驾斋养新录》，第 381—382 页。

篇意旨都落脚到了帝王身上。这也是儒者以君道论治道的一贯精神。

钱大昕似乎对十全十美的完人特别怀疑，所以又作了一篇寓言进行讥讽。他说：

> 客有任目而恶镜者，曰：是好苦我，吾自有目，乌用镜为！久之，视世所称美人鲜当意者，而不知己面之黑子，泰然谓美莫己若，左右匿笑，客终不悟。悲夫！①

这段文字虽未直言针对帝王，但对自以为是、弄虚作假、自欺欺人等心态，刻画得入木三分。其以镜为喻，是否有以史为鉴，以及是否有感于虚假的政治现实在此不敢断言，但联系论梁武帝之事和钱氏关心治道的一贯思想，② 也不难发现其中蕴藏的现实用意。

乾嘉学者处于文网密织的特殊世道，因不敢放言时论而往往曲笔说事。阮元身为高官，立说素称谨慎，他在《论语论仁论》中说圣、仁、智等，阐发圣为第一与圣之难能；又在《孟子论仁论》中专门发挥其说：

> 古人论上等之人，又分三等，曰圣人、仁人、智人。……盖有仁而未圣者矣，未有未仁而圣者也。此章定是始智、中仁、终圣也。③

阮元把上等人分为智、仁、圣三个层次，强调不可越阶而成，尤其强调要成圣必先行仁，不能行仁者不可能成圣。乾嘉学者恕道论的旨趣是以仁说君，而以圣说君者则几乎不见。④ 而涉帝王之圣者，

---

① 《镜喻》，《嘉定钱大昕全集（增订本）》第 9 册，第 276 页。
② 如钱氏多次表示深恶不关世之学与无关痛痒之文。
③ 阮元：《孟子论仁论》，《研经室集》，第 210 页。
④ 学者而又身为官员的奏疏类文字除外。

则如钱大昕之论旨，多是贬义，多是自以为是之圣、自以为明之明，以警戒人君勿自满自欺也。

回过头来，我们再重新检视钱大昕之说。钱大昕又借苏轼之言，揭示了圣君、"明主"在治道中的潜在危害。他指出：

> 东坡云："古之君子，必忧治世而危明主。明主有绝人之资，而治世无可畏之防。夫有绝人之资，必轻其臣；无可畏之防，必易其民。此君子之所甚惧也。"汉文帝、唐太宗可谓明主矣，而贾谊、魏征上书多忧危之言，所以为良臣。[①]

此说与钱大昕论梁武帝前说相合。可见，钱氏对圣君、明主有着多大的忧虑。

从钱大昕对圣明之帝王深刻的警惕，到阮元的仁、圣次第说，再联系乾嘉学者以仁说帝王的论治取向，则不难发现乾嘉学者的去圣论倾向。所谓去圣论，主要是指担忧所谓圣君的权力欲与控制力太强，其潜在的危害太大，希望帝王多为仁德之君，更希望帝王不要好高骛远，而要切于实务，多造福于民。换言之，所谓去圣论，就是希望皇帝不要以圣明的君主自居，不要自高自大，要虚心纳谏，尽早听取臣下的意见。在此意义上，去圣论是颇具现实意义的。以乾隆帝为例，其君主权威在他去世的若干年还一直印在士人的心中。

有一点需注意者，即乾嘉学者往往借史论政。这一方面固然是因为嘉道时期史学已有渐兴之势，但还有另一层重要的原因，就是治经不便于直接针对现实发论，而治史则可借过往之事而吐胸中块垒。所谓以史为镜，烛照现实，钱、赵之说不能说没有现实政治的影子。王鸣盛曾一语道破天机："治经断不敢驳经，而史则虽子

---

① 钱大昕：《臣道》，《十驾斋养新录》，第388页。

长、孟坚，苟有所失，无妨箴而砭之。"① 可见，借古喻今，是史学的传统，与经学相比，学者的时论才情在史学领地中更有挥洒的余地。

（二）依仁说君之恕道论

乾嘉学者大都以仁来说君道，即把仁德视为帝王为君理政的核心要义，我们姑且称之为以仁说君论。主要代表人物有钱大昕、戴震、阮元等，他们的立说颇能有理有据，前后贯穿。钱、戴等人论治，诸多具体观点未尽一致，但凡涉君道者，其思想大端都可以用一个"恕"字概括之。即使是阮元，其论治论政，思想虽较为隐蔽，但其说君的思想逻辑，也是明确围绕着仁、恕立论。恕或仁恕、忠恕的主要思想内涵出自《论语》中，即孔子所谓"己欲立而立人，己欲达而达人"，以及"己所不欲，勿施于人"，② 孔子是从道德修养的一般意义上讲，人如何能够成为一个具有仁德的人。《大学》伸展此义为"絜矩"之道，亦指孔子立己立人之意。

君道即帝王之道，即儒家"君君、臣臣"等五伦中"君君"之义，亦即帝王之所以可以成就一个合乎礼义的帝王的道理。乾嘉学者认为，君之为君的要义，首先就在于行仁恕之道，"有诸己，而后求诸人；无诸己，而后非诸人：帝王之忠恕也"。③ 这里，钱大昕强调，帝王为治之道在社会实际层面上的成败主要系于能否施行忠恕，而帝王实为天下治道之原，所以欲求天下大治，必自天子之忠恕开始。后来阮元所谓天子"不体群臣，不恤民时，则为政不仁"，④ 也是强烈要求帝王对臣民必须施行恕道，否则就是"自弃"于孔子之门。

---

① 王鸣盛：《十七史商榷》，清乾隆五十二年洞泾草堂刻本，"自序"。
② 分别出自《论语》中《雍也》篇与《颜渊》篇。
③ 钱大昕：《忠恕》，《十驾斋养新录》18，第 379 页。
④ 阮元：《论语论仁论》，《研经室集》，第 177 页。

阮元之学力主朴实，素少议论，但他的仁论却有不少议论，而凡涉议论而发挥者，往往多因涉及君道一层。比如，"颜渊问仁。子曰：'克己复礼为仁。'""樊迟问仁。子曰：'爱人。'"这两章，阮元断其义旨为"皆言王者以仁治天下之道"，此说对于理解孔子仁学的内涵十分重要。阮元把"克己""爱人"之义皆断为"为王者言"，是否精当，[①] 并不重要。关键的问题是，他为什么要如此下断？因为，阮元以"相人偶"训释为"克己"之义，列举了《论语》一书大量的"人""己"对称的类例，已经构成充分的证据，从而足以翻转《四书集注》以"胜己之私"的成说，[②] 何以画蛇添足地再引楚灵王之事？这恰恰表明，阮元坚执以恕道论为中心的政治理念，表明他以礼为治重建社会秩序的心态。钱大昕也说：

> 天子之视庶人，犹友朋也，忠恕之至也。天子修其身于上，庶人修其身于下，不敢尊己而卑人，不敢责人而宽己，不以己之所难者强诸人，不以己之所恶者加诸人。夫然，故施之于家，而亲爱、贱恶、畏敬、哀矜、敖惰，无辟也；施之于国与天下，而上下前后左右无拂也。……絜矩之道，即修身之道也。[③]

钱氏要求帝王不卑人、不责人、不强诸人等，都在说一个

---

① 阮元把"爱人"断为"为王者言"，已有失之狭窄之嫌，又把"克己"之视、听、言、动也断为"为王者言"，则除了会冒一些政治风险，同时也要冒一定的学术风险，因为在笔者看来，此断同样缺乏充分而必要的证据。"克己"条历来是众多注家意见最为分歧也最难周说的一条，阮氏引《左传》昭公十二年楚灵王事，用大量的篇幅来论证其为古语古事，"克己复礼则国家必仁，不能克己复礼则国家必亡"，试图证明此条确实是为王者说法。即使以清儒的眼光来看，此条也有"孤证不立"之嫌。依《左传》一条材料恐怕也是不能证之以实的，并不合阮元一贯的实证风格。

② 阮元：《论语论仁论》，《研经室集》，第180—185页。

③ 《大学论》（上），《嘉定钱大昕全集（增订本）》第9册，第45页。

"恕"字。"天子之视庶人，犹朋友也"，自然不要求君与民之间的平等，而是指忠恕的极致，即帝王能以对待朋友的亲切来对待其民。这也是在以仁恕说君。钱氏又说：

> 《大学》书与忠恕一以贯之之旨，何其若合符节也。……古之治天下国家者，未有不先治其身者也。身之不治而求治于民，……非忠恕之道也。天子以至庶人，其分不同而各有其身，即各致其修身之功。①

这段话看似是说，从天子到庶人，人人都要以修身为本，重心则落在"古之治天下者"，亦即落在天子这个层面。

钱氏以"忠恕"二字说"恕"，《忠恕》开宗明义先言帝王，"有诸己，而后求诸人；无诸己，而后非诸人：帝王之忠恕也"。其重心仍然落在君道一层。他认为，帝王施行仁政，其要就只一个"恕"字，"离恕而言仁，则为煦煦之仁"。他再次强调孔子之道就在于"忠恕"二字，求仁者能够终生奉行的一个字就是"恕"，也是明言帝王若要行古圣贤之道，舍恕道则别无其他途径。②

钱大昕认为，欲求天下大治，必自帝王之修身开始。即其所谓天子修其身，"不敢尊己以卑人"，"不以己之所恶者加诸人"。可见，钱氏一贯的政治逻辑，就是要求帝王以恕道治天下。

值得注意的是，君臣关系是钱氏关注的焦点。钱大昕把《尚书·洪范》"思曰睿"的"思"字解作"容"：

> 伏生《五行传》云："思心之不容，是谓不圣。"……说者曰："思心者，心思虑也；容，宽也。"孔子曰："居上不

---

① 《大学论》（上），《嘉定钱大昕全集（增订本）》第 9 册，第 45 页。
② 钱大昕：《忠恕》，《十驾斋养新录》，第 379 页。

宽，吾何以观之哉！" 言上不宽大包容臣下，则不能居圣
位也。①

这是颇为大胆的言论，要求君上必须有宽容大度的政治情怀，否
则，就 "不能居圣位也"。这种言论绝非一时激愤所致，从钱氏著
述中，可以发现他对君权过度集中的深深担忧。在《春秋论》《皋
陶论》《晁错论》等文中，钱大昕反复致意，提出 "君推诚以任
下" 等，并将弑君之弑解释为诛杀 "无道之君"。②

　　既然君主不可能都是圣君，那么就不可能一人治天下。况且，
中国政治的传统，从来都是君主与大臣共治天下。钱大昕《皋陶
论》一文，详说苏轼论史 "失言"。文章开头即引苏轼之说："苏
子瞻曰：'当尧之时，掩埋陶为士师。' 将杀人，皋陶曰杀之三，
尧曰宥之三。故天下畏皋陶执法之严，而乐尧用刑之宽。" 钱氏首
先指出苏轼史料失真，"杀之三" "宥之三" 并非尧与皋陶之言。
然后，钱氏乘机非议帝王随意宽刑之举：

　　　　（刑杀之法）准乎情，酌乎理，而断之以法，审之于用法
　　之先，而持之于定法之后。杀之，法当杀也，非有司所得而杀
　　也；宥之，法当宥也，非天子所得而宥也。……法当杀而故出
　　之，是之谓纵。③

　　虽然钱大昕一向反对法家政治，但涉及刑杀等律法的问题，却
主张一以法。这段话有两层意思：一是有司与帝王均不得枉法；二
是刑杀之事为有司之职权，天子不得随意干预。尤其是对于 "人
民之生杀系焉" 的帝王，不当 "宥" 而 "宥" 之，就是随意枉法。

---

① 《答问二》，《嘉定钱大昕全集（增订本）》第 9 册，第 84 页。
② 《冯煖论》《春秋论》，《嘉定钱大昕全集（增订本）》第 9 册，第 41 ~ 49 页。
③ 《皋陶论》，《嘉定钱大昕全集（增订本）》第 9 册，第 47 页。

问题是，既有随意宽宥，就会有任情越法的误杀。有清一代，帝王多重视其一手掌控之秋审大权，也多能慎重其事，但死刑犯全赖皇上御笔一勾，宽严尺度自难把握。人命关天全赖皇上之圣明，然而，"四海之大，其丽于法者多矣。天子虽甚圣神，安得人人而平"。钱氏在此虽非直言当代，但也不免是有为而发。

以上，是以仁恕说君，在理论实质上属于德治论。乾嘉学者之说，也遵循了传统士大夫的一贯政治逻辑，即通过恕道论来消解帝王权力，又通过消解帝王权力来扩大天下臣民的权利。其实，德治论说君，也并非完全是被动的。依儒家传统观念，道德是帝王获得统治合法性的根据，人君所以代天行政，是因为其能"以德配天"。故当人君彻底失德之后，也就意味着失去了统治的合法性。这实际上已涉及政治主体性问题了。

综上，乾嘉学者论治的中心理念，是以仁说君，以君道论治道。以上是从正面劝说激励说人君行仁。

乾嘉学者还从反面立说警示人君，不行恕道就是无道之君，就可能有亡国的危险。这主要是借古圣的"民为邦本"[①] 和孟子的民本论以立说。钱大昕指出：

> 愚谓君诚有道，何至于弑？遇弑者，皆无道之君也。……圣人修春秋，述王道以戒后世，俾其君为有道之君，正心修身，齐家治国，各得其所，又何乱臣贼子之有！[②]

弑君之论载在典册，是民本论更早的一种版本，乾嘉士人耳熟能详。实际上，执孟子民本之义最坚者为戴震，民本说实为其全部思想的灵魂。钱大昕所谓"凡弑君"是因为"君无道"，也符合戴震的一贯逻辑，自不待言。阮元位极人臣，一生受知于乾、嘉、道三

---

① 语出《尚书·五子之歌》。
② 《答问四》，《嘉定钱大昕全集（增订本）》第 9 册，第 101 页。

帝，立言素为平实、谨饬，但也常常以民本立其说，甚至也有过激之言论，如："治民者必以仁，暴民者必致亡"，[①] "不得民不可云得天下"，[②] "不仁之君重赋敛，好战阵，糜烂其民，凶年不救民，不得民心，必至菑危忧辱，陷于死亡。六国、亡秦皆不逃乎此言。"[③] 就连素称政治上最保守的凌廷堪，在谈到两晋之亡时，也大叹"天聪明自我民聪明"，[④] 可见乾嘉学者迫于时政不敢高论，但民本思想仍然是颇入人心的。当然，乾嘉学者依民本之义立说，主要目的还在于要求人君实行仁政。借民本立说，是要从观念层面上，对不行仁政的人君加上一种外在的制约力，或者说从反面警示鞭策人君实行仁治。

孟子的民本论本来就有一重以民为政治主体的味道，钱大昕等上述说法，在一定的语境下与一定意义上凸显民在权源上的政治主体意义，也并不奇怪。至少可以说，戴、钱、阮等人对绝对君权明显有一种质疑的倾向。在民本思想的烛照下，如乾隆帝所谓"天下权柄操诸一人"之类的说法，绝对不是那么的天经地义。以"存疑"与"求是"为治学灵魂的乾嘉学者，对帝王绝对权威发生怀疑，实在是一件顺理成章之事。

（三）恕道说与政治文化宽容论

戴、钱等人的恕道论，大都是在乾隆后三十年出台的。[⑤] 大约从乾隆三十一年戴震《原善》成书开始，戴、钱等人的治道观从酝酿渐次进入成熟期。而乾隆三十八年四库全书馆开馆，十余年后《四库全书》告成，乾隆帝又颁布"十全武功"，既标志了康乾盛世进入最鼎盛时期，也标志了以皇权为中心的极致意识形态的到来。这一段时间，

① 阮元：《孟子论仁论》，《研经室集》，第196页。
② 阮元：《孟子论仁论》，《研经室集》，第198页。
③ 阮元：《孟子论仁论》，《研经室集》，第196、198、200页。
④ 凌廷堪：《两晋辨亡论》（下），《校礼堂文集》，第179页。
⑤ 阮元除外，阮元之说主要在嘉庆时期，是承续戴、钱而来。

是清代文字狱最严酷的时期，同时也是乾隆帝以帝王兼教主裁判天下言论的时期。对此，学者们越来越强烈地意识到文化宽容的问题。

戴震的思想焦点全落在以意见为理的极权意识形态上，或者说落在高度专制的政治文化生态上。他说"正人心之要"，就是要校正这种"祸斯民"的"以意见误名之曰理"的理，就是要改良这种不通人情的政治文化。①

戴震恕道论实质上是一种文化观。在他看来，三代之后的政治文化是一种极不宽容的文化。这种文化之下，尊长毫无道理的责罚卑幼，是极不人道的。戴震指出：

> 故今之治人者，视古贤圣体民之情，遂民之欲，多出于鄙细隐曲，不措诸意，不足为怪；而及其责以理也，不难举旷世之高节，著于义而罪之。尊者以理责卑，长者以理责幼，贵者以理责贱，虽失，谓之顺；卑者、幼者、贱者以理争之，虽得，谓之逆。于是下之人不能以天下之同情，天下所同欲达之于上；上以理责其下，而在下之罪，人人不胜指数。人死于法，犹有怜之者；死于理，其谁怜之！②

这是强调，当今身处上位的人，把普通百姓的基本欲求看成无足轻重的小事，动辄以君子的节操来要求下层民众，以旷世的道德来责难于人，使人们处于道德说教的阴影笼罩之下，在根本上缺乏表达诉求的渠道。戴震所说的以意见为理，是指宋儒理学的理不合孔孟之旨，实际上是一种意见，而又以这种意见作为道理来裁定天下之事。而且，这种意见被政治化与社会化之后，更变为一种极不宽容的政治文化，从而全天下百姓都生活在这种冷酷、隔膜的世界

---

① 段玉裁撰，杨应芹订补：《东原年谱订补》，载《戴震全书》第 6 册，第 700 页。

② 戴震：《孟子字义疏证》卷上，第 9—10 页。

之中。戴震说：

> 今虽至愚之人，悖戾恣睢，其处断一事，责诘一人，莫不
> 辄曰"理"者，自宋以来始相习成俗，则以理为"如有物焉，
> 得于天而具于心"，因以心之意见当之也。于是负其气，挟其
> 势位，加以口给者，理伸；力弱气慑，口不能道辞者，理屈。
> 呜呼！其孰谓以此制事、以此制人之非理哉！①

这是何等严酷的社会现实，本来是毫无根据的偏见，变成了一种社
会意识，从上到下不论智愚，人人都习以为常，形成一种极不宽容
的文化生态。

戴震的"以理杀人"说，揭出了极权意识形态潜在的巨大社
会风险。这基于他对社会政治现实敏锐的洞察力。不仅理与意见是
直接写入国家法律的，以忤逆等人伦罪被判死刑者主要依据本身已
经礼法化的《清律例》，而且还有大量的"经义断狱"，"理"在
现实形态中是真的可以杀人的。

戴震对极权政治文化生态的揭示，事实上对当时一流的学者影
响很大。即以钱大昕为例，钱氏始见《孟子字义疏证》时表示不
以为然，而他后来的论治文字，与戴震的论治取向颇为相合。正是
出于对极权政治教化的担忧，以钱大昕为代表的一些乾嘉学者开始
反思并重新审视社会习常的一些伦理范畴。

乾嘉学者对五伦关系中一些具体问题的讨论并不少见，关键在
于，他们对五伦中最重要的君臣、父子两伦也进行了讨论。下文以
钱大昕为例，首先看他是如何诠解"忠"的。钱大昕说：

> 《孟子》曰："自反而仁矣，自反而有礼矣，其横逆犹是
> 也，君子必自反也，我必不忠。"是忠为仁礼之本也。《春秋

---

① 戴震：《孟子字义疏证》卷上，第4页。

传》曰："上思利民，忠也。"《论语》曰："言思忠。"又曰："主忠信。"……盖自天子以至庶人，未有舍忠而能行者。后人但以忠为臣道，又以捐躯徇国者为忠，而忠之义隘矣。①

这一段话是说，忠不仅指臣民对君尽忠之义，还指人君反躬自省、克己复礼、以仁恕待臣民之义。其旨显然是强调，帝王要忠于自己的臣民，言外之意，就是不要以帝王之术那一套欺瞒愚弄人民。钱大昕对帝王权术深恶痛绝，他在《晁错论》一文中曾详论汉景帝采晁错之策"以术数治天下"，终酿成七国之乱。文中揭示了景帝任术数以猜忌大臣，与文帝恕道待臣民形成鲜明对比。可见，钱氏反对帝王玩弄权术与主张帝王恕以待臣，在逻辑理念上颇为连贯，体现了钱氏以仁恕论治道的一贯思想逻辑。

在《皋陶论》一文中，钱大昕讥刺帝王市恩故意收买人心，将这种行为称为假仁假义。钱氏说：

> 夫恩出自上，非大公之治也。……人有罪而杀之，可矜而宥之，皋陶之仁，即尧之仁也。士师得其职，而天下无冤民，天子之仁，孰大于是！顾沾沾焉侵有司之权，活数人之命，以市恩于天下，曾谓尧之圣而为之哉？欲恩之出于己，而委怨于有司，是上贼下也。计恩之必出于上，而锻炼周内以入人之罪，四海之大，其丽于法者多矣，天子虽甚圣神，安得人人而平……上下之间，以术相欺，刑罚之不中，必自此始矣。②

市恩之举，实为帝王的一种自我包装手段，越是有雄才大略的帝王越是善于把自己装扮成高大全式的圣德仁君。在本质上，市恩与儒家的忠、恕、诚、信是完全相悖的，在政治形态上一般表现为一种

---

① 钱大昕：《忠恕》，《十驾斋养新录》，第 379 页。
② 《皋陶论》，《嘉定钱大昕全集（增订本）》，第 47—48 页。

虚假、欺骗的愚民政治。① 钱大昕指出，天子市恩不合忠恕之义，其结论是，"夫恩出自上，非大公之治也"。

再回到上文钱大昕《忠恕》对忠的释义。通过一系列的引证经说，钱氏证明人君对自己忠、对臣民忠，才是忠的本义，这也是古圣先儒说忠的原旨。忠于己为忠，言外之意即君要做符合君主身份的事，这是旨在强调帝王要行忠恕之道，也即上文钱大昕《梁武帝论》《皋陶论》《晁错论》等文中，反复称赞尧、舜、汉文帝、唐太宗等以恕道待臣民。钱氏又说，"忠臣不事二君，而不事二君者未必皆忠"。② 两相对比，不难发现钱氏对片面的、绝对的臣民对君之忠的不满。钱氏如此解释忠的含义，就意味着忠不再是臣民对人君的单方面道德义务和伦理责任。钱大昕的训解准确与否暂且不论，关键是他的解释波及纲常名教之本，有消解纲常名教过分强调上下尊卑的潜在意蕴。

中国历史上君主之位本就过尊，经过明代对尊君卑臣观念的强化，忠的观念彻底沦为了臣民对君的片面道德义务。长期以来，忠的概念经常成为君臣关系的特指，钱氏在这里实际上是通过恢复先儒原旨而对忠的概念重新定义。这里特别揭示出这一点，看似突兀，实则平常。钱大昕对于忠孝思想特质的贞定，并非个例，一如戴震对理与欲的辩证，以及阮元对性、命、仁、太极等的诠诂等。当然，钱大昕之说，主要是承续儒家道统，是要化解尊君卑臣的绝对主义观念，还不能视为对传统价值的一种重估。

除了对忠进行讨论，钱大昕对孝与妇女的节烈观也有过考量。

一如浅近、平实的乾嘉学术风格，乾嘉学者对忠孝等观念也有一个更为平情、朴实的态度。一如乾隆帝对忠的片面强调，子对父的尽孝也是绝对的、无条件的了。孝道不仅见之于教谕，更体现于《清律

---

① 有趣的是，乾隆自己表达爱臣惠民时用"示恩"二字，而驳督抚等大臣向辖区官民示好用"市恩"二字，对市恩官员的斥责常语气甚厉，这也是其权柄不容旁落的表现之一。

② 钱大昕：《功过相除》，《十驾斋养新录》，第 384 页。

例》种种详尽的规定，且最终流于彻底的礼法化。与忠一样，当孝成为一种强势意识形态，成为人们毫无保留的习惯性意识后，卓识者自然会有一定的思想度量。如钱大昕对墓志碑文以不实之词谀父的批评，虽非直接对准孝的观念本体，却表达了这样一种理念：日常习惯中的种种具体孝行是否适当，是否合宜，是可以讨论的。

钱大昕还提出了一种平情的贞节观。他指出："妇人以不嫁为节，不若嫁之以全其节；兄弟以不分为义，不若分之以全其义。"又说："虽为下等人说，然却是救时名论。"① 这种贞节观贵在平易，从"下等人"的生活实情着眼。而关于兄弟分家问题，也有另一重公案。《大清律》规定，父母在兄弟不分，这是事关整个天下礼法体系的大问题，此一观念在中国千百年来人们已经习以为常了。但即使如此，钱氏仍对其进行重新考量。

如何解决过度强化的意识形态政治，是乾嘉学者需要面对的重大问题。他们缺乏根本的解决方案，因此又回到先儒那里寻求帮助。这就是提倡真正亲民、富民，使治道回到务实的轨道上去。

钱大昕重新诠释《大学》的"亲民"概念，明确反对宋儒道德至上说对国家政治的重大危害。钱大昕说：

> "大学之道在亲民"，"民之所好好之，民之所恶恶之，此之谓民之父母"，此亲民之实也。宋儒改"亲"为"新"，……古圣人保民之道不外富、教二大端，而"亲"字足以该之，改"亲"为"新"未免偏重教矣。"亲"之义大于"新"，言"亲"则物我无间，言"新"便有以贵治贱、以贤治不肖气象，视民如伤者似不若此。后世治道所以不如三代，正为不求民之安而务防民之不善，于是舍德而用刑，自谓革其旧染，而本原日趋于薄矣。②

① 钱大昕：《沈垚说》，《十驾斋养新录》，第 389 页。
② 钱大昕：《亲民》，《十驾斋养新录》，第 32—33 页。

此说实际上有两层意思：其一，是立足于学术层面，批评朱子片面解经，只引《尚书·康诰》中"作新民"一语，而不引同文中"如保赤子"一语，从而大失先儒立说原旨；其二，过分强调教化也大失古圣治道之真义。实际上，不论是帝王还是士大夫，都认为国家政治之两大端是"富"和"教"。但到底是先富还是先教，是富更重要还是教更重要，儒家诸经中虽存在不同的说法，但孔孟原始儒家确实主张富而后教之，并认为这才是真正的仁民爱物。就乾嘉学者而言，尤其是钱、戴、阮等人，均明确地表达了对富的重视。与之形成鲜明对比的是，乾隆帝张口闭口就是"教养"二字。在乾隆的政治哲学中，化民成俗常常重于人民的富庶。① 乾隆帝不仅要先教后养，而且不言富而言养。值得注意的是，"养"与"富"的意义是完全不同的，按照钱大昕的逻辑，"养"即未免有"以贵治贱、以贤治不肖气象"。钱氏反对朱子把"亲民"之"亲"训为"新"，与其一贯主张恢复先儒先富后教的利厚民生之旨如合符节。当然，钱氏此说也未必一定针对乾隆帝的教养国策，但从钱氏为学论治一贯主张切于实、合于情来看，又绝不能说与当时的现实政治无关。要之，在相当多的语境下，钱大昕反复表示了反对政治上的过分教化。这与戴震之意见说，是否一道构成了对极权意识形态的抗议，或者对康乾二帝作君作师垄断教化大权的不满？视民如伤出典为《左传·哀公元年》，要求统治者切切实实地亲民，这是周秦儒家的一个基本观念，钱大昕等人自然熟知。

主张富民为先，治道切实地落实到民生上，是乾嘉士人相当普遍的一个观念。总之，钱、戴、阮等人生活在绝对君权下的政治文化生态里，从批判宋儒流于讲章的道德理想主义，要求回归孔孟先儒的贴近日用生活秩序的朴素的道德，他们的所作所为，在极大程度上是有意识地进行一种战略性的文化选择，自然也是学术经世观念的一个合乎逻辑的结果。

---

① 参见本章第一节。

以戴震等人的斥以意见为理，包含了对君王作师之政教合一的强烈不满。用今天的话说，乾嘉学者对极权意识形态与绝对的道德理性主义是有所洞察的，或者说是有所怀疑的。这并不奇怪，在乾隆帝这个"十全老人"的裁治下，在文教学术超级大一统的时代，奉求实求是为圭臬的乾嘉学者，又不得对他们无法忘怀的社会政治求其一是，其郁结、孤愤是难免的。

故恕道论的本质还是在于消解极权政治文化的高压。

值得注意的是，乾嘉学者的这一套去皇权专制的政治理念，是南宋以降中国政治思想史上的一大翻转。自程朱、真德秀强化君主中心的政治论，中国学术思想均长期强化君主在王朝政治中的主体性，孟子的民本政治理念被不断弱化。去圣论与君主宽政之说虽不新鲜，但在明清政治日益专制化的历史情况下，却借原始儒家之说发出了消解君主权力的声音。具体地说，从教民到养民，其治道观已有从君主立说到围绕民本立说的倾向，在当时的现实局势下也称得上是政治观念上的一个方向性变化。这一转变是在清代考据学形成与发展演变过程中形成的，是一种时代思想①的体现。戴震的《孟子字义疏证》，阮元的论仁两篇、《性命古训》等，焦循的《孟子正义》，钱大昕与赵翼的史考，及其他清儒的政论等，绝大多数是基于考据而形成的结论，在相当的意义上可以说是一套迥异于现实政治的新政治理念，是以民本政治代替理学德化政治，属于一种学术思想上的整体性转换，并试图在此基础上激发民本思想之于调整政治秩序的活力。

乾嘉学者提倡实事实政，厌弃大而无当的虚假政治与高妙道德，在很大程度上可称为去道德化的努力，或者说是企图消解绝对道德主义及其现实困境。然而，恕道论的本质，还是以道德来化解政治困局，这本身也构成了恕道论自身的理论困局。因为，恕道论的落实最终还有赖于"君心"向善，与传统儒者一样，乾嘉学者也无法

———————————

① 因高压而未能成为思潮。

绕过帝王的个人私德。德治即为人治，"圣人有时而穷"，把治道系于统治者个人的道德素质是不可靠的。这一点，到乾嘉之际的凌廷堪、焦循、阮元等学者，方始有所反思。凌、焦、阮等人提出的礼治论，即试图把道德问题转化为礼律即社会实践层面的问题。

从戴震到钱大昕再到阮元，他们对治道的强烈关注，来自儒家传统的士大夫以天下为己任的情结。钱大昕之《十驾斋养新录》以顾炎武的《日知录》自居，"天下兴亡，匹夫有责"深深浸入全书的肌理文字之中，其帝王仁恕说，一再强调忠的片面性。而戴震晚年则终于压不住热切于时局的冲动，甘愿冒天下之大不韪，写下绝笔之作《孟子字义疏证》。尽管钱、戴二人存在着不尽相同的学术见解，但学术关乎治道、关乎社会人心风俗这一点，二人表现出了惊人的一致性。又如阮元把仁定义为帝之德，而把普通人的道德水平线一再下移，要求君主必须行仁政，其实他的意思十分明确：仁是君的第一要求，否则即是不义之君，是德不配位，终会落得秦始皇那样的暴君的下场。从阮元的思维逻辑中可以清楚地看到这一点。我们可以批评阮元镇压农民起义以维护朝廷统治，或作孝经注等以稳定既有的社会秩序，但作为一个封疆大吏，在自己的著作中能对暴君进行连篇累牍的口诛笔伐，似也不能否认其士大夫的铁样风骨。这与戴震的敢写人所不敢写，有同样的救世情怀。

五　乾嘉考据学的历史空间

秦汉以降，儒家士大夫在大多数时期是文化与政治担当的主体，进而入仕参与政治体系的建设与改良，退而读书立言实现文化担当。这一情形在清中叶发生了两处明显的变化。一是大清列圣把一切都安排好了，大臣遵旨而行即可，加上朝廷对各级政治组织控制极严，故读书人入仕后只能被动地执行朝廷政策，且主要是收税、救灾、平乱以安民自慰，从不敢越雷池一步。中央与地方大员

均不敢主动进行制度性建言，更不敢稍稍批评朝政。二是即使致仕
从事著述也多为考据文字，多数人不敢放言议政，实际上已不复以
往士大夫退而议政的功能。这一情况，明清两代形成鲜明的对比，
明代士大夫不论在朝在野，其议政参政的热情及影响均十分突出，
而乾嘉士人的政治声音几近于消失。

在此情况下，考据学者并非都对极权主义的皇权专制持警惕心
态，也并非一律主张宽容政治，此亦自不待言。由被龚自珍称为
"以布衣为掌故宗"的江藩，① 最可见时儒观念之一斑。江藩突出
君主在政教合一体系中的主体性地位，说："黄帝正名百物以明
命，……是谓垂衣裳，使贵贱分明得其所也。""古圣王起而率其
所以然之性，而教养之，名之曰礼"。"王者，皇也、方也、匡也、
黄也、往也。……故曰天覆无外，地载无爱，风行令而一其威，雨
布施而均其德，王术之谓也。"② 其主张"方圆黑白""善恶贵贱"
"贤愚爱憎"均有赖于皇权的"一其威"，我们虽不能以此一条材
料断定江藩主张扩张皇权，但他主张皇权的有效覆盖和一其权威似
无可疑。江藩是否主张进一步张大皇权，其现有著作材料还不足以
说明。但这确实是一个时代问题，前有庄存舆、魏裔介等，后者甚
至有章学诚，张扬王道政治主张思想一律的人始终大有人在。一如
江藩赞盛世之文化繁荣："我国家龙兴一百五十二年，崇尚实学，
培养人才，治古学、工文章者，炳焉与两汉同风。"③ 在乾嘉学者
中，类似这种口气的序文成千上万，虽未必都是谀政，然盛世之中
欣然自处，一可见是发自内心，二亦见盛世可以麻痹多数人的心。

乾嘉学者赖以生存的特殊的政治文化空间，使他们的观念显然
复杂而微妙。乾隆帝柄皇权消灭一切不和谐的声音，借一波又一波
的文字狱撼动士人身心，以迫使官僚士大夫全身心就范。面对前所

---

① 《江子屏所著书序》，《龚自珍全集》，上海古籍出版社 1999 年版，第 193 页。
② 《原名》，《江藩集》，第 66、67 页。
③ 《徐心仲论语疏证序》，《江藩集》，第 72 页。

未有的身心恐惧，士人不得不考虑一个最现实的问题：如何既能读书著述，又能安保身家性命。于是，部分士人不得不逃到故纸堆中求生活。然而，普天之下，莫非王土，只要活在这片土地上，只要有文字著述，想表达思想，就随时有不测之风险，今日关上家门埋头著述，也不能保证明朝触忌祸及身家性命。龚自珍所说的"避席畏闻文字狱"，其实放在乾隆一朝更为恰当。大多数人不敢放言，甚至不敢有思想，士人的思想空间一度被压缩到了极致，从而形成了钱穆所说的清儒"只是经学，而非儒学，"① 这的确道出了早期乾嘉汉学的窘境，以及乾嘉后期汉学走向细碎功夫的部分状况。乾嘉学者始终要面对皇权及官方哲学影响下的观念生态。即如阮元释命，最后终归还是要回到身家性命的保全，命也运也数也解释了半天最终仍是无解，乾嘉士人的性命还要交给莫测之命。这种无奈的生存处境，也是理解乾嘉思想的一个不可或缺的方面。

但有清一代士大夫精神并非完全斫丧，也不可能完全斫丧，部分士人精英并不缺乏直面现实的勇气。康熙朝有戴名世成"名教罪人"后仍敢放言，乾隆朝有戴震发出"以理杀人"的时代强音。所以类似钱穆所说乾嘉考据学"只有学究气""不沾着人生"等并不确切。② 思想是关不住的，乾嘉主流学者从未放弃思考。从小处讲，他们首先必须考虑如何真正地落实安身立命的问题。几乎把学术当作信仰、把求真视为生命的乾嘉精英学者，在考据文字中时不时或自然不自然地流露了很多充满洞察力与创造力的思想观念。从

---

①　钱穆：《前期清儒思想之新天地》，《中国学术思想史论丛》（8），第 3 页。

②　钱文指出："经籍只是他们批评的对象，他们并不敢批评经籍本身，却批评那些经籍的一切版本形式与文字义训。所谓文字义训，亦只是文字的训诂注释，尤其是在与人生道义与教训无关的方面。换言之，是那些隔离人生较远的方面。他们治《尚书》，并不是为的政治楷模；治《诗经》，并不是为的文学陶冶；治《春秋》，并不是为的人事褒贬；治《易经》，并不是为的天道幽玄。他们只如史学家般为几部古书作校勘与注释的整理工作。再换言之，他们只是经学，而非儒学。东汉经学还有儒生气，清儒经学则只有学究气，更无儒生气。总之是不沾着人生。"见钱穆《前期清儒思想之新天地》，《中国学术思想史论丛》（8），第 3 页。

大处讲，他们面对皇权笼罩，不得不想这个政治秩序如何安顿的问题，因此而有帝王去圣论、政治宽容论等观念。而如此种种之观念，在当时的现实境遇中就更显得难能可贵。

故在文化与政治高压的特殊时代，乾隆盛世时期士人群体在政治的实践层面上几乎无可称述。与宋明两代相比，清代中叶士大夫在国家政治层面的话语权与参与权几呈空白。所以，乾嘉考据学的智识精英当之无愧地成为其时代的文化担当者，成为有清一代的文化主体，但他们远不足以成为清代的政治主体。[①] 也正因如此，政治实践的阙如，恰恰意味着他们通过证经考史的方式，以十二分的迂回曲折手段来表达其治道理想的可贵性。乾嘉学者对专制主义的抗争，他们文化兼容的气度，追求学术自由与独立的态度，对自然性情敢于求真的勇气，是黄宗羲、顾炎武等学术精神的延续，也是后来龚自珍、魏源等抗议专制呼唤人性伸展的思想资借。

乾嘉学者学术兼容与开放精神所体现的学术方向，在逻辑上可以导向一种世界主义的价值取向。但在清王朝全面禁海的锁国大局下，他们的开放精神主要体现在对中国本土诸子百家的一种渐趋扩大的兼容情怀。乾嘉学者对于西学的态度最能说明问题。

清代中国人对于西方文化的了解远不如明代，总的来说，清人的世界眼光是相当狭窄的。时儒对于西学的认知，最可称道的，在天文、历法、算学等自然科学知识方面。清代前中期，出现了王锡阐、梅文鼎、江永、戴震、焦循等一批学者，他们都有不俗的成绩，但限于天算等具体的专业领域，在西学通识方面，则缺乏像明季学者徐光启、李之藻这样开阔的文化视野。徐光启甚至可以说是一个具有相当世界眼光的学者，他主张文化的多元价值，能用平等的眼光看待中外文化。明末还有方以智这样的对西方哲学有初步了解的哲学家。在天文、历法、算学方面，清儒的视野远逊于晚明时

---

① 参见余英时《朱熹的历史世界》生活·读书·新知，三联书店 2004 年版，"自序一"。

期的儒者。书籍散佚甚至无书可读的情况下，其对于西方近代科学知识在总体上的认知远逊于徐光启、李之藻一辈，由阮元的《畴人传》关于蒋友仁、汤若望等的记载即可看出。清代有专业追求且有建树的科学家，除王锡阐、梅文鼎、李锐等少数人外，江永、戴震、焦循、阮元等人虽然也有相当成绩，但他们首先是经学家，历算学的价值主要在于羽翼经典辅证王道。在他们看来，历算学并不存在与经学对等的独立的学术价值。

在清儒的意义世界中，天文历算学是经学的一部分，自然也是圣贤之道的重要部分。故儒者重道，并特别警惕对术的滥用，这一点从阮元的《畴人传序》和《畴人传凡例》，以及关于杨光先部分，① 都可得到印证。正因如此，对于西学，一流的学者如钱大昕、阮元也做不到平等对待或持平等的态度。钱大昕的态度是，"西学则我先圣岂无？"阮元则对蒋友仁《坤舆全图》地是圆的且是动的异常排斥，认为其说"上下易位，动静倒置，则离经畔道，不可为训"。②

总之，在西学问题上，对清儒的世界知识眼光不可以拔得太高。

另外，还有一个重要问题需要弄清楚，即乾嘉时期只是一种行文的方便。在学术形态上，我们把清中叶的汉学称为乾嘉汉学。但从政治与文化生态上，乾隆时期与嘉庆时期却有诸多的不同，其中最大的不同有二。其一，乾隆王朝是中国皇权专制最决绝的时期。关于清朝皇帝的绝对权力，有史家指出："清朝皇帝任命黜陟官吏；亲自主持殿试，确定后备官员；制定和宣布法律、条例，又是臣民死刑的最后裁决人；决定战争与议和，以及对外条约的签定；亲自主持庶务，削弱相权，使得清廷皇权更加集中。"③ 此说尚不

---

① 阮元：《杨光先》，《畴人传》卷36，商务印书馆，1935年版，第450页。

② 阮元：《蒋友仁》，《畴人传》卷46，第610页。

③ 冯尔康：《清人社会生活》，沈阳出版社2002年版，第3—4页。

足于说明乾隆朝极端专制之程度。事实上，乾隆朝最厉害之处，在于竭力取消士人的话语权，是要消灭一切不同的声音。而嘉庆朝则相对开放，故乾隆时期除戴震外鲜有发出自己的声音者，而嘉庆朝言路开放后文化生态始有言论松动之象，不少士人开始发出自己的声音。其二，乾嘉两朝实则代表了清王朝由盛世转向衰败。这也是学术思想转变的开始。乾嘉之交，即18世纪末，乾嘉学术迎来了一个寻求突破的历史契机。先是1799年和珅被赐死，后白莲教乱纷起，盛世梦醒，学术思想始有所转向，故乾嘉后期汉学在价值取向上，较明显地显示出逐渐摆脱一元论与反专制的文化品格。

简而言之，对应明清两朝之皇权专制，明清思想史上不断演绎着反皇权专制的活剧，其代表人物，前有明末清初黄宗羲、顾炎武，后有龚自珍、魏源，而中间的乾嘉时期也并未缺席。由于清末民初反满的需要，章太炎一辈学者的民族眼光遮掩了乾嘉学者的反专制性格，其后由于种种原因，乾嘉学者的民本意识也基本隐没不彰。中外思想史之通则，反专制与反蒙昧往往是相辅相成的，乾嘉学者也不例外。胡适、梁启超及当代学者余英时等，对清代考证学的科学品格或反蒙昧特性给予了充分的肯定，但迄今其反专制的一面则仍未获得一种体系性的理解。这一问题的确十分复杂，具有很大的挑战性，但对于乾嘉学术思想的研究，此问题却似乎是无法回避的。

正　篇

第 一 章
鸦片战争震荡下所暴露的思想危机

鸦片战争是在清政府几乎完全不了解对手的情况下发生的，结果是懵懵懂懂地战败，迷迷糊糊地签约。当时，大多数官僚士大夫，包括大多数的沿海守臣和前线将领，对英国人缺乏基本的了解。以林则徐为代表的少数有识之士，较为主动地去了解夷情，但他们的"悉夷情"主要还是作为一种驭夷手段，还是一种传统思维框架内的处理边患的权宜之计。因此，即使少数的先识者，他们对西方的了解也很有限，甚至有不少严重的误解和误判。

由于不了解对手，所以对这场战争的性质，应对的方略，以及战后应有的反思始终不能到位。朝廷上下始终以传统的驭夷之道来应对当时最发达的近代国家，始终以民族正义与道德正义来应对一意扩充其经济、政治利益的西方列强。战争失败后，随着民族正义与道德正义的迅速升温，仇英与排外的情绪也随之高涨。于是天朝意识、仇夷情绪和排外主义迅速合流。在战和问题上，京城与内陆的绝大多数官僚士人一边倒地成了主战派，主战即正义，主和即投降。这种普遍存在的心理和观念，阻碍了人们去理性地观察与了解西方。这种情况也是决定了鸦片战争后，中国仍蹉跎二十年的光阴未能寻出摆脱危机，走上近代发展道路的原因。

鸦片战争的失败，对部分沿海守臣、前线将领以及关心海疆局势的士绅形成了强烈的震撼，但对于多数身处内陆的官僚士大夫之思想触动并不大。总的来说，多数官僚士大夫对战争与战后局势普遍缺乏基本的反思。

一 战争前的政治生态与思想动向

嘉道时期，清王朝从百年盛世转向衰败，政治文化环境与学术思想形态开始呈现出相对复杂的状况。一方面，朝廷政治与官场文化在总体上显示出保守、因循、腐败等毫无生机的精神特征。另一方面，表现在绝对皇权与意识形态上，嘉道二帝继承了康、雍、乾三代帝王绝对专制的政治品格，使嘉道两朝虽日益失去康乾盛世的光彩，却背负了康乾时代皇权专制的沉重包袱。嘉道二帝温和的政治表象下，流动着乾隆帝绝对君权的精神血脉，培养了嘉道两朝极端专制主义的文化生态，不仅构成龚自珍等嘉道士人集中火力抨击专制主义的思想背景，而且成为道咸两朝专制主义、排外主义以及中国人在学习西方道路上蹒跚不前的主要原因。

嘉道时期日益暴露的社会危机，唤醒了士人的经世意识。官僚士大夫阶层议政意识渐次觉醒，并纷纷把批判锋芒对准以皇权为中心的专制主义政治文化。同时，为了寻找现实出路，嘉道士人从古今众多学术流派中广泛吸取思想营养，史家颇为认同的汉宋兼采就是一个显著的表征。实际上，嘉道时期学术思想的精神气质，主要表现为走出汉学狭隘天地后兼容并包的气象，龚自珍自称其学为"东西南北之学"，魏源也同样广收博取百家之学，这些都反映了此时兼容众说的学术取向。

龚自珍以士为中心的"更法"论，是当时思想界的最亮色。龚学的核心问题，是人之才情何以舒展，由此出发，他提出了一套略具体系的治道观，或者称之为以士为中心的弹性制度论。他的全部政治理想都寄托在有卓识有担当的士之身上，有一丝唤醒士人社会主体意识的意味。他从史学源流上演绎以士为中心的国家政治组

织的原理，主张释放才情之士的自由空间，其"宾宾"说主张人
主对人臣要保持宾客一般的尊敬。他集中批判皇权专制与张扬士人
个性舒展，都与其以士为中心的革新理想息息相关。龚自珍学术思
想的核心理念是尊情而尚自然，他主张人性的自然伸展，否认先儒
有大公无私之说，肯定"人欲之私"的合理性。他的人性论是其
政治理想的逻辑起点，也是从戴震到康有为的自然人性论的重要
一环。

（一）　绝对君权与"末世"文化生态

鸦片战争前后的中国是一个有两千多年历史的农业宗法国家，
作为满族统治者的清王朝，历经数代帝王如饥似渴地吸取汉民族文
化的营养，尤其是竭尽全力吸收历代王朝的统治经验，发展出一套
十分成熟的高度集权的君主专制制度。与明代相比，清王朝专制政
治的特征在于对官僚士大夫及其思想文化的空前严密的防范与管
控。这种以绝对君权为核心的专制文化生态，至乾隆王朝而臻其
极，至嘉道两朝，盛世扩张锋芒虽已收敛，却演变为一种弹性十足
的防御形态，从而文化专制的防范功能变得异常的强大，呈现出柔
软、富有弹性而无处不在的笼罩性，在嘉道咸三朝长期制约思想文
化的活力。

康雍乾三朝相当成熟的皇权专制及其政治理念，通过近乎严酷
的皇子培养制度代代相传，自小即渗入后继皇帝的内心深处。以嘉
庆帝处置洪亮吉，表面上放开言禁，实际上朝廷上下皆噤若寒蝉，
这才有龚自珍的"万马齐喑"的呐喊。

清代皇帝读书的一项重要内容，是历代先辈皇帝的《实录》
与《圣训》。《实录》主要是记载先代皇帝治国理政的大事编年
录，其内容相当详细，其主线则是围绕皇帝一人的嘉言懿行而
铺展。《圣训》主要记录先代皇帝训示臣民的诏令与语录。不论
是《实录》还是《圣训》，其核心要旨不出乎德化政治的范畴，
都是清王朝历代皇帝道德形象与政治标杆的正面记录，每一部

《实录》和《圣训》都记录了一个正大光明的圣君形象。雍正帝说，圣祖康熙朝六十多年的理政方策，是我朝千秋万代的政治标本，以后的皇帝必须反复学习与体会。乾隆帝也说他"每间日恭阅列祖《实录》一册，周而复始，于创业垂统之迹，敬识之弗敢忘"。① 雄才大略的雍乾二帝如此，嘉庆帝以及后来的道咸诸帝亦多如此。后来的皇帝在一生的阅读中，大都会将先代皇帝的人格立为模范，将先代皇帝的朝政经验当作蓝本，并作为风向标去追随，体现出一种在心理与价值取向上不断进行孝宗法祖之类的心理暗示过程。

康乾百年盛世，成为后来皇帝心中具有无上理想并远超过尧舜禹的三代之治，只能高山仰止，景行行止。在朝政治理上只能东施效颦地追随祖父辈的政治足迹亦步亦趋地踉跄而行了。以道德转化政治则是清朝历代皇帝的一以贯之道，也是后来嘉道等皇帝乐于因循或乐于守成的。因此，康乾盛世之后的历任皇帝无不再三申明要奉行祖宗成规为治国心法，嘉庆帝一再表白自己要"以祖宗之心为心"，以祖宗之政为政。

治国理政一以祖宗成规为依据，在政治上想要开创新局，或想要有一番大作为，就注定是难上加难之事了。嘉道二帝习惯性地将诸多问题化归为道德问题，其典型的表现就是对于犯罪官员进行忠奸识别，处处问心不问行，很少从事务的实际运转上多动脑筋。实际上，嘉道二帝都称得上是清代皇帝中的仁君，但二者在治国理政方面却殊少建树。以嘉庆帝为例，嘉庆帝继位伊始，即以果断处置和珅案而赢得了崇高声誉，然而这最初的辉煌也成为其最终的辉煌，即使是开放言禁之政，也随着他处置洪亮吉而迅速流产。嘉庆帝的历程，几乎被道光帝重走了一遍。在清代皇帝中唯一一位以嫡长子身份继位的道光帝，在二十几岁的时候即以平定天理教的神勇功绩，在历史上留下了重要的一页。《清史稿》论定道光帝为"守

---

① 《高宗纯皇帝实录》卷1066，乾隆四十三年九月丁亥条，第22796页。

成之令辟"，① 实际上是明确揭示了道光帝治国理政的主要风格就是"守成"二字，此论十分中肯。然而，也正因为"守成"二字，道光帝囫囵吞枣地全盘承继并固守着祖宗留下的一切。

康乾盛世形成的绝对君权的政治理念，成为嘉道咸三朝最大的政治文化遗产。尤其是乾隆朝的治国策略，对此后清王朝的政治生态几乎无时无刻不在产生着影响。乾隆帝将"乾纲独断"四个大字奉为治国理政的不二宝典："乾纲独断，乃本朝家法。自皇祖皇考以来，一切用人听言，大权从无旁假。即左右亲信大臣，亦未有能荣辱人、能生死人者。"② 从乾隆十三年（1748）起，乾隆帝将此四字说了五十多年。他再三申述"乾纲独断"的心得体会，不仅自己牢牢奉守，还有意识地将其传给皇太子，希望"乾纲独断"能够代代相传，以"绍承统绪"，稳固列圣创下的基业。③ 与乾隆皇帝一样，嘉道二帝也把独断国是视为清王朝赖以维系政治统治的生命线，他们温和、雍容的姿态与独夫专制的政治基因很好融合在一起，在国是上长期形成不容他人置喙的政治风格。嘉道二朝中，嘉庆帝亲政伊始即以雷霆手段拿办和珅，成为当时轰动朝野的大事，对嘉道二朝的政局产生了深远的影响，即"乾纲独断"绝不容一丝旁骛，同时防范大臣擅权成为要中之要。道光朝则以听话的顺臣为首席军机大臣，故道光朝枢臣多唯唯。长期任领班军机大臣

---

① 《清史稿·宣宗本纪三》，中华书局 1998 年版，第 236 页。
② 《高宗纯皇帝实录》卷 323，乾隆十三年八月辛亥条，《清实录》第 12522 页。
③ 乾隆帝说："我朝乾纲独断，大权不稍下移。皇考世宗宪皇帝，曾令六科归都察院堂官管理，彼时无识之徒，尚有惑于台无长官之陋说，连名渎奏者。赖我皇考睿断举行，至今诸事整饬。该御史复囿于积习，辄以言官不涉司员职任，妄自尊大，欲于朕前巧售其术，能乎不能。明季科条颓风，专务自矜标榜，驯致党援门户，牢不可破，其时国事败坏，此辈实为厉阶。此真可引为前车炯戒者，不可不力防其渐也。"（《高宗纯皇帝实录》卷 875，乾隆三十五年十二月壬辰条，《清实录》，第 19796～19797 页）又说："我朝家法相承，乾纲独断，惟期慎简元良，从不稍存私爱。而朕绍承统绪，首以付托得人为重，无一毫系恋天位之心，无一息非凝承帝命之念。用能默通呼吸，感召麻嘉。实朕御极以来，六十年如一日也。"（《高宗纯皇帝实录》卷 1486，乾隆六十年九月己未条，《清实录》，第 28896 页）

的曹振镛即唯以谨慎为上，"宣宗治尚恭俭，振镛小心谨慎，一守文法，最被倚任"。又"振镛历事三朝，凡为学政者三，典乡会试者各四。衡文惟遵功令，不取淹博才华之士。殿廷御试，必预校阅，严于疵累忌讳，遂成风气"。① 即使如此，道光帝仍对其评价极高，称"大学士曹振镛，人品端方。自授军机大臣以来，靖恭正直，历久不渝。凡所陈奏，务得大体"。道光十五年曹振镛去世后，被道光帝赐予"文正"这一最高荣誉的谥号。可见道光帝心中的正臣就是唯唯诺诺的守旧之臣。

在中国传统的农业宗法社会，皇帝的权威有着无可比拟的巨大感召力。对任何人来说，首要的需求是生存，然后才是发展。官员亦然，第一是保住官位，第二才是升官发财。儒家学说虽可以帮助官员进一步拓展上升空间，但远不敌皇帝的威权与官场规则。官员的话语背景就是官场规则与潜规则，讨好上级官员尤其是阿好皇帝，才是官场生存与发展的不二法宝。官僚士大夫既是一个大圈子，就有一个共同的话语体系。清王朝政治之假大空与高大全，决定了官场上必须会讲一套官话大话套话。这样至少读书与知识素养可以帮助人们把话说得更漂亮更圆满，能把日常琐事讲出一套有品位有学养的知识，或上升到道德的高度，这是大官僚必备的能力。鸦片战争中，那些欺上瞒下的官员，把假的说成真的，把没有说成有，把大的变小又把小的变大，等等，在在都是，甚至奏折中也处处可见掺假之迹。因此，伪饰、虚骄与因循就成为清代官场的一种文化生态。

官习向来是士林风气的风向标，也是社会风尚的主要引导者。这种情状自嘉庆至道光越来越成为朝野上下忧虑的焦点，嘉道二帝也终日为之忧心不已。嘉庆十八年林清事件中，义军竟然一度攻入大内，紫禁城几无防守，充分说明了朝廷心脏部位也被完全麻醉的事实。嘉庆帝在《因循疲玩论》《罪己诏》《致变之

① 《清史稿·曹振镛传》，第 2929 页。

源说》等谕文中，把满朝文武的"因循疲玩"归结为事变的主要原因。但此时朝廷已无力振作，至鸦片战争前后，因循疲玩已成为整个国家政治中无可救药的顽疾，从中央到地方，层层官吏终日碌碌无为，尸位素餐，清王朝已经日益呈现出腐朽衰败的末日景象。

嘉道时期日益呈现出来的衰世文化生态，强烈地刺激了当时的知识界。在当时官僚士大夫眼中，清中叶以降官习因循懈怠之风已臻极致。于是，他们的思想焦点对准了两个方面：一是官场与士林的颓败之风，一是绝对皇权支配下的清王朝专制制度与文化。一句话，嘉道时期的衰世文化生态，成为这一时期经世思潮的现实起点。

当时，官僚士人对官场风习的批评可谓不绝于耳，龚自珍把这种官场腐朽文化描述为"衰世"气象。龚自珍说：

> 吾闻深于《春秋》者，其论史也，曰：书契以降，世有三等，三等之世，皆观其才；才之差，治世为一等，乱世为一等，衰世别为一等。衰世者，文类治世，名类治世，声音笑貌类治世。黑白杂而五色可废也，似治世之太素。宫羽淆而五声可铄也，似治世之希声。道路荒而畔岸隳也，似治世之荡荡便便。人心混混而无口过也，似治世之不议。左无才相，右无才史，阃无才将，庠序无才士，陇无才民，廛无才工，衢无才商。抑巷无才偷，市无才驵，薮泽无才盗；则非但鲜君子也，抑小人甚鲜。当彼其世也，而才士与才民出，则百不才督之缚之，以至于戮之。戮之非刀、非锯、非水火，文亦戮之，名亦戮之，声音笑貌亦戮之。戮之权不告于君，不告于大夫，不宣于司市，君大夫亦不任受。其法亦不及要领，徒戮其心，戮其能忧心、能愤心、能思虑心、能作为心、能有廉耻心、能无渣滓心。……是故智者受三千年史氏之书，则能以良史之忧忧天下，忧不才而庸，如其忧才而悖；忧不才而众怜，如其忧才而

众畏。……三代神圣，不忍薄谝士勇夫，而厚豢驽羸，探世变也，圣之至也。①

龚自珍的依据主要是儒家古经《春秋》，这是被历代公羊学家所尊奉的至要宝典。对于官僚士绅普遍的丧德败行，龚自珍极力铺陈，可谓是讥讽入骨，其夸张的写作手法，淋漓尽致地刻画了官僚士大夫的寡廉鲜耻、"不才而庸"。然而，龚氏的落脚点却并非揭示官僚士人的无才与无德，而是要通过"不才而庸"来揭示现实政治文化生态之恶劣，这不仅衬托出君主专制下官场文化对士人才情的摧残，而且凸显整个社会所形成的那种凝固的丧失活力的文化场域对全体士民才情的笼罩：一旦有"才士与才民出，则百不才督之缚之，以至于戮之。戮之非刀、非锯、非水火，文亦戮之，名亦戮之，声音笑貌亦戮之"。这种对精神的束缚与戕害来自四面八方，比对肉体的摧残更恐怖，从而，非至所有官僚士民沦为平庸而不止。这种以"文"、"名"与"声音笑貌"构织而成的罗网，对以天下为己任的士大夫尤其能构成致命的毁伤。所谓"人心混混而无口过也，似治世之不议"，一句话点明官僚士大夫群体所遭受的毁灭性摧残，② 在粉饰出来的太平"治世"中，置身于以名理杀人的密布文网之中，官僚士人徒以虚文混混度日，人人言行老到，圆滑而"无口过"，面对任何邪恶都能做到"混混"而一笑置之，从而敢言、敢争、敢为天下先的传统士大夫精神被磨灭殆尽。可见，"衰世"文化正是造成官僚士人精神极端萎靡的根因。龚自珍又说：

历览近代之士，自其敷奏之日，始进之年，而耻已存者寡

---

① 《乙丙之际箸议第九》，《龚自珍全集》，上海古籍出版社 1999 年版，第 6—7 页。

② "似治世之不议"，出自《论语·季氏》："天下有道，则庶人不议。"春秋末期，庶人的社会地位大体相当于后世的士人阶层。

矣！官益久，则气愈偷；望愈崇，则谄愈固；地益近，则媚亦益工。至身为三公，为六卿，非不崇高也，而其于古者大臣巍然岸然师傅自处之风，匪但目未睹，耳未闻，梦寐亦未之及。臣节之盛，扫地尽矣。①

按照龚自珍的长期观察，士人自科举获得官身之后，即日益受到官场风气的熏染，自小臣到大臣，官阶越大，无耻越甚，以至于做到了位极人臣的"三公""六卿"，一切臣节全部扫地。其原因，不外乎上行下效之官习，即"大臣无耻，凡百上大夫法则之"，从而自大臣而下，则风行雨过，天上地下一片阴暗，官场上下沦入"万马齐喑"的黑暗世界。这段文字，可谓是龚自珍所描述的道光朝官场气象。因为龚自珍的仕途经历全在道光朝，其中诸多言说即系以道光朝的朝廷与京师官场为模本。

龚自珍与魏源之所以在历史上被并称为龚魏，不仅在于二人同治公羊学，还在于他们具有共同的经世意识与批判现实主义的独立思想倾向。对于官场文化的因循疲玩，龚魏二人在观察取径与结论上均显示出惊人的一致性。魏源说：

朝野上下莫不玩细娱而苟近安，……以持禄养骄为镇静，以深虑远计为狂愚，以繁文缛节为足黼太平，以科条律例为足剔奸蠹，甚至圆熟为才，模棱为德，画饼为文，养痈为武，头会箕敛为富，"出话不然，为犹不远"，举物力、人材、风俗尽销铄于泯泯之中，方以为泰之极也。……除富贵而外不知国计民生为何事，除私党而外不知人材为何物；所陈诸上者，无非肤琐不急之谈，纷饰润色之事；以宴安鸩毒为培元气，以养痈贻患为守旧章，以缄默固宠为保明哲，人主被其薰陶渐摩，亦潜化于痿痹不仁而莫之觉。岂知久之又久，无职不旷，无事

_____
① 《明良论二》，《龚自珍全集》，第31页。

不盡，其害且在强藩、女祸、外戚、宦寺、权奸之上；其人则方托老成文学，光辅升平，攻之无可攻，刺之无可刺，使天下阴受其害而己不与其责焉。①

朝野上下因循苟安粉饰太平，众缄默以保身，视圆滑为才干，以至于"老成文学，光辅升平，攻之无可攻，刺之无可刺"，这种无形无象却又无处不在的丧败之风，正是龚自珍所描述的末世气象。魏源不惜以如椽之笔精刻细画，处处流露出忧时之士的极端焦虑与愤懑。

上行下效从来都是官场处世的不二"宝箴"，官员苟且宴安与皇帝因循守旧密切相关，后者才是官场颓风的重要根源。然而，在皇权专制的笼罩下，时儒对官场风习的批评，笔锋所向多是对准了官员，而不敢非议皇帝本人。龚自珍与魏源超越时人的思想卓识，就在于他们睿智地洞见于此。事实上，魏源在上文中不仅直截了当地指斥满朝官员的麻木不仁，同时也把道光帝扫了进去，"人主被其薰陶渐摩，亦潜化于痿痹不仁而莫之觉"，从而日复一日，年复一年，终于国家沦为"无职不旷，无事不盡"，"天下阴受其害而己不与其责焉"。

此前，龚自珍已以独夫目人君。在 1814 年，龚自珍即一针见血地道出大臣无权的严重弊政。龚自珍说：

伏见今督、抚、司、道，虽无大贤之才，然奉公守法畏罪，亦云至矣，蔑以加矣！……天下无巨细，一束之于不可破之例，则虽以总督之尊，而实不能以行一谋、专一事。②

不言而喻，大臣无权的根本原因，在于皇权太重，在于清代皇帝把传统政体中属于大臣的权力，全部收归到自己手中。龚自珍此说是

---

① 《默觚下·治篇十一》，《魏源集》，中华书局 1976 年版，第 66—67 页。

② 《明良论四》，《龚自珍全集》，第 35 页。

从朝廷与地方的权力平衡着眼，与黄宗羲、顾炎武的封建论的思想主旨一脉相承。龚自珍对绝对皇权的批判，是经历了康雍乾百年皇权专制后第一次重拾清初思想家的旧问题，或者说是借前人的问题意识来审视现实中的政治困局。这就说明，抑制皇权与扩张臣权这一条思想线索，自明清之际至嘉道两朝的近二百年的时间中并未中断。这一点下文将继续展开，此不赘述。

魏源也勇于借用特殊语境对清代皇权制度的弊端进行公开揭示。道光二十四年后，魏源已经历多年的京师任职与地方参政，官场见识日渐丰富起来，他进一步认清了嘉道以来官习与世风衰败的原因。魏源说：

> 国家承明制，拆明弊，以内政归六部，外政归十七省总督、巡抚，而天子亲览万几，一切取裁于上，百执事拱手受成。上无权臣方镇之擅命，下无刺史守令之专制，虽甤琐中材，皆得容身养拙于其间。渐摩既久，以推诿为明哲，以因袭为老成，以奉行虚文故事为得体。恶肩荷，恶更张，恶综核名实。……故便文畏事窭陋之臣，遇大利大害则动色相戒，却步徐视而不肯身预。自仁庙末年，屡以因循泄沓申戒中外，而优游成习，卒莫之反也"。①

魏源的观点相当明确：官习与世风衰败的原因就在于清王朝绝对皇权之专制制度。此说与龚自珍的观点如出一辙。所不同的是，魏源直指仁宗即嘉庆帝末年以来的政习，朝廷上下"优游成习"，世风日下。这段文字就是对鸦片战争时期朝廷政治现状的真实描述。这时，魏源已身处道光朝后期，朝廷上下在不知不觉与懵懵懂懂中，把天下大局弄到了不可收拾之地步，因此，一向较为稳健的魏源也不禁拍案而起，大胆地与皇权抗争，表现出士忧天下的担当精神。

---

① 《太子太保两江总督陶文毅公神道碑铭》，《魏源集》，第 328 页。

　　事实上，嘉道士林社会对清代绝对君权的反思与批评从来就不曾中断。乾嘉学者钱大昕、阮元等人的"去圣论"，明确主张淡化皇权，其中大部分观念即萌发于嘉庆年间。当然，时人中也并不乏龚、魏的同道者。稍早于魏源的桐城健将管同，也把衰世风气归因于清代特有的绝对皇权支配下的君主专制制度，他明确主张扩大臣权，尤其主张扩大士人的言论权。管同说：

　　　　明之时，大臣专权，今则阁部督抚，率不过奉行诏命；明之时，言官争竞，今则给事、御史皆不得大有论列；明之时，士多讲学，今则聚徒结社者渺焉无闻；明之时，士持清议，今则一使事科举，而场屋策士之文及时政者皆不录。……大臣无权而率以畏懦，台谏不争而习为缄默，门户之祸不作于时，而天下遂不言学问，清议之持无闻于下，而务科第、营货财，节义经纶之事，漠然无与于其身。……国家之于明，则鉴其末流而矫之者至矣，是以成为今之风俗也。①

在此，管同从君臣权力关系入手，公开揭示大臣之位卑权轻的形成原因。难能可贵的是，管同表现出一种历史主义的态度，他通过对明、清两代政治制度的简单对比，找到了清代官场腐败与士风颓废的根本原因，即清王朝在制度上剥夺了大臣的一应权力："国家之于明，则鉴其末流而矫之者至矣，是以成为今之风俗也。"这个看似温婉的言辞，在当时堪称是大胆至极的叛逆之说。他大胆揭露清承明制只是"鉴其末流"，把明代原属于大臣的权力尽归于君主，不仅把批判锋芒指向了皇帝，而且进一步指向了清代极端的君主专制制度。

---

　　① 管同：《拟言风俗书》，贺长龄、魏源等编《清经世文编》，中华书局1992年版，第200页。

（二）经世思潮之兴与学术风向之变

嘉道时期皇权日益专横、官习日益败坏的末世气象，对当时的有识之士形成了强烈的刺激。此一时期的学术思想也发生了日益明显的变化：一是士人的社会危机意识日渐觉醒，经世思想亦随之渐次崛起；一是汉宋调和与百家兼容的学术风气日益盛行。嘉道时期的学者，立足于社会现实，对传统思想与官方正统观念进行了双重的反思，其中反对皇权专制主义与因循守旧文化成为时代思想的最强音。

嘉道时期的经世思想其来有自。早在嘉庆年间即有钱大昕、凌廷堪、阮元等一批学者，已经不满足于离开日用的纯粹学术，他们在经史考证外衣的掩护下，提出了一系列颇具经世意识的治道观。嘉道时期，士人中越来越显示出回溯清初大儒顾炎武、黄宗羲的现实主义的思想迹象，企图借顾、黄学术经世理念以振作天下士气，如钱大昕的《养新录》即是追慕顾炎武《日知录》而成，大部分文字完成于嘉庆时期，其中戒惧皇权文化与关心时政已相当明显，阮元亦然。乾嘉考据学者戴震、钱大昕、阮元等清新自然的人性论与平恕的治道观，成为嘉道时期学术经世理念的潜在资源。乾嘉汉学中的治道观，正是嘉道时期经世思想的先导，这一点从嘉道时期经世派代表人物洪亮吉（1746—1809）的身上可以明显看出来。洪亮吉早在乾隆五十七年（1792）始在贵州学政任上所做的《臆言》中，即包括了后来广为人知的《治平篇》《生计篇》《好名篇》《守令篇》《吏胥篇》等名作，这些作品无不表现出强烈的经世情怀，对嘉道时期的经世思潮产生了积极的影响。

嘉庆朝是清王朝由盛转衰的一个历史时点。如遍及十数省的白莲教起义，就是民不聊生与社会衰败至极的结果。但嘉庆朝的转衰，原因并不全在嘉庆帝本人，甚至说大部分的原因，还要归之于乾隆帝。比如，乾隆朝的贪腐窝案就多到令人发指的地步，这种官场奢靡之风延续到嘉道二朝，一日甚于一日，这样历鸦片战争之前的半个多世纪的消耗，原来粉饰的五彩光亮逐渐剥落，日益露出其中的败絮来。大体上说，嘉道时期整个社会毫无生机，上层或醉于声色，安富尊荣，而下层百姓大都日复一日地在饥饿与生死线上挣扎，在没有大的天灾人祸之时，朝廷上下也仅仅能够维持一种危机前的平衡，但也不过是死气沉沉，苟延残喘而已。这就是龚自珍所一再描述的末世气象。严峻的社会危机始终在倒逼清王朝改革政策的出笼，故嘉道两朝也曾试图进行一些革新。如嘉庆朝开放言禁，但遇洪亮吉事而在事实上停滞，如道光朝在海运成功取代漕运后，因利益集团的牵制使本来很好的海运再次搁浅。当然，这些革新措施的夭折，无一例外地缘于皇帝个人的胸无定见与畏首畏尾，一切措施都随着皇帝的态度而漂移，而变化。由此，嘉道时期的经世思想也随着朝廷政策的无序张弛而起伏变化，使经世思想的演绎呈现出较为明显的曲折性与复杂性。然而，越是如此，对专制主义文化的批判思路就越清晰，从而反对专制主义也就成为当时一条较为明确的思想主线。

嘉庆初年是经世思想形成的一个历史关节点。嘉庆亲政不久即下令开放言禁，此后经世思想开始逐渐抬头。嘉庆弛禁言论，对于当时的知识界来说，预示着伴随百年盛世而来的长期的文化高压政策有所改变，尤其是嘉庆帝对一些文字狱案的公开平反，在一定程度上消除了人们的顾虑，使官僚士大夫精神为之一振。其中，以洪亮吉、恽敬、李兆洛、管同等具有常州学派背景的文人士子最为活跃，他们热切关注社会现实，大胆论学议政，并纷纷将批判的锋芒对准因循疲玩的官场与士林风气，对准奢靡衰败的社会风俗。在当时，参与讨论时政的士绅人数，以及讨论社会政治的问题广度，均大大超越乾嘉之际，但思想深度却有所不及。

时儒中，以洪亮吉的思想及命运最具典型意义。洪亮吉在当时以词章闻世，但其学术根柢在考据，精于声训、史地，颇有一些明末清初思想家依托经史以转移世俗风气的思想特质。洪亮吉热心时政，从皇权专制、官场生态、士林风尚以及社会风俗等多维度进行观察，提出了不少比较新颖的社会见解，表现出十分突出的问题意识。洪亮吉最鲜明的思想性格，主要表现为如下两个方面。

第一，反对绝对君权，张扬官僚士大夫的独立人格与独立精神。

洪亮吉十分崇尚传统士大夫敢于抗争皇权的精神品质，并以此进行自我激励，曾明确表示"吾宁为龙泉太阿而折，必不为游藤引蔓以长存"。① 按照他的理解，君臣之间是一种以道义维系的关系，所以说"事君三谏，不听则去"，"君臣以义合，谏不听，则不居其位"。② 在以"模棱为晓事"，"钻营"与"苟且""牢结而不可解"的官场中，③ 洪亮吉早年曾在四库馆从事校勘，并于乾隆朝晚年入仕，对乾隆朝的文化高压政策体验甚深。故乾隆帝崩、嘉庆帝亲政伊始，洪亮吉按捺不住他的忧时之心与振作士气之志，怀着对嘉庆帝的一丝圣君期望，写下《乞假将归留别成亲王极言时政启》，犯颜极谏，历数嘉庆帝懒政、亲权臣、赏罚不明等毛病，同时把"言路则似通而未通、吏治则欲肃而未肃"等弊政也归因于嘉庆帝。④ 洪亮吉自知其命运不测，故提前做好"乞假将归"的打算。洪亮吉的大胆言论，激怒了嘉庆帝，拟以大不敬罪判其"斩立决"，后改判其流放伊犁。洪亮吉努力振作士大夫独立精神的强烈愿望，虽化作仕途的终结，但可谓是求仁得仁。

洪亮吉对地方政治弊端问题的讨论，颇为引人注目，主要代表作为《守令篇》《吏胥篇》等。《守令篇》《吏胥篇》二文，表面上似是揭示守令因循贪渎祸害地方，以及胥吏"把持官府""鱼肉

① 《刚柔篇》，《洪亮吉集》第 1 册，中华书局 2001 年版，第 14 页。
② 《与袁简斋书》，《洪亮吉集》第 1 册，第 232 页。
③ 《乞假将归留别成亲王极言时政启》，《洪亮吉集》第 1 册，第 225 页。
④ 《乞假将归留别成亲王极言时政启》，《洪亮吉集》第 1 册，第 223 页。

里间"等恶行。① 实际上，洪亮吉旨在揭示皇权专制的制度性弊端，比如《吏胥篇》中用大段篇幅对比汉代之前吏胥属于官阶序列，而今世制度中吏胥缺失了上升空间，从而"登进之途既绝，则营利之念益专"，② 这显然是通过制度对比来揭示现有制度的缺陷。《守令篇》也明确指出，"不幸一岁而守令数易"，③ 虽只有藏头露尾的一句话，也蕴含了朝廷为防止守令坐大而频繁更换的问题意识，这与黄、顾在制度上增加守令任期、扩大守令权力的主张亦如出一辙。从洪亮吉"事君三谏，不听则去"的观点来看，他主张弹性的或平衡的君臣关系。可见，洪亮吉有呼应黄宗羲、顾炎武封建论思想的意图，不过置身于乾隆末年文字狱的余威中，未敢明确提出扩大臣权与地方权力的思想主张。

第二，以人口论为标志，有着相当突出的社会问题意识。

洪亮吉的人口论，是后来学者津津乐道且推崇备至者，不少人称洪亮吉为中国版的马尔萨斯。确实，其中不乏闪光的思想，如其对人口增长与土地出产的统计与推算，就属于相当具体、务实的经世之学。重要的是，他认为，当人人食不果腹之时，就会不可避免地出现不忍言说的巨祸：

> 终岁勤动，毕生皇皇，而自好者居然有沟壑之忧，不肖者遂至生攘夺之患矣。然吾尚计其勤力有业者耳，何况户口既十倍于前，则游手好闲者更数十倍于前，此数十倍之游手好闲者

---

① 洪亮吉《吏胥篇》云：吏胥"上足以把持官府，中足以凌胁士大夫，下足以鱼肉里间，子以传子，孙以传孙，其营私舞弊之术益工，则守令闾里之受其累者益不浅"。因此，他主张限制吏员数量并加强监管："必不可少者留之，余则宁缺勿滥而已。"至于守令，洪亮吉则在《守令篇》中提出了所谓"一守贤，则千里受其福；一令贤，则百里受其福。然则为守令者岂别有异术乎？亦惟视守令之居心而已"（《洪亮吉集》第1册，第24~26页）这主要是一种传统的人治观念。

② 《吏胥篇》，《洪亮吉集》第1册，第25页。

③ 《守令篇》，《洪亮吉集》第1册，第25页。

遇有水旱疾疫，其不能束手以待毙也明矣，是又甚可虑者也。[①]

洪亮吉说完这句话不久，各地即爆发了持续不断的白莲教起义，可谓是不幸言中，却也正体现出其思想的深邃处。当然，对洪亮吉的人口说也不能过誉，因为他并没有提出多少新颖的解决办法，只是说户口至今日极盛，而天地不能别为增产财粟，所以理政者也只能"唯去其糜费而已"，[②] 从而又回到了传统的去奢节俭的老路。

值得注意的是，这两篇文章均作于乾隆末年，一方面由此可知嘉道时期经世思想的缘起，另一方面也可见士人精英对于盛世末期社会问题的独立思考。在中国传统的治平理念中，广土、众民向来被视为国家昌盛的两大要素，并以"富"与"庶"两个基本维度来定义治乱盛衰。[③] 康乾盛世最被称道者也正在于其广土与众民，而洪亮吉人口论的提出，意味着他已有了摆脱传统盛世观念的思想迹象。在历史上，《生计篇》《治平篇》等名篇为洪亮吉赢得了广泛的声誉，并不是偶然的。

洪亮吉在嘉道时期影响甚大。此后管同、龚自珍、魏源等人接踵相继，在道光朝掀起了一股更大的经世思潮。

与洪亮吉的观点相似，不少士人认为，要摆脱社会危机，就需要正视现实，首先需要敢于揭示现实中存在的真实问题。因此，他们把言路开放看成政治开明的先决条件。管同说：

> 尝怪风俗莫敝于西晋，史称士大夫废职业尚浮诞，至南渡而其风不息。然一旦王敦作乱，则敬侯温太真辈露檄兴师，委躯命以赴天子之难，虽其功有就有不就，而忠义皆流千古已。

---

① 《生计篇》，《洪亮吉集》第 1 册，第 16 页。
② 《寺庙论》，《洪亮吉集》第 1 册，第 242 页。
③ 富庶一语出自《论语·子路》："冉有曰：'既庶矣，又何加焉？'曰：'富之。'"可知孔子把人口众多置于比富裕更优先的位置。

后世士大夫无晋时清谈之弊，顾平时则闭口恐触忌讳，不幸小值寇警，有惶怖而莫知所出者矣。不知自视于晋人何如也？①

在此，管同专门拈出长期被正统思想所诟病的魏晋士林风气，称魏晋士人敢说敢干为风流千古的忠义之举，是为了衬托后世士大夫圆滑缄默"恐触忌讳"的可悲处境。

嘉道士人倡导学术治道一体化，以学术实证眼光审视社会现实，着力于国穷民困等紧要问题。道光六年（1826）《皇朝经世文编》的编纂成书，将经世思想推向了一个新高潮。此书由贺长龄主持、魏源编纂，全书一百二十卷，收录了清初以来两千多篇文章，分为学术、治体、吏政、户政、礼政、兵政、刑政、工政八类，分类编辑。其中，首类就是"学术"，共收录顾炎武、唐甄、阮元、黄宗羲、龚自珍等人的一百多篇文章，以突出实学经世的思想原则。此书的现实目的，在于为道光朝漕运、盐政等改革措施寻求理论支持，但大胆收录一批非正统的作品，其开放的眼光与务实的风格，使此书成为一世之要典。《皇朝经世文编》在一定程度上反映了官僚士大夫在经世方向上的共同诉求，也意味着朝廷面对严重的社会危机不得不做出一些政策调整。

嘉道时期的经世思想，是清代思想史上的一次大的转折，它在一定程度上改变了乾嘉治学疏离社会现实的思想局面，对以后的近代政治文化生态产生了深远的影响。主要表现在以下两个方面。

第一，汉宋调和及学术风向的转变。

嘉道时期经世思潮的兴起，固然是受经济、政治等社会危机的刺激而成，但也与学术思想的内在变化有莫大的关系。在嘉庆朝，钱大昕、戴震、阮元、汪中已相继以恕道抑制君权，戴震以自然人性论为普通民众呐喊，这种以实用理性为特征的学术精神，至道光

---

① 管同：《重修甘敬侯墓碑记跋》，《因寄轩文集》初集卷3，清道光十三年管氏刻本。

朝进一步表现为颇具声势的社会政治批判思潮，前有管同、恽敬、包世臣，后有龚自珍、魏源，更有后来的康有为、梁启超的维新变法思想，成为近代学术思想发展史上的一大关键时期。

在日益严重的社会危机中，儒学要继续发挥其社会功能，就势必要立足于历史文化的战略高度做出全新的调整。首先必须打破门户之见，从不同学派中汲取更多的思想营养，才有可能真正改变当下的困境。嘉道时期出现的汉宋调和的学术特点，即缘于此。

嘉道时期的经世思想，是以经史之学为学术依托的，具体而言，则是伴随着汉宋之争，及古今文派之争而日益兴起的。目前学术界普遍认为，汉宋调和论或汉宋兼采说是嘉道时期学术思想的主流。然而，在更实质的意义上，嘉道时期学术思想的趋向，不仅是汉宋学的调和，也不仅是古今文的调和，同时也是理学与心学的兼容，甚至是整个周秦两汉以下的九流百家学术与思想的兼容。可以说，嘉道时期的学术思想，颇有回归先秦原儒并包容诸子百家的精神气象，其代表人物就是龚自珍与魏源。

嘉道学者多持汉宋调和之说，如张履所谓"为汉为宋，则各从其说之长，而绝不参以成见"。① 又如潘德舆由宋学以入词章，但并不废汉。潘德舆说："儒虽有三，圣一而已。诚以孔子之言为准则，三儒者皆可以相通而可以相救。……夫郑孔之诂名物，博雅详核，而不免于碎而杂；陆王之言心性，简易直捷，而不免于虚而浮，各得孔子之道之二三而已。程朱之讲义理也，持其大中，本诸心性，不废名物，其于人也，如日用之布帛菽粟焉，特其诠释群经，识大而略小，自信而好断，不能吻合乎经之本旨者亦有之矣，孔子之道殆得其五六焉。……学者诚能以程朱之义理为宗，而先导以郑孔，通其训诂，辅导以陆王，求其放心，庶有以救程朱之小失，而道学之真可见。"② 类似的说法，基本上大同小异，大多提

---

① 张履：《积石文稿》卷 14，清光绪二十年刻本。
② 潘德舆：《论道学》，《养一斋集》（26 卷本）卷 13，清道光刻本。

倡打破学术门户，主张汉宋合流。

嘉道学术的旨趣，在于经世致用，在于通过学术研究而为现实社会问题寻找出路："治经者知读书所以致用，必有观其会通而不泥于迹者，庶几六经之在天壤，不为占毕记诵之所荒，不为迂僻胶固之所窜也。"古圣贤立言之意，在于"探制作之本，明天道以合人事。然后缀学之徒钩稽文词、吹索细碎、沿传讹谬之说，一切可以尽废。有志于治者，由其说通其变，举而措之，如视诸掌，非徒经生讲解之资而已也"。①

因为汉学与宋学均无力单独去解决面临的系统性危机。所以，汉宋调和的背后是兼容百家的文化气象，无论是洪亮吉、管同，还是龚自珍、魏源，其学术都呈现出良好的兼容性品格。即如魏源所说，"论学无汉、宋，惟以心得为主"，② 就明显跳出了汉宋之争的框架。在根本意义上，嘉道时期学术思想的旁采与兼容，透露出一种学术思想取径上的价值多元化倾向。与乾嘉学者戴震、钱大昕等相比，其学术厚度与思想深度颇有不及，但思想的大开大合、活跃度、影响的广泛性却大大增加。

汉宋兼容说实以经世意识为价值轴心。到了道光年间，这种经世意识进一步驱动汉宋兼容说发展壮大，代表人物有李兆洛、姚莹、包世臣、龚自珍、魏源等。值得注意的是，汉宋之间的学术边界弱化，明显受到了经世思潮的驱动，并且明显受到明末清初思想家黄宗羲、顾炎武等学术经世理念的影响。以上数人，除姚莹出于家学原因不便为黄、顾张目，李兆洛、包世臣、龚自珍、魏源无不沾惠于清初思想。比如包世臣就对顾炎武推崇备至，"百余年来，言学者必首推亭林，亭林书必首推《日知录》"，称顾学为"经国硕猷"，"励志之士，得以倚而自坚"。③ 即使是以德性修养为中心

---

① 李兆洛：《庄方耕先生周官记序》，《养一斋集》（34 卷本）文集卷 2，清道光二十三年活字印四年增修本。

② 《武进李申耆先生传》，《魏源集》，第 361 页。

③ 《读亭林遗书》，《包世臣全集》（2），黄山书社 1993 年版，第 266—268 页。

以标举宋学著称的理学群体，也是因应道光年间的历史变局而起，以唐鉴、倭仁、吴廷栋、何桂珍为代表的理学群体，① 随着经世思潮的兴起而具有了与宋代理学颇为不同的思想特征，主要表现为对时事变化的更热切的关注。如唐鉴所谓的"救时者人也，而所以救时者道也"。② 道咸理学家也较为注意克服宋学空头讲章之弊，转而提倡不尚空言，讲求躬行实践，即"礼乐兵农、典章名物、政事文章、法制度数，何莫非儒者之事哉"。③ 道咸理学群体的这一思想变化，也反映了嘉道经世思潮的社会影响力。

第二，公羊学与社会革新思想。

清代公羊学的导源人是庄存与（1719—1788）。公羊学是以《春秋公羊传》为中心的学问。相传《春秋公羊传》是战国齐人公羊高所作，至汉景帝时由公羊寿与胡毋生以今文隶书将之著于竹帛。武帝时设公羊博士，公羊学遂大盛于两汉，其代表人物为董仲舒与何休。东汉末年郑玄以古文经说治公羊，导致今文公羊学的衰亡。东晋公羊博士即采用古文，唐代亦采何氏解诂而以古文家立说。实际上，自东汉末年以后的千余年间，公羊今文学基本上销声匿迹了。庄存与是清代第一个专治《春秋公羊传》的学者，至刘逢禄公羊学方法与体例始成统系，稍后到了龚自珍与魏源手中，公羊学转而成为社会与思想变革的利器，使公羊学焕发出鲜明的时代光彩。

庄存与虽兼治诸经，实以研治公羊学著称，并以公羊学研究成为常州学派与清代公羊学的开创者。然而，庄氏研究方法仍延用乾嘉汉学的考经方法。而且，庄氏研治《春秋公羊传》也并不专主今文说，其代表作《春秋正辞》更不主何休公羊说。大体上说，

---

① 曾国藩是一个例外，在笔者看来，曾国藩受清代学术精神影响甚深，其学术旨趣与思想风格与唐鉴、倭仁等人大异其趣，其洋务实践表现出更多的实用理性与实事求是精神。

② 唐鉴：《国朝学案小识·守道篇叙》，清光绪刻本。

③ 唐鉴：《国朝学案小识·自叙》。

庄存与的公羊学研究，只是把乾嘉汉学的方法延展到了公羊学领域，且基本没有触及何休的公羊家微言大义。即使如此，由于庄存与的影响，《春秋公羊传》在断绝了一千多年以后，重新回到了清代学者的学术视野之中。

庄存与之后，其弟子孔广森也一如庄氏，治经无家法。其研治公羊学，今文与古文一锅煮，同样不解公羊学家的真义。所以，庄存与是清代公羊学的探路者，但不是严格意义上的开创者。①

清代公羊学真正意义的创始人是刘逢禄（1776—1829）。刘逢禄，字申受，江苏武进人，是最富创造力的一位清代经学家。在清代公羊学史上，刘逢禄的贡献主要有三。一是梳理公羊学统系。他指出，孔子治道精华全在《春秋》，而《春秋》的真传在《公羊传》。由此，他梳理公羊氏五传到董仲舒的承续过程。二是明确提出以恢复何休公羊学为目标。他提出张三世、通三统的公羊大义与例法，并对王鲁、改制诸义次第发明。其《公羊何氏解诂释例》一书，以严密的考据以证其说，把公羊学初步构建为有义理、有例式的一套完整的学术体系，从而使公羊学在清代学坛中真正占有一席之地。可以说，何氏公羊学在真正意义上的体系化是在刘逢禄手中完成的。三是将变易与演进观念贯穿公羊学首尾。

刘氏公羊学对后来的龚自珍、魏源有很大影响。但刘逢禄与庄、孔一样，都是在王朝社会政治危机逐渐暴露之时，试图借公羊学来挽救摇摇欲坠的清王朝统治，以其公羊学说为清王朝的大一统与极权意识形态进行护法。

龚自珍是清代公羊学走向近代的第一号关键人物。刘逢禄以汉学家的学术功底揭示公羊大义，为公羊学在乾嘉学坛中赢得了地位。但刘逢禄的三世、三统说，基本上是为清王朝大一统张目的。

---

① 一般认为，庄存与是清代公羊学与常州学派的创始人，这是一种学术溯源的需要，因此从学术史的角度而言，此说自有其意义。但就思想史意义而言，龚自珍与魏源的思想风貌与庄氏迥然有异，故对庄氏作为清代公羊学的开山，不能望文生义仅做字面理解。

而到了龚自珍的时代，随着嘉道时期各种政治危机的日益逼近，清王朝的盛世已不复存在。龚自珍在公羊学史上之所以有着独特的位置，在于他将庄存与、刘逢禄的公羊学大一统观念彻底翻转过来，用来论证衰世的到来，从而公羊学成为变古更法的思想利器，龚氏之学也以其近代思想特质而焕发出璀璨的光芒。

龚自珍与刘逢禄的最主要区别，在于他不仅接受了何休的公羊说，而且更多地接受了董仲舒的思想观念。董仲舒说：

> 今所谓新王必改制者，非改其道，非变其理，受命于天，易姓更王，非继前王而王也。若一因前制，修故业，而无有所改，是与继前王而王者无以别。受命之君，天之所大显也。……故必徙居处、更称号、改正朔、易服色者，无他焉，不敢不顺天志……若夫大纲、人伦、道理、政治、教化、习俗、文义尽如故，亦何改哉？故王者有改制之名，无易道之实。[①]

在董仲舒这里，王朝鼎革只是新王朝在历法与服色方面的改变，历史的变迁也仅仅表现为一种形式上的变化，而伦理纲常作为王道政治之根本并未有丝毫的变化。董氏的这种循环史观，是两千年以来王朝大一统与农业宗法社会的重要思想基石，并始终是长期以来占据主流地位的正统观念。

龚自珍自称对董仲舒之学有着独特喜好，"凡建五始，张三世，存三统，异内外，当兴王，及别月日时，区名字氏，纯用公羊氏；求事实，间采左氏；求杂论断，间采穀梁氏，……独喜效董氏例"。[②] 在董仲舒以阴阳五行说公羊的思想基础上，龚自珍形成了自己的一套简明而富有弹性的变化史观，并明确地将董氏的不变之道转化为"无不变迁"之历史规律。龚自珍结合董仲舒的三统说

---

① 董仲舒：《春秋繁露·楚庄王》，中华书局 2012 年版，第 19 页。
② 《春秋决事比自序》，《龚自珍全集》，第 234 页。

与何休等人的公羊学来诠释历史的变迁，但面对日益呈现出末世气象的清王朝，龚氏张扬的是历史的根本之变。龚自珍说：

> 少读历代史书及国朝掌故，自古及今，法无不改，势无不积，事例无不变迁，风气无不移易。[1]

从而，在龚自珍手里，三统说被解释为夏、商、周三代适时损益变化，三世说也变成了据乱世、升平世、太平世之不断变化与前行。龚自珍的"变易"史观呈现出与董仲舒完全相反的思想倾向，在更深的思想层次上打破了传统的"天不变道亦不变"的循环史观。嘉道时期，在思想理论界比较沉寂的时候，在绝大多数儒者、士人囿于固化与静止的思维观念时，龚自珍推陈出新，强调变革，令当时的思想界耳目一新，表现出明显的警世色彩。

（三）龚自珍：士人主体意识与社会变革论

龚自珍振聋发聩的"衰世"论，是以士为中心展开论证的。其《乙丙之际箸议第九》开宗明义，揭出人类进入文明社会以来的一条历史规律。不论是治世，是衰世，还是乱世，其主要观察点即基于统治者如何对待与使用人才，亦即如何使士大夫精神得以重新振作与伸张，从而使士人的才能得以施展。龚自珍一针见血地揭示"衰世"文化的本质，就在于"文"、"名"与"声音笑貌"构织而成的罗网，使官僚士人大都养成言行老到、圆滑而"无口过"的"混混"，从而使敢言、敢争的士大夫精神消磨殆尽。龚自珍痛斥士人之无能、无才与无德，是哀其不幸怒其不争，反过来说正是为了激发士人"忧天下"之心，为了振作士人担当之精神。

龚自珍的更法主张或社会政治变革论，是建立在以士大夫为中心、为主体的文化变革论基础上的。龚自珍对于传统社会阶级的分

---

① 《上大学士书》，《龚自珍全集》，第319页。

层有自己独特的见解。他指出，"有天下"者，"谓之王"，"佐王者，谓之宰"，其次从太史、卿大夫一直到"民"，其中社会的中坚在于"士"：

> ……奉租税焉者，谓之民。民之识立法之意者，谓之士。士能推阐本朝之法意以相诫语者，谓之师儒。王之子孙大宗继为王者，谓之后王。后王之世之听言语奉租税者，谓之后王之民。王、若宰、若大夫、若民相与以有成者，谓之治，谓之道。若士、若师儒法则先王、先冢宰之书以相讲究者，谓之学。师儒所谓学有载之文者，亦谓之书。是道也，是学也，是治也，则一而已矣。①

在此，龚自珍把士定义为"民之识立法之意者"，士人中"能推阐本朝之法意以相诫语者"为"师儒"，其实"师儒"本身也是士。士既为"民之识立法之意者"，为秀出于民者，则下通民情，上通王道，从而士阶层最为社会之中流砥柱。正所谓"智者受三千年史氏之书，则能以良史之忧忧天下"，即士以自己的才识与判断，不被不合于今的古人所蒙，也不为世俗之论所欺。总体上说，龚自珍一方面强调士是承先圣、先王之道者，是传统典章与文化的传承者，一方面又强调立足今世，从现实着眼形成自己的独立判断力。士既为道、学、治三位一体的承载者，也是天下责任的担当者。士之为士在于敢言敢行，否则"王治不下究，民隐不上达，……殆夫，殆夫！"② 所以，"士"而圆滑缄默则非士，不敢言就丧失了士之所以为士的资格。

为了力挽衰世之风，振作士之精神，龚自珍极力提振拔高人的主体意识。龚自珍说：

---

① 《乙丙之际箸议第六》，《龚自珍全集》，第4页。
② 《乙丙之际箸议第六》，《龚自珍全集》，第5页。

天地，人所造，众人自造，非圣人所造。圣人也者，与众人对立，与众人为无尽。众人之宰，非道非极，自名曰我。我光造日月，我力造山川，我变造毛羽肖翘，我理造文字言语，我气造天地，我天地又造人，我分别造伦纪。……人也者，人自所造，非圣造，非天地造。①

在此，龚自珍极力发挥人之主观能动性，旨在激发士人的个人主体意识之觉醒。此观点到晚年也不曾改变，后来他又做《发大心力》等文，借用佛教的愿力来张大个人的心力。龚氏此说虽有过分夸大主观之嫌，却也别有用意。在龚自珍的时代，多数士人的社会理想，还在于要求士大夫与人君共治天下，这是中国历史文化中一个久远的传统，尤其是宋明时期以理学为社会主流思想的一个传统，其主要特征是以得君行道为基本政治框架，其基本理路自上而下的政治运作，实际上是将治道之本系于一代圣君的身上。在龚自珍那里，士之主体性是逐渐凸显起来的。在龚自珍的时代，社会危机的日益加深，使其逐渐对清代皇帝丧失了信心。按照他的观察，皇帝既以束缚士人为能事，社会变革的任务就注定不能落实在皇帝的身上。于是，龚自珍的思想焦点全部集中到士的身上。即如《明良论》一文，全部思想都围绕"士"一个字立论，所谓"士皆知有耻，则国家永无耻矣。士不知耻，为国之大耻！"②把士大夫是否知耻上升到国运的高度。要之，龚自珍的全部政治理想都寄托在有卓识有担当的士之身上，故有意识地张扬士人的主体精神。

实际上，今人不甚措意的臣权意识，实与民本观念相辅相成，如黄宗羲所说"为万民"就是从道，就可以从道不从君。故在龚自珍的改革设想中，他把改革官制放在了很重要的位置。他认为，

---

① 《壬癸之际胎观第一》，《龚自珍全集》，第12—13页。
② 《明良论二》，《龚自珍全集》，第31页。

革新官制是整个改革进程中最关键的一步。因为，在长期的皇权专制下，官僚士大夫在漫长的等待中熬升迁资质，从苟且因循而退惹尸玩，最终丧失了一切政治活力，从而成为官场与社会风气积弱不振的根本原因。龚自珍说：

> 凡满洲、汉人之仕宦者，大抵由其始宦之日，凡三十五年而至一品，极速亦三十年。贤智者终不得越……因阅历而审顾，因审顾而退惹，因退惹而尸玩，仕久而恋其籍，年高而顾其子孙，儽然终日……一限以资格，此士大夫所以尽奄然而无有生气者也。当今之弊，亦或出于此，此不可不为变通者也。①

龚自珍的言说大多指向官制之改革。龚自珍认为，吏治革新是制度变革的关键环节，而吏治革新的根本则在于有志之士的觉悟与奋争。正人心从正官心始，这是当时官僚士人最易形成共识的话题。但龚自珍不谈正君心之非，不以道德说教来振官声，而是以士人主体意识的觉醒为治道的基本立足点。在《上大学士书》中，龚自珍道出了其论学论治的根本宗旨及基本途径。龚自珍说：

> 自珍少读历代史书及国朝掌故，自古及今，法无不改，势无不积，事例无不变迁，风气无不移易。所恃者，人材必不绝于世而已。夫有人必有胸肝，有胸肝则必有耳目，有耳目则必有上下百年之见闻，有见闻则必有考订同异之事，有考订同异之事，则或胸以为是，胸以为非，有是非，则必有感慨激奋，感慨激奋而居上位，有其力，则所是者依，所非者去，感慨激奋而居下位，无其力，则探吾之是非，而昌昌大言之。如此，

---

① 《明良论三》，《龚自珍全集》，第33—34页。

　　　　法改胡所弊？势积胡所重？风气移易胡所惩？事例变迁胡
　　　　所惧？①

　　龚氏之学的宗旨即变古与更法，其凭借就是中国数千年的文化积
淀，而完成这一历史使命的责任主体就是有智识有担当的士大夫阶
级。龚氏所说的从事考订者，实际上是指有丰富知识素养的人才。
他明确指出，士乃移风易俗的主要承担者，确切地说，有识之士才
可能是社会变革的主体性力量。需要特别注意的是，龚自珍在明清
之际思想家黄宗羲、顾炎武等两百年之后，重拾是非天下公论之思
想议题，也成为中国历史上张扬学术自由与思想独立的一个重要
环节。

　　龚自珍的士以天下为己任的心雄万夫之豪迈，直追明清之际的
黄宗羲与顾炎武。我们再看其接下来的文字。龚自珍说：

　　　　中书仕内阁，糜七品之俸，于今五年，所见所闻，胸弗谓
　　　　是；同列八九十辈安之，而中书一人，胸弗谓是；大廷广众，
　　　　苟且安之，梦觉独居，胸弗谓是；入东华门，坐直房，昏然安
　　　　之；步出东华门，神明湛然，胸弗谓是；同列八九十辈，疑中
　　　　书有痼疾，弗辨也，然胸弗谓是。②

　　需要说明的是，此文是上书当朝大学士的条陈。作为一个小小的中
书，龚自珍勇于直披胸襟，勇于淋漓尽致地解剖自己的思想，是押
上自己的终身政治前途的，其中关于自己与同僚的观点不同，还有
性情之不同，全然白纸黑字写在纸上，可见龚自珍的天下担当精神
是何等的强烈。这里的中书，可以很好地解释上文中造天地山川的
"我"。本来，"我"是一个很抽象的概念，令学界长期以来歧义纷

---

　　①　《上大学士书》，《龚自珍全集》，第319页。
　　②　《上大学士书》，《龚自珍全集》，第319页。

出，莫衷一是，或认为纯主观的，佛教的，唯心的，或认为是指民众等等。但实际上，"我"指的就是龚自珍其人，所谓"当世之世，舍我其谁"，① 确切地说是指龚自珍所代表的极少数的先觉之士。自明末思想家公论天下是非，士大夫阶级意识的开始觉醒，到清王朝对士人精神的极力打压，官僚士大夫不得不缄默自保。而龚自珍在反对君主专制的思想主轴下，力图振作士人精神，提倡个人才情的舒展，怒斥圆滑无口过之官习，无不反映出龚自珍把士人阶层视为最有希望的社会革新力量。

当然，龚自珍的思想并未形成一个成熟的体系，其言说常点到即止，未能深入，并且又常随着情绪或境遇的变化而变化，故其观点之间常常出入甚大。比如，龚自珍既力挺士大夫的政治主体意识，又时而主张君臣共治。当然，龚自珍不可能完全摆脱君臣共治之观念，更不可能从根本上觉悟要推翻君主专制，他只是要改良。如其云："政道者，天子与百官之所图也"，"为天子者，训迪其百官，使之共治吾天下"。② 又如，他既认为君主专制束缚了官僚士人的手脚，但又有所谓的"事势画一"："朝廷既养民以卫民矣，事势画一，民不宜更以武力自卫。民当尊君亲上，问鸡犬田器而已。"③ 这些虽与不同的语境相关，但在思想系统性上显然存在一种逻辑的不自洽。

总体上，龚学之旨在于以士为中心来重构国家的政治－社会秩序。按照龚自珍的理解，制度、人才与社会文化构成了国家政治秩序运行的三大要素，而国家上层政治与下层社会之间的壅塞，往往构成国家政治正常运转的最大障碍。要实现社会政治的良性运行，关键要素在于人才，尤其在于士人阶层中出现更多的人才，因为弹

① 语出《孟子·公孙丑下》。
② 《明良论四》，《龚自珍全集》，第34页。
③ 《保甲正名》，《龚自珍全集》，第97页。龚氏思想较为复杂，其观点常有矛盾之处，如《答人问关内侯》之类的体制内之言，"天之废封建而趋一统也昭昭矣"，以及称颂清朝善制"最平允易行"等言，都表现出一种随时漂移的特征。

性与开明的政治全赖于大批担当之士的推动。简言之，龚自珍意图
通过人之才情的舒展来驱动国家制度与社会两端的良性衔接。

　　由此，在长期观察、体验与思考的基础上，龚自珍提出了一套
略成体系的才情说。

　　首先，龚自珍接续明清思想家强调"气质之性"的传统，肯
定"人欲之私"的合理性。在《论私》一文中，龚自珍明确针对
某种自诩为"大公无私"论者发覆，"退而与龚子之徒纵论私义"，
直言"私"是人的本性：

　　　　（龚子）问曰：敢问私者何所始也？告之曰：天有闰月，
　　以处赢缩之度，气盈朔虚，夏有凉风，冬有燠日，天有私也；
　　地有畸零华离，为附庸闲田，地有私也；日月不照人床闼之
　　内，日月有私也。圣帝哲后，明诏大号，劬劳于在原，咨嗟于
　　在庙，史臣书之。究其所为之实，亦不过曰：庇我子孙，保我
　　国家而已，何以不爱他人之国家，而爱其国家？何以不庇他人
　　之子孙，而庇其子孙？且夫忠臣忧悲，孝子涕泪，寡妻守雌，
　　捍门户，保家世，圣哲之所哀，古今之所懿，史册之所纪，诗
　　歌之所作。忠臣何以不忠他人之君，而忠其君？孝子何以不慈
　　他人之亲，而慈其亲？寡妻贞妇何以不公此身于都市，乃私自
　　贞私自葆也？……且夫墨翟，天下之至公无私也，兼爱无差
　　等，孟子以为无父。杨朱，天下之至公无私也，拔一毛利天下
　　不为，岂复有干以私者？岂复舍我而徇人之谒者？孟氏以为无
　　君。且今之大公无私者，有杨、墨之贤耶？杨不为墨，墨不为
　　杨，乃今以墨之理，济杨之行；乃宗子唅，肖汉哀；乃议武
　　王、周公，斥孟轲；乃别辟一天地日月以自处。且夫貍交禽
　　媾，不避人于白昼，无私也。若人则必有闺阃之蔽，房帷之
　　设，枕席之匿，赪颖之拒矣。禽之相交，径直何私？孰疏孰
　　亲，一视无差。尚不知父子，何有朋友？若人则必有孰薄孰厚
　　之气谊，因有过从宴游，相援相引，款曲燕私之事矣。今日大

公无私，则人耶，则禽耶？①

这里从天地自然说起，从肯定"天有私也""地有私也""日月有私也"，到断定帝王、忠臣、孝子无不有私。龚自珍此论是从人的自然根源上，论证"私"为人的自然本性，自私内在于人性之中。在这方面，是以人类历史经验为根据，不论忠奸智愚，人都是自私的；龚自珍的公私之辨，是中国儒学史上，尤其是明清文化史上一个意蕴甚深的思想话题，龚自珍有意识地沿着明清学者批判"存天理，灭人欲"的思想理路继续前行。只有先私而后公，所谓大公无私是根本不存在的。其中所谓帝王"庇我子孙，保我国家"等等，就是黄宗羲《明夷待访录·原君》一文的再版。而其中禽之无私说，与戴震等人的智识人性论不无关系。智识人性论的意义，在于把知识介入人性与道德问题的讨论之中，体现了明清以来道问学方向的继续开展。可惜龚自珍禽之无私说太过简略，在触及智识论边缘时终止，未能一展其长才。当然，龚自珍所谓禽兽无私说虽嫌简略，但更能直指问题的本质，不仅能够深化人禽之辨这一传统的儒学命题，而且有助于增强人性有私说的逻辑力度。

为进一步阐释人性有私的观点，龚自珍又引据《诗经》，以儒家经典批驳大公无私论：

《七月》之诗人曰："言私其豵，献豜于公。"先私而后公也。《大田》之诗人曰："雨我公田，遂及我私。"《楚茨》之诗人曰："备言燕私。"先公而后私也。《采蘩》之诗人曰："被之僮僮，夙夜在公，被之祁祁，薄言还归。"公私并举之也。《羔羊》之诗人曰："羔羊之皮，素丝五紽，退食自公，委蛇委蛇。"公私互举之也。《论语》记孔子之私觌，乃如吾大夫言，则《鲁论》以私觌诬孔氏。乃如吾大夫言，《羔羊》

---

① 《论私》，《龚自珍全集》，第92页。

之大夫可以诛，《采蘋》之夫人可以废，《大田》、《楚茨》之
诗人可以流，《七月》之诗人可以服上刑。①

根据《诗经》所载，先儒有"先私而后公""先公而后私"及
"公私并举""公私互举"诸说，但从来就没有什么大公无私之说。
龚自珍反问，若按后世所谓大公无私，则《诗经》中的《七月》
《大田》《楚茨》《采蘋》《羔羊》等篇，就通通是引人入罪的渊薮
了，这岂不是真正的非圣无法吗？故"大公无私"才是真正不合
圣人经典的谬说。

当然，龚自珍强调人性之私，目的是要对过分高调的大公无私
论进行纠偏，这是批判现实主义者题中应有的片面之论。他并不否
认人的公心或道德心，但同时指出，这种公心是后天养成的，属于
道德修养的范畴。

龚自珍提出人性说的最直接动因，是现实的刺激，是绝对皇权
对人性的抑制，是官场圆滑欺饰与士风萎靡畏葸对人性的消磨。在
他看来，"吾大夫"等后世俗儒终日唱着道德高调，却把朝堂弄得乌
烟瘴气，一开始就背离了先儒原旨。因为世俗的道德力量过于强大，
故他要反其道而行，反复矫枉，不断反驳，称颂"我"的率真，极力
主张人性的舒展，其忧时忧世之心全系于此。龚自珍《阐告子》一
文，继续申说人性无善无不善，也是为了提倡人之才情的自然伸
展。龚自珍说：

> 龚氏之言性也，则宗无善无不善而已矣，善恶皆后起者。
> 夫无善也，则可以为桀矣；无不善也，则可以为尧矣。知尧之
> 本不异桀，荀卿氏之言起矣；知桀之本不异尧，孟氏之辩兴
> 矣。为尧矣，性不加菀；为桀矣，性不加枯。为尧矣，性之桀
> 不亡走；为桀矣，性之尧不亡走；不加菀，不加枯，亦不亡以

---

① 《论私》，《龚自珍全集》，第92—93页。

走。是故尧与桀互为主客，互相伏也，而莫相偏绝。古圣帝明王，立五礼，制五刑，皷皷然欲民之背不善而向善。攻劚彼为不善者耳，曾不能攻劚性；崇为善者耳，曾不能崇性；治人耳，曾不治人之性；有功于教耳，无功于性；进退卑亢百姓万邦之丑类，曾不能进退卑亢性。告子曰："性无善，无不善也。"又曰："性，杞柳也；仁义，杯棬也；以性为仁义，以杞柳为杯棬。"阐之曰：浸假而以杞柳为门户、藩柨，浸假而以杞柳为桎拲梏，浸假而以杞柳为虎子、威俞，杞柳何知焉？又阐之曰：以杞柳为杯棬，无救于其为虎子、威俞；以杞柳为威俞，无伤乎其为杯棬；杞柳又何知焉？是故性不可以名，可以勉强名；不可似，可以形容似也。①

与其论人性之私一样，其所谓"性"，出发点也是人的本然状态，亦即人生于天地之间的自然状态。故龚自珍重新拈出"杞柳"之喻，"杞柳"可以做成"杯棬"，也可以做成"门户"与"藩篱"，从而说明人之"性"可以为善，也可以为不善。所以，龚自珍指出，人之性是无所谓善与恶的，善恶只是社会文明进化的产物，是"立五礼，制五刑"之后才有的。龚自珍对此人性进行了长时间的考察，认为扬雄窃言，"未泯其原"，而"告子知性，发端未竟"。他说："予年二十七，著此篇。越十五年，年四十二矣，始读天台宗书，喜少作之暗合乎道，乃削剔芜蔓存之。"按照龚自珍的说法，此文作于二十七岁，到四十二岁时修改而成，此时他已习天台宗，他把自己对佛性的理解反哺于人性，代表了他思想成熟后的人性观。

龚自珍又提出宥情论与童心说，进一步张扬人性自然伸展论。其名作《病梅馆记》，淋漓尽致地揭示了现实政治对人性的极端扭曲，大力呼吁人之才情的自然伸展。龚自珍认为国家不振的要因，

---

① 《阐告子》，《龚自珍全集》，第129页。

在于扼制了人才，而人才不振的根因则在于人的性情与才能得不到自然的伸展。龚自珍的才情伸展说，是明清思想家黄宗羲、顾炎武力矫宋儒泛道德论的再继续，也是戴震谴责官方理学"以理杀人"的再发皇。

二　对外部世界茫然无知情况下的被动应战

鸦片战争是全面衰败的清王朝与西方近代强国英国之间的一场较量。这不仅是一场军事较量，也是一场政治、经济与科技文化方面的全面较量。鸦片战争前夕，道光帝治下的清王朝政治腐朽，经济破败，社会动荡不已，白莲教、天地会等此起彼伏，中国社会已明显处于"末世"的衰败过程中。而与之形成鲜明对照的是，英国正处于蒸蒸日上的时期，它即将迎来历史上最辉煌的维多利亚时代。英国自 17 世纪资产阶级革命后，以蒸汽机为动力的工业革命渐次展开。工业技术与资本制度的双轮有力地驱动了英国的海外扩张。至鸦片战争前的二三十年间，英国殖民与资本势力已逐渐扩充到印度、马来亚、新加坡等地，中国东南沿海已彻底处于西方列强的虎视之下。因此，鸦片战争是以农业与小手工业为基础的自然经济的中国，与正在把蒸汽机不断安装到轮船与火车上的英国之间的一场综合较量。

自雍正禁海以来，中国与海外国家长期处于隔绝状态。至道光年间，中国人对西方世界的认知已经降到了晚明以来的最低点，不仅金尼阁带来的七千多册西方书籍不知去向，而且连利玛窦、徐光启、李之藻等人的著述也基本无人问津。鸦片战争时期，长期以来始终拥有知识优越感的官僚士大夫阶层，对西方世界是一无所知的状态。战争爆发，朝廷与地方基本上都无任何准备。在困顿、迷惑与一筹莫展中，不得不一次又一次地拿起落后的武器与落后的战术去应敌，最终彻底输掉了这场战争。

（一）对战争毫无准备

鸦片战争对中国来说是一场没有准备的战争，是一场既缺乏物质准备，也缺乏心理准备的战争。由于对西方国家与近代局势的严重无知，故英军舰队开到了中国的南大门广州时，朝廷与两广当局都不知战争已经到来。

战争前夕，中国人还处于天朝大国的迷梦中。作为知识阶级上层的官僚士大夫普遍认为，英国这个远隔数万里的蕞尔岛国，是不敢贸然发动对华战争的。在他们的观念中，英国不过是远在边荒的蛮夷小国，不足为计。作为近代中国人认识西方的先行者，置身战争最前沿的两广总督林则徐当时也怀揣天朝梦想，认为英国不敢挑战我大中华。他的持论根据主要有三条。第一，英国人视对华贸易为生命线，"贸易者，彼国之所以为命，而中国码头，又彼国贸易者之所以为命，有断断不敢自绝之势"。[①] 其中茶叶、大黄两物，"实为外夷所必需……果能悉行断绝，固可制死命而收利权"。[②] 因此，英国有求于中国。第二，英国距中国七万里之遥，军需供应困难，远途作战不利。且中国地大物博人口众多，英国以寡敌众殊为不智。第三，英舰笨重，无法在内河作战，"该夷兵船笨重吃水深至数丈……一遇水浅沙胶，万难转动"等等。[③] 林则徐得出的结论是，英国人"万不敢以侵凌他国之术窥伺中华"。[④]

林则徐此说，几乎成了当时的一种模本，后来朝廷文武官员对英国人的认识基本超不出这一框架，不过加上了一些不知所谓

[①] 《英人非不可制应严谕将英船新到烟土查明全缴片》，《林则徐集（奏稿）》，中华书局1965年版，第676页。

[②] 《鸦片奏案》，中国史学会主编：《中国近代史资料丛刊·鸦片战争》（以下简称《鸦片战争》）(2)，上海人民出版社2000年版，第97页。

[③] 《英人非不可制应严谕将英船新到烟土查明全缴片》，《林则徐集（奏稿）》，第676页。

[④] 《英人非不可制应严谕将英船新到烟土查明全缴片》，《林则徐集（奏稿）》，第677页。

的理由，比如"英夷耐热而不耐寒"之类的说法，[1] 认为英军难于在冬季作战，尤其无法在寒冬时节的中国北方作战等。鸦片战争的另一位重要人物琦善，在直隶总督任上也曾向道光帝上陈了一份分量颇重的奏折，他坚信茶叶、大黄二物足以制英夷之命。琦善说：

> 然内地实有可制外夷之权，乃反受其欺而不善用其权，为大可惜者，则大黄、茶叶是也。凡西口外极大者为俄罗斯，以及诸番，皆需此物。盖地土坚刚，风日燥烈，又日以羊牛肉磨粉为粮，食之不易消化，大便不通立死。每日食后，以此为通肠之圣药。大西洋距中国十万里，亦惟茶叶是急，英吉利较近，皆不能离此。……顾夷人心思才力虽优，独于此二物，即欲购种移植，而物土异宜，竟不能如其愿，此实造物予中土以制外夷之大权也。[2]

与林则徐相比，琦善之说了无新意。琦善指出，一旦没有了茶叶与大黄，英国人就没有了活命的希望，更是语出惊人。琦善的中心论据是英人以羊牛肉为主食，"食之不易消化，大便不通立死"，而大黄、茶叶是"通肠之圣药"，这是出自当时的无知传闻，殊不足道。但琦善的逻辑又堪称周密，因为西夷之地"地土坚刚，风日燥烈"，不适合种植大黄、茶叶二物，故断然判定此二物乃天赐我中华，足以助我制夷之命。由此顺理成章地得出结论，即"不准通商"，以断绝贸易来迫使西夷就范。值得注意的是，琦善对于人云亦云的传闻据之不疑，并基于此类连篇累牍的错误信息，就建立了如此强大的自信。琦善此说，是当时官僚士人的一个思想缩

---

① 《蔡家玕奏陈粤防要策折》，齐思和等整理：《筹办夷务始末（道光朝）》，中华书局1964年版，第599页。

② 琦善：《遵旨复奏禁烟折》，《鸦片战争》（1），第494页。

影，类似的说法也正构成当时流传极为广泛的社会通识。更值得注意的是，这种一半靠传闻，一半靠臆想，竟然就能构建出一套理据看似充分的说辞的认知方式，在鸦片战争过程中始终在持续地演绎着各种版本。这种知识状况，致使战争爆发后，从道光帝到朝廷中枢，再到沿海守臣，对于即将来犯的英军，都没有基本的心理准备。

鸦片战争前夕，无知与误判始终笼罩着位于战争最前沿的两广地方当局，即使有近代中国"开眼看世界第一人"之称的林则徐也不例外。在虎门销烟的过程中，两广总督林则徐一再表扬义律（Charles Elliot）"诚实居心""深明大义""恭顺勤劳""洵堪嘉尚"。①然而，所谓的义律"诚实""恭顺"，只是包括林则徐在内的两广当局的误判。在林则徐表彰义律"诚实"与"恭顺"之时，义律已于数日之前正式向英国外交大臣提出武力解决的建议：

> 立即用武力占领舟山岛，严密封锁广州、宁波以及从海口直到运河口的扬子江江面。……应该使用足够的武力，并以西方国家对中国从未有过的最强有力的方式，进行武力行动的第一个回合。②

义律以及英国商人积极谋求以武力解决鸦片贸易，很快就推动英国政府与国会将战争纳入正式议程，并且广州一带也反复出现了一些战争信号。1840 年 6 月中旬，当英国四艘军舰逼近广东，在已经听到"有大号兵船将至"传闻的情况下，林则徐在上道光帝的奏折中仍坚称"伏查英夷近日来船，所配兵械较多，实仍载运鸦

---

①　《会札刘丞转谕义律饬令货船空趸分别进埔开行》，《林则徐集（公牍）》，中华书局 1963 年版，第 115 页。

②　《英国鸦片贩子策划鸦片战争的幕后活动》，严中平译，《近代史资料》1958 年第 4 期，第 17—18 页。

片"，把英军的到来看成"扬言恫喝"。① 1840 年 6 月 21 日，英军四千多人，近五十艘战舰逼近广东，两广当局仍视之为英国人的恫吓。确如史家所说，英军占领舟山已经十余日了，"前方主帅没有发出战争警报"。②

实际上，无准备是整个鸦片战争过程中的一种常态。战争爆发之前是如此，此后大大小小的无数次应战也大都如此。虎门之战是在琦善撤销部分防御工事后的被动应战。两次定海之战、厦门之战、镇海之战等都是匆忙应战。鸦片战争的整个过程中少有经过充分准备的对英之战。直到鸦片战争后期，从朝廷到前线最高指挥，大多数情况下仍然弄不清英军的动向。

所以，说鸦片战争是无准备的战争，并非仅指战争爆发之初无准备，而是从战争开始到战争结束，其间的每次战役都搞不清敌人的动向，每次战役都是基本上无所准备。

（二）对敌人与世局茫然无知

无准备的原因，在于无知，首先表现为对战争对手的无知。鸦片战争前夕，林则徐即公开揭示了这种状况，说"沿海文武员弁不谙夷情，震于英吉利之名，而实不知其来历"。③ 连沿海官员都不悉夷情，内地官僚士人就更可想而知了。

无知还在于国人对西方世界与近代局势的严重无知。这种无知状况，在鸦片战争时期，甚至在战后的很长一段时间中，都没有多少改变。由于毫不了解西方列强的贸易与殖民政策，国人对西方国家以战争打开贸易通道的惯用手段缺乏了解，对西方近代科学与工业技术的长足发展更是一无所知。历史虽不允许假设，但并不限制人们的反思：如果能多一点对西方国家的了解，就不至于对殖民时

---

① 《磨刀外洋焚剿贩烟英船擒获汉奸折》，《林则徐集（奏稿）》，第 825 页。
② 茅海建：《天朝的崩溃》，三联书店 2005 年版，第 200—205 页。
③ 《东西各洋越窜外船严行惩办片》，《林则徐集（奏稿）》，第 649 页。

代贸易与战争的紧密联动关系毫无所知，不至于出现战争打响了而前线指挥还未发出战争信号的惊人失误。

由于对外界，主要是对西方世界毫无了解，敌人来犯，清军仍以刀矛弓箭和明末清初仿造的已经多年不用的洋枪洋炮来抗击拥有先进武器装备与军事训练的英国军队，尽管林则徐等前线大员竭尽全力，终无法改变这一基本情势。

无知是清王朝满朝文武的墓志铭。鸦片战争爆发后，英军横冲直撞势不可当，1840 年 7 月 2 日，英军舰队驶入定海港口，总兵张朝发断定为英军因迷失航向而误入，游击罗建功仍认为英军不便于陆战。[①] 5 日，英舰不足十分钟即摧毁清军战力，次日凌晨，英军"无伤亡"地轻松占领定海。而 7 月 26 日道光帝上谕仍以无比自信的口气说："此次英吉利逆夷滋事，攻陷定海，现经调兵合剿，不难即时扑灭。"[②]"即时扑灭"看似自信的背后，只能说是自大与无知。扬威将军奕经抵浙之初也同样认为"大功可唾手成"。[③]即使是最熟悉夷情的海疆大员，同样对英军不屑一顾，所谓"杀之将如鸡狗"，[④] 姿态比道光帝还高。鸦片战争中，自大与轻敌在前方将帅中不断蔓延，并导致一次次的战败。作为浙省最高统帅，扬威将军奕经到浙后久住苏城，终日"盘游佚乐"，[⑤] 一开始并未把敌人放在眼里，但临战闻风丧胆，全军一触即溃，定海、镇海、宁波千里防线荡然无存。曾以熟悉吏治著称、素有政声的颜伯焘，在朝臣中以强硬主战态度独树一帜，其出任闽浙总督后，耗资巨万打造出自诩为沿海最强大的厦门要塞，仅仅在英军登陆后的十几分钟内全部荡为乌有。颜伯焘始于"轻视逆夷"，"言骄气傲，以为一炮即可灭贼"，而终于一百八十度的大反转，"畅论英夷船坚炮

① 夏燮：《中西纪事》，中华书局 2020 年版，第 92 页。
② 《上谕》，《筹办夷务始末（道光朝）》，第 328 页。
③ 贝青乔撰《咄咄吟》，《鸦片战争》（3），第 175 页。
④ 《密陈定海敌情片》，《林则徐集（奏稿）》，第 864 页。
⑤ 张集馨：《道咸宦海见闻录》，中华书局 1981 年版，第 59 页。

利，纪律禁严，断非我师所能抵御"，这种"前后如出两人"的情形，① 所在多有。

如前所述，战争已爆发了前方主帅还未发出战争信号，这只是指事后的结果，事实上，其中包含着的一连串无知更令人震惊。1840 年 7 月 5 日，英军攻占定海。三天之后，即 7 月 8 日浙江巡抚乌尔恭额才发出上道光帝的奏折。奏折称"英船窜入定海登岸滋事"，② 可见，乌尔恭额自己就未弄清战争真相。而道光帝在已知英军三四千人的情况下，仍说英人不过是"阻挠禁令""藉势售私"，一如林则徐当初的判断，英国人只是出于走私鸦片而使用惯用的恫吓伎俩。道光帝并称，"此等丑类"，"他何能为"，③ 随之谕令各督抚严加防范，自然也一并将他的判断与"镇定"态度传递了下去。由此，从道光帝到前线大员，谁也不知道中国正在遭受一场史无前例的挑战，没有人考虑正在发生的战事将会给中国带来什么后果。

战争期间，前线与京城之间频频传递的情报中，颇不乏由离奇与无知汇成的信息，诸如"白鬼好淫，红鬼好钱，黑鬼好酒。各城内头目，率皆心不一心，令不一令"。④ 所谓兵熊熊一个，将熊熊一窝，将领的无知，必然导致战场的失利。民间有云：扬威将军奕经始"若大功可唾手成，乃一经小挫"即溃散而逃。⑤ 一如奕经，靖逆将军奕山、闽浙总督颜伯焘等皆是战前信心满满、接战溃

---

① 张集馨：《道咸宦海见闻录》，第 60 页。

② 《乌尔恭额奏英船窜入定海登岸滋事情形折》，《筹办夷务始末（道光朝）》，第 318 页。奏折又称"大小夷船二十余只游弈"，英兵"三四千人"攻城，其中颇多言辞闪烁与犹疑不定。

③ 《廷寄》，《筹办夷务始末（道光朝）》，第 320 页。

④ 《奕经等又奏密探宁波镇海定海三城英军情形片》，《筹办夷务始末（道光朝）》，第 1566 页。

⑤ 贝青乔撰《咄咄吟》，《鸦片战争》（3），第 175 页。

不成军。时人所谓"慷慨誓师持谠论，仓皇弃甲溃雄兵"，① 正是当时无数次战争场面的真实写照。在鸦片战争大大小小的遭遇战中，清军一次次地仓促应战，又一次次地一触即溃，原因不仅在于武器落后，更在于其对英军的严重无知与虚骄自大。

知识就是力量，而无知意味着失败。"知己知彼，百战不殆"，作为中国历史上家喻户晓的一句战争名言，也正是衡量鸦片战争进程的一个历史坐标。作为上层知识阶级的官僚士大夫群体，恰恰少有人了解这句名言在中英战争中的真正含义。除了林则徐等极少数的主动"悉夷情"者，沿海众多守臣中鲜有主动了解对手的心理驱动。确如魏源所揭示的，英人"洞悉中国情形虚实，而中国反无一人了彼情伪"。② 在长达两年的时间里，朝廷上下对敌人的认知几无寸进之功，众臣的奏折中日复一日地弹奏着"船坚炮利"四字旧调，相比两年之前几乎没有丝毫长进。"知己知彼"作为无人不知的常识，在鸦片战争中被完全演绎了：如果说"知己知彼"方能"百战不殆"，那么既不知己又不知彼，那就意味着每战必败。有史家把鸦片战争失败的主要原因，归结为中国人的无知："盖是役也，为中国科学落后之试验，为中国无世界知识之试验"。③ 此说诚然有见。

虽然清王朝最高决策层及沿海守臣普遍昧于敌情造成了惨败结局，但在整个抗英斗争中，不少前线将官留下了可歌可泣的英勇事迹，作为中国人的脊梁载入历史丰碑。关天培、葛云飞、郑国鸿、王锡朋、裕谦、陈化成等一批志士，慷慨赴死，为国捐躯，他们的名字在当时即被广为传颂。与此同时还有不少遭受侵略的民众起而反抗，也留下许多不可磨灭的英雄事迹。

---

① 吴赚：《秋感》，阿英编：《鸦片战争文学集》（上），古籍出版社 1957 年版，第 180 页。

② 魏源：《暹罗东南属国沿革三》，《海国图志》卷九，岳麓书社 2011 年版，第 503 页。

③ 孟森：《清代史》，台北正中书局 1971 年版，第 340 页。

（三）迷信与迷惘

如果说，鸦片战争前期，道光朝君臣对战争获胜还抱有几分侥幸心理，还不时说出"不难即时扑灭"之类的话，那么，随着战争进程中的一次次惨败，在战争中后期，越是熟悉战况，越是看不到胜利的希望。从文化心理的角度分析，战争前期主要表现为对西方世界的无知，而战争中后期则表现为心理上的无助与麻木。一些清军将领在战场上采用了五花八门的离奇、迷信的战术手段来抵抗英军的进攻，以致后来的战场上不断传出一些由迷信衍成的战争笑话。

奕山到广东后，针对英军海上作息的特点，即采用民间传说，往大海中抛虎头以兴波涛，企图用滔天巨浪淹没英国舰队。道光二十一年（1841）初，道光帝令湖南提督杨芳为参赞大臣，随靖逆将军奕山赴广东进剿。杨芳戎马一生，能征惯战，不仅被奕山倚为长城，[①] 也被朝廷与广东官民普遍寄予了厚望。然而，这位誉满天下的老将，也像奕山一样，以荒诞离奇的迷信手段来对付英军的进攻。史书记载：

> 芳之始至，道佛山口入，民眚其宿将，望之如岁，所到欢呼不绝，官亦群倚为长城。入城，即发议，谓"夷炮恒中我，而我不能中夷。我居实地，而夷在风波摇荡中。主客异形，安能操券若此，必有邪教善术者伏其内"。传令甲保遍收所近妇女溺器为厌胜具，载以木筏，出御乌涌，使一副将领之，自部卒隔岸设伏，约闻已炮响，即举筏齐列水涘，眠器口向贼来路，而后自抄出筏首夹攻之。[②]

---

① 《清史稿》称："奕山等不知兵，惟倚芳。"见《清史稿·杨芳传》，第 2945 页。

② 梁廷枏：《夷氛闻记》，中华书局 1959 年版，第 58—59 页。

杨芳的马桶阵太过离奇，不久就名扬天下，广东一带民间说唱小说中，有回目为"琦侯爷痛哭龙享，杨参将广收马桶"。① 中国传统的用兵之道，所谓以正合，以奇胜，在此挥洒到极致，只落下了荒唐与离奇。有名将之美誉的杨芳，在晚年将一世英名毁于一旦。杨芳的悲剧，并不纯粹在于杨芳个人。杨芳到广东不久，就认识到英军强大，不能"斗力"，唯有"斗智"，故反复强调"兵不厌诈"，唯望出奇制胜。② 可见杨芳还是明智的，起码他并不自大。但他一生都在内地征战，此前对英军毫无了解，除"船坚炮利"四字之外其余一无所知。所以，源头还在朝廷，将这位毫无对英作战经验的老将派赴广东就已经埋下失败的伏笔。当然，朝廷实在无人可用，也是事实，只能说是一个历史的悲哀。

离奇的故事仍在续写。1841 年夏日，飓风掠过尖沙咀，席卷英兵驻地。奕山、齐慎等疏陈道光帝，将此事描述为天诛奸逆，"淹毙汉奸夷匪，不能数计"，帐房马头"坍为平地"，道路房屋"扫荡一空"，"浮尸满海，随波上下"。③ 奕山看似荒唐的陈述很合乎道光帝的心意，道光帝在欣慰、庆幸与悚惶之余，速速下旨令奕山等隆重祭拜以报谢天恩，并派亲、郡王往京城各庙斋宿祭拜。道光帝说：

> 朕披览之余，感邀天贶，既深欣幸，更益悚惶！该夷恶贯满盈，肆其荼毒，多行不义，竟伏天辜，此皆冥漠之中，神明默佑，余氛扫荡，绥靖海疆，允宜虔爇瓣香，以伸诚敬。著发去大藏香二十炷，交奕山等分诣各庙宇，敬谨报谢。④

---

① 《关于鸦片战争的文学》，阿英编：《鸦片战争文学集》（上），第 22 页。

② 《清道光朝留中密奏》，《鸦片战争》（3），第 483 页。

③ 《奕山等奏飓风打碎英人房寮马头并漂没船只折》，《筹办夷务始末（道光朝）》，第1120 页。

④ 《上谕》，《筹办夷务始末（道光朝）》，第1121 页。

道光帝报谢天恩之举，或有鼓舞士气以及其他用意。或许事有凑巧，奕山与奕经都是道光帝皇侄，二人分别在广东与浙江指挥战事。靖逆将军奕山抛虎头以兴波涛，希望大海波涛掀翻英军船只；扬威将军奕经亦当仁不让，以吉梦佳兆确定进剿之策。据载，其作战方案之确定，是依据奕经与侍郎文蔚在同一个夜晚做了同一个梦：

> 两人者，先于腊之望夜，同梦夷党悉弃陆登舟，联帆出海，宁波三城已绝夷迹。迨侦探，果有运械归船之事，以为佳兆昭著，连城恢复在指顾间。于是定议克期进剿。①

对道光朝君臣来说，迷信报谢天恩等是在面对强大对手时的一种无奈心理，并不值得多说。值得注意的是，这种宗教意识与迷信心理交结在一起的现象，不仅构成官场文化的一部分，也是中国社会文化心理的反映。当时，朝廷大小官员每到一个新地方任职，每逢节日以及每临大事，都会举办大大小小的各种祭拜活动。因此，在今天看来荒唐之事，对道光朝君臣来说却是自然而真诚的。道光帝的迷信举动，颇得一些官员的认同："宸怀寅感，命亲王分香答谢，上酬神力，下快人心，益征至诚昭格，其应如响。"这些官员虔诚地认为，道光帝的至诚感动了"天心"，希望"水府助顺天心默佑"，使中国"趁此收回香港"。② 同时，官场迷信的更大背景源于民间社会。这种行为在民间更为普遍，下层民众的各种祭神活动层出不穷，花样众多。广东士人曾记载观音大士显圣之事："四月之役，逆从永宁台发火箭数十百枝，射入城中，攒聚于火药局，无一燃者。咸云：见一白衣妇人，以袖拂箭，箭落不燃，咸谓观音山

---

① 梁廷枏：《夷氛闻记》，第 102 页。
② 袁英光、童浩整理：《李星沅日记》，道光二十一年七月廿七日，中华书局1987 年版，第 262 页。

慈悲大士显圣云。"① 可见，宗教与迷信交织而成的数千年的风俗习惯，对国人的心理影响既深且巨，这正是朝廷官员以民间迷信为战术手段的社会心理根源，也是中英交战时期国人文化心理的自然呈现。

因为对当面之敌毫无了解，惨烈败绩之下产生对敌恐惧心理。颜伯焘所说的"英夷船坚炮利""断非我师所能抵御"，② 耆英所谓"该夷船坚炮猛""非兵力所能制伏"，③ 实际上表达了这种共同感受。这种恐惧心理和基于盲目的文化自大心理而产生的视敌人为不可理喻的异类的成见混合在一起。沿海大员的奏折中满篇都是英夷狡诈、不可理喻一类的话，这种源于对西方蛮夷的鄙薄心理，在见识到坚船利炮的无比强大后，转而变成一种面对魔鬼一样的恐惧心理。对此，沿海大小官员显然都有深刻的体认，如刘韵珂所说的英夷"异常诡谲，未可以情测，并不能以理喻"，④ 梁廷枏所说的英军"所求率悖理叠出"，⑤ 都把英国人视为情理难测的异类。这是从心理上的恐惧、无助、无望，继而陷入一种麻木、迷惘的精神世界而无法挣脱。迨战争结束，割地赔款，屈辱至极，人们却庆幸："兹幸夷务荡平，仰叨神祐，合境乃安。"⑥ 这是何等的愚昧与迷惘！

战争的严重创伤，成为战后无法医疗的心理后遗症。朝廷以屈辱议和暂时换来免于直接面对英军的恐惧，却无法从根本上消除心理上的恐惧与迷惘，战后的很长时间内，尽量地回避与西方人接

① 《英夷入粤纪略》，《鸦片战争》（3），第 18 页。此一传闻，似首出奕山等前线将帅之口，奕山曾疏陈此事，称粤秀山观音殿"久彰灵威"。英军攻城时，火药局起火，"居民望见白衣女装，在屋上展袖拂火，登时扑灭"。为此，道光帝曾"亲书扁额"，命奕山亲往拜谢。（《筹办夷务始末（道光朝）》，第 1081—1083 页）
② 张集馨：《道咸宦海见闻录》，第 60 页。
③ 《耆英等奏详陈议和情形折》，《筹办夷务始末（道光朝）》，第 2305 页。
④ 《清道光朝留中密奏》，《鸦片战争》（3），第 496 页。
⑤ 梁廷枏：《夷氛闻记》，第 169 页。
⑥ 张集馨：《道咸宦海见闻录》，第 74 页。

触。这使人不得不去想象：清政府与美、法等诸多西方国家顺利签约，在何种程度上是缘于这种鸵鸟心态？

三　和约签订及其文化成因

鸦片战争战败后，清政府先后与西方列强签订了一系列不平等条约。1842 年 8 月，在南京城即将沦陷的危境中，清政府被迫与英国签订了《南京条约》。1844 年 7—10 月，先后与美、法两国签订《望厦条约》与《黄埔条约》，此后又相继与俄、葡等十数个欧洲国家签订了一系列的不平等条约。

这些条约匆匆签订的主要动因，不仅缘于朝廷在战争信心崩溃后急于求和的迫切心理，更缘于朝廷对西方世界的严重隔膜，以及对条款的基本内容与长远影响缺乏起码的认知。按照当时的国际惯例，接受不平等条约乃是战败之后的一种自然结果。这种逻辑也很容易被中国人所接受，因为城下之盟在中国历史上也同样被演绎了数千年。因此，如果说《南京条约》的签订，是在面对英军摧枯拉朽式的强大武力下的不得不接受的结果，还属于一种正常的现象，那么，清政府与美、法等国签订的诸多条约，就完全不属于正常之列。因为美、法诸国是在不费一枪一弹、不伤一兵一卒的情况下，就轻而易举地从中国攫取了大量的远超预期的权利。同时，中国与美、法所签诸约，是在鸦片战争失败后的两年乃至数年之后陆续完成的。而在这么长的时间中，朝廷上下重新回归因循、安乐的旧轨道，一如既往地沉醉于天朝大国的梦境之中，海外知识观念在根本上没有什么变化，而当事大员也几乎没有任何进一步了解西方对手以应付困境的心理与行为迹向，这才是最可悲的。

（一）《南京条约》的签订及其心理动因

1842 年 5 月起，英军以势如破竹之势连陷乍浦、上海、镇江，

8 月兵临南京，作为中国经济中心的江南一带面临全面沦陷的险境。清王朝急于息兵，派钦差大臣耆英到南京议和。1842 年 8 月 29 日，由耆英与璞鼎查分别代表中英两国政府在南京签订了中国近代史上的第一个不平等条约——《南京条约》。

《南京条约》共计 13 款，其主要内容有 6 项：（1）将香港割让给英国；（2）向英国赔款 2100 万元；① （3）陆续开放广州、福州、厦门、宁波、上海为通商口岸，准许英国商人在华自由贸易；（4）关税需中英两国协定，中国没有独立自主规定关税的权力；（5）领事裁判权；（6）规定中英两国需平等交往。除第六项是官样文章之外，其余条款使中国丧失了领土与主权的完整。

《南京条约》是英国以强大炮火为后盾强加给中国人，中国人在无可奈何之下接受的不平等条约。但通过签约结束战争，从而为中国赢得一个调整内部、努力自强的和平时期，本不失为一个理性的选择。然而问题在于，《南京条约》是在朝廷上下对国际形势与近代外交谈判事务完全无知的情况下签订的，签约过程中，主事大员过于急迫的求和心理，更使这种因无知而形成的困境雪上加霜，从而无端丧失了诸多不应该丧失的权利。

首先，如果说战败的主要原因之一，是由于对海外世界的无知，那么《南京条约》中的诸多不平等条款，也是对谈判对手的无知所导致的。负责谈判的耆英等人对英方所提诸款，没有认真审议，因此也没有进行任何有意义的争持，正如一位曾亲历谈判事宜的英国人所说的，"不细加审查，一览即了"，可见清廷代表大员草率签约的真实情况：

> 在欧洲，外交家们极为重视的条约中的字句和语法，中国的代表们并不细加审查，一览即了。很容易看出来，他们焦虑

----

① 系 2100 万墨西哥银元，约合白银 1600 万两。

的只是一个问题，就是我们赶紧离开。①

在英国人眼中，中国代表是因为急于求和而草草签约的，这固然不错。但还有更重要的一点，这位英国人没有谈到，即耆英等人之所以对条款"不细加审查，一览即了"，是由于他们缺乏近代外交与谈判的基本知识概念，即便他们看得再仔细，结果也仍然是看不明白。所以，影响如此深远的《南京条约》，实际上是在无知状态中匆匆签就的，几个主事大臣几乎完全不知道，如何主动地为中国进一步争取应有的权利。就条款的主要内容来说，2100 万元赔款中主要包括商欠、军费与鸦片烟价。除原来的商欠依理需要偿还之外，军费一项仿照欧洲战败国的惯例也不能说不合理，② 但其中烟价赔偿一项则极不合理。就在举国上下公认禁烟是正义之举，中国在占据了道义制高点的前提下，仍接受了烟价赔偿之条款，实在是愚不可及。实际上，英商走私鸦片也被不少英国人视为耻辱，在此问题上英国议会曾有过激烈的争论，近半数的议员反对向中国走私鸦片。现有资料显示，了解以上情况也并非完全没有可能性。由于缺乏基本的西方知识概念，很多应该想到的问题都没有想过，很多应该争取的权利也不知道如何去争取，诸如租界、协定关税及领事裁判权等方面，都并无公法之根据，本应加以反驳，却没有任何主动争取的迹象，基本上是未经谈判而接受了英国人的原款。即如领事裁判权问题，在耆英等人看来，涉夷问题是令中国人最伤脑筋之事，将此麻烦推给英国人，权利与责任全让英国人自己承担，方为一劳永逸解决问题的最上策。这一点也最符合当时沿海官员的心理。耆英主动提出英人科罪由英国官员负责的建议。正如蒋廷黻所说，领事裁判权在耆英等人看来，不过是"夷人管夷人"，将此事推给夷人自己管理，乃是"最方便、最省事的办法"。关税协定也

---

① 利洛：《缔约日记》，齐思和译，《鸦片战争》（5），第 514 页。
② 关于这一点耆英等人也并不了解。

是如此，当时的中国人大都认为，将各种货税明白载于条约乃是
"最方便省事的办法"。因此他们将丧权辱国的协定关税视为"外
交成功"，"道光年间的中国人完全不懂国际公法和国际形势，所
以他们争所不当争，放弃所不当放弃的"。① 所以，在很大程度上，
中国一系列权利的丧失，可以说是清王朝主动奉送的结果。② 魏源
在《筹海篇》中所说的"款议失体"，的确是事实。这些情形说明
了战争失败与条约丧权失利的不可避免，也说明清王朝一以贯之的
闭关锁国政策对人的心理影响是多么的可怕！

其次，《南京条约》是清王朝统治者亟亟息兵而匆忙签订的条
约。自1842年7月起，耆英等人开始筹备谈判事宜。8月5日，英
军舰队到达南京下关江面，形势急转直下。当时，英军摆出一副攻
城的态势，以八十余艘军舰威逼南京，耆英、伊里布、牛鉴等人自
此即被"形势万分危急"的心理所笼罩，③ 于是慌忙加紧了谈判脚
步。8月8—13日，中方开始与英国人进行一些试探性接触，但
始终摸不清英国人的意图。8月14日进入正式谈判程序，由江苏
按察使黄恩彤等作为中方正式代表开始与英方磋商，在短短三天
之内即拟就了条约草案。8月20日，耆英、伊里布、牛鉴第一次
登上英舰"皋华丽"号，中英双方"全权"代表开始礼节性会
见，这也是耆英与璞鼎查的第一次会面。8月26日始，中英双方
进行了最后四天的紧张谈判，8月29日，耆英与璞鼎查分别代表
中英两国政府签订了《南京条约》。显然，这是一个草草签就的
条约。仅从时间上看，中英双方正式磋商的时间只有十六天，而
事实上，中英双方全权代表真正意义上的正式谈判，只有短短的

---

① 蒋廷黻：《中国近代史》，东方出版社1996年版，第19—20页。

② 参见郭卫东《鸦片战争后期中英善后交涉》，《社会科学研究》1996年第4期，
第90—97页。

③ 《耆英等又奏形势万分危急已允通商割地赔款折》，《筹办夷务始末（道光朝）》，
第2261页。

三天。①

《南京条约》是在英国军舰上签订的，这意味着中国人尚未谈判即已陷入被动。耆英等人在未及详细谋划的情况下，于8月28日匆忙登上停泊在南京下关江面的英舰"皋华丽"号。"皋华丽"号是一艘拥有74尊大炮的英军旗舰，因此签约过程可谓始终笼罩在阴森林立的炮口之下，这种险恶环境不可避免地加剧了耆英等人迅速签约的心理。如上文所述，一位英国人记录了耆英等人在急于求和的心理驱动下草率签约的情形，他认为中国代表们"焦虑的只是一个问题，就是我们赶紧离开"。当然，希望英国人赶紧离开的何止是耆英、伊里布，朝廷上下无不是此种心情，道光帝则更为急迫，反复谕令"迅速定议""不得任其耽延""著迅速办妥"等。② 这个英国人还谈到，在整个签约过程中，伊里布一直因病卧在沙发上，他因不敢询问服药方法而一次吃掉了英医开出的所有药片和药水。在整个谈判过程中，耆英等人甚至对引发战争的鸦片走私问题也只字未提——不仅自己不敢谈及，也不敢听别人讲起，只是当英国人在主动说明仅仅作为私人谈话时，耆英等人才表现出一些兴趣。③ 可见，《南京条约》确实是在异乎寻常的心理环境中完成的。草率签约终究是一个包藏不住的秘密，对此，甚至一些远在千里之外的官员也很快就有所了解："闻成松圃麟、黄石琴恩彤以初九日丑刻往晤夷通事，数言定议，寅刻即拜发折子，而片稿陈及银数，即以捐项作抵，殊太易易。"④ 其中，"数言定议""殊太易易"，明显流露出对急就签约的不满。

朝廷当局急于签约的心态，并不是偶然的，而是战争溃败后朝廷上下惊慌失措的心理反应，是屡战屡败之后官僚集团抗英信心彻

---

① 正式谈判时间为8月26—28日。

② 《廷寄》，《筹办夷务始末（道光朝）》，第2307、2318页。

③ 利洛：《缔约日记》，齐思和译，《鸦片战争》（5），第514—516页。

④ 袁英光、童浩整理：《李星沅日记》，道光二十二年七月十二日，第423页。

底崩溃的群体性心理反应。即如魏源所说："承平恬嬉，不知修攘为何事，破一岛一省震，骚一省各省震，抱头鼠窜者胆裂之不暇，冯河暴虎者虚骄而无实。"① 战前长期稳定，满朝文武升平恬嬉，在面对闻所未闻的拥有坚船利炮的强大对手时，清军几乎每战皆一触即溃，一次又一次地演绎着瞬间精神崩塌的惨剧。事实上，沿海守臣上陈的大量奏折中，对英国坚船利炮的描述可谓铺天盖地，不厌其详，其中自然难于掩盖来自前线的对英军炮火的恐惧。换言之，鸦片战争的溃败，对大多数沿海守臣与前线将士造成的心理震撼是极其强烈的，所谓"抱头鼠窜者胆裂之不暇"，乃是对清军信心彻底崩溃之最贴切的心理写照。对此，道光帝与朝廷枢臣也感同身受。不仅如此，这种身临其境的畏惧心理，很容易形成一种情绪传导给内地的同僚与亲友。这时，摆在中国人面前的只有两条路，或玉石俱焚战斗到底，或审时度势转入和谈。因此，在道光帝无可奈何而允准议约后，耆英等人急不可耐地加速了缔约进程。也正因如此，当中英缔约的消息传到内地时，不少官僚士人流露出了一种得以解脱的轻松心情。

所以，条约的签订实际上顺应了大多数人急于摆脱长期的战争困境而重归安逸生活的社会心理。在这种心理下，结束战事，通过一纸和约换回以往的宁静岁月，成为朝廷上下最大的诉求。当时，不少官员对《南京条约》签订后的反应，首先就是一种如释重负的心理。曾国藩说：

　　英夷在江南，抚局已定。盖金陵为南北咽喉，逆夷既已扼吭而据要害，不得不权为和戎之策，以安民而息兵。去年逆夷在广东曾经就抚，其费去六百万两。此次之费，外间有言二千一百万者。……议抚之使，系伊里布、耆英及两江总督牛鉴三人。牛鉴有失地之罪，故抚局成后即革职拿问。伊里布去广东

----

① 《道光洋艘征抚记》，《魏源集》，第 187 页。

代奕山为将军，耆英为两江总督。自英夷滋扰，已历二年，将
不知兵，兵不用命，于国威不无少损。然此次议抚，实出于不
得已。但使夷人从此永不犯边，四海晏然安堵，则以大事小，
乐天之道，孰不以为上策哉！①

这段文字中，曾国藩主要关心的问题有三个。第一，英国已经撤
兵，困顿已久的战争终于可以结束了，这也是他最关心的。其中流
露的，是一种摆脱战争困境的轻松心情。第二，战争经费与赔款所
需甚巨，隐然有为朝廷担忧之意。第三，耆英等当事者的责任与去
向。不过，既然他认为议抚"实出于不得已"，可见他并不认为耆
英等人在谈判中有多大的失误。此信写于 11 月 19 日，距《南京条
约》签订仅过了两个多月，考虑到当时消息传播的速度，可谓第
一时间做出的反应。曾国藩首先感到的是心中的一块石头落了地，
因为和约完成之后就可以息兵安民了，国家可以摆脱长期以来疲弊
至极的经济政治困局。曾国藩的这种感知，基本上反映了朝野上下
的一种共同心理。此时，曾国藩在翰林院任职，一方面正与京城理
学人士打成一片，致力于儒者修身改过之功课；另一方面其经世意
识已明显萌动，对鸦片战争局势也不乏关心，作为翰詹科道群体的
一员，他常常出入诗文酒会，其身心状态基本上可以反映当时京师
士大夫的一般情形。客观地说，曾国藩等京师士大夫群体对鸦片战
争局势的关心是有限的，其中大多数人将沿海战事视为手足之痛而
非心腹之患。他们像道光帝一样，大都担心朝廷需要付出的巨额费
用，而对于割地、租界等问题，不免感到有失天朝的尊严，至于关
税协定问题的严重性则全无知觉。引文"但使夷人从此永不犯边，
四海晏然安堵，则以大事小，乐天之道，孰不以为上策哉！"可谓
道出了当时士大夫群体的共同心声。正是基于此种心理，鸦片战争
后的近二十年时间中，中国人缺乏进一步了解西方世界的精神动

---

① 《曾国藩全集》第 19 册，岳麓书社 1994 年版，第 32—33 页。

力。《南京条约》签订后，中国人用以描述西方世界的，仍然是"蛮夷""边患""坚船利炮"等字眼，与之相对的是"天朝""国威""保民""安民""大局"等用语，其中蕴含的基本观念自不难理解。①

耆英与曾国藩一样，都认为求得和局并非下策，故作为当事人的耆英、伊里布等人，其求和心理本身并不足以深加指责，他们不过是战争陷入绝境时被朝廷指定的谈判代表而已。如前所述，耆英等人的根本问题，在于签约过程中的太过急迫，在于不了解谈判对手而未能做出适宜的应对，以及由于不了解谈判规则而未能从容地利用规则来争取相应的权利。但即使如此，这也颇能反映当时中国人对西方知识隔膜的一般思想状况。

当然，一纸和约并不能换来永久的和平，这是后话了。

（二）未经交战的"城下之盟"

《南京条约》签订之后，自 1844 年 7 月始，清政府又相继与美、法等西方国家签订了一系列不平等条约。在一定意义上，鸦片战争时期的条约可粗略地分为两类，一是战败后的城下之盟，一是未经交战的"城下之盟"。第一类包括《南京条约》，以及作为《南京条约》的补充《五口通商章程》与《虎门条约》；② 另一类是继中英《南京条约》后，与美国、法国及其他欧洲国家签订的一系列条约，包括中美《望厦条约》、中法《黄埔条约》等十几个条约，这些条约都是未经交战而签订，可以称之为未经交战的"城下之盟"，或者说是未有战败而接受的屈辱条约。

就弱国无外交之意义，中国近代的条约都可算是城下之盟。

---

① 此问题在下文中续有讨论，兹不赘述。
② 《五口通商章程》与《虎门条约》是把《南京条约》的诸条款具体化，把关税、租界等英国在华权益进一步强化与落实。具体内容参王铁崖编《中外旧约章汇编》，三联书店 1957 年版，第 34—50 页。《中外旧约章汇编》原题为《五口贸易章程：海关税则》。

《南京条约》是在直接面对英军武力威胁下的被迫签约，《望厦条约》的签订，虽未直面美国的军事威逼，却也是在西方列强环伺的背景下，故其受到的是外来武力的间接威胁。从思想史意义上说，第二类条约，即中国与美、法等国之间所签订的未经交战的"城下之盟"，更能反映鸦片战争战败后中国人的心理与观念，也更彻底地暴露了清王朝官僚群体的无知与虚骄之心理状态。

1844 年 7 月 3 日，中美签订《望厦条约》。① 《望厦条约》共计 34 款，规定了美国在外交与通商方面的诸多特权。条约规定美国不仅享受除割地、赔款之外的与英国同等的权利，而且还享受了比英国更多的特权，比如美国兵船可以巡查贸易之名在各通商口岸随意出入，并在各口岸设立教堂、医院等。条约第二款云：

> 合众国来中国贸易之民人所纳出口、入口货物之税饷，俱照现定例册，不得多于各国。一切规费全行革除，如有海关胥役需索，中国照例治罪。倘中国日后欲将税例更变，须与合众国领事等官议允。如另有利益及于各国，合众国民人应一体均沾，用昭平允。②

第十七款云：

> 合众国民人在五港口贸易，或久居，或暂住，均准其租赁民房，或租地自行建楼，并设立医馆、礼拜堂及殡葬之处……③

---

① 中美《望厦条约》，亦称《中美五口通商章程》，因中美两国在澳门望厦村签订而得名。

② 王铁崖编：《中外旧约章汇编》，第 51 页。

③ 王铁崖编：《中外旧约章汇编》，第 54 页。

又第二十五款：

> 合众国民人在中国各港口，自因财产涉讼，由本国领事等官讯明办理；若合众国民人在中国与别国贸易之人因事争论者，应听两造查照各本国所立条约办理，中国官员均不得过问。①

又第三十二款：

> 嗣后合众国如有兵船巡查贸易至中国各港口者，其兵船之水师提督及水师大员与中国该处港口之文武大宪均以平行之礼相待，以示和好之谊；该船如有采卖食物、汲取淡水等项，中国均不得禁阻，如或兵船损坏，亦准修补。②

以上数款，第二款规定"中国日后欲将税例变更，须与合众国领事等官议允"，清政府将税率变更权拱手让给了美国；同款又规定"如另有利益及于各国，合众国民人应一体均沾"，使美国得到了最惠国待遇，获得了未来所有其他国家在中国可能拥有的最大利益。第十七款使美获得"设立医馆、礼拜堂及殡葬之处"的特权，这也是自雍正禁教后一百多年来外国人第一次得到的传教权利。第二十五款规定，"若合众国民人在中国与别国贸易之人因事争论者，应听两造查照各本国所立条约办理，中国官员均不得过问"，将中国对美国人的司法权全部拱手送给了美国，中国人彻底丧失了逮捕、审讯、判决等一切司法权。第三十二款则规定了美国兵船拥有到达"中国各港口""巡查贸易"的权利，使中国领海权遭到了严重的损害。这些是英国耗费国力进行了两年多的战争后所

---

① 王铁崖编：《中外旧约章汇编》，第 55 页。
② 王铁崖编：《中外旧约章汇编》，第 56 页。

不曾得到的权利，连美国人也感到大超预期，亦见上述诸权利在中国谈判大臣的概念中根本就不存在。所以，为中国争取权利之事，在根本上就无从谈起。

这样，美国不费一枪一弹，不仅获得了与英国完全齐平的最惠国待遇，而且超过了英国在中国取得的特权。

中美《望厦条约》的签订，亦根于朝廷当局在骨子里对西方列强的畏惧。1844 年 4 月，美舰"没兰得湾"号在黄埔开炮示威，这艘装载五百多士兵、六十多门大炮的巨型军舰，给中国人造成了巨大的心理压力。朝廷一意避免美国代表入京可能带来的伤害，害怕在朝堂上行"平行礼"有损天朝与大皇帝的尊严，故一听到美国代表顾盛（Caleb Cushing）可能北上的消息，即产生了本能的恐惧。与《南京条约》的签订一样，主事者只剩下了一种急于求和的心理，希望美国人"赶紧离开"。在这种心理背景下，中美代表于 6 月 8 日开始会谈，仅谈了不足一个月，中美两国即于 7 月 3 日签订了《望厦条约》。而《望厦条约》的实质性谈判时间更短，仅用了不足五天就完成了所有条款的十之八九，与《南京条约》一样，短促而迅速。

中法《黄埔条约》及与欧洲国家的其他诸约，也一如《望厦条约》，基本上无一例外的是急就签约的心理结果。这一系列条约都无法避免"不细加审查，一览即了"的结果，都是无一例外地匆匆签就，迅速完活，唯一的心理动因就是希望迅速摆脱这些西方人的纠缠。而说到底，这种情形无一不是出于对西方列强的畏惧，以及对海外世界的隔膜与无知。继英、美、法之后，不少欧洲国家纷至沓来，清王朝仍以天朝大国姿态，"一视同仁"地与俄罗斯、荷兰、比利时、丹麦、挪威、瑞典、葡萄牙、西班牙、普鲁士等国相继签约。按照耆英之说，是他没有想到欧洲竟然会有这么多的国家，所谓"西人始来不过一二国，中国不知其牵率而至者，如是其众也"。① 耆英主持夷务时间较长，涉外经验理应较多，由他来

---

① 《筹洋刍议·约章》，《薛福成选集》，上海人民出版社 1987 年版，第 528 页。

主持谈判，至少也是最佳选择之一。当时，朝廷大员对西方的了解大都少得可怜，若换成其他人来主持签约，结果也大概不会比耆英更好。上文讲过，耆英等人之所以未仔细研磨条款，并非出于敷衍的态度，而是他们看不明白。归根到底，上述诸约的签订，都是在对于签约对方不甚了解的情形下草草完成的，就其结果而论，也可称得上是中国人的主动奉送。

当然，和约顺利签订的文化心理原因十分复杂，在此难以详细展开。但其中有一个最直接的原因，就是来自天朝体制与君主尊严。这一点，我们从道光帝与朝廷枢臣的态度中可见一斑。如前所述，朝廷一律拒绝西方国家代表入京觐见的请求，甚至一听到西方代表北上的传闻，就会无一例外地果断阻止。这一态度反映了朝廷上下根深蒂固的天朝意识。事实上，乾嘉时期马戛尔尼与阿美士德进京事件始终影响着国人的心理。朝廷上下普遍认为，维护国体，即维护大皇帝的尊严是头等重要的大事。所以，当美、法等国代表显露进京意图时，朝廷一如既往地迅即示以断然拒绝的态度。兹举法使进京一例，道光帝说："谕军机大臣等：……佛兰西夷使到粤……其越分妄求各情节，万无允准之理。至所请进京朝见一节，著谕以天朝体制，大皇帝从不接见外夷，徒劳跋涉，即如英吉利、米利坚亦未进京朝觐……不得于例外妄有干求。该夷使叵测情形，不可不密为防范。该督务当设法羁縻，示以镇静，不可别生枝节。"[①] 可见，条约缔结过程中，天朝体制与君主尊严始终是西方诸国代表进京的一个最大障碍。朝廷中枢与主事大员都把阻止西方人北上当成头等大事，都抱定早日完成签约以免别生枝节的心理。从而"天朝体制"不但没有成为谈判官员的心理后盾，反而加深了其危惧心理，匆忙签约，以杜外国人进京见皇帝的欲求。由此，天朝意识的文化功能得到别样的体现。

与西方诸约得以顺利签订的文化成因，是相当复杂的，并不仅

---

① 《廷寄》，《筹办夷务始末（道光朝）》，第 2871 页。

仅是大皇帝尊严与天朝体制这么简单。具体而言，顺利完成缔约至少还受到以下两种观念的驱动：一是"款夷"观念，一是英国与西方他国的"世仇"说。

"款夷"观念实际上也是一个古老的观念，相当于传统的羁縻或和戎。西周时期，"礼乐征伐自天子出"就成为对王畿之外的诸侯与边夷的两条思想原则，可以视为后来剿、抚观念的蓝本。两汉以还，历代王朝在处理周边四夷的民族问题时，主要策略不外乎两种，一是征伐，二是和戎。对于道光朝君臣而言，对付英夷的手段，也不外乎是剿与抚，依照传统是先剿后抚，或剿而不得即抚。所以，西方列强既无法战胜，那么和议就是不二之选，从而中国历史上的抚夷观念就成了朝廷上下的心理凭借。至于和议的理由，魏源有一个比较透彻而简明的表述。魏源形象地以"款夷"指称抚夷，认为"我患夷之强，夷贪我之利，两相牵制，幸可无事，非今日主款者之秘略乎？"① 魏源进而提出两种款夷之策："曰听互市各国以款夷；持鸦片初约以通市。"② 可见，后来条约中的通商、互市等条款，本来就是事先应该想到的御夷之策。在魏源看来，款夷本来就是对付英夷的一个有效手段，他与朝廷众臣的不同之处，在于朝臣们只是在退无可退之时才想到羁縻，而他自己是积极的款夷，是在了解西夷的基本诉求后的主动款夷，是事先做出策略的预案，即利用西夷的通商目的，平衡之，抑制之。魏源批评朝廷官员"不款于可款之时，而皆款于必不可款之时"，③ 是战败之后的无奈选择，时机既失，筹码丢尽，只能一退再退，被动地接受强者的一切条件。

魏源"款夷"说的基本精神，无疑显示了近代中国先觉者的敏锐意识。然而，正如魏源所说，朝廷君臣表现出明显的无知，

① 魏源：《筹海篇四》，《海国图志》卷2，岳麓书社2011年版，第44页。
② 魏源：《筹海篇一》，《海国图志》卷1，第9页。
③ 魏源：《筹海篇四》，《海国图志》卷2，第51页。

"不款于可款之时"，而"款于必不可款之时"，使条约签订的整个过程始终处于一种十分被动的状态。当时，美、法等西方列强纷纷谋求在华利益，几乎无一例外地长期处心积虑地展开各种手段与活动。以美国为例，因为美国人摸透了清朝君臣的心思，故美国的种种反应均最称迅速，从而率先完成与清政府的签约。中英《南京条约》签于1842年8月29日。三个月之后，美国政府即迅速启动来华通商谈判计划。次年5月，美国政府即派出来华谈判特使。1844年2月，美国谈判特使顾盛乘美舰抵达澳门，经过一系列筹备，中美两国进入谈判议程。这就说明，美国人不仅对中国国情知之甚悉，而且一切行动都是蓄谋已久的。然而，两广地方当局对美、法等国的类似图谋几乎一无所知，包括耆英等对夷情较为熟悉的人亦复如此。关键的问题是，在当时官僚士大夫的大多数已经对"款夷"观念颇为熟悉的情况下，没有人再将此观念向前推进一步，始终在等待道光帝与朝廷的决策，致使这一堪称共识的制夷之策丧失了发挥作用的最佳时机。最终，在美、法代表进京的威胁下，不得不在"必不可款之时"，被迫草草地与西方列强签订了一系列不平等的条约。

与西方诸国之所以能顺利签约，还缘于"款夷"观念中的另一重意思，这就是鸦片战争时期官僚士大夫上层普遍寄予希望的西夷"世仇"说。尤其是最为熟悉夷情的一些沿海守臣与知识精英，多抱定英国与西方他国的"世仇"说，希望能利用西方诸国与英国的矛盾来制驭英国人。一般士人也认为，结交英国的邻国，尤其是结交英国的"世仇"之国，对制约英国是有益无害的。相信"世仇"说的沿海官员中，以林则徐与耆英较为典型。林则徐认为，英国与法、俄、美等西方国家矛盾重重，尤其与法国素为世仇，进攻中国必将受到法、俄等国的牵制，至少给他国留下窥伺之机。为此，林则徐还在广督一职被革后，冒着风险专门向道光帝做了较为详细的陈述，可见他对此说的自信。① 1844 年 10 月底，在《黄埔条约》签订的前夕，时任两广总督的耆英也将英、法"世仇"说向道光帝做了陈述，他指出"弗、英二夷，即有夙怨"，故法国"欲与中国共击英夷"，"并以结约共御英夷为请"。② 对于林则徐与耆英特意说明的"世仇"说，道光帝均未有一字评说。总体上，道光帝对美、法等西方国家一概抱有一种戒备心理，故上谕指示耆英等密为防范"该夷使叵测情形"，③ 但对于"世仇"说不置可否，在一定意义上表示其默许的态度。因为按其一贯的做法，凡是他本人不以为然者多会加以斥责，同时从心理学角度，人们往往会为不得不接受的结果寻求合理的根据。所以，"世仇"说似乎有助于道光帝最后定下签约的决心。

鸦片战争后士大夫精英普遍认同并发表的"世仇"说，也有利于消除一些反对与西方缔约的声音。徐继畬、魏源、姚莹等顶尖的知识精英都在有意张扬英国与美、法等国"世仇"观。徐继畬指出，"佛郎西与英世仇，举倾国之师助华盛顿，英不能支。"④ 姚莹则非常明确地强调，要利用英国与法、美、俄等国之间的仇恨，实现以夷制夷的目的。姚莹说：

> 区区英吉利者，地不及吾二十之一，人不及吾百之一，且其本国有佛兰西，其新开西海之地有弥利坚，新开印度之地又有俄罗斯，皆强邻逼近与为仇雠者，彼之患在肘腋，实有旦夕之虞。苟能知其虚实与其要领，何难筹制驭之方略乎？曷不尽

---

① 《英人非不可制应严谕将英船新到烟土查明全缴片》，《林则徐集（奏稿）》，第 676 页。在写此奏折时，朝廷问罪的谕令还在路上，林则徐还未收到正式革职的消息，不过他对此早有预期。

② 《耆英又奏连日接见法使大概情形折》，《筹办夷务始末（道光朝）》，第 2869—2870 页。

③ 《廷寄》，《筹办夷务始末（道光朝）》，第 2871 页。

④ 徐继畬：《瀛寰志略》卷 7，上海书店出版社 2001 年版，第 232 页。

取外夷诸书，与留心时事者日讲求之，更进外夷之人素仇英吉利者日咨访之乎！①

在此，姚莹已经不是在介绍"世仇"说的观点了，他是大声疾呼要咨询并借助美、法之力来制驭英国，并自信人多地大的中国一定能够达成驭夷的目的。姚莹此说与魏源的"调夷之仇国以攻夷"之说颇为接近，不过，魏源之说显然更明确也更有系统。《筹海篇一》开宗明义以总纲性的议论作发首语：

自夷变以来，怵惕所擘画，疆场所经营，非战即款，非款即战，未有专主守者，未有善言守者。不能守，何以战？不能守，何以款？以守为战，而后外夷服我调度，是谓以夷攻夷；以守为款，而后外夷范我驰驱，是谓以夷款夷。……攻夷之策二：日调夷之仇国以攻夷，师夷之长技以制夷。款夷之策二：日听互市各国以款夷，持鸦片初约以通市。②

显然，"世仇"观念是魏源"款夷""攻夷""师夷"一系列御夷策略中的重要一环，"调夷之仇国以攻夷"是与"师夷之长技以制夷"并列并重的制夷要策，在魏源抵御外族入侵的思想中占有重要位置。

对于战后的官僚士人群体来说，"世仇"说并不难理解。因为，"世仇"说不仅植根于家族宗法观念，而且是来自儒家的一个古老观念。依公羊学的"复世仇"，即使相隔九世，家国之仇都是一定要报的，这一观念与中国家族宗法观念相结合，在士人之中植根甚深，以至于明末黄宗羲千里进京为父仇，一举为他在

① 姚莹：《英吉利幅员不过中国一省》，《康輶纪行》，中华书局 2014 年版，第340—341 页。

② 《筹海篇一》，《海国图志》卷 1，第 9 页。

士林社会赢得了极高的声望。清代中叶公羊学的崛起，显然有唤醒"世仇"观念的心理功用。作为清代公羊学的代表性人物，魏源对于"复世仇"自然知之甚深，并将它抉发成为一个意在抵抗英国侵略的新观念。因此，经徐、姚、魏有意张扬，"世仇"观念对官僚士大夫上层的影响是不容忽视的。当时，与英国的西方仇敌签约，被国人习惯性地理解为一种牵制英国的手段。尤其是对于不堪忍受战败之痛的沿海众臣来说，利用西夷之间的矛盾来抑制英国，是一个最经济、最有效的对敌妙策。所以，在道光帝慨然允准中国与美、法等诸国签约后，朝廷上下乃至整个社会基本上没有什么反对的声音。实际上，包括中英《南京条约》在内，即有一些对条款不满者，也多非反对议和本身，而是出于对庸臣误国的激愤。对于《南京条约》以外的其他诸约，除五个通商口岸的一些士绅出于地方利益而有所诟病外，朝野上下也鲜有批评的声音。

然而，问题在于"世仇"之说在事实上是站不住脚的，所谓英国与美、法等国的"世仇"论多出于魏源等人的主观猜想与心理预期。关于"世仇"说，以魏源所论最为透彻，故仍以魏源为例说明之。魏源说：

今以海夷攻海夷之法如何？筹夷事必知夷情，知夷情必知夷形，请先陈其形势。英夷所惮之仇国三：曰俄罗斯，曰佛兰西，曰弥利坚……故可乘而不乘，非外夷之不可用也，需调度外夷之人也。海攻之法，莫如佛兰西与弥利坚，佛兰西国逼近英夷，止隔一海港。弥利坚与英夷则隔大海，自明季国初之际，佛兰西开垦弥利坚东北地，置城邑，设市埠，英夷突攻夺之，于是佛夷与英夷深仇。及后英夷横征暴敛，于是弥利坚十三部起义驱逐之，……此各国之形也。其互市广东，则英夷最桀骜，而佛、弥二国最恭顺。自罢市以后，英夷并以兵艘防遏诸国，不许互市，各国皆怨之，言英夷若久不退兵，亦必各回国调兵艘与之讲理。①

以上，魏源用了很长的篇幅来描述美、法、俄与英国的仇隙，②在他看来，英国与美、法诸国的仇恨是无法化解的，故称之为"世仇"。但魏源此说多无充分的根据，不仅存在不少不合史实的错误，而且夹杂着很多主观想象。同时，其取材或囿于老旧史料，如引用康熙等时期的一些材料，或源于不实之传闻，如取之于当时社会流传的一些无稽之谈。姚莹也与魏源一样，除了美国独立战争等类似的既往历史，都没有任何关于鸦片战争本身的事实根据——最多是一些传闻或猜测。可见，鸦片战争之后广有影响的"世仇"说，本身就是建立在对西方误读的基础之上的。

以上"世仇"说的直线思维或简单思维方式在稍后的历史中有所改变。光绪年间，陈启泰奏折中说："联络邦交同盟各国。英与德皆法世仇，日、美、西、葡交相嫉忌，奥、意新有构衅，怨毒尤深，虽不能冀其显违公法，出力暗助，然必彼此无间，始可专注越事。"③ 所谓"联络邦交同盟各国"，也是强调合理利用西方列国之间的矛盾，与鸦片战争时期的"款夷"并无不同，但"同盟"观念在提法上更明确。不过，光绪年间面对的是更为复杂的列国局势，"世仇"说就不再停留于简单层面，一方面指出"英与德皆法世仇"，另一方面也看到同盟国之间未必"彼此无间"，多了一重动态思维的意味。

"世仇"说是经不起历史检验的。以姚莹和魏源这样的先觉者尚且存在对西方的明显误解，普通官僚士人对西方的误读只会更严重，这是不言而喻的。以今天的常识，历史上欧洲诸国与英国的关系从来都是错综复杂的，时战时和、相互勾连之事亦所在多有，只

① 魏源：《筹海篇三》，《海国图志》卷2，第32—34页。
② 以上只截取了其中的一小段，本书第二章有详细展开与论述，此不赘述。
③ 陈启泰：《筹办越南十事折》，《瘟庵遗稿》，民国铅印本，第27页。

不过当时的中国人大都不知不觉而已，始终抱有与敌人的敌人结盟的良好愿望。西方资本主义势力之间虽然常有复杂的利益纠纷，史上也颇不乏为争夺市场而发生战争的事例，但就资本的目标而言，西方列强在利益上却有着更多的一致性。即以英美关系来说，在整个鸦片战争时期，双方都不间断地保持着一些合作。早在1839年林则徐主持的禁烟运动中，美国商人即谋求推动与英国等西方国家的合作。1839年5月，一批美国商人向美国国会上书，提出与英、法等国联合行动以制约中国。而在中美《望厦条约》的签订过程中，顾盛等与英国人也有过多次沟通，可谓是得到了英国的有力支持。总体上，因为英、美、法等国同为西方国家，在观念与制度等方面与中国的天朝体制存在根本性的冲突，故未来中国与英国之外的其他西方列强发生战争是势难避免的。后来英、法联手发动第二次鸦片战争，以事实证明了"世仇"说的错误。可惜的是，包括魏源在内的官僚士大夫大都对美、法等国抱有不切实际的期望，坦然接受了所谓英国"仇敌"的美、法诸国的不平等条款，使不少西方国家不费一枪一弹就获得了诸多的在华权利。误识本身就是一种无知，而且比无知更可怕。因为误识更多的是源于人们习惯性地以本土文化的思维框架，来生硬地主观解构完全异在的西方文化，使本来的无知状态转而表现为一种自以为是的态度。这正应了一句老话："不知而自以为知，百祸之宗也。"[1] 相比之下，西方人对中国的了解，远胜于中国人对他们的了解，鸦片战争之前西方人已经在澳门、香港及新加坡等地大办报刊，广搜中国情报。因为他们相对熟知中国人的所思所行，故在一些外交场合往往是毫不吝惜对中国的尊重，对朝廷官员尤其是对"大清大皇帝"更不吝于文字赞美。而朝廷总是在签约国代表情辞尚为恭顺，天朝一视同仁的自得心理中，对诸条约慨然应允。除了确实不了解一些具体条款的实质性危害之外，对西方的误读也是一个重要的思想原因。简言之，基于"世仇"说

---

[1]　语出《吕氏春秋·览·有始览》。

的影响而与英国之外的西方诸国格外顺利地完成和约，本身就反映了国人对西方知识的严重隔膜状态，西方列强惠而不费地在中国获取了种种超预期的权利，并不是偶然的现象。

四　天朝意识及其文化观念

（一）道光朝君臣的天朝意识

鸦片战争中，从道光皇帝到文武官员，从普通士绅到下层民众，几乎无人不受传统夷夏观念的影响，更无人不被清王朝大一统观念——天朝意识所笼罩。[①]

天朝意识在中国历史上源远流长。西周时期的德化政治说，堪称天朝意识最早的观念雏形。自西周以王道政治取代商代神话政治以来，王道即成为历代贤明之君的政治理想。西周时期文、武、周公，即以仁政招徕远人，"周公吐哺，天下归心"，即是寓民族和解于王道政治的最好注释。汉代以降，"大一统"成为对后世影响极为深远的文化观念，其主旨即以王道理念统摄民族政策，即所谓"三统、五端、化四方之本也。天始废始施，地必待中，是故三代必居中国，法天奉本，执端要以统天下，朝诸侯也"。[②] 元、明、清三代，宋明理学成为官方哲学，王道理想与民族政策更为紧密地凝结在一起。在一定意义上，王道即王化，由内圣而外王，进而至

---

①　关于朝贡体制与天朝意识之间的关系，前者是制度性的，后者是观念性的。二者是相互渗透的，朝贡体系在运行过程中会转化为人们的观念与意识，而天朝意识或天朝意象会强化朝贡体系的运行力度。从思想史的角度，适当凸显因朝贡体系的显性存在而相对被遮掩的天朝意识，还是有其必要性的，因为相比朝贡体系，天朝意识能够更好地衔接道德、政治与文化诸多方面的具体观念，故本书的重点并不直接放在此前讨论相对充分的朝贡体系上，而是放在直接表征文化观念的天朝意识上。不论是理论价值还是历史价值，天朝意识这一问题都有值得讨论的地方。

②　董仲舒：《三代改制质文》，《春秋繁露》，第237页。

于天下太平。在很大程度上，内政清明与民族和解的至要一环，系于君主一人之身，君主对天下万邦一视同仁，对四方之国存之以仁，行之以礼，是协和万邦的不二之途。君主一视同仁地待天下，周边之国自然会"向化"，自然会以小事大、以臣事君般的待中国。但宋明两代，中原王朝始终需要面对北方强大的游牧民族，故中国中心观念盛行，而天朝意识隐没不彰。至清代，康雍乾创百年盛世大业，天朝意识随之凸显，逐渐成为清代中晚期影响巨大的主流社会观念。

先说道光帝在天朝意识支配下的民族观念。

道光帝"天下一家"的民族意识，其来有自。自清太祖决计对中原用兵之日始，成为"天下共主"即是他的梦想。顺治帝入主中原后，经康、雍、乾三代帝王的苦心经营，清王朝进入了"百年盛世"时期，这意味着整个中国已被打造成一个铁统江山，与之相伴的是充斥整个社会的天朝意识形态。在华夷关系上，康、雍、乾三代帝王始终致力于推广中外一体、"天下一家"的理念，在每一次大规模成功征服周边民族后，都会无一例外地通过史志方略等御纂类书，大力宣介皇帝抚御万邦"无分内外""一视同仁"的文化观。在成功征伐厄鲁特噶尔丹后，康熙帝说："朕君临天下，统御万邦，本无分于内外。即绝域荒陬，皆吾赤子，一体眷念。"[1] 作为天下共主，念念于化外之民的一代仁君形象跃然纸上。清代帝王着力推介的主要观念有三：一是天下一家的意识，二是清王朝乃天下共主的理念，三是把皇帝塑造为气象恢宏的仁君形象和千族万邦的慈爱家长。这三种观念中，皇帝作为各民族大家长的形象尤为要中之要。康熙帝序《平定朔漠方略》云：

朕祗承天眷，懋绍祖宗丕基，为亿兆生民主。薄海内外，

---

[1]　《圣祖仁皇帝实录》卷173，康熙三十五年五月庚辰条，《清实录》，第4742页。

皆吾赤子，虽越在边徼荒服之地，倘有一隅之弗宁，一夫之弗获，不忍恝然视也。①

康熙帝的上述观念，为酷似乃祖的乾隆帝所尊崇，不仅如此，他还向前更推进了一大步，这就是将其强化为一种"海寓同文"的大一统意识形态。为此，乾隆帝大修史书，大兴文治，御纂大部史书，并指示以清字清音为标准统一史书中的文字。乾隆帝强调：

> 我大清正当全盛之时，中外一家，岂容近徼弹丸，独轶化外。此时及早儆戒，尚不致漫无底止。……方今一统同文。凡属旧部新藩地名，无不悉协本来音韵，岂有边徼诸番，转听其名译桀淆之理。此等西番字音，必当以清字对之，方能悉叶。此后应将番语译出清字，再由清字译出汉字。②

乾隆帝再三展示其一代仁君的爱民之心："朕总理天下，无分内外，一视同仁，惟期普天生灵各得其所。"他强调"朕为天下共主，罔有内外，一体抚绥，无使失所"。③

显而易见，大皇帝"天下共主"的仁君形象，与"无分内外，一视同仁"的民族政策之完美合一，构成了清王朝君国天下观念的核心精神，并成为乾隆皇帝构建大一统思想与强势意识形态的有机部分。这就是最典型的天朝意识，其中绝对君权、天朝大国、道德正义与法统正义等诸多观念已集合起来并融为一体。康乾盛世开创的民族一统大业，令官僚士大夫仰慕无极：

---

① 《圣祖仁皇帝实录》卷 233，康熙四十七年七月癸未条，《清实录》，第 5274 页。

② 《高宗纯皇帝实录》卷 898，乾隆三十六年十二月甲戌条，《清实录》，第 20163—20164 页。

③ 傅恒等：《平定准噶尔方略》卷 49，文渊阁四库全书本。

仰见我列圣提挈乾纲，驱策群力，长驾远驭之略，能使柳城松漠，中外一家，咸稽首而效心膂，其炳然可传者，章章如是，诚为前史所未闻。不但诸王公勋业烂然，为足炳耀丹青也。①

如果说列圣功业让朝臣们为之赞叹，那么列祖列宗的鸿谟伟业更令嘉、道二帝内心敬服终生追慕。以守成著称的道光帝，在鸦片战争中也一如既往地抱持着先祖治国理念，同时也一并抱守着天下一家的观念以处理与西方国家的关系。然而，自乾嘉后期始，清王朝已经日益趋衰，逐渐显现出末世的气象。这使置身衰世的道光帝，虽有进取之心，却无振作之力，既无力开疆拓土，也无力大肆弘文。但在道光朝的三十年间，虽无力继续扩张盛世功业，天朝意识却没有丝毫收束，反而以严防稳守的谨慎心态，强化天下共主、抚御万邦的虚骄心态。鸦片战争前，道光帝反复强调：

大皇帝抚绥藩服，大公至正，一视同仁，并无偏向。所有外夷货税，一律恩免。②

鸦片战争爆发后，道光帝一如既往地提挈乾纲，企图以长驾远驭之略使外夷稽首效力。所以，定海失陷后，道光帝决意秉公查办林则徐，以换来英国人的驯服听命：

大皇帝统驭寰瀛，薄海内外，无不一视同仁，凡外藩之来中国贸易者，稍有冤抑，立即查明惩办。上年林则徐等查禁烟土，未能仰体大公至正之意，以致受人欺朦，措置失当。兹所

① 《钦定蒙古王公功绩表传》，《四库全书总目》卷58，中华书局1965年版，第526页。
② 《宣宗成皇帝实录》卷236，道光十三年四月乙卯条，《清实录》，第38440页。

求昭雪之冤，大皇帝早有所闻，必当逐细查明，重治其罪。现已派钦差大臣驰至广东，秉公查办，定能代申冤抑。该统帅懿律等，著即返棹南还，听候办理可也。"①

1842 年《南京条约》签订之前，广州是中国唯一的海外贸易开放口岸，为此，清王朝严格而详细地规定了外商在口岸的交易方式与活动范围，诸如外商只能通过十三行进行对华贸易，不得接交官府人员，不得携带家眷尤其是女眷进入等。两广总督就是负责监管中国大门的最高机构，他们的任务就是为天朝坚守门户，"中外之防"就是他们唯一至要的观念，并成为处理一切涉夷事务的核心观念或基本原则。因此，1838 年 7 月，英国驻印海军司令马他仑（Frederick Maitland）率舰驶逼广东，显示出以武力声援英国商人的用意。此时，两广总督邓廷桢头脑中盘踞的是天朝大国这一天然的屏障，自然没有意识到英国人所释放的武力信号。此时，邓廷桢看到的只是英国人对天朝体制的冒犯：

> 臣邓廷桢伏思中外之防，首重体制，定例贸易事件，均由洋商转禀，不准投递书函，亦从无派官传谕之事。该领事忽求免用"禀"字，有事又欲派官传谕，诘其为马他仑代呈何事，一味含糊，竟赴城外投递并无"禀"字信函，谬妄已极！在臣一字之更，何关轻重，惟若听平行于疆吏，即居然敌体于天朝，体制攸存，岂容迁就？……一俟北风迅发，催令即日驶回，倘敢抗违……照例停止该国买卖，认真严行驱逐。②

邓廷桢断然拒绝英国人平等外交的请求，正是遵守清王朝沿用已久

---

① 《著琦善晓谕义律回粤听候查办》，《筹办夷务始末（道光朝）》，第 392 页。

② 《德克金布邓廷桢等奏英巡船驶泊外洋谕逐回国折》，《筹办夷务始末（道光朝）》，第 101—103 页。

的律例，也是沿海官员普遍视为不容触碰的铁律。所以，一个"禀"字可以导致中断两国贸易，"禀"字代表的不仅是体制，还是一种沉淀了两千多年之久的文化观念。

鸦片战争前夕，随着鸦片走私的日益猖獗，禁烟问题由边贸问题升级为影响全国大局的问题。朝廷上下对于禁烟问题的争论，尤其是虎门销烟事件，使中国与西方民族国家的矛盾陡然凸显，天朝意识亦随之在官僚士大夫群体中逐渐发酵。

虎门销烟前夕，林则徐谕令各国夷商"恪守天朝法度"迅速缴烟并具结。钦差大臣作为大皇帝的特使，代表着中华上国的尊严与荣耀，故林则徐完全以上国姿态"谕催"英国商务代表义律，令其迅速完成"甘结"："谕英国领事义律知悉：照得本大臣敬承大皇帝特命来粤，断绝趸船鸦片，历经剀切晓谕，该领事于接奉之后，能知感戴天恩，恪遵禁令，传示所属各国夷商，将趸船烟土全数呈缴，禀请验收，具见恭顺畏法，殊属可嘉。"① 依林则徐的观念，缴烟与甘结不仅要合乎天朝法度，更要显示大皇帝的无上尊严。因此，通篇谕文处处彰显出天朝上国姿态。

在林则徐代拟道光帝对英国国王的谕旨中，更是处处彰显出强烈的天朝意识。此谕以天下共主的通告方式告谕英王：

> 洪惟我大皇帝抚绥中外，一视同仁，利则与天下公之，害则为天下去之，盖以天地之心为心也。贵国王累世相传，皆称恭顺，观历次进贡表文云"凡本国人到中国贸易，均蒙大皇帝一体公平恩待"等语。窃喜贵国王深明大义，感激天恩，是以天朝柔远绥怀，倍加优礼，贸易之利，垂二百年，该国所由以富称者，赖有此也。惟是通商已久，众夷良莠不齐，遂有夹带鸦片，诱惑华民，以致毒流各省者。似此但知利己，不顾害人，乃天理所不容，人情所共愤。……谅贵国王向化倾心，

----

① 《催取不带鸦片甘结谕帖》，《林则徐集（公牍）》，第79页。

定能谕令众夷，兢兢奉法，但必晓以利害，乃知天朝法度，断不可以不懔遵也。[1]

与邓廷桢相比，林则徐似乎看到了对外形势的某种新变化，故对天下一体、天朝体制诸问题阐述得更细致，也更耐心，但捍卫天朝体制的态度也更坚定。谕告中的天朝观念，代表了朝廷官方的正统观念，道光帝以朱批"得体周到"予以充分肯定。底稿主旨与林则徐的一贯观念颇为相契，不仅代表了林则徐本人的观点，而且在很大程度上也代表了当时官僚士大夫的主流观念。简单地说，此谕的主要内容有如下几点值得注意。第一，大清皇帝是天下共主，向来以公心待天下，对各国均一视同仁，英国国王应始终保持一颗"向化"之心。第二，天朝以上国风范"公平"对待各国，对英国更是始终"倍加优礼"，英国人在中国贸易中长期受天朝的恩惠，应始终感激天朝的礼遇之恩。第三，与其他任何国家一样，英国商民也必须遵守"天朝法度"。英国国王应责令走私鸦片的不法商人"兢兢奉法"，一切行动必须限制在天朝的相关法度之内。林则徐所拟的上谕底稿，从形式到内容，均相当充分地展示了天朝意识的内在精神。

中英《南京条约》议定后，道光帝仍用康熙以来习语"天朝抚驭各国，一视同仁"来表达其旨意：

谕军机大臣等：据耆英等奏，议定米利坚等国通商章程等语，览奏均悉。现在英夷已准通商，所有米利坚等国，自应准其一体通商，以示抚绥之意。著照所议妥办，总须筹及远大，不可仅顾目前，致贻口实。至米利坚有进京瞻觐之请，英吉利又于善后条内，添出沾恩语句，豫为地步。安知非互相勾串，巧为尝试。著耆英等婉为开导，谕以天朝抚驭各国，一视同

---

[1] 《致英国王照会底稿》，《筹办夷务始末（道光朝）》，第209—210页。

仁，凡定制所应有者，从不删减，定制所本无者，不能增添。若各国纷纷请觐，观光上国，不但无此政体，且与旧制有乖，万难代奏。至现在已准一体通商，天恩高厚，尔等果能约束商人，公平交易，照例输税，无稍偷漏，大皇帝闻之，必然嘉悦也。①

在道光帝的心中，是战是和，皆非首要，即使沿海数省遭受战火荼毒也非首要，割地赔款亦不重要，唯阻止美、法代表入京觐见方为首要，维护国体、维护大皇帝的尊严方为头等重要之事。而所谓维护国体，维护大皇帝尊严，不过是使外人不可睹皇帝的龙颜，以保持一种高远、神秘而令人崇仰的形象。

在维护天朝威严的同时，道光帝也全心呵护着自己的君主威严。道光帝真诚追随着乃祖高宗的脚步，高山景行，一心向往。虽做不到乾隆帝的"长驾远驭"，四边八荒，"稽首效心"，但可以做到"宵旰忧勤""提挈乾纲"，对西方各国"一视同仁"，通过缔结和约重新回归中外一家的和平景象。在这种观念的支配下，道光帝毫不踌躇地允准了美、法等国的签约要求。

鸦片战争中，天朝意识不仅植根于一般官僚士人的心中，而且对知识精英也影响甚深，即使是极少数睁眼看世界的先识者也不例外。比如，梁廷枏坚决反对学习西方的船炮制造技术，攻击魏源的师夷制夷说，认为"天朝全盛之日，既资其力，又师其能，延其人而受其学，失体孰甚"。② 可见，他的核心价值观就是一切以不失国体为准绳。同样，姚莹也是在看到西方文化有所长的情形下，拒绝学习西方，称"吾中国之民也，中国有孔子，吾终身由其道

---

① 《宣宗成皇帝实录》卷397，道光二十三年九月癸巳条，《清实录》，第41233页。

② 梁廷枏：《夷氛闻记》，第172页。

犹未能尽，乌能半途弃之更从他道哉?"① 这显然是牵强其辞，曲为之说。而思想最为开放的魏源，也照样躲不开天朝意识的影响，他说"王化之本在京师，《春秋》之谊，详治内略治外"，② 可知王道与王化是对魏源影响甚深的一类观念。

在此，需要着重说明的是，相当一部分官僚士人所接受的是经过皇权过滤了的天朝意识，这种皇权化的天朝意识，与儒家传统的夷夏文化观念迥然有别。比如，鸦片战争前夕，梁廷枬即曾向林则徐建议，令英国等西方国家在原来种植鸦片的土地上改种禾稻或其他农作物，认为这样就可以从根本上铲除烟毒。

后来魏源在编写《海国图志》的过程中，天朝意识逐渐有所淡化，这也是不争的事实。

英国的入侵，把夷夏观念一下子推到了一个异常突出的位置上。突发而至的战争，大大刺激了长期生活在和平年代的道光朝君臣，天朝意识伴随民族冲突而日益升温，逐渐从常温升至高温，最终形成一种无形有质、无所不在的天朝意象。③

鸦片战争时期，天朝意象在下层士民中也是如此，而且心理更僵化，精神更激昂：

> 钦维天朝大一统，岂容裂土以与人。……我大清抚有区夏，二百年来，列祖列宗，以圣继圣，举凡食毛践土，久浃帝德而洽皇仁；即在化外穷荒，亦戴天高而履地厚。四海澄镜，万国梯航，距中国数万里外，西南诸夷，亦莫不候风占月，输诚效顺。④

---

① 姚莹：《人类万殊，圣人不一其教》，《康輶纪行》，第 183 页。"他道"指西方宗教文化。
② 《圣武记》卷 10，《魏源全集》第 3 册，岳麓书社 2004 年版，第 441 页。
③ "天朝意象"一词较为贴近阅读文献时的历史感，未必恰当，在此姑且使用。
④ 《全粤义士义民公檄》，《鸦片战争》(3)，第 353 页。

　　尤其值得注意的问题是，道光帝有意无意地强化了"朕"与天下的休戚相关性。战败后亦仍如此，天朝大国观念并未因战败而有所减弱。1842 年 8 月，道光帝接到耆英等陈议和情形折后，明发上谕云：

> 　　览奏忿恨之至。朕因亿万生灵所系，实关天下大局，故虽愤闷莫释，不得不勉允所请，藉作一劳永逸之计，非仅为保全江浙两省而然也。该大臣等所称可救然眉，是徒知救急于目前，并未计贻忧于日后。①

　　此谕通篇都在突出道光帝的忧国爱民之情。上谕虽也涉及条约的一些内容，以及条约签订对未来局势的可能性影响，但其侧重点全放在道光帝的帝王形象上。上谕一方面巧妙地以耆英等人"徒知救急于目前，并未计贻忧于日后"，不着痕迹地衬托出道光帝的远见卓识；另一方面透露出对耆英等目光短浅可能招致后患的不满，尤其强调允准签约系道光帝本人从保全"亿万生灵"的身家性命出发，反复凸显道光帝的一片拳拳爱民之心。

　　对于战争的失败，国人普遍地归于技术与战术的落后，沿海守臣的无知，军队战力的低下，官僚阶层的因循或贪腐，士大夫的偾事或畏缩，汉奸的泛滥与猖獗，独独不见对道光帝的质疑与批评。可以说，从现在能看到的书信、日记等史料中，很难看得到清流官员与主流舆论对道光帝的批评，② 反而有大量的材料证明战败后人们对道光帝的拥戴，甚至大多是发自内心的崇敬。1842 年 10 月初，《南京条约》签订的消息刚刚传来，李星沅说出了一段发自肺腑的话：

---

　　①　《宣宗成皇帝实录》卷 378，道光二十二年七月癸亥条，《清实录》，第 40929 页。

　　②　这种情况在咸丰朝后期始有抬头，因咸丰帝轻弃京师出逃热河之举对官僚士人有极大的刺激。

楞香书于进见时蒙谕及英夷，辄以用人不明，深自悔恨，至于握拳槌心，外间办理得失均在圣明洞鉴，凡有血气闻之皆感奋欲涕也。①

日记中从口吻到心理，与道光帝的上谕几乎完全一样，得出的结论，就是战败、签约的责任全在于误国之庸臣。而道光帝为自己"用人不明"深自悔恨，以至于"握拳槌心"，既能三省吾身又能洞鉴得失的一代圣君形象跃然纸上。日记中字里行间流露的感情都是自然的，是出于战败与签约后屈辱心情的不吐不快："闻廿二日已奉批折，览奉愤闷之至，民命为重，姑从所请。……仰见圣谟远虑，防患未然。"又说，"圣虑深远，非臣下所能窥见万一矣"。②鉴于日记这种私人体裁，可知并非李星沅对道光帝的阿谀之辞。李星沅固为忠君之士，但有两点可注意者。第一，李星沅是一个正直的官员，思想较为稳健与开放。第二，他对战局相当关注，此时又置身沿海前线一带，对朝廷上下与战争局势了解较多。所以，李星沅之说很可代表当时忠直官员的一般心理。

大体上说，鸦片战争失败后，天朝意识的强化有两个步骤。一是道光帝与朝廷继续有意识地强化天朝意识，天朝意识日益成为国人尤其是官僚士大夫根深蒂固的心理意识。二是增加皇帝在天朝体系中的分量，强化君主观念在天朝意识中的绝对核心地位。所以，鸦片战争时期，官僚士大夫对道光帝的拥戴与称颂达到了一个新的高度，在程度上明显超越了嘉庆朝与道光帝前期，并有直追乾隆帝晚年之势。从战争期间到议和之后，满朝文武的奏折中大多充斥着圣谟高远的颂辞。我们把战争期间与缔结和约之后此种观念的微妙变化做一简单的比较：

① 袁英光、童浩整理：《李星沅日记》，道光二十二年八月廿八日，第432页。

② 袁英光、童浩整理：《李星沅日记》，道光二十二年七月廿六日、廿九日，第426页。

> 本年英夷滋事，定海失守，皆因浙省大吏办理失宜，罪所难逃。我皇上德大如天，包容海表，以和为贵，不怒而威，虽古来阶舞苗格，不是过也。①

这是定海失守后，京城士大夫对浙江主事大臣的指责，其主旨也不过是"浙省大吏办理失宜"，既没有对准整个官场，也没有把君臣关系上升到对立的程度。而随着道光帝不断指斥群臣的懦弱与无能，并不断地发出"是何居心"一类的诛心之言，② 君臣之间的对立观念也随之悄无声息地弥漫：

> 英夷之乱，上则宵旰忧勤，下则死丧愁痛，乃自公卿至丞尉，无不泄泄沓沓，若无事者。经云："民以君为心，君以民为体。"岂臣如手足，独可以无所与知耶？……何此角敌三年，未一闻稍可御侮者。幸上知其故，勉从夷请，救民于水火之中。③

一方面敬仰道光帝的"宵旰忧勤"，一方面指斥官僚群体泄沓渎职，置君恩民命于不顾。在士人心目中，战败的责任在于从公卿到县丞、廷尉的大小官员，整个官僚士大夫群体被一体扫了进去，而皇帝虽"宵旰忧勤"，却也无法凭一己之力独自改变这种局面。"民以君为心，君以民为体"这句话说得最好，此语出自《礼记》，很经典地诠释了传统理想中的君民关系。可见，在鸦片战争饱经伤痛的沿海士民心中，道光帝还是"救民于水火"的一代仁君，而官僚群体已经整体上腐烂。由此，鸦片战争带来的后果之一，是君

---

① 《蔡家玕奏陈粤防要策折》，《筹办夷务始末（道光朝）》，第599页。

② 如道光帝斥骂琦善为"不知是何肺腑""实属丧失天良"（《上谕》，《筹办夷务始末（道光朝）》，第805页）。鸦片战争中，一批又一批罹罪大臣中少有未被诛心者。

③ 隐园居士：《京口偾城录》，《鸦片战争》（3），第73页。

主与官僚士大夫在心理上的日益疏离，在一定程度上改变了人君与士大夫共治天下的传统政治格局。这也是战后官僚士人普遍趋于消沉甚至颓废的重要原因。

道光帝的仁圣君主形象，很长时间始终定格在大多数臣民的心中。鸦片战争时期，道光帝漂亮地演绎了一出君权不败的神话。历经战败、割地、赔款的灾难性后果，道光帝的权威几乎未受丝毫影响。"权威"，顾名思义，先有权后有威，掌握了权力自然享有威望，而绝对权力带来绝对威望。历来臣民常常称皇帝为"圣君"，虽然是一种习惯性用语，但也绝非嘴上说说这么简单，对于大多数人来说恐怕是一种自然地流露。历史上除了少数极为不堪的皇帝，大多数情况下臣民还是习惯性地把皇帝当作圣人的。在王朝时代，皇权作为支配天下资源的唯一超越性权力，加上大一统观念的不断赋能，广大臣民在现实利益与生存压力之下，不得不接受这种超越性权力的存在。古语云，天下不可一日无君，可见皇帝的超绝威权早已渗透到人的日常心理中，从而使皇权最终成为历史与现实、道德与利益、规则与潜规则等种种力量复杂互动过程中的最大赢家。退一步讲，即使出现天灾人祸，不少皇帝也能从舆论旋涡中从容抽身，挥一挥衣袖罢黜误国之庸臣，责任自有相关臣下来担负。关于这一点，从咸丰朝对道光帝在鸦片战争历史中的官方定位也可见一斑：

> 钦惟我宣宗成皇帝，如天之度，不冒海隅，犯顺则赫濯有加，乞抚则羁縻弗绝。雷霆雨露，无非爱育黎元。终至化被重洋，苍生胥登衽席。德威之盛，周浃寰区，而宵旰忧勤，柔远保民之念，洵足以昭垂万古矣。①

这段话中，道光帝不仅是一个爱育黎元的千古仁君，而且是勤于远

---

① 《筹办夷务始末进书表》，《筹办夷务始末（道光朝）》，卷首，第 1 页。

略德被化外的万古雄主。更为关键的是，被迫签订的屈辱条约，也被定性为创下了万年和平基业，"洵足以昭垂万古矣"。

总体上说，伴随着鸦片战争的历史进程，道光帝的圣君形象日益丰满。随着道光帝抬高"朕"与天下的密合度，大皇帝在天朝意象中的位置越来越高。而天朝意象作为一种民族性的心理观念，其精神方向也日益指向君主一人之身，这意味着无论是攘外还是安内，道光帝都居于绝对独断之地位。这种权力格局，几乎埋下了鸦片战争失败以及战后近代化进程停滞不前的一切种子。

（二）谎言现象及其政治文化生态

鸦片战争期间，朝廷上下演绎了一部相互推诿与弄虚作假的历史。打开《清史稿》关于鸦片战争的记载，几乎所有重要事件都与谎言相伴。海疆大吏纷纷陷入密奏举报与公开弹劾的乱局之中，如琦善举报林则徐夷情奏陈不尽不实，怡良弹劾琦善欺上瞒下擅允通商，裕谦疏劾琦善张皇欺君，颜伯焘弹劾奕山讳败为胜，诸如此类，不一而足。道光二十年（1840），主战派首领裕谦代署两江总督后，疏劾琦善欺君之罪，称琦善张大敌情，"冀耸听闻"，"张皇欺饰"，以掩饰其武备废弛之咎。[1] 道光二十二年，颜伯焘升任闽浙总督后，不久即疏劾奕山等人以谎言欺君。奏折中称，广东前线正月"虎门不守"，四月临战即溃，"兵船被焚，炮台弃去"，而当事者擅自议和，"犹报胜仗，指为就抚，以欺朝廷"。[2] 最具讽刺意味的是，琦善始任两广总督，其重要任务之一就是查办林则徐，实即查林有无期饰之事，而琦善被罢职后，更是因"贿和"嫌疑被反复彻查。颜伯焘数次疏劾他人欺君等，但后来又被道光帝怀疑他在厦门失守一事上"恐有不实不尽"。[3] 是以谎言在鸦片战争中并

---

① 《清史稿·裕谦传》，第 2958 页。
② 《清史稿·颜伯焘传》，第 2955 页。
③ 《上谕》，《筹办夷务始末（道光朝）》，第 1573 页。

不是一种偶然的或孤立的事件，而俨然成为一种现象级的存在。

鸦片战争期间，在众多沿海守臣与前线将帅中，鲜有不被谎言缠身者。即使是朝廷正臣、士人道德楷模与抗英英雄的林则徐也不能幸免。琦善到广州任上之后，即对林则徐"造作播传"真假消息的问题提出质疑，多方指责林则徐对道光帝谎匿夷情，并将其质疑上奏道光帝，林则徐亦因此获罪。[①] 琦善之言未必无假，或缘于主和立场，或纯粹捕风捉影，但迄今也无充分证据表明一定是琦善在说谎。

林则徐对道光帝确实隐瞒了部分真实情况。赴粤之前，林则徐就担心朝中宵小作梗，两广期间也始终"如履如临"，[②] 故奏折中没有将真实情形和盘托出，主要还是为防范穆彰阿等朝廷枢臣的作梗。正如琦善出于主和立场，上奏了对自己有利的情报，同样的原因，林则徐对道光帝在关键时刻犹豫不定也颇有疑虑，为了坚定道光帝的禁烟与抗英信心，林也只能将部分实情上陈朝廷。

鸦片战争中，最出名的谎言事件者当数琦善与奕山二人。其中琦善"贿和"尤为官僚士大夫群体所诟病。虎门失陷后，面对义律数次催逼索要香港，琦善自知身家性命堪忧，为寻求转机，于1841年1月下旬，背着道光帝与朝廷，同时背着将军阿精阿与广东巡抚怡良等人，私下与义律议订《穿鼻草约》，擅自让出香港，

---

① 《清史稿·琦善传》，第 2952—2953 页。琦善指称："英吉利国王无给林则徐文书之事，惟吕宋国王曾有来文，或因此误传。林则徐称定海阴湿，洋人病死甚多。咨查洋人米谷牲畜尚充，疫疠病毙者多水手舵工，头目死者不过数人。从前外洋来信，只言贸易。自林则徐欲悉外情，多方购求渔利之人，造作播传，真伪互见，此时纷纷查探，适堕术中。林则徐奏各国愤英人阻其贸易，美利坚、法兰西将遣船来与理论。访闻各国曾有此说，然迄未见兵船来粤。前有美国二船，乘英人不备，进口，至今未敢驶出。畏葸如斯，纵力足颉颃，恐未肯伤其同类。虎门烧烟时，洋人观者撰文数千言纪事，事诚有之，语多含讥刺，非心服。林则徐称具结之后，查验他国来船，绝无鸦片。如指上年而言，事属以往，船货无凭；若指本年而言，来船尚未进口，不能知其有，亦安能信其无？"

② 《致龚自珍》，杨国桢编：《林则徐书简（增订本）》，福建人民出版社 1985 年版，第 45 页。

并擅许通商。首先怀疑琦善居心欺蒙的是远在数千里之外的道光帝。道光帝从"折内阿精阿、怡良等并不会衔"一事，敏锐察觉到琦善在撒谎。① 此后，怡良上疏揭露琦善擅允通商，证实琦善奏折中所谓"均经会商"为不实之词。而裕谦疏劾琦善却是在远隔千里的代署江督任上，并无实据。而所谓琦善与义律情意亲密、收受贿赂之说，史家已多认为是强硬主战派的不实之词。② 具有讽刺意味的是，琦善"贿和"之说始终在官场与士林社会持续发酵，在一团真真假假的传闻中，琦善日益臭名昭著。

然而，琦善"张皇欺饰"一事，却成为鸦片战争中谎言现象日益弥漫的一个关节点。

琦善到广州后，了解到清军对英军严重缺乏战力，于1841年2月1日冒死上奏，从"地势之无要可扼""军械之无利可恃""兵力之不固""民情之不坚"四个方面，将清军"不堪作战"的真相疏陈道光帝。此折令道光帝勃然大怒，朱批云："朕断不似汝之甘受逆夷欺侮戏弄，迷而不返，胆敢背朕谕旨，仍然接递逆书，代逆恳求，实出情理之外。是何肺腑？无能不堪之至！汝被人恐吓，甘为此遗臭万年之举，今又摘举数端，恐吓于朕，朕不惧焉！"③ 此后，道光帝又连发上谕，再三指责琦善"怯懦无能一至于此""甘受逆夷欺侮"，并怒斥琦善"危言要挟""不知是何肺腑""实属丧尽天良"。④ 最后道光帝谕令将琦善革职锁拿，严行讯问。

琦善被锁拿问罪，对官场震动很大。对海疆大吏来说，这意味着道光帝下了一道严厉的禁言谕令，从此以后，禁止言败，禁止实

① 《上谕》，《筹办夷务始末（道光朝）》，第779页。
② 参蒋廷黻《琦善与鸦片战争》，《中国近代史大纲》，东方出版社1996年版，第105页；茅海建《天朝的崩溃》，第2—5页。
③ 《琦善奏义律缴还炮台船只并历陈不堪作战情形折》，《筹办夷务始末（道光朝）》，第774—779页。
④ 《上谕》，《筹办夷务始末（道光朝）》，第779、804—805页。

言敌情，尤其是在道光帝发出了战争动员令之后，官僚群体心照不宣地保持缄默，对战争真相更是闭口不言。不能说真话，身处危境的海疆大吏就只能撒谎了。

鸦片战争中，制造最典型谎言事件者，非靖逆将军奕山莫属。奕山捏造谎言的手法并不高明，属于官场上相当通用的瞒天过海方式。但其突出之处，是公然捏造了一系列谎言，不仅谎言中套着谎言，而且试图通过生动的细节来增加其可信度。先是于 1841 年 5 月 23 日，奕山采取邀功讳过的手法，把指挥失误说成胜利，谎称在白鹅潭、二沙尾之战中烧毁英军大小船舰近二十艘，"逆夷被击及溺水死者不计其数"。① 5 月 26 日，英军攻至广州城下，斗志丧尽的奕山将广州知府余保纯缒出城下向英军求和，而就在同一日，奕山上折谎报战绩：

> 夷船自西南、东北两路，帆樯齐进，于初三日巳刻，分攻西炮台、天字马头、东炮台等处，连环轰击，更番迭进，炮子打入新城老城之内，其势甚猛。经总兵段永福、琦忠、长春、张青云等督率将士，并力抵御，轰沈火轮船一只，……我兵勇奋不顾身，亦以火器抛掷，焚其三桅兵船一只，东炮台打折夷人大桅一枝，震落夷人四五名落水，……初四日黎明，夷船又复拥至，彼此对击，相持半日，泥城木排船只，夷匪又分船袭夺，经游击伊克坦布督率兵勇，击毙夷人数名，夷人开炮自炸，轰碎三板一只。……此次守御将弁，奋力剿拒两昼夜不息，城门堵闭，枵腹临敌……②

敢于将捏造出来的细节如此夸张地上陈道光帝，奕山可谓将官场谎

---

① 《奕山等奏乘夜焚剿省河英船折》，《筹办夷务始末（道光朝）》，第 1030 页。
② 《奕山等奏拟官兵抵御英船进攻情形折》，《筹办夷务始末（道光朝）》，第 1034—1035 页。

言演绎到了淋漓尽致的地步。

由此，谎言就不是纯粹的个人问题，而是君与群臣之间或朝廷与前线之间的沟通存在严重障碍，这实际上就是一种体制性障碍。鸦片战争期间，沿海守臣终日处于英军势如破竹的攻击与道光帝死命严守的夹缝中，从个人撒谎到心照不宣地共同捏谎，甚至公开捏造谎言或者互相串通弄假，已成前线官员贪位保命的常规操作。

在很大程度上，谎言问题是由道光帝与朝廷所逼成的。

在道光朝，官场上因循疲玩成风，并由此衍生出虚词掩饰、弄虚作假、欺上瞒下等种种手段。道光帝对这种欺上瞒下的官场现象深有了解，也深有戒备。从其御极之始，即反复告诫群臣诚实勿欺，上谕中屡言"防欺饰而昭核实"云云。1840 年 9 月，在林则徐、邓廷桢被革职之前，道光帝已经认定林、邓二人均系欺饰邀功，于是一边令琦善密查林则徐，一边在福建兴师动众密查邓廷桢。

道光帝对临敌大员、将领不以诚信托付，令其发挥才干，为君国分忧，反而疑心重重，布置暗中调查，必使受命者，栗栗危惧，设法保护自己。以此，前线大员遂不能完全讲真话，对己有利者，畅言之，对己不利者，设法掩饰之。所以，前线与朝廷之间，君与臣之间，充塞谎言实由多疑的道光帝所逼成。实际上，道光帝对所有的朝廷重臣都有戒心，不仅对素有忠直之名的林则徐多有疑虑，对皇侄奕山、奕经也屡有怀疑。

在战争的紧要关头，说真话常常是要冒生死风险的。1842 年 8 月初，英舰逼近南京，南京城危如累卵。肩负守城之责的两江总督牛鉴，在自知战则必败而求和尚存生机的情况下，连发照会请英军后撤，以备和谈。据史家考证，心急如焚的牛鉴在三日之内向英方连续发了六道照会。其中，8 月 6 日牛鉴第六次照会璞鼎查，其中有一段文字如下：

> 此次和好通商之事，不但江南带兵大员，不敢具奏，就是

扬威将军，亦不敢奏请……本部堂将仪征所贴告示内四条，三次冒死据实陈奏，幸邀皇上允准，特命耆将军、伊中堂专办和好通商之事……①

"三次冒死据实陈奏"，未必是不顾生死的义举，更大的可能是在退无可退的绝境中，押上性命赌一把，赌对则推进和谈之局而赢得转机，赌错即可能死于非命并身败名裂。在当时，奕经、隆文、耆英、伊里布等云集南京的朝廷大员，与牛鉴一样，都认为和谈为唯一的机会，并由此瞒着朝廷与英国人进行接触。但这些人都不敢将战局真相上陈道光帝，即使是皇侄奕经也不敢奏请。由此可见，在道光帝一意主战的谕旨下，说真话是要付出巨大代价的。牛鉴的"冒死"奏请之举，在当时确实属于凤毛麟角的大胆行为，若非战局危在旦夕，自己也濒临生死绝境，牛鉴也未必就下得了如此决心。当然，牛鉴之举也不乏先贤直谏风度，亦不枉其"循吏"之称。但牛鉴"以循吏处危疆"，后仍以贻误封疆入罪，闹了一个"身败名裂"的下场。②牛鉴的案例，再次证明在专制君权的威压之下，说真话难有好下场，《清史稿》"以循吏处危疆"六字作评，不为无见。

1841 年 6 月 4 日，奕山等人在已经向英军求和之后，才向道光帝上陈了英人恭求贸易"请权宜准其贸易折"：

（英夷）屏其左右，将兵仗投地，向城作礼。……据称：英夷不准贸易，货物不能流通，资本折耗，负欠无偿，因新城之外，两边炮火轰击，不能传话，是以来此，求大将军转恳大皇帝开恩，追完商欠，俯准通商，立即退出虎门，缴还各炮台，不敢滋事等语。旋据众洋商禀称：该夷央该商等转圜，只

---

① 转引自茅海建《天朝的崩溃》，第 455 页。
② 《清史稿·牛鉴传》，第 2958 页。

求照前通商，并将历年商欠清还，伊即将兵船全数撤出虎门以外等情。奴才等通盘筹画，虎门藩篱既失，内洋无所凭依，与其以全城百万生灵，与之争不可必得之数，似不若俯顺舆情，以保危城，以苏民困。……暂准其与各国一体贸易，先苏民困。①

不难看出，奏折全系捏造谎言，诸如称英夷"求大将军转恳大皇帝开恩""追完商欠，俯准通商，立即退出虎门，缴还各炮台，不敢滋事"等，不仅相当贴合朝廷上下固结的天朝意象，还十分契合国人亟求英军撤兵的迫切心理，其中英夷"手指天指心""屏其左右，将兵仗投地，向城作礼"等细节刻画，尤其切合道光帝的口味。果然，道光帝上谕称："英夷自我兵两次击退之后，计穷势蹙，并力进攻，该夷性等犬羊，不值与之计较，况既经惩创，已示兵威。……又据奏称，该夷免冠作礼，吁求转奏乞恩。朕谅汝等不得已之苦衷，准令通商。"② 看来，奕山的高明之处，就在于摸准了道光帝的脉搏，满纸谎言都装裱在大皇帝与天朝大国的堂皇威严之中，再加上保全"百万生灵""俯顺舆情，以保危城"等，既合道光帝的仁君心理，又给了道光帝一个很好的台阶，因此道光帝批准了奕山的通商请求。③

对于奕山的谎言，道光帝是否有所察觉，尚缺乏充分证据。但对于极不乐观的战争前景，道光帝是有所预期的。正因如此，他才对 5 月 26 日奕山捷报中捏造的诸多细节处连下朱批，一方面不时释放出长期以来极度压抑的心情，连连批下"可恨之至""深堪痛恨""可恨可恨""方消此恨"，一方面又为久违的"胜仗"兴奋

---

① 《奕山等奏英船攻击省城并请权宜准其贸易折》，《筹办夷务始末（道光朝）》，第 1044 页。

② 《廷寄》，《筹办夷务始末（道光朝）》，第 1046 页。

③ 《清史稿》也指出，道光帝之所以允准通商就是"以夷情恭顺，诏允所请"。说载（《清史稿·宗室奕山传》，第 2962 页）

不已，连批"甚好""极好""应奖""可喜"等。① 因为对战争前景很不乐观，所以道光帝才会一改"务令片帆不返"的初衷，转而对英军进攻说出"不值与之计较"的话，其理由是"既经惩创，已示兵威"。另有证据表明，道光帝似已怀疑奕山请求通商是接受了英国人的"需索"。② 从道光帝批准通商的情况分析，战胜而后接受英国的通商请求，极不合道光帝的一贯作为，可见道光帝很可能是没有了其他选择，只能允准通商。由此可见，道光帝对奕山的捷报未必没有怀疑。总之，此事还存在诸多疑点。但大体上说，道光帝自己也在遮掩某些实情。

奕山等人在接到上谕后，大喜过望，感激涕零，至少他可以从费尽心思编造谎言中暂时脱身了。

问题的严重性在于，奕山谎言事件实际上属于一种群体性行为，甚至可以说是一种有组织性的欺诈。在数封相关的奏折中，会衔上折的官员有靖逆将军奕山，参赞大臣隆文、杨芳、齐慎，及两广总督祈𡎚、广州将军阿精阿、广东巡抚怡良、广州副都统裕瑞等，他们都是广州战场上最大程度的知情人，又是共同署名参奏的重要官员，因此，说他们是谎言事件的共谋者，也并不为过。③ 这种类似组织性的欺谎，除了说明官员群体的利益相关性，也说明谎言现象的体制性背景。实际上，官员群体性犯罪自清中叶以后开始泛滥，形成数不胜数的地方官员大规模贪腐窝案，道光朝军营中普遍存在谎报弁员、冒功领赏现象，屡禁而不止。相比之下，奕山等人集体造谎也并不算突兀，不过集体作案的形式由贪腐变成了造谎。后来耆英、伊里布、牛鉴等步调一致瞒着朝廷私下与英军交接等，与奕山等的集体造谎在本质上并无不同。

---

① 《奕山等奏拟官兵抵御英船进攻情形折》，《筹办夷务始末（道光朝）》，第1034—1036页。

② 上谕称："如英夷露有桀骜情形，仍当督兵剿灭，不得因已施恩，遂诸事任其需索。"（《廷寄》，《筹办夷务始末（道光朝）》，第1046页）

③ 此外，不同程度的知情者有段永福、琦忠、长春、张青云、余保纯等。

　　鸦片战争中谎言弥漫的形成原因，是非常复杂的。比如，谎言现象与当时原始的情报传递方式有关。朝廷中枢的信息渠道不畅，是官员敢于撒谎的客观条件。清王朝官方信息传递仍是依靠马匹加驿站这种传统的方式。而鸦片战争中，从粤、闽、浙、苏沿海前线到京师，往返一次苏省最快速度也需半个多月，而粤省则需要一个月以上。时间跨度与空间距离给予前线大员按需要处理信息提供了方便条件。当然，这种客观因素并非谎言形成的主要原因，它仅仅是一种前提条件。总的来说，谎言植根于清王朝以绝对君权为核心的专制政治，植根于王朝中央与地方的权力结构与运转方式。具体来说，有如下几个方面。第一，皇帝独柄朝政大权，海疆大臣与将帅缺乏相应的权力，却有相关的责任。即使在夷情与战机稍纵即逝之时，前线指挥也没有相当的事机处置权，往往为了争取一线生机，不得不向朝廷隐瞒一些情况。第二，道光朝言路不畅，君臣之间相互猜疑，大臣不敢说真话。琦善问罪之后，疆臣人人自危，为了自保往往在关键时刻欺瞒朝廷。第三，朝廷上下因循虚饰成风，欺上瞒下早已成为官员们的习惯。而自乾隆帝以"夸饰"装扮盛世繁荣，[1] 粉饰太平已成清王朝的传统，道光朝沿袭下来，助长了官场欺谎之风。

　　然而，朝廷上下对于前方将帅的困境始终不能理解，关于欺谎问题也依然维持一个简单的观念："海疆诸臣欺罔，其故由于爵禄之念重，而趋避之计工。欲破其欺，是在乾断。"[2] 这里把欺谎现象化约为贪禄保位等个人私心，而且结论是人君需要加强其独断权力。上面已经说明，皇权独断正是逼使大臣说谎的原因。这样一来，道光帝的"欲破其欺，是在乾断"实等于加剧臣下的欺瞒之风。所以，从鸦片战争爆发直到道光朝结束，在长达十年的时间

---

　　① 印鸾章：《清鉴纲目》卷 9"仁宗嘉庆"，嘉庆四年附记，世界书局 1936 年版。

　　② 《清史稿·金应麟传》，第 2976 页。

中，众臣基本哑口，不复吐露战争的真相。咸丰帝登基后下诏求言，徐继畬在其著名的"三防"折中谏言，指出部院大臣久受君恩，"阶级既崇，天颜日接，顾忌矜慎，胸臆所存，莫能倾吐其十一"。① 在此，徐继畬已经委婉地揭示了形成因循与欺饰的原因，即皇帝天威导致了众臣的集体失声，实际上隐约地将问题的焦点对准了皇帝。

不说真话，虚文夸饰，而靠粉饰太平以维系绝对君权与天朝大一统，无疑属于一种更可怕的系统性文化生态问题。于是，和约结束了战争，换来了安宁，天朝还是那个天朝，道光帝还是那个仁圣之君，人民还照旧骂着英夷犬羊之性，猪狗不如。这正如容闳所说的，官员"日以愚弄人民为能事。于是所谓政府者，乃完全成一极大之欺诈机关矣"。②

（三）二十年之延误：凝固的观念与激荡的西潮

蒋廷黻把鸦片战争爆发以来的道咸时期，称为"丧失光阴"的二十年。他指出，鸦片战争"失败以后还不明了失败的理由"，"战后与战前完全一样，麻木不仁，妄自尊大。……中华民族丧失了二十年的宝贵光阴"。③ 此说确为卓见。

关于"丧失了二十年的宝贵光阴"的形成原因，蒋氏主要归结为中国传统文化的"根深蒂固"，认为中国人的"守旧性太重"，尤其是"士大夫阶级"固守传统反对新政，少数精英"怕清议的指摘"，"默而不言"。④ 蒋廷黻此说不够全面。当时士大夫精英并非只因固守旧文化而保持缄默，更是因处于君主专制之高压下不敢放言，是处于天朝意识笼罩下因无知无识而无话可说。

如前所述，道光帝奉大清列圣"乾纲独断"为嫡传衣钵，对

---

① 《清史稿·徐继畬传》，第 3125 页。
② 容闳：《西学东渐记》，中州古籍出版社 1998 年版，第 124 页。
③ 蒋廷黻：《中国近代史大纲》，第 16 页。
④ 蒋廷黻：《中国近代史大纲》，第 16—17 页。

士人之防范心理从不稍懈。鸦片战争中，其防范士人言论之心更重。1841 年 1 月 9 日，时值广州局势最紧要的关头，[1] 给事中周春祺的奏折中因有浙江提督祝廷彪年老体衰应"降旨休致"一语，竟被道光帝上升到"干预"皇权的高度，特发谕旨：

> 谕内阁：科道有风闻言事之责，内外官吏，贪庸不职，原许列款纠参。至赏罚大权，操之自上，岂容疏逖小臣，妄行干预……竟似朝廷用舍赏罚大权，言官可以意为操纵。若相率效尤，成何政体？此风断不可长。[2]

其所谓"赏罚大权，操之自上，岂容疏逖小臣，妄行干预"，不仅专制作风与乃祖乾隆帝一脉相承，而且连语气也毫无二致。由此可知道光帝对大臣心理防范之严，对舆论控制的力度之大。两个月之后，琦善被革职拿问，朝廷上下已鲜有敢讲真话者。这两件事看似没有直接联系，但从道光帝的角度，其乾纲独断的治国理念与理政方式则是前后一贯的。

　　在鸦片战争结束两年多以后，海疆局势仍然危机重重，时任两广总督与夷务主管大臣的耆英，在心力交瘁的情形下，冒死向道光帝陈言：

> 探闻奕经、文蔚、余步云之在浙江，奕山、林则徐、琦善之在广东，颜伯焘之在福建，筹办剿抚，不遗余力，亦皆井井有条。此中或任用失当，或抚驭过柔，或偏执己见，或不谙兵机，致都偾事。前据夷酋郭仕立等向臣言及，畏服林则徐办事结实，敬服琦善临事敏捷，佩服伊里布处事诚实，并云："皆

中国好大臣。”臣闻之亦为之叹服。至于前督臣牛鉴，亦复为该夷等中心诚服，执礼甚恭。是诸臣之材识，皆足以慑服外夷。且数十年来，仰蒙造就栽培，亦未尝不加以委任，一经办理夷务，均不免于获罪。……此外尚有素日循声卓著，为兵民所爱戴，以臣所闻，如浙江宁绍台道鹿泽长、前任宁波府知府邓廷彩、石甫同知舒恭寿、黄崖镇标游击林亮光……实心任事，熟悉利弊，莫不称为好官。现在该员等均有应得之咎。①

耆英对道光帝说了一句鸦片战争以来最大的实话：海防、夷务等事"若非久任封疆，多年阅历者，办理实难期其周密"。② 耆英借用英国人的话，称林则徐、琦善、伊里布、牛鉴等为"中国好大臣"，借他人之口说出了耆英最想说的话。林则徐、琦善等人都是当时较熟悉外情的一批官员，他们无一例外地成为道光帝眼中的罪人。③而称林则徐、琦善为"中国好大臣"，耆英的勇气虽足称道，但至少已经晚了三年，更严重的问题是，自林则徐、琦善罢官后的数年时间中，朝廷上下无一人敢说出这样一句真话。依传统的标准，鸦片战争中整个道光朝就没有一个真正意义上的循吏。战后中国的近代化进程迟滞了二十年，官场因循虚饰，朝臣不敢直言、不敢正视现实正是其中的一个重要原因。

　　然而，把林则徐、琦善等人称为"中国好大臣"，意味着否定皇帝的圣明，挑战皇帝的权威。虽然耆英以"密片"陈奏，但其

---

①　《清道光朝留中密奏》，《鸦片战争》（3），第466—467页。

②　《清道光朝留中密奏》，《鸦片战争》（3），第467页。

③　当然，除林则徐等极少数人外，罢罪疆臣大都被朝野上下视为罪有应得。所以，一批"中国好大臣"被问罪，非道光帝一人的责任，而与清王朝的制度体系与文化观念密切相关。但说到底，道光帝本人的责任是最大的，因为这些大臣的命运全由道光帝一言而决。需要说明的是，我们的问题并非对准道光帝本人，而是试图弄清战争局势与清王朝专制主义文化的关系。从道光帝本人的性格上讲，他无疑是宽厚的。鸦片战争之前，道光帝的施政风格尚称从容，但在战争压力下却日益专擅，清王朝极端专制主义的文化血脉就明显暴露了出来。

言行殊属大胆。耆英身家性命操于道光帝一人之手，确实是冒死说出以上一番话的，故耆英又说：

> 惟黜陟大权，非臣下所敢妄参末议。只以受恩深重，目击时艰，不敢知而不言。……岂堪上对君父耶！谨连历年战守情形，一并冒死密陈，伏乞圣鉴。[1]

耆英固然十分清楚，"黜陟大权"断"非臣下所敢妄参末议"，故此番"冒死密陈"，他的内心是十分忐忑的。道光帝的朱批只有一字"览"，[2] 愤懑心情已不言而喻。在此片中，耆英重申了其一贯的抚夷观点。1847 年，英国人兵逼耆英，要求入城，耆英再施怀柔之策，允之两年后始准入城。随着广州等地反入城事件的发酵，以及仇夷情绪的高涨，道光帝撤去耆英广督兼通商大臣之职，代之以对夷态度强硬的徐广缙。稍后，道光帝明确指出海疆当事大员以往驭夷之法"刚柔不得其平""一切隐忍待之"，[3] 这实际上是明确否定了耆英的主和立场与抚夷之策。

1842 年 6 月起，耆英即主持了中外之间的一系列和谈。1844 年 3 月起，耆英任两广总督兼通商大臣，主持广州夷务长达五年，实乃夷务熟手，然临事被一纸谕令罢职，代之以不识大局的徐广缙。当然，不论是作为钦差大臣，还是作为通商大臣，耆英并无相应的真实权力。名义上作为主持谈判的钦差大臣，道光帝赐予了耆英处理谈判事宜的专办权，上谕有耆英等"从权办理。此事但期有成，朕不为遥制"。[4] 话虽如此，但无人相信。事实上，连英国

---

① 《清道光朝留中密奏》，《鸦片战争》（3），第 467 页。

② 《清道光朝留中密奏》，《鸦片战争》（3），第 467 页。

③ 《宣宗成皇帝实录》卷 466，道光二十九年四月癸丑条，《清实录》，第 42165 页。现无史料能直接证明，耆英广督被撤换与 1845 年的一番"冒死密陈"有关，但此番密陈引起道光帝的不满，这是基本可以确定的。

④ 《鸦片战争档案史料》第 5 册，天津古籍出版社 1992 年版，第 617 页。

人都知道钦差大臣耆英没有事机处置权。①

要之，道光帝乾纲独断的执念深藏在骨血里，有道光这样的皇帝，才会有曹振镛、穆彰阿这样高居相位而唯唯听命的大臣。同时，道光帝天朝意识如此浓厚，才会不顾利害、不识大局地轻易撤下林则徐、琦善、伊里布、耆英这样的夷务熟手。道光帝虽无经国之长才，却有独断之专权，其权力之专与康、雍、乾诸帝在本质上殊无二致。魏源曾一言命中道光朝独裁专制的本质：

> ……而天子亲览万几，一切取裁于上，百执事拱手受成。上无权臣方镇之擅命，下无刺史守令之专制，虽嵬琐中材，皆得容身养拙于其间。②

鸦片战争时期，专制与愚昧如一对孪生兄弟始终缠绕着朝廷当局。道光帝之所以撤去耆英广督与通商大臣之职，是因为广州、福州等地士民反对英国人入城，反入城事件的发酵，也助燃了广大士民的仇夷情绪，并助推了道光帝天朝意识的高涨。道光帝一方面指责以耆英为首的主事大臣不能伸张国威，"一切隐忍待之"，另一方面大力表彰徐广缙、叶名琛等，称他们强硬拒绝英人入城伸张了国威，遵循了鸦片战争以来天朝的驭夷之道：

> 昨因英夷复申粤东入城之请，督臣徐广缙等连次奏报，办理悉合机宜。本日又由驿驰奏，该处商民，深明大义，捐资御侮，绅士实力助勋，入城之议已寝，该夷照旧通商。中外绥靖，不折一兵，不发一矢，该督抚安民抚夷，处处皆抉根源，令该夷驯服，无丝毫勉强，可以历久相安。朕嘉悦之忱，难以

尽述，允宜懋赏，以奖殊勋。①

　　道光帝判断"入城之议已寝"，因为民众御侮士气高涨，必然大灭英夷之威风，而天朝道义在"不折一兵，不发一矢"的情形下就得以伸张。他更把这归因于大皇帝与天朝的道德教化之功：

　　　　至我粤东百姓，素称骁勇，乃近年深明大义，有勇知方，固由化导之神，亦系天性之厚。难得十万之众，利不夺而势不移。朕念其翊戴之功，能无恻然有动于中乎。②

战争中道德的大旗一次又一次被祭起，企图依托官兵的忠义之气一举战胜英军。对于汉奸，则寄望于"苟有人心，当知悔恨"，对于官兵，则通过"激发天良"，只要"奋勇争先"则"何攻不克，何守不固耶？"③
　　深植于道光帝及其臣子意识中的仍是那个金身不败的天朝观念。而天朝意象伴随着强烈的文化虚骄心理，并使国人形成一种非常普遍而强烈的鄙薄四夷的文化观念：

　　　　尔不过贪利而来，有何知识？尔之贪利，犹畜生之贪食，不知法度，不知礼义。尔试揽镜自照，尔模样与畜生何异？不过能言之禽兽而已。何知忠孝节义？何知礼义廉耻？尔虽有羽毛大呢，非我湖丝，焉能织造？虽有花边鬼头，非我纹银、白铅，焉能铸成？其余各物，皆学我天朝法度。天朝茶叶、大黄各样药材，皆尔狗邦养命之物，我天朝若不发给，尔等性命何在？④

---

①　《宣宗成皇帝实录》卷466，道光二十九年四月癸丑条，《清实录》，第42165页。
②　《宣宗成皇帝实录》卷466，道光二十九年四月癸丑条，《清实录》，第42165页。
③　《宣宗成皇帝实录》卷371，道光二十二年四月乙巳条，《清实录》，第40800页。
④　《尽忠报国全粤义民申谕英夷告示》，《鸦片战争》（4），第12页。

　　此时是在清朝被迫签下割地赔款之约的两个多月之后，是清人面对近代化的英国人全面失败之后的豪壮大言！失败已为既成事实，而仍以胜利者的姿态昂首俯视英国人，天朝意识再次充当了强大的心理屏障。官僚士人大都选择在天朝大国的优越感中当鸵鸟，自然也就不再需要认真了解自己的对手了。

　　所以，是天朝意象遮蔽了海外世界的风光，是凝固不化的天朝教条与民族情绪堵塞了国人走向世界之路。道光帝与朝廷昧于外情，始终以内政方式处理夷务，故可以轻松地一批批撤换像林则徐这样的"中国好大臣"，导致疆臣无法安定下来了解夷情，从容布置战守事宜。同样，朝廷上下对老旧战法可以谈得热火朝天，对仿造西洋船炮却始终提不上日程。这些责任均在朝廷而不在疆臣。事实上，不少真正认识到英军船坚炮利的疆臣，大都有过仿制洋械的热心。邓廷桢在闽浙总督任上，即曾"购洋炮十四运闽，以闽洋无内港，炮台建于海滩，沙浮不固，奏改为炮墩，囊沙堆筑，外护以船"。[1] 林则徐督广期间亦曾"购西洋各国洋炮二百余位"，"并购旧洋船为式，使兵士演习"。[2] 广督之职被罢后，他仍向道光帝建议，"为长久计，亦不得不先事"仿造西式船炮，道光帝以申斥了事。[3] 鸦片战争结束后，奕山、祁𡎴、梁宝常等曾至少两次明确提出仿造西洋战舰的建议。第一次上疏后，道光帝欣慰过后即不再膺心。第二次疏陈火轮船"必须机关灵巧"，而内地工匠"不谙其法"，故提议"将来或雇觅夷匠，仿式制造，或购买夷人造成之船"。[4] 眼中只有"夷夏之防"，或心中只有蛮夷创伤的道光帝，立即予以阻止，指示"著即毋庸雇觅夷匠制造，亦毋庸购买"，[5] 宁

　　① 《清史稿·邓廷桢传》，第 2951 页。

　　② 《道光洋艘征抚记》，《魏源全集》第 3 册，第 460 页。

　　③ 《密陈办理禁烟不能歇手片》，《林则徐集（奏稿）》，第 885 页。

　　④ 《奕山等奏查明丁拱辰演炮图说及造船配药各缘由折》，《筹办夷务始末（道光朝）》，第 2470 页。

　　⑤ 《廷寄》，《筹办夷务始末（道光朝）》，第 2470—2471 页。

可不要火轮船，也决不与夷人打交道。

　　道光帝的态度打压了朝廷官员仿造西洋器械的勇气，浇灭了官僚士大夫学习西方的热情。由此可见，在中国人学习西方的道路上，最大的障碍来自朝廷，最关键的还是道光帝与朝廷枢臣。当林则徐等前线大臣一次次提出仿造西洋船炮时，道光帝或是含糊其词，或没了下文，或者干脆拒绝。在以揣摩皇帝心意为官场要诀的清王朝，穆彰阿等朝廷枢臣大都以揣摩皇帝心思为能事，而其他众臣既知道光帝心意，也就不会逆志而为。所以，当道光帝于1842年7月一意和谈后，关于仿造船炮之事，就再也无法提到议程上了。对此，魏源指出：

　　　　今日之事，苟有议征用西洋兵舶者，则必曰借助外夷恐示弱，及一旦示弱数倍于此，则甘心而不辞；使有议置造船械师夷长技者，则曰糜费，及一旦糜费十倍于此，则又谓权宜救急而不足惜；苟有议翻夷书、刺夷事者，则必曰多事。（嘉庆间，广东有将汉字夷字对音刊成一书者，甚便于华人之译字，而粤吏禁之。）①

　　文字中的"苟……则……"句式，典型再现了凡悉夷情、习西事必然受到百般阻挠的历史情景。在此，魏源并未直接把矛头指向道光帝，但其中未必没有道光帝的影子。

　　众所周知，鸦片战争期间，中英两军装备形成两个时代的巨大落差。后来人们一谈起鸦片战争，印象最深的无疑就是"坚船利炮"四个字：依仗坚船利炮，鸦片来到了中国；依仗坚船利炮，英军人打开了中国的大门；同样依仗坚船利炮，英国人迫使中国接受屈辱的条约。"坚船利炮"四个字，在大臣的奏折中、皇帝的谕旨中、士人的书信与日记中，谈得最多。然而，在鸦片战争后的二

---

① 魏源：《筹海篇三》，《海国图志》卷2，第34页。

十年中，国人连最易着手的仿造西洋船炮之事都做不到，遑论学习西方的文化了。

在近代中国人学习西方的漫长道路上，大体经历了技术—制度—文化三个阶段，其中第一个阶段是学习西方器物技术，以及相关领域的学科知识。仿造西洋船炮，就属于第一阶段的第一步。鸦片战争期间及此后近二十年中，中国人竟然连第一步都没有迈出去，少数知识精英提出的仿建工厂、"师夷长技"全部落空。相比战争失败，这种不思进取、无知麻木才是最大的可悲。对此，魏源有过一番令人信服的话："广东互市二百年，始则奇技淫巧受之，继则邪教毒烟受之，独于行军利器则不一师其长技，是但肯受害不肯受益也。"①"但肯受害不肯受益"，其言何等痛心！

实际上，鸦片战争中，多数官僚士人并不真正了解"船坚炮利"四字的意义。正如魏源所说："我患夷之强，夷贪我之利，两相牵制，幸可无事，非今日主款者之秘略乎？"②魏源认为，如果真正认识到英国人没有谋求中国领土的企图，就应该专心致志地维持通商大局，尽量避免战争，即一心在和平环境中求发展。但战后二十年间，从道光朝到咸丰朝，始终是时战时和，在战和之间摇摆不定，首鼠两端："要之，筹边大计，朝廷无成算，则膺封圻之寄者为益难，况人事之未尽乎？"③"朝廷无成算"，忽剿忽抚，导致前线将官无所适从。而大多数官僚士人，也始终为主剿、主抚争持不下，聚讼纷纭，各种喧嚣沸腾均不能遮掩其一筹莫展之窘境：

　　主剿者莫不痛诋议抚之非，及至剿而失利，又归咎于剿者之多事。主抚者咸称剿不足恃，及至抚议既成，复不审度彼己，欲图一试，取快目前。若即令主剿者剿之，主抚者抚之，

① 魏源：《筹海篇三》，《海国图志》卷2，第35—36页。
② 魏源：《筹海篇四》，《海国图志》卷2，第44页。
③ 《清史稿·牛鉴传》，第2958页。

临事之际，亦皆一筹莫展。①

朝廷上下在战和之间摇摆不定，完全没有变局意识，完全没有面对三千年未有之强敌的基本觉悟。故《海国图志》与《瀛寰志略》已然透露出来的世变意识与自强观念，在天朝对海外世界的漠视中亦复不见天日。

鸦片战争以和约签订而宣告结束，清王朝宣告与西方通商系天朝的恩赐，遮掩了西方列强对中国的冲击，也同时消除了国人探索域外世界智识的动力。和约签订后，朝野上下又回到往日的平静年代："和议之后，都门仍复恬嬉，大有雨过忘雷之意。"②

鸦片战争失败的严重后果之一，是清王朝失去大量的比较熟悉夷务的干练大员。但更为严重的，是人人忌触道光帝之讳，不敢讲真话，从而使本来根深蒂固的官场因循欺饰之风日甚一日。这是丧失二十年光阴的主要历史背景。

鸦片战争失败后，讳触时忌大甚于前。"海疆之事，转喉触讳，绝口不提，即茶坊酒肆之中，亦大书'免谈时事'四字，俨有诗书偶语之禁。"③ 林则徐在被罢广督后，其抑郁之情不时向亲友表露。1841 年 2 月，林则徐致书其会试座师沈维鐈，略吐胸中的愤懑与忌讳，其中有"刍献则疑于触讳，葵忧莫解于濒危……知蒙慈念，谬述苦衷，要不敢为外人道也"。④ 愤懑无极，憋闷万难忍受之时，林对同僚也忍不住表露一二。

随着讳谈时政的气氛弥漫，官僚士大夫日益陷入消沉。甚至最早睁开眼睛看世界的一批人，也大多趋于消沉，甚至颓废。如邓廷桢，道光二十五年（1825）擢陕西巡抚（署陕甘总督），在任上已腐败堕落：

---

① 《清道光朝留中密奏》，《鸦片战争》（3），第 471 页。

② 《软尘私议》，《鸦片战争》（5），第 529 页。

③ 《软尘私议》，《鸦片战争》（5），第 529 页。

④ 林则徐：《致沈维鐈》，杨国桢编：《林则徐书简（增订本）》，第 165 页。

中丞李石梧调任江苏，邓嶰筠中丞继之。此老忧患之余，生气已尽，又以日薄崦嵫，纵情娱乐；来往过客，攀挽流连，余等复迭为宾主，几于无日不花天酒地也。岁首属司道凑费数百金，制造灯戏，为明年正初演用。余两仓书斗闻中丞高兴，亦鸠金制灯，互相赌赛。①

林则徐在流放途中心态渐趋消沉，"要荒天遣作箕子，此语足壮羁臣羁"，"谪居一生过也得，公语旷达诚吾师"。②

林则徐与魏源都在不同程度上沉于佛禅，也反映了他们对世事与前途已不抱多少希望。魏源晚年沉迷佛家净土。咸丰六年（1856）春，魏源病体衰弱不支，请友人帮忙编刊净土四经。其致友人书云：

老年兄弟，值此难时，一切有为，皆不足恃。惟此横出三界之法，乃我佛愿力所成。但办一心，终登九品。且此念佛法门，普被三根，无分智愚男女，皆可修持。若能刊刻流布，利益非小，子其力行毋怠。③

魏源归佛之事，有论者指出，魏源是要从佛学中寻找经世资源。但实际情形并非如此，此时魏源深信"一切有为，皆不足恃"，很明显是饱经挫折之后的一种出世逃避的心态。魏源入佛，林则徐借诗文与佛理寻求清静，以及邓廷桢之沉迷酒色，在现实根源上并无二致，皆天朝意象笼罩下才情与雄心消磨殆尽的表现。

鸦片战争结束后，以朝廷上下充斥的腐败之风，对社会危害最为严重。在浩如烟海的鸦片战争史料中，给人印象最深的莫过于官

---

① 张集馨：《道咸宦海见闻录》，第82—83页。

② 林则徐：《壬寅腊月十九日，嶰筠先生寓斋作东坡生日，诗以纪之》，《林则徐全集》第6册，海峡文艺出版社2002年版，第88—89页。

③ 周诒朴：《原刻净土四经叙》，《魏源全集》第20册，第339页。

场的腐败、官吏肆无忌惮的欺凌压榨百姓，清王朝的内治亦乱到极致。耆英曾从四个方面来描述官场贪腐的情形，其中"催科之术"，一担米多收两倍，"遇有词讼"，官吏上下播弄，案中生案，枝外生枝，常致"人亡家破"。这种情形导致官与民之间的仇怨达到空前严重的程度：

> 有此四者，官与民、民与兵役，已同仇敌。良民与莠民，亦成水火。迫至激成事端，不得不严行惩办，以遏习风。民已焦头烂额，官犹诩诩自得。①

官场的严重腐败，不仅导致官民互为仇敌，连"良民与莠民"之间亦势成水火，可见鸦片战争时期整个社会政治秩序已到崩溃的边缘了。

所以，鸦片战争后，朝政焦点由外患转向了内忧，庞大的战争费用、巨额的战后赔款几乎拖垮了国家财政，包括道光帝在内，朝廷上下节衣缩食，共克时艰。道光二十三年（1823），值国库捉襟见肘之时，爆发了令人惊奇的户部库银被盗案，仅有的1200余万两白银中，竟有925万两不翼而飞。道光帝震怒之下明谕彻查，谕令敏亲王载铨、军机大臣穆彰阿、赛尚阿及诸部院大臣共同彻查此案，其力度之大为道光年间所未有。上谕中有三点值得注意：其一，此案是大小官弁"通同作弊"的贪腐窝案，也是"从来未有"的贪盗巨案，基本盗空了国库银两；其二，此案是长期以来官场因循欺瞒之风所造成，就连王公大臣这些"亲信大员"，"亦复相率因循"，多年以来竟无一人有所察觉；其三，包括负责盘查的"诸王大臣"在内，一应涉案官员皆是"丧心昧良"之辈。

然而，令道光帝如此伤心震怒的贪腐巨案，最后竟然以追缴罚

---

① 《清道光朝留中密奏》，《鸦片战争》（3），第469页。

银草草结案。如此重案竟以赔银了结，而库银管理制度一如从前。这至少已经说明，依靠王朝的现有政治机制，根本没有可能发现问题，自然也就谈不上解决问题。

鸦片战争以来，道光朝从未就政治、军事与文化等机制、措施方面做过认真的考量，始终抱定天朝大国的思维与观念审视一切问题。朝中大小官员遇事只以修墙补漏为事，失火了则扑灭了事，至于防火设施与规章则不为官场风习所鼓励。同时，这种修修补补的方式，也正是沿海大臣处理夷务的典型手法，一遇中外冲突则能躲就躲，能拖就拖，而因循虚饰也往往确能化解一时之急。总之，鸦片战争失败后，朝廷的内政与外交基本上没有发生任何变化。

同样，国人的社会生活与思想观念是没有多少变化的。中英和约签订后，英军撤出了，一切都风平浪静了，除了五个通商口岸，一切都回到了战争之前的状态，似乎战争从未发生过一样。对于国人来说，朝廷还是那个朝廷，官场还是那个官场，大多数读书人还要继续走科举的老路，亿万庶众还要继续在贫瘠的土地上讨生活。生活似乎永远是观念的底色。依官方的说法，《南京条约》并非战败的结果，而是道光帝怀柔远人方略，是皇上仁心广被化外。而对于大多数官僚士人来说，圣君与天朝恩威仍天高地厚，国人仍然可以心安理得地躲在天朝的羽翼下安乐和平生活，郁闷之时则以天朝道义痛骂英国蛮夷不知教化，猪狗不如。

五口通商，意味着传统的朝贡体系已无法继续维持，伴随着朝贡体制的被突破，天朝意象也被打开了一个缺口，少数人已从上海口岸看到了一些新世界的风景，从道路交通、楼房建筑、机器等，到西洋人文风貌，也逐渐以"器械舟车之利"取代"坚船利炮"的旧套语，思想重心已从军事装备转移到工业技术与人民日用上面。但是，即使朝堂中有了解夷情的官僚精英，也不会为朝廷所重。在清王朝专制主义的文化生态中，新知识的种子无异于撒在盐碱地上。"美国的赠书为耆英谢绝，法国的留学又被黄恩彤婉拒。"① 而朝廷枢臣更是囿于夷夏之大防，拒绝接受来自西方的任何东西："道光廿五年，俄罗斯进呈其国之书数十种，……相国言：恐其书不伦，徒伤国体，姑存勿论可也。"②

　　到了咸丰朝，人们的观念也依然保持原样。在这种文化生态中，咸丰帝自然心安理得地谨守着祖宗成法。与道光帝一样，咸丰帝依然以天朝意象支配对外观念，依然以天朝上国的姿态与已经残缺的朝贡体系来处理中西贸易与外交事宜。直到《天津条约》签订后仍是如此，可见其观念一无变化：

　　　　（英法美俄）等联为一气，决意北驶，……即著恒福拣派善于词令之人，询其来意。如该夷称欲进京换约，不肯遽言用兵，或投递文书，该督亦不必拒绝。可作为己意，告以上年咪夷由北塘进京，互换和约。汝等此来，如愿照咪夷办理，不带兵船，少带从人，照会前来亦可代为转奏。大皇帝抚驭各国，一视同仁。允汝等进京，亦未可定。③

　　　　朕抚驭寰海，一视同仁。外洋诸国，互市通商，原所不禁。④

　　与天朝意识相适应，道咸两朝之朝政大权与政治大局完全操控于皇帝一人之手："自雍正历五世至咸丰，尔时天子当阳，乾纲独断"，不仅"宰辅大臣之权不重"，甚至军机大臣也"不过秉承意

---

　　① 参见茅海建《天朝的崩溃》，第581页。
　　② 《郭嵩焘日记》，第157页。原文："《俄罗斯书目》，道光廿五年十一月所进，书发理藩院，仍俄罗斯字，惟此书目乃译出者。计书七百五十九本，图十三本又二十二幅。凡书二百六十四种，图三十五种，又天地仪器二具，凡三百五十七号。"
　　③ 《文宗显皇帝实录》卷320，咸丰十年五月壬戌条，《清实录》，第47306页。
　　④ 《文宗显皇帝实录》卷327，咸丰十年八月乙丑条，《清实录》，第47430页。

旨撰拟诏谕"，是"尽职"而已。①

要之，道咸二帝根深蒂固的天朝意识，势必对道咸时期的官僚士大夫形成很大的影响。在中外文化交流史上，皇帝的思想观念是否开放，是一项唯一至要的先决条件。汉代丝绸之路，缘于汉武帝派遣张骞出使西域，此后因唐太宗的开放胸襟而有大唐恢宏的文化，更有明成祖派郑和七下西洋。在近代文化交流史上，先有1601年万历皇帝召见利玛窦，而后才有明末第一次中西文化的交汇；有康熙帝对传教士开放宫廷职位，才有汤若望、南怀仁的诸多西方知识著述。而自雍正禁海后，无论是乾、嘉两代，还是道、咸二朝，无不取一种闭关锁国之策，而闭关国策的长期笼罩下自然养成文化自闭的心理。加上国人普遍认识到英国人并不谋求中国领土，所以，官员们可以心安理得地依循攘外必先安内的现成办法来应对外来的一切。

所以，当西方势力汹涌潮拍中国海岸之时，清王朝统治者不动如山地静守着古老的观念。"大皇帝抚驭各国，一视同仁"，这句话从康熙帝就开始说，说了近二百年，咸丰帝仍然在重复这一句话。可见，观念世界与社会现实之间的距离是多么遥远。与此相应，是咸丰朝官场的依然因循，依然贪腐，人们的观念也仍然被天朝意识所笼罩。于是，英法联军不仅打进了京城，火烧了圆明园，实际上还可以随时占领皇宫。而咸丰帝本人向天下臣民撒了一个弥天大谎，自己秘密逃往热河，将道光朝在鸦片战争中的谎言现象演绎到无以复加的地步。

---

① 陈嗣初：《软尘私议考证》，《鸦片战争》（5），第542页。

第 二 章

鸦片战争后先觉者对西方的认识

1840 年的鸦片战争，历来被中外学者公认为中国历史上的一个分水岭，不论是被动性刺激的反应论，还是主动性的应时变革论，都主张中国历史由此进入近代行程之中。中国思想史的发展进程也证明了这一点。

在鸦片战争之前，中国思想基本上是在以儒家为主体的传统文化框架内运行，同时也是在以皇权为中心的大一统思想笼罩下异常缓慢地演变，思想发展的驱动因素主要借助先秦诸子以及一些诸如佛、道等非儒思想的补充与平衡，并根据时代现实的需要进行一些内部的调整。鸦片战争后，西方东侵急剧加大了中国社会的分化，西学东渐亦大大助推了中国思想的加速演变。西方思想文化因素的加入，使中国思想有了一个前所未有的全新的文化参照系统，从而不仅在内容上为思想的演进持续不断地注入全新的元素，而且从根本上改变了中国思想始终徘徊于复古与诠经的局面。由此，也决定了中国近代思想的发展进程在极大程度上取决于对西学的态度和吸收的程度。当然，吸收西学是一个相当缓慢的历史过程。

鸦片战争是近代中国人开眼看世界的一个历史起点，也是中国人开始了解、认识西方思想世界的一个历史起点。如前所述，在鸦片战争爆发后的二十年时间中，中国人在认识西方道路上步履蹒跚，畏首畏尾，踟蹰不前。这种情形是确实存在的，然而，所谓步履蹒跚的主要指向是其社会学意义，即朝野上下对西方势力侵入后的新变局反应迟钝，及知识界在整体上对西方世界缺乏及时的了解。但这并不意味着少数思想先行者对西方的认识没有成绩。

鸦片战争期间及战后，林则徐、姚莹、梁廷枏等一些人曾主动探悉夷情，了解并向国人介绍海外世界知识。与其同时或稍后，魏源、徐继畬等极少数优异分子，及时总结鸦片战争失败的经验和教训，分析中国在世界变动的格局中所处的位置，寻找解决时代问题的应对之策。魏、徐二人不仅积极介绍海外世界新知识，而且能比较理性、比较全面地审视中西文化，在相当程度上展示出近代思想家的学识与风度。他们的著述《海国图志》与《瀛寰志略》，成为日后中国人走向自强之路、走向近代征程的宝贵思想资源。

一　开眼看世界

鸦片战争中，当英国人以近代先进武器打开中国的大门时，即意味着一片陌生的世界开始进入中国人的视野。近代中国第一批开眼看世界的人，也多是受激于英军前所未见的坚船利炮，不得不睁开眼睛去看清楚面前的对手。

最早开眼看世界的一批人，多出于粤、闽、浙、苏四省前线的战争亲历者。其中的代表人物有林则徐、梁廷枏、姚莹，其代表作分别是《四洲志》《海国四说》《康輶纪行》。[①] 他们激于英军船炮的强大威力，大多能感受到仿造西洋船炮的重要意义，开始开展以抵御外侮为目标的"悉夷情"活动，并在"悉夷情"的过程中，对西方的了解由军事领域逐渐延及政治、经济、文化等领域。在士大夫普遍囿于"夷夏之防"的时代，他们的观念比同时代人更为

---

① 魏源、徐继畬也是开眼看世界的第一批人，他们对西方的了解更全面，对后世影响更大，但魏、徐二人不在本节的叙事范围内。

开放。虽然他们对军事之外的领域只称得上是最初步的了解，但毕竟迈出了可贵的第一步。

（一）林则徐对外夷的认识与误解

林则徐是鸦片战争时期的禁烟领袖与抵御外侮的民族英雄，是最早去了解西方世界的先行者，也是当时睁开眼睛看世界的最重要的代表人物。到广州不久，林则徐即组织人员搜集外国情报，并组织翻译了广州、澳门等地的多种报刊材料。在鸦片战争爆发前后，他组织幕僚编成了《四洲志》初稿。此书主要取材于英人慕瑞（Hugh Murray）的《世界地理大全》，实际上是林则徐用于处理外交事务的实用型的参考用书。书中的内容包括了法、英、俄、美等三十多个国家的地理、历史、军事、政治、民俗等，所涉知识领域大大超出一般的地理类书。此书后来被魏源辑入《海国图志》，成为近代中国人了解西方信息的一个重要窗口。

身为钦差大臣、两广总督的林则徐，对于当地官员不谙夷情的普遍状况有清楚的了解。他公开揭示这种状况，说"沿海文武员弁不谙夷情，震于英吉利之名，而实不知其来历"。[①] 他认为这种状况正是形成鸦片泛滥的重要原因。为了改变这种无知与被动的局面，林则徐想方设法刺探夷情。为此，他甚至不太顾及是否合乎天朝的体制，不止一次地破例接见了西方商人。[②] 林则徐此举，固然是出于禁烟的目的，但也未尝没有乘机了解夷情的打算。出于知己知彼的战略意图，林则徐在广泛刺探、收集各种外国情报的基础上，从处理夷务与军事防御的实际需要出发，逐渐形成了以学习西方军事技术为中心的"制夷"之策。他多次向道光帝建言："现值防夷吃紧之际，必须时常探访夷情，知其虚实，始可以定控制之

----

① 《东西各洋越窜外船严行惩办片》，《林则徐集（奏稿）》，第 649 页。

② 依制，清朝官员不得结交外夷，遇事只能通过十三行等商业机构从中转递。

方。"① 由于清醒认识到英军武器装备的强大优势，他屡次公开主张模仿西洋船炮来装备中国水师。勇于任事与讲求务实的林则徐，在两广总督任上即"购西洋各国洋炮二百余位"，"并购旧洋船为式，使兵士演习"。② 他还向美国人购买了"甘米力治"号商船，并改装成供清军水师服役的兵船。两广职任被罢后，他仍坚持己见，向道光帝建议仿造西式船炮以武装水师。林则徐说：

> 臣之愚昧，务思上崇国体，下惬夷情，实不敢稍存游移之见也。即以船炮而言，本为防海必需之物，虽一时难以猝办，而为长久计，亦不得不先事筹维。且广东利在通商，自道光元年至今，粤海关已征银三千余万两，收其利者必须预防其害，若前此以关税十分之一，制炮造船，则制夷已可裕如，何至尚形棘手。……以通夷之银量为防夷之用，从此制炮必求极利，造船必求极坚，似经费可以酌筹，即裨益实非浅鲜矣。③

这是林则徐被革斥之后奏陈道光帝的密片。此时道光帝已倾向主抚之策，在看到林则徐以关税收入"制炮造船"的建议后十分不满，朱批斥之为"一片胡言"。林则徐对道光帝的心思并非不清楚，但他仍提出以关税收入的十分之一来制造船炮，并作为长久之计向道光帝建言，可见他对仿造西洋船炮的信念还是相当坚定的。在此，林则徐并没有明确提出师夷之技一类的观念，但其所谓"制炮必求极利，造船必求极坚"，已然触及了"师夷长技"的边缘。林则徐之所以具有远超同侪的见识，就在于他真切地认识到了清军装备上的明显劣势，深知清军的老旧装备可能会导致被动挨打的局面。这种见识，实际上距魏源提出的"师夷长技以制夷"已

---

① 《责令澳门葡人驱逐英人情形片》，《林则徐集（奏稿）》，第 765 页。
② 《道光洋艘征抚记》，《魏源全集》第 3 册，第 460 页。
③ 《密陈办理禁烟不能歇手片》，《林则徐集（奏稿）》，第 885 页。

只有一步之遥了。所以，说林则徐实倡"师夷长技以制夷"之先
声，并不为过。

1841 年 4 月，林则徐在两广总督被罢职半年之后，仍以四品
官员的身份向奕山提出御夷之策，其中明确主张仿造西洋船炮以建
设外海水师。林则徐说：

> 外海战船，宜分别筹办也。查洋面水战，系英夷长技，如
> 夷船逃出虎门外，自非单薄之船所能追剿，应另制坚厚战船，
> 以资制胜。上年曾经商定式样，旋因局面更改，未及制办，其
> 船样尚存虎门寨，如即取来斟酌，赶紧制造，分路购料，多集
> 匠人，大约四个月之内，可成二十船，以后仍陆续成造，总须
> 有船一百只，始可敷用。此系海疆长久之计，似宜及早
> 筹办。①

这实际上是他在仿造西方船炮的建议遭到道光帝拒绝后，再次正式
提出学习西方军事技术的建议，由此可见他确实认识到此事的重要
意义。

可见，林则徐在鸦片战争期间，比较清醒地认识到了西方军工
技术的先进性，正因为如此，他才购买西方船炮，并屡次建言以西
方技术武装中国水师。如果说，他在上道光帝的奏折以及致同僚的
公函中还不便畅所欲言，那么，在他的私人信函中，就可以痛快淋
漓地说出藏在心底的看法。林则徐说：

> 彼之大炮远及十里内外，若我炮不能及彼，彼炮先已及
> 我，是器不良也。彼之放炮如内地之放排枪，连声不断。我放
> 一炮后，须辗转移时，再放一炮，是技不熟也。求其良且熟
> 焉，亦无它深巧耳。不此之务，即远调百万貔貅，只恐供临敌

---

① 《致奕山》，杨国桢编，《林则徐书简（增订本）》，第 173 页。

之一哄。况逆船朝南暮北，惟水军始能尾追，岸兵能顷刻移动否？盖内地将弁兵丁虽不乏久历戎行之人，而皆觌面接仗。似此之相距十里八里，彼此不见面而接仗者，未之前闻，故所谋往往相左。徐尝谓剿夷有八字要言，器良、技熟、胆壮、心齐而已。第一要大炮得用，今此物置之不讲，真令岳、韩束手，奈何！奈何！[①]

这段简短精妙的文字，相当准确地描述了英国炮火高频连发与远程打击的强大威力，对敌强我弱的巨大落差刻画得入木三分，说明林则徐对西方的船坚炮利有很深的体认。他所谓剿匪八字要言"器良、技熟、胆壮、心齐"，实际上完全可以归结为"器良、技熟"四字。因为在他看来"大炮得用"是第一项先决条件，如果缺失了西洋火炮装备，即使我军有百万之众，亦"只恐供临敌之一哄"。所以，如果不学习西方军事技术，即使岳飞、韩世忠再世也于事无补。所以，学习西方的军事技术，是林则徐为拯救国家危难所开出的核心药方；所以，他在担惊受怕地流放新疆途中，仍再三强调建立外海水师的重要性：

> 窃谓剿夷而不谋船炮水军，是自取败也。沿海口岸，已防不胜防，况又入长江与内河乎？逆夷以舟为窟宅，本不能离水，所以狼奔豕突，频陷郡邑城垣者，以水中无剿御之人、战胜之具，故无所用其却顾耳。侧闻议军务者，皆曰不可攻其所长，故不与水战，而专于陆守。此说在前一二年犹可，今则岸兵之溃，更甚于水，又安所得其短而攻之？……逆艘深入险地，是谓我中原无人也。若得计得法，正可殄灭无遗，不然咽喉被梗，岂堪设想耶？两先生非亲军旅者，徐之觇缕

---

① 林则徐：《致姚椿、王柏心》，杨国桢编：《林则徐书简（增订本）》，第193 页。

此事，亦正为局外人，乃不妨言之，幸勿以示他人，祷切，祷切！①

身为两广总督的林则徐，对夷情的了解并不仅限于军事方面。赴广之前，林则徐对西方基本上是一无所知，一开始也是人云亦云，比如认为英人腿脚僵直不便陆战，以及英舰笨重无法深入内河作战，等等，后来随着夷务经验的丰富与知识视野的扩展，逐渐了解到越来越多的信息，对西方人的评价也相对地趋于理性。比如，到广州之后的半年左右，林则徐即发现西方人有重信诺的一面。林则徐说：

> 至出结一节，若论寻常吏事，原恐习为具文，而臣等体察夷情，最重信字，是以臣林则徐初次谕令该夷呈缴烟土，即先揭出此一层。迨义律禀缴二万二百八十三箱，或疑其言未必能践，而深悉夷情者咸决其必无失信。嗣果缴清烟土，有赢无绌，是其不肯食言，已有明验。②

以上，林则徐虽未认识到西方社会所普遍存在的近代契约精神，但对于朝野上下普遍鄙薄为毫无道义的犬羊之性的野蛮人，以他的身份敢于在道光帝面前公开承认夷人"最重信字"，"其必无失信"，虽不乏一些策略性的考虑，毕竟是一种相当正面的评价。其中，如果没有对自己"深悉夷情"抱有一种强烈的自信，他是不可能说出这样的话的。因为他认识到通商对于西方国家的重要性，所以他不主张实行彻底的海禁，在罹罪后仍然坚决反驳京城士大夫的海禁之说："禁货出洋，无异因噎废食，凡业此者安肯坐

---

①　《致姚椿、王柏心》，杨国桢编：《林则徐书简（增订本）》，第193—194页。
②　《已谕英船听候搜查并办理出结究凶折》，《林则徐集（奏稿）》，第688页。

待？况夷氛方炽，若为此禁，则转成鱼爵之欧。"① 也正因为对国外情形有了一定的了解，林则徐才能在一定程度上打破官场的因循陋规，敢于以灵活的手段与颇有弹性的策略应对各种实际事务。

林则徐对西方的了解范围也涉及法律、政治等方面。比如，出于禁烟策略的需要，他组织人员重点搜集外国的相关法律材料，对西方的国际法也有所了解。林则徐说：

> 臣等察访夷情，因知外国商船来粤贸易者，必先在该国请领牌照，经过夷埠俱须验明，并于开船之时颁给禁约条款，谆谕不许在于中华滋生事端，酌限往返程期。如未领牌照擅自行船，查出即治其罪，船亦充公。是外夷禁令森然，并非纵其所如，漫不加察。而商船载来货物，动值数十万金，彼既爱惜重资，自必懔遵法度，故货船到粤，必皆报关候验，纳税投行。……臣等近日访闻，乃知此等奸夷并未领照经商，而敢偷渡越窜，若被该国查出，在夷法亦必处以重刑。……以此对观互证，度势揆情，愈知越窜之夷船不必空言驱逐，惟有严行惩办，乃可震慑其心，而亦并无后患也。②

当然，林则徐对西方法律的了解，还处于非常表层的状况，基本上属于当事人出于事务性需要所掌握的一些信息，还谈不到认知的层面。

总体上，通过购买或仿造西洋船炮来武装中国水师，学习西方的造船制炮技术，是林则徐认识西方、学习西方的主要内容。也就是说，林则徐的学习西方，基本上限定在学习西方军事技术的范畴之内。1840 年 10 月至 1842 年 10 月，即削职留粤期间到流放新疆途中的两年时间，是林则徐对鸦片战争经验教训进行总结的最集中

---

① 《致吴嘉宾》，杨国桢编：《林则徐书简（增订本）》，第 182 页。
② 《东西各洋越窜外船严行惩办片》，《林则徐集（奏稿）》，第 648—649 页。

的一段时间。其间，他在大量的致亲友书信中，披露了对鸦片战争的总结以及对西方的基本认知，这些私人信函比奏折与公牍中的材料更能体现他的真实想法。在这些信件中，林则徐对模仿西方军队组建中国水师的问题再三致意，① 然而，却几乎没有涉及西方政治、经济、文化等军事之外的任何领域。至于两广总督任上他对西方国际法知识的了解，也是出于禁烟与御夷的策略需要，离开广州后关于国际法问题也再未提起过。要之，林则徐的探访夷情，是为了谋求制夷之方，仿造西洋船炮，是为了抵抗外来侵略，他对西方的一切认知，都是围绕"制夷"的具体目的进行的。这就决定了林则徐对当时中国所处的变局时代还缺乏基本的认识，也决定了他对西方的认识存在非常明显的局限性。

这种局限性首先表现为一种轻敌的态度。道光十九年三月二十五日（1839年5月8日），在虎门销烟的前一个月，林则徐致怡良的信中说："此皆犬羊驯扰之处。果能将闽洋夷艇招来全缴，是直如疾风卷箨，一扫而清，岂非大幸。"② 事实证明，只要缴了夷艇即可将夷氛一扫而清，这种看法是肤浅的，说明林则徐对禁烟可能引发的复杂局势缺乏清醒的认识。虎门销烟之后，林则徐对战争形势的估计也出现了严重的问题。他认为，我天朝上国并不同于东南洋小邦，英国不可能主动挑起对华战争。林则徐对自己的判断充满了自信，他反复强调英国不会主动发起战争。林则徐说：

---

① 在此期间，林则徐信函的相关内容基本上全部指向军事领域，如道光二十二年（1842）二月《致吴嘉宾》，即详细阐述他的主张，指出"船炮水军断非可已之事，即使逆夷逃归海外，此事亦不可亟为筹划，以为海疆久远之谋"，反对吴氏闭关自守的态度。同时《致李星沅》，将他的观点集中归结为"船炮水军万不可少"。道光二十二年九月十四日《致江翔云》中说："船炮水军之不可缺一，弟论之屡矣。……果得一二实心人便宜行事，只须漳、泉、潮三处濒海地方，慎密经理，得有百船千炮，五千水军，一千舵水，实在器良技熟，胆壮心齐，原不难制犬羊之命。"以上所引，载杨国桢编《林则徐书简（增订本）》，第182—197页。
② 《致怡良》，杨国桢编：《林则徐书简（增订本）》，第52页。

彼万不敢以侵凌他国之术窥伺中华……此又其情之大可见者也。①

但问题的症结就在这里，即林则徐的全部判断都建立在他对夷情缺乏全面了解的基础之上。林则徐说：

夫震于英吉利之名者，以其船坚炮利而称其强，以其奢糜挥霍而艳其富。不知该夷兵船笨重吃水深至数丈，只能取胜外洋，破浪乘风，是其长技。惟不与之在洋接仗，其技即无所施。至口内则运掉不灵，一遇水浅沙胶，万难转动。……且夷兵除枪炮之外，击刺步伐俱非所娴，而其腿足裹缠，结束紧密，屈伸皆所不便，若至岸上更无能为。是其强非不可制也。该夷性奢而贪，不务本富，专以贸易为赢，而贸易全赖中国畀以码头，乃得藉为牟利之薮。设使闭关封港，不但不能购中国之货以赚他国之财，即彼国之洋布棉花等物亦皆别无售处。故贸易者，彼之所以为命，而中国码头，又彼国贸易者之所以为命，有断断不敢自绝之势。②

依林则徐的看法，虎门销烟胜利结束之后形势仍是一片大好，英国人是完全可以平衡与制约的，他的理由主要有以下三条。第一条，英国人视对华贸易为生命线，英国需要与中国通商，英国有求于中国。即"故贸易者，彼国之所以为命，而中国码头，又彼国贸易者之所以为命，有断断不敢自绝之势"。这是一条方向性的判断，是在根本上决定中英关系的战略性判断，其逻辑是通商与否操之我手，我方可以通商作为扼制英方的咽喉，在战略上处于主动。

---

①　《英人非不可制应严谕将英船新到烟土查明全缴片》，《林则徐集（奏稿）》，第 677 页。

②　《英人非不可制应严谕将英船新到烟土查明全缴片》，《林则徐集（奏稿）》，第 676 页。

第二条，英舰笨重，无法在内河作战。"该夷兵船笨重吃水深至数丈"，"至口内则运掉不灵，一遇水浅沙胶，万难转动"，"只能取胜外洋，破浪乘风，是其长技。惟不与之在洋接仗，其技即无所施"。第三条，英兵腿脚不灵，难以登陆作战。第二条、第三条构成英军不能陆战与不善内战的根据。简单地说，英国不具备与中国开战的理由。接着，林氏提出了英国不敢进攻中国的其他几条理由。比如，英国与法、俄、美等西方国家矛盾重重，尤其与法国素为世仇，进攻中国必受他国牵制或给他国留下窥伺之机。又如英国因"构兵多年，大亏国用"，"其富亦不足夸也"。又如该国距中国七万里，超远途作战不利。如该国女主地位不移，"内顾不遑，窥边何暇"？如"畏强欺弱，是其秉性"，英国人欺软怕硬的民族习性决定了他们不敢贸然动武。如我中华"民情"可恃，"正士端人"与"渔舟村店"都能构成抵御英军的力量。①

林则徐再三强调，他的结论是建立在大量充分的观察与研究之上。他向道光帝反复强调，其判断是建立在"兼筹统顾，随时密察夷情""臣等细察夷情，略窥底蕴"的基础之上。林则徐又说，"臣等同操定力，意见均属相符"。② 强调上述结论是广州同人共同反复磋商才形成的，其基础是坚实的、可信的。而事实证明，林则徐的上述理由完全是片面的，甚至是主观的、武断的。

以上林则徐对中外局势的误判，其形成原因是十分复杂的，但从思想层面，或从发生认识论的角度讲，其误判的原因却很清楚，即缘于他心中根深蒂固的天朝上国意识与浓厚的"夷夏之防"观念。林则徐主持禁烟事务，洋商定罪的依据自然是天朝法度，即"洋商夹带鸦片罪名，依化外有犯之例，人即正法，货物入官，责

---

① 《英人非不可制应严谕将英船新到烟土查明全缴片》，《林则徐集（奏稿）》，第676—678页。

② 《英人非不可制应严谕将英船新到烟土查明全缴片》，《林则徐集（奏稿）》，第676—677、678页。

具甘结"。① 后因英国人不服从命令，故断然采取断水断粮等强硬措施，并未显示出应有的弹性，此举稍后招致魏源的批评。而实际上，天朝意象自始至终影响着林则徐禁烟与抗英活动的全程。1839年4月初，林则徐谕令各国夷商"恪守天朝法度"，迅速缴烟并具结，并完全以一派上国姿态"谕催"英国商务代表义律迅速完成"甘结"：

> 谕英国领事义律知悉：照得本大臣敬承大皇帝特命来粤，断绝趸船鸦片，历经剀切晓谕，该领事于接奉之后，能知感戴天恩，恪遵禁令，传示所属各国夷商，将趸船烟土全数呈缴，禀请验收，具见恭顺畏法，殊属可嘉。……前于该领事禀内，明白批饬，并将结式发交委员转发遵办，何以至今尚未取结汇缴，殊属迟延。合亟谕催。谕到，该领事速即转谕所属各国在粤夷商，恪守天朝法度，遵照颁发结式，分写汉字夷字切结各一份。凡在夷馆之人，均须签名画押，毋许一名遗漏。统由该领事具禀呈缴本大臣察核，以凭奏请大皇帝优加奖励。本大臣因该领事尚能谕众缴烟，是以将汝看重，今取结一事比缴烟更为容易，若任其延玩，则仍是庸懦无能，本大臣又不看重汝矣，勉之懔之！特谕。②

此谕使用天朝文书格式，而通篇谕文，诸如"剀切晓谕""感戴天恩""恪守天朝法度""恭顺畏法""殊属可嘉""具禀呈缴"等，无不显示林则徐脑海中洋溢的天朝意识。其中"将汝看重""勉之""懔之"，不仅完全显示出一副居高临下的姿态，而且行文展示的干练、简洁的文风，也无不反映了林则徐自己的真实心态。一如林则徐所说，"彼万不敢以侵凌他国之术窥伺中华"，此说即

---

① 《清史稿·林则徐传》，第2950页。
② 《催取不带鸦片甘结谕帖》，《林则徐集（公牍）》，第79—80页。

明显蕴含了传统的天朝意象，背后倚仗的仍然是我中国地大物博文明荟萃非周边小国所能比这一类的观念。因此，当林则徐带着浓厚的天朝上国意识，居高临下地审视英国这个对手时，他只看到了英军的坚船利炮，却不了解坚船利炮背后先进的工业技术与制度文明，不了解英国等西方国家真正强大的综合国力。因此，他终生对西方列强抱持着强烈的鄙视态度，终于导致了魏源所谓的"卒激沿海之大患"。[1]

（二）梁廷枏与姚莹对西方的介绍

林则徐之外，梁廷枏与姚莹对夷情的了解也远远超过同时代人。梁、姚二人都主动地把西方情事介绍给国人。他们的共同思想特征是，都主张坚决抵抗外来侵略，都主张尽可能多地了解西方世界。所不同的是，姚莹主张在军事上学习西方的先进技术，梁廷枏则认为中国自有取胜之道而不必学习西方。

鸦片战争前，梁廷枏就有广东名士之称。他曾任著名的学海堂学长、越华书院监院，精于边疆史地，长于戏曲诗文。在林、姚、梁三人中，梁廷枏是最早介入对夷情了解的人。早在道光十五年（1835），梁廷枏即应广东当局之邀参与编纂《广东海防汇览》。道光十八年，梁氏又应粤海关监督豫堃之邀受任《粤海关志》总纂。《广东海防汇览》与《粤海关志》二书意味着士人开始从西北边疆转向东南沿海，在中国史地学的发展史上有较大的意义。可以说，在鸦片战争之前，梁廷枏就对西方国家有了一定的了解，对禁烟与海防等问题有了自己独特的认识，他曾建议两广总督邓廷桢依托保甲制度以阻止烟毒的泛滥。鸦片战争时期，梁应邀入林则徐两广总督幕，向林则徐贡献了包括广东沿海地理形势图等丰富的海防资料，对林则徐的禁烟与海防事业大有裨益。鸦片战争失败后，梁廷枏编撰完成了《海国四说》。道光二十九年，梁廷枏又撰成《夷氛

---

① 《道光洋艘征抚记》，《魏源集》，第 185 页。

闻记》，较为全面地记述了中英通商与冲突的历史，对禁烟与鸦片战争整个过程的记述尤为详尽。道光二十九年，在广州民众反对英人入城事件中，梁廷枏参与拟就"拒夷公约"与致英国领事函，组织士人开展了一系列的反入城活动。梁廷枏不仅是广州反入城的参与者，也是重要的组织者，并因此获内阁中书加侍读衔。

《海国四说》是鸦片战争时期中国人了解外国情事的一部重要代表作。鸦片战争的惨败，使梁廷枏深受刺痛，把西方国家的情况介绍给国人就成了他的迫切心愿。梁廷枏退而著述，寻求救时之道，他搜集了大量西方资料，相继完成《耶稣教难入中国说》、《合省国说》、《兰仑偶说》和《粤道贡国说》。此四书于道光二十六年合编为《海国四说》。《海国四说》对西方国家的政治、经济、宗教、社会、民俗等方面做了较为全面的介绍，是魏源的《海国图志》之外最详尽的著述。尤其是对英、美两国的专门介绍更具特色。以上四书还开创了两个"中国第一"：《合省国说》是中国人编写的第一部专门介绍美国状况的著述；《兰仑偶说》则是中国人编著的第一部全面介绍英国情况的专著。梁廷枏对西方国家的一些具体情况确有独到的了解，比如，他是中国最早认识到，西方人并非离开中国的茶叶和大黄就无法生存的人。他对西方的工业技术也有一定的了解，对轮船、火车、纺织机等的机动原理也有较为清晰的了解，他"甚至细心描述蒸汽机的运转及其制造方法"，"朦胧地承认了西方国家以贸易为本的制度"，[1] 并比较清醒地认识到火器是西洋"数百年长技"[2] 等。从传播西方信息的角度看，《海国四说》对以上诸多方面内容的描述既具体又生动，是中国人了解西方的一个重要窗口，梁廷枏的确堪称近代中国人中第一批开眼看世界的人。

---

① 骆驿：《海国四说前言》，载梁廷枏《海国四说》，中华书局 1993 年版，第 3 页。

② 梁廷枏：《夷氛闻记》，第 169—170 页。

　　然而，从思想发展史的层面看，此书却没有多少可以称道之处，主要原因在于作者对西方社会明显的拒斥态度，导致了该书在整体视野上对西方世界的近代意义几乎呈现出一种无知的状态。

　　《海国四说》的宗旨就在于筹海防夷。梁廷枏对于西方列强对海疆的扰动具有强烈的忧患意识。鸦片战争前《广东海防汇览》《粤海关志》的编纂宗旨就是增强海防设施，以应对西方列强的扰动。鸦片战争后，梁廷枏继续向广东当局建言献策，主张建立粤、闽、浙、苏四省联合海防舰队。这一构想不仅成为梁廷枏战后筹海防夷的主要理念，而且构成《海国四说》和《夷氛闻记》的主要问题意识。他认为，如果在粤、闽、浙、苏四省组建联合海防舰队，则英军"安得不惧"；如果能早日"合四省通融制造，派令巡洋"，则鸦片战争"已得一劳永逸之计矣"。直到去世之前，梁廷枏都始终坚执其四省联防说。然而，问题恰恰在于，梁廷枏在已经认识到西方火器犀利的情况下，仍相当坚决地反对学习西方的船炮制造技术。他还公开批评魏源"师夷长技"是"古今无是理"，[1]至于为什么"古今无是理"，则不过是囿于天朝大国意识，一切以不失国体为准绳，即其所谓"天朝全盛之日，既资其力，又师其能，延其人而受其学，失体孰甚"。[2]梁廷枏甚至不惜冒着风险，批评康熙皇帝学习西方为大失国体，可见他对西方世界的拒斥态度并非阿上，亦非媚俗，而是发自内心地尊重天朝体制，由此亦见天朝意象在其心中植根之深。

　　实际上，对于梁廷枏来说，中国与西方世界之间，始终有一道不可跨越的天堑。《夷氛闻记》的最后一段文字，是全书结论的一部分，其中尚有一句民谣。梁廷枏指出：

　　　　论曰：当夷事初起，民谣无端自城递传乡曲，七字为句，

---

① 梁廷枏：《夷氛闻记》，第 171—172 页。
② 梁廷枏：《夷氛闻记》，第 172 页。

多离奇难解。有曰"寅虎之年定干戈"者，其后果以壬寅就款。岂天地劫数之一定不可逃者乎。自虎门陷，夷接迹省河，所求率悖理叠出。①

这段文字中，梁廷枏以"论曰"发语，意味着他对这句民谣做过一番考量。对于这句民谣，梁廷枏始有"离奇难解"之感，和约完成后而豁然开悟，再以谶纬诠释民谣，最后以"天地劫数"来解释鸦片战争的爆发与结束。而梁廷枏始终无解的，就是关于西方世界的一切，所以他称夷迹"所求率悖理叠出"。既然无解，梁廷枏干脆就不再继续求解了，最后把一切都委于"天地劫数"。在梁廷枏的意识中，他是把西方人的行为归结为"怪力乱神"一个类型的，所谓"子不语怪力乱神"，② 既然有圣人作为榜样，对西方无解的纠结也就可以不存在了。由此，中西之间的鸿沟反而构成了一个逻辑怪圈，既然解释不了就不解释，也恰合六合之外存而不论的圣人之教。可见，在鸦片战争爆发十年后，梁廷枏对西方世界仍不理解，而始终在中国传统的观念世界中打圈圈。

一方面热心介绍西方世界知识，一方面又不主张学习西方技术，这种矛盾集合到梁廷枏身上，形成一道奇特的文化景观。而这种状况恰恰是当时的普遍思想现象，在林则徐、姚莹身上都有比较明显的体现，甚至在魏源身上也有一定程度的体现。

当然，梁廷枏虽不主张学习西方，但他对西方社会的具体描述还是比较客观和公允的，如果撇开他的诸多议论，《海国四说》在当时还是一部很有价值的了解海外世界的佳作。

姚莹是鸦片战争时期另一位几与林则徐并肩的著名抗英英雄，也是当时最热心于了解西方世界的一个代表人物。

早在嘉庆时期，姚莹即热切购求异域书籍，探究域外情事，是

① 梁廷枏：《夷氛闻记》，第169页。
② 语出《论语·述而》。

鸦片战争之前对夷情有所了解的少数人之一。战前在福建、江苏沿海一带的长期任职经历，方便于他对夷情做近距离的观察。鸦片战争中，姚莹在台湾兵备道任上，带领台湾军民数次击退英军的进犯，具有丰富的对英作战经验，但后来却成了清王朝羁縻政策的牺牲品，以冒功欺罔的罪名被逮入狱。姚莹的遭遇激起了士大夫阶层的强烈愤慨，一时群情汹涌，舆论哗然，这反而提高了姚莹的声誉，使他成为与林则徐并立的著名抗英英雄。

姚莹对悉夷情有一颗非常执着的心，自称曾在很长的时间内，因为对"西南海外"缺乏了解而引为恨事；后来做了台湾兵备道后，又因对"俄罗斯距英地远近莫能明焉，深以为恨"，遂长时间"勤求访问"西方情况。① 中国在鸦片战争中的惨败，使他进一步坚信探悉海外夷情的重要意义。他认为，鸦片战争失败的根本原因，正是由于中国人普遍不了解国外情况。因此，姚莹用数年时间搜集西洋情事，于 1846 年完成《康輶纪行》12 卷，1848 年再修订为 16 卷。

《康輶纪行》一书中，最具有时代特色、最能体现作者用心与著述宗旨的是有关西方世界的内容。此书不仅详细考察了西藏的历史、地理、政教、民俗及特产，而且对印度、尼泊尔以及英、法、美等西方国家的情况也多有介绍。最值得注意的是，此书在整个叙事过程中，基本上始终贯穿着姚莹的西方意识，即使在一些与西方不甚相关的内容中，都穿插着作者对于西方的联想与评论。看到西藏某地的风俗，就会想到"西洋诸国风俗亦然"，读《新唐书·吐蕃传》，也会从"唐古忒字"联想到"略如西洋夷书"。诸如此类，所在多有。这本书的主要篇幅是在往返西藏途中编写的，边远之地连普通的书籍都极为缺少，使姚莹对西方书籍有一种难耐的饥渴感。姚莹十分向往有更好的条件读西书，谈西事，曾说"曷不尽取外夷诸书，与留心时事者日讲求之，更进外夷之人素仇英吉利者

---

① 姚莹：《康輶纪行》，第 1 页。

日咨访之乎！"①

《康𬨂纪行》最具价值的地方，是该书末卷对世界与地理知识所做的简要介绍，尤其是作者亲手绘制的《今订中外四海舆地总图》，给国人了解世界知识提供了很大的方便。

姚莹对经纬线在地图学上的意义有较深的理解，他用简洁而精确的语言描述了经纬线在地图中的作用。姚莹说：

> 画图必先画东西、南北之规，后考本地离赤道之南北、福岛之东西几何度分，乃置本地方位。譬如中国京师，先知离赤道以北四十度，离福岛以东一百四十三度，即于两处经纬相交处得京师本位也。②

又说：

> 汤若望作地球图，为十二长圆形，盖自球之南北极循环直剖之而成者也。北极居上，南极居下，赤道居中。赤道北二十三度半为夏至昼长线，又北四十三度为北极界线，赤道南二十三度半为冬至昼短线，又南四十三度为南极界线。其经、纬亦各分三百六十度，每十度一规。又因图未尽圆形，至两极中尚差十度，复作两圆以补之，各十二平分，而中心为两极，可合前图成圆球也。③

以上的描写，虽然篇幅不大，文字也简短，但却将经纬线在地图中的原理讲得相当清楚，且相关内容也基本准确。④ 姚莹还在南怀仁《坤舆全图》、陈伦炯《四海总图》及英人颠林所绘舆图等基

---

① 姚莹：《康𬨂纪行》，第 50、222、341 页。
② 姚莹：《康𬨂纪行》，第 452 页。
③ 姚莹：《康𬨂纪行》，第 484 页。
④ 这两段文字后来被魏源辑入《海国图志》百卷本中。

础上，参考《海国图志》，独力亲手绘制了《今订中外四海舆地总图》，称得上是当时中国人所绘制的最准确的世界地理总图。尤其是他花费了很大的功夫，对其中的外国国名、地名进行了一系列的考订，给国人阅读地图带来了很大的方便。

在一些具体问题上，姚莹对西方的认识也不乏独到之处。比如，他对西方教育制度与航海业的关系即有所了解。他直觉地猜测到英国航海技术与天文算学有一定关系，并且初步认识到英国航海业的发展与其教育制度有内在的关系。姚莹说：

> 余尝至英夷舟中，见其酋室内列架书籍殆数百册，……尤详于记载及各国山川风土，每册必有图。其酋虽武人，而犹以书行，且白夷泛海，习天文算法者甚众，似童而习之者。盖专为泛海观星以推所至之地道里、方向、远近，必习知此乃敢泛海舶，纵所之也。吾儒读书自负，问以中国记载或且茫然，至于天文算数，几成绝学，对彼夷人，能无怃然愧乎![1]

姚莹是鸦片战争时期著名的主战派人士，也是学习西方近代制造技术的代表性人物。他主张学习西方的船炮制造技术，强调仿照英舰式样制造出坚固、高大、灵便的兵船。总体上讲，他主张的学习西方，是特指学习西方的军工制造技术。与梁廷枏一样，他在文化观念上也排斥西方，甚至可以说他是当时仇夷情绪最浓的熟悉夷情者，因此，他并不主张在军事范围之外学习西方。

（三）仇夷情绪与西方世界的扭曲

林则徐、梁廷枏、姚莹三人具有十分相似的个人背景。他们的相似背景，至少体现在以下四个方面：第一，三人都是文章大家，属于传统士大夫阶层的大名士；第二，三人在不同程度上都有长时

---

[1]　姚莹：《康輶纪行》，第114页。

间置身沿海前线的亲身经历；第三，三人都以熟悉夷情而著称；第四，三人始终带有明显的仇夷情绪。这四个共同的个人背景，在相当程度上导致他们三人对西方的了解与认知呈现出共同的思想倾向。扼要地说，他们的思想共性至少有一点，即三人都比较坚定地持守夷夏大防的传统观念。鸦片战争之后，三人始终表现出浓厚的仇夷情绪，因此他们都不主张学习西方文化，甚至是拒斥西方文化。

如前所述，林则徐的轻敌态度导致了他对鸦片战争形势的严重误判。林则徐身寄封疆，德高勋重，文名满天下，又极善交际，可谓当时官僚士大夫的模范人物。鸦片战争时期，林则徐虎门销烟的壮举和坚定的反侵略主张，加上对西方远超同侪的了解程度，使他成为士大夫中首屈一指的主战派领袖；但后来越来越趋于一种近乎无条件的主战，使林则徐彻底失去了他以往在实际工作中的灵活手段与弹性风格，从根本上暴露了他对西方世界的近代历史背景缺乏一种真正意义的理解。

林则徐具有相当强烈的"夷夏之防"的传统观念，在两广期间又长期陷入烦琐的事务性工作，导致他对西方世界的认识还相当有限，也导致他始终未能清楚地认识到英国这个对手的真面貌。比如，林则徐的内心始终埋藏着狭隘的种族观念。在道光十九年七月二十六日的日记中，他有一大段对夷人的详细描述：

　　是日无论男妇，皆倚窗填衢而观，惜夷服太觉不类。其男浑身包裹紧密，短褐长腿，如演剧扮作狐、兔等兽之形。其帽圆而长，颇似皂役，虽暑月亦多用毡绒之类为之，帽里每藏汗巾数条，见所尊则摘帽敛手为礼。其发多卷，又剪去长者，仅留数寸。须本多髯，乃或剃其半，而留一道卷毛，骤见能令人骇，粤人呼为鬼子，良非丑诋。更有一种鬼奴，谓之黑鬼，乃谟鲁国人，皆供夷人使用者，其黑有过于漆，天生使然也。妇女头发或分梳两道，或三道，皆无高髻。衣则上而露胸，下而重裙。婚配皆由男女自择，不避同姓，真夷俗也。①

　　这则日记记录了林则徐与邓廷桢一起巡视澳门的情景，也是林则徐第一次亲眼看到的西方世界。日记的主要内容集中在服饰、外貌方面。他严重鄙视夷人的服饰、发型与婚姻习俗，称之为"不类""骤见能令人骇""夷俗"。其中最引人注目的，是域外种族的奇异身体特征对林则徐的强烈的感官刺激。日记中"狐、兔等兽之形""黑鬼"等形容，流露出他心中挥之不去的野蛮人印象。这种对外夷身体或生理上的误解，反映了林则徐不容异类的心态。从时间上看，此篇日记写于林则徐虎门销烟的三个月之后，也是林则徐到达广州的半年之后。道光十九年（1839）二月，林则徐抵穗伊始，即着手编译《澳门新闻纸》，组织人员收集外国情报，而半年之后他对西方的真实了解程度却也不过如此。

　　最重要的问题是，直到林则徐离开广州，他的"夷夏之防"观念也不曾改变。更有甚者，此一观念直到他去世也不曾改变，并且越往后他的轻夷与仇夷心理也越明显。道光二十年正月，林则徐仍以未能驯服夷人为憾事，在上道光帝奏折中说："伏念臣衔命来粤，已届一年，虽勉竭夫驽骀，冀永除夫鸩毒，外域犬羊之性，犹未尽驯。"② 他又说，"杀之将如鸡狗，行见异种无遗"，③ 再三以类似的言辞表示对英人的极端鄙视与仇恨。被革职离开广州以后，个人的命运与民族的前途在林则徐的心中发生了灰暗性共振，也使他的仇夷与轻夷情绪与日俱增。在赴戍伊犁之际，林则徐有诗写道："余生岂惜投豺虎，群策当思制犬羊。"④ 又有诗云："蛮烟一

---

① 《林则徐集（日记）》，中华书局 1962 年版，第 351 页。
② 《调任两广总督谢恩折》，《林则徐集（奏稿）》，第 759 页。
③ 《密陈定海敌情片》，《林则徐集（奏稿）》，第 864 页。
④ 《壬寅二月祥符河复，仍由河干遣戍伊犁，蒲城相国涕泣为别，愧无以慰其意，呈诗两首其二》，《林则徐全集》第 6 册，第 205 页。

扫众魔降，说法冯公树法幢。域外贪狼犹帖耳，肯教狂噬纵村龙！"① 类似这种对外夷的攻击性语言，在林则徐的诗文、书信、日记中可谓比比皆是。诗词往往为心迹的最自然流露，这种对西方"夷人"的极端仇视，颇能反映林则徐对西方世界的真实心态。林则徐视英人为丑类，为异种，为魔鬼，表现出强烈的轻夷、仇夷情绪，反映出其对外来文化的拒斥心理。

上文说过，林则徐的轻敌态度导致了他对鸦片战争形势的严重误判，但轻敌只是表象，轻敌的背后尚有文化观念上的深层原因。简单地说，林则徐对形势的误判，在很大程度上缘于其固守的天朝上国观念，以及其无所不在的"夷夏之防"心理。马戛尔尼使团进京时，乾隆皇帝说过"天朝德威远被"，天朝"无所不有"，② 这一句实际上是装潢门面的话，却成为嘉、道二帝御夷的"醒世恒言"，并被朝野上下广为传唱。在此后半个世纪的时间浸泡中，天朝意识逐渐渗入官僚士大夫的血液中，成为士绅阶层最根深蒂固的一个观念，也充斥在林则徐的奏稿、公牍、书信与日记中。因此，当英国人已经在酝酿全面展开对华作战之时，林则徐仍然坚信"彼万不敢以侵凌他国之术窥伺中华"，③ 他所依恃的，不外乎是我天朝地大物博，"无所不有"，人口众多，实力雄厚。唯其如此，才能解释林则徐极力蔑视西方人的做法，也才能解释其严重轻敌的态度。

林则徐的天朝意象与夷夏大防观念，在梁廷枏与姚莹二人身上表现得更明显。其中姚莹的表述最为浅显、明白。姚莹说：

夫以中国土地之大、人民之众，甲乎四海如此，海外诸国

---

① 《次韵和嶰筠前辈》，《林则徐全集》第 6 册，第 195 页。

② 《高宗纯皇帝实录》卷 1435，乾隆五十八年八月己卯条，《清实录》，第 28205 页。

③ 《英人非不可制应严谕将英船新到烟土查明全缴片》，《林则徐集（奏稿）》，第 677 页。

无不震惊而尊之如此。彼区区英吉利者，地不及吾二十之一，人不及吾百之一，且其本国有佛兰西，其新开西海之地有弥利坚，新开印度之地又有俄罗斯，皆强邻逼近与为仇雠者，彼之患在肘腋，实有旦夕之虞。苟能知其虚实与其要领，何难筹制驭之方略乎？①

这种拒斥西方文化的心理，在梁、姚二人的著述中可以找到无数例证。

夷夏大防的观念与仇夷情绪犹如一对孪生兄弟，在士大夫中间结伴而行。姚莹终生都生活在强烈的仇夷情绪中，他之所以主张悉夷情，在很大程度上就是为了复仇，他说："欲吾中国童叟皆习见习闻，知彼虚实，然后徐筹制夷之策，是诚喋血饮恨为此书，冀雪中国之耻，重边海之防，免胥沦于鬼域，岂得已哉！"②像姚莹这种十分热切地希望了解西方世界的有识者，尚且被仇夷情绪遮蔽了双眼，对于普通的官僚士人来说，他们对英国人的仇恨，更是在长时期形成了一种化解不开的情结。这种情形，以福建举人林昌彝较具典型意义。林昌彝为自己的一栋小楼取名"射鹰楼"，又绘《射鹰驱狼图》以明其心志。《清史列传》记林氏其人及其观念说：

　　尤留心时务，与邵阳魏源为挚友，同邑林则徐相知尤深。家有楼，楼对乌石山寺，寺为饥鹰所穴，思欲射之，因绘《射鹰驱狼图》以见志。鹰谓英吉利也。尝言："中国以大黄、茶叶救英人之命，英人反以鸦片流毒之物赚中国财宝。此为天理所不容，人情所共愤。"又言："欲革洋烟，须先禁内地吸食之士民，然后驱五海口之英人。驱之之法，则不主和而主战。"因著《平夷十六策》，及《破逆志》四卷。源见之决为

---

①　姚莹：《康𬨎纪行》，第340—341页。
②　姚莹：《复光律原书》，《东溟文后集》卷八，清中复堂全集本。

可行，林则徐亦称其"规划周详，真百战百胜之长策"。①

林昌彝把自己的一本诗话名为《射鹰楼诗话》，终生对英国人怀有刻骨的仇恨，但对英国这个对手却一无所知。

这种天朝意象与中国中心观互为表里，形成一种固结的心理，在很多情况下表现为一种观念先行的思维习惯，往往在潜意识中不承认中国之外有什么高等的文明。因此，林、梁、姚三人自觉不自觉地把西方看成未经充分进化的野蛮社会，不相信极西蛮夷之地会有什么先进的文化。这一点，由上文中林则徐以"不类""夷俗""骤见能令人骇"之词鄙薄西方民俗，已见一斑。

对此，梁廷枏的下述说法，似可作为当时士人鄙薄西方的一个参照。在《海国四说自序》中，梁廷枏专门解释了《海国四说》的书名，谓：

> 不曰"记"而曰"说"者，以中国人述外国事，称名自有体制，且非足迹之所及，安知其信？②

这句话虽短，却是一段高度概括性的文字，如果把它看成梁廷枏认识西方的一个主要理念，则可以更合理地解释《海国四说》《夷氛闻记》等书中诸多排斥西方的具体说法。这种理念的核心，就是天朝意象与中国中心的观念，它认为唯有中华文明才是天下最高等的文明，从而在骨子里不承认其他文明的存在。梁廷枏曾从内心深处为"惟利是图"的"西国之风气"感到可耻，③他从骨子里看不起西方文化。从《海国四说》《夷氛闻记》等书中，可以找到不少其随意鄙薄西方社会的例子。用最简单的话来说，即凡是西方文

---

①　《清史列传林昌彝传》，《林昌彝诗文集》，上海古籍出版社 2012 年版，第 436 页。

②　梁廷枏：《海国四说序》，《海国四说》，第 4 页。

③　梁廷枏：《海国四说序》，《海国四说》，第 2 页。

化落后的一面，就宁肯信其有，凡是西方文化先进的一面，则宁信其无。在这种核心理念的支配下，其《海国四说》对西方的介绍价值就大大地减色了。可以设想，既然不相信书中所说为事实，那么编写此书还有什么意义呢？

与此相关，梁廷枏不仅反对中国人学习西方，而且公开主张西方应该学习中华文化。他认为，西方人只有学习周孔之道，才能化解其野蛮风俗，并渐渐由野蛮而臻于文明之域。梁廷枏说：

> 夫周孔之道洋施，本速于传邮。特前此西海之外，舟车阻之。……今则招徕既广，望光而踵至者，未尝限以工贾之辈。迩者皇上扩天地之仁，恩施格外，听其购求典籍，延致中土儒生，大地同文，兆端于此。他日者，设能尽得圣君、贤臣、孝子、悌弟、义夫、节妇之见于纪载者，有以次第讲习，牖其愚蒙，引其向往，将所谓思悔转弃者，直旦暮间事。是盖圣教普施之渐之，有以发其机而操之券，又安有人心风俗之足害也哉？①

可见，天朝意识与中国中心观，才是梁廷枏鄙薄西方文化的根本所在。梁廷枏之所以攻击魏源的"师夷"之说，就在于他认定了西方国家很快就会被中国文化所同化。这也是梁廷枏所开出的救世药方，他认为随着西方人大量涌入中国，就会有越来越多的西方人被中国同化，那么鸦片战争以来西方列强给中国带来的危机可以不费力气地消除。梁氏的这种主观想象，很难令人信服。相比之下，姚莹下面的一段话，就比梁氏多了一分合理性。姚莹说：

> 夫人类万殊，一圣人不能尽天下也。……中国有孔子，又有老、庄焉；西域有释迦，又有三大士焉；至于回部、欧罗

---

① 梁廷枏：《海国四说序》，《海国四说》，第3页。

巴，亦各有穆哈默德与耶稣其人者。……此数子者，皆体天道以立教者也，其教不同，至于清心寡欲、端身淑世、忠信好善而不杀则一矣。……虽然，吾中国之民也，中国有孔子，吾终身由其道犹未能尽，乌能半途弃之更从他道哉？歧道而彷徨，虽毕其生，必无一至矣。譬如六月盛夏，见美裘而好之，岂能释吾葛而从裘也乎？人能无惑乎此，斯可为知道者欤？[①]

表面上看，姚莹的观念更为开放，因为他承认"人类万殊，一圣人不能尽天下"。但实际上，此说充满了内在的矛盾。既然承认人类万殊，西方文化也有其所长，就应该虚怀兼善，学习西方文化的长处，但姚莹对西方文化却采取深闭固拒的态度（下文详述）。姚莹的理由是，中国自有孔子之道，孔道博大精深，"终身由其道犹未能尽"，怎么有多余的精力再去"师夷"之长技呢？在此，姚莹实际上已犯了偷换概念的错误，所谓"半途弃之更从他道""释吾葛而从裘"等，也是首先把中西文化置于一个完全对立的地位，是有你无我、有我无你的一种极端思维方式。所以，姚莹此说只是一种表面上的开放，其思想实质还是固守传统的价值观念，在本质上与梁廷枏并无二致。

天朝意象与中国中心观的固守，动摇了姚莹对西方知识的信心。曾经公开承认对"西人天学"甚表佩服的姚莹，[②] 在另外的语境中出现了公开贬斥西方天算的说辞。姚莹说：

案：欧罗巴人天文推算之密，工匠制作之巧，实逾前古；其议论夸诈迂怪，亦为异端之尤。国朝节取其技能，而禁传其学术，具存深意。

---

① 姚莹：《康輶纪行》，第 182—183 页。

② 姚莹曾说，西人"习天文算法者甚众"，其"天文算数"甚精，令"吾儒"无比惭愧。见《康輶纪行》，第 114 页。

　　　右《四库书提要》辨驳西人天学，大旨如此。世未见西
人书者，皆震惊疑怪，而不知其所以为说。观此，则亦浅陋之
甚耳，故悉录《提要》，俾无惑焉。①

　　以上第一段，实际上是辑录了魏源《海国图志》的原话，但既为
按语，就完全能代表姚莹自己的观点。后面的观点是姚莹的原创，
其结论是西方天算"浅陋之甚"。清初以来，对西学有所了解的学
者，即使不承认西方人在其他学术领域的成绩，但几乎无不承认西
方人在天算方面的成就。姚莹连其向所欣羡的西方天算学也看不起
了，可见传统观念的束缚力是何等的强大。

　　问题的实质正在这里。上文说过，梁廷枏对西方船炮之利颇有
了解，却不主张学习西方造船制炮的技术；连西方的器械技术也不
愿学，遑论学习西方文化了。姚莹对西方地理学中的经纬度理解相
当精到，也了解西方航海业与教育制度的关系，以他的水平，应当
不会看不到西方文化的可取之处，但就是对之深闭固锁，这就纯粹
是一种先在的态度了。态度只是信念的外化，对传统的信念妨碍了
他们对时局与形势进行理性的审视。

　　如果说林则徐对西方的态度主要表现为仇视与强硬，那么梁、
姚二人对西方的评论就显得相当随意与主观。姚莹说：

　　　往在噶玛兰，番妇夏日皆赤身，以番布一幅蔽前体而已。
余行令女当着裈，三月后裈者数百人。及后再至台，询之，
云：已无不裈者。西洋诸国风俗亦然。②

又说：

---

① 姚莹：《康輏纪行》，第419页。
② 姚莹：《番妇不裈》，《康輏纪行》，中华书局，2014，第50页。

《四川通志》言：西番兄弟共娶一妇，生子先予其兄，以次递及。余询土人，云：番俗重女，治生贸易，皆妇主其政，与西洋同。①

显然，姚莹不仅是以野蛮人的眼光来看西方人，而且是以十分主观武断的态度去评判西方社会。这两则史料的常识性错误自无须赘言，问题在于姚莹随意比附的做法，以及这种做法背后对西方人的鄙薄心态，凡是野蛮的风俗总是自觉不自觉地联系到西方国家。或者说，对于民间一些十分愚昧的传说，姚莹也是宁信其有不信其无。《康輶纪行》中专门有一段文字，重点记录西洋人"诱淫妇女、取人目睛"之事：

伊濂江出示，奉文准西洋人设天主堂行教。粤中奏言："西洋人自前明入中国，奉天主教，无非劝人为善，因习教者假此诱淫妇女、取人死后目睛，嘉庆中禁止。今佛兰西在五处马头设天主堂，请弛中国习教之禁，倘有诱淫妇女、取人目睛者，仍如例治罪。系西洋人，交夷目办理。"②

关于清廷允准法国在五口岸设教堂一事，关涉的范围相当广泛，相关史料也不少，而姚莹在此独独专门重点叙述"诱淫妇女、取人目睛"之事，说明他相信此事的真实性。这种不经意之处，往往最容易暴露作者内心深处的意义世界。因为，当时士人中大多数人认定西方传教士有此恶行。后来魏源在《海国图志》中对传教士"取睛"一事有更夸张也更具体的描述，③ 说明社会上流传的愚昧观念入人心之深，即使是姚莹、魏源这样开眼看世界的先识者

① 姚莹：《康輶纪行》，第50页。
② 姚莹：《康輶纪行》，第34页。
③ 魏源：《天主教考下》，《海国图志》卷27，第881—882页。

也难以避免。

这是一种典型的观念先行叠加主观武断。以这样的心态来看西方世界，难免会使西方世界变成类似哈哈镜中的扭曲的世界。梁廷枏用儒学的"命"说来诠释耶稣被钉十字架：

> 自来知命者不立崖墙，故明哲为保身之要。耶稣以一介编氓，处父母之邦，日以行法耸动于人国，招时所忌，不得其死。使其先能知几，当不至是。①

按照梁廷枏的说法，耶稣既不得明哲保身之要，也不守君臣父子之道，以"一介编氓"而"行法"犯上，自然"不得其死"。以这种完全中国化的观念来理解万里异邦的耶稣，就难免张冠李戴不伦不类了。

梁氏还讨论了美国之所以能开创一个新国家、新局面的原因，以及鸦片战争中美国商人何以能在中国老老实实地遵纪守法。梁廷枏说：

> 以是观之，地既有所凭恃以自立，时又迫之不遑他计，而人人复安愚贱，泯争端，三者相乘，夫是以创一开辟未有之局，而俨然无恙以迄于今也。其来市于中国也，适当其国有故之日。驯至数十年来，不设市官，不为桀骜，毋亦以主君未立，禀承无自，而统领方自以柄轻期促，不欲身露瑕隙，其商人因能共体其意，故市利外无他求欤？②

这是以中国的天时、地利、人和之说来解释美国开创新国家的原理，又以美国没有君主或国王，其总统权力有限，又任职期

---

① 梁廷枏：《耶稣教难入中国说》，《海国四说》，第 3 页。
② 梁廷枏：《合省国说序》，《海国四说》，第 51 页。

短，故不愿惹事，从而美国商人缺乏听命之所。这样理解美国与美国人，就不仅是隔靴搔痒似是而非，而简直是差之毫厘谬以千里了。

以林则徐、梁廷枏、姚莹为代表的近代中国第一批开眼看世界的人，他们的睁开眼睛看世界，的确是睁开了眼睛，但他们是戴着有色眼镜看世界，世界的色彩已经发生了改变。或者说，他们是隔着一层厚厚的云雾去看世界，犹如隔雾观花，他们看到的世界是迷迷茫茫，模糊一片。他们眼中的世界，在相当程度上是一片扭曲了的世界。

林则徐、梁廷枏与姚莹三人，一方面主动了解西方，或积极探寻夷情，或热心介绍世界知识；另一方面却又怀抱仇夷情绪，鄙薄西方文化，甚至梁、姚二人都不主张学习西方技术。这种矛盾集合形成一道奇特的思想景观。形成这种思想奇观的原因是相当复杂的，然而又是十分自然的，因为它符合思想史发展演变的一般规律。通常来讲，思想文化往往随社会动荡而动荡，鸦片战争作为中国传统社会迈向近代社会的一个重大历史关口，林、梁、姚三人作为历史过渡期的思想人物，在他们的意义世界中，中西思想相激相荡、新旧思想杂糅交织是不可避免的。历史的态度要求我们做出同情的了解，弄清楚他们为新的时代提供了什么，也就明白了何以他们被称为第一批开眼看世界的中国人。

开眼看世界，是近代中国人在走向世界的过程中迈出的第一步，这第一步是宝贵的，但也是艰难的。鸦片战争时期，林则徐、梁廷枏、姚莹等人都有主动了解西方的意愿，他们睁开了眼睛，但却没有看清这个世界，他们与魏源、徐继畬等真正的卓识之士还有不小的距离。但历史是后人踩着前人的肩膀前行的，正如林则徐的《四洲志》是魏源《海国图志》的重要基础，林则徐等人可贵的第一步毕竟书写在了史册上。

二　魏源“师夷长技以制夷”的思想

　　魏源是近代中国“开眼看世界”的先行者，他提出的“师夷长技以制夷”成为近代中国人开始认识西方、学习西方的时代象征。

　　在鸦片战争之前，魏源即以公羊学与经世思想名世，在漕运、盐政等方面提出了不少因时制宜的具体革新主张。此时魏源还没有也不可能有近代意义的学习西方的观念，但他对西方并不缺乏关注，战前就曾辑录《英吉利小记》，对英国有一些了解。鸦片战争爆发后，魏源进入两江总督裕谦的幕府，亲历前线参与抗英战争，并有机会亲自参与审问英国战俘。由于战争的亲身经历，他深深体认到朝廷当局与沿海守臣的无知误国，于是从两江辞归，退而著述，专注于探究鸦片战争失败的原因，总结其经验教训，思考陷入危机之中的国家之出路。1842年上半年，他撰写了《圣武记》14卷，通过回顾清王朝的军事历史来总结靖边与抵御外侮的经验。受林则徐的委托，魏源在整理《四洲志》材料的基础上，又补充了大量的其他中外文献，于1842年底编成50卷本《海国图志》。此书于1847年增补为60卷，1849年再补为100卷。百卷本于1852年刊行于世。

　　《海国图志》是鸦片战争时期第一部有广泛影响的介绍海外新知的史地学著作。此书尽可能地搜集了当时所能找到的各种介绍外国情状的中文材料，包括《四洲志》、历代史志、各家著述、奏折等，共计近百种中外资料。其内容包括世界各国的历史、地理、政治、经济、宗教、文化、物产、民俗等诸方面，也包括近代各国军事、科技、工商业、交通和外交等情况，百卷本全书近170万字，是一部篇幅巨大的近代史地学之作。魏源在书中对中国当时面临的危机提出了一系列的应对方案，他提出的

"师夷长技以制夷"主张,标志着中国人开始汇入学习西方的时代大潮之中。

(一)"师夷长技以制夷"

首先要明白,《海国图志》是一部什么性质的书?

魏源在《海国图志原叙》中,首先交代此书的著作宗旨。他自己说得很清楚:这是一部旨在探讨如何有效地抵御西方侵凌的书。魏源说:

> 《海国图志》六十卷,何所据?一据两广总督林尚书所译西夷之《四洲志》,再据历代史志及明以来岛志,及近日夷图、夷语,钩稽贯串,创榛辟莽,前驱先路。……何以异于昔人海图之书?曰:彼皆以中土人谭西洋,此则以西洋人谭西洋也。是书何以作?曰:为以夷攻夷而作,为以夷款夷而作,为师夷长技以制夷而作。《易》曰:"爱恶相攻而吉凶生,远近相取而悔吝生,情伪相感而利害生。"故同一御敌,而知其形与不知其形,利害相百焉;同一款敌,而知其情与不知其情,利害相百焉。古之驭外夷者,诹以敌形,形同几席;诹以敌情,情同寝馈。[1]

魏源指出编写此书的初衷,是"为以夷攻夷而作,为以夷款夷而作,为师夷长技以制夷而作"。"攻夷""款夷""制夷"是三种具体的攻防策略,但都体现了一个战略意图,即如何有效地"制夷",如何以各种可能的手段来抵御外来侵略。为了实现制夷的目标,首先就必须了解对手,所谓"知己知彼,百战不殆""知其情与不知其情,利害相百"。所以,魏源尽可能搜集一切海外的材料,将国外的军事、政治、经济、文化状况辑入这部史地学著作之

---

[1]　魏源:《海国图志原叙》,《海国图志》卷首,第1页。

中，以使夷情像"几席""寝馈"一样能够随时清晰地呈现在眼前。魏源自信该书迥异于此前的"海图之书"，自信该书有"前驱先路"的意义，其自信的理由，除了此书材料丰富、内容详尽之外，也与其清晰的著述意图有很大的关系。

《海国图志》与《圣武记》是魏源在一年时间内相继完成的两部书，这两部书的思想脉络前后贯穿，称得上是姊妹篇。与《圣武记》一样，《海国图志》明显地具有总结鸦片战争经验教训的性质，其应对外来军事挑战的意图相当突出。在魏源入手编写此书不久，中英两国即签订了《南京条约》。此时，战争的硝烟刚刚散去，魏源的思想重心不可避免地倾斜到了抵抗外来军事侵略上。因此，御夷、制夷与应对外来侵略即构成《海国图志》的主要宗旨。这一宗旨贯穿全书，并集中反映在原序、实际上有全书总序性质的《筹海篇》以及第84—95卷中。《筹海篇》即该书卷1、卷2的全部内容，中心思想是"师夷长技以制夷"，中心内容是强调学习西方的造船制炮技术与养兵练兵之法，在中国沿海地带建造船厂与火器局。第84—95卷，收录了西洋造船制器的大量图文资料，体现了通过学习西洋军工技术从而"师夷长技以制夷"的战略目标。

"师夷长技"的主要内容与意义大多体现在军事方面。魏源说：

> 人知鸦烟流毒为中国三千年未有之祸，而不知水战、火器为沿海数万里必当师之技；而不知饷兵之厚、练兵之严、驭兵之纪律，为绿营水师对治之药。故今志于英夷特详，志西洋正所以志英吉利也。塞其害，师其长，彼且为我富强。舍其长，甘其害，我乌制彼胜败？奋之！奋之！利兮害所随，祸兮福所基，吾闻由余之告秦缪矣。善师四夷者，能制四夷；不善师外夷者，外夷制之。[①]

---

① 魏源：《大西洋欧罗巴洲各国总叙》，《海国图志》卷37，第1124页。

魏源很清楚地说明，"水战、火器"为"必当师之技"，同时，外夷的练兵、驭兵的"纪律"也是"师其长"的重要内容。也就是说，"师夷长技"的基本内容，是学习西方的造船、制炮技术，同时学习西方的"练兵"与组织之法。后来，魏源在《海国图志》百卷本增订本中，进一步把"夷之长技"明确为三项具体内容。魏源说：

> 武备之当振，不系乎夷之款与不款。既款以后，夷瞰我虚实，藐我废弛，其所以严武备、绝狡启者，尤当倍急于未款之时。所以惩具文、饰善后者，尤当倍甚于承平之日。未款之前，则宜以夷攻夷；既款之后，则宜师夷长技以制夷。夷之长技三：一、战舰，二、火器，三、养兵、练兵之法。请陈国朝前事：康熙初，曾调荷兰夹板船以剿台湾矣，曾命西洋南怀仁制火炮以剿三藩矣，曾行取西洋人入钦天监以司历官矣。[1]

这里，魏源把"师夷长技"重新确定为战舰、火器与养兵练兵之法三项内容，在思想上并无创新意义，因为这三项内容仍不外乎军工技术与军事组织两方面。但这里的表述更凝练、更精确，把远大目标简化为非常具体的三项内容，从而"师夷长技"不仅方便人们的理解，而且在实际操作层面也相对更具体、更简单。简言之，与"师夷长技以制夷"的时代口号一样，"师夷"的内容也因为简练而易于上口，这种朗朗上口的简明语言最合大众的口味，从文化传播的角度讲具有策略性的意义。实际上，这也正是理解魏源其人及《海国图志》其书的一个合适的角度。

总体上讲，"师夷长技以制夷"主要是指学习西方军事方面的技术。《海国图志》凡言夷之"长技"，所指都是军事，而未指政治、商业、文化等方面。魏源说：

---

① 魏源：《筹海篇三》，《海国图志》卷2，第35页。

　　不师外洋之长技，使兵威远见轻岛夷，近见轻属国，不可也。①

　　围绕学习西方的军事技术，魏源提出了"师夷"的一系列具体方案，其内容主要有如下几个方面。

　　第一，学习西方的船炮制造技术。

　　魏源主张在广东虎门一带设立工厂，仿照西方技术制造新式船舶与武器。他强调的第一条便是，从法、美等国聘请工匠，让中国人逐渐从中学习、掌握造船制炮等技术。魏源说：

　　　　广东互市二百年，始则奇技淫巧受之，继则邪教毒烟受之，独于行军利器则不一师其长技，是但肯受害不肯受益也。请于广东虎门外之沙角、大角二处，置造船厂一、火器局一，行取佛兰西、弥利坚二国各来夷目一二人，分携西洋工匠至粤，司造船械，并延西洋柁师司教行船演炮之法，如钦天监夷官之例，而选闽、粤巧匠精兵以习之。工匠习其铸造，精兵习其驾驶、攻击。②

　　魏源此说是从中西历史经验出发的。在鸦片战争之前以及战争期间，广东等地曾试图仿制西洋船炮，但未能取得成功。同时，魏源显然震惊于西方列强在南洋一带大规模建设工厂的既有事实。魏源说：

　　　　考东、中二印度据于英夷，其南印度则大西洋各国市埠环之，有荷兰埠，有吕宋埠，有葡萄亚埠，有佛兰西埠，有弥利坚埠，有英吉利埠。每一埠地各广数百里，此疆彼界，各不相

---

① 《圣武记》，《魏源全集》第 3 册，第 355 页。
② 魏源：《筹海篇三》，《海国图志》卷 2，第 35—36 页。

谋。各埠中皆有造船之厂，有造火器之局，并鬻船鬻炮于他
国，亦时以兵船货船出租于他国。其船厂材料山积，工匠云
辏，二三旬可成一大战舰，张帆起柁，嗟咄立办。其工匠各以
材艺相竞，造则争速，驶又争速，终年营造，光烛天，声殷
地。是英夷船炮在中国视为绝技，在西洋各国视为寻常。①

　　这段话带着强烈的情感一泻而成，不难发现作者对西方船炮工业的
惊讶与羡慕之情。英、美等西方国家在印度与东南亚一带的建厂成
功，以及广东曾经有过的失败教训，二者一经对比，促使魏源的认
知进一步深化，他清晰地认识到，中国人要想成功地"师夷长
技"，就必须放下天朝的架子，请西方工匠来华助我建厂。
　　在魏源看来，请西方工匠来华建厂是可行的。他强调指出：
"广东互市二百年，始则奇技淫巧受之，继则邪教毒烟受之，独于
行军利器则不一师其长技，是但肯受害不肯受益也。"② 他曾仔细
计算制造船炮的费用，以及来自货税等方面的收入，计算结果是朝
廷用"十之一二"的收入就可以完成建厂。因此，在魏源看来，
是否学习西方归根结底是一个态度问题，或者是观念的问题，建立
新工厂本身并不是十分复杂之事。所以，他相当自信，只要中国人
肯学，就一定能学会，"是英夷船炮在中国视为绝技，在西洋各国
视为寻常"，今天的中国视为绝技的东西，经过学习，在未来的中
国即可能同样也变为寻常的东西。魏源坚信，英、美、法等西方国
家在印度、东南亚等地广设船炮工厂，取得了丰硕的成果，那么复
制此一经验，他日中国人一定能够彻底掌握这些技术。对此，魏源
反复申述荷、葡、法、美、英等西方国家的成功经验，强调广东仿
造船炮之所以失败，就在于没有从西方聘请技术人才，从而使制造
出来的船炮徒有其形而毫无威力。同时，魏源认为聘请西方工匠来

---

① 魏源：《筹海篇三》，《海国图志》卷 2，第 35—36 页。
② 魏源：《筹海篇三》，《海国图志》卷 2，第 35—36 页。

华也是可行的。因为魏源一向把法、美视为英国的"世仇"，所以他认为从英国的敌对国家中选择人才是可行的，也是可信的。我们姑且不论"世仇"说恰当与否，但魏源相信高薪高额报酬之下必有西方的工匠前来应聘，则显然是受到了西方资本观念的影响。

当然，魏源作为主战派的一员，他的想法不免过于乐观。如他认为"行取佛兰西、弥利坚二国各来夷目一二人"，就能成功在中国建厂，这就把复杂的造船制炮技术看得太过简单，因为办厂远远不是区区一两个人所能完成的。魏源又说，仿康熙年间"钦天监夷官之例"，将西方来华技术人员任命为朝廷吏员，显然是对鸦片战争前后视西方人如虎狼的道光帝与朝廷缺乏清晰的了解，以道光帝的一贯态度是很难接受西人来华任职的。魏源甚至天真地认为："沙角、大角既有船厂、火器局，许其建洋楼、置炮台，如澳门之例。英夷不得以香港骄他夷，生觖望；而我得收虎门之外障，与澳门鼎峙，英夷不敢倔强，广东从此高枕。"① 魏源之说，也是主战派通常持有的一种过分乐观态度，限制了他对当时中国与世界局势做出更为细致的观察。由此可见，魏源不仅对船舶与工业技术缺乏基本的了解，对中西制度与文化的差异也缺乏足够的重视，或者说对西方资本驱动下殖民主义的扩张本质认识不足，从而使他夸大英国与法、美之间的矛盾，而不知资本的嗜利本性可以促使它们之间联手。我们要说的是，魏源的时代性局限，还缘于其道德理想主义与民族主义支配下的主战情绪，使他以急功近利的心态来看待西方科技与文化，以致其晚年的近十年间都未能进一步深入了解西方。

值得注意的是，魏源引进西方技术与人才的主张，成为此后一百多年来中国现代化的一个模式，一个共识。魏源此说，实际上正是后来日益成熟以至成为后发现代化国家的一条普遍经验与规律，即引进西方国家的技术与人才，复制西方先进国家的近代技术。在当时，这并非一个合乎时宜的建议，因为在极度守旧的道光帝治

_____

① 魏源：《筹海篇三》，《海国图志》卷2，第36—37页。

下，依靠腐败的清政府来建设近代工厂本身就极不可靠。然而，从思想史意义而言，撇开这些具体的历史背景，魏源此说称得上是一个极有远见的观念。依魏源的逻辑，缺失了西洋的技术与人才，中国不能获得对传统船炮技术的突破，故引进西方技术是"师夷"的必由之路。魏源此说可谓当时的一种改革与开放意识，后来的洋务运动乃至直到 20 世纪 80 年代深圳特区的经验，都可视为这种开放精神的不断光大。它或许是超前的，但其致思的理路是清晰的、宝贵的。自洋务运动始，魏源能在近代中国发挥越来越大的影响，原因之一，就在于其对传统观念的一些极具启迪意义的突破性思路。

第二，学习西方的练兵、养兵之法。

鸦片战争爆发不久，朝廷与沿海将官就看到了英军前所未有的武器威力，却对英军的近代战术素养几无所知。对于英军的坚船利炮，魏源的体认十分深刻，故他竭力主张仿制西洋船炮。同时，魏源还比较清晰地认识到英军人少兵精的建制特征，以及机动灵活的作战机制。因此，魏源主张模仿英军的特点，通过裁员节省费用，以养出更灵活也更有战斗力的精兵。魏源说：

> 兵饷无可议加，惟有裁并之而已。粤省水师将及四万，去虚伍计之，不及三万。汰其冗滥，补其精锐，以万五千人为率。即以三万有余之粮，养万五千之卒，则粮不加而足。以五千卒分防各口炮台，与陆营相参；以万人分配战舰，可得三十余艘。无事日，令出哨外洋，捕海盗，缉烟贩；有事寇在邻省，则连艟赴援，寇在本省，则分艘犄角，可以方行南海矣。……水师多而不敷，以无战舰也，无战舰出洋，则口岸处处出防，以水师当陆师之用，故兵以分而见寡。今以精兵驾坚舰，昼夜千里，朝发夕至，东西巡哨，何患不周？……不如并岸上之水师为船上之水师，用力少而收效广。……两客相攻言之，非为以客待主言之也。夫力不均、技不等而相攻，则力强技巧者胜；力均技等

而以客攻主，以主待客则主胜。①

魏源超出侪辈的地方之一，是同时看到了英军的练兵与养兵方法的不同寻常之处。他详细论证了学习西方的可行性，从细节上提出了练兵与养兵的一些具体办法。魏源说：

> 人但知船炮为西夷之长技，而不知西夷之所长不徒船炮也。每出兵以银二十员安家，上卒月饷银十员，下卒月饷银六员，赡之厚故选之精，练之勤故御之整。即如澳门夷兵仅二百余，而刀械则昼夜不离，训练则风雨无阻。英夷攻海口之兵，以小舟渡至平地，辄去其舟，以绝反顾，登岸后则鱼贯肩随，行列严整，岂专恃船坚炮利哉？无其节制，即仅有其船械，犹无有也；无其养赡，而欲效其选练，亦不能也。故欲选兵练兵，先筹养兵……②

魏源还进一步主张，仿西方的军队编制与组织，组建中国水师。魏源说：

> 国家试取武生、武举人、武进士，专以弓马技勇，是陆营有科而水师无科。西洋则专以造舶、驾舶、造火器、奇器取士抡官。上之所好，下必甚焉；上之所轻，下莫问焉。今宜于闽、粤二省武试，增水师一科。有能造西洋战舰、火轮舟，造飞炮、火箭、水雷、奇器者，为科甲出身；能驾驶飓涛，能熟风云沙线，能枪炮有准的者，为行伍出身。皆由水师提督考取，会同总督拔取送京验试，分发沿海水师教习技艺。凡水师将官必由船厂、火器局出身，否则由舵工、水手、炮手出身，

---

① 魏源：《筹海篇三》，《海国图志》卷2，第40—41页。
② 魏源：《筹海篇三》，《海国图志》卷2，第40页。

使天下知朝廷所注意在是，不以工匠、柁师视在骑射之下，则
争奋于功名，必有奇材绝技出其中。……故知水师不能舍船械
而空谈韬略，武备不能舍船炮而专重弓马。①

魏源指出，国家要将近代军事技术人才纳入科举考试中，并建立中
国自己的水师，其关键因素是以仿照西洋技术为中心，培养自己的
军事技术人才。此前林则徐等人也曾主张重视水师建设，不过主要
是以战止战的对付英国的权宜之计。魏源则是一套系统的规划与设
计，他主张在"武生、武举人、武进士"考试中增加水师技术一
科，实际上已经触及科举制度的改革层面，体现了其海洋时代的思
维方向。

"西夷之所长不徒船炮"，实际上意味着魏源的"师夷长技"
已经突破了纯粹器物层面，因为西方的军事训练与组织方式，显然
已不属于器与技的层面。至于士兵的薪酬，也涉及军事组织与管理
的层面，这自不待言。

上述引文中，魏源着重强调的是，"既款以后"，学习夷之长
技"尤当倍急于未款之时"，这正是《海国图志》的核心理念。魏
源不仅视"鸦烟流毒为中国三千年未有之祸"，而且明确地把西方
列强的出现视为"中国三千年未有"之危机。在编写《海国图志》
时，魏源将思想视角完全集中到了战后中国即将长期面临的外来危
机问题上。"师夷长技以制夷"的时代意义，就在于率先明确揭示
了近代中国的时代主题，提出了主动利用充分的海外知识信息，谋
求"攻夷"与"款夷"即战争与通商之间的平衡，通过"师夷长
技"去解决后战争时代如何有效"制夷"的问题，通过学习西方
而进一步谋求中国的自强。

总体而言，魏源的"师夷长技"主要还是着眼于器与技的层
面，主张朝廷集中全国资源向西洋国家购买船炮等兵器装备，同时

---

① 魏源：《筹海篇三》，《海国图志》卷2，第37—38页。

学习西方的练兵与养兵之法。与林则徐相比，魏源学习西方的概念并不限于纯粹的军事技术方面，他还将范围扩大到练兵、养兵的军事训练与体制方面。

因此，魏源与林则徐并不完全处在一个时代，至少他们不在一个思想时代。林则徐是处在战争时代，而魏源则是后战争时代。在相对意义上，林则徐的视点多集中于现实局势，应对的是当下；魏源的目光多集中于未来，其所图谋的是未来长时期内中国如何改变自己的困难处境。所以，林则徐所议大多表现为在实际事务层面上的补漏与应对，英兵来犯就努力击退，船炮落后就想办法改进装备。而魏源则将林则徐的观念往前推进了一大步，不仅学习西洋船炮技术，还要学习西方的练兵养兵之法，不仅目标明确，而且实现的途径也很清晰，对于种种可行性问题也多能给予细致的考虑。

（二）海洋交通时代与变局观的萌发

作为近代中国率先开眼看世界的标志性人物，魏源给闭关锁国达一百多年之久的中国带来了近代世界的全新知识与观念。《海国图志》传递给中国人的，是西方坚船利炮背后发达的工商业、交通与教育，是辽阔海洋上日益增多与纵横驰骋的西洋船舰，是西洋人正在中国周边地区——新加坡、马来亚等地建工厂、设学校，是中国正在被海洋交通时代所笼罩的新信息。

第一，近代海洋时代的史地学新作。

魏源是近代中国最早察觉到时代大变局的思想家。他以史家特有的敏锐卓识，看到自晚明以来，欧西国家侵入南洋，所到之处占据洲城，设立兵防，"凡南洋之要津，已尽为西洋之都会"，认为这是中国历史上前所未有之事。魏源说：

> 天地之气，其至明而一变乎？沧海之运，随地圜体，其自西而东乎？前代无论大一统之世，即东晋、南唐、南宋、齐、梁，偏隅割据，而航琛献赆之岛，服卉衣皮之贡，史不绝书，

今无一登于王会。何为乎？红夷东驶之舶遇岸争岸，遇洲据洲，立城埠，设兵防，凡南洋之要津，已尽为西洋之都会。地气天时变，则史例亦随世而变，志南洋实所以志西洋也。①

在观察到世界已处于西力东侵的海洋交通时代之后，魏源力图对此做出自己的思考与解释。他认为，这种变局是随着地理学的长足发展，随着航海时代到来的。魏源对于海洋交通这一新事物有着超越常人的敏感，所以他特别点明：《海国图志》内容取舍的主要标准之一是该国是否"事涉洋防"，凡涉洋防者如越南、日本等国即著于篇，凡不涉洋防者如朝鲜等国则不录。魏源说：

故今以吕宋、荷兰、佛郎机、英吉利、布路亚五国纲纪南洋。其越南、暹罗、缅甸、日本四国，虽未并于洋寇，亦以事涉洋防者著于篇。而朝鲜、琉球，洋防无涉者不及焉。凡海岸之国三，海岛之国六。"②

这段话实际上就是《海国图志》的一条著书宗旨。由于《海国图志》（百卷本）只载魏源所作的原叙和后叙，缺乏像《皇朝经世文编》那样详尽的著述体例，故作者的著作宗旨多隐于篇幅巨大的具体内容之中。但这一段话，至少可以使我们明白，《海国图志》与鸦片战争前张穆、徐松等的西北史地著作相比，其近代意识确已清晰可辨。在此意义上，《海国图志》的问世，标志着传统史地学从西北内陆转向东南乃至世界海洋交通，在中国地理学史上具有划时代的意义。

这一结论，实际上是魏源对鸦片战争以来周边局势长期观察与研究的结果。在他亲历英军强大的坚船利炮之后，日益清晰地认识到，西方人之所以能"遇岸争岸，遇洲据洲"，是因为海洋时代背

① 魏源：《叙东南洋》，《海国图志》卷5，第404页。
② 魏源：《叙东南洋》，《海国图志》卷5，第404页。

后有很多暂时不为人知的新东西。在编纂《海国图志》的近十年期间，魏源对于海洋交通时代的到来，从开始的直觉与猜测，到后来变成自觉思考，逐渐形成一种粗具轮廓的思想意识。所以，魏源强调指出这是"天地之一变"，是时代性的整体之变。

魏源所说的"地气天时变，则史例亦随世而变，志南洋实所以志西洋也"，这句话包含一些重要信息，是理解《海国图志》其书及魏源其人的关键材料之一。以本土固有观念来理解外来文化，是人类文化学与发生认识论揭示的规律。毫无疑问，魏源头脑中还遗留着一些天朝上国、夷夏大防等观念的残骸，《海国图志》以中国为中心，由近及远，由东南洋而西洋，这种叙事方式明显受到了传统史地学的影响。但随着他对西方的了解，越来越认识到世界之广袤与西方科技之进步，其中国中心观念也越来越有弱化的趋向。魏源自己说得很清楚，他"志南洋实所以志西洋也"，这是一种方便的、更接近中国人思维方式的著述形式，所以也不能把《海国图志》的体例形式做过度的中国中心论的解读。①

《海国图志》整部书的结构采取原叙、正文与后叙形式，各部分也分别以叙—述—议或论的型构依次展开。其叙事过程，通常先概括性地点出所述内容，再引据《明史》《海语》《海录》《每月统纪传》《外国史略》《万国地理全图集》等书的材料，其引据材料之中还时有"按语"，然后再以议论作结。这样的方式，使此书中大量引据的中国旧史料焕发出一些新时代的气息。尤其是作者以强烈的情感通过"叙"与"议"来书写他的时局观，原来旧的内容顿时充斥了一种新精神。《海国图志》的结构形式与思想内容具有比较完整的统一性，结构清晰，叙事完整，又能鲜明地凸显海洋时代的新的时代气息：

---

① 魏源多次强调此一体例，其《大西洋欧罗巴洲各国总叙》中也说："故今志于英夷特详，志西洋正所以志英吉利也。塞其害，师其长，彼且为我富强。舍其长，甘其害，我乌制彼胜败？"见《海国图志》卷37，第1124页。

英夷开辟新嘉坡，富庶闻于中国已数十年，皆不知为古时何国，……明以前，满剌加为南洋之都会，英夷始移其贸易于柔佛。新嘉坡有坚夏书院，弥利坚国人所建；麻六甲有英华书院，英吉利所建。皆外夷习学汉文及翻刻汉字书籍之所。故所刻书皆署此两书院藏板。皆暹罗之东南境，……扼南洋之要冲。乾隆以前，多为闽、粤人流寓。自英夷以兵夺据，建洋楼，广衢市，又多选国中良工技艺，徒实其中。有铸炮之局，有造船之厂，并建英华书院，延华人为师，教汉文汉语，刊中国经史子集图经地志，更无语言文字之隔。故洞悉中国情形虚实，而中国反无一人了彼情伪，无一事师彼长技。嘻矣哉！方康熙初定台湾时，……设官置戍，海外有截。使当日执捐珠厓之议，台湾今日不为新嘉坡者几希！使后世有人焉，日翻夷书，刺夷事，筹夷情，如外夷之侦我虚实，其不转罪以多事，甚坐以通番者几希！①

这是通过叙述新加坡等地的近代变迁过程，把焦点集中到社会富庶、文化繁荣、制造业发达上，以大量的信息刺激国人的神经。其叙事方式，先立足中国，观察世界，再聚焦于周边世界的形势以警醒中国，最后又把视线拉回国内，拉近了东南亚这一片陌生世界与中国的距离，使国人容易感受到关于外来世界的种种新颖的知识，以及中国人开放心胸学习西方先进技术的时代急迫感。

说到底，《海国图志》还是属于一部地理书，全书有文有图，图文并茂，也有助于全景呈现这种海洋时代。全书这种叙事结构贯穿始终，将世界各大洲与各个国家相序展开，把世界各国的历史变迁与现状呈现给国人。同时，全书八十幅地图，包括世界总图以及各大洲与各国的分图，这些地图以最直观的形式把世界拉到国人眼前，很容易使人产生对世界的近距离感，产生世界就在眼前、身边

---

① 魏源：《暹罗东南属国沿革三》，《海国图志》卷9，第503—504页。

正在发生很多事的想法。看到地图上的辽阔海洋，人们很容易回到文字叙事中，西方人乘风破浪正向我们驶来；看到东南亚地图，自然容易想到新加坡、马来亚等地正在兴工厂、办学校。

海洋意识与时代变迁这两个观念，在魏源的思想意识中结合得相当紧密，从《海国图志原叙》到《海国图志后叙》的十年时间跨度中，这种意识也越来越趋于清晰。这一点，从《海国图志后叙》中可见一斑。魏源说：

> 谭西洋舆地者，始于明万历中泰西人利马窦之《坤舆图说》，艾儒略之《职方外纪》。初入中国，人多谓邹衍之谈天。及国朝而粤东互市大开，华梵通译，多以汉字刊成图说。其在京师钦天监供职者，则有南怀仁、蒋友仁之《地球全图》；在粤东译出者，则有钞本之《四洲志》、《外国史略》，刊本之《万国〔地理全〕图（书）集》、《平安通书》、《每月统纪传》，灿若星罗，了如指掌。始知不披海图海志，不知宇宙之大，南北极上下之浑圆也。惟是诸志多出洋商，或详于岛岸土产之繁，埠市货船之数，天时寒暑之节。而各国沿革之始末、建置之永促，能以各国史书志富媪山川纵横九万里、上下数千年者，惜乎未之闻焉！……夫悉其形势，则知其控驭，必有于《筹海》之篇，小用小效，大用大效，以震叠中国之声灵者焉，斯则夙夜所厚幸也。

魏源又说：

> 近惟得布路国人玛吉士之《地理备考》与美里哥国人高理文之《合省国志》，皆以彼国文人留心丘索，纲举目张。而《地理备考》之《欧罗巴洲总记》上下二篇尤为雄伟，直可扩万古之心胸。……又旧图止有正面背面二总图，而未能各国皆有，无以惬左图右史之愿，今则用广东香港册页之图，每图一

国，山水城邑，钩勒位置，开方里差，距极度数，不爽毫发。
于是从古不通中国之地，披其山川，如阅《一统志》之图；
览其风土，如读中国十七省之志。岂天地气运，自西北而东
南，将中外一家欤！①

以上文字，披露了明末以来中国人认识世界的大概历程，除了
对于清初的认识进程有明显夸大，所述大体不谬。更重要的是，这
段话更多地披露了魏源自己对西方世界了解与认知的发展过程。先
是明末西方知识"初入中国"时，国人多是一种邹衍谈天与海国
奇谈式的异闻，后经清初到鸦片战争前，少量西方报刊出现，国人
阅读西书的范围有所扩大，进入鸦片战争时期，《地理备考》《合
省国志》等书出现，于是有了魏源的"扩万古之心胸"的世界意
识。值得注意的是，魏源对近代天文地理学知识情有独钟，认识到
近代地图学对增进世界知识的特殊意义。鸦片战争爆发十年之后，
他深有感触地说："岂天地气运，自西北而东南，将中外一家欤！"
虽不能说明他已经破除了中国中心观的执见，但确能反映他在进一
步研究世界历史与地理之后，对于依托航海技术与受利益驱动的西
方资本与殖民的扩张时代的认识，在思想上有了比较明显的进展。
换言之，鸦片战争后，魏源的世界意识确有一个明显的拓展过程，
与同时代人相比，他的中国中心观还是相当淡薄的。这也使得魏源
越来越感到英国这个西方国家的不同寻常，直觉地感知到中国正处
于史上未有的大变局之中。

第二，自强观念的萌芽。

魏源是近代中国第一个提出富强概念的思想家。1842 年，他
在《道光洋艘征抚记》中就率先提出了中国实现"富国强兵"的
目标。魏源说：

---

① 魏源：《海国图志后叙》，《海国图志》卷首，第 7—8 页。

　　夷寇之役，首尾二载，糜帑七千万。中外朋议，非战即款，非款即战，……购洋炮洋艘、练水战火战之用，尽收外国之羽翼为中国之羽翼，尽转外国之长技为中国之长技，富国强兵，不在此一举乎？时乎时乎，惟太上能先时，惟智者能不失时；又其次者，过时而悔，悔而能改，亦可补过于来者。①

魏源又说：

　　人知鸦烟流毒为中国三千年未有之祸，而不知水战、火器为沿海数万里必当师之技；而不知饷兵之厚、练兵之严、驭兵之纪律，为绿营水师对治之药。故今志于英夷特详，志西洋正所以志英吉利也。塞其害，师其长，彼且为我富强。舍其长，甘其害，我乌制彼胜败？奋之！奋之！利兮害所随，祸兮福所基，吾闻由余之告秦缪矣。善师四夷者，能制四夷；不善师外夷者，外夷制之。②

　　这里，魏源指出富强以强兵为基，强兵以富强为的。他对中国的富强有着相当急迫的心情，并以国家富强的目标来鼓舞国人士气。尽管魏源对富国强兵没有进一步展开论述，但他提出师夷的目的不仅在于制夷，制夷只是应付当前危机的阶段性目标，其长远的或最终的目标则是要富国强兵，以在列强环立的近代世界中立于不败之地。"富强"与"富国强兵"，虽语出先秦，但在鸦片战争时期与中西大撞击时代，这一观念的重新抉发已具有较为明确的近代意涵，堪称洋务时期自强运动的先声。

　　作为一个跨时代的思想家，魏源并未把全部希望寄托在清王朝身上。如前所述，由于对清王朝的因循怠政有深切的体悟，他意识

---

①　《道光洋艘征抚记》，《魏源全集》第 3 册，第 485—486 页。
②　魏源：《大西洋欧罗巴洲各国总叙》，《海国图志》卷 37，第 1124 页。

到需要从民间社会培养中国器械制造业的基础。所以，魏源强调限制朝廷官员参与商业活动，提倡扩大民营工商业。魏源说：

> 五十艘之船械，且造且购，一年而可集；百艘之船械，且造且购，二年而毕集。即其制造施用之法，以我兵匠学之，亦一年而可习，二年而可精。是一二年后，已无铸造之事……①

魏源又说：

> （西洋各国）皆有船厂、火器局，终年不息者，何哉？盖船厂非徒造战舰也。战舰已就，则闽、广商艘之泛南洋者，必争先效尤；宁波、上海之贩辽东、贩粤洋者，亦必群就购造，而内地商舟皆可不畏风飓之险矣。……战舰有尽，而出鬻之船无尽。此船厂之可推广者一。②

这里，魏源简练地揭示了民营船舶制造的动力、途径与用意，虽无详细说明，但主张民办造船的观点却是明确的。

不仅如此，魏源还主张将火炮等制造技术扩展到民用方面。魏源说：

> 火器亦不徒配战舰也。战舰用攻炮，城垒用守炮，况各省绿营之鸟铳、火箭、火药，皆可于此造之。此外量天尺、千里镜、龙尾车、风锯、水锯、火轮机、火轮舟、自来火、自转碓、千斤秤之属，凡有益民用者，皆可于此造之。是造炮有数，而出鬻器械无数。此火器局之可推广者二。③

---

① 魏源：《筹海篇三》，《海国图志》卷 2，第 38 页。
② 魏源：《筹海篇三》，《海国图志》卷 2，第 38—39 页。
③ 魏源：《筹海篇三》，《海国图志》卷 2，第 39 页。

这说明，魏源仿造西方技术制造业已开始溢出军事范围。他指出："沿海商民有自愿仿设厂局以造船械者，或自用或出售听之。若官修战舰火器局，则止需立于粤东"。

在了解了西方各国的通商贸易之后，魏源已认识到了船舶制造与海洋贸易的密切关系，所以似已天才地直觉到与西方贸易对未来中国发展的重要意义："东不足者西有余，以其所有易所无，气运贸迁，乌见失诸此者不可偿诸彼乎？夫惟有度外之人，则能通自古未通之绝域，致自古未致之货币。"魏源说"惟有度外之人"，才能"致自古未致之货币"，"度外之人"实际上道出了他自己的心路历程，不仅体现了史家所特具的卓识，而且体现出其不时跳出现实利益纠纷与传统框架的超越性心态。

当然，以上主体观念还属于在器物层面学习西方，是学习西方先进的军工技术，围绕军事技术的实际需求提出的种种配套措施，以实现富国强兵的目的。但富强观念出台的本身，就是对儒家王道观念的突围，具有突破传统文化观念的意蕴。

第三，中国中心观的偶发性突破。

在魏源眼中，师西方"长技"主要是师其船炮制造技术，但船炮技术却并不能限制魏源的思想。在魏源的视野中，为了学习西方军事等技术，就不得不涉及器物以外的层面，并学习与器械技术相关的其他知识。正如上文所说，魏源的富强观念本身，就是古代霸道观念与西方强国之道的杂糅，是对儒家王道观念的突围，具有一些从传统文化中突围的意蕴。同时，魏源明确主张在中国沿海地带设立造船厂与火器局，把西方的技术与人才引进来，虽是一种有限度的对西方的开放，但确实可以看成近代中国最早的对外开放主张。这一主张本身就意味着对"夷夏之防"与中国中心观的突破。

实际上，当魏源批评士人的保守倾向时，就表明他已不再纯粹被动地被传统价值所支配："苟有议翻夷书、刺夷事者，则必曰多事。"① 在魏源生活的时代，传统价值观念与中国中心观固结在国人的头脑中，成为一道牢不可破的心理堡垒，阻碍国人对西方知识的吸收。甚至在魏源去世的很长时间内，类似"尚礼义不尚技巧"之说仍然是官僚士大夫的主流思想观念，仍然是中国人认识西方的主要思想阻力。所以，魏源的文化观念必须放在他的时代，才能了解其进步意义。

为了破除国人鄙薄西方技艺的执念，魏源有意识地把西洋器械纳入儒家传统文化的价值范畴之中。魏源说：

> 古之圣人，刳舟剡楫，以济不通，弦弧剡矢以威天下，亦岂非形器之末？而《睽》、《涣》取诸《易·象》，射御登诸六艺，岂火轮、火器不等于射御乎？指南制自周公，挈壶创自《周礼》，有用之物，即奇技而非淫巧。②

古之圣人制舟楫、造弓箭以利天下，以安天下，这些事实载诸经传，③ "射御登诸六艺" 更是家喻户晓的常识。既然 "刳舟剡楫" "弦弧剡矢" 可以安天下，那么 "火轮、火器不等于射御乎？" 西洋器械不也同样可以安邦定国吗？魏源的逻辑指向十分清晰，即要说明 "火轮" "火器" 是 "奇技" 而不是 "淫巧"。其目的，是从学理上提升西器的价值，为 "师夷长技" 寻找理论支撑，即 "因其所长而用之，即因其所长而制之"，以应对中国日益陷入的危局。

他用古圣人治平天下的道理，说明 "火轮"、"火器" 与 "射御" 都是资治之具，揭示西器与中器都是器，都是 "有用之物"，都是 "竭耳目心思之力" 的人类智慧文明的产物。这说明，魏源

---

① 魏源《筹海篇三》，《海国图志》卷2，第34页。
② 魏源：《筹海篇三》，《海国图志》卷2，第39页。
③ "刳舟剡楫" "弦弧剡矢" 均出自《易·系辞下》。《易·系辞下》云："刳木为舟，剡木为楫。" 又云："弦木为弧，剡木为矢，弧矢之利，以威天下，盖取诸睽。"

已在特殊的语境中，尝试用道器关系来理解中西文化了。魏源此说，可谓明清思想发展的产物。在儒家传统文化中，道与技是一个对立而统一的哲学范畴，宋以降逐渐演变成对立和相反的两截。明清学者以经世之怀力图在思想上拨乱反正，以道器统一说来消除道技二元对立的僵化思维。当然，魏源还没有形成中体西用意识。但他博览的学术路径，为其导出了一条以体达用的思想理路，而以用明体本来也是清代哲学思想的本质特征之一。魏源辨明"有用之物，即奇技而非淫巧"，借以说明技与艺本身就具有道的意义，强调的是道器不二，实际上在于强调器乃道之器，这是进一步借用传统的道器范畴来提升西方技与器的价值。

魏源还指出："今西洋器械，借风力、水力、火力，夺造化，通神明，无非竭耳目心思之力，以前民用。"西器并不限于军事一层，还有"民用"，西器也不仅有"火轮""火器"等器，还有"风力、水力、火力"诸多学科知识，可见，魏源的学习西方也并不限于纯粹的军事技术层面，而是涉及民用，甚至也涉及西学的边缘。虽然魏源并未明确地把西技上升到西学的层面，但无论如何，在其思想理路中，西技与西学确实发生了联系，这也是无法否认的。

顺着明清哲学道器之辨的思想主线，魏源在提出器乃道之器的基础上，又落实到实践与致用这个经世思潮的时代主题上。魏源说：

> 曷谓道之器？曰"礼乐"；曷谓道之断？曰"兵刑"；曷谓道之资？曰"食货"。道形诸事谓之治；以其事笔之方策，俾天下后世得以求道而制事，谓之经；……曾有以通经致用为诟厉者乎？……毕生治经，无一言益己，无一事可验诸治者乎！①

---

① 《默觚上·学篇九》，《魏源集》，第 23—24 页。

这样，魏源首先把普遍的道解释为礼、乐、兵、刑、食、货等具体之器，然后再强调不能离开治道而空言经义，亦即不能离开器而谈道。自然，魏源也主张以道明器，通经致用，但他的落脚点在于器，在于用，这也是清代公羊学家一贯的学旨。所以，魏源虽未明说道随器变，却有意揭出"器""断""资"等命题，旨在强调礼、乐、兵、刑等制度会不断随着历史的变化而调整。因为道是不变的，而"器""断""资"是随时变化的。这实际上是在强调道与经要"验诸治"，即强调道要经得起实际事务的检验。如前所述，魏源强调道器不二，目的是要借儒家核心的思想范畴为仿制西器鸣锣开道。道器论实际上是体用论的另一种表述，道器不二实即体用不二，魏源强调技与道的文化价值，已是当时最接近洋务时期中体西用论的一种表述了。

进入世界知识叙事体系的魏源，屡有丢掉中国中心观包袱、放弃"夷夏之防"成见之说的言语，甚至会表达出一些颇具世界意识的观念。在《西洋人玛吉士地理备考叙》中，魏源说：

> 夫蛮狄羌夷之名，专指残虐性情之民，未知王化者言之。……非谓本国而外，凡有教化之国，皆谓之夷狄也。且天下之门有三矣，有禽门焉，有人门焉，有圣门焉。由于情欲者，入自禽门者也；由于礼义者，入自人门者也；由于独知者，入自圣门者也。诚知夫远客之中，有明礼行义，上通天象，下察地理，旁彻物情，贯串今古者，是瀛寰之奇士，域外之良友，尚可称之曰夷狄乎？圣人以天下为一家，四海皆兄弟。故怀柔远人，宾礼外国，是王者之大度。旁咨风俗，广览地球，是智士之旷识。彼株守一隅，自画封域，而不知墙外之有天，舟外之有地者；适如井蛙蜗国之识见，自小自蔀而已。方今东西太平，远洋辐辏，……自非咨诸远人，则天文度数之远近，国土古今之盛衰，形势风俗之殊异，毕世其能想像乎？行舟沙礁之险易，到岸埠市之繁寡，即初涉商舶者，能遥度其

津涯乎？诚欲扩智识而裨生人，其可以无是书？①

此叙先从天地生人、有仁有知有义的古圣人之教说起，实际上是在揭示流行的夷狄说不合圣人之论。魏源依据圣人经典，对于华夷之大防的极端狭隘的民族主义观念进行有意识的校正，指出"蛮狄羌夷之名"，是专指"残虐性情之民"与"未知王化者"，原意并非指一切开外都不知王化。相反，"远客之中，有明礼行义，上通天象，下察地理，旁彻物情，贯串今古者，是瀛寰之奇士，域外之良友，尚可称之曰夷狄乎？"在此，魏源明确表达了他打破森严的华夷尊卑之界、打破顽固的夷夏大防的思想诉求。魏源的这一观念，是为了扫清"师夷长技"道路上的思想障碍，但即使如此，此说也堪称近代中国人平等看待西方文化的先声，堪称近代中国开放的世界意识的一个思想起点。

魏源之说，接近于戴震的智能道德说与阮元的智入圣域论。在清代汉学家从尊德性向道问学的思想转折中，强调认识主体的价值是其中最有创意的一种思想。因此，早年魏源虽有力攻戴震之举，但其内容却无关戴震的智能道德说，故不能排除他借鉴戴震的思想，或者借鉴阮元等人思想的可能。在此意义上，魏源此说就具有了启蒙大众智识的思想意图，初步显露出一丝近代启蒙主义色彩的思想曙光。

与上述认识相关，魏源进而表述了一种具有近代多元论色彩的文化观念。他说："风气日开，智慧日出，方见东海之民，犹西海之民，云集而骛赴，又何暂用旋辍之有？"② 显然，这一说法有助于人们摆脱"夷夏之防"与中国中心观的束缚。总之，魏源以平等的眼光看西方，以开放的眼光看世界，在近代中国文化与思想转型的过程中，有不可忽视的思想意义。

---

① 魏源：《西洋人玛吉士地理备考叙》，《海国图志》卷76，第1889页。
② 魏源：《筹海篇三》，《海国图志》卷2，第39页。

中国文化近代化的历程中，往往反复出现价值决定一切、态度决定思路的现象。晚清历史上，中体西用说曾经为西学开路，也曾经为守旧护法，其区别就在于不同的历史场景。就当时的文化氛围来说，魏源的观念是相当开放的，把魏源此说还原到他置身的那个时代，当时官僚士大夫大多以"悉夷情为多事"，就更加凸显出魏源超前的眼光、卓越的见识。虽然"师夷长技"主要体现在军事工业方面，但为了"师夷"，就要改变人们顽固地鄙薄西方人的观念，因此"师夷"必然溢出军事领域。魏源也习用"圣人""礼义""夷狄""教化"等传统术语，但其中蕴含的观念是多元的，表达的是面向世界的开放思想，并在一定程度上相当于承认了西方拥有中国之外的另一套文化系统。如果把魏源与林则徐做一个最简单的对比，林则徐严重鄙视西夷，仇视西方人，而魏源则能相对平等地看待西方社会与西方人。当然，林则徐职高位重，其一言一行都谨慎有加，而魏源则处士横议，相对来说其思想更有独立性，更能发挥其创造力。林、魏二人的思想落差，也印证了明清以来思想史上的一个规律性现象，即随着明清时期皇权专制的扩张，距离权力中枢越近，思想越容易受到束缚，而中下层与在野的士大夫，思想比较不受束缚。后来，晚清时期士大夫的思想日趋活跃，即颇受魏源思想的影响。

当然，"师夷长技以制夷"作为魏源的思想核心，基本预设的立场仍是把西方列强作为对立的一方，在"攻夷""款夷""制夷"的逻辑中，是不可能完全敞开胸怀去拥抱西方文化的。魏源的一切观念，既受"师夷长技"的思想驱动，也受"制夷"目标的严重限制。所以，上述多元意识与开放的世界观念，并不是魏源思想的主基调，而只是其进入特定叙事主题触发出来的观念，是附着于"师夷长技以制夷"之下的次一级观念，甚至可以说是特定语境下的一抹灵光，偶尔迸发，时而流露。认识到这一点，我们才能理解，何以魏源在另外场景中常常不经意地流露出对西方人的偏见。

（三）魏源思想的局限

作为近代中国开眼看世界的象征性人物，魏源对西方的认识基本上代表了当时的最高水准，但作为前路先驱，开榛辟莽，受时代条件的种种限制，从而使其对西方的认识存在较为明显的局限。比如，《海国图志》匆忙急就，全书只有叙文、按语、《筹海篇》与《元代北方疆域考》这些极少量的文字属于魏源自己所撰，其余绝大篇幅是辑录别人的著述材料，不仅体例与内容均有粗疏之嫌，且文字与地图中的错误也所在多有，比如误把发现美洲大陆的哥伦布当成是英国人等。

然而，以上具体内容方面的错误并不重要，重要的是魏源在观念或思维上有比较明显的误区，成为他在学习西方道路上的严重障碍。尤其是以"攻夷""款夷""制夷"为中心的"师夷"之说，使魏源几乎把着眼点全部放在船炮制造等军事技术方面，大大限制了他在科学、文化等方面的知识视野。在此知识视野下，《海国图志》所引据的历代史志及一百多年以前的其他史料，常常是连史料带观念一并辑入，在一定程度上弱化了"师夷长技以制夷"这一时代的思想坐标。从而，就文化近代化意义而言，不能不说"师夷长技以制夷"是一个具有局限性的思想观念。

在编写《海国图志》时，魏源始终困扰于西方书籍的严重缺失，因此该书引据了大量过时的旧材料。比如，《海国图志》对于西学的专门介绍，篇幅本来就极少，在全书文字中仅占极小的比例，其中还多是引用数十年前的材料，不仅内容多有舛误，而且观念相当陈旧。随手略举两例：

> 《西学凡》一卷，明西洋人艾儒略撰。……《天学初函》之第一种也。所述皆其国建学育才之法，……道科则在彼法中所谓尽性致命之极也。其致力亦以格物穷理为本，以明体达用为功，与儒学次序略似，特所格之物皆器数之末，而所穷之理

又支离神怪而不可诘，是所以为异学耳。①

《寰有诠》六卷，明西洋人溥泛际撰。书亦成于天启中，其论皆宗天主，又有圆满、纯体、不坏等十五篇，总以阐明彼法。

案：欧罗巴人天文推算之密，工匠制作之巧，实逾前古。其议论夸诈迂怪，亦为异端之尤。国朝节取其技能，而禁传其学术，具存深意，其书本不足登册府之编。然如《寰有诠》之类，《明史·艺文志》中已列其名，削而不论，转虑惑诬，故著于录而辟斥之。又《明史》载其书于道家，今考所言，兼剽三教之理，而又举三教全排之，变幻支离，真杂学也，故存其目于杂家。②

《西学凡》是最早传入中国的关于西方学科体系的书，在中国近代学术与学科史上影响甚大。在此书中，艾儒略把西学划分为六科，即文科、理科、医科、法科、教科、道科，其中理科实即哲学，包括逻辑、物理、形上学、数学和伦理学。这样一部书，显然与魏源所做的介绍出入甚多。魏源对《寰有诠》的介绍更为欠缺，总计不足五十个字。以上两则材料，除了魏源的按语，全部采自《四库全书总目提要》。但《四库全书总目提要》是皇家御纂，充斥着种种陈腐、僵化的天朝大一统观念，这些内容与《海国图志》的近代意识并不匹配。当然，上述缺陷主要缘于历史条件的限制。据魏源自述，"《天学初函》诸书，未之见也"，③ 因为未能看到《西学凡》与《寰有诠》原本，《海国图志》一书存在上述缺陷也是可以理解的。魏源的问题是，把很多与天主教无关的西学著作，编入《海国图志》卷二十七《西南洋》"天主教考"中。这样，

① 魏源：《天主教考下》，《海国图志》卷27，第879页。
② 魏源：《天主教考下》，《海国图志》卷27，第879—880页。
③ 魏源：《天主教考上》，《海国图志》卷27，第873页。

就出现了几乎完全以宗教眼光审视西学书籍的情况。不仅如此，更大的问题是，从魏源的按语中，我们发现了他的西学观念与《四库全书》毫无二致，称《寰有诠》等西学书为"夸诈迂怪，亦为异端之尤"，又称清王朝禁止传播西学为"具存深意，其书本不足登册府之编"。这也再次印证了魏源对于西方学术与文化，采取了有弃有取的态度，他所取的是西方船炮技术，弃的则不仅是西方宗教，还有西方的科学与文化等方面。由此，我们不难看到魏源对西方的认识存在明显的思想局限。

魏源对于天主教显然比对西方自然学科的情况要更熟悉一些，但他对天主教的总体情况仍然缺乏基本的了解。与当时的大多数士人一样，魏源也是以儒学的思想理念来理解天主教义的，他的总体看法是，天主教义在世界三大宗教中最是粗陋不通，这使他长期陷入一种迷惘之中，无论如何也不能理解，何以天主教能以风靡之势传到世界各地。魏源说：

> 西域三大教，天主、天方皆辟佛，皆事天，……然吾读福音诸书，无一言及于明心之方，修道之事也，又非有治历明时、制器利用之功也，惟以疗病为神奇，称天父神子为创制，尚不及天方教之条理。何以风行云布，横被西海，莫不尊亲？岂其教入中土者，皆浅人拙译，而精英或不传欤？[1]

魏源对天主教印象最深的，是"惟以疗病为神奇"，他似乎认为所有的传教士都有高超的医术。关于天主教，魏源还有另一个困惑，即西方的军事工业技术如此先进，而其教义却是如此的浅陋。对于这个反差如此之大的问题，他始终没有找到合适的答案。于是，魏源有了一个猜测：来华的传教士对教义的理解普遍水平都低，同时中文翻译的能力也不够。这自然是另一重的主观想象。

---

① 魏源：《天主教考下》，《海国图志》卷27，第880页。

魏源对西方天主教也有宽容的一面，这与他对西方文化远超一般士大夫的开放心态是相应的。他认为，东海西海，心同理同，也各有自己的圣人；不论是孔子还是耶稣，他们都是德行高绝、智慧卓越之辈，都是解救众生苦难、教化百姓向善的圣人。魏源还认为，世界各地都各有本地的宗教，世界的格局是各教并立的局面，不论是孔子之教还是西方的天主教，都不可能独霸世界。魏源说：

> 吾儒本天与释氏之本心若冰炭，乃天方、天主亦皆本天，而教之冰炭益甚，岂辨生于未学而本师宗旨或不尽然软？周、孔语言文字，西不逾流沙，北不暨北海，南不尽南海，广谷大川，风气异宜，天不能不生一人以教治之。群愚服智群，嚚讼服正直。文中子曰：西方之圣人也，中国则泥。庄子曰：八荒以外，圣人论而不议；九州以外，圣人议而不辨。或复谓东海、西海，圣各出而心理同，则又何说焉？①

如前所述，在魏源的天主教观念中，有一个十分明显的困惑，即西方的天主教与传入中国的天主教完全不一样，劝人行善的西方天主教，传到中国后就变得邪恶了。所以，他一方面承认"天主教劝人为善，非邪教"，另一方面又极尽夸张地描述了传教士大肆挖中国人眼睛一事。魏源还把西洋传教士的行为与鸦片烟毒相提并论，他说："（在）西洋病终无取睛之事，独华人入教则有之也，亦鸦片不行于夷，而行于华之类也。"② 这使魏源心中对天主教入华充满了紧张与焦虑，他在详尽描画天主教士"挖睛"一事时，潜意识中是把天主教看成了邪教，虽然他并未公开或明确地讲过。

毋庸讳言，魏源也并未能完全摆脱天朝意识的束缚。《海国图

---

① 魏源：《天主教考下》，《海国图志》卷27，第881页。
② 魏源：《天主教考下》，《海国图志》卷27，第882页。"取目睛"一事，下文有详细论述。

志》之外，《圣武记》是魏源关于鸦片战争的另一部重要著述，此书记录了清前中期数代雄主统一西北部民族地区的辉煌成就。魏源《圣武记叙》说：

> 昔帝王处蒙业久安之世，当涣汗大号之日，必皲然以军令饬天下之人心，皇然以军事军食延天下之人材。人材进则军政修，人心肃则国威遒。一喜四海春，一怒四海秋。五官强，五兵昌，禁止令行，四夷来王，是之谓战胜于庙堂。是以后圣师前圣，后王师前王，莫近于我烈祖神宗矣。①

显然，一统大业是以君主和朝廷为核心，并以"军令饬天下之人心"为基础的。在皇家赫赫威权下，周边民族纷纷向化王道，"禁止令行，四夷来王""一喜四海春，一怒四海秋"，在强大武力之下，边荒众夷驯服与顺从。在魏源的盛世理想中，一统局面是以森严的民族等级为基础的：

> 至我朝而龙沙雁海之外，万潼亿磊之民，独峰驼无尾羊之部，奔凑万里，臣妾一家，内隶理藩院旗籍司及王会司，视功大小以区承袭之等差，酌途远近以定朝贡之疏数。是以间气英灵，鞭挞沙碛，与国为旗常带砺，与国为干城腹心。②

四边各族"奔凑万里，臣妾一家"，依循的正是《周礼》等古代经典关于夷夏之分的规制，主要是遵循九服原则，按照远近距离把王畿以外的天下别为九个等级，即所谓"视功大小以区承袭之等差，酌途远近以定朝贡之疏数"，由清朝理藩院依大清会典的相关规定执行。由此可知，魏源理想中的中原与周边民族关系，实际上正是

---

① 《圣武记叙》，《魏源全集》第 3 册，第 2 页。
② 《圣武记》，《魏源全集》第 3 册，第 104—105 页。

康、雍、乾三朝规定的朝贡体制，也是道光帝在鸦片战争中极力维持的夷务准则。魏源的这种书写方式，实际上是其学术思想自然展开的一个侧面。客观地讲，王道与王化是魏源思想中的一类重要观念，所谓"王化之本在京师，《春秋》之谊，详治内略治外"，[①]这也正是魏源晚年"安内"说的核心要旨。当然，《圣武记》乃"告成于海夷就款江宁"之日的名作，其用于激励清王朝统治者抵御外侮的意图是相当明确的，但也不能因此而忽略，鸦片战争后魏源仍较明显地保留着天朝意识，这也是他鄙薄西方宗教的主要原因之一。

以上所述，充分反映了魏源面对西方文化的紧张与焦虑心理，这也是魏源认识西方世界过程中的一个重大心理现象。在魏源的逻辑中，西方国家高度发展的制造业是值得中国学习的榜样，但西方人贩卖鸦片、犯我边境、取我国人目睛，又是恶行累累，二者之间突出的矛盾现象令魏源无法排解。因此，魏源有时对西方文化宽容，有时又对其无法容忍，经常处于一种左右失据、进退两难之境。这也使魏源学习西方的一些具体主张，常常呈现出相互矛盾的状态。实际上，魏源的上述心理与观念上的矛盾性，在林则徐、梁廷枏与姚莹身上也有不同程度的体现，并在当时开明的士大夫中也普遍存在。魏源与林则徐等人的区别是，林则徐等因仇夷情绪而鄙薄西方文化价值观念，魏源的仇夷情绪则明显薄弱，对西方文化有相对宽容的态度，但认识不够深入系统。总之，置身于中西文化剧烈冲突的时代，对西方文化的矛盾与彷徨在所难免，个人观念很难与时代脱节，思想演绎与发展很难完全摆脱时代的宿命。

魏源最大的思想缺陷之一，是"以夷攻夷"说的立论根据。"以夷攻夷"是魏源的三大"制夷"策略之一，其立论根据是英国与美、法、俄等的"世仇"说。"以夷攻夷"说的基本主张是联合与英国有"世仇"的美、法、俄、印度、尼泊尔等国家，对英国

---

① 《圣武记》，《魏源全集》第 3 册，第 441 页。

形成军事、政治的战备包围，以磨灭英国人的嚣张气焰，以抵御英国的侵略。魏源说：

> 飞炮、火器皆创自佛兰西，而英夷效之。以及船械相等之葡萄亚、荷兰、吕宋、弥利坚等国，皆仰我茶、黄，贪我互市。欲集众长以成一长，则人争效力。欲合各国以制一国，则如臂使指。诚欲整我戎行，但得一边才之两广总督，何事不可为哉？①

这段话透露出魏源联合美、法各国以制英的一贯主张。其中还有两点值得注意。其一，把联合制英一事看得理所当然，所谓"合各国以制一国，则如臂使指"，又把联合制英看得十分容易。其二，这是当时官僚士大夫阶层十分普遍的一种认识，也是道光帝所认定的一种策略。事实上，越是知识精英，越是熟悉夷情的人，对"世仇"说也就越热衷，如林则徐在广督一职被革后，仍不失时机地向道光帝申述英国与美、法互仇的观念。② 后来道光帝几乎未犹豫就批准了与美、法签约，以及与美、法签约后社会反应比想象中还要平静，与"世仇"观念均不无关系，可见此一观念对社会的影响比想象中还要大。但鸦片战争时期，仍然有一些有识之士并未完全受此一观念的影响，甚至包括主和的琦善、伊里布等都始终未对美、法等国丧失警惕。可惜，包括魏源在内的朝廷上下官员大都对

---

① 魏源：《筹海篇三》，《海国图志》卷2，第38页。

② 林在被革职后，于10月13日奏陈道光帝的密片中，仍念念不忘英国与美、法互仇，英国与其他各国可能将有互斗情形出现，希望引起道光帝的关注。林的原话是，西方各国"因英夷阻其贸易，均各愤愤不平，如米利坚、佛兰西等国，其力皆足颉颃。金谓英船若不早回，伊国亦必遣船前来与之讲理"。（《林则徐奏英人扬言伊国不通贸易各国货船亦不得进口他国均各不平片》，《筹办夷务始末（道光朝）》，第512页）林则徐的上述说法，并无充分的情报作为支持，属于他个人的主观猜测，其中他特别突出"米利坚、佛兰西"两国，亦系其个人成见。但是，越是没有事实根据，越能证明其"世仇"观念的执着与自信，否则他是不会在个人命运的紧要关口上奏此事。当然，此时林则徐尚未接到道光帝10月3日将其斥革的谕令，不过对此他早有预期。

美、法等国抱有不切实际的期望，继中英《南京条约》，清政府与美、法等国顺利签约，几乎没有遇到任何障碍，再往后，西方其他不少国家继美、法之后不费一枪一弹就获得与英国同样的待遇，就已经很能说明问题了。当然，"以夷攻夷"说并非全无道理，若能有效地与美、法沟通，未尝不可以借助美、法的实力与资源。同时，"以夷攻夷"说可以化解强硬主战派僵化的种族主义观念。但"以夷攻夷"的实现，取决于清王朝的知识视野与外交水平，这一点魏源并未有过充分的考量。关于"以夷攻夷"，魏源又说：

今以海夷攻海夷之法如何？筹夷事必知夷情，知夷情必知夷形，请先陈其形势。英夷所惮之仇国三：曰俄罗斯，曰佛兰西，曰弥利坚。惮我之属国四：曰廓尔喀，曰缅甸，曰暹罗，曰安南。攻之之法，一曰陆攻，一曰海攻。陆攻在印度，逼壤印度者，曰俄罗斯与廓尔喀。俄与英之国都中隔数国，陆路不接，而水路则由地中海与洲中海，朝发夕至。康熙三十年间，英吉利曾由地中海攻俄罗斯，败绩遁归，自后不相往来。……故可乘而不乘，非外夷之不可用也，需调度外夷之人也。海攻之法，莫如佛兰西与弥利坚，佛兰西国逼近英夷，止隔一海港。弥利坚与英夷则隔大海，自明季国初之际，佛兰西开垦弥利坚东北地，置城邑，设市埠，英夷突攻夺之，于是佛夷与英夷深仇。及后英夷横征暴敛，于是弥利坚十三部起义驱逐之。……此各国之形也。其互市广东，则英夷最桀骜，而佛、弥二国最恭顺。自罢市以后，英夷并以兵艘防遏诸国，不许互市，各国皆怨之，言英夷若久不退兵，亦必各回国调兵艘与之讲理。去年靖逆出师以后，弥利坚夷目即出调停，于是义律来文，有"不讨别情，只求照例通商"之请，并烟价香港亦不敢索，此机之可乘者三。乃款议未定，而我兵突攻夷馆，反误伤弥利坚数夷，于是弥利坚夷目不复出力。而佛兰西于英夷再次败盟之后，是冬有兵头兵船，至广东求面见将军密禀军务，自携能汉语之二僧，请屏去通使，自言愿代赴江浙与英夷议款，必能折服，不致无厌之求。傥英夷不从，亦可藉词与之交兵。乃自正月与大帅晤商，始则不许代奏，及奏又支离其词，反以巨测疑佛兰西。延至六月，闻浙江奏请款抚，始许其行，时英夷兵船已深入长江，犯江宁，于是佛兰西船驶至上海，请我舟导其入江，而上海官吏，又往返申请稽时。迫佛兰西易舟入江，则款事已定数日，尽饱溪壑，佛兰西怅然而返。此机之可乘者四。故可乘而不乘，非外夷之不可用也，需调度外夷之人也。①

以上，魏源用了很长的篇幅来描述美、法、俄与英国的仇隙，在他看来，英国与美、法等的仇恨是不能化解的，故称之为"世仇"。但以上材料有很多明显的错误，按其分类则不过二端：一是康熙等时期一些老掉牙的旧材料；二是鸦片战争中社会上的一些传闻，其中有不少是主战派对耆英等人欲加之罪的不实之词。

"世仇"说是来自儒家的一个古老观念。依公羊学的"复世仇"，即使相隔九世，家国之仇都是一定要报的，这一观念与中国宗法观念相结合，在士人之中植根甚深。清代中叶公羊学的崛起，或有唤醒"世仇"观念的心理功用。作为清代公羊学的代表性人物，魏源对于"复世仇"自然知之甚深，并将它抉发成为一个意在抵抗英国侵略的新观念，此即魏源"世仇"说的基本背景。可以说，"世仇"说是魏源思想中不可忽略的一个观念。

"世仇"说反映了魏源对西方国家国际关系之现状的认识存在严重的不足，对世界近代大势与欧美国家的新格局缺乏一个清醒的了解。对此，冯桂芬批评道：

> 魏氏源论驭夷，其曰："以夷攻夷，以夷款夷。"无论语言文字之不通、往来聘问之不习，忽欲以疏间亲，万不可行。

---

① 魏源：《筹海篇三》，《海国图志》卷2，第32—34页。

且是欲以战国视诸夷，而不知其情事大不侔也。①

"忽欲以疏间亲，万不可行"，冯桂芬此言颇有所中。西方资本主义势力虽然常有复杂的利益纠纷，史上也颇不乏为争夺市场而发生战争的事例，但就殖民目标而言，西方列强在利益上却有着更多的一致性。同时，英、美、法等国同为西方国家，在制度、观念与民俗诸方面均颇为接近，而与中国的天朝体制存在根本性的冲突，故未来中国与英国之外的其他西方列强发生战争是势难避免的。对此，魏源显然并不了解。另外，从"以夷攻夷"说可以看出魏源晚年的另一问题，这就是他逐渐丧失了了解西方、学习西方的精神动力。1857年，即魏源去世的这一年，英、法两国已组成联军，且英、法等西方国家互相勾连之事此前也屡有发生，事实已经证明了"以夷攻夷"说的错误。然而，魏源晚年未能对《海国图志》一书做进一步的修改。

三　徐继畬的思想

（一）徐继畬及其《瀛寰志略》

徐继畬（1795—1873）是近代中国开眼看世界的先驱人物。鸦片战争时期，少数优秀的中国人开始接触、了解西方世界，其中最富光彩的两个人就是魏源与徐继畬。

徐继畬，字松龛，山西五台人。他是清代名臣，历任台湾兵备道、福建布政使、广西及福建巡抚、闽浙总督等，同治时期曾任同文馆首任事务大臣。徐继畬还是晚清著名学者，有《瀛寰志略》《退密斋时文》《退密斋时文补编》《古诗源评注》等著述。

---

① 冯桂芬：《制洋器议》，《校邠庐抗议》，上海书店出版社2002年版，第49页。

　　徐继畬拥有丰富的外交经验。1843 年徐继畬任福建布政使一职，即成为处理与西方外交事务的重要负责人，1847 年又升福建巡抚，更成为福州、厦门两处口岸通商事务的主要负责人。以徐继畬对西方事务的了解程度，在沿海守臣中属于顶尖人才，对此，时任闽浙总督的刘韵珂有过一段评说：

　　　　臣自莅闽以来，时深顾虑，幸得新授广西巡抚臣徐继畬熟悉八闽利弊，洞晓各夷情伪，遇事熟筹密商，时向厦门道恒昌，指授机宜。故虽英夷或间有备约要求，或夷商因纳税狡狯，或华夷因语言不通，口角争斗，均可设法，随时了结，相安无事。……是闽省夷务，日形繁重，其得以无误，并可数年相安者，徐继畬之力，十居八九，臣实不敢掠人之美以为己有也。……徐继畬新承宠命，擢抚粤西，交卸闽藩，自必迎折北上。臣阅伍未毕，旋省尚需时日，设有应议之夷务，接办竟无其人，臣昼夜焦灼，匪言可喻。况浙江、台湾各伍，均尚未阅，试垦水沙连番地，如蒙允准，亦须臣东渡查勘。彼时赴台浙，则恐误夷务，顾夷务，则恐误台浙，臣实有分身乏术，兼顾为难之势。……臣反覆思维，接办夷务，急宜得人，然欲求如徐继畬之人地相宜者，实难其选。①

　　这是刘韵珂于道光二十六年（1846）底上陈道光帝的奏折。由于徐继畬即将从福建布政使上离任，时任闽浙总督的刘韵珂担心徐去职后再也找不到熟悉夷务的人。刘韵珂在沿海督抚中无疑也是少数熟悉夷情的人，他如此急迫地想挽留徐继畬不要离开福建，一方面说明当时夷务人才的严重稀缺，另一方面也很能说明徐继畬对夷务的熟悉程度。后来道光帝很快改迁徐继畬为福建巡抚，即与刘

<hr>

　　① 刘韵珂：《密陈夷务急须得人办理折》，中国史学会主编：《中国近代史资料丛刊·第二次鸦片战争》第 1 册，上海人民出版社 1978 年版，第 378—379 页。

韵珂此折有关，但更与徐继畲的知识能力只有在沿海口岸地区才能发挥作用有关。把福建与广东的主要督抚大员进行比较，或把徐继畲与当时其他的沿海督抚进行比较，徐继畲显然是其中最突出的一个。更难能可贵的是，徐继畲是积极介入夷情，并主动与西方人交往，而耆英等人则是被动的，他们的夷务策略是尽量避免与西人的交接。从上述刘韵珂的奏折中，我们可以很清楚地了解到，徐继畲办理夷务方面是何等的得心应手。徐继畲之所以能够驾轻就熟地处理夷务，在于他不仅能够认真主动地去了解西方世界，还能够以客观理性的态度去认识世界，能够最大限度地淡化仇英情绪，并且理性地面对一切对英事务。客观理性这一特征，淋漓尽致地体现在他的《瀛寰志略》一书中。

《瀛寰志略》是近代中国人开眼看世界的杰作，正是这部书使徐继畲跻身于中国近代著名的史地学家和思想家的行列。道光二十三年，在魏源编成《海国图志》50卷的次年，徐继畲也着手编撰《瀛寰志略》。此后五年间，经数十易其稿，《瀛寰志略》于道光二十八年完稿并刊行。此书是中国人所写的第一部真正意义上的世界地理书，也是近代中国首次突破中国中心观念而对中国进行正确定位的一部书。

鸦片战争之后，在第一批开眼看世界的近代中国人中，大多数还是出于知己知彼的战略需要，迫不得已地去了解英国这个对手，由此顺便延及西方世界。虽然这些人也是睁开眼睛看世界，但大都始终带有浓厚的仇夷情绪，因此，他们看到的世界，实际上是一种戴着有色眼镜所看到的世界，是一个改变了色彩的世界，故而，他们对西方的了解往往带有明显的主观与偏见。然而，徐继畲却是当时唯一的例外。或许徐继畲也难于完全化解仇夷情绪，但他在了解和认识西方世界的过程中，能够尽量排解情绪，摒弃主观，力图做到客观与理性，试图以一种相对客观与平和的态度专注于认识与探索西方世界的过程之中。这种十分突出的理性态度，在当时还没有其他人可以做到，即使是魏源也做不到。

（二）《瀛寰志略》：以图为纲的世界地理著作

《瀛寰志略》的著述体例，是以图为首，先图后文，"依图立说"，呈现出明显的以图为纲的问题意识与叙事方式。徐继畬在《瀛寰志略自序》中劈头第一句话便是：

> 地理非图不明，图非履览不悉，大块有形，非可以意为伸缩也。泰西人善于行远，帆樯周四海，所至辄抽笔绘图，故其图独为可据。……乃依图立说，采诸书之可信者，衍之为篇，久之积成卷帙。[1]

与"自序"一样，"凡例"的第一条亦申明"此书以图为纲领"，强调地图在全书中的纲领性作用。徐继畬说：

> 此书以图为纲领，图从泰西人原本钩摹，其原图河道脉络细如毛发，山岭、城邑大小毕备。既不能尽译其名，而汉字笔画繁多，亦非分寸之地所能注写，故河道仅画其最著者，山岭仅画其大势，城邑仅标其国都，其余一概从略。[2]

第一句话即明确点出全书体例的核心，在于"以图为纲领"。刘鸿翱在《瀛寰志略序》中也说，此书"先绘总图，次各绘分图，次考据，次论断"，[3] 说明当时人已经认识到地图在此书中的突出作用。

全书共 42 幅地图，包括地球总图，以及四大洲与诸多国家的分图。其中第一幅与第二幅即为东、西两半球，二者共同构成世界

---

① 徐继畬：《瀛寰志略自序》，《瀛寰志略》卷首，第 6 页。
② 徐继畬：《瀛寰志略凡例》，《瀛寰志略》卷首，第 7 页。
③ 刘鸿翱：《瀛寰志略序》，《瀛寰志略》卷首，第 2—3 页。

地理总图。据此，徐继畬将世界分为四大洲和五大洋。他依据西方地理学以图带说的基本理念，首先以鸟瞰的高度与视野看地球，从地球的描述中展开对世界整体样貌的叙事。《瀛寰志略》全书的开头也正是从地球的总貌说起：

> 地形如球，以周天度数分经、纬线，纵横画之，每一周得三百六十度，每一度得中国之二百五十里。海得十之六有奇，土不及十之四。泰西人推算甚详，兹不赘。
>
> 地球从东西直剖之，北极在上，南极在下，赤道横绕地球之中，日驭之所正照也。赤道之南北各二十三度二十八分，为黄道限，寒温渐得其平，又再北再南各四十三度四分为黑道，去日驭渐远，凝阴互结，是为南、北冰海。
>
> 地球从中间横剖之，北极、南极在中，其外十一度四十四分为黑道，再外四十三度四分为黄道限，再外二十三度二十八分赤道环之。①

以上，徐继畬用简洁的语言，清晰而大体准确地描述了地球的情状，相对完整地接受了西方地理学以图为纲的核心理念。紧接着，徐继畬写下自己的按语：

> 北冰海人人知之，南冰海未之前闻。顷阅西洋人所绘地球图，于南极之下注曰"南冰海"，以为不通华文，误以"北冰海"例称之也。询之米利坚人雅裨理，则云："此理确凿，不足疑也。"赤道为日驭正照之地，环绕地球之正中，中国在赤道之北，即最南滨海之闽、广，尚在北黄道限内外，较之北地寒暖顿殊，遂以为愈南愈热，抵南极而石烁金流矣。殊不知日驭所行，乃地球正中之地，由闽、广渡海而南，水程约五六千

---

① 徐继畬：《瀛寰志略》卷1，2001，第1页。

里而至婆罗洲一带，乃正当赤道之下，其地隆冬，如内地之夏初。然再南而至南黄道限之外，其气渐平。再西南而至阿非利加之岈朴，则已见霜雪。又再西南而至南亚墨利加之铁耳聂离，已近南黑道，则坚冰不解，当盛夏而寒栗。由此言之，南极之为冰海，又何疑乎？中国舟行不远，以闽、广为地之尽头，遂误以赤道为南极，固宜其闻此说而不信也。①

由此，可以看出徐继畬对近代地理学的个人体悟，明显突破了时人传闻之知的范畴。正如徐继畬所说，中国人对"南冰海未之前闻"，因为在中国人的概念中，北地寒而南地热，极南之地是不可能有冰的。以徐继畬的知识视野，一开始也以为"南冰海"是"北冰海"的误写。但他没有浅尝辄止，从雅裨理那里得到真相后，还能进一步把经验上升到理性，从天文、地理与气候的基本知识原理来理解南极有冰的现象，体现了一个独立的思想主体积极探索域外的知识能力，从而得出了合乎逻辑与事实的知识结论。其中，若没有独立的思考过程是不可能做到的。同样，对于西方人传过来的其他地理知识，徐继畬也依靠自己的经验与理性做到最大可能的消化。正是因为建立在个人独立思考的基础上，所以他才说出"何疑乎"这样的话，不仅表现出相当充分的知识自信，而且表现出对西方知识虚心接受的态度。实际上，《瀛寰志略》一书的字里行间，在在体现出徐继畬对西方知识的尊重。即使在他看来，西方的某些说法也未必准确，但他仍然沿用了西方地理的既有成果，不过在这样做的时候，总会以质朴的语言，直言不讳地指出其不足。关于世界各大洲的划分，徐继畬说：

大地之土，环北冰海而生，披离下垂如肺叶，凹凸参差，不一其形。泰西人分为四土，曰亚细亚、曰欧罗巴、曰阿非利

---

① 徐继畬：《瀛寰志略》卷1，2001，第1—4页。

加，此三土相连，在地球之东半，别一土曰亚墨利加，在地球
之西半。四大土之名乃泰西人所立，本不足为与要，今就泰西
人海图立说，姑仍其旧。近又有将南洋群岛名为阿塞亚尼亚洲
称为天下第五大洲，殊属牵强。①

在缺乏更充分的可信史料情况下，"姑仍其旧"，既反映了当时国
人初识世界时知识的时代条件严重不足，也体现了一种存疑的学术
态度。这是清代朴学实事求是的学术诉求，也与西方近代怀疑论思
想有暗合的成分。其中的一些具体观点，如否认西方人以大洋洲为
世界第五大洲的说法，殊属错误，但无碍于其世界整体视野。

《瀛寰志略》书写的总体构架，是由世界地理全貌，到各大洲
与各国。至于中国在世界地理中的位置，徐继畬也是从世界地理的
总体定位中来描述的。徐继畬说：

> 亚细亚者，北尽北冰海，东尽大洋海，南尽印度海，西括
> 诸回部，西南抵黑海，在四土中为最大。中国在其东南，卦兼
> 震、巽，壤尽膏腴，秀淑之气、精微之产，毕萃于斯，故自剖
> 判以来，为伦物之宗祖，万方仰之如辰极。我朝幅员之广，旷
> 古未有，东三省之东北隅，地接俄罗斯，正北之内外蒙古诸
> 部，悉其庭幕，编入八旗为臣仆，西南之青海、两藏，置侯尉
> 而安枕，西北之新疆、回疆，包《汉志》西域诸国之大半，
> 而卡外之哈萨克、布鲁特诸部，岁以牲畜供赋役，东海之朝
> 鲜、琉球，南裔之交阯、暹罗、缅甸、南掌、廓尔喀诸国，修
> 贡职无愆期。是亚细亚一土，未奉我正朔之仅有东海之倭国、
> 北裔之俄罗斯、极西之弱小诸回部、南荒之印度诸国耳，则中
> 国之在亚细亚，固不止得其半也。②

---

① 徐继畬：《瀛寰志略》卷1，第4页。
② 徐继畬：《瀛寰志略》卷1，第4页。

所谓"卦兼震、巽，壤尽膏腴，秀淑之气、精微之产，毕萃于斯，故自剖判以来，为伦物之宗祖"等语，则大体缘于其身份地位以及忌讳当时的政治环境，放在总体框架中实则无足多道。在大的构架中，体现了近代中国人第一次从世界看中国，而不是魏源式的从中国看世界，对于打破传统的天下文化观有一定意义。

要之，《瀛寰志略》采用以图为纲，先图后文，先世界后中国的叙事框架，比较清晰地呈现出世界各大洲与各个主要国家的地理、历史与文化概貌。这种书写体例有两个长处：一是以图为先，整个世界都在图中，容易使人有一图在手世界便在身边的感觉，便于拉近外部世界在国人中的心理距离；二是便于把域外世界的实况相对清晰地呈现出来，从而外部世界不再是万里之遥如坐雾中的神秘景色，而是与中国同样并立于地球上的不同国度。要之，这种体例进一步凸显了作者立足世界的学术视野，使此书的全面性与准确性都较为明显地超越了当时的同类著述。

李慈铭对《瀛寰志略》的西学眼光十分不满，却也不得不承认此书的长处，称其对"泰西人所绘地图采择考证，各依图立说"，"其用心可谓勤，文笔亦简净"的著述特征。[①]

（三）《瀛寰志略》的世界意识与多元文化观

《瀛寰志略》先总图后分图、先世界后中国的著述体例，不过是徐继畬由世界看中国的问题意识之表征，其更深一层的意义，则体现了其时代先觉者的世界意识。

鸦片战争时期，中国人关于域外世界的知识几乎为零，甚至为负。此前中国传统史志关于域外的记载中，充满了关于人种、风俗等方面种种荒诞不经的描述。大体上，传统史志是在传统的天下观念与"华夷之辨"的支配下，把远隔万里的域外视为未经进化的人类，是野蛮人，是一些异类。正史之外，大多数杂史更是以讹传

---

① 李慈铭：《越缦堂读书记》，上海书店出版社 2000 年版，第 526 页。

讹，荒诞至极，诸如一臂、两翼、三身等种种奇谈怪论不一而足。而一般文人士大夫，对于这种离奇的传说更是津津乐道，其影响及于广大社会。如前所述，鸦片战争时期，甚至在主流士大夫之间广泛存在英人的腿脚僵直、不善陆战之说，乃至在一段时间内成为影响早期战略决策的因素之一。可见，此类离奇传说构成了国人了解域外知识的严重障碍，是近代中国人开眼看世界过程中急需清理的观念。

带着这样的问题意识，《瀛寰志略》对上述种种讹传进行了严肃的清理。在此书中，徐继畬不时流露出对上述讹传进行清理的意图。为纠正中国人对域外世界的严重误解，徐继畬一方面有意凸显求实求真的精神，在现有材料的基础上对外部世界做了朴实的描述，通过对世界各国尤其是欧美国家的详细描述，向国人介绍海外世界的真实情况；另一方面，对传统史籍的错误进行公开的揭露，这也是《瀛寰志略》偏重考据的原因之一。要从根本上解除国人的误识，最有效的途径是从源头做起。毋庸讳言，错误观念的源头来自官方正史，对官僚与士人群体影响最大的无疑也是官方正史。故《瀛寰志略》率先澄清"历代史籍"中的种种讹舛。徐继畬说：

> 南洋诸岛国苇杭闽粤，五印度近连两藏，汉以后、明以前皆弱小番部，朝贡时通，……故于此两地言之较详。至诸岛国，自两汉时即通中国，历代史籍不无纪载，然地名、国号展转淆讹，方向远近亦言人人殊，莫可究诘，转不如近时闽粤人游南洋者所纪录为可据。此书于南洋诸岛国皆依据近人杂书，而略附其沿革于后。五印度现为英吉利属部，皆依据泰西人书……①

这是明确揭示传统史地经典的错误。"历代史籍"虽"于此两

---

① 徐继畬：《瀛寰志略凡例》，《瀛寰志略》卷首，第7页。

地言之较详"，但"地名、国号展转淆讹，方向远近亦言人人殊，莫可究诘"。这种从学术史上正本清源的做法，在当时王朝大一统的思想时代，是有不小风险的，由此亦见徐继畬亟亟矫正国人错误认识的迫切心理。正是格于自己的身份与守旧的文化氛围，徐继畬不便于在卷首的位置显示锋芒，因此把更犀利的批判放置于冗长的正文之中。徐继畬明确指出："史籍、官书，半由采辑，仅可志其沿革，不能据为典要。"① 这实际上是公开挑战官方正史在域外史地学上的地位。不言而喻，汉以后的"历代史籍"，必然包括《汉书》《后汉书》等史学经典，也包括清王朝官修的《明史》。徐的做法，在一定意义上也意味着其对拥有史学经典与官方正史地位的《汉书》《明史》的双重否定。

据上，《瀛寰志略》在史学史上已显示出疏离中国中心观的意义。当然，对于徐继畬个人来说，他未必是有很明确的意识要打破中国中心史观，他主要是出于解决中国现实困境的诉求，决定了他对外部世界采取这种写实的方式，因为只有客观地、实事求是地呈现世界的真实面貌，才能打破国人对海外的一切主观臆想。《瀛寰志略》体例中多次言及的详外略中、于天朝之事不敢多涉考据、多取西人地图与记述等，说明徐继畬已经相信西方知识的有效性与准确性。

徐继畬的世界观念，来自其天下变局意识。徐继畬有着敏锐的世变意识，认为当今中国已处于史无前例的"古今一大变局"之时代。《瀛寰志略凡例》第二条云：

> 南洋诸岛国苇杭闽粤，五印度近连两藏，汉以后、明以前皆弱小番部，朝贡时通，今则胥变为欧罗巴诸国埔头，此古今一大变局。②

① 徐继畬：《瀛寰志略》卷2，第29页。
② 徐继畬：《瀛寰志略凡例》，《瀛寰志略》卷首，第7页。

这是清晰揭示出欧洲强国侵入南洋后，南洋诸国一变而为列强的码头，南洋形势为之大变。就中国言之，则一些南洋国家与中国宗藩关系的变化，已然引发了中国周边国际局势的大变，故称“此古今一大变局”。这种变局意识，实际上成为贯穿全书的一条思想线索。在《瀛寰志略》卷2《南洋各岛》中，徐继畬较为详细地叙述了南洋、印度等地的历史及逐渐沦为西方人殖民地的过程。徐继畬在按语中说：

> 南洋一水，万岛环生，……（明）中叶以后，欧罗巴诸国航海东来，蓄谋袭夺，……自泰西据南洋诸岛，城池坚壮，楼阁华好，市廛繁富，舟楫精良，与前此番族之荒陋，气象固殊，而中土之多事，亦遂萌芽于此。英吉利诸埔头在息力以西，南洋诸岛非其有也，然国势既强，西班牙、荷兰非其匹敌，莫敢迕视。其视南洋诸岛，若已有之，修船炮、备糗粮，诸岛皆奉承唯谨，不必涉息力以西，而后能办应也。昔之南洋为侏儒之窟宅，今之南洋乃欧罗之逆旅。履霜冰至，岂伊朝夕？事势之积渐，盖三百余年于此矣。①

南洋、印度等地一步一步沦为欧西人的码头，“履霜冰至，岂伊朝夕？”是“事势之积渐”，是三百多年来形成的一个无法逆转的过程。其所以如此，还是在于以英国为代表的欧洲国家实力强大，人为刀俎，我为鱼肉，南洋人无力相抗。

徐继畬的“大变局”说，是从历史走向揭示：不仅中国对外形势的重心已由西北边疆转移到了东南沿海，而且中国面临的对手是史无前例的以工商业与航海贸易为本的新型强国。

鸦片战争时期，徐继畬提出或承载了多元文化观念，表现出了宽容、开明的文化倾向，这在中国知识界中是极其少见的。在此之

---

① 徐继畬：《瀛寰志略》卷2，第52页。

前，文人士大夫阶层基本上秉持着以"华夷之辨"为中心的天下文化观念，不论是林则徐还是魏源都是如此，林、魏二人之间只是程度不同而已。《瀛寰志略》则是委婉或隐曲地表述了对异域文化的宽容，以及对西方文化在价值上的基本肯定。对于中西文化观念，已隐然有突破传统大一统思想支配下的一元论文化史观的倾向，已默认在中华文明之外，还有别样的文明。如果对魏源与徐继畬二人做一个简单的比较，则徐继畬肯定西方的物质文明，同时也在很大程度上肯定器物背后的精神文明；而魏源则是肯定西方船炮技术，对船炮背后的学术文化则基本上不认同。《瀛寰志略》还率先否认了长期流行的西学中源说。徐继畬说：

> 周孔之教无由宣之重译，……固不必操儒者之绳墨而议其后也。①

徐继畬着重强调不多言中国史地与蒙藏史地，意味着他不愿意简单地以华夏文明的尺度来论列域外文明。

徐继畬的多元文明的思想倾向，主要体现在以下几个方面。

首先，从历史源流上肯定不同民族文明的发生与演变。这实际上已疏离了中国中心的天下观，而是从世界眼光来看不同国家与民族的文化史。其主要观念，正如有学者指出的，徐继畬认识到"全球人类古代文明是多元发生的，虞舜至周代域外先后出现了巴比伦、埃及、希腊、波斯、犹太、腓尼基、罗马七个古时名国"。②

---

① 五台徐继畬纪念馆藏《瀛环志略》校定稿，第29页，转引自任复兴主编《徐继畬与东西方文化交流》，中国社会科学出版社1993年版，第387页。任复兴认为，徐继畬"率先突破华夷一元秩序观"，是鸦片战争时期肯定"西方近代文明"与世界多元文化观的代表，与魏源的以中国为地理、政治、文化中心的"一元世界"形成了鲜明的对照。见上书，第386—387页。

② 任复兴：《徐继畬与中国近代外交的转变》，氏主编《徐继畬与东西方文化交流》，第216—218、387页。

其次，在文化价值层面上对欧美文化的肯认。如前所述，徐继畲推崇西方科技与工商业，明确地在事实层面承认西方国家的富强。但这一认定在本质上是一种文化意义上的肯定。①

最后，对欧美国家元首的公开称颂中，也反映了徐继畲对异域文明的宽容思想。对此，人们最熟悉的是他对华盛顿的赞美：

> 华盛顿，异人也。起事勇于胜、广，割据雄于曹、刘，既已提三尺剑，开疆万里，乃不僭位号，不传子孙，而创为推举之法，几于天下为公，骎骎乎三代之遗意。其治国崇让善俗，不尚武功，亦迥与诸国异。余尝见其画像，气貌雄毅绝伦。呜呼！可不谓人杰矣哉。②

徐继畲以中国唐虞时代的禅让制来理解美国总统的选举制度，把华盛顿说成西土禅让制的创始人。此言可见儒家主流价值观对徐继畲的明显影响，同时也反映了徐继畲对美国民主制度缺乏基本的理解。但其中有两层意思值得注意：一是称华盛顿是传贤而不传子孙的一代"人杰"，实际上是已经打了折扣的说法，其文字中实际蕴含的意思是把华盛顿比作尧舜一样的圣贤之主，这在中国士人的意义世界中是一种最高级的赞誉；二是华盛顿之创制，"几于天下为公，骎骎乎三代之遗意"，十分接近中国人两千多年梦想中的三代理想。体现在美国风俗，则"治国崇让善俗，不尚武功"，也很合乎中国人以和为美、以和为上的价值原则与精神境界。所以，这段话虽反映了徐继畲对美国政治制度的隔膜，却明白无误地表现出他在价值层面对美国文明的肯定。徐继畲之说，固与当时国人对美国人的良好印象相关，但更多的是他对美国文化的个人体悟。

---

① 徐氏认为，西方国家政治正合乎孔孟儒家先富后教之说，这是一种文化意义上的肯定。

② 徐继畲：《瀛寰志略》卷9，第277页。

　　对彼得大帝的推许，更凸显了徐继畬对西方近代文化的肯定性倾向。徐继畬说：

　　　　康熙四十年，立彼得罗为国王。彼得罗……既为众所推立，卑礼招致英贤，与图国事，躬教士卒骑射，兼习火器，悉为劲旅，由是政令更新，国俗为之一变。境内既平，乃巡行边界，开通海口，尝以俄人不善驶船，变姓名走荷兰，投舟师为弟子，尽得其术乃归，治舟师与瑞典战，胜之，瑞典割芬兰以讲，遂建新都于海滨，曰彼得罗堡。疏通波罗的海道，水陆皆操形势，战胜攻取，疆土愈辟。俄罗斯近世之强大，实自彼得罗始也。彼得罗殁，其后嗣位，敏慧有权谋，所任大将名震邻国，疆土益广。乾隆二十年，王后加他邻。嗣位，淫荡多嬖，而精于理事，招致他国百工，厚给廪饩，教国人以艺事，广延文学，兼修武备。①

以上值得注意者有二。一是说"俄罗斯近世之强大，实自彼得罗始"，公开推许彼得大帝为俄罗斯历史上的伟大君主；又称颂彼得能招贤纳士、勤于国事、革新政治，是一位德才兼备的政治家。这些说法也多多少少地反映了徐继畬学习西方并革新政治的思想主张。二是对叶卡捷琳娜二世的正面评价。徐继畬明知其"淫荡多嬖"，德行败坏，但仍然承认她是一位好国君，这在当时万恶淫为首的文化氛围中需要很大的勇气。一方面反映了徐氏敢于发表自己的真实见解，敢于客观公正地直笔写史，另一方面反映了他有一些突破传统道德理想主义的思想倾向。

　　以上种种，都显示出徐继畬已经初步摆脱了传统天下观的束缚，以及淡化中国中心观的思想倾向。这种疏离中国中心的世界史观，既是立足于世界去认识世界，也是立足于世界重新来认识中

---

① 徐继畬：《瀛寰志略》卷 4，第 116—117 页。

国，重新审视中国当下所面临的国际环境，其意图不言而喻：重新考量被西方列强环伺的中国、处于海洋时代笼罩的中国，中国人应该如何为自己定位。

（四）近代富强观念的抉发

徐继畬是近代富强观念的重要发轫者。从《瀛寰志略》一书中，几乎从头到尾都可以感受到西方世界国富民强的浓厚气息。在《瀛寰志略》中，徐继畬揭示了欧美国家走上富强之路的普遍规律，以及臻致富强的缘由，指出欧美国家之所以强大，就在于大多国家实行了"以商贾为本"的国策。他还把富强与否视为衡量一个国家强弱的首要标准。

徐继畬首先看到，西方国家富强的重要原因，与其在海外开拓殖民地之事密切相关。徐继畬说：

> 海南饶沃之土，以噶罗巴为最，荷兰以诡谋取之，遂致富强。[①]

又说：

> 英吉利夐然三岛，不过西海一卷石，揆其幅员，与闽、广之台湾、琼州相若，即使尽为沃土，而地力之产能有几何？其骤致富强，纵横于数万里外者，由于西得亚墨利加，东得印度诸部也。亚墨利加一土孤悬宇内，亘古未通声闻，英人于前明万历年间探得之，遂益万里膏腴之土，骤致不赀之富。其地虽隔英伦万里，而彼长于浮海，视如一苇之杭。[②]

---

①　徐继畬：《瀛寰志略》卷2，第42页。
②　徐继畬：《瀛寰志略》卷7，第236页。

徐继畬还看到了港口贸易对于西方近代国家臻致富强的重要作用。他不仅重点介绍英国在南亚、东南亚一带的贸易关税，还注意到褊狭小国咮国，因其在波罗的海设关榷税而成为欧洲富强国家之一。徐继畬说：

> 英人自得五印度榷税养兵，日益富强。①
> 是时英商船通行四海，日益富强。②
> 英以大臣居守（米利坚），沿海遍置城邑，榷税以益国用，贸易日益繁盛，以此骤致富强。③

又说：

> 峡口名加的牙，阔仅数里，咮设关榷税，不则扼之，使不得过，诸国无如之何，亦遂安之，其国之富强以此……按：咮国之在欧罗巴，壤地甚褊，未堪与诸大国比权量力也。而加的牙一港，扼波罗的海数千里之喉，咮人实掌其管，遂翘然为一方之杰。国之强弱，岂尽在乎疆土之广狭哉！④

"国之强弱，岂尽在乎疆土之广狭哉！"这是试图总结出某种规律性东西。这一说法，显然是在探索欧美国家走向富强的缘由，希望为中国未来发展道路提供一种可供资鉴的历史参照。

徐继畬还直截了当地揭示出西方诸国富强的根本原因，在于其"以商贾为本计"。徐继畬说：

> 欧罗巴诸国，自前明中叶即航海东来，南洋各番岛，处处

---

① 徐继畬：《瀛寰志略》卷3，第76页。
② 徐继畬：《瀛寰志略》卷7，第231页。
③ 徐继畬：《瀛寰志略》卷9，第276页。
④ 徐继畬：《瀛寰志略》卷4，第135页。

占立埔头。……盖西人以商贾为本计，其沿海设立埔头，专为牟利，若处处留兵护守则得不偿失。……设强据其海口，即一时幸胜，能保诸国之甘心相让乎？留重兵则费不赀，无兵则恐诸国之乘其不备，聚而歼旃，市舶虽往而埔头不设，殆为是耳。①

徐继畬认识到，欧洲人"设立埔头"的目的是"专为牟利"，因为驻军的成本太高，不合乎"专为牟利"初衷，故欧洲列强在南洋各地普遍只设立码头而不设驻军。由此，徐继畬看到了西方国家"以商贾为本计"的立国之本。他又以荷兰、英国为例，反复言说斯旨："欧罗巴诸国皆好航海，立埔头，远者或数万里，非好勤远略也，彼以商贾为本计，得一埔头则擅其利权而归于我，荷兰尤专务此。""大约近年以来，小西洋诸岛国，以英吉利为主；东南洋诸岛国，除吕宋属西班牙，余皆以荷兰为主。地本弹丸，而图国计于七万里之外，历数百年无改，亦可谓善于运筹者欤。"②

　　这里，徐继畬实际上已触及西方资本主义国家的本质。他再三致意西方强国"以商贾为本""国计全在于此"，在一定程度上认识到了商业利益对于西方社会无所不在的驱动力。西方列强万里远航而来，不论是设码头，还是建立其他设施，不论是使用武力，还是到处传教，一切手段都是围绕其"商贾为本"的战略目标。在中国数千年不变的以农立国传统的映照之下，西方诸强的"以商贾为本"，更彰显出中西国家在"国本""国计"上的根本差异，故徐继畬感慨西方人的"善权子母"与"善于运筹"。徐继畬说：

　　　　欧罗巴诸国皆善权子母，以商贾为本计，关有税而田无赋。航海贸迁，不辞险远，四海之内遍设埔头，固由其善于操

---

① 徐继畬：《瀛寰志略》卷 1，第 26—27 页。
② 徐继畬：《瀛寰志略》卷 6，第 196、197 页。

舟，亦因国计全在于此，不得不尽心力而为之也。①

可惜的是，清王朝以重农轻商为国策，徐继畬身为朝廷重臣，不便于公开张扬"商贾为本计"的现实意义。不过，我们从《瀛寰志略》一书可以明显看到，徐继畬对于通商贸易在近代国家中的意义并不仅仅是一种猜测或觉察。以上几段话都出自徐的"按语"，可谓是一种总结性的观点，从他的感慨中可见其对西方以商贾立国的印象是清晰而深刻的，是经过反复考量而形成的结论。与魏源相比，徐继畬是有意识地阐发这一思想主题，而魏源基本上是片言只语，浅尝辄止。如果说魏源直觉到了商贸在近代西方列强崛起过程中的重要作用，那么徐继畬则是比较清晰地认识到商业对于近代西方国家臻致富强的根本驱动，至少他发现了中国以农为本之外的另一种国本，甚至意识到了另一种国家政体意义上政治经济结构体的存在。或者说，徐继畬是在对世界各国历史进行比较与分析的基础上，认识到西方国家的"商贾为本"属于另一套制度文化。

作为近代中国第一批域外史地著作，《瀛寰志略》的缺陷也是明显的。

书中具体内容的错讹仍有不少，比如译名不统一、地名错误等。对此，清人张穆、郭嵩焘都有所揭示。光绪年间学者曾详考其误，指出其"有邦国称名之误、方向错置之误、地势断续之误、部属遗漏之误、岛屿遗漏之误、岛名错置之误、川名错置之误、东西互易之误、远近失考之误、大小失实之误"，共计 11 类之多。这些错误属于技术类的，主要原因在于时代条件的限制，如基本资料、翻译人才的缺少，导致"口传、误听、误译"的情形。②《瀛寰志略》是被后人公认的"考核甚精"之作，都有如此众多的错误，可见当时域外史地著述的一般状况。

---

① 徐继畬：《瀛寰志略》卷 4，第 115 页。
② 《〈瀛寰志略〉订误》，《瀛寰志略》卷尾"附录"，第 312 页。

徐继畲的缺陷还在于，他以极为简略的语言，叙述如此庞大的信息量，而且又是全新的知识与理念，对于大多数普通读者来说是难于消化的。尤其是其叙述文字中以赤道和经纬线为界标，已经阐述得相当清楚，但在地图中（可能是考虑到中国人的地图习惯）却把赤道线与经纬线一概略去，使阅读者难以对地球知识建立起一个更为清晰准确的印象。由此可见，徐继畲对地图经纬线的实际意义并不完全了解。

四　《海国图志》与《瀛寰志略》：认识西方的两种精神方向

关于魏、徐二人的思想差异，如果做一个最简单的概括，则基本上可以认定：魏源是从中国看世界，而徐继畲是从世界看中国。这一点，比较明显地体现在《海国图志》与《瀛寰志略》这两本书中。如前所述，与《海国图志》相比，《瀛寰志略》在编撰体例上出现了一个重要变化。魏源的《海国图志》，立足于鸦片战争时期的中英对抗局势，地理上从中国东南沿海出发，由近及远，到东南洋、印度等地，再到欧美及其他各洲。从学术史的角度，《海国图志》的确标志着传统历史地理学从西北向东南、从内陆到沿海的转变，但其问题意识是从中国内陆到中国沿海，由中国国内到国外，其思想旨趣基本表现为以中国为中心的叙事体例。魏源的救国救时意识十分明确，他写《海国图志》的目的也相当明确，即"师夷长技以制夷"，也就是通过学习西方的军事技术来达到挽救时局并战胜英国的目标。对比之下，徐继畲的《瀛寰志略》则先图后文，先世界后中国。卷一首先陈列地球的两个半球图，从地球全貌说起，然后依次分说四大洲与世界各国情形。这与魏书中国—东南洋—南洋—西洋的由近到远的问题理路有着方向性的差异。

对于魏、徐二书的上述区别，梁启超即早有发现。梁启超说：

言世界地理者，始于晚明利玛窦之《坤舆图说》……鸦片战役后，则有魏默深《海国图志》百卷，徐松龛继龛《瀛环志略》十卷，……魏书不纯属地理，卷首有筹海篇，卷末有筹夷章条、夷情备采、战舰火器条议、器艺、货币……篇中多自述其对外政策，所谓"以夷攻夷"，"以夷款夷"，"师夷长技以制夷"之三大主义，……徐书本自美人雅裨理，又随时晤泰西人辄探访，阅五年数十易稿而成，纯叙地理，视魏书体裁较整。此两书在今日诚为刍狗，然中国士大夫之稍有世界地理智识，实自此始。①

《瀛寰志略》与《海国图志》在著作体例上的歧异，缘于徐、魏二人的学术旨趣颇有不同。②

徐继畬受清代考据学的影响甚大，可以说，清代考据学的学术观念与方法，大大有助于徐继畬开拓学术视野，涵泳兼容与开放的精神。

严谨的治学态度，排比考订史料，使其图其文多表现出清代考据学者求实求真的治学态度。例如，关于南洋各岛问题，徐继畬不仅"历考诸家杂说"，而且想方设法向中西亲历者咨询，既重文献，亦重亲身调查，从而能够"参互考订"，比较其长短优劣，在有限的条件下做到最大化的客观与准确。徐继畬说：

南洋各岛，泰西人所绘图最为审细，而其说不甚详，译写地名亦多舛异，历考诸家杂说，各有短长。陈伦炯《海国闻见录》得其大致，而方向界址大半迷误，其所云水程更数亦多舛错。王大海《海岛逸志》言噶罗巴事最详，彼侨寓其地

---

① 梁启超：《中国近三百年学术史》，《饮冰室合集·专集之七十五》，中华书局1989年版，第323—324页。

② 就文化心理层面而言，则反映了徐、魏二人的文化观与价值观颇有不同。

者十余年，躬所履览，自不诬也。其余半涉影响，惟谢清高《海录》于暹罗诸属国暨婆罗洲、苏门答腊两大岛，缕悉言之，确凿可据，盖曾游览其地者，其余各岛则有乖有合。此外史籍、官书，半由采辑，仅可志其沿革，不能据为典要。今就泰西人原图，博采诸家之说，又询之泰西人及厦门曾历南洋之老舵师，参互考订，约略言之，不能保其必无舛午也。①

徐继畬意识到，即使主观上做到了最大的努力，也不能保证全书的客观与准确，所以说"约略言之，不能保其必无舛午也"。由此，不难发现徐继畬作为一个考据学者严谨求实的学术精神。

严谨求实的学风，要求在史料尚不充分的条件下不饰非，不轻信，不武断，据实直言，实事求是。我们随手从卷首"凡例"中摘录几条：

泰西诸国疆域、形势、沿革、物产、时事，皆取之泰西人杂书，有刻本有钞本，并月报、新闻纸之类，约数十种，其文理大半俚俗不通，而事实则多有可据，诸说间有不同，择其近是者从之，亦有晤泰西人时得之口述者，凑合而敷衍成文，期于成片段而已。

泰西各国语音本不相同，此书地名有英吉利所译者，有葡萄牙所译者。……如花旗之首国，英人译之曰缅，葡人译之曰卖内。卖读如美，内读如呢。今姑用以纪事，无由知其孰为是非也。

外国地名、人名……明知非著书之体，姑取其便于披阅耳。②

① 徐继畬：《瀛寰志略》卷21，第28—29页。
② 徐继畬：《瀛寰志略凡例》，《瀛寰志略》卷首，第8—9页。

徐继畬肯定泰西书刊报纸"事实则多有可据"，但并不轻信，在大量的比较工作后，"择其近是者从之"，即使经过了审慎的排比拣择，也不轻断其一定为"是"，只是据实书写而已。

如前所述，鸦片战争之前，以中国传统史志为主体的域外世界知识体系中，充满了对域外世界种种荒诞不经的描述。为了纠正中国人对域外世界的严重误解，徐继畬有意凸显求实求真的精神，在现有材料的基础上对外部世界做了十分朴实的记述。鉴于国人中普遍存在的对海外世界的种种主观想象与离奇观念，徐继畬进行了有意识的矫枉，故《瀛寰志略》"于南洋诸岛国皆依据近人杂书"，于"五印度"则"皆依据泰西人书"。徐继畬果断地弃传统史志，而大胆地采"近人杂书"与"泰西人书"，原因就在于"历代史籍"错误百出，"地名、国号展转淆讹，方向远近亦言人人殊，莫可究诘"。① 他反复申明被国人严重鄙薄的"泰西人书"的可信，意味着在域外史地学研究中从整体上否定了传统史地学的经典地位，在本质意义上流露出了对正史进行清理的意向。

徐继畬的上述做法，无不彰显出其求实、求真、实事求是的学术精神，而这种精神来自清代考据学。

清代考据学方法自建立之日起，始终显示出一种实事求是的精神，这是自顾炎武、戴震以来一流考据学家一以贯之的思想原则。可以说，求是乃求实与求真的核心意蕴。《瀛寰志略》一书，即处处彰显求实、求真与求是的观念。书中再三致意，"择其近是者从之""期于成片段而已""今姑用以纪事，无由知其孰为是非也""姑取其便于披阅耳"，此类内容占据"凡例"篇幅的三分之一以上，处处可见清代考据学质朴与求实的学术风格，也处处可见实事求是的思想神蕴。所谓"姑用以纪事"，实际上是在证据不足的情况下，暂时直书其事，以俟未来更多证据的检验。

"实事求是"，是明清思想家共同张扬的学术思想原则。源于

---

① 徐继畬：《瀛寰志略凡例》，《瀛寰志略》卷首，第7页。

明代心学的实事求是精神，在清代考据学中更多地被转化为一种尊尚客观的思想原则。乾嘉学者极力消除阳明心学的主观主义思想成分，日益突出唯证据是依的学术立场，凸显出一种客观主义的思想原则。徐继畬虽不以朴学考据名世，但他在史学考据方面还是训练有素的。徐继畬对史地学始终保有浓厚的兴趣，对考据学方法也称得上情有独钟。他曾撰有《晋国初封考》《两汉幽并凉三州今地考略》《两汉沿边十郡考略》，这些著作均表现出比较明显的清代考据学特征。至于《瀛寰志略》的考证色彩，则已为清人所公认。徐继畬的同时代人即已看到了这一点。对徐继畬最为了解的刘韵珂，即指出该书"遍求众说""践实以征详"的著述特征。① 刘鸿翱在《瀛寰志略序》中说，此书"先绘总图，次各绘分图，次考据，次论断"，② 认为地图、"考据"与论断为该书的三大长处，明确肯定"考据"为此书的三大特征之一。有证据表明，时儒中凡仔细阅读过徐著的人，大都肯定了此书的考据学特色。③ 同治年间学者更从域外史地学史的高度，称此书"考核甚精""洵称善本"。④ 据上，此书的考据学特征相当明显，书中的内容与结论未必无误，但其考证立说之严谨，却为同时的同类著述所不及。要之，清代考据学的影响正是《瀛寰志略》偏重考据的主要历史成因。徐继畬受清代考据学方法与观念的影响甚深，故《瀛寰志略》处处呈现出征实、求是的客观主义学风，并不是偶然的。

据上所述，徐继畬有意识地选用了客观写实的叙事方式，有助于打破国人对域外世界的主观主义臆想。同时，徐继畬对西方世界包括西方文化，在总体价值倾向上更开放更宽容，表现出一种理性主义的认知方式，也是其重客观、重实证的学术精神的表征。如果

① 刘韵珂：《瀛寰志略序》，《瀛寰志略》卷首，第1页。
② 刘鸿翱：《瀛寰志略序》，《瀛寰志略》卷首，第2—3页。
③ 现行的《瀛寰志略》所收的几篇序文中，各个作序者的思想背景不尽相同，但每一篇序文都无一例外地指出了徐继畬其人其书的考据学背景与特征。
④ 《瀛寰志略跋》，《瀛寰志略》卷尾，第311页。

用一句话来概括，我们姑且借用客观主义与理性主义两个词来标志徐继畬的学术准则与价值方向。

大体上讲，主观主义与客观主义构成了魏源与徐继畬的一个思想分水岭。与徐继畬求实求真的学术风格相比，魏源显示出了更多的主观性。感情充沛，民族主义情绪强烈，爱国主义情绪高昂，时代性鲜明而强烈，是《海国图志》之所以成功的原因，也是"师夷长技以制夷"能够成为一种时代精神之象征的原因。然而，在《海国图志》一书中，魏源的确表现出了较为明显的主观主义思想色彩。

《海国图志》一书中有很多武断之处。刘鸿翱对《瀛寰志略》与《海国图志》进行比较后，说"近时《海国图志》，大半臆说"。[①] 刘氏之说未必全面，却也反映了时人对《海国图志》强用主观的一个印象。

《海国图志》一书虽以资料辑录为特色，但其中不少地方经过了魏源的润色或修改，这些润色与修改的地方，多不乏主观的色彩。有学者指出，《海国图志》在征引高理文所译《独立宣言》时，"作了文字上的润色"，而且"《海国图志》内引用了不少传教士的著作，但仔细对比，可以发现，魏氏在文字上对所征引的材料作了相当多的润色"。[②] 而正是在这种润色中，魏源有了很大的空间，常常加入不少主观的东西，往往把自己的个人判断作为事实进行描述，甚至是断章取义或是曲解了原作的内容。

魏源身上较为明显的主观武断的学术思想特征，在《海国图志》中所在多有。比如，我们在上文谈到过，魏源坚持英国与美、法的"世仇"说，其中就有不少主观想象的成分，至少"世仇"说未能建立在充分可靠的证据之上。关于天主教问题，魏源也同样

---

① 刘鸿翱：《瀛寰志略序》，《瀛寰志略》卷首，第2页。
② 邹小站：《西学东渐：迎拒与选择》，四川人民出版社2008年版，第80—81、85—86页。

犯了主观武断的错误。魏源说：

> 道光二十五年，广东总督奏，佛兰西国夷呈请天主教劝人为善，非邪教，请弛汉人习天主教之禁。奏交部议，准海口立天主堂，华人入教者听之。惟不许奸诱妇女，诓骗病人眼睛，违者仍治罪。查西洋之天主教不可知，若中国之天主教，则方其入教也，有吞受药丸、领银三次之事，有扫除祖先神主之事，其同教有男女共宿一堂之事，其病终有本师来取目睛之事，其银每次给百三十两为贸易赀本，亏折则复领，凡领三次则不复给，赡之终身。曩京师有医某者，岁终贫困，思惟入天主教可救贫，而邪教又不可入，乃先煎泄药升许，与妻子议言：俟我归，如惛迷者，急取药灌我。于是至天主堂，西洋人授以丸，如小酥饼，使吞之，予百余金。归至家，则手掷神主，口中喃喃。妻子急，如前言灌药，良久暴下而醒，见厕中有物蠕动，洗而视之，则女形寸许，眉目如生，乃盖之药瓶中。黎明而教师至，手持利刀，索还原物。医言必告我此何物乃以相予。教师曰：此乃天主圣母也，入教稍久则手抱人心，终身信向不改教矣。乃予之而去。又凡入教，人病将死，必报其师。师至，则妻子皆跪室外，不许入。良久气绝，乃许入，则教师以白布裹死人之首，不许解视，盖睛已去矣。有伪入教者，欲试其术，乃佯病数日不食。报其师至，果持小刀近前，将取睛，其人奋起夺击之，乃踉跄遁。闻夷市中国铅百斤，可煎文银八两，其余九十二斤，仍可卖还原价，惟其银必以华人睛点之乃可用。而西洋人睛不济事，故西洋病终无取睛之事，独华人入教则有之也，亦鸦片不行于夷，而行于华之类也。①

---

① 魏源：《天主教考下》，《海国图志》卷27，第881—882页。

以上这段话，有首有尾，有叙事，有议论，完全可以代表魏源自己的观点。这段话中，先说道光二十五年（1825）清政府议允法国在内地建教堂，行文中有"查西洋之天主教不可知"，使用的是正史的严谨笔法。但接下来全是荒诞不经的传说，故事讲得栩栩如生，如亲历然。但整篇行文全是"医某者""闻夷市中国铅百斤，可煎文银八两""盖睛已去矣"这样的传闻，措辞也是类似"某""闻""盖"等一些虚拟词，既无正史之严谨，也无亲历之事例，而又恰恰与正史笔法交错使用，很容易被人当成正史来读。这些"闻""盖"一类的传闻、猜测之词，也颇见魏源的主观性与片面性。

近年来台湾学者有一项最新的研究指出，《海国图志》关于《澳门月报》的不少内容，都经过了对《澳门新闻纸》所载原文的随意增删和修剪：

魏源在编辑《澳门月报》的过程中又予以删减、修改、重组、挪动、增添等等加工手段，导致《澳门月报》的内容具有明显的中国人政治立场与民族意识，和所从出的《澳门新闻纸》有所差别；而《澳门新闻纸》的许多译文和英文报纸原文已有不少歧异与错误，再经过魏源加工编辑而成的《澳门月报》，和英文报纸原貌与内涵的距离就更为遥远了。以下两例足以说明这种现象。

第一是《澳门新闻纸》第18则（1839年9月14日）与对应的《澳门月报》论用兵第五段文字，内容是中国人在海上围攻并烧毁西班牙船"墨尔哗那号"（the Bilbaino）的事。《澳门新闻纸》的译文虽然有些错误和省略，大致没有偏离底本《广州新闻报》的原文；到了魏源编辑《澳门月报》时，不仅全部删除《澳门新闻纸》中解释"墨尔哗那"船无辜受害的说法，以及中国人苛待被俘西班牙船员的内容，还进一步添加该船是鸦片趸船的文字，并指称"此趸船被逐未回国者"，意图坐实该船违法在先，被烧毁是咎由自取。

第二是《澳门新闻纸》第 122 则（1840 年 5 月 30 日）与对应的《澳门月报》论用兵第十一段文字，内容是中国船只围攻"希尔拉士号"的经过。《澳门新闻纸》的译文虽然直白不文，也有些错误和省略，但仍可算是接近《广州新闻报》报道的原文；而魏源编辑的《澳门月报》记载双方的战斗，完全省略中方兵士的大量伤亡，只描述对方受伤惨重，等等。①

这项研究还指出："对以上这两次战事的描述，《澳门新闻纸》的译者文字比较芜杂，但显然尽力对应于原文；而《澳门月报》的文字较为简练雅驯，只因编辑者魏源有预设的立场，《澳门月报》呈现的是不同的战况与结果。尽管魏源这么做或是出于用心良苦，却已使得《澳门新闻纸》和《澳门月报》的史料价值高下有别，而《澳门新闻纸》全书的译文虽然经常出错，问题也不少，但是至少在翻译这两次海战报道的态度是客观可取的"。②

魏源的强用主观，在相当程度上缘于其民族主义情感与主战派的立场。出于"攻夷""制夷"的目的性诉求，魏源时而有意无意地剪裁史料。如关于三元里抗英问题，魏源就进行了主观加工。魏源说：

　　三元里民愤起，倡义报复，四面设伏，截其归路，洋兵终日突围不出，死者二百，殪其渠帅曰伯麦、霞毕，首大如斗，夺获其调兵令符，黄金宝敕，及双头手炮。而三山村亦击杀百

---

① 苏精：《导论：〈澳门新闻纸〉的版本、底本、译者与翻译》，苏精辑：《林则徐看见的世界》，广西师范大学出版社 2017 年版，第 9 页。上引两例的中、英文原文，分别见该书第 83—84、364—365 页。

② 苏精：《导论：〈澳门新闻纸〉的版本、底本、译者与翻译》，苏精辑：《林则徐看见的世界》，第 9 页。

余人，夺其二炮及枪械千。义律驰赴三元里救应，复被重围，乡民愈聚愈众，至数万。义律告急于知府余保纯。是时讲和银尚止送去四分之一，又福建水勇是日亦至，倘令围歼洋兵，生获洋人，挟以为质，令其退出虎门，而后徐与讲款，可一切惟我所欲。"①

魏源说，三元里抗英事件中，英兵"死者二百"，又说"三山村亦击杀百余人，夺其二炮及枪械千"。魏源的这些数字，几乎创造了英兵死亡人数的历史最高纪录。而类似的所谓"乡民愈聚愈众，至数万"，也不合史实。可见，魏源对种种数字都经过了弃低就高的有意识选择。选择最高纪录的用意是好的，是为了激励民族抗英的斗志，但却犯了史家之大忌。这是主战派立场的常用手法，其中不乏民族主义情绪的强烈驱使，它往往体现的是民族正义与道德大义的潜在作用。换言之，在民族情绪与道德观念的双重驱动下，魏源对事实进行了有意无意地选择性行为。② 其危险性或危害性在于，有了民族道义的崇高价值，就会消磨其对事情真相的进一步探究。而民族正义如果只是建立在虚假的基础之上，那么这个民族也就真正危险了。如前所述，魏源对学习西方的船炮制造看得十分容易，认为一两年即能大见成效，此种轻于论断本身就是缺乏深入研究的结果，并能反过来削弱继续探究的动力或弱化继续探究的愿望。即如魏源所说，如果福建水勇当日能"围歼洋兵，生获洋人，挟以为质，令其退出虎门，而后徐与讲款，可一切惟我所欲"，就是一个十分轻率的判断。类似这种轻率的论断，《海国图志》一书所在多多，不一一列举。

关于魏源与徐继畬的上述思想差异，早在清代学者即有发现。

---

① 《道光洋艘征抚记》，《魏源集》，第 184 页。

② 选择性行为往往出于主观上的认知，相信事实如此，故未加甄别而使用材料，且臆想与武断随之而来。

李慈铭说：

> 阅徐松龛太仆继畬《瀛寰志略》，……其用心可谓勤，文笔亦简净。但其轻信夷书，动涉铺张扬厉。泰西诸夷酋，皆加以雄武贤明之目。佛英两国，后先令辟，辉耀简编，几如圣贤之君六七作。……似一意为泰西声势者，轻重失伦，尤伤国体。况以封疆重臣，著书宣示，为域外观，何不检至是耶。……其褫职也以疆事，而或言此书实先入罪案，谓其夸张外夷，宜哉。①

又说：

> 点阅《海国图志》。魏氏此书体大思精，真奇书也。其采杨光先《不得已》中《辟邪论》上下篇，又自为论，以抉天主教之妄。往尝以为此等愚悖无理之言，不攻自破，彼丑夷之黠者，尚不肯自主于行教，何足费吾唇舌？由今思之，人理之泯棼，将不知所终极。……当魏氏此书初出时，使朝廷先加意此事，密谕地方大吏饬郡县官，日讨国人而申儆之，毋使其陷溺，事犹可为耳。②

李慈铭态度十分明确，一褒一贬，褒魏贬徐。褒魏的理由是《海国图志》全篇引据杨光先的《辟邪论》，张扬了民族大义与道德大义。贬徐的理由是，《瀛寰志略》"轻信夷书""夸张外夷""一意为泰西声势""轻重失伦，尤伤国体"。在李慈铭看来，他自己与魏源一样都是立场坚定的反对外夷侵略者，都是民族正义与王道正义的捍卫者，而徐继畬是儒家王道理想的叛逆者，丧失了人格也丧

---

① 李慈铭：《越缦堂读书记》，第523—527页。
② 李慈铭：《越缦堂读书记》，第528页。

失了国体，他的"褫职"是罪有应得。的确，《海国图志》与《瀛寰志略》两书，给魏源与徐继畬带来了两种不同的命运：魏源以民族主义与爱国主义的形象始终活跃在历史舞台，而徐继畬却长期以如此形象被国人唾骂。李慈铭此说，立足于宋儒以来的主流价值观。以卫道士自居的李慈铭，其说自然有明显的片面性，但却能从反面衬托魏、徐二人对西方世界认识的开放性程度。

当然，魏源毕竟是真正意义上的睁眼看世界的第一批先行者，他的民族观念绝不同于狭隘的民族主义者，他的爱国理念也绝非那种建立在纯粹的仇夷情绪上的所谓爱国主义。让我们将魏源与林则徐的思想进行一个简单对比，以弄清楚何以魏源比林则徐更能代表当时最先进的中国人。魏源曾明确肯定林则徐对"悉夷情"的贡献，但同时也明确指出林则徐对时代变局无所了解。魏源指出，因为林则徐对局势的错误判断，导致他关闭了贸易通道，并最终激成战争之大患。魏源说：

> 外洋流毒，历载养痈。林公处横流溃决之余，奋然欲除中国之积患，而卒激沿海之大患。其耳食者争咎于勒敌缴烟，其深悉详情者，则知其不由缴烟而由于闭市。其闭市之故，一由不肯具结，二由不缴洋犯。然货船入官之结，悬赏购犯之示，请待国王谕至之禀，亦足以明其无悖心。①

首先，魏源并不像一般人那样一味指责林则徐激进的禁烟举措。魏源认为，林则徐致误的关键不在于"缴烟"而在于"闭市"，在于贸然关闭了中外通商的大门。可见，林、魏二人的认知差距，集中反映在是否应该"闭市"这一问题上。魏源明确指出，鸦片战争失败的原因之一，是中国"无一人了彼情伪"。② 这里的"无一

---

① 《道光洋艘征抚记》，《魏源集》，第185页。
② 魏源：《暹罗东南属国沿革三》，《海国图志》卷9，第503页。

人"当然也包括林则徐在内。所谓中国"无一人了彼情伪",此话并不过分,因为战争打了两年,中国人几乎只认识到"船坚炮利"四个大字。按道理说,既然知道对敌人无法以武力取胜,就应审时度势,以通商维持暂时的和平,从而为"师夷长技以制夷"赢得宝贵的时间。此即魏源所谓:"我患夷之强,夷贪我之利,两相牵制,幸可无事,非今日主款者之秘略乎?"① 正因为有了这一认识,魏源才对林则徐断然"闭市"十分痛心。魏源指出,英国人既然并"无悖心",其所求唯在贸易,就不应断其贸易。而林则徐断其贸易,就说明其对通商的意义缺乏基本的认知。至于"林公处横流溃决之余,奋然欲除中国之积患,而卒激沿海之大患",是魏源在表达对林则徐的遗憾:林则徐徒激于忠义之气,不了解中外大局,而最终激成战争之大患。简言之,"师夷长技以制夷"之所以能代表当时中国最开放的思想观念,就在于它明确地揭示了学习西方近代科技的近代化方向。以此为标准,林则徐就难逃不识时局的批评。

如果说,林则徐是强硬的主战派,那么魏源就是有弹性的主战派。魏源主张在"师夷长技"目标达成后,再一举"制夷",以雪前耻。而在此之前,中国就应该努力维持中英通商环境,以避免轻启战端。魏源的问题,在于他把师夷与制夷的问题看得太容易,如前所述,他不仅认为通过一两年时间中国就能掌握西洋船炮技术,而且主观认定美、法与英国"互仇",以至于冯桂芬批评他"以战国视诸夷,而不知其情事大不侔也"。关于这一点,徐继畲比魏源更理性。在福建巡抚任上,徐继畲之所以极力避免中英之间的冲突,就在于他真正认识到了"和戎"为当时局势下的唯一出路。在《瀛寰志略》中,徐继畲有意识地舍弃以往成见,以虚怀与求是态度探索西方世界的奥秘,在时人中表现出极为少见的客观与理性精神。林、魏、徐三人对西方的认知差异,基本上代表了当时顶尖知识精英对西方的了解与认识之三种状态。

---

① 魏源:《筹海篇四》,《海国图志》卷2,第44页。

第三章

拜上帝思想与太平天国的兴起

一　丁酉异象

太平天国之兴起，根源在于阶级压迫、吏治腐败、民生凋敝，以及西人入侵，内因则出于一位领袖（洪秀全）、一种思想（拜上帝思想）、一个团体（上帝会）融合而成的巨大合力，利用清王朝的统治危机，穿插挺进，一气呵成，前后十八年，掀起滔天巨浪。

这场声势浩大的民众运动，肇始于洪秀全的一场"异梦"。洪秀全，原名火秀，族名仁坤，后为避讳上帝"爷火华"（今译为"耶和华"）之名改为秀全，嘉庆十八年十二月初十日（1814 年 1 月 1 日）生于广东花县（今广州市花都区）官禄㙟村的一个客家农民家庭。洪秀全自幼好学、天资聪颖，得到父亲洪镜扬的偏爱，7 岁入村塾读书，数年后便能背诵"四书""五经"等，博览经史诗文，业师和亲属对他寄予厚望，竭力资助他读书，盼其考取功名，光耀门楣。洪秀全也以此为志，自视甚高。

从 16 岁首次参加科举考试，至 31 岁，应科举、做塾师成了洪秀全青年时代最主要的两项经历。1836 年，洪秀全第二次去广州应试，落第。逗留广州期间，他路遇传教士布道，获赠一套九本的由基督教新教华人牧师梁发编的布道手册《劝世良言》。此书摘引英国传教士马礼逊（Robert Morrison）等译《圣经》中的某些片段，以比较通俗的语言反复规劝世人敬拜上帝独一真神、抨击偶像邪神，渲染天堂永乐、地狱永苦，虽未有任何煽动变乱的内容，却被官府称为"诲淫及有害心术之外国异端书籍"而遭查禁。[①]就是这样一套禁书，后来深深地震撼了洪秀全，使他从科场到战场，完成了其生涯中的一次重大转变。但在甫获此书时，洪秀全只是将之带回家中，稍做浏览便束之高阁，未予置意。1837年，洪秀全第三次赴广州应试，未能通过院试。他七年间几经折磨，背负着巨大的期待和压力，不堪屡试不售的极度刺激，积郁成疾，猝然病倒，只得雇请轿夫抬他回乡。

4月5日回到家后，洪秀全病势加重，连续卧床多日，梦魇不断，产生了种种异象幻觉。据《太平天国起义记》的记载，异梦的大致情境如下：

　　闭目后，秀全起先见有一龙、一虎、一雄鸡进入其房间。接着，又见好多人奏着音乐，抬一顶华美轿子走近，请他乘坐，然后起轿而去。秀全受宠若惊，不知如何是好。众人很快来到一个美丽明亮之地。此处聚集着许多优雅男女，热情地夹道欢迎他。下轿后，一老妇将秀全领到河边，说："你真脏啊！为何结交那些人，以致弄脏自己呢？现在我必须把你洗干净。"洗毕，秀全在众多年高德劭者陪同下，走进一座大建筑；他发现这群人中有不少古圣先贤。他们用刀剖开秀全身体，取出心肝五脏，放入鲜红的新内脏。伤口随即愈合，看不到任何疤痕。秀全见此处四壁挂有不少木牌，上刻鼓励积善行德之言，便逐一读过。

　　接着，他们进入另一座大殿，其美丽豪华程度难以言喻。

***

① 〔英〕麦沾恩：《中华最早的布道者梁发》，胡簪云译，《近代史资料》总39号，中华书局1979年版，第189页。

一位可敬的长者留金须、穿黑袍，威严地坐在最高处。乍见秀全，老人便潸然泪下，说道："世间之人皆我所生所养，食我食，衣我衣，但却无一人保持本心记挂我、尊敬我；尤可恨者，竟以我所赐之物敬拜魔鬼。世人存心背叛我，惹我发怒。你千万不要学他们。"于是，老人给秀全一把剑，命他歼灭妖魔，但不得妄杀兄弟姊妹；另给一块印，用以征服邪神；又递给一枚黄色水果给秀全吃，其味甜美。

接过这些皇族信物后，秀全随即劝说殿内众人回心转意，敬拜坐在高座上的老人。有些人回应说："我们确实对老人家未尽本分。"另有些人说："为什么要敬拜他呢？我们还是只管自己快活，与朋友们一同饮酒吧。"秀全见他们如此铁石心肠，便继续含泪劝说。老人对他说："放胆去干吧！若遇任何困难，我会帮助你。"随即面对那些年长有德者说："秀全的确堪当此任。"老人于是领秀全出殿，让他从高天俯视，说："你看看凡间人，竟然迷失本心，如此堕落荒谬！"秀全俯瞰凡间，看见种种恶行竟到这步田地，感到目不忍睹、口不忍言。

秀全连续抱病和产生幻象大约 40 日。在异象中，他常遇见一位他称作"长兄"的中年人。此人教他如何战妖，陪他漫游到极远之地搜寻邪神，并助他斩杀剿灭之。秀全还听见穿黑袍的老人呵斥孔子，指责他在其书中未能清楚地阐述真道。孔子似深感羞愧，承认有罪。①

---

① 夏春涛编：《中国近代思想家文库·洪秀全洪仁玕卷》，中国人民大学出版社 2015 年版，第 245—246 页。瑞典传教士韩山文（Theodore Hamberg）根据洪秀全族弟洪仁玕口述，于 1854 年在香港出版《洪秀全之异梦及广西乱事之始原》，旋即分期刊载于《北华捷报》（North-China Herald），经简又文译为中文，改名《太平天国起义记》。参见 Theodore Hamberg, *The Visions of Hung-Siu-Tshuen and Origin of the Kwang-Si Insurrection*, Hongkong, 1854; Reprinted by Yenching University Library, 1935.〔瑞典〕韩山文：《太平天国起义记》，简又文译，中国史学会主编：《中国近代史资料丛刊·太平天国》（以下简称《太平天国》）（6），神州国光社 1952 年版，第 829—878 页。

在《太平天国起义记》记述的洪秀全异梦中，可以准确明了地捕捉到后来诞生的太平天国思想之三条主旋律："迷信上帝""反孔非儒"以及由迷信上帝衍生而来的"废除私有"（"天下人人不受私，物物归上主"）。[①]

异梦醒来，洪秀全又回到边做塾师边备考的日子，生活表面虽似宁静如常，但他内中却心病依旧。1843 年，他带着对科举出仕的眷恋，又一次也是最后一次踏上了赴广州应试的征程，然而，还是名落孙山。同年，他到了莲花塘表兄李敬芳家中设馆教书。循着以往的人生轨迹，如果洪秀全没有读到《劝世良言》，或许他的科举应试之途还要继续。

一个偶然，李敬芳于洪秀全藏书中看到《劝世良言》，向洪秀全借阅，读后极力向他推荐此书，并称内容奇异，大异于寻常中国经书。洪秀全这才仔细阅读了《劝世良言》，始有感悟，这是他接触基督教的开始，也是他放弃科举入仕之梦，皈依上帝、宗教救世的开始。

洪秀全之所以能对《劝世良言》产生强烈的思想共鸣，主要有两点原因。第一，原本与现实毫无联系且情节荒诞、没有逻辑可言的异梦景象竟然与《劝世良言》的内容相互印证，使洪秀全有了解释六年前梦境的文本依据。他"于此书中寻得解释其六年前病中梦兆之关键，觉书中所言与其梦中所见所闻相符之处甚多。此时彼乃明白高坐宝座之至尊的老人而为人人所当敬拜者非他，即天父上帝是也；而中年人曾教彼助彼诛灭妖魔者，即救主耶稣是也；妖魔，即偶像；而兄弟姊妹，即世间人类也"。所以洪秀全如梦初醒，"确信梦象与全书均为真理，而彼自己确为上帝所特派以拯救天下，使回到敬拜真神上帝之路者"。[②] 这种内容上的吻合纯属巧

[①] 《天朝田亩制度》，太平天国历史博物馆编《太平天国印书》（上），江苏人民出版社 1979 年版，第 410 页。

[②] 〔瑞典〕韩山文：《太平天国起义记》，《太平天国》（6），第 846、848 页。

合，却坚定了洪秀全接受上帝使命下凡救世的信念，给予他极强烈的心理暗示，并成为支撑他以后二十年人生的精神动力，也反映了洪秀全此时原始朴素的思想形态，与后来矫饰为天父之子、天兄胞弟的神话故事大不相同。

第二，《劝世良言》所批判的内容恰恰就是令洪秀全深恶痛绝的世风日下、人心不古的社会风气。《劝世良言》一方面批评文恬武嬉、吏治腐败、富宦不仁的社会流弊，另一方面通篇反对拜偶像邪神，强调拜孔子、文昌毫无用处，这使洪秀全联系个人长期受挫的求取功名的经历，愈加对科举制度怨艾、愤懑、怅惘、心灰意冷，并产生了以此"良言"劝救其他迷雾中人的想法。

《劝世良言》诊断的中国社会的病症源于人性原罪，即世间之人"一脱娘胎就有恶性之根"，所以以上帝信条救人是第一要务，"倘若全国之人，遵信而行者，贫者守分而心常安，富者慕善义，心亦常乐，上不违逆神天上帝之旨，下不干犯王章法度，不独贪慕世乐之欢，不空费光阴之宝，君政臣忠，父慈子孝，官清民乐，永享太平之福，将见夜不闭户，道不拾遗的清平好世界矣"。① 可见它的药方是要求世人遵守"上帝之旨"和"王章法度"的双重指标，并不鼓动人们批判现实政治。另外，马礼逊《圣经》译本的文字晦涩难懂，涉及的基督教教条、名词和故事对中国读者来说是陌生的，而《劝世良言》并不系统地宣讲基督教条文，只是在六十多个互不连贯的章节中摘引某些片段，加之梁发援引儒家经典的阐释，以及穿插了一些对广东社会风情的描述，这些都使洪秀全易于理解和接受。所以洪秀全通过《劝世良言》掌握的基督教知识是最基础的，甚至是有所变异的，他对《劝世良言》的认识水平也不可能超越宗教救世的水平而达到政治反抗的高度。当然，洪秀全早期思想的演变是复杂的，一方面是从热衷功名到对科举旧途的逐渐绝望直至背弃，另一方面是对现有社会、现行制度的逆反心理在萌动。但有一

---

① 梁发：《劝世良言》，《近代史资料》总39号，第2、100页。

点可以明确，洪秀全开始拜上帝，自视救世主，并不意味着开始了反清行动。从接下来的实践看，1843 年阅读《劝世良言》后，洪秀全已由一个眷恋仕途、心系功名利禄的传统士子转变为一名虔诚的上帝信徒和上帝福音（当然是洪秀全所理解的）的传播者。他发展的最早信徒洪仁玕，直到 1849 年前后还去参加科举，这说明当时洪秀全发展的是致力于拜上帝的信徒，而不是反清的骨干。至于蓄志反清的意识，以及系统的拜上帝宗教理论，则是洪秀全及他的信徒们在早期宗教活动中随着势力的扩大逐渐形成的。

二　早期的宗教活动

信奉上帝后，洪秀全和李敬芳按照《劝世良言》中所说的方法自行施洗，他们以水灌顶，祈祷上帝，发誓不拜邪神，不行邪恶，遵行天诫。两人还撤除了书塾中的孔子牌位。洪秀全从莲花塘返回官禄㙍后，说服了同窗书友冯云山和族弟洪仁玕同拜上帝，他们和洪秀全一样有着幼读诗书、科考不利、设馆教书的人生经历。洪秀全还说服了父母兄嫂侄辈和彭姓友人等，并为他们洗礼。洪氏亲族和至交均是洪秀全丁酉大病的见证者，他们率先皈依上帝，不加反对，进一步说明洪秀全生病及病中病后出现异样的事实，说明他们是相信洪秀全的梦幻和异常举动是具有神奇神秘色彩的。他们将孔子、文昌牌位，以及家中所立偶像一概除去的举动，在村子里引起了喧闹，多数人对此不抱好感，洪仁玕还被哥哥暴打并逐出家门，冯云山也失去了教席。1844 年正月元宵节，洪秀全和洪仁玕拒绝为村中父老撰写祭神的诗文、对联，惹怒了村中长辈，洪秀全和洪仁玕也相继失去教席。

1844 年 4 月 2 日，洪秀全、冯云山及冯云山的族人冯瑞嵩、冯瑞珍结伴前往广东外县布道，成效甚微，信者寥寥。冯瑞嵩、冯瑞珍不堪旅途劳顿，先行返乡。洪秀全、冯云山则继续前往八排瑶山地区布道。两人在荒山野岭中跋涉四日，终于落脚在南江排的塾师江某馆中，并感化了江某信奉上帝。但因语言不通，面向瑶族的布道工作没有展开。洪秀全留给江某几本手写的小册子，随后决计到邻省广西传教。他和冯云山一路备尝艰辛，衣薄食少，摸索前行，但没有气馁，1844 年 5 月 21 日抵达广西贵县赐谷村洪秀全的表兄王盛均家住下。

在赐谷王家，洪秀全一面创作文字作品进行书面传道，"时写劝人拜天父上主皇上帝诏传送人"，[1] 一面进行口头宣传，"将拜上帝信耶稣之教道为众宣讲"。[2] 当地流传着一对男女两情相悦对唱山歌，双双殉情后得道成仙的爱情传说，当地人为纪念他们特立六窠庙及神像祭祀。洪秀全对此大不以为然，批评"广西淫乱，男女和歌，禽兽不如，皆由此等妖倡焉"，认为该男女并非夫妇，"淫奔苟合，天所必诛"，作诗斥责：

> 举笔题诗斥六窠，该诛该灭两妖魔！
> 满山人类归禽兽，到处男歌和女歌。
> 坏道竟然传得到，龟婆无怪作家婆。
> 一朝霹雳遭雷打，天不容时可若何！[3]

此事传出，"迷信的土人，哗然鼓噪，纷起反对，几闹出大事"。但据传不久，六窠庙竟被白蚁蛀蚀损坏，当地百姓误信是洪秀全的神术所为，传得神乎其神，沸沸扬扬。[4] 洪秀全的表侄王为正（王盛均之子）被人诬告入狱，洪秀全积极展开营救活动，一面投书县衙申诉冤情，一面极力劝王为正信奉上帝，朝晚礼拜。结果不出半月，王为正得释。王盛均以为是上帝显灵，开恩庇佑，遂

---

① 《太平天日》，《太平天国印书》（上），第 44 页。
② 〔瑞典〕韩山文：《太平天国起义记》，《太平天国》（6），第 852 页。
③ 《太平天日》，《太平天国印书》（上），第 44 页。
④ 简又文：《太平军广西首义史》，商务印书馆 1946 年版，第 108 页。

成为拜上帝的忠实信徒，大力宣传洪秀全的神奇故事。当地人也逐渐相信洪秀全拥有不同寻常的神力，一时间皈依受洗者逾百人。

到了8月，洪秀全见王盛均家生活拮据，深感过意不去，不想多添累赘，遂与冯云山计议回广东。随后冯云山离开赐谷村，辗转至桂平，"专心致意于传教事业，决不回粤，而留在广西"。① 1844年11月中旬，洪秀全独自从水路回到花县。这七个月在粤桂两省的出游，对洪秀全来说是一段理论和实践结合的宝贵经历，洪秀全了解了更多的社会现实，丰富了人生阅历，积累了布道经验，对自己在《劝世良言》中领会的基督教有了更系统、更深入的认知。这段出游经历和接下来两年多的居乡生活为洪秀全静下心来创作自己的宗教作品和宗教理论提供了条件。

出游广西期间，洪秀全创作了《原□□经》《劝世真文》《百正歌》《改邪归正》等五十余帙，回到花县后，他一边教书谋生，一边继续布道，又陆续写了一些宗教诗文，但大多数已散佚，只有《百正歌》《原道救世歌》《原道醒世训》等几篇留存于世，成为我们研究洪秀全出游广西及其后居家这三年间思想情况的最直接资料。②

《百正歌》是1844年洪秀全在广西布道时的通俗性宣传材料。全篇400余字，前后共60个"正"字，故约计而名"百正"。所谓"正"，洪秀全认为是"正道"，即为人正（身正），文中并未说明具体标准，只是以历史人物为例，强调君臣、父子、夫妇、男女各色人等俱要守本分、明善恶。他认为古代先贤中的尧、舜、禹、稷、周文、孔子等是"正"的典范，故受历代尊崇，而桀、纣、齐襄、楚平、隋炀等俱因不正而遭厄运。《百正歌》全篇充满了浓厚的儒学思想，没有批评孔子，也没有任何反清的说教，仅有

---

① 〔瑞典〕韩山文：《太平天国起义记》，《太平天国》（6），第852页。

② 《洪秀全来历》，《太平天国》（2），第689页。太平天国将《百正歌》《原道救世歌》《原道醒世训》《原道觉世训》合辑为《太平诏书》刊行，见《太平天国印书》（上），第10—23页。以下该书引文不再一一注明。

几句诗歌，如"能正可享天堂福，不正终归地狱境"，提到了《劝世良言》中的"上帝""天堂""地狱"等词，而这些词语也被赋予"修身正己"的儒学传统色彩，旨在针砭社会流弊。对于一个刚刚零星接触基督教教义，却受过二十余年儒家经典教育的中国士子来说，完全摒弃儒学思想的束缚实非易事。

《原道救世歌》写于1845年。他继续阐释《百正歌》提出的"正"与"不正"，提出了"正"的行为准则和"不正"的具体标准，如"正"即孝亲、忠厚、廉耻、仁义、非礼四勿、知命安贫等，"不正"即奸淫、忤父母、行杀害、为盗贼、为巫觋、为赌博、吸洋烟、饮酒、堪舆、相命等。这反映了洪秀全的道德观，部分内容成为后来太平天国移风易俗的社会政略，如洪秀全提出"第一不正淫为首"，故太平天国长期厉行男女分营的制度。这些观念旨在"救世"——通过"正人"，"脱俗缘，莫将一切俗情牵，须将一切妄念捐"，规范和净化社会，仍然是以儒家的道德标准宣扬《劝世良言》中的人性原罪论。

《原道救世歌》提及"天下一家"的概念，这是洪秀全早期宗教思想的发展。其中"天父上帝人人共，天下一家自古传"一句提出天父上帝是天地人万物的创造者，无论中外，人人都应拜上帝。中国古代无论是思想界还是民间，都不缺乏"天下一家"的说法。但洪秀全所说的"天下"已不是传统概念的中国，而是具有了朦胧的世界意识、世界观念。"开辟真神惟上帝，无分贵贱拜宜虔""天人一气理无二，何得君王私自专"，是讲自君王至庶民，不分尊卑贵贱，同样应尊敬崇拜上帝。"普天之下皆兄弟""上帝视之皆赤子"，是讲人人都是上帝子女，灵魂都是上帝所赐，不应自相残害。这些论说，过去的研究者认为洪秀全具有了政治平等、社会平等、种族平等和国家平等的思想。洪秀全提出的观点，均可在《劝世良言》中找到依据，无非更加具体形象和本土化。梁发也强调"天下一家"，但他同时认为"且世界上万国之人，在世人所论，虽有上下尊卑贵贱之分，但在天上神父之前，以万国男女之人，就如其之子女一般"，"在神父之前，不论异民与如大之人，有受损割之人与未受损割之人，蛮夷与西氏亚之人，奴仆与家主各人，都不分别。……故在世界之上，则以四海之内，皆为兄弟一般，并无各国之别。独由耶稣基督之恩，而作万物赐于诸人需用，因神天至公义者，不轻此而重彼，以全世界之人，皆一家也"。①洪秀全显然认同梁发的思想，他们强调的是人性原罪的平等、人人敬拜上帝的权利和义务的平等，目的是劝人信教，强调天父上帝是古今中外独一真神的地位和权威。

无论是梁发，还是洪秀全，他们都承认世俗社会里上下尊卑贵贱善恶之分，谁也没有想过破坏等级制的既存社会结构，洪秀全后来的反清实践是为了实现等级秩序内部的循回轮换，他后来的一切著作和政治实践，以及太平天国的一切文献和政略方针，都没有体现现代意义上的平等观。即便是在宗教领域，在上帝面前，子女们仍然大小有别、等级有差。如果说洪秀全为了传教布道和后来动员民众反清的需要，曾经刻意渲染宗教权利的平等，故意同现实社会的平等概念相混淆，那在金田起义洪秀全登上太平王宝座之后，特别是定都天京之后，此类关于平等的说教在现实社会中愈来愈淡薄直至杳无踪迹。"天下一家"的思想后来发展为太平天国处理对外事务的一条依据，他们把外国人称为"洋兄弟"，主张通商往来，但洪秀全又自称"天下万国真主"，仍然没有摆脱传统的"华夷之辨"的观念，也就谈不上现代意义上的外交平等。所以，相对意义上的平等宣传不过是动员起义或发展起义的工具，并非洪秀全思想的本真。

同样是写于1845年的《原道醒世训》，对"天下一家"的观念做了进一步阐释。洪秀全讲："天下多男人，尽是兄弟之辈，天下多女子，尽是姊妹之群，何得存此疆彼界之私，何可起尔吞我并之念"；"惟愿天下凡间我们兄弟姊妹，跳出邪魔之鬼门，循行上

① 梁发：《劝世良言》，《近代史资料》总39号，第38、135页。

帝之真道，时凛天威，力遵天诫，相与淑身淑世，相与正己正人，相与作中流之砥柱，相与挽已倒之狂澜"；应效仿"唐、虞三代之世，天下有无相恤，患难相救，门不闭户，道不拾遗，男女别涂，举选尚德"的"大同""大道"，若如是，则"行见天下一家，共享太平。几何乖离浇薄之世，其不一旦变而为公平正直之世也"。文中引用了孔子关于"大同社会"的描述，来源于《礼记·礼运》。梁发的《劝世良言》也有类似描述，如人人肯行上帝倡导的体恤孤寡、济危扶困、患难相救、乐善好施的"正道""公道"，则"君政臣忠，父慈子孝，官清民乐，永享太平之福，将见夜不闭户，道不拾遗的清平好世界矣"。[①] 洪秀全热烈歌颂和心仪的理想社会之蓝本显然杂糅了传统儒学思想和《劝世良言》转说的基督教思想，但儒家思想更为浓厚，基督教思想较为淡薄。这是由洪秀全和梁发的人生阅历、家庭背景、文化和知识结构不同所决定的。

《原道醒世训》的阐述表明洪秀全的思想有了进一步发展。首先，洪秀全对社会病症有了更深刻的认识，对社会流弊的批判更为强烈，他将《原道救世歌》中对每个人的宗教说教、道德说教，升华为改造社会的理想。其次，相比于《劝世良言》，《原道醒世训》突破了基督教宣扬的以现实社会中的安贫乐命换取精神升华和死后荣光的说教，直接提出要以公平正直的现实社会取代当下凌夺斗杀之世，这是后来确立的建立人间"小天堂"思想的雏形。但是，洪秀全的思想始终没有跳出《劝世良言》的窠臼，他提出需要改造社会，却找不到改造社会的新方案，只能理想化为上古三代的大同社会，更提不出改造社会的具体方案，最后又循回到《劝世良言》《原道救世歌》中的人性原罪说。他认为"世道乖离，人心浇薄，所爱所憎，一出于私"，故社会病症是"见小故其量小"所致，开出的药方是"量大则福大，而人亦与之俱大；量小

---

① 梁发：《劝世良言》，《近代史资料》总 39 号，第 100 页。

则福小，而人亦与之俱小"，就是指修身正己。于是刚刚有所升华的"救世"思想，又蜕变为浅薄的"救人"思想，回归到道德说教、宗教说教的束缚中。需要明确的是，洪秀全提倡的惩富济贫、恤孤怜寡，不是现代意义上经济平等的思想，他所说的"公平正直""天下为公"之世，也不是现代意义上人人平等的社会，而是像上古大同社会那样的符合传统道德规范的有序社会。

就在洪秀全埋头宗教作品创作时，1845 年，美国浸信会传教士罗孝全（I. J. Roberts）在广州设立"粤东施蘸圣会"。1846 年，在得知洪秀全自行传教的经历后，罗孝全大感意外，让其助手、中国教徒周道行写信邀请洪秀全前来襄助传教。洪秀全一直想和外国牧师交流基督教知识，以便验证自己在《劝世良言》中获得的启示。1847 年 3 月下旬，他和洪仁玕来到罗孝全的教堂，这是他们第一次直接阅读《圣经》，也是洪秀全唯一一次系统地接受西方基督教的训练。

罗孝全对洪氏兄弟虔诚地前来"接受福音指导"感到满意，他在给友人的信中说："他们所写的材料简练明了，叙事清楚，令人满意，读后使我确信主已乐于感化他们的心，驱使他们抛弃偶像，来寻求救世主。……现在他们每天都在这里学习，我几乎相信，是主送他们来这里的，果若如此，不用多久他们就会被吸收进教会。……这两个人是我今年遇到的第一批问道者，在迄今我所听说过的所有中国人的经历中，他们所自述的那些经历是最令人满意的。"① 洪秀全似乎也被洋人传教士传播的"福音"所感化，他很快提出受洗入教的请求。

教堂成立了委员会对洪氏兄弟的入会申请进行考核，周道行等人随洪氏兄弟赴花县做实地调查。洪仁玕留乡未返，洪秀全仍然坚持回到教堂。考察委员会向教堂提交了一份关于肯定洪秀全入会申

---

① 夏春涛编：《有关太平天国的西文资料选译》，《近代史资料》总 86 号，中国社会科学出版社 1994 年版，第 58—59 页。

请的意见书。但罗孝全的两名黄姓助手担心洪秀全入会会抢走他们的饭碗，怂恿洪秀全向教堂讲薪酬条件。洪秀全在广州没有经济来源，全靠周道行的资助维系生活，入会后的薪酬对洪秀全来说很重要。在正式面试时，洪秀全果然向罗孝全提出许诺他津贴若干以维持生活的要求，这自然会被罗孝全视作入会动机不纯。罗孝全反复强调成为教堂的一名成员不是雇佣关系，也与金钱无关。于是洪秀全受洗礼之事被取消并无限期推迟。大失所望的洪秀全感到前景渺茫，思虑再三决计重游广西，查看上次布道的成果，继续传播自己的拜上帝思想，顺便寻访冯云山行踪。

与罗孝全短暂接触了三个月时间，洪秀全的宗教思想也在潜移默化。他比较系统全面地了解了《圣经》的知识，并在以后的宗教作品中尝试引用《圣经》。经过集中时间和精力的学习，受到罗孝全神学思想的影响，洪秀全后来极力反对和抨击偶像崇拜，并发动了一次次愈加激烈的捣毁偶像运动。罗孝全把洪秀全阻隔在基督教的大门之外，洪秀全与传教士的角色擦肩而过，这原本是个偶然，却使洪秀全的人生道路发生了转折，乃至对后来中国历史发展产生了重要影响。

1844 年 8 月，冯云山与洪秀全分别后，独自一人深入桂平紫荆山区。随后经过两三年的惨淡经营，终于以紫荆山为中心，冯云山发展了两千多信徒，甚至有举家举族受洗礼者，其中就包括杨秀清、萧朝贵、韦正、卢六、石达开等骨干分子。他们自行集会礼拜上帝，外间遂有"上帝会"之名流传开来。故李秀成认为"谋立创国者出南王之谋，前做事者皆南王也"。[1]

除了宣传敬拜上帝，冯云山还刻意神化洪秀全的教主形象，维护洪秀全的教主地位，包括渲染洪秀全丁酉升天异梦的传奇神话，以至"每村每处，皆悉有洪先生而已。到处人人恭敬，是以数县

---

[1] 《忠王李秀成自述》，罗尔纲、王庆成主编：《中国近代史资料丛刊续编·太平天国》（2），广西师范大学出版社 2004 年版，第 347 页。

之人，多有敬拜上帝者"。① 在这种情况下，洪秀全理所应当地成了拜上帝团体的名誉教主和精神领袖，信徒们都翘盼洪秀全早日降临，一睹"洪先生"风采。

三　反清思想的确立

洪秀全只身二次入桂，一路上饱经风险，曾被强盗洗劫一空，每日只能吃一餐，进退两难，幸得同船帮助，辗转来到贵县赐谷村。在表兄黄盛均家，他得知冯云山在紫荆山一带活动，立即动身前往寻找。1847 年 8 月 27 日，洪秀全与冯云山久别重逢，"不特欢喜与云山重会，而且欢喜得新信徒如此之多，尤乐于在其中宣讲圣道"，② 特别是洪秀全看到冯云山已使原本寥落、见不得前景的拜上帝思想在紫荆山区生根发芽，欢欣鼓舞，实现人生抱负的志向重新燃起，思想悄然变化。洪秀全到紫荆山仅一个多月后，便与冯云山等"写奏章，求天父上主皇上帝选择险固所在栖身"，③ 不久，洪便从黄泥冲移居高坑冲教徒卢六家中。洪秀全、冯云山选择紫荆山外的秘密处所议事，说明他们可能已经在谋划一条更加长远的发展道路。

从二次入桂到揭竿而起，洪秀全同上帝会经历了从激烈的宗教活动发展到救助教友、团方团营的政治斗争的转变。

第一阶段是激烈的宗教活动。洪、冯的再次会面揭开了广西宗教传教的新的一页。洪秀全虽然在广州罗孝全那里接受了数月的正规基督教学习，但要想符合当地人的心理需求，不可能照搬"洋教"的教义和模式，所以洪秀全改良了洗礼仪式、礼拜仪式、宗

① 《忠王李秀成自述》，罗尔纲、王庆成主编：《中国近代史资料丛刊续编·太平天国》(2)，广西师范大学出版社 2004 年版，第 347 页。

② 〔瑞典〕韩山文：《太平天国起义记》，《太平天国》(6)，第 857 页。

③ 《太平天日》，《太平天国印书》(上)，第 48 页。

教戒律（制定"十款天条"）、祈祷文。而且他继续著书立说，"写书送人，时将此情教导世人，多有信从真道焉"，《原道觉世训》《太平天日》大约就写就于此时。又有一般骨干分子帮衬，"四处代传此情，大有功力，故人多明醒"，上帝会势力迅速壮大，并以紫荆山为中心，向周边地区辐射。① 这里所说的"激烈"的宗教活动，主要是指洪秀全率领教众捣毁偶像的举动。广州学道之前，洪秀全虽主张弃拜偶像，但也仅是心态上排斥、语言上声讨；二次入桂后，洪秀全反偶像的思想和捣毁庙宇邪神的行为非常激进，可能与他在广州学道受罗孝全基本主义思想的影响有关，但主要是受到如火如荼的教派势力发展的鼓舞，洪秀全极欲在思想上和行为上表达同传统偶像崇拜的决裂，从而确立自己创立的上帝信仰的权威。

入桂后仅两个月，洪秀全便策划并主持了远赴象州捣毁甘王庙的活动。"甘王"是桂东南一带很有影响的神祇，据说本是叔侄二人，有法术，明祸福，死后被人合二为一，立庙祭祀，人称"甘王爷"。相传其曾附灵于某少年身上，阻拦州官轿舆，逼之奉送龙袍。浔州府一带的百姓十分敬畏，尤以所传甘王本籍象州的甘王庙香火鼎盛。10 月 28 日，洪秀全在冯云山等人的陪同下赶到象州古车村甘王庙，洪秀全斥责甘王是"妖魔"，犯下"打死母亲干国法""欺瞒上帝犯天条""迷缠男妇雷当劈""害累世人火定烧"等十款大罪，并题檄文诗一首于壁，冯云山亦附诗一首。接着，他们捣毁了甘王神像，命"将妖眼挖去，须割去，帽踏烂，龙袍扯碎，身放倒，手放断"。② 不久，洪、冯又带人捣毁了三圣宫（雷庙）、土地庙，将紫荆山内的神坛社稷一概毁坏。

上述行动是从反对偶像崇拜、尊奉上帝独一真神这一教义出发的宗教行为，除了出于对唯一真神的信奉、建构上帝正当性外，行动本身还带有地方势力之间争夺政治权威的政治象征意义。清中叶

① 《太平天日》，《太平天国印书》（上），第 47—48 页。
② 《太平天日》，《太平天国印书》（上），第 49 页。

以来，村落联盟成为国家推行保甲、团练的依托，代表了国家正统秩序，并成为基层社会最主要的社会结构。村落联盟依赖"正统"神明控制社坛神庙和祭祀仪式的参与权。广西浔州府地区环大瑶山山区以种山烧炭为生的山民、流民，被土人"祖庙"排斥的"来人"（客家人），无缘进入村落联盟领导层的失意的精英群体，他们都希望拥有自己的村社组织和神明来维护自身利益。这些平日里最虔诚供奉神灵，却又不被村社接纳或受到排挤的普通人群，最易接受一种新的信仰，而以"异端"信仰和祭祀仪式组成的上帝会满足了他们的需求。事实证明，上帝会的主要构成群体也是上述几类。洪秀全摧毁代表村社既有秩序象征的庙社神明，此举蕴含了同当地控制庙社神明的地方势力争夺地方权威和地域主义正当性的政治内涵。上帝会所提出的"人间小天堂"的理想和实践满足了会众争取地域生存空间的实际需求，既确立上帝权威，又摧毁对手正当性，加深了会众的认同感，传闻甚远，信从愈众，为激烈的宗教运动过渡到政治斗争奠定了基础。

第二阶段是以救助教友、团方团营为主要内容的政治斗争。激烈的捣毁偶像运动引起了不小的震动，使地方社会结构发生分化，上帝会和团练之间的冲突加剧。李秀成后来回忆说："数县之人，亦有从之者，亦有不从，每村或百家，或数十家之中，或有三五家肯从，或十家八家肯从，亦有读书明白之士子不从。从者俱是农夫之家，寒苦之家，积多结成聚众。"① 不从的人中，首先发难的是紫荆山石人村秀才王作新。1847 年 11 月，洪秀全返回贵县赐谷村。12 月 28 日，王作新带人拘拿冯云山，交给保正曾祖光看管，准备送官，被卢六率教众抢回。王作新不肯罢休，先后向江口巡检司和桂平县呈告，声称冯云山"迷惑乡民，结盟聚会，约有数千余人，要从西番《旧遗诏书》，不从清朝法律，胆敢将左右两水社

---

① 《忠王李秀成自述》，罗尔纲、王庆成主编：《中国近代史资料丛刊续编·太平天国》（2），第 346 页。

稷神明践踏，香炉破碎"，要求官府"严拿正办，俾神明泄愤，士民安居"。当时的上帝会名义上只是一个公开传播宗教的团体，又与"洋教"有些瓜葛，桂平知县王烈不敢轻率判定，反而认为王作新"捏饰大题架控"，有"挟嫌滋累"之嫌，下令"严提两造人证质讯，确情办理，以遏刁风而肃功令"。1848年2月1日，冯云山、卢六被传到县，但王作新因害怕上帝会寻仇，外出躲避，屡传不到，致使冯、卢被长期羁押，卢六死在狱中，冯云山亦患病。3月，洪秀全由赐谷村赴广州，拟通过罗孝全、周道行等人的门路，向主持弛禁天主教事宜的两广总督耆英求助，但耆英已经调离广东。上帝会教众亦捐款集资营救，谓之"科炭"。5月底，冯云山向浔州知府控诉，援引儒学经典中"惟此文王，小心翼翼，昭事上帝，聿怀多福"等二十余处，证明"一切上帝当拜，古今大典，观广东礼拜堂悬挂两广大宪奏章，并皇上准行御批移文可查"，自己"遵旨教人敬天，不意被人诬控"。浔州知府顾元凯示意新任桂平知县贾柱"分别究释具报，慎勿稽延滋累"，贾柱遂以冯云山"并无为匪不法情事"为由，下令从轻发落，将冯云山押解回籍管束。[①]冯云山在途中说服押解的差役，两人皈依上帝，同返紫荆山。当时上帝会内部有不少会众利用神灵附体大搞分裂，其中就包括杨秀清假托天父下凡传言。冯云山在紫荆山未做任何表态，不久折回广州，一是不能公开违拗官府将其递解回籍的命令，一是得知洪秀全在花县家中，可以找其商讨对策。但此时洪秀全因搭救冯云山不成，又离家重返紫荆山，洪、冯二人相左于途。

继1848年4月杨秀清利用当地"降僮"习俗假托天父下凡传言后，同年10月萧朝贵假称天兄下凡传言，他们两人联手，逐步控制了紫荆山及其附近地区的上帝会。回到紫荆山后的洪秀全慎重权衡利弊，居然认可了杨、萧"代天传言"的身份和地位。洪秀

---

　　① 方玉润：《星烈日记》，太平天国历史博物馆编：《太平天国史料丛编简辑》(3)，中华书局1962年版，第82—83页。

全原本对人神沟媾的民间巫术非常反感，他在《原道救世歌》中把"邪术惑众犯天诛"的"巫觋"作"第五不正"，但他竟认可了杨、萧的"降僮"把戏。首先是内忧外患的上帝会亟待结束分裂动荡的状态，急需扶植其中一二人确定为真言，稳定人心；其次是杨、萧已经具有了一定实力，拥有相当力量的支持者，在冯云山缺席、洪秀全独木难支的情况下，洪秀全需要左膀右臂的扶持；最后，最关键的是，杨、萧发布的类似"三八二一，禾乃玉食，人坐一土，作尔民极"（"洪秀全为王"）的传言，[①] 丰富和发展了洪秀全十多年来苦心积虑编织的受命于天的神话，极大地便利了洪秀全由上帝教"教主"向天下"真主"的角色转变，这符合洪秀全的利益，而冯云山缺少这样的手段。

从现存《天兄圣旨》看，之后"天兄"的每一次下凡传言，无不是在等待时机，朝着准备起事的方向努力。1849 年 3 月，洪秀全自紫荆山再返花县，与冯云山密商广西事宜。紫荆山之事交于杨、萧负责。1849 年 7 月，洪、冯返回紫荆山，"天兄"当即下凡嘱咐洪、冯"安心"，"不须忧虑"。此时，在杨、萧的主持下，各地的上帝会与地方官府、团练的冲突时有发生，起事的准备工作已经如火如荼地开展起来了。

从现有史料看，洪秀全在 1848 年 11 月 19 日同"天兄"第一次对话时已经表露出"打江山"的意向：

> 天王曰："天兄，太平时军师是谁乎？"
> 天兄曰："冯云山、杨秀清、萧朝贵俱是军师也。洪秀全胞弟，日头是尔，月亮是尔妻子。冯云山有三个星出身，杨秀清亦有三个星，萧朝贵有二个星。杨秀清、萧朝贵他二人是双凤朝阳也。"

---

① 《洪秀全来历》，《太平天国》（2），第 689 页。

"太平时"是指起义、打江山时。洪秀全承认"天兄"，"天兄"许洪秀全为"日头"，"日头"即"王""天子"，并且确定了"太平时"冯云山、杨秀清、萧朝贵俱是军师。造反反清的政治意图已很明显。洪秀全在和"天兄"公开对话前，应该已和杨秀清、萧朝贵接触并筹划确定了反清起义的目标。1848年12月中旬，"天兄"又指令洪秀全"但尔称王，不得称帝"。1849年1月1日，王玉绣、王盛通、王为政至鹏隘山，"天兄"令其求"天父"恩准洪秀全早坐金龙殿（即"登基称王"），开始对上帝会的骨干成员进行反清的思想动员工作。但直到1849年2月13日，"天兄"下凡指示洪秀全返回广东并可在"五月上来或冬时上来"时，洪、杨、萧仍然没有明确具体的反清计划安排（如后来的"团营"），因为"天兄"给了洪秀全一段有弹性的回乡省亲时间。①

在从激烈的宗教活动向准备起事的政治活动转变的过程中，1847年底到1848年夏的冯云山事件，被作为太平天国开国史上的大事，是上帝会由公开的宗教团体过渡到秘密的武装反清组织的转折点。直到冯云山被羁押，教众开展营救活动，上帝会仍然在坚持合法的抗争手段。虽然在冯云山事件中，上帝会遭受到骨干分子卢六病死狱中等直接损失，但官府敷衍了事，冯云山释归，上帝会公开活动如常，这一事件所造成的外部冲击和压力远没有达到"官逼民反，民不得不反"的程度，那么洪秀全为何突然萌生起兵造反的念头？这看似令人费解，实则有它形成的主客观条件。了解洪秀全的思想转变，不但要考察这一时期洪本人的实际行动，还应该注意反映该时期洪秀全思想转变的思想文献——《原道觉世训》和《太平天日》。

---

① 以上"天兄"下凡的记录，参见王庆成编著《天父天兄圣旨》，辽宁人民出版社1986年版，第5、10、12、14、15页。

《原道觉世训》写于 1847 年底到 1848 年初之间。① 与洪秀全以往的宗教作品相较,《原道觉世训》加强了上帝权能、恩德方面的论说,凡世界之一切、自然之一切、人类之一切皆上帝所主所赐,呼吁世人独尊上帝,不拜上帝是反天之罪。这些宣传的基调仍是出自《劝世良言》,在语言和内容上比之前的宗教作品更加激进,更为全面。《原道觉世训》富有特色的地方,是明确了上帝的对立面,即各种妖魔邪神的集中代表"阎罗妖",号召"天下凡间我们兄弟姐妹所当共击灭之,惟恐不速"。这就以犀利的语言在神灵层面强化了"真神"与"邪神"的对立,贬斥其他一切灵界诸神皆"邪神",皆当批判,但尚不明确洪秀全何时将这类绝对对立运用于人间俗世。洪秀全在此书中只是严厉批判了历代帝王信奉"邪神"和僭越称帝的错误,他指出:"皇上帝乃是帝也。虽世间之主称王足矣。岂容一毫僭越于其间哉!救世主耶稣,皇上帝太子也,亦只称主已耳。天上地下人间有谁大过耶稣者乎?耶稣尚不称帝,他是何人,敢叠称帝者乎!只见其妄自尊大,自干永远地狱之灾也。"② 洪秀全并没有直称前代帝王和当下清朝的统治者为"妖",但有理由认为洪秀全已有曲折影射的想法。走上反清道路后,洪秀全才把"阎罗妖"同清朝统治者明确地联系起来,"蛇魔阎罗妖邪鬼也,鞑靼妖胡唯此敬拜,故当今以妖人目胡虏也",这就是太平军称呼"清妖"的由来。③ 因此,可以认为《原道觉世训》是因应当时洪秀全、冯云山等采取更为激烈的捣毁偶像手段

---

① 《太平天日》明确提到洪秀全 1847 年在罗孝全处才读到《旧遗诏圣书》(《旧约》)和《前遗诏圣书》(《新约》),这两种书在《劝世良言》中没有提及,《原道觉世训》首次出现了《旧遗诏书》等名词。这说明《原道觉世训》创作于洪秀全广州学道之后。1847 年秋冬,正是洪秀全、冯云山等激烈捣毁偶像之时,《原道觉世训》似为因应运动形势而作。1848 年初,洪秀全在花县省亲,也有在安静环境下创作宗教作品的可能。1848 年 3 月以后,洪秀全奔波救援冯云山,风尘仆仆,加之上帝会内忧外患,似再无时间、精力和心情创作。

② 《原道觉世训》,《太平天国印书》(上),第 22 页。

③ 《颁行诏书》,《太平天国》(1),第 162 页。

而作，它的部分内容虽然超越了《劝世良言》所提供的素材和思想，并曲折地反映了洪秀全与现实政治秩序对抗的思想，但从总体上看仍是一篇可以适应上帝会公开传教的宗教宣传品。

《太平天日》标明此书"诏明于戊申年冬"，起义建国 12 年后的 1862 年才正式出版，也就是说在 1848 年冬，洪秀全以口头或书面形式宣布了《太平天日》的主要内容。从书名看，"太平天日"即"太平王"，反清意图明确。从内容看，《太平天日》主要叙述了洪秀全丁酉年升天，在天上战逐妖魔，受天父天兄之命下凡斩邪留正，阅读《劝世良言》而敬拜上帝，外出学道、传道，拆庙斥妖等情事，是太平天国记载洪秀全升天异梦及洪秀全早年布道生涯最详细的一部书。

上帝教的基本教义是信奉"天父"（上帝）和"天兄"（耶稣基督）。早先对洪秀全丁酉异梦的描述虽然宣称洪秀全是受命救世，但没有明白告知教众洪秀全与上帝、与耶稣的关系。杨、萧"代天言事"后，不断神化洪秀全，明确了洪秀全是天父次子，天兄胞弟，天父天兄差其下凡，代天理事，救醒世人，做天下万国太平真主的身份。那么，为了渲染这一身份转变，原来丁酉异梦的朴素情节就有必要重新附会政治上的需求而做出新的诠释。第一，塑造了一个无所不知、无所不在、无所不能的人性上帝。这时的"上帝"已不再是《原道觉世训》中泛化的"天"或自然的概念，而是有血有肉有妻有子和拥有无限权能的老人，是他指派洪秀全下凡打天下坐江山，所以教众应当完全服从，否则就是逆天反天。《太平天日》中"上帝"形象的塑造有了洪秀全有意而为之的内涵。这已和洪秀全五年前因其异梦幻觉与《劝世良言》所载内容吻合而产生了虔诚的信仰有所区别，那时的他不许任何人更改《劝世良言》的原始记载，这也与洪秀全后来在造神运动中逐渐沉迷而产生的精神依赖不同。第二，塑造了一个下凡做"太平天王大道君王全"的神性洪秀全。作为上帝次子、耶稣胞弟，洪秀全确立了与天父天兄的血缘关系，他理所应当得到教众的拥护，从而达到动员教众参加打江山事业的目的。富有神性的洪秀全，行走于人神之间的天父天兄的托降仪式，使神谕得到了活生生的实证，于是加深了处在迷茫中的教众的认同感。另外，为了应付内部的关系，稳定人心，奉天承运的真命天子下凡拯救世人，显然是有必要的，于是相应形成了"上帝小家庭"，包括天父、天兄、二兄（洪秀全）、三兄（冯云山）、四兄（杨秀清）、帝婿（萧朝贵）、天母、天嫂、天妻、天儿以及以"洪宣娇"为代表的"众小妹"，其中俗世中的人构成了上帝会的领导核心层。所以，《太平天日》虽然没有直白的政治号召，但它提供的素材完全超越了《劝世良言》，这是一部完整的宗教神话，同时是一篇反清的政治宣言。《太平天日》的创作完成，标志着洪秀全的早期思想，从迷恋功名，道德劝善，宗教救世，已经曲折地过渡到蓄志反清的阶段。

走上反清道路后，洪秀全的思想较之前有所修正和补充。

其一，强调斩邪留正和杀妖。在早期所写的宗教作品中，洪秀全也宣扬宿命论和天命观，如"乐夫天命""天生天养和为贵，各自相安享太平""总之贫富天排定""知命安贫意气扬"，主张人与人之间和谐相处，反对行杀害，"人自相残甚恻哀""兽畜相残还不义，乡邻互杀断非仁"。① 但此时，他认为基督教教理"过于忍耐或谦卑，殊不适用于今时，盖将无以管镇邪恶之世也"，② 故反复提出"邪魔敢冒天恩者，该诛该灭无论"，"至于世间所立一切邪魔该杀"。③ 有理由认为洪秀全在《太平天日》里所说的"邪魔"不仅指泥胎木塑，主要斗争的指向是清朝最高统治者和大小文武官吏。从"不杀"到"杀"的思想发展，适应了洪秀全号召民众起身反抗的现实需要。

其二，否定现实统治秩序的思想基础——儒家文化。孔子创立

---

① 《太平天国印书》（上），第 11、12、13、16 页。

② 〔瑞典〕韩山文：《太平天国起义记》，《太平天国》（6），第 864 页。

③ 《太平天国印书》（上），第 20、42 页。

的儒学是两千多年来传统统治秩序的思想基石和官方哲学，为历代统治者倡行。洪秀全早期的宗教作品也把孔子、孟子等奉为道德楷模，讴歌其正面形象，为论证宗教观点而穿插征引儒学经典，以此驳斥拜上帝是"从番"的观点。尽管上帝会要破除包括孔子在内的一切偶像崇拜，丁酉异梦中也有谴责孔子的情节，但洪秀全和上帝会并不否认儒家学说的存在价值，对孔子也不乏敬意。但《太平天日》丰富和夸大了这一情节，改为鞭笞和斥责。萧朝贵假"天兄"传言："他（孔子）从前下凡教导人之书，虽亦有合真道，但差错甚多。到太平时，一概要焚烧矣。"① 这奠定了太平天国定都天京后出台全面焚禁古书政策的理论基调。

其三，拜上帝思想的本土化。拜上帝信仰的源头虽然是西方的基督教，但自创立之始就被洪秀全赋予了浓厚的中国传统文化和中国民间宗教色彩。这是拜上帝思想易于被广西下层民众所接受，并最终以上帝旗帜聚拢民心掀起惊涛骇浪的一个重要原因。

首先是中国化的"上帝"。洪秀全一开始接受"上帝"的概念，便与中国先秦典籍中的"天"等同，洪秀全说"盘古以下至三代，君民一体敬皇天"，② 只是秦汉以后人们被妖魔迷心，才中断了上帝信仰，因此他认为敬拜上帝是中国的传统，就是敬天拜天。而中国民间原有敬畏上天的传统，视天为命运之主宰，这有利于将拜上帝思想和传统中国民间信仰结合起来。后来，上帝已由一个宽泛的概念转变为具有人格的天下大共之父，甚至他的体貌特征都具有中国人的形象。洪秀全不能理解基督教所说的"凡被上帝的灵引导的，都是上帝的儿子"（《新约·罗马书》第 8 章第 14 节）这类形而上的伦理关系，他只能按照中国传统的血缘亲情和人伦关系重新解释上帝与世人的关系，构建了一派其乐融融的上帝小家庭和天下大家庭。这个变化，反映了洪秀全从纯粹确立上帝权

---

① 王庆成编著：《天父天兄圣旨》，第 7 页。
② 《原道救世歌》，《太平天国印书》（上），第 10 页。

威，到借上帝确立他本人是真命天子地位的思想转化。

其次是中国化的宗教教义和仪式。基督教的上帝纯灵，圣父、圣子、圣灵"三位一体"，洪秀全不能理解上帝无形说，浔州社会下层的民众更难理解，因此上帝教的天父、天兄和圣神风拥有三个独立的神格。圣神风成了凡间的杨秀清，天父、天兄可以随时降附杨秀清、萧朝贵之身发声，处理凡间一切事务，这显然迎合了下层民众敬拜活灵活现之神的需求。以鬼神附体"代天言事"是民间教门中屡见不鲜的一种现象，而天父天兄下凡降言恰恰直接脱胎于盛行于广西浔州地区的降僮巫术，它的本质同巫觋并无区别。洪秀全编织的独一真神信仰实际是在创造神灵，一面打倒了所有偶像，一面却又树立了无数偶像，这类造神巫术使上帝教过多地彰显浓厚的非理性色彩和自身固有的抵牾。人们（包括洪秀全本人）无法解释太平天国的其他神和上帝独一真神的关系，以致上帝信仰孕育出的激情，到太平天国后期就愈发显得苍白无力，也成为外国人和国内士大夫诟病上帝教的焦点。洪秀全的《原道救世歌》《原道醒世训》等作品，同《劝世良言》一样，把"天堂"作为灵魂享福的地方，但为了适应打江山的政治目标，洪秀全许诺要在人间建立肉体享福的"小天堂"。《圣经》是基督教的绝对真理，所以它的任何教派只能在解释和运用上有分歧，但不能对其有任何怀疑。洪秀全对待最初接触的《劝世良言》也是如此态度。后来洪秀全虽然仍尊崇《圣经》，但把宣扬的重点放在了记载天父天兄圣旨和下凡活动，洪秀全升天受命及下凡作主等自我塑造的内容，即太平天国官方统称《真约》的各种书籍，其中就包括《太平天日》。这些不是基督教的经典，而独作上帝教的经典，其内容体现了洪秀全对《圣经》的修改和利用，如他发明的上帝家族说、三位分立说、小天堂说和上帝五次大怒说（把上帝差遣天王作主救人和东王下凡赎病分别作"大怒"），这自是迎合了洪秀全的政治需要。

在宗教仪式上，洪秀全在罗孝全教堂中见过正规的洗礼和礼拜仪式，他对此做了本土化的改良。一般是在神案上置明灯二盏，清茶三杯，宣读忏悔奏章，然后焚化以达上帝神鉴，施者取水一杯灌顶受洗者，同时问答，而后新教徒饮茶，以盆中水洗心胸，有的还去河中自行沐浴。这些要素与基督教、犹太教的仪式大相径庭，却与中国民间的祭祖敬神仪式十分相像。上帝教还用猪肉祭拜上帝，而在犹太人眼里吃猪肉的是异教徒。在宗教节日上，洪秀全全然不提西方的基督教传统节日，后来干脆发明了"天历六节"。在宗教纪律上，上帝教将《旧约》的"摩西十诫"改良为《天条书》中的"十款天条"，自确立打江山的目标后，洪秀全即以此宗教纪律约束教众，而不再是单纯地以宗教道德规范教众了。

最后是中国化的救世观。《劝世良言》基于基督教教义，宣扬人性"原罪"和"救赎"。洪秀全在《原道救世歌》《原道醒世训》等早期作品中虽然没有直接提及这两个概念，但他从"原罪"出发论证人人都有拜上帝的权利，从耶稣"赎罪"的功绩论说人人当拜上帝的义务，提倡改造人性，"相互淑身淑世，相与正人正己"，要求人们加强人格和心灵的修养，加强社会道德约束，以达到"天下一家，共享太平"的"大同"社会。[①] 虽然洪秀全没有提出改造现实社会的具体方法，但他提出了未来社会的愿景，这说明当时洪秀全并没有全盘接受《劝世良言》，而是结合现实实际以及自身的理解和经历，对《劝世良言》中的若干核心内容做了改造。后来，洪秀全又提出了改造现实社会的方案，规划了"天下人人不受私，物物归上主，则主有所运用，天下大家处处平匀，人人饱暖"的理想蓝图，并称"此乃天父上主皇上帝特命太平真主救世旨意也"。[②]《劝世良言》中没有任何救世的思想，洪秀全早期的一些作品，与其说是宣扬"救世"，不如说主旨是"救人"。由"救人"到"救世"的思想发展，是洪秀全思想的一个巨大转变。

另外，上帝教的救世观与传统中国民间宗教相似。例如，明中

---

① 《原道醒世训》，《太平天国印书》（上），第16页。
② 《天朝田亩制度》，《太平天国印书》（上），第410页。

叶以后的白莲教宗信奉"真空家乡，无生老母"八字真言。"无生老母"被奉为生育人类的至高女神，这和洪秀全宣扬的天父上帝是天下大共之父异曲同工。白莲教宗教义的主线是明暗两宗的斗争，无生老母先后派燃灯佛、释迦牟尼佛、弥勒佛去做三际的凡间统治者，最终弥勒降生，战胜黑暗，建立千禧年福境。上帝教大力渲染现实的苦难和未来世界的美好，强调自上帝真道失传以来世上一团漆黑，但"乱极则治，暗极则光，天之道也"，信奉上帝者可"行见天下一家，共享太平"。① 与此观点对应的是发布入教避劫之类的恐怖性预言，如起义之前洪秀全连续发布三条预言："若世人肯拜上帝者无灾无难，不拜上帝者蛇虎伤人"，② "在道光三十年，我将遣大灾降世，凡信仰坚定不移者将得救，其不信者将有瘟疫"，"过了八月之后，有田不能耕，有屋没人住"。③ 果然，广西有数县发生瘟疫并有土人来人相斗相杀，上帝的预言得到了"验证"，于是拜上帝者愈众。这也是中国民间宗教惯用的传播手段。但将世人划分为信教的"原人"和不信教的非"原人"，区别对待，属于两极化的救世观，而基督教宣扬的是上帝关爱整个人类的普世性救世观。

　　上述内容也是洪秀全的思想同《劝世良言》所反映的宗教思想的差异。通过前面的分析我们发现，洪秀全的拜上帝思想自诞生之日起，就深深打上了传统中国文化的烙印。在洪秀全早期的思想中，最初与基督教深刻结合的是影响洪秀全前半生至深的儒家文化，他还用佛教、道家的术语和思想阐发基督教理论。随着客观形势变化，洪秀全拜上帝思想的内容和形式体现为对《劝世良言》、《圣经》、农民的平均主义思想、以儒家文化为代表的中国传统文化、中国传统民间宗教、江湖文化的大融混，这个结合经过了长期

---

　　① 《原道醒世训》，《太平天国印书》（上），第 16 页。

　　② 《忠王李秀成自述》，罗尔纲、王庆成主编：《中国近代史资料丛刊续编·太平天国》（2），第 346 页。

　　③ 〔瑞典〕韩山文：《太平天国起义记》，《太平天国》（6），第 867—868 页。

修改、加工、补充和完善。所以，上帝教是中国传统民间文化结合基督教教义变异而来，是复杂因素共同作用的产物，但其本源民间文化的烙印更深，特别是上帝教一旦和降僮等民间巫术结合起来，传统民间文化便超越了基督教和儒家文化，成为上帝教的主流文化。上帝教带有的浓厚的中国民间文化气息，归根结底，来自洪秀全、冯云山的"民间"色彩，拜上帝思想的丰富和发展是洪秀全、冯云山、杨秀清、萧朝贵等人集体智慧的结晶，我们虽称其为洪秀全的早期思想，然实非洪秀全一人之思想。

《劝世良言》不可能为洪秀全带来革命。《原道救世歌》《原道醒世训》中宣扬的忍让、安贫乐命、不行杀害、捐妄念、脱俗缘，不利于发动民众起身反抗。这里并不是否定洪秀全早期宗教作品的积极意义，因为洪秀全的思想发展到反清是一定要经过一个循序渐进、曲折衍变的过程，而正是早期的思想异端为洪秀全反清思想的形成提供了大量的原始素材并奠定了其理论基础。正是洪秀全修改和补充了原先的某些思想，特别是使拜上帝思想逐渐本土化、中国化，更多地符合中国下层民众的心理需要，才使拜上帝思想产生了巨大吸引力，更易于被下层民众接受，便于他们理解，从而增加民众的认同感，拉近民众同上帝教的心理距离。可以说，上帝教征服下层民众灵魂的过程，就是其宗教神学体系逐步被民间文化同化的过程。

需要注意的是，使拜上帝思想本土化、中国化，除了便宜在中国下层民众中传播这一初衷，核心利益还是服务于现实政治的需要，是宗教教义适应于政治斗争，而不是政治斗争服务于宗教教义。因此，上帝教既不是基督教的异端化，也不是基督教的分支，而是一种政治斗争的宗教形式，是太平天国独特的精神武器。归根结底，太平天国的兴起是现实社会政治斗争的产物，太平天国是一场政治运动，不是宗教运动或宗教战争。

洪秀全反清思想的形成，并非历史的偶然，有它形成的主客观条件。

第一，是社会矛盾激化的产物。广西地处西南边陲，地瘠民贫，加上吏治腐败，久旱不雨，病疫蔓延，天灾人祸，民生穷蹙，故民变多发，盗匪横行。广西还是汉、壮、苗、瑶等多民族聚居区，民风剽悍，民族矛盾尖锐。土客械斗愈演愈烈，又增添了新的动荡。尽管广西社会矛盾异常尖锐复杂，清朝统治力量在此却相对薄弱。广西全省包括绿营和土兵在内的常备军不足四万，且主力集中在桂林、柳州等大城镇，应对善于流动作战的土匪、会党，往往顾此失彼，再加财政亏空，兵饷两缺，多数官员不安于位，敷衍塞责，不乐久任，对社会危机持放任态度。为应付这种局面，广西当局开出的"良方"是由各地乡绅倡办团练。在一定程度上，广西地区如火如荼的天地会起义和愈演愈烈的土来之争，牵制了清政府的精力和兵力，策应了太平天国起义的准备和兴起。

在广西遍地烽烟的情形下，已拥有数千教众、极力扩张势力的上帝会不可避免地卷入其中。在土来之争中，上帝会的参加者主要是"来人"，后来发展起来的太平天国运动，因此又被称作"客家运动"；在官方和天地会的争斗中，有的天地会力量和上帝会一直存有纠葛，最初，上帝会对吸纳天地会成员持相对开放的态度。这些都会引起当地士绅的恐惧和敌视，冯云山事件无疑是一个非常危险的信号，地方士绅已经在以结盟拜会、蓄意谋反的罪名敌视上帝会了。之后，双方的矛盾和冲突不断升级，李秀成回忆说："自教人拜上帝之时，数年未见动静。自道光廿七、八年之上下，广西贼盗四起，扰乱城镇，各居户多有团练。团练与拜上帝之人两有分别。拜上帝人与拜上帝人一伙，团练与团练一伙，各争自气，各逞自强，因而逼起。"[①] 这个"逼"字生动形象地说明上帝会走上反清之路的外界客观条件。激烈的社会矛盾、严峻的政治现实必然对

---

① 《忠王李秀成自述》，罗尔纲、王庆成主编：《中国近代史资料丛刊续编·太平天国》（2），第347页。

一直苦苦思索救世途径的洪秀全有所触动，从而促使他加快了造反步伐。

　　第二，是洪秀全主观认识发展变化的产物。首先，洪秀全早期思想本身包含着危险的"异端"意识。洪秀全开始拜上帝后，主张引入"上帝"的概念并且废除孔子在内的所有偶像，这是对传统意识形态的背离，是对现实统治秩序的触犯，存在危险性，必为正统所不容，在一定情势下，"异端"思想有可能转化为同正统思想的政治对抗。其次，洪秀全的宗教思想逐渐从"救人"演变为"救世"，这是洪秀全思想深化和发展的积极表现。他批判现实社会的道德沦丧，描绘并期待上古大同之世重回现实，主张变相夺相斗相杀为公平正直廉洁平均的理想社会，尽管本源上属于道德劝世，却已表达了对现实社会的不满和批判。最后，洪秀全的思想一直充斥着反满色彩，在《百正歌》中他就表达了"正可行蛮貊"的夷夏之分，这是洪秀全骨子里的传统华夷观的体现。[①] 洪秀全的反满意识还受到同时期以反清复明为宗旨的天地会活动的影响，但要比天地会的反满思想更加进步和激进。他走上反清道路后强调："我们可以仍说反清，但不可再说复明了。无论如何，如我们可以恢复汉族的山河，当开创新朝。"[②] 太平天国以"兴汉灭满"的旗帜号召汉人声讨清王朝罪行，宣称替天行道，是为上帝收复失国，宣传政治斗争的正义性和神圣性，就是基于这种华夷意识。当然，洪秀全等人强烈的反满思想可能也与其客家出身的身份背景有一定关系。据传，洪秀全、冯云山的先人曾应召从祖籍嘉应州迁至花县参加客家起兵反清。客家先民的多次迁徙都缘于边疆部族的入侵，他们在兵燹中历尽磨难，付出惨重代价，客家人的族群意识历久不释，对外族入侵和统治尤为反感。

　　另外，我们看到洪秀全在二次入桂后，思想变化较大且愈发激

---

　　① 《百正歌》，《太平天国印书》（上），第 14 页。

　　② 〔瑞典〕韩山文：《太平天国起义记》，《太平天国》（6），第 872 页。

进，这与他在广州罗孝全处阅读到《圣经》的原本有一定关系。《太平天日》的思想核心有"神魔斗争""斩邪留正""天国降临"等，这些内容也充分体现在《新约全书》的第四部分《启示录》中。《启示录》假托基督使徒约翰所作，代表了下层社会犹太教基督徒的意愿，以上帝和撒旦之间的神魔斗争纵观人类历史全局，用大量的篇幅描绘世界末日的异象，预言随着弥赛亚（救世主基督）和千年王国的降临，将对世人进行末日审判，敌基督和拜偶像的魔鬼、恶人将被扔进无底坑或火湖，信徒将进入新耶路撒冷的新天新地。《启示录》中的宗教情境与洪秀全所处的现实情境极为相似。《太平天日》中关于"天使来接""天廷""剖腹换心""天书""生命河和生命果""神魔关系""天战""玺印""天妈天嫂天妻天弟天兄""孔子被鞭挞""地狱"等情节，或能直接在《启示录》中找到依据，或是对《启示录》相似情境的误读，《启示录》中也有千年王国是地上王国的说法。这说明《启示录》中的神话故事、神秘预言确曾引起洪秀全的关注、共鸣和吸纳，借以证明自己身份的合法性和神圣性。所以，洪秀全二次入桂后的思想变化，除了当时激剧的社会矛盾和上帝会所处的紧张环境外，其对《圣经》，特别是对《启示录》的附会式阅读和理解，并以此主观认识指导斗争实践，亦起到了重要作用。

洪秀全屡试不第、广州入教受洗被拒、广西传教受挫等坎坷的人生经历使他产生对现实社会极度不满的情绪，紫荆山上帝会组织的蓬勃发展给予他自认受命下凡斩邪留正的理想以鼓励和勇气，这些均是洪秀全转变为矢志反清的农民领袖的主观条件。

紫荆山的星星之火，终以上帝旗帜掀起了一场波澜壮阔的农民起义。1851 年 1 月 11 日，两万多会众集聚金田，誓师庆贺起义成功暨洪秀全 38 周岁生日。自此，这场中国历史上旧式农民起义的最大洪流，以金田为起点，席卷大半个中国，使清王朝的统治一度风雨飘摇，并对近世中国政局和社会产生了深远影响。

四　上帝教的要旨

（一）上帝教教义

1. 独尊上帝

基督教的宗教观是以基督为中心，它体现的是基督的上帝观；梁发的《劝世良言》承袭了犹太教的上帝观，以上帝为主体，洪秀全和冯云山接受了梁发的观点。上帝教的核心概念是"上帝"，耶稣虽受尊崇，但上帝的地位要比耶稣尊贵，在洪秀全的《原道救世歌》等早期作品中甚至没有提到耶稣。所以在名义上，独尊上帝是上帝教的核心教条。上帝教的具体信条在太平天国十几年的兴亡变迁中不断变化、修订，但崇奉上帝、废弃偶像的核心教条贯穿始终且未有变化。

西方传教士传播的上帝观，仅是借用和附会中国古代经书中的上帝之名称呼独一真神"耶和华"，并非在宗教观念上认同中国古人的上帝观。洪秀全受《劝世良言》的影响，把儒家文化中的"天"与"上帝"混同，以敬天拜天为敬拜上帝，洪仁玕在自述中讲："虽敬奉耶稣，却与外洋的天主教、辨真教微有不同，究竟与孔孟敬天畏天一样道理。"[1] 这里洪秀全对"天"的观念的借用与儒家学说、中国民间宗教和传统社会习俗相类。

洪秀全的上帝观有一个发展变化的过程。现存的太平天国文献，对上帝的称谓有四十多种，大致可分为三类：上帝（皇上帝、天帝、上皇等），天（神天、天公、苍穹、皇天等），天父（老亲、天圣父、神爷、高老、魂父、圣父、老父、阿爷、亚爸、老亚公

---

[1] 《干王洪仁玕自述》，罗尔纲、王庆成主编：《中国近代史资料丛刊续编·太平天国》（2），第416页。

等）。在《尚书》《礼记》《诗经》等儒家典籍中常出现"上帝"和"天"的称谓，这里的上帝是指唐虞三代之世有人格和意志的至高神，与基督教 God 的概念表述虽近，但有本质区别。基督教的 God 是独一真神，有创世之功，中国上帝的神格不具排他性，是多神崇拜中身份、地位、权力至高无上的一位。洪秀全在拜上帝初始没有刻意强调上帝的排他性，只着重说明拜上帝并非"从番"，敬奉上帝自古有之。为了强调上帝信仰的传统和延续，在洪秀全笔下，上帝是儒家、墨家、道家等诸家学说所提到的至上神的翻版。广州学道阅读《圣经》之后，洪秀全的上帝观逐渐具有了基督教色彩，上帝"六日造成天地、山海、人物"和"皇上帝之外无神也"，具有创世之功的上帝独一真神形象才明晰起来。此时洪秀全的上帝观仍然具有鲜明的中西合璧的特征，他有时也会以人们肉眼能见的物质之天代指上帝。《原道救世歌》中有"盘古以下至三代，君民一体敬皇天""人苟本心还不失，自知呼吸赖苍穹"，《原道觉世训》中有"雨从天降，众目所视者也"，这里的"苍穹""皇天""天"显然是常与"大地"并称的物质之天。① 崇拜天地是中国民间宗教的传统，除物质之天，还有日月星辰等天体、风雨雷电霜露等天象，上帝教同样继承了天体崇拜和天象迷信的传统。也就是说，洪秀全本意是要塑造作为至上神的上帝，《天理要论》指出"天地乃受造之物，所造之者，上帝也。可见天地与上帝不同，故以天地称上帝又大错也"，② 但洪秀全常受中国传统因素和现实需要束缚，或是不经意或是刻意而为，背离基督教经典，以创造上帝教的本土化特征，满足信徒的心理需求。

这种上帝概念的混淆、混用，在太平天国起义建国后逐渐淡化，无论是基督教的独一真神，还是中国的物质之天，均逐渐被

① 《太平天国印书》（上），第 19、21、10、17 页。
② 《天理要论》，《太平天国印书》（下），第 501 页。

"天父"一词所取代。首先，"天父"是大众魂父，地位比肉亲尊崇，他有血有肉，有儿有女，有妻有妾有小家庭，已经不是基督教里三位一体无形之上帝了，而是中国传统社会大家族里的长者、家长。其次，"天父"不但是独一真神，而且是独一皇帝，"天父上主皇上帝以外，皆非神也"，"天父上主皇上帝而外，皆不得僭称上、僭称帝也"，① "爷诏无别神别帝，神帝独一造天地"。② 基于此，洪秀全指出："皇上帝乃是帝也。虽世间之主称王足矣。岂容一毫僭越于其间哉！"③ 洪秀全的一帝论系推演自一神论，在基督教经典里全无记述，是洪秀全自己的创造。尊崇天父和尊崇洪秀全、效忠太平天国具有同一性，这既是宗教教义也是政治宣传，上帝教一神论的教义带有明显的政治色彩，故上帝教具有了政教合一的特征。上帝教的"天父"概念与基督教的"上帝"有显著不同，"天父"具有了全新的阐说内涵。

2. 天下一家

"天下一家"的教义对太平天国的意识形态具有指导意义，深刻影响着太平天国社会建设的理论构想以及妇女政策、国际观念和对外关系等，可以说是洪秀全设计未来社会的理论基础。洪秀全所心仪的公平公正正直的社会前景不得不说是他思想的闪光点。

中国古代无论是思想家还是民间，均有"天下一家"的说法。儒家经典中就有"四海之内皆兄弟"（《论语·颜渊》），"四海之内若一家"（《荀子·王制》），"故圣人耐以天下为一家，以中国为一人者"（《礼记·礼运》）等记载，王阳明也有"天下一家"的政治理想。可以说，"天下一家"是儒家天下观最主要的内涵。到明清时期，随着西方传教士来华，他们带来了外域的一

---

① 《永安封五王诏》，太平天国历史博物馆编：《太平天国文书汇编》，中华书局1979年版，第35、36页。

② 《天王敬哥如爷理本当诏》，罗尔纲、王庆成主编：《中国近代史资料丛刊续编·太平天国》（3），第102页。

③ 《原道觉世训》，《太平天国印书》（上），第22页。

手信息，传统天下观的指称范围虽被极大地拓展，但并没有改变传统文化特别是儒家学说的思想内核——"协和万邦"（《尚书·尧典》）。

洪秀全早期以"原道"为题的三篇宗教作品均谈到了这一思想。《原道救世歌》讲："天父上帝人人共，天下一家自古传。""普天之下皆兄弟，灵魂同是自天来。上帝视之皆赤子，人自相残甚恻哀。"《原道醒世训》讲："皇上帝天下凡间大共之父也。……行见天下一家，共享太平。几何乖离浇薄之世，其不一旦变而为公平正直之世也。"《原道觉世训》讲："天下总一家，凡间皆兄弟。""皆禀皇上帝一元之气以生以出，所谓一本散为万殊，万殊总归一本。"① 这些文献所提"天下一家""普天之下皆兄弟"的概念，显然吸收了梁发《劝世良言》关于上帝是大众魂父的阐述，同时因为中外关于"天下一家"思想的论说具有共性，才加深了洪秀全对此观念的认同。不过《劝世良言》和《圣经》所渲染的上帝的父性，所宣传的世人皆是上帝之子，仅是喻指上帝与世人之间一种形而上的伦理关系，并非从生育灵魂的角度来立论，洪秀全无法理解内中玄妙，只能以俗世的人伦血缘关系理解，并设计了"大家庭"和"小家庭"。

上帝大家庭之说还是铺陈"天下一家""普天之下皆兄弟""民胞物与""胞与为怀"等理念，大力渲染己方阵营内部的手足之情，并试图按照这种理念营造理想的大同社会。洪秀全早期十分重视宣传大家庭观，这是太平天国前期势头强劲、迅猛发展、群众情绪高涨的重要思想原因。上帝小家庭是大家庭中的特权阶层、贵族群体，洪秀全设计了尊卑有别、等级森严的礼治秩序，构建了一个上自天王下至普通士兵的庞大的官僚体系，实质无非是宣扬君权神授，营建洪家天下，这反映了洪秀全作为小知识分子、农民小私有者固有的思想局限。也就是说，在理论上，信徒都是兄弟姐妹，

① 《太平天国印书》（上），第10、11、15、16、17页。

都是上帝子女，但在实际生活中，每个人各有名分，上下尊卑，泾渭分明，其社会地位的高低完全取决于官职大小和资历深浅。这种等级思想腐蚀了社会风气，助长了人们的物欲、私欲，初期进行打江山思想动员的上帝光环逐渐褪色，导致后期太平天国吏治腐败，人心冷淡，局势崩坏。另外，《劝世良言》和《圣经》宣传的博爱观念是无区分的普世情怀，洪秀全则对上帝子女的身份做了明确界定，他在《原道觉世训》中讲："敬拜皇上帝，则为皇上帝子女，生前皇上帝看顾，死后魂升天堂，永远在天上享福，何等快活威风。溺信各邪神，则变成妖徒鬼卒，生前惹鬼缠，死后被鬼捉，永远在地狱受苦，何等羞辱愁烦。"① 即以是否信奉上帝作为是否上帝子女的准绳。因此，上帝大家庭是有原则有限度的开放。

"天下一家"的思想具有进步和积极意义。但与独尊上帝一样，其教义本身有自相抵牾之处。如上述，对上帝小家庭和大家庭之间的关系、上帝小家庭成员和大家庭成员的关系无法做出圆满的解释。都是上帝子女，上帝一视同仁，为何有亲疏之分？上帝子女彼此间为何又有等级之别？洪秀全只能生硬地为天父塑造子女妻妾，说天兄耶稣也有妻有子，把自己说成天父次子，不但在天上娶妻生子，在凡间也有妻有子，甚至还把杨秀清说成天父和天妈所生。对于普通信徒，洪秀全指出灵魂和肉体分别来自上帝和肉亲，但为了突出洪秀全的特殊地位，他说自己的灵魂和肉体均来自天父、天妈，还把自己的生母李氏说成"天上另一位亚妈"，仿照耶稣降世的故事，他由李氏"肚肠而生，以便入世"，这样李氏成了天父的小妾，可洪秀全却无法解释他的生父洪镜扬是怎么一回事。② 这些说法把基督教经典教义改得面目全非，不但洪秀全自己越说越乱，这种牵强附会连太平天国的一些普通士兵也不信服，也

---

① 《原道觉世训》，《太平天国印书》（上），第22页。
② 《钦定前遗诏圣书·圣人约翰天启之传》，罗尔纲、王庆成主编：《中国近代史资料丛刊续编·太平天国》（1），第358—359页。

成为西方基督教传教士和外交官诟病的焦点。

"天下一家"思想最大的问题是理论和实践的严重脱节。洪秀全等人在理论上的愿景是营建大同社会，在实践中却构造了金字塔式森严的特权礼制。

如上帝子女彼此间的称呼，按照"天下多男人，尽是兄弟之辈，天下多女子，尽是姊妹之群"的说法，[①] 世人不分年齿辈分均以兄弟姐妹相称，以致曾国藩在《讨粤匪檄》里攻击太平天国"皆以兄弟称之。谓惟天可称父，此外凡民之父，皆兄弟也；凡民之母，皆姊妹也"，[②] 汉阳生员马姓在太平军"讲道理"时痛斥太平军"五伦俱绝"，这不单是知识分子，包括普通百姓也是普遍无法理解和接受的思想。[③] 太平天国一方面否认世间的长幼之分，另一方面却在现实社会中强调"人有五伦"的传统观念，首义诸王按照年齿排序、相称，1851年颁行的《太平礼制》有各等级身份、地位、仪制的严格规定。

又如判定上帝子女身份的准绳为是否拜上帝，凡拜上帝者理应是兄弟姐妹，但实际上在太平天国中，没有参加太平军或不在军中及政府部门服务的百姓，都不被称作"兄弟"，而是以"外小"相称。[④]

在初期，太平天国与列强进行外交接触时，一方面亲切称呼洋人为"洋兄弟"，主张互通有无；另一方面却沿袭传统的夷夏观念，洪秀全自称"天下万国真主"，称外国人来访是"归顺""谒主"，在外交礼仪和外交文书上与列强发生冲突。在洪秀全等人的国际观念里，外国人既是"夷弟"，也是宗藩属国的臣民，宗教和俗世的观念混为一谈。

---

① 《原道醒世训》，《太平天国印书》（上），第15页。
② 《曾国藩全集》第14册，第140页。
③ 张德坚：《贼情汇纂》，《太平天国》（3），第312页。
④ 张晓秋：《粤匪纪略》，罗尔纲、王庆成主编：《中国近代史资料丛刊续编·太平天国》（4），第55页。

太平天国的妇女政策也表现出类似的矛盾。根据"天下一家"的理论，女性与男性同为上帝子女，应是平等的，但妇女在太平天国的活动（做官、参军、科考、婚姻、家庭）空间是极有限的。洪秀全男尊女卑的观念根深蒂固，他撰写的《天父诗》《太平礼制》对妇女必须遵循的伦理准则做出了明确规定，在统治层一直倡行多妻制，并说成是上帝的旨意，大多数女性仍然是男性的附庸。

总之，宗教和俗世界限的混乱，理论和实践关系的脱节，使"天下一家"的教义难以自圆其说。农民是分散的小私有者，他们有平均主义的要求，却绝不曾有民主的要求。"天下一家"的思想局限清晰地表现了洪秀全等人根本没有萌生近代意义上的平等观念。

3. 斩邪留正

在广西政治斗争白热化的背景下，洪秀全明确提出了"斩邪留正""杀尽妖魔"的斗争口号。所谓"正"是从"独尊上帝"和"天下一家"的教义来认知的，天道、真道、正道都是上帝意志的体现，是上帝所立天下之人应须恪守的行为准则；所谓"邪"即"妖魔"，正邪不两立，作为上帝的对立面，上帝教塑造和丰富了一个庞大的妖魔体系，大致可以分为宗教层面的"死妖"、伦理道德层面的"生妖"和政治意义上的"清妖"。

"死妖"中的妖魔头有老蛇（蛇魔、蛇妖、魔蛇、蛇兽、蛇惑）、阎罗妖（蛇魔阎罗妖）、东海龙妖（大红龙、东海老蛇、红眼睛）之称，在太平天国文献中同指妖魔头。《太平天日》记："这妖魔头，凡间人所称阎罗妖，又称东海龙妖者。"[1]《天兄圣旨》记："海龙就是妖魔头，凡间所说阎罗妖正是他，东海龙妖也是他，总是他变身，缠捉凡间人灵魂。"[2]《救天生天养中国人民

---

① 《太平天日》，《太平天国印书》（上），第38页。

② 王庆成编著：《天父天兄圣旨》，第5页。

谕》记："蛇魔红眼睛阎罗妖者何？就是皇上帝当初造天造地之时
所造生之老蛇。今既变为妖怪，能变得十七八变，东海龙妖亦是
他，正是妖头鬼头，专迷惑缠捉凡人灵魂落十八重地狱，做他妖徒
鬼卒，听他受用淫污者也。"①《钦定前遗诏圣书·圣人约翰天启之
传》（今译为《启示录》）第20章记："我看天使自天降下，有深
渊之钥，手执大链，且捉其龙，即老蛇、魔鬼、阎罗妖。"② 正如
《太平天日》所记"其妖头甚作怪多变""能变得十七八变"，三
者实是三位一体。③

　　其中，以蛇作妖魔的代名词，是基督教的教义。《旧约·创世
记》记，蛇诱惑夏娃偷吃禁果，被上帝逐出伊甸园，人类有了与
生俱来的原罪，引来罪孽苦恼的世界；《新约·启示录》记，魔鬼
撒旦，亦龙亦蛇，迷惑世人，两度受罚，最终将在世界末日被扔进
火湖永世受苦。阎罗妖是中国民间传说管理地狱的魔王，地狱是妖
魔的归宿，洪秀全认为阎罗冒犯了上帝权威，反对阎罗主生死说，
"死生有命，亦是命于皇上帝已耳，毫无关于阎罗妖也"，④ 故阎罗
是妖魔头，凡人所拜菩萨偶像是阎罗的妖徒鬼卒，人们溺信邪神，
也将沉沦地狱，变为妖魔。东海龙妖的名称也不见于《圣经》。龙
王是掌管水域和兴云布雨的佛教神灵，龙王信仰在中国民间兴盛，
龙王庙的数量与土地庙、城隍庙、关帝庙相当，遍布各地。以龙为
妖，符合上帝教独尊上帝真神的教义。但龙是历代君王的象征，建
国初始，洪秀全等诸王王袍上就已使用龙形图案，各王的玺印也使
用龙形钮文，天王府称"金龙殿"，其余各王府都有龙凤雕刻和壁
画，这就出现了理论和实践不协调的地方。所以太平天国将所刻之
龙双目各插一小箭，曰"射眼"，以示降服。1853年12月，杨秀

---

① 《颁行诏书》，《太平天国印书》（上），第111页。
② 《钦定前遗诏圣书·圣人约翰天启之传》，罗尔纲、王庆成主编：《中国近代史
资料丛刊续编·太平天国》（1），第366页。
③ 《太平天日》，《太平天国印书》（上），第39页。
④ 《原道觉世训》，《太平天国印书》（上），第18页。

清假"天父"传言："今而后天国天朝所刻之龙尽是宝贝金龙，不用射眼也。"[1] 后又确定龙的形象，"以后天朝所画之龙，须要五爪，四爪便是妖蛇"，[2] 而其他民间绘画及清统治区的龙都是妖魔，改"东海老龙"为"东海老蛇"。太平天国把龙视作妖魔，不符合中国人的传统观念，对龙和蛇的划分又非常随意，强行植入，很难服众。

可见上帝教关于妖魔头子体系的构建，是受基督教《圣经》的启发和佛教思想以及民间神话的影响，具有中西合璧的特征。太平天国根据邪神偶像都是妖魔的教义，出于独尊上帝真神的目的，以严刑峻法严禁民间的偶像崇拜习俗，采取强硬激进的手段摧毁庙宇寺观和偶像。这一政策贯穿太平天国始终，但也始终不为人们认同。究其根源，与基督教在华传播迟迟打不开局面的原因一样，上帝教是一神信仰，这与几千年来中国盛行的多神崇拜习俗格格不入。

"生妖"与"死妖"的概念相对应。洪秀全在一份诏书中做了明辨："土、木、石、金、纸、瓦像，死妖该杀约六样。邪教、粉色、烟、酒、戏、堪舆、卜、筮、祝、命、相、聘、佛、娼、优、尼、女巫、奸、赌生妖十九项。"[3] "死妖"是土、木、石、金、纸、瓦六种材料所做之菩萨偶像，菩萨偶像被上帝教视作"魔鬼"，是"蛇魔红眼睛阎罗妖之妖徒鬼卒"，在诛灭之列。[4] "生妖"是指拜邪神、行邪事之人，所谓"行邪事"是从伦理道德的角度定义的。洪秀全认为人的灵魂来自上帝，人之所以会蜕变为妖，行为不端，犯天条，是中了妖魔诡计，灵魂被妖魔缠捉的结果，故"生妖"在根本上有别于生就的"死妖"。上帝派遣次子降凡间，就是为规劝世人敬拜上帝、践行真道、正人正己，也就是

---

① 《天父下凡诏书（二）》，《太平天国》（1），第52页。

② 王庆成编著：《天父天兄圣旨》，第103页。

③ 余一鳌：《见闻录》，《太平天国史料丛编简辑》（2），第132页。

④ 《颁行诏书》，《太平天国印书》（上），第111页。

说，"生妖"还有改邪归正、脱鬼成人的机会。这也是最初洪秀全敬拜上帝、立志道德劝善和宗教救世的理论基础。

但是上帝教关于"生妖"的教义有自身抵牾之处。首先，洪秀全早期的宗教思想沿袭了《劝世良言》的人性原罪论，但他又从中国传统儒家学说中汲取了性善论来进行道德说教，认为人只要恪守或还原本来的正性，修好炼正，就得天下太平，这显然与最初的说教存在矛盾。其次，洪秀全虽然谴责世人变妖，但仍然强调上帝有好生之德和海底之量，"生妖"可以通过正人正己正心正性，摆脱妖魔纠缠，脱鬼成人，不必要消灭其肉体，这与"死妖"有着本质区别。可另一方面，太平天国又有洪秀全升天时"爷嘱生死妖概灭"之说，[1] 以此，"生妖"也成为被诛灭的对象。谋反、杀人等罪被处以凌迟、焚化、五马分尸、点天灯等酷刑，或能说得过去，一般的吸食鸦片、饮酒、卖淫、赌博、演戏、缠足、祭祖等违纪行为原则上也要被处以死刑，有乱世用重典之嫌。再加上"妖魔"划分标准的随意性、主观性，难免会出现冤假错案，弄得人人自危，社会氛围紧张，社会矛盾尖锐，不利于拜上帝信仰的维系发展。

"清妖"是洪秀全等从政治意义上对"妖魔"的划分，主要指满人、清朝的最高统治者和清朝的官员、士兵、练勇等。太平天国直斥清朝统治者"其祖宗乃一白狐一赤狗交媾成精，遂产妖人"，以"满妖""满洲妖魔""满鞑子""鞑妖""鞑靼妖胡""狗鞑""胡妖""胡奴"等名词相称。[2] 一方面洪秀全等人对满人不加区分，一概视作必诛之人。另一方面洪秀全等人又对满人和为清朝服务的汉人有所区分，《钦定英杰归真》中即有投诚太平天国的汉族官员声称其"骨肉毛血都是中土人，不过暂受妖权所制，妖官污

---

① 《王长次兄亲目亲耳共证福音书》，《太平天国印书》（下），第714页。

② 参见《颁行诏书》，《太平天国印书》（上），第107—112页；《贬妖穴为罪隶论》，《诛妖檄文》，《太平天国印书》（下），第439—453、734—739页。

弄，一时不能脱满洲鬼迷耳。今愚弟来归，实是去暗投明，脱鬼成人之幸，从今欲做英雄豪杰，不愧为中土天朝人也"。①

在基督教里，有好人，有妖魔，就需要有上帝惩恶扬善的场所。上帝教也沿袭了基督教天堂永福、地狱永苦的思想，宣称凡是拜邪神偶像、行邪事、与太平天国为敌者将坠入地狱，灵魂将受永苦，反之则升入天堂，灵魂将享福无穷。但上帝教的天堂和地狱同样是一个中西合璧的概念。洪秀全在他的丁酉异梦中对属灵的天堂做了形而下的世俗性描绘："天上无病地狱病，天上无苦地狱苦，天上无饿地狱饿，天上无丑地狱丑。"② 在天上，灵魂仍然保留了肉体在世俗凡间的食欲、性欲、物欲和求知欲，天堂俨然世俗的温柔富贵之乡。上帝教关于物质性天堂的描绘，对抱着务实态度的中国老百姓很具吸引力。

上帝教还将天堂具体描绘为"三十三天"，显然借用了佛教概念。佛教将天分为欲界六天、色界十七天（或十八天）、无色界四天，"三十三天"是欲界六天之一，据说位于须弥山顶，其中央为帝释天，四方各八天，共三十三天。但上帝教将"三十三天"理解为天有三十三重。1854 年 6 月，东王杨秀清曾问英国来使："尔各国拜上帝、拜耶稣咁久，有人识得天上有几多重天否？"③ 其实这不是请教，而是考问，以表明太平天国的上帝比外国更正统。按照《太平天日》的说法，洪秀全升天战妖，上帝"命同众天使逐妖魔，三十三天逐层战下"，"其三十三天所闯偷之妖魔仔，及有奸心帮妖魔头者，俱一一逐下凡间"，"逐下凡间这重天时，……而妖魔头已先遁去矣"。④ 从最后一句可知，上帝教的"天堂"不仅仅是在天上，三十三层天为"高天"，最低一层则是凡间。这就

---

① 《钦定英杰归真》，《太平天国印书》（下），第 759 页。

② 《天父诗》，《太平天国印书》（下），第 615—616 页。

③ 《东王杨秀清答覆英人三十一条并质问英人五十条诰谕》，罗尔纲、王庆成主编：《中国近代史资料丛刊续编·太平天国》（3），第 22 页。

④ 《太平天日》，《太平天国印书》（上），第 39 页。

是洪秀全等人宣称建立人间"小天堂"的理论基础，"小天堂"的教义与基督教教义大相径庭。洪秀全在批解《钦定前遗诏圣书》时指出："神国在天是上帝大天堂，天上三十三天是也。神国在地是上帝小天堂，天朝是也。天上大天堂是灵魂归荣上帝享福之天堂，凡间小天堂是肉身归荣上帝荣光之天堂。"① 号召民众献身反抗，仅仅像基督教那样许诺一个虚无缥缈的迷幻世界远远不够，基督教宣扬的灵魂永恒、来世永福并不能帮助下层的老百姓解决现实生活中的各种问题。老百姓之所以跟随太平天国起义，最直接的动机是改变现实的生活遭遇；洪秀全也一样，他皈依上帝，主要考虑的是改变社会现状和实现个人抱负，绝对不是寻求死后灵魂不朽。所以拜上帝思想自诞生之日起，其教义便带有强烈的世俗性和现实关怀。

为契合人们的心理需求，洪秀全分别塑造了寄存上帝子女灵与肉的两个归宿，将逼真诱人的"小天堂"搬来人间，这对于正在社会底层苦苦挣扎的贫苦百姓来说，无疑会产生巨大的感召力和吸引力，也符合中国老百姓务实求实的性格和心理。因此上帝教中上帝执行的赏罚既有来世的灵魂沉浮，也有现世的善恶回报，显然也是结合了信徒的日常意愿并借助了佛家的因果报应思想。至于"小天堂"的概念，也有广义和狭义之分，广义即太平天国，狭义指太平天国的都城。随着太平军进军途中领导层对建都问题的论争，小天堂的确指应有变化（或武昌或河南或北京），至定都天京，天京便成为"小天堂"。

与天堂对应的是地狱。基督教的地狱被具体描绘为将魔鬼关闭千年的"无底坑"和末日审判后魔鬼被丢入的"火湖"。洪秀全也借用了"火湖"的概念描绘地狱的恐怖："由天由王是天路，由己行错地狱涂。草对弯弯直上天，不对走下冰火湖"；"跟主不上永

---

① 《钦定前遗诏圣书·圣差保罗寄哥林多人上书》，罗尔纲、王庆成主编：《中国近代史资料丛刊续编·太平天国》（1），第274页。

不上，永远不得见太阳。面突乌骚身腥臭，喙饿臭化烧硫磺"。[1]
但洪秀全又借助佛教"十八重地狱"的说法以对应"三十三重天"
之说，他有一份预诏："头打三十三天，脚下十八重地狱，一打天
边，二打地狱，三打人常生，四打鬼灭亡。"[2] 但与佛教不同，佛
教有生死轮回的思想，上帝教则认同基督教思想，认为沉沦地狱者
将"永远在十八重地狱，受无穷无尽苦楚也"。[3]

随着洪秀全思想的发展变化，上帝教教义也经历了一个补充、
发展和修订的过程，这个过程贯穿始终，与太平天国的政治斗争紧
密结合在一起，或者说始终为太平天国的政治斗争服务，而不是单
纯地追求宗教救世、灵魂永生或人类博爱。总体来讲，上帝教的主
要教义有三个层面：第一，尊奉上帝独一真神，贬斥其他一切异教
神为邪神、为妖魔，由是掀起了激烈的毁灭偶像运动；第二，宣扬
天下一家、人皆兄弟，向往公平公正正直之社会，但同时严判尊
卑，在现实社会中构建等级森严的礼制和金字塔式的社会结构；第
三，号召斩邪留正，杀尽妖魔，声称凡拜上帝者为上帝子女，生前
上帝看顾，在小天堂荣光无比，死后灵魂升入上帝大天堂享永福，
否则沉沦地狱永受苦。至于所诛之妖魔有三类：诛"死妖"，扫荡
邪神偶像；救"生妖"，驱邪念，脱鬼成人，由是在民间掀起了移
风易俗的改造运动；诛"清妖"，推翻清廷。这些教义的核心内容
可概括为三个字——"拜上帝"。

从上帝教的教义看上帝教的性质，它兼收并蓄，杂糅基督教、
佛教、道教、儒家、法家、墨家、中国民间宗教、传统习俗的思想
要素，其源头和外在形式虽然主要是西方基督教，或者说与犹太教
更为相似相近，但在教义上与它们有显著不同，其政教合一的鲜明
特征也与基督教不同。太平天国虽然基于上帝信仰认可基督教，表

---

① 《天父诗》，《太平天国印书》（下），第614—615、647页。
② 《王长次兄亲目亲耳共证福音书》，《太平天国印书》（下），第714页。按，
"预诏"是指洪秀全在丁酉年病中神志不清时说的胡话。
③ 《颁行诏书》，《太平天国印书》（上），第112页。

现出对基督徒的友善，但其一直以上帝教为正统，拒绝西方基督教的任何质疑和尝试性改变，甚至公开否认上帝教与基督教之间的渊源关系。1853 年 4 月，随同英使来访的费熙邦（E. G. Fishbourne）舰长曾询问一位太平军首领太平天国何时获得了《圣经》译本。首领回答，《圣经》是两千年前从天而降，约一千年后流传到北京，那时中国人就已经有了《圣经》。① 洪秀全等曾再三阐释拜上帝并非"从番"，上帝真道中国自古就有，只是秦汉以后才失传。因此，上帝教并非基督教的异端或基督教的一个派系。另外，上帝教在创建和传播中较多地吸收了中国传统民间宗教因素，使其富有浓厚的中国民间宗教色彩，但它根本上是中西杂糅的产物，与土生土长的秘密教门、民间宗教有质的区别。其教义和宗教体系的完善程度绝非中国历史上任何一个民间宗教所能比拟，上帝教不能等同于中国民间宗教。总体上看，上帝教实是独树一帜、自成一脉，是近代中国变局中一个中西合璧的新式宗教。

（二）上帝教经典

洪秀全最初的基督教知识来自《劝世良言》，他奉若经典，不许人们擅自涂改或妄加符号。1847 年春广州之行，洪秀全在罗孝全处首次直接阅读到《圣经》，并接受了为期三个月的正规宗教训练。而后大约在 1848 年春，洪秀全在广州斡旋营救冯云山期间获赠一部《圣经》，这为他日后进一步研读《圣经》和发展拜上帝思想提供了方便。直至起义立国，洪秀全、杨秀清等人都是以《圣经》宣传拜上帝思想的。也就是说，在太平天国早期，上帝教将基督教的经典作为自己的宗教经典，在很长一段时间内没有自己独立的经典。

1853 年 3 月定都天京后，太平天国很快宣布实行"旨准颁行

---

① E. G. Fishbourne, *Impressions of China, and the Present Revolution: Its Progress and Prospects*, London: Seeley, Jackson and Hallidy, 1855, p. 190.

诏书"制度："当今真道书者三，无他，《旧遗诏圣书》《新遗诏圣书》《真天命诏书》也。凡一切孔孟诸子百家妖书邪说者尽行焚除，皆不准买卖藏读也，否则问罪也。今将真命诏书一一录明，呈献我主万岁万岁万万岁旨准颁行。但世间有书不奏旨、不盖玺而传读者，定然问罪也。由此为之，邪说不能生，真道永宣矣。"① 这说明太平天国将基督教的《旧约》《新约》和自己颁布刊行的一切书籍（泛称《真天命诏书》）作为"真道书"，即上帝教的宗教典籍。这标志着上帝教在加强意识形态领域的工作并试图以自己独有的宗教典籍摆脱对基督教经典的完全依附。只是此时的《真天命诏书》是泛称，所指不甚明确，可见上帝教的理论建设尚处于探索阶段。

为维系人心、宣扬天国的合法性和神圣性，需强化上帝教教义宣传。定都天京后，兵士、人口日众，宗教思想的宣传工作刻不容缓，而太平天国自己的宗教典籍还不完善，现成的《圣经》于是担负起传播上帝思想的重任。太平天国定都后赶印颁行的《圣经》是以德国人郭士立（K. F. A. Gutzlaff），牧师的译本为底本，很有可能是洪秀全当年从罗孝全处所获。至 1854 年上半年，太平天国出版的《圣经》已包括《旧遗诏圣书》的前六卷（《创世传》《出麦西国传》《利未书》《户口册纪》《申命记》《约书亚书记》）和《新遗诏圣书》的第一卷《马太传福音书》。② 可知太平天国前期重点刊印的是《旧约》。

《旧约》的前五卷，即《创世记》《出埃及记》《利未记》《民数记》《申命记》，是犹太教的经典，因附会为摩西所作而取名《摩西五经》。上帝教的教义主要吸收和借鉴的就是《摩西五经》，反之也可说，《圣经》对上帝教的影响主要体现在《旧约》上，特

① 《诏书盖玺颁行论》，《太平天国印书》（下），第 464 页。
② 参见《法国耶稣会传教士葛必达神父的一封信》《麦华陀和莱文·包令的报道》，罗尔纲、王庆成主编：《中国近代史资料丛刊续编·太平天国》（9），第 109—110、159 页。

别是《旧约》的前五卷：（1）犹太教中的上帝，性情暴烈、威严、权能无限，有人格，摩西曾面见上帝，聆听上帝谕旨，这与洪秀全宣扬的丁酉升天神话中的上帝形象相近，似能验证上帝教的神人同形论；（2）《摩西五经》讲述的上帝怒降洪水和诺亚方舟的故事、上帝救以色列人出麦西国的故事，被洪秀全嫁接，与耶稣下凡救世、洪秀全丁酉升天受命下凡的神迹，共同构成了上帝教的经典神话——上帝的四次大怒；① （3）"摩西十戒"被《劝世良言》称为"天条大律""十条圣诫"，洪秀全受梁发的启发，修订为"十款天条"，作为上帝教的宗教戒律，后来成为太平天国的法律准绳；（4）犹太教和上帝教均以上帝为中心、为至尊，符合上帝教名义上的尊奉上帝独一真神的教义，而基督教是以基督为中心。从教义来看，上帝教和犹太教比较相近，和基督教比较疏远。正是基于上帝教和犹太教教义的相似性，洪秀全最看重的是《旧约》，并加紧出版《旧约》，而轻视《新约》，或者说故意摒弃、曲解了很多《新约》要旨。但洪秀全也从《新约》中吸收和借鉴对自己有用的素材，如前述《启示录》中的相关内容，再如上帝教的洗礼、礼拜仪式以及一些宗教概念，也都来源于《新约》。可是由于洪秀全拒绝接受三位一体论，力持神人同形论，有意淡化耶稣基督下凡救赎的事迹，上帝教与基督教的教义有着明显分野。

　　洪秀全持务实、实用的态度对《圣经》取舍和解读，特别是对基督教正典《新约》的轻视和忽视，使上帝教教义和基督教教义存在根本性对立。虽然洪秀全和太平天国已经认识到这一问题，但因赶印仓促，对《圣经》内容并没有细致地甄别和修改。洪秀全在主观上也未对此予以重视。因为《圣经》在太平军中的传播对象多不识字，以口头形式宣传教义，可以按照先前的模式以实际需要附会和解释《圣经》。但当熟悉《圣经》的西方外交官和传教士尝试与太平天国接触时，才发现彼此的宗教教义存在

---

① 　参见《颁行诏书》，《太平天国印书》（上），第107页。

难以调和的矛盾，而洪秀全并不侧重研读的《新约》，竟成了传教士援引、责难乃至攻讦上帝教的主要依据。这迫使以洪秀全、杨秀清等为代表的太平天国最高层开始考虑将对原《圣经》刊本的修订工作提上日程。太平天国独立的宗教经典也正式形成于太平天国官方同西方朝野人士就如何诠释《圣经》问题的争执过程之中。

　　1854 年 6 月 20 日，英国新任驻华公使约翰·包令（John Bowring）的儿子莱文·包令（Lewin Bowring）和英国驻上海领事馆官员麦华陀（Sir Walter Henry Medhurst）乘军舰自上海到访南京。英国使团和太平天国官方就宗教问题展开了书面辩论。首先是 6 月 23 日东王杨秀清以军务繁忙为由婉拒英国使团的会见请求，但赠送了太平天国新刊印的图书 7 种 9 册，包括《旧遗诏圣书》3 卷、《天父下凡诏书》（第二部）、《天理要论》等。包令认为："这些小册子全都印刷精良，但其内容是真理与谬误、辨识与诳言的最奇异的混合物。"[①] 随即他们向杨秀清提出了关于通商、制度、政体、军队、赋税以及宗教方面的 30 个问题。接到英方信函，杨秀清委派翼王石达开、卫天侯黄玉崑专门负责起草复函，经过数日反复斟酌，由洪秀全认可，6 月 28 日，以杨秀清"诰谕"的形式发出。除了正面回答英人 30 问，杨秀清又向英人发出了 50 个全部与宗教有关的问题，其中包括上帝和耶稣的具体形象、上帝小家庭的情况、圣灵的情况等，还摘录了几段《圣经》经文让英国人解释。[②] 其实这些问题太平天国早已有明确答案，杨秀清明知故问，以教训人的口吻敦促英国人认同上帝教和太平天国，同时表明上帝信仰的权威在太平天国，而不是西方的基督教。所以，杨秀清的这份外交文书既是一个满纸天话的宗教文件，又是一个宣示正统的政

---

① 《莱文·包令的叙述》，罗尔纲、王庆成主编：《中国近代史资料丛刊续编·太平天国》（9），第 162 页。

② 《东王杨秀清答覆英人三十一条并质问英人五十条诰谕》，罗尔纲、王庆成主编：《中国近代史资料丛刊续编·太平天国》（3），第 18—24 页。

治宣言。

杨秀清自以为长篇大论可以使英人畏服认同，却激起了英国使团的极度反感，他们看到回复和问题，认为杨秀清"所提的神学问题既恶毒又荒谬"，并确信"他们当中没有任何人能够领悟其中（《圣经》）的含义"。6月29日，英国人专门召开了一个临时宗教会议，商讨如何答复杨秀清提出的问题。① 6月30日，就在他们离开南京的同一天，一封回信被送往南京城中。英国人在信中高傲地反复向太平天国强调"推荐你查阅一下《新旧约全书》里所包含的上帝意志的唯一启示。谦恭仔细地学习这些，你就永不能走上迷途"，"不管怎样，让我向你强调一下查阅《圣经》作为参考的必要性"，"基督告诉我们：'研究《圣经》吧，在那里你会认为你已经永生，它们就是我的预言的证明。'"②

杨秀清读信后瞠目结舌。英国人依据《圣经》旁征博引，几乎全部否定了上帝教的基本信条。（1）上帝纯灵（没有高矮和婚娶）。因此太平天国关于上帝、基督、圣灵神人同形的说法是错误的，否定了洪秀全丁酉升天神话的真实性，否定了洪秀全自称天下万国真主的地位，也否定了杨秀清代天父上帝传言的地位。（2）耶稣是上帝独子，也是灵，《启示录》中提到的"羔羊婚娶"仅是个比喻。因此洪秀全不可能是上帝次子、耶稣胞弟，耶稣也不可能降托萧朝贵下凡传言。（3）圣灵纯灵。因此杨秀清不可能是圣灵，他只是一个凡人，否定了东王作为天父第四子和代天父下凡传言的地位。（4）《圣经》中的"天国"不是太平天国，天国在彼岸而不在此岸，否定了洪秀全受命下凡开创太平天国的合法性。（5）不拜上帝者不是妖魔，《圣经》中的"蛇""魔"不是指满人。《马太福音》记上帝"叫日头照好人也照歹人"，"天国"是

---

① 《莱文·包令的叙述》，罗尔纲、王庆成主编：《中国近代史资料丛刊续编·太平天国》（9），第164—165页。

② 《附件：英人问东王三十条及英人复东王五十问》，罗尔纲、王庆成主编：《中国近代史资料丛刊续编·太平天国》（3），第35、39页。

和平的，不是暴力的，所以洪秀全僭越上帝，妄断正邪，否定了太平天国暴力运动（斩邪留正、诛妖讨胡）的理论依据。

英国人的回信可谓釜底抽薪，全盘否定了上帝教教义和太平天国起义反清的合法性，对太平天国的神学体系建构具有毁灭性冲击。洪秀全、杨秀清这才意识到几年来他们几乎原样照搬刊行的《圣经》，对太平天国的意识形态构成了极大威胁，必须迅速果断地采取应对措施。英国军舰已经扬长而去，那只能在内部平息这一闹得满城风雨的外交事件所引发的思想危机。英人离去一周后，1854 年 7 月 7 日，"天父"下凡传言给东殿理事官傅学贤等人："天父因凡间子女，或有轻视圣旨，泥执约书，故朕特诏约书有讹当改，并诏圣旨有错，以试众心。""天父"说："只因尔等将番邦存下的旧遗诏书、新遗诏书颁发，其旧遗、新遗诏书多有记讹。尔禀报韦正、翼王，禀奏东王，启奏尔主，此书不用出先。"接着，"天父"又谕天官正丞相曾水源，将"朕天父圣旨书及尔天兄圣旨书暨天命诏书""拿去斟酌，改好成文章来也"。[①] "天父"下凡，一命暂停印刊《圣经》，二命修订《天父圣旨》《天兄圣旨》等太平天国所刊典籍，明确提出《圣经》有错讹需修改、上帝教教义及典籍需要建设完善的两项要务。

《圣经》本身是在很长时间里由不同的人创作形成的经典。解经是一项长期且非常复杂的工作。由于太平天国内外交困的政治环境，修订、再版《圣经》的工作没能依照"天父"圣旨立即着手开展。1854 年 6 月的外交纠纷过后，太平天国明显放慢了刊印书籍的节奏——大不同于在定都初期一年多的时间里刊印 13 种著作的速度，这反映出太平天国官方对宗教理论建设的审慎态度。直到天京事变和石达开出走事件结束后，权力纷争稍有缓和，政局略有稳定，1857 年底《天父诗》方问世。这标志着洪秀全开始拿出时间和精力集中创作、修订和出版太平天国典籍，对《圣经》的修

---

① 王庆成编著：《天父天兄圣旨》，第 110—111 页。

订也着手了。

洪秀全亲自修订的新版《旧遗诏圣书》和《新遗诏圣书》，分别改名为《钦定旧遗诏圣书》和《钦定前遗诏圣书》，统称为《约书》。从书名看，《新遗诏圣书》易名《钦定前遗诏圣书》，即《新约》易名《前约》，可推测洪秀全已以"当今真道书"的《真天命诏书》取代了《旧约》《新约》原在太平天国宗教经典中的核心地位，并开始酝酿形成一种新的《约书》名称，以表达天父天兄已和洪秀全践约，而此约最新、最权威。

《钦定旧遗诏圣书》卷一《创世传》和《钦定前遗诏圣书》卷一《马太传福音书》大约在 1860 年 9—11 月刊刻，其他各卷陆续刊印。至迟到 1860 年 12 月，《钦定旧遗诏圣书》前六卷和《钦定前遗诏圣书》全套已经出齐。可知太平天国钦定版《圣经》各卷相继刊印是在 1860 年 10—12 月。将钦定版同太平天国之前刊刻的《旧遗诏圣书》前六卷、《新遗诏圣书》卷一相比较，钦定版虽有一些批注和删改，但系在早期镌刻的旧版基础上以挖改补刻的方式局部改动，大致保持了经文原貌。洪秀全着重修改的是《新遗诏圣书》的后 26 卷，批注多达 76 条，而钦定版《圣经》的批注总数是 82 条。《新约》是西方外交官和传教士昔日责难太平天国宗教的理论依据，洪秀全此次下决心修改和出版《圣经》，主要原因还是反驳六年多前西方人对上帝教的攻评。而此时杨秀清已故去四年多，可"天父"指示"有讹当改"的《圣经》还没有改好。过去认为，1860 年以后以罗孝全为代表的传教士频繁到访南京并同洪秀全在宗教问题上发生争执，才促使洪秀全痛下决心修改《圣经》。从时间上看，传教士们抵达南京，罗孝全是 1860 年 10 月 13 日（11 月 12 日才拜见洪秀全），杨笃信（Griffith John）是 11 月 18 日，慕维廉（William Muirhead）是 1861 年 2 月 8 日，艾约瑟（Joseph Edkins）是 1861 年 3 月 21 日。显然在罗孝全到达南京见到洪秀全之时，钦定版《圣经》正在着手刊印，或已经开始刊印，或已经刊印完毕，洪秀全对《圣经》的修订很可能已经完成或完

成了大部分。因此，西方传教士与洪秀全关于宗教问题的再度争执
并不是钦定版《圣经》修订和刊行的直接原因，如果说这之间存
在一定因果关系，那么可能罗孝全等人的到来并和洪秀全发生辩
论，促使太平天国加速刊印钦定版《圣经》，以及促使洪秀全尽快
明确和完备太平天国独有的宗教经典。另外，洪秀全修订《圣经》
的工作相当繁复，《旧遗诏圣书》前六卷和《新遗诏圣书》全篇共
计约 35 万字，洪秀全逐字逐句批注和删改，有的经文甚至重写，
这些都是由洪秀全独自完成的，工作量很大。而洪秀全身体不是很
好，患有胃肠等慢性疾病，长期从事文字工作又致视力减退。很难
想象钦定版《圣经》是洪秀全在罗孝全到来后的一两个月时间里
边修订边出版完就的，只可能是在此之前一段相对长的时间内逐步
完成的。

　　洪秀全对《圣经》的批注和删改，内容繁多，可对重点内容
做一归纳。

　　其一，依据《圣经》论证天父、天兄、天王下凡的合法性，驳
斥三位一体论，力持神人同形论。如"圣灵"，英文作 Holy Spirit，
本义为风和空气，引申为灵。马礼逊版《圣经》译为"圣神风"
"圣风"，太平天国的典籍虽采用"圣神风"一词，但解释为"圣
神之风"。"圣神"指上帝，"圣神风"指天上使风者——东王杨秀
清，东王和天王同为上帝之子，同一老妈所生。为了强调"圣神"
即上帝，钦定版《圣经》中的"圣神"一词大多改为"上帝"
"上帝圣神""上帝之圣神"等。洪秀全不能理解基督教的三位一
体信条，或者干脆不愿意去理解。因为一旦接受三位一体论，就意
味着作为上帝次子的洪秀全丁酉升天受命下凡的神话是个彻头彻尾
的骗局，天父天兄下凡的核心教义成了弥天大谎。所以洪秀全必须
坚守神人同形论，而论证这一观点的主要依据是洪秀全在丁酉年升
天的切身经历，他辩解说："太兄周时说子爷，况朕亲上高天，见
过天父多少，见过天妈多少，见过太兄多少，见过太嫂多少，有凭

有据正为多，上天下凡总是一样，耳闻不若目见也。"① 为论证自己奉上帝之命下凡作主，洪秀全经常将自己与《圣经》中的人物相附会。如《圣经·圣差保罗寄希伯来人之书》第 7 章第 1—3 节原文为："昔亚伯拉罕胜列王而凯旋，遇撒冷之王，即至上帝之祭司麦基洗德，蒙其祝福。亚伯拉罕将诸物抽十分之一贡之。麦基洗德译名本乃仁义王，又撒冷之王即平安王。其无父无母，亦无族谱，无始日无终生，乃是与上帝之子相似，永为祭司。"洪秀全将其中的"仁义王"改为"天王"，"平安王"改为"太平王"，"乃是与上帝之子相似"改为"成（诚）如上帝之子"，批注"此麦基洗德就是朕"，引用天父圣旨"禾王作主救人善"一句"作今日下凡作主之凭据"。② 洪秀全在一道诏旨中也说："朕妻朕子爷妈带，麦基洗德实朕全。"③ 洪秀全把自己附会成了麦基洗德。

其二，依据《圣经》论证太平天国立国和暴力运动的合法性。洪秀全主要是附会《新约·启示录》的内容，宣称《启示录》中预言的千年王国已经诞生，就是太平天国，上帝、基督也已下凡，自天上降下之新耶路撒冷就是天京。1854 年 6 月来访的英使团曾引用《新约》卷一《马太传福音书》中的上帝"叫日头照好人也照歹人"一句宣称上帝博爱宽恕，否认太平天国的妖魔观，洪秀全同样以《马太传福音书》第 10 章第 34 节中耶稣所说"莫想朕临在地使太平也，我来非立太平，乃使刀也"作为反驳西人的依据，他批注："今爷哥下凡斩邪留正，验矣。钦此。"④ 为了表明太平天国立国的合法性，1861 年 3 月 7 日洪秀全发布诏旨更改国号

① 《钦定前遗诏圣书·约翰上书》，罗尔纲、王庆成主编：《中国近代史资料丛刊续编·太平天国》（1），第 346 页。

② 《钦定前遗诏圣书·圣差保罗寄希伯来人之书》，罗尔纲、王庆成主编：《中国近代史资料丛刊续编·太平天国》（1），第 323 页。

③ 《眼见天日主乾坤诏》，《太平天国文书汇编》，第 58 页。

④ 《钦定前遗诏圣书·马太传福音书卷一》，罗尔纲、王庆成主编：《中国近代史资料丛刊续编·太平天国》（1），第 125 页。

为"上帝天国"，以符"万古孝敬爷之纲常"；20 多天后，又改国号为"天父天兄天王太平天国"，以符"爷哥朕幼坐天堂"。①

其三，根据太平天国的避讳制度、现行法令和礼仪纲常，删除、修改《圣经》经文，有的内容则重新撰写。如为独尊上帝，次尊基督和天王，凡《圣经》中僭皇称帝之处俱用"侯""侯长"等词替代，"火""华""耶稣基督""君""王""主""国""京"等词亦避讳，基本与1861 年夏颁行的《钦定敬避字样》中的规定一致。对于原版《圣经》中参照清朝官员名称翻译的地方，均以太平天国的官职名称取代，还有一些改动是为符合太平天国的习惯用语，如"菩萨"改为"该杀"，"出恭"改为"运化"，等等。

经过洪秀全的修改，原版《圣经》已面目全非，有很多内容是重新编写、杜撰的，《圣经》的内容已不连贯、不通顺。关键是，《圣经》被基督徒奉若至高权威，在西方人眼中，它的神圣性被洪秀全玷污了。1861 年春派驻南京的英国翻译官富礼赐（R. J. Forrest）愤怒地说："如果教皇有权管制的话，早就把他烧死了"，"他对《圣经》作了全新阐释，而我们的注解都得不到他的认同。他会在最好的《圣经》版本旁用朱笔乱批一通，注上他的圣意，把书全弄坏了"。② 但洪秀全完全不理会这些，《圣人约翰天启之传》的最后一段话说："我证诸闻此书预言之人，若有人敢添一句，上帝必添之如书内所录之苦难。后有人敢取去此书之预言，上帝必除之生命之树，又逐之出圣城，并除之于书所录之福也。"③ 这段话论说的是《圣经》神圣不可改。可洪秀全仍然按照自己的政治需要，以自己的误解误读和附会作依据，自说、自话、

① 《天王改太平天国为上帝天国诏》《天王永定印衔诏》，罗尔纲、王庆成主编：《中国近代史资料丛刊续编·太平天国》（3），第99—100、103—105 页。

② 〔英〕托马斯·布莱基斯顿：《江行五月》，马剑、孙琳译，中国地图出版社2013 年版，第41 页。

③ 《钦定前遗诏圣书·圣人约翰天启之传》，罗尔纲、王庆成主编：《中国近代史资料丛刊续编·太平天国》（1），第369 页。

自证，难以自圆其说。

在西方人眼中，洪秀全狂妄、自负、欺诈，无可救药。而在洪秀全眼中，西方人同样可恨可憎，荒唐可笑，他对《圣经》的批注中不乏"若误解""后徒因何误解""尔偏误解""信如尔解""今何误认""缘何圣徒不知欢喜""缘何不信"等语，"后徒""圣徒"当然是指西方基督教的信徒，洪秀全直白地表达出对他们的训斥、不满、奚落。总之，洪秀全认为是基督徒理解错了，他的教义则准确无误。上帝教和基督教的对立是根本性的，无论怎样据理力争，彼此很难说服对方认同自己，反而很可能在这种谁是正统的争论中激化矛盾，酿成事端。事实证明，洪秀全修改《圣经》的举动非但没有给上帝教教义增加说服力，反而在西方舆论中彻底孤立了太平天国。洪秀全对此全然不觉，对他来说，已经完成了"天父"当年的一项最高指示，上帝教的经典《圣经》正式和基督教的经典《圣经》相剥离。当不断遭到外国传教士的质疑和抗议时，洪秀全后来有些不耐烦，他干脆直截了当地回答："约书不好些当去"；"朕来乃是成约书，征验福音在斯乎！"① ——这是上帝的旨意！

就在洪秀全紧锣密鼓地着手太平天国意识形态建设之时，新一波西方传教士到访太平天国辖境的风潮悄然而生。1860 年 10 月 13 日，洪秀全的宗教启蒙老师、美国传教士罗孝全抵达南京，下榻干王府，11 月 12 日拜见天王。罗孝全是唯一一位见过洪秀全的外国人，并同洪秀全进行了谈话。之后，罗孝全和洪秀全采用信函的方式就宗教问题进行了长期辩论。洪秀全还专门给罗孝全下诏书，苦口婆心地感化他。罗孝全当然不会动摇。双方论战正酣之时，1861年 3 月 21 日，英国伦敦布道会牧师艾约瑟（Joseph Edkins）来访南京，此行他主要是想订正太平天国宗教的错误，随即加入到了罗孝全一方。艾约瑟通过幼赞王蒙时雍将自己撰写的《上帝有形为喻无

---

① 《天王赐通事官领袖接天义罗孝全诏》，罗尔纲、王庆成主编：《中国近代史资料丛刊续编·太平天国》（3），第 105 页。

形乃实论》呈送给洪秀全。洪秀全阅后，将题目改为《上帝圣颜惟神子得见论》，对正文删改，文末以七言诗体裁批注，而后退给了艾约瑟。争论的焦点是上帝是否有形。① 为示郑重，洪秀全以包括"西洋同家众弟妹、众使徒"在内的"中西一体众臣庶选民"为受诏人，在3月28日下发《太平天日今日是诏》，29日下发《天下万方齐认作爷男诏》，30日下发《天王敬哥如爷理本当诏》，以训诫和命令的口吻要求齐遵爷哥旨意。② 艾约瑟还不甘心，又陆续送给洪秀全一些图书和文章，洪秀全似乎有些厌烦，他回复说："因朕视力不好，不能一一批改你所呈文书的错误。没有见过上帝，就不要讲上帝没被世人见过，在丁酉年，我被天父接上天堂，天父受命朕斩杀蛇魔。"③ 4月2日，艾约瑟带着失望离开了南京。在南京滞留时间长达15个月的罗孝全，也于1862年1月20日悄悄离开。于同期先后访问南京的传教士还有很多，这些传教士离开后大致有一个共同点，即转变之前对太平天国的同情和憧憬，开始对太平天国、洪秀全和上帝教大肆谩骂、诋毁。太平天国和传教士关系的决裂，也使西方社会舆论一致对太平天国的前景表示绝望，认定太平天国起源于欺诈和妄说，其宗教完全是一个骗局。

　　传教士的压力似乎转变为洪秀全建设上帝教理论体系的动力。1861年3月28日的诏旨称："苦诏普天进窄门，爷哥下凡今处分。""太平天日今日是，福音征验久传先。窄门在爷哥圣旨，信者得救福无边。"3月29日的诏旨称："爷降洪雨永约霈，洪日出天早排着。""三七二十一真主，爷约天霈今显迹。天霈即是日弯弯，爷初结约今

　　① 《天王洪秀全手批艾约瑟撰上帝有形为喻无形乃实论》，太平天国历史博物馆编《太平天国文物》，江苏人民出版社1991年版，第12页。

　　② 《太平天国文书汇编》，第56页；罗尔纲、王庆成主编：《中国近代史资料丛刊续编·太平天国》（3），第100—103页。

　　③ Jane R. Edkins, *Chinese Scenes and People*, *With Notices of Christian Missions and Missionary Life in a Series of Letters from Various Parts of China*; *With Narrative of a Visit to Nanking by Her Husband*, *the Rev. Joseph Edkins*, London: James Nisbet and Co., 1863, pp. 294 - 295.

无失。""今蒙爷哥恩下凡，旧前约外真约添。爷哥圣旨乃真约，齐遵圣旨莫二三。"3月30日的诏旨称："爷哥下凡立真约，上天窄门齐寻着。""欲求永福进窄门，循天口生习天学。"① 自此，洪秀全正式确立了太平天国独有的宗教经典的名称——《真约》。《真约》与《旧约》《前约》共同构成了上帝教的经典，其中《真约》的地位最尊崇，是核心经典，是上帝与洪秀全的最新结约。洪秀全在诏旨中多次将《真约》比喻为"窄门"（《新约》和《天路历程》指进入天堂之门，引申为永生之门，《圣经》和《天路历程》是洪秀全最爱读的书）。② 也就是说，信守上帝与洪秀全编订之《真约》的教义，才能使人们找到进入天堂的"窄门"。

《真约》取代《真天命诏书》《真命诏旨书》等名称，成为太平天国宗教典籍的新名称，其具体内涵仍是一个泛称。1861 年 3 月刊印的《钦定士阶条例》对《真约》的概念做了明确说明："拟文士子所习之经，须钦遵圣诏，习理《旧约》、《前约》、《真约》诸书。《旧约》即《旧遗诏圣书》，《前约》即《新遗诏圣书》，《真约》即《天命真圣主诏旨书》，以及钦定《天条书》、《三字经》等，皆宜时时攻习，以悟天情。"③ 可知《真约》即《天命真圣主诏旨书》，泛指记述上帝命洪秀全下凡作主之书。在太平天国印书中，符合这一主题的有：《天命诏旨书》（1852 年）、《天父下凡诏书》（第一部，1852 年）、《天父下凡诏书》（第二部，1853 年）、《天父上帝言题皇诏》（1853 年）、《天父诗》（1857 年）、《天父圣旨》（1860 年）、《天兄圣旨》（1860 年）、《王长次兄亲目亲耳共证福音书》（1860 年）、《太平天日》（1862 年）。在这些书中，《天父诗》大多收录洪秀全的旧诗作，唯《天父圣旨》《天兄

---

① 《太平天国文书汇编》，第 56 页；罗尔纲、王庆成主编：《中国近代史资料丛刊续编·太平天国》（3），第 101、103 页。

② 《艾约瑟牧师的报道》，罗尔纲、王庆成主编：《中国近代史资料丛刊续编·太平天国》（9），第 232 页。

③ 《钦定士阶条例》，《太平天国印书》（下），第 755 页。

圣旨》《王长次兄亲目亲耳共证福音书》《太平天日》四部是洪秀全1860年及以后新编订的。关于天父天兄下凡传言的《天父圣旨》《天兄圣旨》，系由专人所做记录整理而来。《王长次兄亲目亲耳共证福音书》是天王胞兄洪仁发、洪仁达所献制。《太平天日》的主要内容已诏明于戊申年冬。所以洪秀全编订《真约》的工作量要小于修改《圣经》，洪秀全开展宗教建设的主要精力还是放在了修改《圣经》上。在《真约》包含的书籍中，《太平天日》的地位最为重要，是各类书籍之核心。[①] 它主要记载了洪秀全升天被上帝册封为太平天子，以及洪秀全等人早年活动的事迹，汇集了上帝教的所有核心教义，是阐述洪秀全地位和权威的理论经典。1862年《太平天日》的正式刊印，标志着《真约》的最终成形。

到1862年初，已诞生十几年的上帝教，作为宗教的各项要旨才得以完备和成熟起来。但是，上帝教的完备和成熟，几乎与太平天国的衰亡同时期。短短两年多后，太平天国即宣告失败，上帝教在中国大地上几乎没有留下任何痕迹。

后期的洪秀全，对外要与西方传教士争正统，对内要统一太平天国的意识形态，宗教工作耗费了他的大量心血，占用了他的大多数时间。对于一个政教合一的政权，专注于宗教事务，本身也是政务工作的题中之义，洪秀全修订而成《旧约》《前约》，创作而成《真约》，使上帝教拥有了独立的宗教经典，打破了西方传教士试

---

① 洪仁玕曾对杨笃信牧师讲，洪秀全真诚地信奉上帝，并且是《圣经》的忠实读者，《圣经》和《天路历程》是他最珍爱的两部书。在洪秀全看来，《圣经》和《天路历程》地位相当。《天路历程》的作者是17世纪英国的清教徒班扬（John Bunyan），他因拒奉国教被囚禁12年。《天路历程》是其在狱中所作，班扬借托梦形式描写了一位基督徒历尽磨难，最终寻到"窄门"的故事。这和洪秀全借丁酉异梦说事的手段相仿，也与洪所提倡坚守信仰才能登入天堂之门的观点相符。另《太平天日》原名《天启履历》（参见王庆成《太平天国的文献和历史——海外新文献刊布和文献史事研究》，社会科学文献出版社1993年版，第85—86页），和《天路历程》书名相似，可见洪秀全把《太平天日》的重要性等同于《天路历程》。结合《太平天日》阐述的上帝教教义之重要，《太平天日》应是《真约》的核心论作。

图同化上帝教的幻想，使上帝教脱离了基督教范畴，具有一定现实意义。但问题的关键是洪秀全专注宗教事务的工作不切实际、不合时宜、得不偿失。到后期，太平天国面临内忧外患的现实危机：内部权力倾轧、党争日炽、各自为政、吏治腐败、军心涣散、士气不振、民心背离、经济凋敝、粮食匮乏，外部清军围困、列强助剿。可洪秀全置这么多棘手的现实问题于不顾，沉迷于空洞乏味的宗教说教，几乎全身心地投入其中，他"轻视与宗教无关的大多数政务，说它们是'凡间的事'，不是'天事'。对属于'凡间'一类的奏章和请折，他常常仅稍加浏览就批复了，并没有仔细地审阅"。① 在现存洪秀全后期的诏旨中，除 1860 年 11 月 2 日《天王谕苏省及所属郡县四民诏》提到"体恤民艰，于尔民应征钱漕正款，令该地佐将酌减若干"外，② 其他"所言皆天话、梦话，并无一语及人间事"。③ 到 1861 年 3 月以后，洪秀全宣布他从此不用亲自料理政务，把朝政交给幼天王、幼西王、幼东王等一帮孩子管理，这种偏执、荒唐和不切实际的做法只能使太平天国错失扭转危局的时机，导致危机愈来愈重。至其所说所言，不过是老调重弹，自说自话，连篇累牍地强调他本人受命于天，下凡做真命天子的权威和神性，寄希望于以维系上帝信仰来收拾人心，指望前期的奇迹再现。但太平军对这些早已熟知于心，并没有任何真正振奋人心的内容，根本起不到扭转颓势的实际作用，反而加剧了人们的反感和轻蔑。因此，当太平天国内部的思想在名义上、理论上得到所谓统一的同时，实质上却是得不偿失，预兆着天国陨落的最终命运。

---

① 《艾约瑟牧师的报道》，罗尔纲、王庆成主编：《中国近代史资料丛刊续编·太平天国》（9），第 235 页。

② 罗尔纲、王庆成主编：《中国近代史资料丛刊续编·太平天国》（2），第 79 页。

③ 陈庆甲：《金陵纪事诗》，《太平天国史料丛编简辑》（6），第 402 页。

五　拜上帝思想的传播和影响

（一）拜上帝思想的传播

因为上帝教既是太平天国的指导思想，又是立国之本，所以传播拜上帝思想的工作既是宗教活动，又是法令规定的政治活动。其要求必严，推行力度必大，涉及范围颇广。

"讲道理"是太平天国对士卒民众宣传教育的重要途径，是一种聚众宣讲的口头宣传形式。在太平军中和各占领区，"讲道理"的实践经常而普遍，并且一直延续到后期。"讲道理"的内容均以宗教思想宣传为始，宣传天父天兄天王莫大功劳莫大权威，所讲主题虽各有侧重，"所为之事既不同，所讲之言亦互易"，[①] 但都会和宣讲拜上帝思想结合起来，在实践中则基本是综合性内容的演讲。这或与太平天国没有专门的神职人员，由官员代理宗教事务有关，"天朝凡讲天情道理者，皆是官长依圣诏所宣也"。[②]

因为大多数太平军将士和普通百姓识字不多，文字宣传形式难以奏效，"讲道理"起到了一定激励士气和思想动员的作用。太平军早期信仰坚定、令行禁止、军纪严明，与思想教育工作做得较好有一定关系。随着太平天国统治方式的转型，"讲道理"的主旨也有变动，由初始的以政治说教和宗教宣传为中心，逐渐向以经济劝导为主过渡。所讲要旨不过假宗教之名，劝谕民众进贡、交赋、纳税，所说所述已彰显"一切服从、服务于军事"的核心思想。随着太平军战局恶化、军纪松弛、行政败坏，"讲道理"的威信也逐

---

① 张德坚：《贼情汇纂》，《太平天国》（3），第266页。

② 《东王杨秀清答覆英人三十一条并质问英人五十条诰谕》，罗尔纲、王庆成主编：《中国近代史资料丛刊续编·太平天国》（3），第19页。

渐下降，不再为人们信服。

文字宣传也是传播拜上帝思想的一种方式。太平天国实行严格的出版统制政策，规定除太平天国官方刊印的"诏书"外，其他皆为妖书，须焚烧，不得阅读和买卖、收藏。太平天国设立专门的机构，大量刊刻印书，在军中民间广为散发。可是，散发书籍，读众有限，读书人不屑读之，老百姓不能读之，外国人读后针锋相对，宗教传播的成效不大。

"布告安民"是另一种文字宣传形式。《太平天国文书汇编》收录安民布告44篇，或宣扬正统、正义，申明军纪；或号召四民投诚进贡、编立门牌、举官造册、完粮交税；或允诺严惩不法官兵，标榜建政决心，宣称对拒不归顺者进行武力震慑。但如"讲道理"一样，这种文字宣传基本是以宗教说教为始、为由，敦促百姓"急崇真道""敬拜上帝""恪守天教"。这更像是政令铺陈，简单、生硬、强制，与单纯宗教思想的说教有所区别。

太平军既是太平天国的将士，又是上帝教的信徒，每一名太平军官兵都必须熟悉上帝教的基本教义。所以，接受宗教仪式训练、定期参加宗教仪式、加强宗教思想学习是太平军的宗教权利，更是一种必须遵守和履行的政治义务。上帝教的宗教礼仪名目繁多，主要有洗礼和礼拜两种。洗礼和圣餐礼是基督教的圣事，太平军沿袭了洗礼，但没有圣餐礼。杨秀清曾以"每餐感谢上帝，朝夕祈祷"，回答英国人关于太平军是否有圣餐礼的提问。[①] 可见太平天国并不知道基督教圣餐礼是为纪念耶稣而设的真正内涵，但洪仁玕认为太平天国没有圣餐礼的原因是圣餐礼需进食面饼和葡萄酒，而太平天国的法律严禁私人饮酒。[②] 上帝教的洗礼始于洪秀全、李敬芳等人依据《劝世良言》的自我领悟，结合了基督教的注水洗礼和浸礼，改基督

---

① 《东王杨秀清答覆英人三十一条并质问英人五十条诰谕》，罗尔纲、王庆成主编：《中国近代史资料丛刊续编·太平天国》(3)，第20—21页。

② 《艾约瑟牧师的报道》，罗尔纲、王庆成主编：《中国近代史资料丛刊续编·太平天国》(9)，第232页。

教由神父或牧师象征性地在额头滴水为主礼者洒水于头，受众以水洗胸以示洗净内心，同时有设神案、置明灯、诵念《悔罪奏章》、焚化奏章、饮茶、供奉牲馔等环节。这显然是中西合璧，兼具改造天地会的拜会仪式和民间的祭祖敬神仪式。太平军兴后，接受洗礼的入教仪式同时成为正式加入太平军的参军仪式，一直延续至后期，《天条书》载："当天跪下，求皇上帝赦罪，或用口祷，或用疏奏。祷告毕，或用面盆周身洗净，在江河浸洗更妙。"①

　　基督教以星期日为耶稣复活升天日，举行礼拜纪念，上帝教沿袭七日礼拜之说，但内涵不同。上帝教以上帝六日造天地山海人物，第七日完工安息，《天条书》载"七日礼拜颂赞皇上帝恩德"。② 初期礼拜仪式相对简单，定都天京后形成了一整套严格程序。在基层军营，礼拜前一日插礼拜旗及鸣锣通知，礼拜当天各馆官兵三更起身盥洗，鸣锣为号，环坐一堂。堂内点两盏灯，方桌上供茶、肴、饭，桌上摆放花瓶或帽筒，插黄绸令旗，桌前竖立书"奉天令"三字之竹板，各馆头目和书手坐中间，其他散坐两边。仪式开始，众人念《赞美经》，念毕，众人闭目面南而跪，由书手读《悔罪奏章》。念毕焚化，众人同时一跃而起，齐喊"杀尽妖魔"，礼毕。到后期，为礼拜仪式专门设"天父堂"，具体程序大致与前期相同。礼拜是太平天国最重视的宗教礼仪，仪式隆重且严肃，礼拜之时如有迟到、不至或嬉戏者必杖责数百，三次无故不至，就要斩首。上帝教还有朝晚吃饭之前礼拜上帝的仪式，需在念完《赞美经》后念《朝晚拜上帝奏章》和《食饭谢上帝奏章》。各类礼拜奏章均有固定格式，但文字时有变动。除这些固定举行的礼拜仪式外，每逢生日、满月、婚嫁、建造、生病、死亡等，也会用牲馔茶饭敬拜上帝，按照《天条书》中的格式缮写奏章，念完焚化。太平天国的礼拜仪式

　　① 《天条书》（手写本），罗尔纲、王庆成主编：《中国近代史资料丛刊续编·太平天国》（1），第3页。
　　② 《天情道理书》，《太平天国印书》（下），第516页；《天条书》（手写本），罗尔纲、王庆成主编：《中国近代史资料丛刊续编·太平天国》（1），第5页。

与基督教的礼拜还有一些不同，比如上帝教不以十字架为宗教标志，尊崇中国传统的龙凤图腾标志，上帝教会以猪肉敬拜上帝，而犹太人认为猪是不洁的。这些都彰显了上帝教浓厚的乡土特色。

以严格有序和本土化的集体性宗教仪式传播拜上帝思想，迎合了教众的现实需求，加强了对教众的宗教思想教育，这根本上也是一种政治教育。太平天国独特的宗教仪式在加强太平军凝聚力和提高太平军战斗力方面起到了重要作用。但是到太平天国后期，因局势动荡，盲目扩军，管理松懈，洗礼和礼拜等宗教仪式逐渐流于表面形式。

太平军既是一个军事组织，也是宗教团体，所以在太平军中的宗教仪式也是政治训练；但在民间，宗教仪式不适用于"外小"，而其他思想传播的方式成效不著。为尽快确立上帝信仰，太平天国以法令形式，按照自己的宗教思想改造现实社会，大刀阔斧地在民间推行移风易俗的社会政略，拜上帝思想与传统民俗风情产生激烈碰撞。

第一，废止偶像崇拜、祖先崇拜和孔子崇拜。毁灭偶像运动贯穿太平天国始终。太平天国毁灭偶像主要是从独尊上帝的教义出发，上帝教以佛教的阎罗王、菩萨等为妖魔，以木石泥团纸画偶像为死妖，佛、道等在必禁之列，至于运动本身不具有反迷信的积极意义。江南地区民间的佛教信仰习俗浓厚悠久，寺院遍布，拜上帝思想传入江南后，文化碰撞尤为剧烈，太平天国采取了更为严厉激烈的手段，毁灭偶像运动达到一个新的高潮。民间社会对此普遍抵触，修斋建醮等行为悄然进行，太平军有的将领也拜佛烧香。太平军败亡后，虽然寺院古迹遭到毁灭性破坏，但民间的宗教信仰习俗很快恢复了原貌。禁祖先崇拜和孔子崇拜同样出于独尊上帝的需要。太平天国严禁祖先崇拜，强令毁木主坟茔和禁追祭祖先，但民间社会私下祭祖的活动在秘密进行，在太平军新老士兵中的执行情况也不一。孔子是两千多年来中国思想界的绝对权威，洪秀全反孔也是从禁拜偶像的角度出发。上帝和孔子是两类截然不同的文化代表，具有基督教外在形式的上帝教也因其基督教因素被时人认定为外洋邪教。所以传播拜上帝思想，必须隔绝人们同所谓正统思想的联系。然而，因洪秀全个人与儒学的命运纠葛，洪秀全虽然否定了孔子的至尊地位，把孔子崇拜视作偶像崇拜加以打压，甚至在定都后开展焚禁古书运动，但他对孔子学说及孔子本人不无尊重。也就是说，洪秀全反孔思想的根源并不在反对孔子学说，而是要打倒孔子作为中国社会精神象征的权威地位。

第二，变更岁令时节。为了表示奉天承运，太平军重定正朔，颁行天历，斥清时宪书为"妖朝历"，严禁所占地区的百姓尊奉清朝正朔。太平天国虽然保留了春节、中秋节等重要传统节庆名目，但强制百姓必须按照天历过节。太平天国所奉行的太平天历，是咸丰元年十二月十四日（1852 年 2 月 3 日）在永安颁行的，洪秀全以是日为正月元旦立春。太平天历以 366 日为一年，不用闰法。但天历并不比旧历完善，它废除闰月，机械地规定单月 30 日，双月 31 日，且干支纪日误算一天，造成天历节庆与农历岁时令节不在同一天，这对民间百姓的正常生活和生产影响极大。太平天国还查禁与春节等传统节日有关的习俗，如查禁过年期间请土地神、送灶神、画门神、贴春联、写"福"字等"凡情歪例"。① 犯禁的军民百姓，则被当作"妖邪"处以极其严厉的刑罚。太平天国后期，有些地方的太平军已默许百姓按旧历过年。

太平天国还自创法定的"天历六节"。1859 年 11 月 16 日，为"同伸孝敬爷哥之虔，无忝为子为弟之道，共抒铭刻代赎之念，克尽感功感德之心"，使"真道天情，家喻户晓"，洪秀全颁布《天历每四十年一斡旋诏》，确立"每年正月十三是太兄升天节，二月初二是报爷节，二月二十一日是太兄暨朕登极节，三月初三日是爷降节，七月二十七日是东王升天节，九月初九日是哥降节"，"天历六节"须于每年天历之首各注明，该月日顶头，以示郑重。这

---

① 张德坚：《贼情汇纂》，《太平天国》（3），第 229 页。

六个节日既是宗教性节日，但更多的是政治性节日，具有政治纪念意义。洪秀全在同年 11 月 23 日的《天历六节并命史官作月令诏》中对六个节日的内涵做了解释。洪秀全强调"首重孝顺爷""二重恭敬哥""三重识东王"，表面上是宣传上帝教教义，特别是通过一系列恢复杨秀清名誉的举措来维护教义的完整和延续，实际目的则是渲染洪秀全真命天子的地位，维护天王的统治权威。①

第三，易习俗，禁流弊。定都天京后，太平天国设立绣锦衙、典角帽衙，开始制定比较完整统一的服饰制度，严禁清朝服饰，斥清朝衣冠为"妖装"；晓谕民间，禁女子穿裙、男子戴毡帽；另推行蓄发令，不准剃发。易服留发具有推翻清朝统治和开创新朝的政治象征，也是民众响应、归顺太平天国的政治标志，体现了太平天国领导人浓厚的反满思想和强烈的汉族意识。对于太平天国留发易服的法令，军中执行得力，在民间社会则反响不一，民众多消极抵制。这与变幻莫测的太平天国战局息息相关，服饰、发型已不单纯是改造民俗的范畴，已成为政治立场的重要标志。民众在两个对峙政权之间左右为难。

《天条书》中包括丧葬条规："升天是头顶好事，宜欢不宜哭。一切旧时坏规矩尽除，但用牲馔茶饭祭告皇上帝。"② 另规定："所有升天之人，俱不准照凡情歪例，私用棺木，以锦被绸绉包埋便是。"③ 这种奇特的葬礼来源于基督教的"终缚礼"，《新约》记耶稣遇难后，门徒约瑟用香水洗净耶稣尸身，然后用干净的细麻布裹好，将他安葬在新墓——一个从山壁凿出的石磐里，又用大石头挡在墓门口。④ 这也与客家农村的丧葬习俗有相似之处：乡民临死，

---

① 以上引文见《太平天国辛酉十一年新历》所附两道诏旨，《太平天国印书》（下），第 720—723 页。

② 《天条书》（重刻本），《太平天国印书》（上），第 152 页。

③ 张德坚：《贼情汇纂》，《太平天国》（3），第 229 页。

④ 参见《新约全书·马太福音》第 27 章，《新约全书·马太福音》第 15 章，《新约全书·路加福音》第 23 章，《新约全书·约翰福音》第 19、20 章。

他的儿子、儿媳会到附近水塘或者小溪取水为他净身，在取水前，先要放下一把"买水钱"。"买水"回来后，儿女为其用水抹身，反复三遍。死者往往用白布裹身入殓，也有由出嫁女在棺内放置白布，称为"眠席"的习俗。洪秀全死后以绣龙黄袍裹尸。在民间，太平军严禁丧家用棺木、做佛事、穿丧服，多有劈棺戮尸之举，严重伤害了民众的情感，丧葬新令在民众抵制下逐渐废弛。

太平天国宣布："振方新之国运，人尽归真；革已敝之颓风，俗皆改旧。……凡普天之下，有不合乎规条越乎礼义者，均我天朝所深恶而痛恨者也。"[1] 应当承认太平天国禁吸食鸦片、禁酒、禁聚众赌博、取缔娼妓的政策具有积极进步意义，但也要看到太平天国官方推行移风易俗的社会改造政略，其主观目的是基于意识形态的考虑，实现意识形态的一元化，确立上帝信仰权威，从而实现民众同传统思想文化和旧时民风民俗民情的彻底决裂。

（二）拜上帝思想的兴衰流变

拜上帝思想对太平天国的兴起和发展产生了极为重要的作用。就上帝教本身来说，拜上帝思想在广西地区的成功传播主要得益于它本土化的宗教思想迎合了人们畏祸求福、入教避劫的现实需求，符合中国农民的务实性格，从而激发了人们对未来均匀饱暖美好生活的热切向往。独尊上帝的信仰还统一了起义者的思想意识，加强了组织纪律性，强化了他们推翻旧秩序旧权威的信心和决心。在起义者眼里，无所不在无所不能的上帝，是主宰一切的独一真神，完全可以庇护他们生享天福，死升天堂，无所畏惧，义无反顾地投身打江山的事业。拜上帝思想在广西地区的广泛传播和迅猛发展还与当时广西激烈的政治斗争和尖锐的社会矛盾有关。为寻求庇护，像客家人这样的弱势群体纷纷聚拢在同样被视作异端的上帝旗帜下，

---

① 《国宗提督军务韦石革除污俗禁娼妓鸦片黄烟诲谕》，《太平天国文书汇编》，第89—90页。

而客家人原本就在由广西原住民众控制的地方宗教资源中处于被排斥的地位，与原有的宗教习俗联系较浅，所以容易接受新的信仰。另外，太平天国前期以法令形式严格规定了每一位太平军成员拜上帝的义务，通过集体性、周期性的宗教仪式，如参加洗礼、七日礼拜，强化宗教教育和宣传，还打破了作为宗法社会基本结构单位的家庭，也有利于减少新思想在传播过程中遇到的传统社会的文化阻力。

上帝信仰激发出的排山倒海般的精神力量，使太平军将士在打江山的过程中抛头颅洒热血，至死不渝。故而，在金田起义时仅拥有万余能战部队的太平军，在短短两三年间横扫长江以南。定都天京后，太平军总兵力不过十万，却北伐、西征、东讨，行迹遍及十八省，攻克六百余城，一度使清王朝摇摇欲坠。就思想传播所起到的组织和动员成效来讲，在太平天国前期，拜上帝思想无疑获得了巨大成功。无论是清朝的统兵大员，还是地方士子文人，他们都看到了宗教对太平军战斗士气的影响。起初主持广西军务的钦差大臣赛尚阿就此向朝廷表奏心中疑惑："所过地方向有愚民陆续煽聚。一经入会从逆，辙皆憨不畏死，所有军前临阵生擒及地方拿获奸细，加以刑拷，毫不知所惊惧及哀求免死情状，奉其天父天兄邪谬之说，至死不移。睹此顽愚受惑情形，使人莫可其哀矜，尤堪长虑。"[1] 文人陈徽言说："（太平军）或临阵，或患病，举凡一切事，皆对天祈祷，口喃喃'求天父默佑。所谋遂意'，祝毕，赴汤蹈火，在所不顾。"[2]

天京事变后，特别是到了太平天国进占苏南和浙江地区后的几年间，信仰危机显露，太平军的宗教热情大为减弱，连洗礼、七日礼拜这样的固定性宗教仪式也虚以应付，流于形式，最终信仰危机

---

① 《赛尚阿等奏洪秀全并非朱九涛广西亦无李丹折》（咸丰元年九月二十三日），中国社会科学院近代史研究所《近代史资料》编辑室编《太平天国文献史料集》，中国社会科学出版社 1982 年版，第 315 页。

② 陈徽言：《武昌纪事》，《太平天国》（4），第 601 页。

全面爆发，叛降事件屡屡发生。

太平天国后期宗教意识淡薄、信仰危机爆发，主要是拜上帝思想自身长期缺乏内在的平衡机制。

第一，上帝教的教义日趋空洞僵化。作为指导太平军思想的意识形态，它必须顺应时势发展，切合实际，不断丰富和发展内涵，关心呵护信众，与人们的日常生活紧密交融在一起。可是洪秀全晚期耗尽精力所做的宗教工作不过是推行个人崇拜，强化渲染他君权神授、奉命下凡的真命天子地位。对一般的太平军将士而言，"父子公孙""爷哥朕幼"的空洞说教已全然不提军兴之时的利益许诺和蓝图构建，丝毫没有新意，难以继续产生吸引力。而洪秀全至终也没有找到问题的症结，自我陶醉，反复絮叨陈旧的宗教情结，一味信识"天功"，把太平军将士流血牺牲换取的功业（如攻克南京、苏州）说成天父天兄大显权能所致，说成他在梦中得天父天兄相助轻易而得。这不但忽视群众利益，而且蔑视群众力量，脱离现实，使太平军将士心寒、反感，逐渐导致人们再也不肯继续无怨无悔地为洪家天下卖命。

第二，某些上帝教教义自身抵牾，理论与实践严重脱节。上帝教教义一个致命的缺陷是宗教与世俗关系的混淆，集中表现为天父天兄下凡传言与洪秀全绝对权威的冲突。杨秀清、萧朝贵代天父天兄传言的神圣身份，有着互相印证各自神性的意义，而洪秀全兢兢业业致力打造的是自己的神性，却在现实社会中受到杨秀清和萧朝贵的权力制约，彼此间的矛盾非以血流漂杵惊心动魄的内讧事件来解决不可。可是无论哪一方获得胜利，都会暴露上帝小家庭宗教思想的破绽。可以想见作为天父化身的杨秀清之横遭劫难，给太平天国上下带来的心理震撼。洪秀全在天京事变后很快意识到上帝教教义的漏洞，但他在困境中无法找到正确处理宗教与世俗关系的方法，只好诉诸神的力量，妄图重整一盘散沙的太平天国山河。已故的杨、萧成为洪秀全的两颗棋子，杨秀清由"东孽"顷刻间被褒为"东升"，并把他的神格一再提升。实质上，造神运动已经违背了上帝教独尊上帝的核心教义，洪秀全的抱残守缺、出尔反尔，让太平天国军民逐渐从宗教的麻醉作用中清醒过来，认清了上帝教的虚幻。再如，对于"天下一家"大同社会的理论构想和森严的等级礼仪制度之间的矛盾，隔绝男女、拆散家庭的政策和首义诸王多妻制的矛盾，洪秀全等人没有办法自圆其说，只能诉诸上帝旗号为自己的特权辩驳，那么上帝的公正严明又体现在哪里？太平天国领导层的腐化和内讧直接动摇了广大军民的拜上帝信仰。

第三，吏治腐败、内部党争和人心离散、信仰危机互为因果。太平天国始终渲染天父权能，声称："我们今日天父天兄作事，欲使妖魔生即生，欲使妖魔死即死，略显权能，即可扫荡妖氛，四海升平。"[1] 洪秀全更是谈天说梦，一味靠天，自信"朕睡紧都做得王，坐得江山"。[2] 但是，现实是严峻和残酷的，太平军起兵几年后，非但"清妖"未灭，都城天京却屡被围困，局势凶险，上帝许诺的小天堂迟迟不能兑现，"天国迩来"未来，"太平一统"未至，洪秀全只能宽慰信众"天下太平漫漫来"。[3] 这不能不使人们对上帝信仰产生疑虑。宗教虚幻无法满足人们的切实利益，人们转而投机现实，私欲膨胀，吏治腐败，醉心升迁，党争日炽，无法从容应对严峻的政治军事形势，加剧了太平天国的危机。从根源上来说，吏治腐败、内部党争和人心离散、信仰危机互为因果，形成恶性循环，动摇了太平天国的根基。洪仁玕清醒地认识到吏治流弊的危害：文武官员"动以升迁为荣，几若一岁九迁而犹缓，一月三迁而犹未足"，"自金田起义于今九年矣！前此拓土开疆，犹有日辟百里之势，何至于今而进寸退尺，战胜攻取之威转大逊于曩时？良由昔之日，令行禁止，由东王而臂指自如；今之日，出死入生，

---

① 《天情道理书》，《太平天国印书》（下），第 521 页。

② 《天王收得城池地土梦兆诏》，罗尔纲、王庆成主编：《中国近代史资料丛刊续编·太平天国》（3），第 74 页。

③ 《万国来朝及敬避字样诏》，《太平天国文书汇编》，第 61 页。

任各军而事权不一也"。① 但他没有认识到宗教信仰的庸俗化和功利化既是吏治腐败、事权不一的表现，也是其重要诱因。太平军初期兵少而战力强，后期兵众而战力弱，军心不稳，士气不振，只能依靠以众敌寡的大兵团阵地战维系战局，这与拜上帝思想的弱化有着直接关系。

与在太平军中传播的相对奏效不同，拜上帝思想从贫瘠荒芜的广西山区长歌涌进繁华锦绣的江南平原后，在民间社会遇到了极大的阻力。江南地区的社会矛盾、阶级冲突虽有一定激化，但远不像广西那样达到一触即发之势。拜上帝思想原来在广西地区客家社会群体中异乡传教、家族皈依的传播方式并不适用于江南地区。江南地区人文荟萃，富庶繁华，受儒家传统文化影响深远，区域环境开放，思想意识正统，同时民间祀鬼祭神之风久盛不衰，祠庙遍布。江南民众视上帝教为西洋邪教，不愿割舍旧俗而认同异端，大多抱有恐慌和避难的心态，拜上帝思想在江南失去了如广西那样有利的社会环境、群众基础和文化认同。太平天国不是尊重和协调拜上帝思想与民俗的差异，而是雷厉风行地全面推行移风易俗的社会改造，斥偶像、孔子、祖先，蓄发易服，变岁时节令婚丧礼法，焚禁古书，无视民俗的稳定性，以偏激手段打压本土文化，试图隔绝现实与传统生活方式及观念的联系。其结果引发了社会动荡，激发了社会各阶层民众的反对，导致拜上帝思想失去了在江南民间传播的基础。

太平天国拜上帝思想落败的另一关键因素是最终失去了大众舆论的领袖——知识分子群体的支持与合作。1854 年夏到访天京的英国驻上海领事馆官员麦华陀意识到："士大夫阶层构成了整个中国社会体系的中坚，是大众舆论的领袖，民众一向乐意和信任地团结在其周围，对于他们，叛军不是用心地争取其归顺，而是宣布他们的荣誉头衔无效和非法，抨击他们所珍爱的古代典籍，焚毁他们

---

① 《干王洪仁玕立法制喧谕》，《太平天国文书汇编》，第 94 页。

的公共藏书地，使他们变成了自己的敌人。"① 拜上帝思想虽被太平天国领导人一再标榜并非"从番"，但宗教思想的宣教力严重不足，没有指出拜上帝的本土性实质，只是依靠宗教解释宗教。在后期，宗教宣传的宗旨基本以为军事服务为中心，造成百姓的普遍反感。民众对上帝教的错误认知，主要是基于拜上帝思想同基督教思想同宗同源的相似性，这其实也是拜上帝思想的传播效力严重不足所致。所以拜上帝思想在民间社会的传播除遭遇被视作"叛逆"的政治阻力的同时，又增添了被视作"异端"的文化上的心理障碍。

　　总体来讲，拜上帝思想的传播成效有明显的前后期时间和城乡地域差异。在前期，无论是在军中还是在民间，拜上帝思想因其本土化、务实性得到广泛传播，这是太平天国前期迅猛发展的重要原因。在后期，拜上帝思想在军中的传播逐渐流于形式，太平军将士的理想和锐气悄然蜕变，而在民间则遇到来自传统思想文化和旧俗民情的顽固阻力，拜上帝思想因其僵化空洞和自身流弊，以及传播手段激进，激发了民众对立，最终遭到严重挫败，加重了太平天国的政局、战局危机。反之，太平天国的战争局势也影响到拜上帝思想的传播成效。拜上帝思想在江南地区的传播成效不大，与后期太平天国时局动荡，民众大多处于观望徘徊的心理状态有直接关系。在太平军控制力较强的城市，拜上帝思想传播较为得力，而在广大乡村地区，太平军的各项禁令基本没能在民间社会立足。太平天国战争后，民间社会的生活实况很快便恢复到了昔日旧貌。从某种意义上说，拜上帝思想丧失信众，即意味着太平天国失去民心。

（三）　如何评价太平天国的宗教

　　后世对太平天国的评判毁誉截然迥异。而太平天国的宗教是诉

---

　　①　A Report by "W. H. Medhurst and Lewin Bowring," in Prescott Clarke and J. S. Gregory eds., *Western Reports on the Taiping: A Selection of the Documents*, London: Groom Helm Ltd., 1982, p. 160.

病太平天国的焦点话题。拜上帝思想是太平天国的官方意识形态，是太平天国制定内外政策的指导思想和理论基础。在某种程度上，如何评价太平天国的宗教，实际上就是如何评价太平天国，这是相当重要的问题。

其一，上帝教是一个独树一帜的新式宗教。它兼收并蓄，中西合璧，内容庞杂，政教合一，其教职、教义、教仪、宗教经典等方面均与基督教和中国民间宗教等有显著不同。总体上看，上帝教实是独树一帜，自成一脉，是近代中国变局中的一个中西合璧的新式宗教。归根结底，上帝教是一种政治斗争的宗教形式，是太平天国独特的精神武器。因此，不能将太平天国政权等同于西方中世纪的"神权政治"，洪秀全和曾国藩的战争也不是所谓的神权和人权之争，从根本上说，是两个政权或两个阶级之间的殊死之搏。

其二，上帝教是社会矛盾激化的产物。上帝教的出现，并非历史的偶然，是社会矛盾激化的产物。激烈的社会矛盾、严峻的政治现实必然对一直苦苦思索救世途径的洪秀全有所触动，也使数以万计的被压迫者聚集在上帝的旗帜之下，寻求精神慰藉和现实庇护。正如我们不能否定数百万太平军民揭竿而起，投身起义的浪潮具有正义性，我们也不能否定洪秀全等人利用宗教尝试改变现状、救民救世的热忱，以及太平天国的宗教在起义酝酿和发起阶段所起到的积极作用。在太平天国所处的时代，受时代的局限和人们认知水平的限制，洪秀全等人沿袭了以往历代农民战争借助宗教起事的传统，这本身无可厚非。

还有一种观点认为，上帝教是当时先进的中国人向西方学习的产物，这也应该辩证地看。一方面，如果把太平天国置于18—19世纪西学东渐的长时段历史视野中，上帝教的确是在中西文化交流和碰撞的大背景下产生的，或者说是一百余年持续的西潮东进所引发的中国变局中的一个大浪潮，这一点具体表现为上帝教的外在不无新意的基督教形式。另一方面，如果仔细辨识洪秀全接触西学的具体经历和他的思想特征，我们发现洪秀全对西学的探索主要局限在宗教领域，洪秀全所阅读的西方著作只有《圣经》《天路历程》等宗教典籍，起义立国后，洪秀全接见过的外国人只有自己昔日的启蒙老师罗孝全。其十余年宗教实践和政治实践所反映的主流思想还是儒家传统思想，并没有多少富有时代新意的内容。辛亥时期的革命者以及后人对洪秀全的缅怀，主要是出于对他反清思想的尊崇，而非纪念他的宗教思想。所以说，洪秀全向西方学习的视野相当有限。与之相比，他的族弟、写出了崭新的近代化改革方案《资政新篇》的洪仁玕，才是太平天国时代真正向西方学习的代表人物。

其三，上帝教的某些教义在当时具有积极性。"独尊上帝"是上帝教的核心教条，这与传统时代诸神并立的多神崇拜、偶像崇拜相比，在社会思想上无疑是一种历史进步。"天下一家"的教义是洪秀全设计未来社会的重要理论，洪秀全所心仪的公平公正正直的社会前景不得不说是他思想的闪光点。上帝大家庭之说也是铺陈"天下一家""普天之下皆兄弟""民胞物与""胞与为怀"等理念，并试图按照这种理念营造理想的大同社会，这是太平天国前期势头强劲、迅猛发展、群众反清情绪高涨的重要思想原因。就发动和组织起义来看，洪秀全对基督教的利用和改造也是成功的。

其四，宗教本身是一种虚幻的世界观，应正视上帝教作为旧式农民起义斗争武器的历史局限。上帝教的消极性和失败，从其本身来说是因长期缺乏内在的平衡机制，不能适应时代和局势的发展；从根源上讲，作为农民小私有者的宗教，上帝教不可避免地打上了农民小生产者固有的观念和思想意识烙印，体现了旧式农民起义的历史局限。虽然太平天国的某些文本和理想具有社会变革的色彩，但太平天国的运动形式仍然局限在旧式民众运动的水平，所建立政权的领导阶层联合体，不是先进生产方式的代表者，他们不可能掌握科学的先进的思想武器。我们不应苛求太平天国的时代局限，尽管上帝教具有消极性并最终失败，但洪秀全利用它掀起了中国历史上最大规模的农民运动，这将始终是中国历史上浓墨重彩的一笔。

其五，上帝教不是现代概念的"邪教"。"邪教"是历史上沿用已久的概念，起初官方视非正统宗教的异端教派为"邪说""邪术""妖术"，后来约定俗成，指官方对民间宗教的贬称。在现代社会中，法律定义的邪教一般是指反人类、反社会、反科学、反政府的犯罪集团，不属于宗教的范畴。古今邪教的概念都是政治概念，其实，宗教本身并没有正邪之分，只有正统和异端的门户之争。上帝教是特殊时代和特定环境下形成的一种独树一帜的新式宗教，本质上不存在正统和异端的纠葛。历史上的民间宗教因不具合法地位，只能采取秘密结社的方式传播，附带有一定的社会危害性，在某种程度上确实具有现代邪教的某些特征。但如马克思所说："宗教里的苦难既是现实的苦难的表现，又是对这种现实的苦难的抗议。宗教是被压迫生灵的叹息，是无情世界的情感，正像它是无精神活力的制度的精神一样。宗教是人民的鸦片。"[①] 历史上民间宗教之兴起，其背后大多有复杂的社会政治因素，是社会矛盾激化的伴生物，反映了被压迫者对暴政的现实抗争。历史上的农民起义几乎无一不是披着宗教形式的外衣，会党起义多以篝火狐鸣、鱼腹藏书、图谶符瑞等神秘性手段伪装，这种正义性和合理性不容否定。所以历史上官方对民间宗教的"邪教"定性绝不是以正义和邪恶为标准，主要是因官方视之为威胁统治的异己力量、异端邪说。现在的邪教，和宗教、历史上的民间宗教，有着本质区别，和广大民众的利益根本对立。我们既不能沿用传统社会的正统观念看待历史上的民间宗教，也不能用现代标准比附和衡量历史现象、历史问题。果如此，历史上几乎没有一起农民起义具有正当性了。其实，太平天国既试图改造中国社会，却又无法摆脱传统社会农民战争的六道轮回，有激进，也有蜕变，其中的历史复杂性、得失功过，绝非一味神化和丑化所能揭示的。正因"盖棺难以定论"，才给后来的研究者留下了继续研究的空间。

---

① 马克思：《〈黑格尔法哲学批判〉导言》，《马克思恩格斯选集》第1卷，人民出版社2012年版，第2页。

第 四 章

太平天国的社会政治思想

　　1853 年的春天，太平军金田起义的号角从贫瘠荒芜的紫荆山，一路高歌猛进，传入秀水江南，帆幔蔽江，衔尾数十里，从者十数万，3 月 19 日攻克江宁府城（今南京）。太平天国不久宣布定都于此，命名天京。以定都为标志，太平天国结束了流动作战的状态，开始进入以天京为中心开疆拓土的新时期，这也意味着其开始面临完善政权建设和治理基层社会的新问题。

一　太平天国的政治思想

（一）朝政建设

1. 创建一个"新天新地新世界"

　　（1）仿用、改良和自我创造的官爵体系。在太平天国内部，洪秀全称天子，自杨秀清至两司马构成了一个等级森严、尊卑分明的庞大的官僚体系。洪秀全等太平天国领导人向往上古三代的大同之世，他们受限于自己的见识经历，只好从儒家经典中寻找符合自己理想的国家制度。《周礼》是儒家最理想的礼制模式，太平天国首次把《周礼》记载的官爵制度运用于实践，但主要是采用了周官制中的军制和乡官制，"乃会万民之卒伍而用之，五人为伍，五伍为两，四两为卒，五卒为旅，五旅为师，五师为军，以起军旅"（《周官·地官·小司徒》），据此设置了军帅、师帅、旅帅、卒长、两司马、伍长等职。军队和乡官基层政权均以军为单位，每军13156人，或每军统13156家（理论上如此，实际情况缺编甚多）。典官制是仿《周礼》变通而成，托古改制，凡各行各业均设主司机构，反映了农耕社会的政治诉求，是太平天国官爵制的一大特色。太平天国以天地春夏秋冬编号丞相，后嬗变为"六部官"、"六部僚"，[①] 均借鉴于《周礼》以六官建立官制，掌理国事。太平天国的官制还借鉴了其他儒家经典，如《礼记·礼运》等篇记有五行（金木水火土）、四时（春夏秋冬）、五色（即五方，东西南北中）之句，太平天国亦将之容纳于官制。仿用、改良和借鉴古书中的记载运用于政治实践，体现了洪秀全在早期作品中描述的上古大同社会的理想信念，是儒家思想的一个体现。沿袭、恢复《周礼》理想之官制，在一定程度上也体现了洪秀全等人开创新朝的"天命观""正统观"。

近代农民阶级缺乏独立的文化意识，他们熟悉的是历史沉淀下来的传统文化，因而对之追慕而移植、改造旧王朝的官爵名称。太平天国的王、侯、丞相、检点、指挥、将军、总制、监军、侍卫、仆射、尚书、承宣等职爵，在秦汉以来的历代官爵制度中皆有渊源可考。如丞相一职，自明代胡惟庸事件后废止，清袭明制，亦不设，太平天国恢复丞相，显然有以汉族旧制否定清制之意。后期太平天国增设的官职，如参政、参军、护军、提点、稽勋、校尉、武尉、侍官、编修、总裁等，亦出自历代官制。太平天国移植的历代

---

① 六部僚，太平天国后期对诸王之加衔。部名沿用旧六部名，在"僚"字前冠以天、地、春、夏、秋、冬定名，吏部称天僚，户部称地僚，礼部称春僚，兵部称夏僚，刑部称秋僚，工部称冬僚。每部设正、又正、副、又副各一人，共24人。据王定安《求阙斋弟子记》，各部僚皆王爵兼任，地位甚高，如吏部正天僚干王洪仁玕、吏部副天僚英王陈玉成等。

官爵名称，大多是中高级武官，显然是受战争环境影响而为服务于军事。太平天国官制虽有文武不分的特点，实际还是重武轻文，几次官制调整和充实，主要也是为激励将士，服务于军事斗争。另外，有的官职虽借鉴旧名，但其本义和权限已大不相同。如丞相，前期设 24 员，服务于军师，非外派出任兵事，无实权，仅具其名。总制之职，明嘉靖时改总督，为地区最高军政长官，而太平天国总制仅是名义上的郡（府）长官，冠以五行编号。这些均表达了太平天国故意睥睨贬低前制之意。

戏剧、平话小说也为农民熟悉。太平天国设军师主管军国大事，即采自民间脍炙人口的小说故事。《三国演义》《水浒传》《隋唐演义》《大明英烈传》和当时流行的其他稗官演义，塑造了诸葛亮、吴用、徐懋公、刘伯温等作为智慧化身并执掌兵权的军师形象。这些人恰为农民义军熟悉并崇拜，所以李自成、张献忠、洪秀全都设置"军师"。

太平天国还自创了许多官爵名目，特别是在后期，职官设立多有任意性。但是，大部分自创官名，仍能从历代官制中找到痕迹。太平天国设经政司、金政司，可能是古代军政司的变通；同检很可能是将点检、都督同知合二为一；监尉、仆尉可能是古代的校尉、都尉变易而来；翼王远征军中的大中丞、统戎、参戎可能分别来源于巡抚、统领、参将。也就是说，尽管太平天国的领导人希望按照自己的理想开创新朝，但仍不能完全摆脱农民的思维定式，他们不自觉地在创造制度中沿袭了旧制度，吸收了旧文化。

后期洪秀全设置了"天将""神策朝将""护京神将""神使"等官爵名目，[①]"神使"一词出自《圣经》，其他各词不见于基督教经典。这些词的本义与中国民间宗教文化中的"天兵天将"相似，与基督教教义没有明显关系。洪秀全在《钦定前遗诏圣书·马太传福音书》卷一中批注："天兵天将是星宿，降世为人则自天坠地矣。"

---

① 参见《太平天国文书汇编》，第 46、50、59 页。

在《圣人约翰天启之传》中批注："天将天兵是天星，坠地者隐诏降世诛妖。"① 《收得城池地土梦兆诏》中有"朕见无数天兵将""无数天将天兵扶住朕身""重重天将天兵护卫服事""无数天将进贡爷哥朕""朕见天将天使奏朕收得城池地土"等句，② 《王长次兄亲目亲耳共证福音书》中有"恩差天将天兵接真圣主天王转天""天将天兵扶朕上舆"等句，③ 天京城破前洪秀全还在讲"朕之天兵多过于水"。④ 洪秀全所说的天将天兵显然是指被天父指派下凡护卫天王的"天使"。太平天国政教合一，如同六爵以"天"冠之，"天将""神将""神使"等名目均是宗教政治化的产物。像这样带有宗教色彩的职爵名目，在中国农民战争史上具有特色。

官制是政权的架构，是政权建设的关键。概括而言，太平天国官爵制度之思想渊源主要有四类：古书《周礼》及其他儒家经典、历朝历代官爵旧制、戏曲和平话小说之描述、自造官爵（包括上帝教宗教思想指导下的官爵设计）。

太平天国沉淀了千百年来农民阶级对政权建设的理念文化，汲取了历朝历代的官爵旧制，并在实践中建置、改良和完善了职官体系。如一改历朝历代以职官为主体的官制，创造了以爵官为主体，爵官包含职官、勋官和散官的新体制；创造了一个繁杂多等级，带有浓厚宗教色彩的官爵名目体系，并配套了严格有序的"太平礼制"。这些都是过去任何一个农民起义政权所不及的。这充分体现了洪秀全等人力图对政权建设革故鼎新的创造思想，从而建立起了以往历次农民运动所不能实现的相对完备、规模空前的农

---

① 《钦定前遗诏圣书》，罗尔纲、王庆成主编：《中国近代史资料丛刊续编·太平天国》（1），第142—143、354页。

② 《天王收得城池地土梦兆诏》，罗尔纲、王庆成主编：《中国近代史资料丛刊续编·太平天国》（3），第74页。

③ 《王长次兄亲目亲耳共证福音书》，《太平天国印书》（下），第711页。

④ 《忠王李秀成自述》，罗尔纲、王庆成主编：《中国近代史资料丛刊续编·太平天国》（2），第386页。

民政权。

但是在政权建设和职爵制度的制定上，太平天国受到了时代和阶级的思想局限，始终难以完全突破前朝旧制，却愈加繁杂无序，不胜其滥。首先，受领导人个人阅历、经历和知识眼界的局限，他们始终无法摆脱宗法社会思想的支配。所以洪秀全一面批判儒学，号召民众推翻旧制度；一面又在儒学中寻找维系天国统治的思想资料，为建设新朝统治秩序的需要，把儒学的思想行为衍化为太平天国的道德伦理。其次，集中体现了农民阶级的政治理念、思维和意向，建立了一个小农阶级的政治理想国。比如为激励农民、满足农民欲望而衍生烦琐庞杂的官制，广设名目，官爵不分，官阶官职混淆，又缺少察举，全凭上级意念行事，缺乏法治理念，从而导致后期官僚化严重、吏治腐败、享乐思想蔓延、人心离散。又如体现了《周礼》的宗法思想和分封思想。宗法制的核心是世袭制，农民希望通过世袭将既得利益固定化，以致所有官爵有定位而无升降，只得不断增添官爵，以满足需求。《太平礼制》即是强化天国世袭制、等级制的法律文件。

太平天国的领导者无法突破传统时代的政权体制，也没有能力构建新的上层建筑。洪秀全的政权建设思想是营建金字塔式的特权等级社会——以两广客家老兄弟为核心的军事贵族阶层和后来的新兴军事贵族阶层。这样无论官僚体系多么盘根错节、庞大烦琐，万变不离其宗，始终是天王及洪氏家族高居塔尖，各级王侯亲贵为层层塔楼，他人无法超越。

（2）颁行并强制执行新历法。1848 年，冯云山在桂平狱中初制天历。① 至永安，为与封王建政相辅而立，冯云山与卢贤拔等人反复推勘审定，由杨秀清领衔上奏天王旨准，于天历壬子二年正月初一日（咸丰元年十二月十四日，1852 年 2 月 3 日）颁行天历。

在传统时代，王朝正朔是政权存在的重要标志之一。在清代，

---

① 《天历每四十年一斡旋诏》，《太平天国文书汇编》，第 46 页。

藩属国也要奉宗主国之正朔。太平天国废用清朝历法，实行新历法，具有一定政治影响。清朝主持征剿的钦差大臣赛尚阿对此十分震惊，他奏称："（壬子二年正月）二十八日，弁兵捡回逆书一本，居然妄改正朔，实属罪大恶极。"[①] 张德坚惊呼："蠢尔狂寇，竟至更张时宪，此尤黄巾、赤眉所不为，黄巢、闯、献所不敢也。""居然定伪时宪书颁行贼境。……贼教动以尊天为名，如是行为，直欲强行天道而就其伪法，逆天渎天，罪大恶极。"[②]

天历的特点是内容简明，继承了干支纪年纪月纪日的古法，以二十八宿记礼拜，不依阴历合朔望，以二十四节气为依据，并将旧历中的福祸休咎、吉凶宜忌的迷信尽行删除，这种去旧更新、简单易行的做法无疑具有一定创造性、进步性。但天历废止置闰，以《尧典》中 366 日的过大数据作岁时，机械地定大月（单月）31 日，小月（双月）30 日，实际一年比地球绕太阳一周约多 3/4 日，4 年即多 3 日，40 年约多 30 日。为解决这个问题，初定每 40 年一加，每月 33 日，"取真福无边，有加无已之意"，这样到 41 年就约多 60 日，冬至、大寒、小寒、立春等节气也错误近 60 日。1859 年，洪仁玕到天京后有改历之举，奏请"每四十年一斡旋，斡之年每月二十八日，节气俱十四日平均"，而此法仍使节气在 128 年后差 1 日。此外，天历的纪日干支、日宿比时宪书错前 1 日，礼拜之期也比西历的星期日提前 1 日。这就导致天历的岁时令节与清时宪书并不在同一天，非但没有实现"便民耕种兴作，亦属天情真道不可少"的将天历服务于农业生产的思想，反而造成民众生产、生活的极大不便。[③] 这就注定太平天国变易民间岁时风俗以达破旧立新的主观愿望会在民间碰壁，时人评述道："彼昏不知天有常，欲废畴人旧时术，躐离朔

---

① 奕䜣等：《钦定剿平粤匪方略》卷 10，《续修四库全书》第 403 册，上海古籍出版社 2002 年版，第 202 页。

② 张德坚：《贼情汇纂》，《太平天国》（3），1952，第 168 页。

③ 《天历每四十年一斡旋诏》，《太平天国文书汇编》，第 47 页。

望皆参差，上弦月满望转亏，搔首望天心迟疑。……不遵时宪乱旧章，小民谁肯相依附。小民不识造物功，但知圣清正朔四裔通，盈虚消息符天象，授时成岁无不同。"①

过去常以太平天国废止旧历中的宜忌、吉凶、神煞等褒赞其反对迷信和解放思想的积极意义。实际上，"其余从前历书，一切邪说歪例，皆妖魔诡计，迷陷世人，臣等尽行删除。盖年月日时皆是天父排定，年年是吉是良，月月是吉是良，日日时时亦总是吉是良，何有好歹，何用拣择？凡人果能真心虔敬天父上主皇上帝，有天看顾，随时行事，皆大吉大昌也"。② 这里的"邪说""妖魔"正是与上帝教中"真道""上帝"相对的概念。太平天历废止旧俗，充分彰显太平天国力求在政权建设的方方面面确立独尊上帝的局面。但总体来说，颁行并推行天历所体现的反清政治思想和政治意义仍是其主要方面。

（3）强烈的反满思想。太平天国明确表达了反满思想，不仅见诸纲领，而且付之行动。早期太平军转战湘桂途中发布的《奉天诛妖救世安民谕》《奉天讨胡檄布四方谕》《救一切天生天养中国人民谕》三篇檄文，可称作其反满的纲领性文件。这三篇文告以《颁行诏书》为题汇集成册，列入"旨准颁行诏书总目"，一再刻印宣传，说明太平天国官方一直认同文告宣传的思想内容。③ 其反满之主要论点集中在《奉天讨胡檄布四方谕》。全文列数满洲人罪恶数十条：变易中国（汉人）发式衣冠，淫乱中国女子（满汉通婚），改变中国制度，造为妖魔条律，胡言胡语惑中国（京腔），不恤百姓，纵贪为虐，严刑峻法，等等。侮指满人"乃一白狐一赤狗交媾成精"，宣布"胡虏有必灭之征，三七之妖运告终，而九

---

① 林大椿：《粤寇纪事诗》，《太平天国史料丛编简辑》（6），第 446 页。

② 《东王杨秀清等献天历本章》，《太平天国文书汇编》，第 165 页。

③ 《颁行诏书》现存三个版本，即初刻本（署"太平天国壬子二年新刻"）、修改本（署"太平天国壬子二年新刻"，但实际是癸好三年刻本）、癸好三年新刻本（署"太平天国癸好三年新刻"，从内容看可能是太平天国辛酉十一年前后所刻）。

五之真人已出"，表示"誓屠八旗，以安九有"，号召天下义士"执守绪于蔡州，擒妥欢于应昌，兴复久沦之境土，顶起上帝之纲常"，"肃清胡氛，同享太平之乐"。①

太平天国领导人的反满思想主要有以下来源。一是客家人对民族压迫和民族反抗的历史记忆。迫令削发编辫，改变衣冠服饰，曾是令汉族男子痛心疾首的历史记忆。客家历史上的五次大迁徙，前三次都是由边疆部族的入侵引发的，种族意识世代相传，历久不释。洪秀全的家乡广东花县花山一带是南明抗清的最后基地之一，据传洪秀全、冯云山的先人曾应召从祖籍嘉应州迁至花县参加客家起兵反清。洪秀全等人强烈的反满意识或与其客家人出身的背景有一定关系。二是洪秀全深受儒家思想影响，继承了"华夷之辨""中华正统"思想。这是汉人反对其他少数民族压迫的思想武器，自先秦以来，一直为汉人精英所传递。三是两广地区是以"反清复明"（或"兴汉灭满"）为宗旨的天地会长期活跃的地区，上帝会兴起后又与天地会屡有接触，洪秀全早期思想受其影响。四是上帝教宗教思想的反映。在三篇檄文中，太平天国指斥满人为"满妖""蛇魔""鞑靼妖胡""满洲妖魔""妖怪"，首次明确把《原道觉世训》中提出的"阎罗妖"与满洲统治者、满人等同起来，列为"斩邪"的对象。太平天国把颠覆清朝的政治目标说成为上帝收复失国，替天行道，还在檄文中将上帝真神附会为中国、中华、神州等概念。也就是说，反满虽然是太平天国的民族思想和政策，同时也带有浓厚的宗教色彩。

太平天国声讨满洲统治者的民族压迫，表达了处在社会底层的贫苦农民要求颠覆旧秩序的心声，反满思想成为太平天国造反的思想源流之一，对太平天国的发展起到了一定作用。但它的反满思想存在局限。一是具有狭隘的大汉族主义和愚昧的民族等级思想。《救一切天生天养中国人民谕》讲："以中国制妖胡，主御

---

① 《太平天国印书》（上），第108—110页。

奴也，顺也；以妖胡制中国，奴欺主也，逆也。"① 可见太平天国
反满并非要争取民族平等，而是在推翻满洲统治的基础上实现汉
族压迫满族的一种新的民族压迫形式。二是带有浓郁的宗教色彩
和狂热的民族复仇情绪，这显然不能引起深受儒学正统思想熏陶
的士绅阶层的共鸣。清朝经过二百多年的统治，统一多民族国家
成形，满族已经实现了中华意识的文化转型，19 世纪中叶满汉仇
雠的意识在当时社会矛盾激化的环境中虽有抬头，但已不可能再
像清初那样形成气候。相比之下，攻击清廷吏治腐败、渲染官逼
民反可能更有号召力。三是反满思想落实为长期的暴力屠满行
动，太平军在江宁（南京）、京口（镇江）的战役中均有屠戮满
洲妇孺的事情。但到后期，洪秀全、李秀成对满人的暴力政策已
有调整，不再把满人一概视作"妖魔"，如 1861 年李秀成破杭
州，"奏准天王，御照降下，准赦满人"，"各获有满人落在营中
者，不准杀害"。②

《清史稿》将太平天国"严种族之见，人心不属"列为其败亡
的原因之一。③ 究其根源，极端的反满思想没有引起社会精英阶
层的共鸣，没有获得士绅群体的支持。太平军宣扬的民族大义很
快就被曾国藩《讨粤匪檄》展现的"卫道辟邪"的文化张力所淹
没。扫荡八旗驻防地区满人的暴力行径，杀戮太过。而对后世来
说，太平天国的反满思想为孙中山等革命党人提供了一条反清的
思路。

（4）"政教皆本天法"的法制思想。杨秀清在《太平救世歌》
的序言中说："除妖安良，政教皆本天法；斩邪留正，生杀胥秉至
公。"④ 这是太平天国领导人第一次正式提出"以法治国"的指导

①　《太平天国印书》（上），第 112 页。
②　《忠王李秀成自述》，罗尔纲、王庆成主编：《中国近代史资料丛刊续编·太平
天国》（2），第 376 页。
③　《清史稿·洪秀全传》，第 12966 页。
④　《太平救世歌》，《太平天国印书》（上），第 141 页。

思想。中国古代不乏"以法治国"的论说，如"秉权而立，秉法而治"（《商君书·壹言》）、"事断于法"（《慎人·君人》）等，但农民起义政权提出这个思想，难能可贵。

太平天国法制思想的主要来源有二。一是传统中国的刑法思想。在传统中国社会，君权至上，法自君出，一方面需要制定严刑峻法维护皇权专制统治、等级制、世袭制和儒家伦理道德，另一方面需要设置包括枷、杖、徒、流、死五刑和其他非正刑的各种刑罚来惩治犯罪。洪秀全自幼熟读经书，深受传统刑法思想影响。在1852 年刊刻的《幼学诗》里，洪秀全就反复地强调君权至上的法制思想，如"天朝严肃地，咫尺凛天威，生杀由天子，诸官莫得违"，他还提出了一系列宣扬三纲五常伦理思想的行为准则，如"君道""臣道""父道""子道""夫道""妻道"。①《天朝田亩制度》规定在审判制度上，"天王乃降旨主断，或生或死，或予或夺，军师遵旨处决"。② 到后期，洪秀全除颁刻《钦定制度则例集编》（现佚失），进一步加强法制建设，颁布的其他属于刑律方面的诏书仍在极力宣扬君权神授、皇权世袭等思想。

二是宗教思想是太平天国法制思想的主体。法制建设与宗教结合，是太平天国法制思想的一个特点。"斩邪留正"是上帝教的教义之一，也是太平天国法制建设的基本思想。太平天国的很多法令具有宗教形式。如《天条书》的前四条均与拜上帝有关："崇拜皇上帝""不好拜邪神""不好妄题皇上帝之名""七日礼拜颂赞皇上帝恩德"。③《太平刑律》里关于违反教规罪的规定多达 11 条。

太平天国的法制思想存在严重局限。首先，洪秀全更多地吸收了传统思想文化的糟粕，以法制建设服务于皇权，维护等级制、世袭制和君主专制。其次，具有浓厚宗教色彩的法制思想，

---

① 《太平救世歌》，《太平天国印书》（上），第 59—64 页。
② 《天朝田亩制度》，《太平天国印书》（上），第 410—411 页。
③ 《天条书》（手写本），罗尔纲、王庆成主编：《中国近代史资料丛刊续编·太平天国》（1），第 5—6 页。

使太平天国领导人逐渐沉迷于宗教狂热而无法推动法制建设的进一步发展。如"斩邪"的基本思想渗透在军事斗争的敌我立场和道德行为的是非观念里，把国家法律必须惩治的各种犯罪，特别是政治立场敌对的"邪"，与人们社会生活中不道德行为的"邪"混为一谈，混淆敌我和是非、罪与非罪的界限，从而导致太平天国在法律执行上极大地扩张了打击的覆盖面，转变为主要施于内部的酷刑苛法，造成许多冤假错案，也形成了太平天国律法存在量刑过重、无轻重过失之区别、无民事刑事之区分的特点。① 最后，缺少必要的法律制定和执行监督。洪秀全、杨秀清完全按照个人主观臆断，"出一言是命"（"命"即"法"），② "只有人错无天错，只有臣错无主错"，③ 轻率、随意地下达法令，难免造成不合时宜或不公。

2. 大同社会的理论构想与皇权主义思想

（1）"天下一家"思想的深化。"天下一家"、共享太平的教义，是洪秀全设计未来社会的理论基石。洪秀全等人也照此构想着手政权建设，重申"小天堂"（"人间天国"）口号以激励将士。1851 年 6 月 11 日，萧朝贵代天兄在象州传言，鼓舞士气："各各尽忠报国，得到小天堂，自有大大封赏。"④ 同年 8 月 15 日，洪秀全在茶地的突围诏令中再次申明"总要个个保齐，同见小天堂威风"。⑤ 这里的"小天堂"还只是朦胧的抽象的政治设想。到永安建政期间，1851 年 11 月 7 日，洪秀全明确了在小天堂里划定功勋等臣以及具体的封赏办法："俟到小天堂，以定官职高低，小功有

---

① 《太平刑律》62 条中有 46 条处以极刑，包括 43 条斩首、3 条点天灯或五马分尸。后来虽设"奴刑"，但总体上死刑仍无较多删减。张德坚也认为："毛细之过，笞且不足，贼辄律以斩首，……尤以伪律为至酷耳。"［张德坚：《贼情汇纂》，《太平天国》（3），第 227 页］。

② 《天命诏旨书》，《太平天国印书》（上），第 117 页。

③ 《天父诗》，《太平天国》（2），第 484 页。

④ 王庆成编著：《天父天兄圣旨》，第 89 页。

⑤ 《行营铺排诏》，《太平天国文书汇编》，第 32 页。

小赏，大功有大封，各宜努力自爱。"12月4日颁诏："上到小天堂，凡一概同打江山功勋等臣，大则封丞相、检点、指挥、将军、侍卫，至小亦军帅职，累代世袭，龙袍角带在天朝。"[①] 这确定了小天堂里的具体封赏标准，使"天下一家"教义的具体蓝图——小天堂构想，超逾了宗教范围，显示出鲜明的现实政治色彩。小天堂中等级制和世袭制的政治构建，虽然在当时情形下鼓舞了军心士气，但长远来看刺激了太平军享乐思想的蔓延，滋生吏治流弊，动摇根基。从永安所发诏书的内容看，小天堂的地点当是实指某个地方，应排除永安小城；从后来的军事实践分析，太平军久围之桂林、长沙，猛击之武昌、南京，欲征之河南诸地，均有可能曾是太平军欲建设小天堂的地方，小天堂的具体位置应随太平军战略的转变而发生变化。

定都天京后，洪秀全等继续从传统儒家思想和西方基督教思想中抉发材料，丰富和深化了"天下一家"的思想内涵，并以此设想酝酿改造中国社会的方案。第一，继续大力宣扬宗教层面的内涵，以加强内部团结，同时争取国外力量的支持。因上帝有好生之德，灵魂俱是上帝所生，故"四海之内皆兄弟，共成一家""四海皆兄弟""胞与为怀""异域异方，尽是胞与之地""万国一体，情同手足"。[②] 这里的"天下"包含中外，但不包括敌对阵营。第二，强调"爱人如己"的观念，如《天情道理书》教导关爱弱势群体，"兄弟姐妹皆是同胞，共一魂爷所生"，要"安老怜幼恤孤"，"斯不失休戚与共疴痒相关之义"；《行军总要》指出为佐将者，要爱护百姓，体恤士卒，"本营兄弟总要小心提理，念同魂父所生，视为骨肉一样"。[③] 第三，将农民对土地的渴求和均匀饱暖

---

① 《令各军记功记罪诏》《谕兵将立志顶天真忠报国到底诏》，《太平天国文书汇编》，第34、35页。

② 《太平天国印书》（下），第458、528页；《太平天国印书》（上），第108、111页；罗尔纲、王庆成主编：《中国近代史资料丛刊续编·太平天国》（3），第18页。

③ 《太平天国印书》（下），第528、568页。

的愿景写进了纲领性文件《天朝田亩制度》，重新设计基层社会民众的社会经济生活，概括而言，即"有田同耕，有饭同食，有衣同穿，有钱同使，无处不均匀，无人不饱暖"。①

至此，"天下一家"的理论构想已经非常细化具体，从宗教说教到现实铺陈，从基层治理到对外关系，不再是抽象的宗教概念，而是描绘了一幅改造中国社会的理想蓝图。

（2）皇权主义思想的不断强化。理论构想中朴素的平均平等思想和现实实践中皇权主义思想，是太平天国政治思想难以调和的一对矛盾。

追求皇权，是洪秀全一生热衷的目标。不同的人生阶段，皇权思想的表现形式不同。早年，科举出仕的功名意识是他皇权思想的最初源头。接受拜上帝思想到反清思想形成之前，宗教救世主意识曲折地表达了他的皇权思想。起义之前，他的皇权主义思想急剧发轫，通过宗教救世思想宣传皇权神授。在丁酉升天神话中，皇上帝赐给洪秀全"宝剑一柄，用以斩除魔鬼"，"印绶一个，用以治服邪神"，"金黄色的美果一枚，秀全食之，其味甜美"，这些分别象征暴力、权力和荣华富贵的天物，表达了皇权神授的天命观。② 洪秀全等人还编造了洪秀全是上帝次子、耶稣胞弟、真命天子，奉命下凡救世的神话，甚至连洪秀全的名字也是上帝所赐，以符"禾乃人王"（秀全）之意。总之，洪秀全的一切皆天授，实现了反清思想、宗教思想和皇权思想的对接。

起义立国之后，从梦幻到现实，皇权意识随着帝王生活方式的实践不断强化，特别是定都以后，洪秀全等人盲目乐观，认定残妖必灭，天下底定，可以宽心逍遥，其皇权思想逐步化为实践行动，并参与指导政权建设。天京事变后，洪秀全收回天王专制实权，皇权主义思想迅速膨胀，并和宗教思想结合成为其思想结构的主导层

---

① 《天朝田亩制度》，《太平天国印书》（上），第409页。
② 〔瑞典〕韩山文：《太平天国起义记》，《太平天国》（6），第841页。

面。宗教思想为皇权思想和反清思想提供理论和神学依据，反清思想逐渐退居服务皇权思想的次要地位。

在政权建设中，洪秀全的皇权思想主要体现为建立并完善天王专制政体和等级制的官僚体系。尽管在太平天国前期，杨秀清掌握军政大权，洪秀全受到排挤，他的天王府成了形式上的最高权力象征，实权在洪、杨之间位移，但自起义立国，至太平天国覆亡，天王专制的政治体制始终没有发生实质性变化。

第一，太平天国在典章制度上明确划定了天王和诸王之间不可逾越的君臣界限。洪秀全自称"天下万国朕无二"，[①] 杨秀清把自己置于"辅臣"的地位，称"君使臣以礼，臣事君以忠"，[②] 君臣职分已定，即便杨秀清后来要称"万岁"，也须天王亲封。

第二，为确保其至高无上的权威，洪秀全不断完善建元之初即颁行的《太平礼制》，建构了一套烦苛森严的礼仪制度。上至天王，下至两司马，从府邸、官印、仪卫、称谓到冠服、旗帜、文书、婚姻，均按职爵大小严格区分，如有冒犯，斩首不留。太平天国将世袭的思想和制度写进旨准颁行的许多文件中。《天朝田亩制度》开篇即规定："功勋等臣世食天禄，其后来归从者，每军每家设一人为伍卒，有警则首领统之为兵，杀敌捕贼，无事则首领督之为农，耕田奉上。"[③] 相对于世食天禄的功勋等臣特权阶层，后来归从者则须承担杀敌和耕田的义务。《天朝田亩制度》关于田产均耕、财富均分的设想，实际仅适用于后来归从者。可见全体社会成员的地位并不平等，更没有近代意义上的民主权利，而是充分体现了尊卑有别、等级森严但同时又均匀饱暖、洋溢着手足亲情的社会理想。

第三，在权力运作上，天王拥有处理军国大事的决策权和最后

① 《贬直隶省为罪隶省诏》，《太平天国文书汇编》，第41页。
② 《天父下凡诏书（二）》，《太平天国》（1），第49页。
③ 《天朝田亩制度》，《太平天国印书》（上），第409页。

决定权。《天朝田亩制度》从理论上划定了君臣各自的权限："凡一军一切生死黜陟等事""或各家有争讼""凡天下每岁一举""凡天下诸官三岁一升贬"，均须层层上禀，"天王降旨，军师遵行"。① 在理论上设计的政体是君主专制和军师负责制。在实际运作中，杨秀清形式上也对天王表示尊崇，凡献天历、兴造宫殿、明定朝帽制度、议定职官、处决罪犯、调兵出师，有关朝内军中的重大国策、司法、军事、典制、吏治等，杨秀清均具本奏请洪秀全"旨准"。正因君臣齐心，太平天国前期方得迅猛发展，连他们的敌人也认为："夫首逆数人起自草莽结盟，寝食必俱，情同骨肉，且有事聚商于一室，得计便行。机警迅速，故能成燎原之势。"② 但问题的关键在于，宗教与世俗权力交杂冲突，权力结构不稳定，不断引发权力斗争和权力资源的再分配。洪秀全迫于力量对比的客观态势，只得与杨秀清妥协，深居后宫，伺机而动，事实上形成了"虚君制"的二元权力架构。但洪秀全追求的政治体制仍然是以天王为核心的君主专制。后来天京事变爆发，朝内党争日炽，地方内讧成风，中枢权力结构不断重组，其思想渊薮均指向了皇权主义。

太平天国的领导者们一方面宣扬"天下一家""胞与为怀"的大同社会构想，主张芸芸众生同为上帝子女，彼此皆为兄弟姊妹；但另一方面在凡间——小天堂，却着力营造一个等级森严、尊卑有别的礼法社会。对这一理论建构与实践上存在的矛盾、脱节，太平天国领导人始终无法解答。为维系、维护礼治，洪秀全汲取传统儒学的礼治思想、人伦思想来加强军民的思想教化。

第一，强调礼义人伦。洪秀全在《天父诗》中讲："子不敬父失天伦，弟不敬兄失天伦，臣不敬君失天伦，下不敬上失天伦。"③ 天伦原指血亲关系，基于"天下一家"，洪秀全将所有的人伦关系

---

① 《天朝田亩制度》，《太平天国印书》（上），第 409—413 页。
② 张德坚：《贼情汇纂》，《太平天国》（3），第 46、171、172 页。
③ 《天父诗》，《太平天国印书》（下），第 644—645 页。

作天伦。而五伦之中，太平天国首重孝亲，宣称"人伦有五，孝弟为先"。[①] 因为世人除俗世之肉亲，还有赐予宝贝灵魂之上帝，即"魂爷""天父"。首重孝亲，等同于首孝上帝，敬重上帝，当然也要敬重上帝次子洪秀全。因此太平天国有"移孝作忠"之说，洪秀全讲："敬天一定会敬主，敬主方是真敬天。天生尔主为尔主，敬天敬主两相连。"[②] "报效天王，即是诚心敬天父与天兄也。"[③] 这样便由孝亲、敬天推及敬主，实现了忠孝两全、忠孝为先。历代统治者均自称以孝治天下，而孝和忠是贯通的，在必要时孝还要让位于忠，这有利于将人们的思想行为固定在礼义人伦中安分守己。

第二，敦促习"礼"。《周礼》讲"辨君臣上下长幼之位，别男女父子兄弟之亲"，具体化为儒家的三纲五常说。《幼学诗》中有16首诗分别阐释了朝廷、君、臣、家、父、母、子、媳、兄、弟、姐、妹、夫、妻、嫂、婶，从社会到家庭再到个人，各种社会角色的行为准则和道德规范，即"道"，又概括为"总要君君臣臣、父父子子、夫夫妇妇"的"三纲"。[④] 太平天国还敦促人们学习"礼"："抑知礼之用，和为贵，为上者不可以贵凌贱，不可以大压小，为下者不可以少陵长，以卑逾尊，务宜以礼自持，以和相接，方不失为天国之良民。"[⑤] 其中"礼之用，和为贵"出自《论语·学而》。

第三，灌输禁欲、坚耐的观念。太平天国的礼仪制度维护极少数人的权利，金字塔式的社会结构底层是绝大多数卑贱的人。为消弭广大军民的抵触情绪，太平天国号召大众坚耐："眼前荣光一阵烟，坚耐享福万万年"；"欲享天堂真实福，须从克己苦修来"；

---

① 《太平救世歌》，《太平天国印书》（上），第144页。
② 《天父诗》，《太平天国印书》（下），第621—622页。
③ 《太平救世歌》，《太平天国印书》（上），第142页。
④ 《王长次兄亲目亲耳共证福音书》，《太平天国印书》（下），第714页。
⑤ 《天情道理书》，《太平天国印书》（下），第529页。

"成人不自在，自在不成人，越受苦，越威风"；等等。① 太平天国无法解释同为上帝儿女，彼此互为兄弟姐妹，为何又会有尊贵与卑贱之分，只得假上帝之命，强调天命，"贫穷富贵皆皇上帝赐定""总之富贵天排定""富贵功名天分定"，② 甚至"兄弟聘娶妻妾，婚姻天定，多少听天"。既然都是"天命"，人们理应安分守己，依礼行事，不得越雷池一步，否则就是犯了逆天之罪，要受酷刑。③

曾国藩在《讨粤匪檄》中攻击太平天国灭绝人伦，废弃礼法名教："皆以兄弟称之。谓惟天可称父，此外凡民之父，皆兄弟也；凡民之母，皆姊妹也。""举中国数千年礼义人伦、诗书典则，一旦扫地荡尽。此岂独我大清之变，乃开辟以来名教之奇变，我孔子、孟子之所痛哭于九原。"④ 这段话引起了大量读书人的共鸣，他们纷纷投入捍卫名教礼法的斗争中。根据上述分析，太平天国不但强调礼义人伦，而且以礼制治国，曾国藩抓住了"天下一家"理论的破绽，但又不免对太平天国的政治观察流于片面。

的确，推崇礼义人伦、创建等级森严的礼制、建立皇权专制体制，这些与"天下一家"教义宣扬的世人皆是上帝子女，彼此互为兄弟姐妹的说教存在矛盾。礼治秩序的重建，意味着太平天国"四海皆兄弟""胞与为怀"的宗教思想徒具宣传意义，太平天国试图以宗教层面虚拟的手足亲情化解现实俗世中人类的等级贫富矛盾，虽然值得称道，却只是空想。即便是宗教意义上的平等宣传，如同享拜上帝的权利，在现实社会中也不能完全保证，太平天国的洗礼、礼拜仪式严格区分与众的身份地位。在洪秀全眼里，上帝子女本身也要依其素质、能力和品性划分为不同等级。《天条书》明

① 《天情道理书》，《太平天国印书》（下），第523、532、533页。
② 《太平天国印书》（上），第154、390、404页。
③ 《东王杨秀清答覆英人三十一条并质问英人五十条诰谕》，罗尔纲、王庆成主编：《中国近代史资料丛刊续编·太平天国》（3），第20页。
④ 《曾国藩全集》第14册，第140页。

确说："皇上帝天下凡间大共之父也，君长是其能子，善正是其肖子，庶民是其愚子，强暴是其顽子。"① 同是兄弟姐妹的范围限定在己方阵营内部，这一说教针对的是敌对阵营的妖魔。妖魔不是兄弟姐妹，没有作为上帝子女的权利。可以认定，洪秀全从来没有萌生建立一个人人平等社会的思想，他的平等平均思想是朴素的，是有条件限制的，充其量是上帝子女可以一体享受皇上帝恩泽，在既定的人伦关系和等级阶层内部均匀饱暖，沐浴教化，共享太平盛世。而且，太平天国官方会根据形势，突出不同的观念，当需要鼓舞士气、动员民众的时候，就较多地宣传"天下一家"；当需要维系皇权时，就更多地宣传皇权、礼治、人伦道德。

虽然洪秀全等人强制推行外在形式不无新意的拜上帝思想，在主观上力图摒弃旧制，开创新朝，但中国传统社会的政治环境和文化制约着太平天国领导人的政治理念和行为。他们无力超越所属阶级和时代的局限，不可能选择非传统的政治体制。君主专制、官僚制度、礼仪制度、等级制度、世袭制度等历代皇朝政体中上层建筑的主要部件均在皇权和宗教思想结合的主导下，成为洪氏王朝改朝换代的制度性武器。

（二）地方政治

太平天国地方政府分为地方军政当局（"太平军当局"）和乡官基层政府（"乡官局"）。定都天京后，太平军和清军在多数地区处于拉锯战，地方政权的建设很不完善。直到 1860 年后，太平天国才先后开辟了苏南和浙江两片相对稳定的控制区，并开始在占领区以乡村社会为基地较为普遍稳定地推行具有自身政治宗教特色的乡村政治，其核心内容是践行乡官制度。1853 年夏秋之时，乡官制度开始设立，1860 年以后，乡官政权在基层社会普遍建立。

太平天国地方政治建设有三个思想特点。

---

① 《天条书》（重刻本），《太平天国印书》（上），第 149 页。

其一，理想改造与照旧行政相矛盾。从社会建设的蓝图看，太平天国是有意愿有勇气进行社会变革的。乡官制度来源于《周礼》，所谓恢复古制，实际是对现行社会秩序的否定。乡官制度的一些具体规定也具有进步性，如由低级乡官保举高级乡官，并配置严格的保升奏贬制度，程序虽然繁复，很难施行，所见保举实例不多，但在理论上体现了一定的公平公正。由于战争环境以及政权建制本身不完善，乡村政治的理想体制并不完全适用于现实社会。太平天国当局结合实际做出部分变通，以保障乡官制度的全面推行。乡官的编制和多渠道选任办法、乡兵制度均是对《天朝田亩制度》理论规定的变通，如据理想蓝图进行现实实践，这些制度将在基层社会事务中难以实行。另外，太平天国有革除社会旧弊的尝试，尽管成效不著，但其改良和改善基层政府行政的作为值得肯定，如在政策层面严禁浮收、勒折、卖荒。虽然"浮收"日渐泛滥，但其他像"勒折""卖荒"等流弊似在太平天国占领区少见。这些改造举措均是太平天国在地方社会事务中对"传统"和"理论"的变通之举，正因如此，太平天国才能首次在现实社会中建立起具有军、政、教合一特征的乡官体制，应当肯定其地方行政的这类变通精神。

但太平天国缺少完成社会变革的决心和恒心。如乡官铨选，由于太平天国军政当局缺乏地方社会管理经验，又无法在短期内培养一支高素质的行政管理队伍，其乡官政治以改良前朝保甲、里甲的基层组织为基础，过多地倚仗地保、胥吏、衙役、团首之类地方旧势力充当乡官。部分乡官在旧政权中"包税人"的角色，因被纳入常规政权机制而强化，又因不少乡官的投机心态和较低素质，以及太平天国缺少系统完善的监管、教育和奖惩机制，昔日清朝官场之浮收舞弊、苛征厚敛、请托贿求种种邪风歪气在新政权基层事务中延续甚至恶化。受主客观条件限制，从本质上说，太平天国基层组织沿袭了清朝旧制，仅是对清朝旧章加以变通，"照旧"成为太平天国地方行政的一个特点。

　　其二，"一切服从、服务于军事"。相比于省、郡、县级地方政权，作为基层政权的乡官制度在太平天国占领区相对健全、完善。就客观原因来说，由于太平天国频仍浩繁的物质需求，太平军当局几乎将所有地方行政工作纳入为获取经济资源服务的轨道，形成了"一切服从、服务于军事"的战略思想。太平军每占一地，都面临安民造册、征收赋税等繁重任务，这些只能依靠乡官完成，而"唯财是举"的乡官选拔标准体现了太平军的这一战略思想。

　　太平天国对农村建设盲目的另一个表现是"竭取强求"，其根源也是"一切服从、服务于军事"的战略思想。在战时，农村政治的中心围绕战略物资获取本无可厚非，但太平军当局不懂得开源节流的道理，既不投入相当精力致力恢复、保障和促进农业生产以广开财富之源，又不精兵简政、缩减财政以节省开销，一味依靠乡官的中介作用榨取乡村资源。太平军当局无节制的需求和有限的农村资源之间的矛盾只能依靠乡官周转缓解，"凡贼有取求，多下乡官局"，① "营中日用一切，均乡官供之，不自取求"。② 一旦不能满足，动辄暴力相逼，鞭笞、监禁、无端杀害乡官的情形在太平天国败亡前已司空见惯。政治恐怖犹如阴霾笼罩乡官心头，他们不堪重负便会采取相应对策。有的选择逃离太平天国占领区，有的绝望自尽，大多数则虚与委蛇，以待时变，把太平军征粮收税的压力转嫁到平民百姓身上，致使民怨沸腾，甚或激变良民。

　　其三，处理中央与地方关系的思想。太平天国前期，由于素以铁腕治军理政的东王杨秀清的存在，"东王佐政事，事事严整"，③ "令行禁止""臂指自如"，④ 连首义诸王都被分而治之，随意调动，没有自己的私人武装集团和势力范围。太平天国中央对地方军

---

① 光绪《宜兴荆溪县新志》卷5，光绪八年刻本，第11页b。

② 民国《双林镇志》卷32，商务印书馆1917年版，第13页a—b。

③ 《忠王李秀成自述》，罗尔纲、王庆成主编：《中国近代史资料丛刊续编·太平天国》（2），第350页。

④ 《干王洪仁玕立法制喧谕》，《太平天国文书汇编》，第94页。

政的控制相对有力。到后期，由于权力格局的变动，中央政权在分裂和内讧中被极度削弱，洪秀全等人掌控不了复杂的政局，加之党争日炽，领军将领各领"分地"，拥兵自重，各自为政，掣肘中央，不听调派。洪秀全滥施爵赏、分封诸王，借上帝教神化和加强天王专制的一系列举措，虽然适得其反，难有成效，主观意愿还是为加强中央集权。

在处理政治权力与地方社会的关系方面，尽管太平天国以乡官制度为核心的乡村政治实践最终失败，但应该正视其政治权力曾突破城市活跃于乡村社会的事实。太平军通过普及乡官制度将乡村社会管理纳入政权系统运行轨道，这是太平天国政治权力向乡村社会渗透的一种尝试：按太平军制改传统乡村社会乡里制度、保甲制度为军、师、旅、卒、两、伍六级基层行政组织；吸纳中小士绅等进入政治权力系统，授予乡官官职，建立县以下市镇乡村基层政府，使太平天国政治权力的触角伸入乡村社会，试图以此颠覆传统行政体制——"皇权不下县"，削弱和破坏士绅、宗族、乡约对乡村经济、政治、思想方面的控制，实现政治权力对地方社会资源的占有。

国内学者普遍从主客观因素两个方面论断太平天国在乡村的统治薄弱。一方面，战争的客观背景使太平军的统治一切服从、服务于军事，统治重心在城市，争夺城市，占有财富，故介入乡村的力量小、付出的精力少；另一方面，因为太平天国的制度具有空想性，脱离现实，不合实际，难以施行，这曾是学界长期讨论的问题。其实，这不仅是制度的问题，更多的是治理问题。作为纲领性文件的《天朝田亩制度》，虽具有平均主义空想性，但除土地制度基本未施行外，乡官制度、乡兵制度、司法制度、宗教文化和社会生活领域的规定均经改良而变相实践。其中，乡村政治的核心是乡官制度，有的具体程序虽很难贯彻执行，但乡官制度得到了普遍实施，并且与朝内官、军中官和守土官互补，构成了太平天国职官体制不可或缺的部分，为支撑太平天国战争发挥了一定作用。

实际上，导致太平天国在乡村统治薄弱的关键因素是缺少有效的治理，治理不当使太平军对农村社会原本强大的介入力量逐渐被清军、团练、土匪、太平军占领区的民变等对立势力瓦解。从史实看，太平军起初介入乡村的力量强大，处理团练，镇压民变，剿捕枪船，设局祠庙，安辑流亡，安民造册，兴办救济组织和公共工程，征收赋税，移风易俗，做了很多事情。在太平天国治下的广大乡村地区，乡村政治实践的主角仍然是"天国"政府官员和太平军。我们不应忽视太平天国曾努力控制乡村、介入乡村并治理乡村的事实，这在评判太平天国战略得失和功过是非时是一项重要标准。

二　太平天国的经济思想

（一）洪秀全经济思想的渊源

洪秀全的经济思想和他的宗教思想、政治思想一样，是在历史和现实多重因素的作用下形成的。它既可从基督教思想中寻找源流，也能从儒家文化中发现端倪，既可在历代农民战争实践中找到承袭，也能在现实政治斗争中看出相似。大致而言，太平天国的经济思想经历了一个从空想返回现实再到无序的历史演变，印证了太平天国从军兴到发展再到覆亡的历史进程。

（1）受到基督教思想的启迪。首先是天王私有的思想观念可以比附上帝私有。《劝世良言》和《圣经》是洪秀全接受基督教训练的教科书。他接受了基督教关于上帝是造物主的观点。既然皇上帝有造物和创世之功，且权能无限、地位至高，人的宝贝灵魂亦"皆禀皇上帝一元之气以生以出"，世间人所用所享乃皇上帝所赐，"一丝一缕荷上帝，一饮一食赖天公"，[①] 那么世间一切在归属上理

---

① 《原道救世歌》，《太平天国印书》（上），第10页。

应由皇上帝所有，世人理应感恩并效忠于皇上帝。一切生产生活资料归属上帝大家庭的家长所有，对上帝子女来说，是"上帝大家庭公有制"；对上帝来说，实质上是"上帝私有制"。《天朝田亩制度》明确提出："盖天下皆是天父上主皇上帝一大家，天下人人不受私，物物归上主，则主有所运用，天下大家处处平匀，人人饱暖矣"，并强调"此乃天父上主皇上帝特命太平真主救世旨意也"。[①]在上帝教教义中，天王乃上帝次子，受命于天，下凡救世，因此，上帝私有即天王私有，归属上帝即归属天王。"天下人人不受私，物物归上主"，成为太平天国初期经济制度和政策的核心指导思想。虽然太平天国的经济政策随着战争实际不断嬗变，但洪秀全这一核心经济思想根深蒂固，且在他的思想结构中结合皇权主义，成为不断强化的思想层面。

其次是朴素的平等平均思想也受基督教知识启发。在《圣经》中有按人口多寡分配土地的事例。《旧约·民数记》第26章第52节，耶和华晓谕摩西说："你要按着人名的数目，将地分给这些人为业。人多的，你要把产业多分给他们；人少的，你要把产业少分给他们；要照被数的人数，把产业分给各人。虽是这样，还要拈阄分地。他们要按着祖宗各支派的名字承受为业。要按着所拈的阄，看人数多、人数少，把产业分给他们。"在《圣经》中还有按拈阄和按宗族的分地思想。拈阄有一定随机性，但体现了相对公平，划分宗族支派体现了世袭思想，这两种矛盾的思想均被太平天国继承下来。上帝私有的宗教思想是洪秀全平等平均思想的论说基础。洪秀全的平等平均思想，在经济层面建立在天王与太平天国特权阶层私有制的基础之上，在宗教层面则建立在上帝小家庭与其他家庭成员不平等的基础和前提之上。这不是真正的平等平均观念。洪秀全的平等平均思想受儒家意识形态的羁绊、农民私有意识的局限，是对清代中叶以来社会堕落和吏治败坏的强烈控诉，是以农民阶级为

---

① 《天朝田亩制度》，《太平天国印书》（上），第410页。

主体的下层民众反对剥削和压迫、向往均匀饱暖生活的直观反映。其本身仅是限定在特定时代和特定阶级的较为初级、朴素，且在不断淡化的思想形态，不具有近代意义上平等平均思想的内涵实质。

（2）受到儒家思想的熏染。儒家学说中有关经济的某些阐述是洪秀全设计新世界经济关系的重要原材料。洪秀全在早期作品中论证皇上帝的造物和创世之功，借用了儒家经典，"孔伋曰：'天命之谓性。'《诗》曰：'天生蒸民。'《书》曰：'天降下民。'"正因为契合儒家经典，中外一体，才当共拜上帝，感恩上帝。在论证一切生产生活资料皆赖上帝所赐时，洪秀全这样借用："孟轲云：'天油然作云，沛然下雨，则苗浡然兴之矣。'周诗云：'天上同云，雨雪雰雰，益之以霡霂，既优既渥，既沾既足，生我百谷。'"① 洪秀全在论证"天下一家"的观念时，大段借用《礼记·礼运》："是故孔丘曰：'大道之行也，天下为公，选贤为能，讲信修睦。故人不独亲其亲，不独子其子，使老有所终，壮有所用，幼有所长，鳏寡孤独废疾者皆有所养。男有分，女有归。货恶其弃于地也，不必藏于己；力恶其不出于身也，不必为己。是故奸邪谋闭而不兴，盗窃乱贼而不作，故外户而不闭，是谓大同。'"②

中国的平均主义思想由来已久。孔子认为社会矛盾的根源在于："丘也闻有国有家者，不患寡而患不均，不患贫而患不安，盖均无贫，和无寡，安无倾。"（《论语·季氏第十五》）其中，"均无贫"和《天朝田亩制度》提出的"无处不均匀，无人不饱暖"，其思想精髓一致。如土地的分配方法，《天朝田亩制度》规定："杂以九等"，"好丑各一半"，与《周礼》的记载相近。《周官·地官·小司徒》记："以土均之法，辨五物九等，制天下之地征。"《周官·遂人》载："辨其野之土，上地、中地、下地，以颁田里。"《天朝田亩制度》记载的农隙治事、"鳏寡孤独废疾"皆有所

---

① 《原道觉世训》，《太平天国印书》（上），第17页。
② 《原道醒世训》，《太平天国印书》（上），第16页。

养等具体办法也是参照《周礼》修订而成，但剩余产物归公和圣库制度则是太平天国的创举。关于生活资料的分配方法，《天朝田亩制度》规定："凡天下树墙下以桑，凡妇蚕绩缝衣裳。凡天下每家五母鸡，二母彘，无失其时。"孟子说："五亩之宅，树墙下以桑，匹妇蚕之，则老者足以衣帛矣。五母鸡、二母彘，无失其时，老者足以无失肉矣。"（《孟子·尽心章句上》）孟子还主张复井田制，均土地。这些主张均在《天朝田亩制度》中直接体现出来。

（3）融合了历史和现实的平等平均思想。历史上的农民起义不乏提出平均主义的口号。唐末王仙芝起义，自称"天补平均大将军兼海内诸豪都统"；五代南唐黄梅县民诸佑组织起义时，以"使富者贫，贫者富"相号召；北宋王小波、李顺起义，提出"均贫富"；南宋钟相、杨太起义提出"等贵贱，均贫富"，将政治和经济诉求结合起来；明末农民大起义第一次明确提出平均土地的"贵贱均田之制"和"均田免粮""三年不征"的口号。1853年初，太平军自武昌沿江东下，所过州县，遍贴告示，谓"将来概免租赋三年"、"江山一统，普免三年钱粮"①和"薄赋税，均贫富"；②首战安徽时，又发布"将均田以赈贫穷，开科以举贤俊"的布告。③这说明太平天国在定都天京前已经开始酝酿解决土地问题。此类口号可以看出太平天国对历代农民起义平等平均思想的继承。类似宣传几乎为历史上农民起义的通例，尤其是在进军途中辗转流离，太平天国未必会想到宣传口号的兑现问题。《天朝田亩制度》明确了均田的具体方案，又在天京城内进行平均主义试验，太平天国的平等平均思想发展到历史上的最高峰。

还有一些主张经世致用的思想家，他们的论说可能也影响了洪

---

① 张德坚：《贼情汇纂》，《太平天国》（3），第271、299页。

② 《吉尔杭阿陈时事禀》（1854年3月），太平天国历史博物馆编：《吴煦档案选编》（1），江苏人民出版社1983年版，第129页。

③ 李召棠：《乱后记所记》，《近代史资料》总34号，中华书局1964年版，第180页。

秀全。黄宗羲主张"复井田"，"每户授田五十亩"，提出"均赋税"，"重定天下之赋，必当以下下为则"。（《明夷待访录·田制》）顾炎武认为"垦田均田之制，有足为后世法者"。（《日知录·后魏田制》）与洪秀全生活时代相近的吴铤作有《均田限田》一文，提出"限民田无得过五十亩"。洪秀全的思想和这些学者的"均田均赋"思想有一定相通之处。

现实社会对洪秀全的经济思想也有一定影响。广西的会党起义头目，有不少以"米饭主"的形式出现，他们收容饥寒交迫的流民给以衣食，这种统一供给衣食的分配形式和太平天国圣库制度有些相似，但两者的思想原则不同，圣库制建立在人无私财、一切归公的基础上。天地会在两广地区十分活跃，以天为父，以地为母，歃血为盟，结为兄弟，这种组织形式给洪秀全提供了鲜活的感性材料。民间广为流传的野史小说，洪秀全也喜欢阅读，如《水浒传》描绘的兄弟义气、肝胆相照、荣辱与共、替天行道的场面，可能对他有较大吸引力。

（二）经济思想与措施的演变

（1）财物归公的圣库制度。圣库制度是太平天国创立的第一个经济制度，历史上没有前例，在儒家典籍中也不见记载，洪秀全应该是根据《圣经》的相关内容自我创造的。《新约·使徒行传》第2章第43节："信的人都在一处，凡物公用，并且卖了田产、家业，照个人所需用的分给各人。"第4章第32节："那许多信的人都是一心一意的，没有一人说他的东西有一样是自己的，都是大家公用。使徒大有能力，见证主耶稣复活，众人也都蒙大恩。内中也没有一个缺乏的，因为人人将田产房屋都卖了，把所卖的价银拿来，放在使徒脚下，照各人所需用的，分给各人。"1850年夏秋金田团营之时，"各教徒已感觉有联合一体共御公敌之必要。彼等已将田产屋宇变卖，易为现金，而将一切所有缴纳于公库，全体衣食俱由公款开支，一律平均。因有此均产制度，人数愈为加增，而人人亦准备随时可弃家集合"。① 后来上帝会将其规范为圣库制，下令按照统一模式施行，即财物上一切归公，人无私有；供给上实行平均；社会组织上拆散家庭，严别男营女营，"有不遵者即依例逐出"。② 从内容上看，圣库制度和《圣经》的记载颇为相似。由于对太平军及其家属实行供给制，太平军不用担心衣食，无牵挂随营家属的后顾之忧，专心杀敌，同甘共苦，增强了凝聚力。有不少学者称之为"军事共产主义"。

圣库物资的重要来源有初期上帝会会众集资，缴获清方战利品，各处百姓贡献，"派大捐"、"打先锋"（掳掠）所得财物，赋税收入，以及百工衙的生产品。百工衙和诸匠营取代了私营手工业成为圣库物资的重要来源之一。太平天国的营、馆和圣库制度使原有的城市生活被彻底破坏，原本具有多重社会经济职能的大都市变成了一座大军营。③ 逐渐瓦解圣库制的则是天京城的粮食危机和物资匮乏，家庭生活的恢复，以及太平天国内部逐渐泛滥的享乐主义思想。后期，诸王官员贪图享乐、私蓄钱财、追逐权势，圣库制已名存实亡。

（2）《待百姓条例》与贡役制。1853 年 4—5 月，太平天国中央政府颁布了第一套系统的社会改造方案《待百姓条例》，条例原文已佚失，今存三种转述本："上元锋镝余生"所作《金陵述略》；④ 顺天府丞张锡庚所奏呈"难民所述贼情"；⑤ 佚名《金陵被

---

① 〔瑞典〕韩山文：《太平天国起义记》，《太平天国》（6），第 870 页。

② 《干王洪仁玕自述》，罗尔纲、王庆成主编：《中国近代史资料丛刊续编·太平天国》（2），第 409 页。

③ 《北华捷报》第 178 期，1853 年 12 月 24 日；第 204 期，1854 年 6 月 24 日。

④ 《金陵述略》，金毓黻、田余庆等编：《太平天国史料》，中华书局 1955 年版，第 505 页。

⑤ 《张锡庚奏呈逃出难民陈述敌情原文并请将其寄交各统兵大员折》（咸丰三年五月二十三日），中国第一历史档案馆编：《清政府镇压太平天国档案史料》第 7 册，社会科学文献出版社 1993 年版，第 308—309 页。

难记》。①

条例主要有四点内容：一是废除征收钱漕的租赋制度——"不要钱漕"；二是否定地主和农民土地所有制——"皆系天王之田"；三是否定私营工商业——"皆系天王之本利"；四是对全部生产生活资料实行供给制。其中第二、三、四体现了朴素的"公有"理想。太平天国的公有思想是由"皇上帝天下凡间大共之父"推导而来，结合"移孝作忠""受命于天"的思想，把公有、上帝有和国有、天王有的思想杂糅起来，形成了"公有—国有—王有"三位一体的指导思想。从本质上讲，其公有思想没有超越帝制时代"普天之下，莫非王土，率土之滨，莫非王臣"的皇权思想。

对全部生产生活资料实行供给制，即前述圣库制度。规定"每月大口给米一担"的较高配额，和只按年龄、不分男女的分配原则，构建了均匀饱暖、公平正直、人人无私的美好的制度蓝图，但又强调土地、女子、财富"总归天王"，宣扬了天王至上的专制主义和皇权思想，造成思想阐释上的矛盾。半年多后颁布的《天朝田亩制度》以"天下人人不受私，物物归上主，天下大家处处平均，人人饱暖"为指导思想，同时宣传"世食天禄""功勋等臣"等特权思想，这与《待百姓条例》近乎一致。

取缔私营商业，在思想上是基于"天下人人不受私，物物归上主"的宗教教义，太平天国的领导人认为"凡物皆天父赐来，不须钱买"；② 在政治上是因为天京的特殊地位，"天京乃定鼎之地，安能妄作生理，潜通商贾"；③ 从军事防御的角度考虑，天京被清军围困，为防止敌人潜入而禁止商贩出入，有一定必要。可是天京以外地区实际并未取缔私营商业，而是设卡收税，颁发凭照，

---

① 佚名：《金陵被难记》，《太平天国》（4），第 750 页。
② 张汝南：《金陵省难纪略》，《太平天国》（4），第 716 页。
③ 马寿龄：《金陵癸甲新乐府》，《太平天国》（4），第 735 页。

开辟专门的商业区——买卖街。后期苏南和浙江的部分地区商业繁荣，有的地方政府保护和鼓励私营商业，很多市镇乡村"流民雨集，百货云屯，盛于未乱时倍蓰"，① 对外贸易也比较活跃。而在天京，为解决物资匮乏，1853 年底，太平天国开始有限度地恢复商业活动，采取创办官营商业和在城外开辟买卖街的办法，1855 年初开始逐渐恢复家庭生活，所需日众，天京城内也逐渐恢复了商业活动。

对于废除钱漕的租赋制度，1853 年 8 月，太平军在西征途中就向民众宣布："我天朝断不害尔生灵，索尔租税，尔等亦不得再交妖官之粮米，再为妖馆之仆隶。"② 不要钱漕，维系军需和政权运作只能代之以"贡役"，即令百姓进贡钱粮、服徭役。太平军还有"打先锋""派大捐"和强行接管公私财物等手段。但是贡献政策没有统一的标准，仅靠一次性的收贡，无法满足太平军长期战争的需求，面对粮食供应不足，往往出现收贡数额和次数的失控，以及太平军不注意征贡地区负担的均衡（如在近水地方多征，偏远地区漏征），引起百姓不满，到 1854 年，占领区的民众已不再愿意主动进贡。

1853 年 9 月，安徽民众的反抗事件是前期民变的典型案例，甚至迫使东王杨秀清两次派翼王石达开赴安庆抚民易制。引发此次变乱的主要原因是"皖省民情顽悍，以太平宗教法制之不相习也"。③ 宗教法制之文本很有可能是《待百姓条例》。到 1854 年 5 月，杨秀清在诰谕中承认导致天京民众"嗟怨"的原因是"在尔民人，以为荡我家资，离我骨肉，财物为之一空，

---

① 王韬：《弢园文新编》，中西书局 2012 年版，第 198—199 页。

② 《太平天国诰谕三件》，转引自郭存孝《太平天国史论笔记》，线装书局 2011 年版，第 236 页。

③ 凌善清：《太平天国野史》，江苏广陵古籍刻印社 1993 年版，第 324 页。

妻孥忽然尽散"。① 可见《待百姓条例》的实践已濒近破产。客观危机使太平天国领导人不得不转变政策，采取变通方式，在天京以外的地区基本上接受和承认旧政权时的生产关系、阶级关系和主要制度。1854 年夏，"照旧交粮纳税"政策出台，并相继在安徽、江西和湖北辖区推行。太平天国的经济理想从空想返回现实，稳定了社会秩序、安抚了人心、保障了供给，可以说是一种合理的思想"倒退"，是太平天国经济思想走向成熟的良性演变。

（3）《天朝田亩制度》的理想与空想。1853 年 12 月，太平天国颁布了《天朝田亩制度》。该文献全文仅 3428 字，内容却颇为丰富，举凡田产均耕、基层社会组织、官吏铨选与黜陟、司法、思想文化教育等方面均做了设计，几乎囊括了社会经济生活的方方面面。《天朝田亩制度》是太平天国的纲领性文件。《天朝田亩制度》与半年多前颁发的《待百姓条例》一脉相承，《制度》以《条例》为基础，《条例》是《制度》的简本，《制度》列入"旨准颁行诏书总目"，是《条例》的具体化、法律化和制度化。

《天朝田亩制度》的核心内容是关于土地制度的论述。解决土地问题的指导思想是："凡天下田，天下人同耕，此处不足则迁彼处，彼处不足则迁此处。"按此原则，把天下田平分天下人。首先按田亩产量划分土地，"凡田分九等"，含上中下三级，即三级九等。其次确定了分田方法："凡分田照人口，不论男妇。算其家口多寡，人多则多分，人寡则分寡，杂以九等，如一家六人，分三人好田，分三人丑田，好丑各一半。""凡男妇每一人自十六岁以上，受田多逾十五岁以下一半，如十六岁以上分上上田一亩，则十五岁以下减其半，分上上田五分，又如十六岁以上分下下田三亩，则十五岁以下减其半，分下下田一亩五分。"此外还设置官员专门负责

---

① 《东王杨秀清劝告天京人民诰谕》，罗尔纲、王庆成主编：《中国近代史资料丛刊续编·太平天国》（3），第 17 页。

分田，"凡一军典分田二"。①

为使社会经济生活整齐划一，该制度试想在民间采用太平军编制，每 13156 家为一军，以 25 家组成的"两"为社会基本单位，设国库和礼拜堂各一，由两司马管理。凡产品分配、生活物资分配、社会生活和生产、宗教和教育，均以"两"为单位。此外，《天朝田亩制度》对兵农合一的基层政权组织结构，各级官员的铨选、升黜、奖惩，司法制度和程序，均做了若干具体安排。

与以往杀富济贫、攻城劫狱的农民起义相比，太平天国《天朝田亩制度》提出了具体的改造社会的思想和政策，具有进步性。太平天国根据宗教神学原则，提出了核心指导思想："盖天下皆是天父上主皇上帝一大家，天下人人不受私，物物归上主，则主有所运用，天下大家处处平匀，人人饱暖矣。此乃天父上主皇上帝特命太平真主救世旨意也。""务使天下共享天父上主皇上帝大福，有田同耕，有饭同食，有衣同穿，有钱同使，无处不均匀，无人不饱暖也。"太平天国设想按照朴素的平等平均思想重塑中国社会，创建一个田产均耕、均匀饱暖、平等友爱、亲如一家的人间天堂，这幅理想生活的蓝图满足了广大农民对土地的渴求和对均匀饱暖生活的向往，值得称赞。但另一方面，该文献带有浓厚的皇权主义思想，它并不否认上下尊卑和等级世袭，还保留了传统的官僚体制、宗族家长制、天王君主专制，鼓吹宗教神学思想和天命观。文献开篇开宗明义，将所有社会成员划分为"功勋等臣"和"后来归从者"两大类，规定前者"世食天禄"，而后者有参军、农作、奉上的法定义务。可见，田产均耕、财富均分和平均消费的制度，只是为"后来归从者"（即普通百姓）专门定制的。相对于特权阶层，全体社会成员的政治、经济地位和权利并不平等。这是核心思想上的自相矛盾之处。

---

① 《天朝田亩制度》，《太平天国印书》（上），第 409—410 页。按，以下征引《天朝田亩制度》原文，不再一一注明。

　　在具体内容的设计方面，该文献或自相矛盾，或缺乏可操作性，或不合实际，存在严重的理想的进步性与现实的落后性之间的矛盾。

　　在土地制度方面，太平天国官方曾郑重声明"田产均耕一事是也。人人皆是上帝所生，人人皆当同享天福，故所谓天下一家也"。[1] 对农民来说，"田产均耕"比《待百姓条例》的"百姓之田皆系天王之田"更有吸引力。农民的根本问题是土地问题。历史上有不少思想家都考虑到平均土地的必要，有不少农民起义领导者提出了类似"均田免粮"的口号，但没有一个政权颁布过平分土地的方案。《天朝田亩制度》系统翔实地规定了均田的原则和方法，这在当时历史条件下是正当的和进步的。但《天朝田亩制度》试图建立土地公有制或国有制，其实质是天王私有制，即土地的所有权属于天王，这不但没有满足农民渴望获得自己土地的要求，反而剥夺了自耕农原有的小份额土地的所有权。《天朝田亩制度》旨在建立一个以小农经济为主体的平均主义的理想社会，但在实践中太平天国领导人追求的首要政治目标是完成改朝换代的王朝战争并构建贵族特权等级制度，因此承认现存生产关系的"照旧交粮纳税"政策出台并长期实行是客观所需，所谓土地革命的计划则转变为未来可有可无、可行可不行的空头支票。而太平天国中央政权在定鼎天京后，对农民切身利益的关心确实表现得不再像早期那么强烈，却以法律的形式标明农民低等的社会地位。在《天朝田亩制度》中，共有六处关于官员有过"黜为农"或"贬为农"的规定。

　　《条例》和《制度》都强调分配的均等，即按人口平均分配，只是平分的对象已由粮食变为土地，这表现出《制度》对《条例》的继承和发展。在分田对象上，《制度》还明确规定"不论男妇"，开创性地把女子纳入分田人口，这是对古代均田制

---

[1] 《东王杨秀清答覆英人三十一条并质问英人五十条诰谕》，罗尔纲、王庆成主编：《中国近代史资料丛刊续编·太平天国》（3），第20页。

只限定男子的重大突破。但具体的分田方法存在不少难以克服的问题，如把土地分为"三级九等"不合实际。《制度》把上上田的划分标准定为每亩产量 1200 斤，把下下田定为每亩产量 400 斤，无论是在北方还是江南，实际都达不到如此高的产量。中国幅员辽阔、人口众多，各地区的土地和人口情况复杂，"好丑各半"和"此处不足则迁彼处，彼处不足则迁此处"的分配办法难以实行。《制度》只讲按年龄一次性分田，没有说明年岁长足以后的补分、新生人口的补分、死亡人口的还田，以及是否再分、何时再分等情形。而且《制度》完全没有考虑人口增长、耕地减少和不足的现实问题。所以，现实中根本无法保证每个人都均田均质等量。

在产品和物资分配方面具有空想性。《待百姓条例》规定生产生活资料全部征收，统一分配；《天朝田亩制度》则规定收成之时，除留足每 25 家每人吃至接新谷时的粮食外，其余一律上交国库，即"剩余归公"。这是一个从完全公有到以"两"为单位的农村公社式公有制经济的原则性变化。其他农副产品及银钱亦按此法。而社会生活中"两"的婚丧嫁娶费用及"鳏寡孤独废疾"等弱势群体的生活花销均由国库按照统一标准开支，但"通天下皆一式"的分配模式，不区分劳动性质、勤惰多寡、干好干坏、干多干少，一律按人头平均，挫伤了农民小私有者的生产积极性和创造性。"剩余归公"导致农民没有剩余资金扩大再生产，只能按照原来的规模和政府规定重复生产。这在生产力水平低下的农业社会，在劳动力不等的情况下，显然会影响生活水平的提高、社会财富的增加和社会生产力的发展。

《制度》设计的以 25 家为基本单位进行统一标准的社会生活和生产，按人口分田到户，农民按户种田，每户"树墙下以桑，凡妇蚕绩缝衣裳"，"每家五母鸡，二母彘"，这显然是按传统中国农村男耕女织的家庭经济模式设计的，实行农业和家庭手工业相结合，是一个自给自足的封闭的自然经济形态。在

"剩余归公"的经济原则下，没有交换流通、资本积累和商品经济，只有通过政府的调控和再次分配，维系温饱的小农经济。在19世纪五六十年代商品经济繁荣的中国江南地区，在西方工业革命飞速发展的世界大势之下，洪秀全和太平天国却怀着上古大同社会的情愫，将小农经济固定化和绝对化，违反了经济发展的客观规律。而且分配制度的某些内容不切实际，例如机械地规定每家拥有五母鸡、二母猪，却没有考虑禽畜的死亡和再分配以及解决其自身繁殖的问题；再如无视各地农业结构和农业资源的差异，搞单一的粮食生产，这在以林、牧、渔业为主的地区难以实行；取消一切私财和私营工商业，太平天国却发行货币和准许货币流通。

《天朝田亩制度》明确了"田产均耕"和"剩余归公"两项主要内容。这些经济主张，一方面说明太平天国曾代表了广大民众，特别是农民的诉求，并为之创制了比较完整的社会建设纲领，描绘了较前制更为完美良善的社会前景；另一方面，作为运动的主要参加者农民阶级，他们的小农经济依附于现实的地主经济存在，不可能建立独立的经济基础，只能在个体农业经营的小生产基础上，强行消灭私有、变革生产关系，时代和阶级的局限决定了他们对理想社会的追求最终成为空想。

《待百姓条例》初颁之时还曾在社会上轰动一时，其中大部分内容在天京城内强制推行，"不要钱漕"的贡役制推广到地方。但《天朝田亩制度》的社会影响极小，其核心内容"田产均耕"完全没有施行。曾国藩的机密幕僚张德坚负责全面采集"贼情"，也没有看到制度的文本，他甚至怀疑太平天国是否真正刊行过这一文件："凡贼中伪书首一章必载诸书名目，末一条即系伪《天朝田亩制度》，应编入'贼粮'门内。惟各处俘获贼书皆成捆束，独无此书，即贼中逃出者亦未见过，其贼中尚未梓行耶？"[1] 首先，当时

---

① 张德坚：《贼情汇纂》，《太平天国》（3），第260页。

太平天国中央政府已向世人宣布"士农工商各力其业"，各地方当局也相继宣布遵行，那么"田产均耕"只能搁置。其次，由于战争环境、自身政局不稳和土地分配上的复杂情况，制度本身缺乏可操作性。最后，《待百姓条例》推行受阻，迫使太平天国领导人不得不考虑停止过激政策，使空想让位于现实。

（4）"照旧交粮纳税"的变异。1854年初，天京的浩繁开支已使太平天国力不从心。至6月，太平天国下令"一概吃粥"。[1] 8—9月，先是"赶女人八九万出城，至乡圩割稻"，后来"城中男馆亦不发米，悉使出城割稻自食"。[2] 圣库供给制难以为继。太平天国中央政府提不出新的赋税制度以因应粮荒危机和贡役制的执行困局，只能顺应时势，选择"照旧交粮纳税"。1854年夏初，杨秀清、韦昌辉、石达开"为征办米粮以裕国课事"上奏天王："建都天京，兵士日众，宜广积米粮，以充军储而裕国课。弟等细思安徽、江西米粮广有，宜令镇守佐将在彼晓谕良民，照旧交粮纳税，如蒙恩准，弟等即颁行诰谕，令该等遵办，解回天京圣仓堆积。"洪秀全旨准，批示"胞等所议是也，即遣佐将施行"。[3] 至此，"照旧交粮纳税"政策正式出台，并相继在安徽、江西和湖北辖区推行。

所谓"照旧"，就是太平天国的田赋政策承袭清朝旧制。按清制，地丁银的征收一年两次，分上、下忙，上忙自农历二月至四月，下忙自八月至十一月，五月至七月为停忙，也有个别地区有不同；漕粮的征收，农历十月开始，通常在十二月兑完，依次起运。太平天国仿行清制，分上、下忙或春纳、秋纳（1860年前多有此称），漕粮启征一般在十月。太平天国通常也在十二月前后将征收到的钱粮启运京城或地方首府。随着田赋征收逐步走向正轨，捐费杂税也相继恢复。《金陵杂记》记载："皖楚江右沿江内外逆匪所

①　张德坚：《贼情汇纂》，《太平天国》（3），第278—279页。
②　谢介鹤：《金陵癸甲纪事略》，《太平天国》（4），第665页。
③　张德坚：《贼情汇纂》，《太平天国》（3），第203—204页。

陷各省府县，亦照旧设立伪郡县。……其县伪监军系搜查从前征册，索收钱漕、渔、芦、牙税。取得银米，大约作为三股：以二股归于老贼；一股伪监军与伪军帅俵分。仅剩民间田房交易，尚不知令其投税。"① "民间田房交易"，"不知令其投税"，反映了太平天国在理论和法律层面并不承认田产私有，仍然坚持土地归属上帝的"公有"思想。1860 年重刻《天朝田亩制度》也表达了太平天国允准"照旧"的初衷仅是"暂依旧例章程"。② "照旧交粮纳税"是无奈之举、权宜之计。

1860 年以后，太平天国开辟苏南和浙江基地，当务之急，是如何最大限度地获取赋税以维持浩繁的军事需求，这是决定战争胜利的关键。故为解决筹饷难题，太平天国在江南地区首先推行的仍是"照旧交粮纳税"，即由农民交租，地主交粮，粮由租出。但是，政权更迭的战争环境还伴随着土地关系剧变的暴风骤雨。太平军大兵压境，不少地主拒绝归顺，或死或逃，在乡地主有的拒领田凭，兼因佃户抗租，不少富户家道中落。业户逃亡、农民抗租，在太平天国无法正常收取田赋的情况下，一项新的应急政策出台——"着佃交粮"。由于相似的社会环境，"着佃交粮"相继在苏州、松江、太仓和嘉兴所属各县推行。

太平天国实行"着佃交粮"的根本目的是快捷有效地获取经济物资，其初衷并非有意推行社会变革以改变传统的土地制度和赋税制度，所以"着佃交粮"政策的核心和实质仍是"照旧交粮纳税"，它也是一项非常规化的权宜之计。"着佃交粮"政策本身没有问题，它是当时社会经济条件下太平天国赋税政策转向的必然。同样出于筹饷考虑，太平天国执行"招业收租"的政策，保留了流亡业主回乡后收取和追缴地租的权利，甚至由乡官局或另立收租局"代业收租"。

---

① 涤浮道人：《金陵杂记》，《太平天国》（4），第 642 页。
② 《前九圣粮刘晓谕粮户早完国课布告》，《太平天国文书汇编》，第 118 页。

随着战局恶化，乡村政权不稳，穷乡村之力支撑城市的格局愈加难以维系，加之太平军的盲目扩招、吏治腐败，单靠田赋已无法支撑各项庞大的开支。各地不时摊派捐费，征发徭役，仅常熟昭文地区就有按户、按亩征派的数十种捐费。在部分太平天国占领区，这类开支甚至超过每亩田的正赋与地租。不但如此，太平天国治下不少推行"着佃交粮"的地区，农民的常规经济负担（田赋与地租）已接近或可能超过清时期。这说明，尽管洪秀全、李秀成等重视与民休息，推行轻徭薄赋的政策，但在太平天国占领的某些地区，仍存在"赋费（捐）均重"的现象。

通过恢复传统社会经济秩序，寻求稳定的社会环境和争取广泛的社会合作，此即表现为太平天国统治方式由贡役制向传统社会经济秩序的转型。但是太平天国占领区的多数情况是维持贡役制和传统经济制度并存的局面。太平军苏浙占领区与清军控制区犬牙交错，双方生死拼杀，政权时常易动，加之民变、团练、土匪的动乱因素，一旦太平天国在地方上恢复传统社会经济秩序的努力受挫，贡役制统治模式便会轻易复辟。能否实现良性政治运作，尚受坐镇佐将意志及能力的影响。两广"老兄弟"成为地方军事贵族后，习惯于沿用贡役制，浙江多数地区的新统治者基本上习惯于践行太平军"老兄弟"的施政方式，致使统治模式没有完全超越贡役制水平。太平天国由空想返回现实而形成的良性经济构想，最后蜕变为混乱无序、竭泽而渔式的劣政、暴政，使筹饷问题更加困难。

三 太平天国的社会理想

（一）社会改造

太平天国有自己独特且具体的改造中国社会的思想和政略。如常熟秀才龚又村所说，太平军至，"粮额也要变，文体也要变，风俗也要变"，① 这是历史上任何一个农民起义政权无法比拟的。太平天国不遗余力地在民间推行移风易俗的社会改造，其主旨思想一是在辖境内确立独尊上帝的局面，用上帝信仰来统一人们的思想，规范人们的行为，正如洪秀全所说："勖哉四民！既列版图，各宜遵守条命，信实认真，克守天教。"② 二是为扭转乖离浇薄、尔虞我诈、颓废奢靡的社会病态局面，建立一个风俗淳熙、人心正直的"新天新地新世界"。③ 在此背景下，民间社会，特别是江南地区，风土人情饱受了一次史无前例的冲击。

概括而言，太平天国移风易俗的社会改造主要包括三项内容：禁偶像崇拜、禁流弊恶习、变更旧俗。

（1）禁偶像崇拜。禁偶像崇拜与禁祖先崇拜、禁孔子崇拜一样，是为确立上帝信仰扫清障碍。江南地区佛教盛行，梵宇古刹蔚为大观，太平军挺进江南，以"土、木、石、金、纸、瓦像"为"死妖""死妖魔"，寺庙为"妖庙"，"见庙即烧，神像即毁"。④ 同时，太平军在政策上严禁民众信奉"邪神"。江南不仅以佛教为主体的宗教文化元气大伤，时人慨叹："三教俱废。"⑤

但在经历了这场暴风骤雨式的禁毁偶像运动后，随着太平天国的败亡，民间的宗教信仰习俗很快复兴（相比于战争前的盛况，还是减色不少）。个中原因颇值思考。

第一，太平天国偶像崇拜禁令的松动和执行的地域差异。后期太平军信仰逐渐动摇，部分占领区焚毁庙宇的政策有所松动，废止

---

① 龚又村：《自怡日记》，罗尔纲、王庆成主编：《中国近代史资料丛刊续编·太平天国》（6），第 113 页。

② 《天王谕苏省及所属郡县四民诏》，罗尔纲、王庆成主编：《中国近代史资料丛刊续编·太平天国》（2），第 79 页。

③ 洪仁玕：《资政新篇》，《太平天国印书》（下），第 679 页。

④ 张德坚：《贼情汇纂》，《太平天国》（3），第 315 页。

⑤ 汤氏：《鳅闻日记》，罗尔纲、王庆成主编：《中国近代史资料丛刊续编·太平天国》（6），第 340 页。

偶像崇拜逐渐弛禁，各项禁令在不同地区的推行情况并不一致，在同一地区也呈现多样性。有的太平军将领烧香拜佛，重修佛殿，召集僧道祈修，还有的信奉卜筮、星命。在形式上看，太平天国对异教的批判较 1860 年前已大为缓和。

第二，地方社会势力对传统信仰习俗的保护。常熟乡绅曹和卿以留办难民局为名，出面保护兴福寺（破山寺），又建议"各寺山田暂入难民局"，"俾名刹保全"，香火不绝。① 盛泽土豪沈枝山，初为乡官，秀水濮院镇横屋街有立关庵，供曹武惠王（北宋大将曹彬）牌位神像，太平军欲拆之，沈出面干涉，"封起为施粥公所，不许拆毁"。② 地方势力有意识地保护本土文化，或直接或间接地拒绝认同拜上帝信仰，并利用与太平天国官方的合作关系，使一些民间庙宇和名胜古迹侥幸逃过浩劫。

第三，民间社会对太平天国移风易俗政略的普遍抵制是主要原因。以佛教为主体的民间宗教文化和风习世代相传，其信仰与仪式在民众日常生活中已成定式，思想根深蒂固。太平天国忽视传统民俗的稳定性，在政治局势尚不明朗的情况下，社会改造本身就缺乏稳固安定的社会环境。太平军当局又以偏激的手段强制推行远远超出民众心理承受力的社会改造，激起与传统民俗的强烈冲突。太平天国占领区的大部分民众仍然采取较隐蔽或以变相的方式执着于传统宗教活动，有的甚至公开进行。民间社会的普遍抵触决定了太平天国禁令的最终失效。

（2）禁流弊恶习。第一，禁烟。这里包括禁洋烟（鸦片）和禁黄烟（烟草），太平天国初期颁行的一份告示，分析了禁烟的原因："洋烟、黄烟不可贩卖吸食也。洋烟为妖夷贻害世人之物，吸食成瘾，病入膏肓，不可救药。黄烟有伤唇体，无补饥渴，且属妖

---

① 龚又村：《自怡日记》，罗尔纲、王庆成主编：《中国近代史资料丛刊续编·太平天国》（6），第 59 页。

② 沈梓：《避寇日记》，罗尔纲、王庆成主编：《中国近代史资料丛刊续编·太平天国》（8），第 208 页。

魔恶习。倘有贩卖者斩，吸食者斩，知情不禀者一体治罪。"① 从生理原因分析，吸烟有害健康；从宗教层面讲，吸烟是妖魔恶习，吸烟者是"生妖"之一，必当严禁。太平天国虽厉行禁烟，后期仍有蔓延之势。

第二，禁酒。1854 年初夏，杨秀清专门颁发禁酒令："照得酒之为物，最易乱人性情，一经沉酣，遂致改变本来面目，乘兴胡为，故我天父皇上帝最为深恶，降有圣旨，不准饮酒。是以前者我主天王仰体天心，特降诏旨，谕令朝内军中人等，一概不准饮酒。本军师久经诰谕，严禁在案。……重究严禁以后，如再有饮酒者，定斩首不留。……尔等自当互相规劝，毋得涓滴沾唇，倘敢仍蹈前辙，一经有人拿获送案，除将吃酒人犯，遵旨斩首示众外，并将获犯之人奏封恩赏丞相，以奖其功。如知情不举，亦一体治罪，决不宽贷。尔等慎勿乘片时之兴，以致身首异处也。"② 后期，官场应酬和军中犒赏均离不开酒，民间饮酒风习也被默许，禁酒令基本成为一纸空文。

第三，禁赌。洪秀全在《原道救世歌》中将赌博列为"第六不正"，列举了赌博"暗刀杀人心不良""无所不为因赌起""不义之财鸩止渴"等危害。③ 后来创立"十款天条"，以赌博等行为为触犯第十天条"不好起贪心"。起义立国后，将赌博者划为 19种"生妖"之一，并明文严禁："凡朝内军中如有兄弟赌博者斩首。"④ 但是赌博之风在江南民间相沿成习，又有枪船武装运营赌场，遂致赌风大作。后期太平军也深受熏染，赌博现象迅速滋蔓。

第四，禁娼。洪秀全在《原道救世歌》中将淫乱列为"第一

---

① 《国宗提督军务韦石革除污俗禁娼妓鸦片黄烟诲谕》，《太平天国文书汇编》，第 90 页。

② 《东王杨秀清通令朝内军中人等禁酒诰谕》，《太平天国文书汇编》，第 88—89 页。

③ 《原道救世歌》，《太平天国印书》（上），第 13 页。

④ 张德坚：《贼情汇纂》，《太平天国》（3），第 232 页。

不正"，认为是万恶之首，"淫人自淫同是怪""人变为妖天最瞋"，① 后来亦明确为"生妖"之一。太平天国定都后颁布通告："娼妓最宜禁绝也。男有男行，女有女行，男习士农工商，女习针指中馈，一夫一妇，理所宜然。倘有习于邪行，官兵民人私行宿娼、不遵条规者，合家剿洗，邻右擒送者有赏，知情故纵者一体治罪，明知故犯者斩首不留。"② 在太平军重兵设防的城市，狎妓嫖娼近乎禁绝，但在乡间，特别是地方豪强照旧控制的地区，却是另番景象。太湖流域的妓船、赌场、戏棚连为一体，在枪船的保护下生意兴隆。1862 年夏，苏、松、嘉、湖太平军当局联剿枪船后，其所经营的娼、赌、毒各业一蹶不振，但在未受联剿波及的地区这些行当还很活跃。

第五，禁戏。太平天国规定："凡邪歌邪戏一概停止，如有聚人演戏者全行斩首。"③ 洪秀全将戏、优列入"生妖"。演戏最初是为奉祀神灵，后来演变为娱乐，经过长期发展，形成了戏曲艺术。因为戏曲内容多取材于历史故事、民间传说和神话小说，褒扬的忠孝节义者大多成为后世敬奉之神灵偶像，有的地方戏带有情爱情节，这与太平天国独尊上帝的意识形态相悖。后期太平天国官场奢靡泄沓之风弥漫，看戏竟成为官场应酬和军中犒赏必不可缺的项目。有的太平军将领公开搭台唱戏，侍王李世贤专门豢养伶人为其演剧。④

自明末以来，江南地区奢靡之风滋长，迷恋声色和崇拜富贵的社会风气蔓延。太平天国厉行查禁黄、赌、毒等流弊恶习，虽然蕴含着其特定的宗教和政治意义，但为"革已敝之颓风，俗皆改旧"，"革除恶习，禁遏浇风"，憧憬人心正直、风俗淳熙的理想社

---

① 《原道救世歌》，《太平天国印书》（上），第 11 页。

② 《国宗提督军务韦石革除污俗禁娼妓鸦片黄烟诲谕》，《太平天国文书汇编》，第 90 页。

③ 张德坚：《贼情汇纂》，《太平天国》（3），第 232 页。

④ 李圭：《思痛记》，《太平天国》（4），第 488 页。

会，提出系统的改造政策，并经实践收到了一定成效，这无疑值得称赞。其实，单纯指斥社会流弊有"蛊惑人心败坏风俗"的危害，似乎有些狭隘，太平天国并没有看到鸦片泛滥、赌风蔓延，以及娼妓现象背后的社会政治因素，归根结底还是吏治腐败和民不聊生。这些禁除流弊恶习的改造思想和政策未能善始善终，受到了主客观因素的制约。首先，战争状态中的太平天国，一切皆服从、服务于军事，社会秩序尚未恢复，太平天国没有也不可能把主要精力置于社会改造之上，禁令难以切实推行。其次，流弊恶俗在民间蔓延已久，蔚然成风，单纯依靠法令和教化在短时间内很难奏效，需要对民众进行持续的强力的思想改造。最后，受困于太平天国后期政局紊乱、吏治败坏，特别是盲目扩军，招募了大量清军降卒和游民无赖，他们桀骜不驯、散漫成性、不服管束，有的太平军将领也渐染疲玩泄沓之习，从而加大了社会改造的难度。

（3）变更旧俗。第一，太平天国重定正朔，颁行太平天历，斥清时宪书为"妖朝历"，严禁所占地区的百姓尊奉清朝正朔。在太平天国境内，春节、中秋节均须按照天历来过，旧历过年送灶神、画门神、贴春联、贴倒"福"、请土地、祭祖等一切民间习俗被取缔。尽管太平军法令森严，有人因按旧历过节，或被杖、被枷，或被杀，但民间还是有百姓甘冒生命危险，以旧历和习俗过年。不过窘迫冷清，已非昔年光景。而太平军中欢度天历新年则洋溢着一片喜庆喧闹的气氛，照例要打扫卫生、拜年、举行拜上帝仪式等。太平军严禁祖先崇拜，清明祭祖被严禁。中秋节因按天历，当天月亮并不满盈，1860年，苏州太平军欢庆中秋，"见月之不圆也，率众射之"。① 后期随着战局恶化，加之拜上帝的宗教意识淡化，很多地方的太平军官员默许民间仍按旧历过年。于是在苏浙一带，出现了百姓一年要过两个春节的奇怪现象。民间社会普遍拒绝

① 蓼村遁客：《虎窟纪略》，《太平天国史料专辑》，上海古籍出版社1979年版，第37页。

认同天历，除了天历自身的缺陷，还有政治原因，"民间田产契券，但书甲子纪年，悉虑克复之后，不可示人"。① 后期，太平军内部也出现了分化，太平军欢度天历新年时，过去旧历的习俗，如贴春联、贴年画重新出现，并且场面隆重，奢华铺张。

第二，变更婚丧习俗。太平军初期以军事编制划分男行女行，取消家庭，虽夫妇不得同居，毋论婚嫁。从高官到普通士卒、百姓，因男女关系丧生者不在少数。从宗教思想的角度讲，太平天国将男女大防用"天下一家"的宗教教义进行解释，《天条书》有"第七天条不好奸邪淫乱"，注解："天下多男人，尽是兄弟之辈，天下多女人，尽是姊妹之群。天堂子女，男有男行，女有女行，不得混杂。凡男人女人奸淫者，名为变怪，最大犯天条。"② 以兄弟亲情一伦衡量男女关系显然不能服众。非但"奸淫"，无论是夫妻生活，还是两情相悦，只要男女发生了性关系，一律处死，甚至"丢邪眼，起邪心向人"也是犯天条。太平天国严别男女的现实意义是方便了流动作战期间的战时管理，一方面使男子无后顾之忧，安心作战；一方面可肃正军纪，严防奸淫。然而这有悖人性常情，军中、民间的不满和抵触情绪日益高涨，夫妻冒死同居及将士逃亡事件时有发生，遂致 1854 年 10 月太平天国废止完全取消家庭的过激法令，准许为官者婚配。军中设婚娶官专司此事，推行"龙凤合挥"制度。到了后期，太平军婚娶江南民女，大体入乡随俗，沿袭当地旧俗。在民间，因太平军禁旧时歪例，婚礼习俗一般从简从速，不敢筵宴，甚至不能穿传统结婚礼服，但个别地方的太平军已默许民间按旧俗婚娶。

---

① 沧浪钓徒：《劫余灰录》，《太平天国史料丛编简辑》（2），第 143 页。按，实际上，在太平天国统治较稳固的地方，仍有民间契约文书以太平天国纪年，如安庆市老峰镇鲁氏家族档案中的一份"太平天国己未九年"田契，安徽望江县还发现了两件有"太平天国"纪年的农民卖地契。

② 《天条书》（手写本），罗尔纲、王庆成主编：《中国近代史资料丛刊续编·太平天国》（1），第 6 页。

　　传统中国社会的丧葬礼俗，蕴含了儒家礼以及礼派生出的孝道思想。孝道思想成为后世厚葬的依据，厚葬则成为千年传统丧葬礼俗的核心。太平天国的葬礼系据其教义衍生而来，他们认为升天（死亡）是随天父到大天堂享万年之福，是好事，不用哭，仅用牲馔茶饭祭告天父，"俱不准照凡情歪例，私用棺木，以锦被绸绉包埋便是"。① 从现实因素考虑，太平天国严禁军中和民间使用棺木，一是由于战争、瘟疫、灾荒和饥馑，死难人数太多而无法应付，急需简单易行的方式埋葬尸首；二是太平军需要大量木材用作攻城器械和府邸园林，所以太平军每破城池，便大范围搜集、抢夺棺木。另因有悖于上帝教教义，太平军还禁止丧家穿丧服、做佛事。太平天国的丧葬法令显然违背伦常，棺殓死者，入土为安，这被生者视作血亲人伦关系上义不容辞的义务。尽管太平军当局三令五申，民间棺葬现象和丧葬旧俗仍然存在。

　　第三，留发易服。留发易服是太平天国开创新朝的政治象征之一，也是太平天国领导人强烈的汉民族意识的反映。起义之初，即废除清朝的朝冠朝服，斥清朝衣冠为"妖装"，凡穿补服、皂靴、戴顶帽者，不问即杀。定都天京后，太平天国的服饰制度逐渐完善。在民间，太平军严禁女子穿裙、男子戴毡帽。与此同时，太平军大力推行蓄发之令，一律不准剃发，或将头发盘辫挽髻于顶，或披肩，故太平军又有"长毛"之称。

　　对太平天国来说，留发易服是民众政治归顺的重要象征之一；但对百姓来说，变易衣冠发式却给他们的日常生活带来不便，因为太平天国并未推翻清王朝，仅是实现了政权对峙，面对变化莫测的政局，占领区民众往往左右为难：出境须剃发，回乡须蓄发，否则出则"通贼"，入则"通妖"，稍不留意即因"发"丧生。蓄发令虽然在民间反响不同，士大夫、官僚普遍抵制，普通民众基本上还是在太平天国的严刑峻法面前妥协，像乌程、桐乡"附近各镇，

————————————

① 张德坚：《贼情汇纂》，《太平天国》（3），第229页。

俱已依令，勉强从之"。① 但太平天国简单粗暴的执行手段，以及服饰制度本身具有不合时令、未能整齐划一和沿用满人"长袍马褂"的缺点，必然增加民众的抵触心理。

第四，改造教育和艺术。在教育方面，太平天国编印了《三字经》《幼学诗》等启蒙读本，设置育才官、育才书院，教授各官子弟读书。对一般太平军子弟、青少年及女性，主要采取讲道理、讲圣书等形式，进行宗教思想教育和政治教育。定都天京后，太平天国设立镌刻衙（后改镌刻营）、刷书衙，雕刻、印刷了大量图书文告。其中，《旧遗诏圣书》《新遗诏圣书》《天命诏旨书》《御制千字诏》《三字经》《幼学诗》等皆作教本使用。太平天国的教育思想是以宗教思想为主要内容，体现了教育服务于战争、服务于政治的宗旨。在文艺改造方面，定都之后，太平天国成立了专门负责绘制壁画等事务的机构——绣锦衙，并从各地招募画士、画工来天京从事大规模的绘画创作，这在中国绘画史上前所未有。太平天国最富特色的艺术形式是壁画艺术，王府馆衙"门扇墙壁，无一不画"。② 壁画题材以山水花鸟和吉祥瑞物为主体，既继承了中国传统花鸟画（壁画和卷轴画）的艺术风格，又带有显著的民间绘画艺术特色，另外还喜绘飞禽猛兽、劳动景象、战斗场景等内容。现存壁画遗迹，以南京堂子街某王府的壁画颇具代表性。太平天国的壁画艺术反映了如下思想特征：融汇民间绘画的艺术形式，通俗易懂，摒弃佛道教化，以自然界为主题，题材新颖，美观健康；出于反对偶像崇拜，不绘人物是一般原则，但后期出现了描绘劳动、作战的现实主义作品；带有浓厚的等级色彩，门画内容等级森严，不得僭越，主要用来装饰府第馆衙，不普及于寻常人家。

太平天国在民间不遗余力地推行移风易俗的社会改造政策，

---

① 佚名：《寇难琐记》，南京大学历史系太平天国史研究室编《江浙豫皖太平天国史料选编》，江苏人民出版社 1983 年版，第 155 页。

② 涤浮道人：《金陵杂记》，《太平天国》（4），第 619 页。

首先是向世人宣示奉天承运，王朝正统，体现了太平天国对旧政权、旧制度和旧文化的逆反心态。其次是为确立独尊上帝的局面扫清障碍，试图隔绝人们与传统生活方式和风习观念的联系。最后是旨在挽救世道人心，扭转社会颓势，依照憧憬的模式建立一个风俗淳熙、人心正直的理想社会。从救世思想出发，太平天国的社会改造值得称道。但太平天国移风易俗的社会思想和举措受到主客观因素的制约，这注定了社会改造会在民间碰壁。一是与世代相传的传统民风民俗和根深蒂固的民间文化相违背，有的思想和举措明显荒诞且背离人之常情，严重脱离民众。二是传统风俗文化具有一定惯性，即所谓民族心理定式或民俗稳定性，欲图改变，绝非朝夕之功，需经过一个循序渐进、潜移默化的过程。太平天国并没有缓和这一矛盾，反而运用偏激手段，强行推行不合实际的新政，结果欲速不达，造成社会震荡，伤害民众情感。三是拜上帝思想虽经洪秀全一再标榜并非"从番"，坚决拒绝认同基督教是正宗，却又无情打击本土的思想文化。而与广西地区不同的是，江南地区儒家传统文化浓厚，民众的正统观念、忠贞观念根深蒂固，这就使上帝教被江南民间社会视作"洋教""异端"，缺少在民间社会生存和发展的基础。政治上、宗教上的偏见，是太平天国改造民间社会的一个先天性障碍。四是战争的客观环境牵扯了太平军的主要力量，在正常的社会秩序恢复之前，单纯依靠严刑峻法和思想教化进行社会改造，无异于隔靴搔痒。五是随着太平天国官场奢靡泄沓之风蔓延，吏治腐败现象滋长，军纪日渐松弛，宗教意识形态淡化，安富尊荣的享乐思想泛滥，太平军将士的理想和锐气悄然褪色。加上乡官的消极敷衍，枪船武装和团练势力首鼠两端，客观上也加大了社会改造的难度。最终，太平军当局对民间习俗基本上持妥协或默认态度，多数禁令或为传统习俗同化，或在地方社会抵制下弛禁。

（二）妇女家庭

1. "男女平等"

长期以来，妇女解放、男女平等的说法成为评判太平天国妇女地位的主流观点。范文澜先生曾高度评价太平天国的历史意义，认为"它是中国历史上第一次提出政治、经济、民族、男女四大平等的革命运动"。[①] 就太平天国提倡男女平等的思想依据，学界追溯到洪秀全早期的宗教作品《原道醒世训》，其中言："天下多男人，尽是兄弟之辈，天下多女子，尽是姊妹之群。"[②] 这句话单从字面意义上说，可作"兄弟姐妹，情同一家"解。实际是从上帝教"天下一家"理论引申而来，《原道救世歌》云："开辟真神惟上帝，无分贵贱拜宜虔。天父上帝人人共，天下一家自古传。""普天之下皆兄弟，灵魂同是自天来。上帝视之皆赤子，人自相残甚恻哀。"[③]《原道觉世训》讲："天下总一家，凡间皆兄弟"；"皆禀皇上帝一元之气以生出，所谓一本散为万殊，万殊总归一本"。[④] 这里讲的是宗教意义上上帝与世人之间的虚拟血缘关系，侧重点本不在阐发男子与女子的地位是否平等。正因上帝乃天下凡间大共之父，世人均负有拜上帝的义务和享有拜上帝的权利。其中"无分贵贱拜宜虔"的意思是，无论世人是贵是贱，敬拜上帝均宜虔诚。这恰恰说明洪秀全承认世俗社会存在尊卑贵贱，与起义立国后推行等级森严的礼制实践相一致。

过去学界常以太平天国允许妇女从政，参军，参加劳动、教育和宗教活动，废止缠足，禁娼，禁女婢的实例，以及婚姻家庭生活的一些现象，来说明太平天国真正实行了男女平等和妇女解放。我们逐一对相关问题进行分析。

---

① 范文澜：《中国近代史》上编第 1 分册，人民出版社 1953 年版，第 162 页。

② 《原道醒世训》，《太平天国印书》（上），第 15 页。

③ 《原道救世歌》，《太平天国印书》（上），第 10、11 页。

④ 《原道觉世训》，《太平天国印书》（上），第 16、17 页。

　　太平天国的女官分统领女馆（女营）的军中官和在天朝宫殿等处供职的朝内官。定都初期，太平天国的女官多达6584人。[①]女官主要负责管理女馆、绣锦女馆，以及打点各王府的杂役差使，并不参与军机要务，也很少有参加战斗者，而且很多人仅是职同、恩赏的虚职，她们的权力和地位在太平天国职官系统中无足轻重。除了以军功、血缘和地缘作为选拔官员的因素，1853年，太平天国在天京还组织了女子考试，专为选拔在各王府供职的女性文秘。江宁人傅（伏）善祥考取第一，出任东王府簿书，人称"女状元"，实则名不副实。这种考试不分层级、年份和科目，为一次性选拔，此后太平天国也再未组织过。与其像传言那样说是开"女科"，毋庸说是"女试"。1854年春，天京粮荒，大批民女被遣散出城或逃亡，后来太平天国又有限度地开放夫妻团聚和男女婚配，女馆规模骤减，女官数量也相应减少。太平天国的女官现象，一是严别男女政策和划分男行女行社会组织的必然产物，女行、女馆均须女官管理，男性多有不便，但总理天京女馆事务的最高官员还是男性，即天王近臣蒙得恩；二是与太平天国的内侍制直接相关，太平天国不用宦官，首义诸王府又不许有其他男性居住，故一律改为女性执事；三是战时状态下的抚恤政策产生了大量名誉女官，"女官亦有恩赏各职，如夫为检点，被官兵所歼，其妻女亦封检点伪职，间有封恩赏丞相者"。女官本身就是特权阶层，是等级制、世袭制的产物，这些女官"自至南京，无不锦衣玉食，出入鸣钲乘马，张黄罗伞盖，女侍从数十人，喧阗于道"，女性内部尚且如此，遑论男女之间了。[②]

　　因为女馆完全按照军事编制，又被称作"女营"，设总制、监军、军帅、卒长、两司马等职。起义之初，部分妇女配合男子作

<hr />

①　张德坚：《贼情汇纂》，《太平天国》（3），第309页。

②　张德坚：《贼情汇纂》，《太平天国》（3），第110页。

战，"临阵皆持械接仗"，定都之后，天京全城女营共 40 军 10 万人，① 主要负责后勤，鲜有再出城作战者。因此，太平天国并没有成立专任作战的女军建制，参加作战者一般是从各女馆中临时抽调的。女性参战，是太平天国初期兵力不足情形下的一种临时举措。

与女性深居闺阁、倚附男权寄生相比，太平天国令妇女广泛参加后勤劳务和社会生产，有值得称道的地方，但这类表面现象绝不是妇女解放的标志。首先，从性质上看，征派妇女的形式属国家战时徭役，并非有意识地解放妇女参加社会劳动。其次，从强度上看，被征派的女性，从事削竹签、搓麻绳、盘粮、抬瓦、割麦、砍柴、掘壕沟、抬盐、收菜籽、扫街道、做饭、盖房、挑煤等体力劳作，晨出暮归，又无薪酬，仅供口粮，不堪其苦，稍不如意，即遭督工鞭挞，以致时有逃跑、自杀、累死等情，劳动强度远超女性的承受力。最后，从原因上看，妇女参加劳动，既是太平天国因劳力匮乏不得不为之举，也受客家、壮族、瑶族妇女的生产劳动习俗影响。客家人由北方迁徙至南方，所处地理环境大多是荒山野岭，土地浇薄，仅靠耕种极难谋生。在客家社会，形成了男性一般外出经商，女性留家务农的家庭分工模式。广西壮族、瑶族的母系社会解体较晚，壮、瑶族妇女也是家庭耕作劳务的主力。妇女广泛参加劳动是广西妇女劳动习俗在太平天国的一种由此及彼、理所当然的承续。此外，妇女地位不仅取决于她们是否承担社会生产劳动，还取决于是否获得社会的尊重和相应的待遇。在客家、壮族、瑶族社会里，女性在家庭的地位仍然比较低，同样受礼教束缚，是父权、夫权和族权社会的附庸。洪秀全在《天父诗》中讲"耕田婆有耕田样"，② 将劳动妇女视作理所当然的劳动工具。因此，把《天朝田亩制度》中说的"凡分田照

① 张德坚：《贼情汇纂》，《太平天国》（3），第 111、310 页。
② 《天父诗》，《太平天国印书》（下），第 605 页。

人口，不论男妇"① 理解为主观意志旨在确立男女经济地位的平等，未免过于牵强。将广西社会妇女生产劳动习俗强行移植于缠足之风盛行的江南女性社会，既违背习俗，也难以施行，驱小脚女人耕种，已超出她们的身体条件。

传统社会的女子教育完全局限在家庭中，女性主要学习德、言、容、工等品质、知识和技巧。太平天国的女子一定程度上摆脱家庭的限制，可出而受教育，具有一定进步性，主要表现为"听讲道理"。在广场上，"贼官每于旷野处设高坐，手持白扇讲论，集男女共听，谓之讲道理。女官亦偶为之"。② 在礼拜堂里，"凡礼拜日，伍长各率男妇至礼拜堂，分别男行女行，讲听道理，颂赞祭奠天父上主皇上帝"。③ 在女馆里，"在战地所俘得之妇孺，使其分住别馆，均给予衣食及教育"。④ 在天京建育才书院，设育才官专职教育各官子女读书，洪秀全强调子女教育："养子养女非本事，教子教女真本事，爱子爱女就要教，不教子女有大误。"⑤ 太平天国要求女性接受教育，并非特别针对女性，而是针对全体军民，本着"天下一家"的理论，兄弟姊妹均为上帝子女，理应同沐上帝教化，知晓天情，学习真道，独尊上帝，这是责任和义务，具有强制性，并没有反映现代意义上男女教育平等的思想。

相反，为了束缚女性，洪秀全反复灌输"三从四德""三纲五常""贞操节烈"的思想，本质上并没有突破传统礼教的教育范畴。此外，有学者根据《天朝田亩制度》规定的男女同在礼拜堂礼拜上帝，认为太平天国将圈在家庭的女性解放出来，使其享有同等的自由。但《天朝田亩制度》并没有讲明男女可以同处一室接

① 《天朝田亩制度》，《太平天国印书》（上），第409页。
② 江夏无锥子：《鄂城纪事诗》，中国社会科学院近代史研究所《近代史资料》编辑室编《太平天国资料》，知识产权出版社2013年版，第38页。
③ 《天朝田亩制度》，《太平天国印书》（上），第410页。
④ 《英国政府蓝皮书中之太平天国史料》，《太平天国》（6），第892页。
⑤ 《天父诗》，《太平天国印书》（下），第633—634页。

受教育，反而强调"分别男行女行"，至于如何分别，时人记载男女听"讲道理"时需先男后女，依次进行，"听者已倦讲未已，男子命退又女子"。① 事实上，太平天国在各种场合强调严别男女，在南京城外的买卖街，"各伪目妇女，俱骑马入市中买物，服饰华极。每入茶肆，但男女不准交谈"。② 所谓太平天国女性的行动自由，被限定在同性之间、某些特权群体内部（女官、官员家眷等），且时时受到各种伦理教条的束缚，她们的活动空间相当有限。严别男女之令在天京尤为严厉，在地方上宣讲道理时，则很难做到男女不得混杂。

缠足是汉族女子特有的习俗，相沿数百年。定都之初，太平天国即下令禁止妇女缠足，"初至江宁，即传伪令，妇女不准缠足，违者斩首"。该法令在客观上冲击了缠足陋习，有一定积极意义，但还要考虑太平天国废止缠足的主观动机。时人记载："贼婆皆粤西溪峒村媪，赤足健步，无异男子。……已缠之足，忽去束缚，几不能移跬步，而贼党令挑抬，其呼号之惨可以想见。"③ "贼蛮婆皆大脚，驱妇女出城当差，谓江南女子脚小无用。有丧心献媚者，耸传伪令，着其放脚。妇女皆去脚带，赤足而行，寸步维艰，足皆浮肿，行迟又被鞭打。呼号之声，不绝于道。"④ 士子文人或对太平天国充满敌意，叙事不免夸大，但类似记载在时人日记、笔记中俯拾皆是，所叙之事应大致与事实相当。由此可见，太平天国禁止缠足，一是受客家女子习俗之影响；二是直接动机是为征派更多的女性徭役，以解决后勤供应和各类劳作的人手不足问题；三是此举简单粗暴，非但没有保护女子的身体不受摧残，反而因放足后立即强制她们从事户外劳动而加剧了其痛苦。

---

① 马寿龄：《金陵癸甲新乐府》，《太平天国》（4），第 736 页。
② 赵烈文：《能静居日记》，罗尔纲、王庆成主编：《中国近代史资料丛刊续编·太平天国》（7），第 168 页。
③ 张德坚：《贼情汇纂》，《太平天国》（3），第 316 页。
④ 沈隽曦：《金陵癸甲摭谈补》，《太平天国》（4），第 681 页。

前文对太平军禁娼做了概述，客观上有利于树立良好的社会风习，但其直接主观目的不是挽救失足女性和禁止摧残女性身心的恶习，而是从宗教、反对淫乱和净化社会风气的角度出发。

中国历代王朝盛行蓄养奴婢，或为服务官方的官奴，或为侍奉绅富的私奴，地位低下，处境恶劣。太平天国在《天朝田亩制度》中规定"凡天下婚姻不论财"；① 洪仁玕在《资政新篇》中建议："准富者请人雇工，不得买奴"，"不得已难养者，准无子之人抱为己子，不得作奴视之"。② 这里明确否定买卖婚姻，禁止买奴做工和买子作奴，但没有明确宣布废除奴婢制度。实际上，太平天国非但没有禁止蓄养奴婢，反而大量使用女婢。太平天国废弃宦官制度，诸王府都大量使用女性服侍诸王饮食起居、处理事务，天王府内除天王父子外，没有一个男性，"有 1000 名妇女侍候他们"，③ "伪王娘以下备媵妾者一千二百余人"。④ 各级馆衙也使用妇女承担杂役，各级女官还配有"女使"，这些女子与过去的奴婢无异，时人记载："各贼馆中，贼妻亦时相往来，间有乘马者，亦有小女子服事如婢女然。"⑤ 后期洪仁玕、李秀成、陈玉成、李世贤诸王均广蓄男优和女乐，或搭戏台演戏，或奏乐助兴。女子有时直接成了慰问、馈赠、奖赏的礼品，洪秀全封苗沛霖为奏王，"恩赐王娘数名，不日英王专员护送前来"，⑥ 女馆中的女性也时常供有功将士自择，这类女性完全没有了人格和尊严。后期有买卖奴婢的现象，

---

① 《天朝田亩制度》，《太平天国印书》（上），第 410 页。

② 《资政新篇》，《太平天国印书》（下），第 689 页。

③ 《霍布森牧师的一封信》，罗尔纲、王庆成主编：《中国近代史资料丛刊续编·太平天国》（9），第 287 页。

④ 李圭：《金陵兵事汇略》，罗尔纲、王庆成主编：《中国近代史资料丛刊续编·太平天国》（4），第 260 页。

⑤ 佚名：《避难纪略》，《太平天国史料专辑》，第 66 页。

⑥ 《余定安再上筹天义梁扶殿左一同检刘禀申》，《太平天国文书汇编》，第 236 页。

常熟太平军头目"收雇贫妪穷女，用作奴婢"。①

太平天国的女性在婚姻家庭中的地位十分卑下。定都之初，太平天国颁行的一份通告称："男有男行，女有女行，男习士农工商，女习针指中馈，一夫一妇，理所宜然。"② 这里明确提倡一夫一妻制。当时太平天国严厉推行隔绝男女、拆散家庭的政策，虽夫妇不得同居，犯者立斩，连男性赴女馆省视母亲、探看妻女也受限制，"只宜在门首问答，相离数武之地，声音务要响亮，不得径进姐妹营中，男女混杂"。③ 在以军事编制取代家庭的情况下，所谓一夫一妻的倡议不过是空想。可是洪秀全等首义诸王在起义之初就实行多妻制，时在随军女子和地方民女中遴选后妃，定都后，每逢诸王寿诞，按例在城中女馆选美，分予诸王。于是造成了一边是妻离子散、怨女旷夫，一边却是妻妾成群的两极现象。

为平复军中将士和民间百姓日益高涨的嗟怨之声，洪秀全、杨秀清等将自己享有的特权归于上帝的安排，"谓天父怜各人劳心过甚，赐来美女"，④ "兄弟聘娶妻妾，婚姻天定，多少听天"，⑤ 这种说教没有任何说服力，只会有损于上帝权威。而上至侯爵、丞相，下至庶民，冒死同居事时有发生，鸡奸（同性恋）现象蔓延。迫于内外压力，为安抚人心，1854 年 9 月 29 日，杨秀清以"天父"传言的形式，允准"铺排尔一班小弟、小妹团聚成家"。⑥ 原有夫妻得以团聚，为官未婚者可以择偶成婚。但这仍是局限在一定特权群体内部的强制性婚姻，普通士兵和庶民仍然没有资格娶妻。

---

① 汤氏：《鳅闻日记》，罗尔纲、王庆成主编：《中国近代史资料丛刊续编·太平天国》（6），第 331 页。

② 《国宗提督军务韦石革除污俗禁娼妓鸦片黄烟诲谕》，《太平天国文书汇编》，第 90 页。

③ 《天情道理书》，《太平天国印书》（下），第 529 页。

④ 谢介鹤：《金陵癸甲纪事略》，《太平天国》（4），第 658 页。

⑤ 《东王杨秀清答覆英人三十一条并质问英人五十条诰谕》，罗尔纲、王庆成主编：《中国近代史资料丛刊续编·太平天国》（3），第 20 页。

⑥ 王庆成编著：《天父天兄圣旨》，第 111—112 页。

法国耶稣会传教士葛必达（Stanislas Clavelin）在天京观察到太平军庆祝集体婚礼的情况，"他们将城里的主要住宅按照功劳大小分配给来自广西和湖广的军人，让他们同所控制的无数年轻姑娘中的一人结婚。……成百的妇女由于不愿与这些冒险家共命运，宁可一死了之，就像南京当初被攻占时那样。她们有的上吊，有的投河，有的放火烧掉房子，把自己埋葬在废墟中"。① 这种捆绑式婚姻是特权阶层身份和地位的象征，女性完全依附于为官者，变相成为男性的奖赏，没有独立的人格和尊严，也就没有爱情和平等可言。1860 年冬，洪秀全颁发《多妻诏》，颁布了多妻制的具体实施细则：东王、西王各十一妻，自南王至豫王各六妻，高级官员三妻，中级官员二妻，低级官员人等各一妻，明确宣布按照官职大小自高而低，依级递减，上多下少，切莫妒忌。因此，是否为官决定能否娶妻，官职高低决定娶妻多少，一夫一妻的"龙凤合挥"制仅适用于低级官员人等。"合挥"是低级官员人等被准许到女馆索取配妻并带其随军的凭证，与我们今天的结婚证书有一定区别，它的推行初衷意在婚姻解禁之后限制随军眷属的数量，谈不上维护女性权益。

2. "为妇之道"

首先是反对淫乱。洪秀全十分痛恨奸淫女性和乱伦私通。他在《百正歌》中列举了桀、纣贪色，齐襄公淫妹，楚平王纳媳，唐宪宗纵妻，以致国乱身死的"不正"典例；《原道救世歌》以"第一不正淫为首"；《天条书》第七天条为"不好奸邪淫乱"。起事之初，鉴于各地会众多举家举族加入，为适应流动作战需要，太平天国严别男女，这里也有防止淫乱的思想因素。

《圣经》包含了反对奸淫、私通和乱伦的内容。例如《新约·马太传福音书》第 19 章第 9 节记："凡休妻另娶的，若不是为淫

---

① 《耶稣会葛必达神父的一封信》，罗尔纲、王庆成主编：《中国近代史资料丛刊续编·太平天国》（9），第 169—170 页。

乱的缘故，就是犯奸淫了；有人娶那被休的妇人，也是犯奸淫了。"第 18 节记："耶稣说：就是不可杀人，不可奸淫，不可偷盗，不可作假见证。"梁发在《劝世良言》中多次提到奸淫是罪恶："而惟识奸恶邪淫的罪是重。盖邪淫固是大恶，比之悖逆神天上帝，不肯尊崇之者，其恶之罪，不能胜数。"其反对奸淫的原因是："上不敬畏神天上帝，下不遵圣人之言。又不听善人劝教，无法无天。""女色诱惑人心，迷乱人志，令人颠颠倒倒，丧身灭德，败国亡家，种种恶逆，亦系因女色而致也。"① 洪秀全特别痛恨男女私通淫乱，他在钦定《圣经》时，凡遇男女私通行为，全部改为犯第七天条必杀。洪秀全反对淫乱的思想吸取了基督教思想，结合其内心根深蒂固的中国儒家文化那一套男女授受不亲、礼义廉耻、贞操节义、禁欲主义等伦理纲常，耶儒合流，产生共鸣，从而强化了这类思想意识。

其次是多妻制思想。洪秀全践行多妻制，主要是中国传统社会男权思想和皇权思想的体现。但《旧约·创世记》也有多章提到娶妾的事例，如第 28 章第 6—9 节提到以扫"在他二妻之外，又娶了玛哈拉为妻"，第 30 章第 15—30 节记雅各纳妻子婢女为妾。这说明《旧约》不反对多妻。太平天国使用婢女一是对传统的继承，另则也可能受到《圣经》的影响。《旧约·出埃及记》第 21 章第 1—10 节详细记载了女奴婢的使用期限、对待奴婢的态度和方式等内容。

最后是妇道思想。洪秀全给妇女制定了许多清规戒律，在《天条书》《幼学诗》《天父诗》《太平礼制》《太平条规》《天情道理书》等太平天国官书中多有记载。其中以《幼学诗》最为典型。在太平天国立国建政之初的 1852 年，洪秀全就颁行了《幼学诗》，包括 34 首五言诗，分为 27 道和 7 箴，其中有 8 首专为定位女性的伦理道德，分别是母道、媳道、姐道、妹道、妻道、嫂道、

① 梁发：《劝世良言》，《近代史资料》总 39 号，第 51、74 页。

婶道、女道，将传统社会的伦理道德用直白的语言写进儿童的启蒙教育读物，反复灌输女性应恪守"三从四德"的思想，如"妻道在三从，无违尔夫主，牝鸡若司晨，自求家道苦"，足见洪秀全的男权思想。

洪秀全后宫女性的地位和角色在整个太平天国女性群体中具有代表性。定都之初，洪秀全颁布《严别男女整肃后宫诏》："咨尔臣工，当别男女。男理外事，内非所宜闻。女理内事，外非所宜闻。朕故特诏，继自今，外言永不准入，内言永不准出。"他还宣称"后宫为治化之原，宫城为风俗之本"，也就是指天朝后宫是太平天国治化风俗的表率，天国境内俱要效仿施行。① 后来刊刻的《天父诗》老调重弹："后宫各字莫出外，出外母鸡来学啼；后宫职份服事夫，不闻外事是天排。"② 非但宫内外男女隔绝，即便是宫廷内部异性亲属之间也要严别。洪秀全赐给其子洪天贵福和女婿钟万信《十救诗》，包括妈别崽、姊别弟、哥别妹、嫂别叔、哥别婶、爹别媳、孙别婆、男别女、最紧喽、最紧心，实际是要求他们与女性严别的训言。③ 洪秀全在《天父诗》中着重强调后妃的言谈举止、伦理道德，其中有"十该打"诗：服事不虔诚，一该打；硬颈不听教，二该打；起眼看丈夫，三该打；问王不虔诚，四该打；躁气不纯静，五该打；讲话极大声，六该打；有喽不应声，七该打；面情不欢喜，八该打；眼左望右望，九该打；讲话不悠然，十该打。④ 天王脾气暴躁，甚至击踢怀有身孕的后妃，据《天父诗》，天王曾在后林苑内以"点天灯"的酷刑处死后妃。天王和后妃的关系已经逾越了人伦意义上的夫妻关系，也不是宗教意义上的兄妹关系，更像是主奴关系。

洪秀全的"为妇之道"思想，在《圣经》中也可以看到相似

---

① 《太平天国文书汇编》，第 38 页。
② 《天父诗》，《太平天国印书》（下），第 642 页。
③ 《幼主诏书》，《太平天国印书》（下），第 798—799 页。
④ 《天父诗》，《太平天国印书》（下），第 574—575 页。

的内容，如《旧约·民数记》第 30 章第 3—16 节记载女子在家、出嫁、成为寡妇或被休时，向上帝许愿约束自己，这种约书被称作"摩西的律例"。《新约·以弗所书》第 5 章第 22 节记："你们作妻子的，当顺服自己的丈夫，如同顺服主。"《圣经》对妇女贞节的要求非常严格。《旧约·申命记》第 22 章第 13—30 节为"有关贞洁的条例"。《旧约·民数记》第 5 章第 11—31 节为"疑妻不贞的试验条例"。《新约·提多书》第 2 章第 4 节记载："好指教少年妇人爱丈夫，爱女儿，谨守、贞洁，料理家务，待人有恩，顺服自己的丈夫，免得神的道理被毁谤。"洪秀全很有可能吸收了基督教思想，儒家的"三从四德"观念在基督教典籍里找到了理论依据。

　　综上，基于某些特定原因，太平天国的有些妇女政策客观上展现了一定进步性，但洪秀全和太平天国想要建立的仍然是一个男尊女卑、男外女内、纲常伦理、礼法森严、女性完全依附于男性的男权社会。洪秀全妇女思想的形成，是耶儒合流的结果，但其本源中国传统社会伦理纲常的思想烙印更深刻。正是中西思想的共鸣，加深了洪秀全内心中的伦理道德观念，也注定了太平天国的女性政策不可能冲破传统伦理思想的束缚。这是由农民小私有者的阶级和时代局限所决定的。事实证明，太平天国没有近代妇女解放的思想，不宜过高估计。

四　太平天国的文化思想

（一）反孔非儒

　　孔子是儒家学说的创始人。自汉武帝接受董仲舒的建议，"罢黜百家，独尊儒术"以来，孔子被尊奉为"至圣先师"，成为两千多年来中国思想界的绝对权威，儒家学说则上升为历代王朝的统治思想，成为中国社会的精神象征。两千多年来，儒家孔学被定为一尊，其感召力不仅主要体现于作为中国文化载体的士大夫阶层，而且潜移默化地影响了一般民众的日常生活、风俗习惯和思想观念，渗透到不同阶层、不同族群、不同文化背景的人们的思想行为之中。明清之际，基督教在中国的传播屡屡受挫，主要原因就在于儒学对中国社会的深刻影响。鸦片战争后，在不平等条约和坚船利炮的庇护下，基督教在华传播的沉寂局面很快被打破，孔子的权威和思想受到了前所未有的挑战。洪秀全接触基督教，自创上帝教，形成拜上帝和反孔非儒的思想，正是这场西学东渐历史变局中的一波惊涛骇浪。当然，洪秀全反孔非儒的思想并非一成不变，而是经历了一个由早期温和、定都后激进到中后期趋缓的历史过程。

（1）早期温和的态度。在 1837 年洪秀全的升天异梦中，"衣皂袍之老人（天父）斥责孔子，谓其于经书中不曾清楚发挥真理。孔子似自愧而自认其罪"。① 这种指责还称不上真正意义的反孔，只能说是受前三次科场失意刺激，洪秀全对儒家孔学产生了逆反心理。

洪秀全自幼熟读经史，与其他读书人一样，为光耀门楣热衷科举，曾先后四次赴考，在思想上深受儒学影响，奉之为金科玉律。洪秀全早期的宗教作品，如《百正歌》《原道救世歌》《原道醒世训》《原道觉世训》，均以正面形象称引孔孟及其他儒家道统人物，还大量援引《论语》《诗经》《尚书》《礼记》《孝经》《孟子》等儒家经典中的语句，来佐证拜上帝思想的本土性、正统性。1852年永安时期，太平天国将这些早期作品合辑为《太平诏书》，仍然保留了正面称引儒家人物和典籍的文字。说明直到此时，洪秀全还是认同儒家学说的思想价值。

从独尊上帝和禁拜偶像的教义出发，太平天国在行动上反孔又是一种必然。《原道觉世训》云："皇上帝亲口吩咐摩西曰：'我乃上主皇上帝，尔凡人切不好设立天上地下各偶像来跪拜也。'今尔

———————

① 〔瑞典〕韩山文：《太平天国起义记》，《太平天国》（6），第 842 页。

凡人设立各偶像来跪拜，正是违逆皇上帝旨意。""明明有至灵至显之真神，天下凡间大共之天父，求则得之，寻则遇着，扣门则开，所当朝朝夕拜而不拜，而拜无知无识之木石、泥团、纸画各偶像，有口不能言，有鼻不能闻，有耳不能听，有手不能持，有足不能行之蠢物，抑又愚矣。"① 孔子是士大夫阶层顶礼膜拜的偶像，不只孔子，"天地君亲师"都是世人崇拜的偶像，在洪秀全看来当然要反对。

孔子在中国社会的思想权威地位也是洪秀全不能容忍的。"诏明于戊申年（1848）冬"的《太平天日》载，上帝斥责孔子："尔因何这样教人糊涂了事，致凡人不识朕，尔声名反大过于朕乎？"假上帝之口怒斥孔子声名大于上帝，也是洪秀全的隐衷。因此要想树立上帝信仰，必须否定孔子的权威地位。所以洪秀全对孔子的批判态度较之前有所加强，《太平天日》记："天父上主皇上帝即差主同天使追孔丘，将孔丘捆绑解见天父上主皇上帝。天父上主皇上帝怒甚，命天使鞭挞他。孔丘跪在天兄基督前再三讨饶，鞭挞甚多，孔丘哀求不已。"但孔子和"阎罗妖"不一样，尚不是敌我矛盾，故"天父上主皇上帝乃念他功可补过，准他在天享福，永不准他下凡"。②

金田团营时期，萧朝贵是太平天国权力舞台上活跃的主角。他对文化和读书人的偏见在一定程度上推动了太平天国焚禁古书政策的出台。1848 年 12 月，"天兄"下凡指示洪秀全："孔丘被天父发令捆绑鞭打，他还在天父面前及朕面前跪得少么？他从前下凡教导人之书，虽亦有合真道，但差错甚多。到太平时，一概要焚烧矣。孔丘亦是好人，今准他在天享福，永不准他下凡矣。"③"天兄"的指示与《太平天日》所记内容相仿，但增加了"到太平时，一概

---

① 《原道觉世训》，《太平天国印书》（上），第 19、20 页。
② 《太平天日》，《太平天国印书》（上），第 38—39 页。
③ 王庆成编著：《天父天兄圣旨》，第 7 页。

要焚烧"，即确定了未来太平天国焚禁古书的文化政策。但是，金田起义后太平天国并没有立即施行这一政策，有记载称：太平军自广西攻入湖南，"自孔圣不加毁灭外，其余诸神概目为邪。遇神则斩，遇庙则烧"。[①] 在进军湖南的途中，杨秀清、萧朝贵联名发布的《奉天诛妖救世安民谕》公开号召"名儒学士""各各起义，大振旌旗"。[②] 反孔行动被搁置，除主要受困于流动作战的客观环境，还有军兴初期为笼络士子人心、减少进军阻力起见。还可能是因为杨秀清等反对文化恐怖政策的主政者的干预。萧朝贵在 1852 年 9 月就战死在长沙城外了。太平军攻克武昌后，当时在城内教书的张汉记载："城内庙中神像尽烧毁，惟圣宫牌位，不敢毁伤，伪东王具衣冠谒圣，行三跪九叩礼。"[③]

在定都天京前，洪秀全从独尊上帝的角度出发，否认孔子在思想界的至尊地位，反对包括孔子在内的一切偶像崇拜，但他在思想上并不否认儒家学说，在著述中多援引儒家典籍，对孔子也不失敬重，在反孔行动上有所节制。总体来说，洪秀全对孔子和儒学的态度相对温和。但在太平天国早期，已确立了焚禁古书的政策基调，在太平军中逐渐形成了轻视文化和读书人的氛围。在武昌，一边是杨秀清忙着谒孔，另一边太平军士兵却"书卷抛掷满地，沟渠秽坑，无处不有"，时人慨叹："书卷飘零满路隅，行人来往共嗟吁，早知扫地斯文尽，悔不当年覆酱瓿。"[④] 这似乎已在预兆反孔政策的正式出台。

（2）定都后的激进运动。1853 年定都天京，焚禁古书政策正式出台，"凡一切孔孟诸子百家妖书邪说者尽行焚除，皆不准买卖

---

① 《粤匪犯湖南纪略》，罗尔纲、王庆成主编：《中国近代史资料丛刊续编·太平天国》（5），第 9—10 页。

② 《颁行诏书》，《太平天国印书》（上），第 108 页。

③ 江夏无锥子：《鄂城纪事诗》，《太平天国资料》，第 38 页。

④ 江夏无锥子：《鄂城纪事诗》，《太平天国资料》，第 37—38 页。

藏读也，否则问罪也"；① "凡一切妖书如有敢念诵教习者，一概皆斩"；"凡一切妖物妖文书一概毁化，如有私留者，搜出斩首不留"。② 太平天国官方明确宣布孔子、孟子为"妖"。太平军在南京城内大举焚禁古书、捣毁文庙。有人目睹了天京搜禁"妖书"的情况："搜得藏书论担挑，行过厕溷随手抛，抛之不及以火烧，烧之不及水浇。读者斩，收者斩，买者卖者一同斩。"③ 与此同时，太平天国刊行《太平诏书》修订本，删除了原书中正面称赞古人和援引古书的内容，"诗云子曰"均改作"古语云"。同年，洪秀全还编写、刊行了幼儿启蒙读本《三字经》，从拜上帝的角度对中国历史做了重新诠释，一改尊奉褒赞历代帝王将相的传统史观，指出自秦汉以来，上帝真道业已失传，中国进入黑暗时代。这其实是为排斥一切古人古书提供历史理论依据。

　　从主观上讲，定都天京，洪秀全自以为半壁江山到手，残妖殆尽，实现太平一统为期不远，执政理念有意识地从"打江山"向"坐江山"转变。所以有必要尽快确立新的统治地位的意识形态，以激进强制的运动来隔绝人们在思想上与传统意识形态的接触和联系，这无疑是一种快捷的方式。从客观上讲，太平军兵锋直抵文章锦绣之乡的江南地区，该地浓厚的儒家文化和民众根深蒂固的正统观念、忠贞观念、宗族意识，使上自士大夫阶层（包括一般读书人），下至普通民众，都对起身穷乡僻壤，以异端宗教武装起来的叛乱者，具有先天的优越感和排斥、抵制乃至敌视心态。太平军兵临之时，"无地不团"，亦"无家不迁"，而民间自杀殉难的风潮正是正统、忠贞观念的直观反映。显然，上帝和孔子在外在形式上分别被赋予了不同的意识形态内涵，这场上帝教和儒教之间的思想文化之争，已经升级为"正统"和"异端"的政治议题之争。定都

① 《诏书盖玺颁行论》，《太平天国印书》（下），第464页。
② 张德坚：《贼情汇纂》，《太平天国》（3），第232页。
③ 马寿龄：《金陵癸甲新乐府》，《太平天国》（4），第735页。

后的洪秀全很自然地会祭起政治手段来祛除士绅阶层借古讽今的理论依据，以达到彻底、迅速否定孔子儒学权威的目的。

尽管洪秀全在理论上也做了一些工作为焚禁古书运动摇旗呐喊，但他没有也不可能彻底否定儒家学说的存在价值和思想影响。作为居于主流意识形态地位长达两千多年的中国传统思想文化，儒家学说已经渗透到中国社会的各个阶层，包括洪秀全本人的思想深处。太平天国采取一种简单粗暴的激进政策，更多的是建立在非理性宗教狂热基础上的，以含混的宗教语言向民众生硬牵强地灌输其"顺天"的正统性和"伐暴"的正义性，从来没有深入地从理论的角度批判过孔孟之道。这很难在民间社会获得真正持续的思想认同，因此民间社会对太平天国的政治归顺，也很难升华至政治认同的程度。最终，洪秀全砸碎的只是孔子牌位，却保留了儒家文化的灵魂。

定都之后太平天国刊刻的官书，虽不再像以前那样直接称引古人古书，但不少词句追根溯源仍出自儒家典籍。如修订本《太平诏书》，其中的《原道救世歌》中有"天道祸淫惟善福"一句，语出《尚书·汤诰》中的"天道福善祸淫，降灾于夏，以彰厥罪"；有"父兮生我母鞠我，长育劬劳无能名，恩极昊天难报答，如何孝养竭忠诚"一句，显系转述《诗经·小雅·蓼莪》中的"父兮生我，母兮鞠我。抚我畜我，长我育我，顾我复我，出入腹我。欲报之德。昊天罔极"。类似的例子有很多。关键是儒家思想的核心内容都被洪秀全继承和保留下来，如洪秀全强调礼义人伦，重忠孝，敦促军民习礼，灌输禁欲、坚耐和安贫乐命的观念，崇尚皇权，维护礼制，宣扬等级世袭，这些从本质上还是儒家的"三纲五常"伦理思想。可以说，定都天京后太平天国的反孔运动，是一种形式上而非内容上的反孔，是一种行动上而非思想上的反孔，洪秀全致力于颠覆的是孔子作为中国社会思想权威的地位，而非早已被国人视作国粹的儒家孔学。

（3）中后期反孔趋缓。定都一年后，各项激进的政策均带来了极大的负面影响。杨秀清不得不改弦易辙，就文化恐怖政策上奏天王，请旨"删书""留书"，停止"焚书""禁书"。1854 年 3 月2 日，"天父"配合杨秀清的奏请，正式下令："前曾贬一切古书为妖书。但四书十三经，其中阐发天情性理者甚多，宣明齐家治国孝亲忠君之道，亦复不少。故尔东王奏旨，请留其余他书。凡有合于正道忠孝者留之，近乎绮靡怪诞者去之。至若历代史鉴，褒善贬恶，发潜阐幽，启孝子忠臣之志，诛乱臣贼子之心。劝惩分明，大有关于人心世道。再者，自朕造成天地以后，所遣降忠良俊杰，皆能顶起纲常，不纯是妖。所以名载简编，不与草木同腐，岂可将书毁弃，使之湮没不彰?"① 洪秀全在"天父"和杨秀清的压力下，被迫成立删书衙，令卢贤拔、曾钊扬、何震川等删改《六经》，"遍出伪示，云俟删定颁行，方准诵读"。洪秀全还亲自删改《诗经》，下诏说："诏左史右史，将朕发出诗韵一部，遵朕所改，将其中一切鬼话、怪话、妖话、邪话一概删除净尽，只留真话、正话。抄得好好缴进，候朕披阅刊刻颁行。"② 删改后颁行的儒家经书又被太平天国宣称"孔、孟非妖书"，③ 其对孔子的态度也有变化，"谓孔某向本在天堂，忽逃下凡间，变妖惑人，所以天父大怒，今已捉上高天，罚他种菜园了"。④ 对孔子的性质做了折中处置。与萧朝贵时期"天父"准许孔子"在天享福"相比，罚孔子种菜，强制从事劳动改造，说孔子是反妖为人，明显要更进一步，严厉得多。可见洪秀全并未完全给孔子"平反"。对于删书颁行一事，删书衙确有动作，参照太平天国避讳制度，以"独一真神唯上帝"为删书标准，"始以四书五经为妖书，后经删改准阅，惟周易不用，他书涉鬼神丧祭者削去，中庸鬼神为德章，书金滕礼丧服诸篇，左传石言神降俱删，孟子则可以祀上帝，上帝上加

① 王庆成编著:《天父天兄圣旨》，第 103 页。
② 张德坚:《贼情汇纂》，《太平天国》(3)，第 190、327 页。
③ 佚名:《金陵纪事》，《太平天国史料丛编简辑》(2)，第 47 页。
④ 张汝南:《金陵省难纪略》，《太平天国》(四)，第 719 页。

皇字，诗荡荡上帝，上帝板板，皆加皇字。论语夫子改孔某，子
曰改孔某曰"。[1] 但太平天国始终没有将删改后的儒家典籍正式镌
刻颁行，或可见洪秀全消极拖宕的态度，洪与杨秀清就反孔问题并
未完全达成一致。

后期洪秀全对儒家的公开态度较前期已经趋于缓和。一是过激
的文化政策引起士大夫阶层的普遍抵制，激发士变，碍难施行。清
代中叶社会上反满思想有所回潮。起事之初，太平天国布告天下，
即以兴汉灭满相号召，那些有反满心态的读书人原本能对此产生共
鸣，可这些人反满而不反孔，太平天国激进的文化政策一出台，这
部分人便望而却步了。二是后期辅政的洪仁玕、李秀成对洪秀全的
影响。李秀成出身寒苦，接受儒学熏陶的渠道之一是民间广为流传
的《三国演义》《封神演义》《水浒传》等历史故事，他对星象、
术数、天命、阴阳五行甚感兴趣，崇尚古制，曾上书洪秀全"依
古制而惠四方"，以礼治国。[2] 洪仁玕自幼读书，在香港教会时曾
帮助理雅各（James Legge）牧师翻译儒家典籍。来到天京后，洪
仁玕在其著述中津津乐道"本军师自幼习举子业"，"本军师生长儒
门"，以身示范不必与儒学划清界限。他在 1861 年洪秀全旨准颁行
的《钦定英杰归真》中大量称引朱熹、程颢、程颐、张载等儒家
人物，直引《诗经》《尚书》，甚至是之前禁用的《周易》中的原
话。此书既为"钦定"，必经洪秀全删改后旨准刊行，说明此时正
面称引古人古书已不再犯忌讳。同年，由洪仁玕等拟写，旨准颁行
的《钦定士阶条例》引用"天父"当年所言"孔孟之书不必废，
其中有合于天情道理亦多"，声称"既蒙真圣主御笔钦定，皆属开
卷有益者。"[3] 确认经天王删改好的儒家典籍不是妖书。1860 年刊
印的《天父圣旨》和 1862 年刊行的《太平天日》，保留了"天父"

① 张汝南：《金陵省难纪略》，《太平天国》（4），第 719 页。
② 《忠王李秀成自述》，罗尔纲、王庆成主编：《中国近代史资料丛刊续编·太平
天国》（2），第 354 页。
③ 《钦定士阶条例》，《太平天国印书》（下），第 746 页。

称孔子"功可补过"，"天兄"称孔子"亦是好人"，"准他在天享福"，称儒家书籍"亦有合真道"等内容，不再提孔子曾"变妖"的前科。

洪秀全的真实意志仍然相当激进。其子洪天贵福被俘后回忆："前几年，老子写票令要古书，干王乃在杭州献有古书万余卷。老子不准我看，老子自己看毕，总用火焚。……自我登基之后，写票要四箱古书，放在楼上。老子总不准宫内人看古书，且叫古书为妖书。"① 可见后期未经太平天国官方删改修订的儒家典籍仍被列为禁书，太平天国对儒学的禁令未做名义上易动。故在领有苏南、浙江之初，太平天国还是大举毁坏古书、捣毁文庙。时人常将太平天国的文化政策和秦始皇的焚书坑儒相提并论，常熟柯悟迟讲："书籍字画，可谓馨洗一空。毁损以外，尚可填山塞海。最可惜者，字画必遭裂碎，书籍不全，我恐焚书坑儒之后，未有如是之大劫也。"② 贮藏《四库全书》的扬州文汇阁、镇江文宗阁、杭州文澜阁均毁于战火，藏书大部分散失。常熟顾氏谀闻阁"毁烬之余，楼上所藏尚有数百卷，狼藉地下秽处者，不可胜数，贼欲尽付一炬"。③ 宁波范氏天一阁也遭毁灭，所藏图书典籍和文物均遭浩劫。应指出的是，此次文化浩劫的责任除了太平军毁弃古书，还有清军、团练、匪盗等的烧杀掳掠。

后期苏浙太平军过激的反孔声势很快便被尊孔读经的回潮所掩盖。从科举考试的题目看，早期太平天国虽然沿用传统的八股文、试帖诗作，但所拟题目是依据拜上帝之教义，后期很多地方考题却出自"四书""五经"等。如1861年常熟县试题为《足食足兵》（《论语·颜渊》）、《赋得"偃武修文"得"修"字》（《尚书·武成》）；昭文县试题为《先之劳之》（《论语·子路》）、《赋得"礼

_____

① 《洪天贵福亲书自述》，罗尔纲、王庆成主编：《中国近代史资料丛刊续编·太平天国》（2），第425页。

② 柯悟迟：《漏网喁鱼集》，中华书局，1959年版，第51页。

③ 《柳兆薰日记》，《太平天国史料专辑》，第221页。

门义路"得"义"字》（《孟子·万章下》）；桐乡试题为《君君臣臣》（《论语·颜渊》）；吴县试题为《道之大原出于天》（《汉书·董仲舒传》）；吴江试题为《大孝终身继有虞》（《孟子·万章上》）、《孝弟力田论治安策》（《汉书·文帝纪》）。有的试题是拜上帝教义和儒家典籍的结合，如 1861 年苏福省省试题目为《天父有主张，天兄有担当，积善之家必有余庆论》，"积善之家，必有余庆"是《周易》里的名句。1861 年，常熟昭文太平军当局还公开组织应试者拜孔，"欲送入学，而学宫已毁，像亦无存，乃具纸位望空拜之"；[①] 1862 年又准备"重建圣庙，以重斯文"；[②] 终使"文庙火而复新"。[③] 地方上的尊孔读经回潮主要是地方军政将领致力于恢复传统社会经济秩序的结果，如常熟守将钱桂仁重用曹和卿和钱伍卿，无锡守将黄和锦重用厉双福，嘉善守将重用顾午花，都大有礼贤下士之风，而这些人绝大多数是地方士绅的代表。这既是太平天国后期拜上帝思想淡化的表现，也与忠王李秀成倡导传统秩序以及洪秀全对孔子儒学态度趋缓有一定关系。太平天国占领区文化政策的调整和变化有深刻的思想原因，太平天国的主体小农私有者，受时代和阶级局限，无法形成全新的思想意识，不可能从思想上完全摆脱儒家文化的制约。他们虽然具有变革旧文化旧秩序的热情和勇气，但没有思想变革的决心和耐心，在宗教热情冷却后，伴随着拜上帝思想的空洞、苍白，只能自然而然地回归主流意识形态，为传统思想观念同化。

　　从早期到后期太平天国文化政策的调整和对待孔子儒学的思想变化看，反孔构成了太平天国文化政策的主要特征，尚需具体事项

[①]　汤氏：《鳅闻日记》，罗尔纲、王庆成主编：《中国近代史资料丛刊续编·太平天国》（6），第 346 页。

[②]　龚又村：《自怡日记》，罗尔纲、王庆成主编：《中国近代史资料丛刊续编·太平天国》（6），第 92 页。

[③]　周鉴：《与胞弟子仁小崔书》，罗尔纲、王庆成主编：《中国近代史资料丛刊续编·太平天国》（8），第 345 页。

具体分析：对孔子、孟子等儒家道统人物，洪秀全一度贬斥为"妖"，但很快修正，基本上持适度批判的态度；对儒家学说，洪秀全自始至终都没有像修订《圣经》那样从理论的角度进行深入批驳，而是在很大程度上予以接受和肯定；对儒家典籍，虽有从焚禁到删改的政策上的幅度调整，但禁令延续始终。因此，太平天国的反孔非儒，反对的只是孔子和儒家学说的思想权威地位，表现为对孔子牌位、孔庙、孔学典籍等实物形式上的禁毁政策，其本质上并不反对儒家思想。

（二）知识分子政策

与文化政策一样，知识分子政策也关系天下士子之心向背。正如萧公权认为的，对抗现存政权体系的"叛乱"取得不同程度的成功所具备的条件之一，是"运动得到绅士和文人提供的有力领导，他们为运动带来组织和技术"。[1] 此外，知识分子更有可能作为有产者，即土地拥有者和法定纳税人，常在文献中被记作"产户"，所以政府与知识分子的关系关系到国家经济命脉。

传统时代士子和文人的失意，主要是政治系统的输入和输出失衡导致。清政府有效地限制生员名额，减少士子支持的输入。随着清代人口数量猛增，平民上升或士子晋升的渠道被进一步窒碍，出现知识分子群体恶性壅塞的现象，"宿学硕儒，砥行立名，蹉跎而不得进，终于褴衫席帽，赍恨入棺"。[2] 有学者统计19世纪50年代经过县试到会试的最终录取率仅为六千分之一。[3] 有限的名额及地域配额不公加剧科考竞争，严重限制原本基数庞大的士子队伍垂直流动的政治空间，这在人文锦绣的江南地区尤为突

---

① 〔美〕萧公权：《中国乡村：论19世纪的帝国控制》，张皓、张升译，台北联经出版有限公司2014年版，第608页。
② 陆以湉：《冷庐杂识》，中华书局，1984年版，第137页。
③ 〔美〕B. A. 埃尔曼著：《明清时期科举制度下的政治、社会与文化更新》，卫灵译，《国外社会科学》1992年第8期。

出。再者，科场舞弊"相习成风，恬不为怪"，"以故虽素负文名
之廉官，取中亦鲜有佳卷，其精神全注条子故耳"。[1] 清代中叶以
后，政府为筹备军饷，广开捐纳，"异途"入仕之门广开，对安命
于科举、寒窗苦读终生无悔的士阶层特别是贫寒子弟尤其不利。从
这两个层面说，人们通常认为科举制度的平等精神确实值得质疑。

　　造成士子文人失意的另一种情形不是生员名额过少而是过于冗
滥。生员名额过少堵塞知识分子晋升渠道，生员名额过多则会直接
产生生员入仕瓶颈。太平天国也开科取士招徕人才。定都后，每逢
天王（后改幼天王）及诸王生日之月，均举行科举考试。而且推
行低门槛的科举实践，不计较考生的出身门第和籍贯。不仅选录标
准宽泛，录取率也极高，像甲寅年（1854）湖北乡试"入场未及
千人，取中者八百余名"；[2] 辛酉年（1861）钱塘、仁和县试"一
榜尽取无遗"；[3] 壬戌年（1862）桐乡县试，乌镇、罗头等处共有
考生二十余人，"取进十九人"；[4] 同年常熟、昭文竟然录取范围扩
大到"除不完卷者皆取进"。[5] 与清代科举制对应试者的残酷淘汰
相比，太平天国"宽进"的人才选拔实践体现出文化关怀和平等
精神的异质，反映了太平天国求贤若渴的心态，这是值得赞许的。
但这难合实际，因为保持政权有效运作的官员数量毕竟是相对稳定
的，太平天国在广施恩惠的同时，还面临着数量如此庞大的新兴士
阶层的政治安置和经济开销问题。

　　太平天国的官员铨选重视军功，血缘、地缘等关系也很重要，
文人单凭知识、才学，很难受重用。在前期，太平天国政权系统中
的士子一般在基层充当"书手""先生"性质的掌书、书理职务；

---

① 欧阳兆熊、金安清：《水窗春呓》，中华书局 1984 年版，第 24 页。

② 张德坚：《贼情汇纂》，《太平天国》（3），第 112 页。

③ 张尔嘉：《难中记》，《太平天国》（6），第 641 页。

④ 沈梓：《避寇日记》，罗尔纲、王庆成主编：《太平天国》（8），第 117 页。

⑤ 龚又村：《自怡日记》，罗尔纲、王庆成主编：《中国近代史资料丛刊续编·太
平天国》（6），第 96 页。

稍有才具者可能会进入天京诏书衙、诏命衙、删书衙等文职机构，有向诸王上书谏事的权责。但如政权文书制度建设的核心，在前期也都局限在陈承瑢、何震川、卢贤拔、曾钊扬、李寿春这些"老兄弟"中，新科士子难有机会进入。太平天国后期由于政权建制冗叠，以及领导层处理外交、宗教文化和社会事务增多的需求，读书人作为专职"书手""先生""秘书"的角色被强化，充斥在政权系统的边缘，与政治晋升基本无缘。1861 年，太平天国中央政权颁布改革科举的《钦定士阶条例》，其中明确规定："京试元甲职同指挥；二甲首名传胪，职同将军，国士、威士职同总制；三甲首名会元，职同监军，达士、壮士职同军帅。省试约士、猛士及各郡提学拔取之杰士均职同师帅。至提学每年所取之俊士、毅士俱职同旅帅。郡试贤士、能士职同卒长。县试秀士、英士职同两司马。乡试信士、艺士职同伍长。俱免差役。"① 但"职同""恩赏"之类的前缀使官职地位大打折扣，基本没有实质性权责。此外，由于吏治腐败，滥施爵赏，寒窗苦读名列三甲所得监军官衔，却早已由守土官沦为乡官一级，根本无法满足新兴士阶层的政治需求。

　　尽管由于战争规模的扩大和元勋阶层的削减，常规用人需求日益增加，部分知识分子间接参与军机不可避免，但在太平天国覆灭前的政权系统中，士子文人的从属者和执行者的一般性角色仍在强化，仕途晋升渠道的壅塞并未因功名量额的增加而缓解。所以过去高度评价的太平军中读书人优厚的物质待遇和人格尊重，不足以说明知识分子在太平天国拥有较高的政治地位。使用但不重用，是太平天国知识分子政策的一个重要特征。于是便可理解对太平天国抱有强烈好感并冒险亲赴天京建言献策的容闳为何不肯接受太平天国"义"的高等爵位，在改革建议未被接纳，以及认定太平天国无法革新复兴中国的根本原因中，也包含了他知道"待遇"和"权力"在太平天国是两个完全不同概念的心态因素。同样出身草根的书生

① 《钦定士阶条例》，《太平天国》（2），第 559—560 页。

黄畹（有学者考证为王韬）在致逢天义刘肇钧洋洋数千言后悻悻离去，说明他也认识到太平天国难以给予一介儒生施展才华的权力。

在社会分化中倒向太平天国的士子文人不但没有因太平天国相对优厚的物质关怀完全打消诸如政治偏见、宗教歧视、文化隔阂的戒备心态，强烈的社会失落感又使他们在新政权建设中消极怠工或极尽敷衍。有史料记载，获得功名或散职的文人无所事事，常吟诗作赋以消遣时光，"江宁、扬州才士被掳者最多，逆党肆虐，目击心伤，不敢明言，往往托诸吟咏，甚至以香奁诗为寓意者"，有"文章岂为科名设，气节都因衣食移"之句，寓指文人对参加太平天国科考表示悔意。还有"文弱之士苟且偷生者暂图目前温饱，亦断不肯为设一谋，且有故意写字讹别者"；① 亦有借诗讥讽而不惜性命者，有上元附生为洪秀全撰写寿联"一统江山七十二里半，满朝文武三百六行全"，遂被杀。②

太平天国还有招贤之制，李秀成在杭州"改抚署为招贤馆，大小文武官员皆准投入，或授以伪职，相待甚优"，③ 又于"湖墅设招贤馆"。④ 桐乡守将钟良相张榜招贤，"凡民间有才力可任使者，来辕禀明"，"一材一艺皆搜罗录用"，而招贤效果不佳，"善书记笔札者""民间豪杰""绿林好汉""江湖游士"尚有来投者，"通晓天文""熟悉风土民情""熟悉古今史事政事"的真正贤才则少之又少。⑤

从曾国藩的《讨粤匪檄》在士子文人中产生巨大震撼和号召

---

① 张德坚：《贼情汇纂》，《太平天国》（3），第316页。
② 蒋恩：《兵灾纪略》卷下，同治三年五月二十六日记事，"三公难记"1925年铅印本。
③ 奕訢、朱学勤等：《钦定剿平粤匪方略》卷298，同治十一年刊本，第16页。
④ 张尔嘉：《难中记》，《太平天国》（6），第641页。
⑤ 沈梓：《避寇日记》，罗尔纲、王庆成主编：《中国近代史资料丛刊续编·太平天国》（8），第57页。

看，文化反感是士子文人走向太平天国对立面的一个因素。太平天国科举取士及招贤的制度化尝试虽有较大进展，仍未能获得知识分子的广泛响应，与湘军阵营人才济济相比（包括通晓西学的李善兰、徐寿、华蘅芳等人），太平军中的知识分子鲜有声名著闻者。李秀成被俘后称"官兵用读书人，贼中无读书人"是太平天国的一大缺憾。① 时人通过观察也认为："贼中无读书练达之人，故所见诸笔墨者，非怪诞不经，即粗鄙俚俗，此贼一大缺陷，盖天之所不与也。"② 未得天下士子之心，在一定程度上招致了太平天国的败亡。

---

① 《李秀成自述别录》，《太平天国》（2），第 844 页。
② 陈徽言：《武昌纪事》，《太平天国》（4），第 600 页。

第 五 章

太平天国的思想遗产

太平天国的文献，在其失败后遭到清政府毁灭性破坏，所幸经过几代学者的艰辛搜访，又重新积累起丰富的史料。洪秀全一生勤于著述，留下的资料甚丰，由太平天国官方刊刻的书籍和颁发的文书，几乎都打上了洪秀全的思想烙印，构成了研究太平天国思想的第一手资料。这便于我们以史料和史实考辨为基础，从洪秀全的著述和太平天国官方文献入手，研究太平天国的思想。这不仅要分析太平天国的领导人是怎么思考的，还要讨论他们是怎么具体实践的，做到主观和客观相统一，才能客观理性地总结和评述太平天国思想的历史贡献和教训。

一　反压迫与后期反侵略思想

（一）集农民反抗思想之大成

笃信天道天命是古代中国人普遍的意识形态。神道设教，替天行道，是中国历史上农民起义的通例。太平天国以宗教起家，又以宗教立国，洪秀全等人沿袭了以往农民起义借宗教起事的传统。有所不同的是，洪秀全不是接受和融合中国既有的各种宗教，而是对西方的基督教加工创造，糅合儒家孔学、民间宗教和传统民俗风习等因素，颠覆了基督教的基本信条，形成了自己别具一格的宗教仪式和独立的宗教经典，创造了独树一帜的新型思想体系。此外，拜上帝思想已不单纯作为宗教意义上的精神追求或现实意义上发动起义的工具，而是升华为太平天国官方统一的意识形态，带有鲜明的形而下色彩，寄寓着洪秀全等人打江山、创新朝的政治理想，完全从属于世俗斗争，成为广大军民征伐江山的精神源泉和改造现实社会的思想武器。

　　太平天国试图以不同以往的精神武器改造和武装农民，并将之作为制定社会改造方案的思想依据，这突破了旧式农民起义主要依靠物质武器批判旧统治秩序的局面。洪秀全和太平天国有了改造中国社会的具体构想和方案。洪秀全宣扬"天下一家""四海皆兄弟"，呼吁世人独尊上帝，共享太平，钦慕公平正直的古代大同社会。因此他定国号为"太平天国"，设计了"无处不均匀，无人不饱暖"的纲领性文献《天朝田亩制度》。可见，"太平"是其首要的政治理想特征，均匀饱暖是其心目中理想的社会经济生活特征，而这正是几千年来身处社会底层的农民强烈追求的美妙愿景。从秦末的陈胜、吴广起义，到明末的李自成起义，不少农民起义军提出了均贫富、等贵贱的口号，均田的思想和方案也一直是历代思想家思考的重要课题。洪秀全把农民朴素原始的平等平均思想发展到一个新的高度，并扩展到社会生活领域，提出了一些进步主张，如爱护百姓和士兵，天下婚姻不论财，关注民生，等等。实际上，直到天京陷落前的 1863 年，洪秀全仍然具有争取民心的意识，他明晓人心向背的重要，叮嘱地方将领"对所占各城邑之人民勿事压迫"。①

　　为适应战时体制设立的圣库制度，理论上也是源于"天下一家"的太平观。除了杂糅儒家大同社会的理念和早期基督教财产公有的

---

　　① 《切忌私藏财物、压迫人民诏》，夏春涛编：《中国近代思想家文库·洪秀全洪仁玕卷》，第 184 页。

观念，洪秀全还吸收了一些农民起义的组织特征，如三国时期张鲁"五斗米道"的"义舍"，白莲教"穿衣吃饭，不分你我，有患相助，有难相死"的村社，天地会的"米饭主"。洪秀全融合了不同思想，较之以往农民起义的理想和实践更为具体和系统。

太平天国的这些制度虽因空想或言行相悖的矛盾而难以维系，但它描绘了较前制更为完美良善和系统完整的美好蓝图，表达了广大农民对土地均匀和饱暖生活的强烈渴求，具有相当的正义性和一定的进步性。与同时期劫富济贫、打家劫舍的天地会起事相比，两者显然属于高下迥异的两个层级。

太平天国还在所占地区强制推行移风易俗的社会改造运动，如为确立上帝信仰，推行毁灭偶像运动，严禁孔子崇拜、祖先崇拜；为宣扬王朝正统、奉天承运，颁行天历，留发易服；基于扭转社会颓败之风，禁鸦片、娼妓等。特别是为变革中国传统意识形态而掀起的反孔非儒运动，虽然因政策过激造成了与知识分子的文化隔阂，但猛烈冲击了历代王朝尊崇的官方意识形态，动摇了清朝统治的思想基础。形成如此系统完整的社会改造政略，也是历代农民起义所远不及的。

洪秀全反清思想的形成，蕴含着深层次的社会政治因素。从根源上说，是清代中叶以来社会矛盾和阶级矛盾激化的直接反映，是清政府吏治腐败、官逼民反的结果。同时，洪秀全有比较强烈的"华夷之辨"、兴汉反满的汉民族意识，这既是对有清一代满族亲贵重满抑汉的民族压迫之仇视，更是源自对腐朽黑暗的现实社会之痛恨。洪秀全强烈的汉民族意识还与同时代如火如荼之天地会"反清复明"的主张产生共鸣。他虽继承了天地会的"反清"思想，但摒弃了"复明"的主张，立志开辟"新天新地新世界"。他的抗争思想超越了地域族群间的社会冲突，呼吁"客家本地总相同"，[1] 升级为满汉之间的种族、民族斗争。正是太平天国汲取和

---

① 《王长次兄亲目亲耳共证福音书》，《太平天国印书》（下），第715页。

继承了传统中国农民反压迫反剥削思想的精髓，并经洪秀全等人的改造，使之得到发展，才把鸦片战争以后此起彼伏的农民起义汇集成以太平天国为中心的近代中国第一次民众反抗高潮。

洪秀全始终把斩邪留正、推翻清朝作为实现革故鼎新的基本前提，坚持铲除暴政、开创新朝的政治斗争。十余年反清斗争实践虽然以失败告终，但太平天国沉重打击了清朝的统治机器，暴露出其中央政权的虚弱无力，在与太平军作战中，八旗绿营几近毁灭，地方力量发展起来，内轻外重（或内外皆轻）之势不可逆转，以致辛亥革命爆发，清廷是在各省独立的形势下，被迫下台。其由来之迹，甚为显明。对太平天国历史地位的评价还要充分考量清政府统治的合法性和历史发展的趋势。官逼民反，造反有理，是一个基本的历史判断。历史证明，晚清王朝已经成为阻碍历史发展的主要对象，只有推翻它，才能清除中国近代化的政治障碍，推动中国社会变革的历史进程。洪秀全扮演了清王朝掘墓人的角色。

因此，太平天国对于近代中国历史的贡献，主要不在于它提供了什么，关键是它揭开了清王朝"王纲解纽"的不可逆过程，这期间积聚的改良和革命的因素，使腐朽的清王朝在太平天国之后未及50年即陷入崩塌。1866年4月，曾国藩在给丁日昌的信中慨叹："方今群盗纵横，竭天下谋臣武夫以与无根之寇争胜负，而迄未有定，及其既定，则又力尽筋疲，悉成强弩之末。政恐拊吾背以起者，复持短长以寻干戈，后患方长，杞忧何极！"① 1867年7月，曾国藩与幕僚赵烈文曾谈及太平天国战争对清王朝前途命运的影响，赵烈文预言："以烈度之，异日之祸，必先根本颠仆，而后方州无主，人自为政，殆不出五十年。"② 一语成谶，45年后，清王朝在辛亥革命的枪声中宣告终结。

---

① 《曾国藩全集》第29册，第108页。
② 赵烈文：《能静居日记》，罗尔纲、王庆成主编：《中国近代史资料丛刊续编·太平天国》（7），第327页。

太平天国虽然是造反者失败了的事业，但其反压迫反剥削的抗争事业和理想激励了后来救国者的斗志，成为他们继续"革命"的宝贵精神财富和提高斗争水平的借鉴，为中国革命的发展传播了种子。[①]

（二）近代以来民众反侵略思想的爆发

太平天国兴起之时，西方列强已凭借坚船利炮打开了中国大门，并利用内战机会，在华搞外交投机，伺机攫取更多权益。太平军主要活动的长江下游地区，也是列强侵略的重要区域。太平天国与历次农民战争相比，其所处的社会环境发生了明显变异。如何办理外交是太平天国面临的不可规避的一个新课题。

洪秀全早期的宗教作品涉及了一些处理国家关系的内容。他说："盖实见夫天下凡间，分言之，则有万国，统言之，则实一家。皇上帝天下凡间大共之父也，近而中国是皇上帝主宰化理，远而番国亦然；远而番国是皇上帝生养保佑，近而中国亦然。"因此"天下一家"的原则同样适用于处理国家关系。洪秀全向往的变"乖离浇薄"和"陵夺斗杀"之世为"公平正直之世"，[②] 当然包括反对国家间侵略、扩张、兼并等行径的内容。既然"中国初，帝眷顾，同番国，共条路"，[③] 那么坚持拜上帝之路的"番国"无疑同是上帝大家庭成员，同为兄弟姊妹。洪秀全还提出了具体主张："上帝划分世上各国，以洋海为界，犹如父亲分家产于儿辈，各人当尊重父亲之遗嘱而各自保管其所得之产业"；"而不侵害别人所有，我们将要彼此有交谊，互通真理及知识，而各以礼相

---

① 一个典型的例子是中国共产党军队在转战各地时，曾被欢迎他们的农民称作"天兵"。参见〔日〕菊池秀明《末代王朝与近代中国》，马晓娟译，广西师范大学出版社 2014 年版，第 50 页。

② 《原道醒世训》，《太平天国印书》（上），第 15—16 页。

③ 《三字经》，《太平天国印书》（上），第 137 页。

接"。① 这些反映了洪秀全坚持国家独立，主张各国和平共处、友好交往的外事思想，与清朝顽固坚守锁国闭关相比，具有进步性。但洪秀全并不具有近代民族国家的观念，他在分析"万国一家"的原则时说："尧舜病博施，何分此土彼土；禹稷忧溺饥，何分此民彼民；汤武伐暴除残，何分此国彼国；孔孟殆车烦马，何分此邦彼邦。"② 可见他说的"国"，还是中国古代分邦裂土意义上的诸侯国家。洪秀全也不具有近代民族国家的平等意识，虽然他从一开始就承认外国人是同拜上帝的"洋兄弟"，但内心依然沿袭了浓厚的天朝上国观念，秉承"夷夏之辨"、"夷夏之防"，按照传统中国家庭的宗法观念，视西方国家为"番邦"，称西方人为"番弟"。可见，即使同家兄弟之间也应有嫡庶亲疏的区分和等次。这就表现为洪秀全外事观念中"兄弟之情"和"夷夏之辨"的潜在冲突。受环境和阅历所限，洪秀全对西方的观念形态处于盲目无知的状态，仅仅通过曲折零碎的基督教知识，无法洞悉世界发展大势。他以基督教教义、儒家传统观念嫁接组合的外事思想，良莠并存，存在较大消极性。

太平天国定都天京之后，列强看不准中国战局的胜负，相继宣布保持"中立"，又试图通过外交接触，了解太平天国对外态度，摸清其底细。自 1853 年 4 月至 1854 年 6 月，英、法、美外交使团相继访问南京，揭开了太平天国和西方列强接触交往的序幕。太平天国之前毫无办外交事务的经验，面对这些不速之客，只好依据拜上帝"天下一家"的观念和传统中国羁縻之策处理外交事务。在具体实践中，太平天国外事思想的消极性愈加彰显，并且影响到战局走向。

首先，在外交礼仪和国际观念上引发了中西冲突。西方使团乘军舰而来，炫耀武力，侵犯中国内河航运主权，太平天国缺乏国际

---

① 〔瑞典〕韩山文：《太平天国起义记》，《太平天国》（6），第 853—854 页。

② 《原道醒世训》，《太平天国印书》（上），第 15 页。

法常识，不以为意，却纠缠于外交礼仪，要求洋人行下跪礼。洪秀全等人还陷入了一个认识和政策上的误区：他们既沿袭传统中国的华夷观，视满人和洋人均为蛮夷，又依据拜上帝教义做了明确区分，称呼洋人为兄弟，视清朝为"盗中国之天下"的"妖魔"，把宗教的兄弟之情和世俗的宗藩关系混淆在一起，甚至创造出"夷弟"这样独特的称谓。尽管太平天国表达出对"洋兄弟"友善的态度，但它奇特的国际观念很难被西方各国理解和接受。

　　尽管太平天国后期妄自尊大的情况有所改观，洪秀全也认可洪仁玕的新外交思维，但其国际观念并未发生实质性转变。在后期颁发的《万国来朝及敬避字样诏》《天下万方齐认作爷男诏》等诏旨中，受诏人包括"西洋同家众弟妹、众使徒"，洪秀全俨然仍以万国真主自居。驻南京活动的英国副领事富礼赐（Robert J. Forrest）在天王府看见一幅《太平天国万岁全图》："一大片被海洋环绕的几乎呈方形的区域就是中国，而其中又被四面高墙围绕的方形大城即是天京。在该地图上，香港并不存在，日本只是一个小点。我在相应的地方也找不到北京。西北方有两个小岛，名为英格兰和法兰西。至于其他欧洲国家，我想，可能天王有令，对其避而不提。除中国外的整个亚洲地区都被一条龙之类的东西所覆盖"。① 显然，洪秀全的外事思想和行为一直是传统色彩居多。正是这种盲目和偏执，引发了西方社会的普遍反感，加深了洋人对太平天国的成见，直接影响他们与之打交道时的态度。

　　其次，缺乏近代民族国家的主权意识，同教一家的观念使太平天国长期对列强的侵略本质认识不清。

　　基于宗教教义和汉民族意识，太平天国视清朝为窃国死敌，并不认为洋人打击清朝和侵略中国是一回事，所以对"洋兄弟"发动的侵华战争表示赞许，还一再表示希望联手推翻清廷。1853 年 5 月，英使返航路过镇江，守将罗大纲、吴如孝在照会中称洋人发动

---

① 〔英〕托马斯·布莱基斯顿：《江行五月》，第 39 页。

鸦片战争是"此前此贵邦创义入境，良有以也，而清妖抗之，中原怒目"。① 1860 年春，12 名太平军将领联名照会英法联军统领，对英法联军侵占广州拍手称快，并请求联合进兵："久闻麾下已破仙城，革除吏弊，施行仁政，大得民心，弟等曷胜欣幸，意欲即刻统兵前来，大齐斟酌，共展鸿图。"② 1861 年，富礼赐在干王府看到"墙上贴着一份有关英法联军攻占天津的旧报道，末尾还题有太平天国常见的'杀尽妖魔'的口号"。③ 1861 年 12 月，太平军攻克通商口岸宁波。次年，志天义何文庆照会法国驻宁波领事，将第二次鸦片战争的责任全部归罪于清朝："岂知胡妖猖獗，……上年曾欺尊国，欲负经商之约；粤东火烧洋行，互动干戈。后虽仍归和好，立约通商。奈胡妖反复无常，去岁天津叛议，以致复劳征伐。"④ 这些均表明太平天国缺乏近代民族国家的主权意识，又被同教一家的宗教观念和列强长期鼓吹欺诈的"中立"政策模糊了敌我界限，以致对列强侵略的本质缺乏认识和警惕，在外交中犯了不少错误。

比如太平天国允许列强的兵舰、商船在长江内河自由航行。《北京条约》签订后，为尽快落实长江通航通商，英国人转而主动与太平天国接触。1861 年 2 月 20 日，英国水师提督何伯（J. Hope）、"深淘"号舰长雅龄（Aplin）、参赞巴夏礼（H. S. Parkes）率舰队驶至南京。经过一个多月的谈判，太平天国基本接受了英国提出的有关长江通航通商的八项要求，许诺"在一年内太平军不干涉长江商业，同时也不以任何方式进攻上海"，本年内不进入上海百里以

---

① 《殿左一指挥罗大纲木官正将军吴如孝致英使文翰照会》，罗尔纲、王庆成主编：《中国近代史资料丛刊续编·太平天国》（3），第 2 页。
② 《殿左三中队将李鸿昭等致英法统将照会》，《太平天国文书汇编》，第 311 页。
③ 〔英〕托马斯·布莱基斯顿：《江行五月》，第 44 页。
④ 《志天义何文庆致宁波法国领事命戒饬该国船商人等照会》，罗尔纲、王庆成主编：《中国近代史资料丛刊续编·太平天国》（3），第 144 页。

内的区域。① 洪秀全非常高兴，为此专门颁诏，宣称"中西永遵和约章，太平一统疆土阔"。② 太平天国也同样应允其他列强长江通商通航权，同年 5 月，太平天国照会美国水师提督司百龄（C. K. Stribling）："所有贵国通商获利，经过长江，有何不可。经过商船，即由天海关佐将验明有贵国领事执官照即便放行。"③ 后来列强利用通航特权，帮助清军运送武器和军队。1862 年 4 月，李鸿章即在英国船只的帮助下将淮军运送到上海。太平天国还给予列强治外法权，"至贵国人民犯法，自当送交贵国惩治，本国人民犯法，亦由本国惩治，敬如所约"。④ 除了宗教思想的误导，这些失误很大程度上是由于对国家主权意识的淡薄。

洪秀全对列强对华政策认知不足，他认为做出些许让步就可以和"洋兄弟"维持长久和好的关系，这仅是一厢情愿。列强本身就在中国内战中抱着投机的心态来攫取更多权益，他们关注的是如何落实不平等条约的各项条款，保护在华商业利益，实现中国内地开放和鸦片贸易合法化等。因此，列强与太平天国的关系并不取决于后者的态度和举动，而是视其在华利益而定。太平天国念念不忘的是推翻清廷，攻取上海是东征战略的最重要环节，洪秀全、李秀成等认为势在必行且志在必得。双方的冲突不可避免。于是出现了第一次上海战役时，英法联军在北方与清军交战，却在上海与清军联手对付太平军的怪状。

1862 年 1 月，李秀成率领太平军第二次进攻上海。在此前后，江浙地方官员绅民呈请朝廷"借师助剿"，1862 年 2 月 8 日，清廷

---

① 《戈登在中国》，王崇武、黎世清辑译《太平天国史料译丛》第 1 辑，神州国光社 1954 年版，第 160 页；《英国议会文书中有关太平天国的史料》，罗尔纲、王庆成主编：《中国近代史资料丛刊续编·太平天国》（10），第 173 页。

② 《同天同日享永活诏》，《太平天国文书汇编》，第 57 页。

③ 《殿前二天将李五天将莫致美国水师提督照会》，《太平天国文书汇编》，第 315 页。

④ 《殿前二天将李五天将莫致美国水师提督照会》，《太平天国文书汇编》，第 315 页。

颁发"借师助剿"上谕。① 英、法直接出兵上海外围和宁波，并许现役军官戈登（G. G. Gordon）和退役军官日意格（P. M. Giquel）以个人名义受雇于清政府，组建常胜军、常捷军等洋枪队，与清军联手剿杀内地太平军。列强撕下虚伪的中立面目，开始武装干涉中国内战。太平天国与西方各国的关系宣告破裂。

自此，太平天国面临反清和反侵略的双重斗争任务，并在苏南和浙江战场抗击来犯的侵略军和中外混合军。但列强助剿，改变了战争力量对比，极大地影响了战局走势。可以说，列强的武装干涉，是太平天国失败的一个重要外因。

在太平天国与清王朝的这场殊死搏杀中，双方的对外政策最终出现了根本性区别：太平天国后期转向抗击外来侵略；清政府妥协投降，丧权辱国。太平天国后期，洪秀全拒绝了洋人联手灭清、事后平分疆土的提议，据李秀成回忆："鬼子到过南京，与天王叙过，要与天王平分地土，其愿助之。天王云不肯：'我争中国。欲想全图，事成平分，天下失笑，不成之后，引鬼入邦。'"② 清廷在列强挑起战争之初，不愿屈服，曾展开抵抗。但第二次鸦片战争战败后，清廷权衡利弊，审察时局，认为内乱乃心腹大患，外人志在通商，属肢体之患，犹可笼络，故不惜牺牲国家利益，"借师助剿"。③ 虽然太平天国失败了，但太平军将士曾同侵略者展开斗争，其事业和精神可歌可泣。这是自鸦片战争以来，中国人民抗击外来侵略的一次总爆发。

当然，太平天国反侵略思想的形成历程是滞重、曲折而惨痛

---

① 《寄谕江苏巡抚薛焕著会同浙江绅士与英法两国速商借师助剿等情》（同治元年正月初十日），《清政府镇压太平天国档案史料》第 24 册，第 21—22 页。

② 《忠王李秀成自述》，罗尔纲、王庆成主编：《中国近代史资料丛刊续编·太平天国》（2），第 397—398 页。

③ 《奕䜣桂良文祥奏统计全局酌拟章程六条呈览请议遵行折》（咸丰十年十二月初一日），《筹办夷务始末》（咸丰朝）第 8 册，中华书局 1979 年版，第 2674—2680 页。

的，成千上万的太平军付出了血的代价。太平天国领导人洪秀全，包括接受了近代外交思维的洪仁玕、处理洋务颇多的李秀成，他们都是通过一连串惨痛的教训，才逐渐洞察到列强虚诈险恶的用心。洪仁玕后来一改对西方人的友好和对西方世界的钦慕，将"鞑妖买通洋鬼，交为中国患，亦非力所强为谋之耳"，[①] 作为太平天国败亡的原因之一。李秀成被俘后在自述中强调"欲与洋鬼争衡"，"要防鬼反为先"。[②] 二人异口同声，可谓切肤之痛，字字血泪。这昭示了近代中国抵御外辱和争取民族独立的时代主题。随后19世纪70—90年代的边疆危机，验证了洪、李二人的预言。

二　向西方寻求真理的里程碑

毛泽东在《论人民民主专政》中说："自从一八四〇年鸦片战争失败那时起，先进的中国人，经过千辛万苦，向西方国家寻找真理。洪秀全、康有为、严复和孙中山，代表了在中国共产党出世以前向西方寻找真理的一派人物。"[③] 长期以来，很多研究引此为据，盛赞洪秀全是近代中国向西方学习的重要人物。美国学者马森（M. G. Mason）认为洪秀全等人是近代中国的改革者，"掀起了通过介绍西方思想与改革来'拯救'中国的第一次运动"。[④] 一部分中外学者对洪秀全与中国近代化关系的认知趋于一致。单就洪秀全以上帝旗帜起兵反清，欲改造山河而言，在形式上确实不无新意，

---

①　《干王洪仁玕自述》，罗尔纲、王庆成主编：《中国近代史资料丛刊续编·太平天国》（2），第412页。

②　《忠王李秀成自述》，罗尔纲、王庆成主编：《中国近代史资料丛刊续编·太平天国》（2），第398页。

③　《毛泽东选集》第4卷，人民出版社1991年版，第1469页。

④　〔美〕M. G. 马森：《西方的中国及中国人观念：1840—1876》，杨德山译，中华书局2006年版，第102页。

但洪秀全对西学的探索主要局限在宗教领域，他阅读的涉猎基督教的书目只有《劝世良言》《圣经》《天路历程》等少数几种。自接受拜上帝思想以来，洪秀全的大多数时间和精力用在自创宗教建设上。与基督教相比，上帝教带有浓厚的形而下色彩，蕴含着特殊的社会政治因素，寄寓了洪秀全等人的世俗政治理想。而且洪秀全和太平天国一直拒绝认同基督教是拜上帝思想的源头。因此，基督教不过是洪秀全思想的外壳。

严格来讲，太平天国时代向西方学习的代表性人物是洪秀全的同高祖族弟洪仁玕。1859 年 5 月，封王伊始的洪仁玕，将流亡期间开眼看世界的所见所思所感总结成稿，命名《资政新篇》，呈献洪秀全，条陈治国方略。① 这是一篇站在时代最前沿的文献，其近代化色彩要比同时代及稍晚的洋务派思想浓厚得多（虽然洪仁玕的实际作为远不及洋务派）。洪仁玕也因这样一篇只有 8600 余字的光辉文献而成为中国近代思想史上的一个标志性人物。后世对太平天国和洪秀全持严厉批判态度的人，却对洪仁玕的评价以正面居多，争议相对较小，很大程度上也是因为洪仁玕的《资政新篇》明确提出了"向西方学习"的时代主旨。

（一）《资政新篇》的社会理想

《资政新篇》全文分"用人察失类""风风类""法法类""刑

---

①　洪仁玕是 1859 年 4 月 22 日行抵天京，5 月 11 日被洪秀全封为军师、干王，总理朝政。据其回忆受封伊始的情形："予恐军心散乱，具本屡辞，蒙诏：风浪暂腾久自息。予作有履历及天文理势、《资政新篇》，各皆心服。毕竟武官众口沸腾，予见众将中惟陈玉成忠勇超群，乃保奏王爵，旨准封为英王。"[《干王洪仁玕自述》，罗尔纲、王庆成主编：《中国近代史资料丛刊续编·太平天国》（2），第 402 页] 罗尔纲考证陈玉成封王在天历己未九年四月，故《资政新篇》作于此前不久，即洪仁玕封王之初。尽管《资政新篇》是洪仁玕到天京后拟议成文的方案，但他在香港、上海等地流亡时就应该有了比较成熟的思考，甚或准备了一些文字素材。

刑类"。①

"用人察失类"置于诸策之首，因为"奉行者"的素质是立法的保障。这里主要讲"禁朋党之弊"，防止君权下夺。天京事变后，太平天国政局日渐紊乱，吏治腐败，人心离散，因而强化中央集权、整饬吏治是政治改革的当务之急。洪仁玕将"用人察失类"置于文首，并重点提"禁朋党之弊"，针对太平天国政局现实的立意很明显。随后，洪仁玕强调"立法"的根本旨趣在于尽快实现"兵强国富、俗厚风淳"，呼吁改变"习俗迷人"的流弊，"真心实力，众志成城"，"亲见太平景象，而成为千古英雄，复见新天、新地、新世界"。

"风风类"上接"用人察失类"所讲"习俗之迷人"，进一步阐发如何改变人心风俗。洪仁玕还按不同的价值取向将世间之物划分为三类："夫所谓上宝者，以天父上帝、天兄基督、圣神爷之风，三位一体为宝。一敬信间，声色不形，肃然有律，诚以此能格其邪心，宝其灵魂，化其愚蒙，宝其才德也。中宝者，以有用之物为宝，如火船、火车、钟表、电火表、寒暑表、风雨表、日晷表、千里镜、量天尺、连环枪、天球、地球等物，皆有探造化之巧，足以广闻见之精，此正正堂堂之技，非妇儿掩饰之文，永古可行者也。"相比之下，"中地素以骄奢之习为宝，或诗画美艳，金玉精奇，非一无可取，第是宝之下者也"。洪仁玕首先倡导弘扬上帝的教化功用（上宝），其次崇尚基督教国家的西学技艺（中宝），也就是畅想将骄奢蒙昧的中国社会改造为以上帝信仰为核心价值观的新社会。

与佛教、儒教相比，上帝信仰有着特殊优越的风俗教化功用，"皆不如福音真道有公义之罚，又有慈悲之赦，二者兼行，在于基督身上担当也。此理足以开人之蒙蔽以慰其心，又足以广人之智慧

---

① 洪仁玕：《资政新篇》，《太平天国印书》（下），第 677—694 页。以下该篇引文不再一一注明。

以善其行，人能深受其中之益，则理明欲去而万事理矣。非基督之弟徒，天父之肖子乎！究亦非人力所能强，必得上帝圣神感化而然也"。在洪仁玕看来，西方社会之所以开蒙蔽、广智慧、理万事，技艺先进，在于得到了上帝信仰的感化，因而国家是否兴盛与是否信仰上帝有着密切关系。换言之，淳厚风俗，改变当下陈旧落后的社会风习，尊崇和信仰上帝的价值观是最重要的。从社会风习的角度来探寻救世之道，洪仁玕和洪秀全表达了比较一致的看法，他们都找到了上帝信仰这一切入点。但洪秀全止步于宗教，而洪仁玕以此探寻中国落后于西方的原因，较洪秀全则更具远见卓识。

过去有论者批判《资政新篇》的宗教色彩，既忽略了洪仁玕以宗教为媒介睁眼看世界的特殊经历，也对太平天国以宗教起家和立国的历史实际缺乏认识，以及并不了解《资政新篇》作为太平天国新政改革的建设性文件的同时承担着改造上帝教教义的重任。而且，洪仁玕崇尚和倡言的正是以上帝信仰为核心的价值观，这集中体现在"风风类"的论说之中。那么如何推动形成并保障上帝信仰在移风易俗社会改造中的地位呢？这就须依靠"立法"，从而引入"法法类"来阐述"兵强国富、俗厚风淳"的具体实现方略。

"法法类"是《资政新篇》的主体，其内容占全文一半篇幅以上，足见其重要性。至于具体应立何法，洪仁玕提出了解世界各国的发展大势，"凡外邦人技艺精巧，邦法宏深"，应"柔远人之法"，学习西方先进。洪仁玕隐约意识到西方国家之所以富强发达，其重要因素在于有一套周密详细的法律。在介绍世界大势时，洪仁玕除着重分析各国兴衰与是否信奉基督教的关系，另强调"法善"与否与国家兴衰之关系，他说英国"于今称为最强之邦，由法善也"。通过介绍各国情势，洪仁玕得出结论："以上略述各邦大势，足见纲常大典，教养大法，必先得贤人，创立大体，代有贤能继起而扩充其制，精巧其技，因时制宜，度势行法，必永远不替。""纲常""教养"是"德"，"大典""大法"是法，洪仁玕把"德"和"法"结合起来，呼应之前提到的"教法兼行"。在洪仁玕看来，学习西方就是"因时制宜，度势行法"，他根据自己了解到的先进事物，草拟了29 条具体法例，可概括为政治、经济和社会三个方面。

在政治方面，共有 9 条：准卖新闻篇或暗柜，以使"权归于一，内外适均"，"上下情通，中无壅塞"；"兴邮亭以通朝廷文书，书信馆以通各色家信，新闻馆以报时事常变，物价低昂"；"朝廷考察"；"兴各省新闻官"；"兴乡官"；"兴乡兵"；"罪人不拿"；"立丈量官"；"禁私门请谒，以杜卖官鬻爵之弊"。洪仁玕提出这些举措的本意在于整饬吏治和强化中央集权，建立一个政令通达、信息畅通、廉洁高效稳定的行政体系。

洪仁玕还介绍了美国的总统选举、议会制等西方民主政治制度，其赞赏之情溢于言表。实行殖民统治的香港并没有移植英国本土的代议制，洪仁玕只能从传教士那里或"新闻篇"上了解到英美的一些政治制度，知之不深。而且，出于对天王的愚忠，他也不可能建议太平天国实行英国的君主立宪制或美国的总统制。相较而言，洪仁玕更加钦慕西方的物质文明。但他结合太平天国的政治情境，对其政治制度也有一番设想。比如主张学习美国的"暗柜"制，使"上下情通，中无壅塞弄弊者"。所谓"暗柜"即投票箱、意见箱、检举箱之类，如美国"有事各省总目公议，呈明决断。取士、立官、补缺及议大事，则限月日，置一大柜在中廷，令凡官民有仁智者，写票公举，置于柜内，以多人举者为贤能也，以多议是者为公也"。洪仁玕在全文最后的一段话颇值揣摩："恳自今而后，可断则断，不宜断者付小弟掌率六部等议定再献，不致自负其咎，皆所以重尊严之圣体也。或更立一无情面之谏议在侧，以辅圣聪不逮。"其中建议集思广益，军师、掌率、六部可商讨国事呈报天王旨准，又立"无情面之谏议"监督君权，再加上他一再提到设新闻官、新闻馆体察人心公议，对政权进行新闻舆论监督，这些政治制度方案虽有言犹未尽之感，但多少带有了一些朦胧的近代民主思想，甚至有一点像英国议院制的行政模式。洪仁玕在参考、学习西方政治制度方面堪称开风气之先，当时国人中有此智识者寥若晨星。

在经济方面，共有 8 条："兴车马之利，以利便轻捷为妙"；"兴舟楫之利，以坚固轻便捷巧为妙"；"兴银行"；"兴器皿技艺"；"兴宝藏"；"兴省郡县钱谷库，以司文武官员俸值公费"；"兴市镇公司"；"外国有兴保人物之例"。这些措施涉及兴办近代交通运输、银行、采矿、保险等，鼓励科技发明和保护发明专利，立官司理工商税收，与传统中国社会"重农抑商"的政策和贬斥"奇技淫巧"的态度形成鲜明对比，筹划了一个开放的资本主义社会的基本经济秩序，是《资政新篇》中最具时代气息的内容。

在社会方面，共有 12 条，包括四"兴"："兴士民公会""兴医院以济疾苦""兴跛盲聋哑院""兴鳏寡孤独院"；八"禁"："禁溺子女""禁卖子为奴""准富者请人雇工"，"禁酒及一切生熟黄烟鸦片""禁庙宇寺观"，"禁演戏修斋建醮"，"革阴阳八煞之谬"，"除九流"，"屋宇之制，坚固高广任其财力自为，不得雕镂刻巧，……宜就方正，勿得执信风水，不依众向"。洪秀全所提倡的社会改造，更多地侧重于"破旧"（破除包括儒释道在内的偶像崇拜），洪仁玕的目光则兼顾"立新"。洪仁玕所倡导的破旧立新、移风易俗的社会改造，旨在弘扬上帝教的核心价值观和伦理道德，所以他说兴士民公会、兴医院都是"仰体天父、天兄好生圣心"，"仰体天父、天兄圣心者题缘而成其举"；太平天国原来就厉行的"禁庙宇寺观""禁演戏修斋建醮""革阴阳八煞之谬""勿得执信风水"等措施也被洪仁玕继承并发扬，目的也是破除偶像迷信，确立独一真神、独尊上帝的局面；"除九流"也以"此天父之罚始祖，使汗颜而食者"为依据。社会方面的 12 条建议，均被洪仁玕认为是上帝教伦理要义的体现，与前述"兴乡官""兴乡兵""立丈量官""兴市镇公司"等政治、经济建议，共同确立了基层社会的基本秩序。由此，确立上帝教的信仰（价值观和伦理道德），既有助于实现政治上的"权归于一"和"上下情通"，也有益于为发展工商经济而提供充足的社会资源和劳动力。

在"法法类"最后，洪仁玕对这一部分做了总结："一上所议，是'以法法之'之法，多是尊五美、屏四恶之法。诚能上下凛遵，则刑具可免矣。"也就是说，前述政治、经济和社会的立法建议，均是法治的具体方法，目的是弘扬上帝教的核心价值观和伦理道德。洪仁玕认为，若如此则"刑具可免"，不用刑而实现国家大治，因此法治是为德治服务的。

"刑刑类"是针对那些"不鲜顽民"的不得不用之法。洪仁玕对刑法改革提出了具体构想："善待轻犯"；"议第六天条曰'勿杀'"；"议大罪宜死者，以吊死焉"；"必先教以天条，而后齐以国法，固非不教而杀矣"。宽刑、摒除酷刑、改良死刑、以刑辅教、避免不教而诛，以及"法法类"之"罪人不拿"（禁止株连）等，均是对"教法兼行"论的进一步阐述，仍体现了"上帝有好生之德"的"德治"色彩。

受西方法治思想的影响，洪仁玕在《资政新篇》中将"法法类"和"刑刑类"并列，"法法类"的 29 条法例又涉及政治、经济和社会多领域，"刑刑类"中将作为刑律的"十款天条"与"国法"并立而论，打破了传统中国的成文法完全以刑为法的框架，将"刑"和"法"相区别，体现了他"因时制宜，度势行法"的革新思想。

从《资政新篇》的结构框架看，其主要有三部分——"风风类""法法类""刑刑类"，分别代表了"德""法""刑"，而洪仁玕的论说主要围绕三者的关系展开。他在全篇最后得出结论："大率法外辅之以法而入于德，刑外化之以德而省于刑。"大体上说就是"以法入德""以德省刑"，说明在三者中居核心地位的是"德"，"法""刑"均为辅助实现"德"的手段。于是我们可以理解洪仁玕在文件开篇奏陈的"奏为条陈款列，善铺国政，以新民德"的撰写旨趣了，他细致入微地条陈款列、善铺国政，根本目的是"以新民德"。所以他才在文件中一再强调要建设的国家是一个"俗厚风淳""纲常伦纪""风俗日厚""尊五美屏四恶"的"新天新地新世界"。鉴于他"恭录"的几乎全是其居港沪期间以基督教新教为媒介对西方社会的间接认知，洪仁玕已经意识到基督教伦理在资本主义发展过程中的作用。作为虔诚的基督徒，洪仁玕也希望太平天国弘扬上帝的宗教伦理，于是以上帝教信仰为核心的新道德治理太平天国，成为《资政新篇》一以贯之的主旨内容。洪秀全创立了一个太平天国特色的"上帝之国"，洪仁玕则希望以英美基督教文明为模型，将太平天国改造为一个近代化的"上帝之国"。尽管正统基督教教义和上帝教格格不入，但洪仁玕认为这无关紧要，共同的天父天兄信仰才是关节。他设计的这个国度的未来，既能对外开放，"柔远人之法"，允许外人通商、传教，"与番人并雄"；又能对内改革，兵强国富，风俗淳厚，拥有近代化的社会秩序。因此，《资政新篇》描绘了一幅太平天国版的基督教（上帝教）宗教意识形态和社会秩序蓝图。

虽然彼此在宗教上有分歧、《资政新篇》的建设思想杂糅了某些中国传统的思想文化，传教士仍然认为这是几百年来传播基督教文明的一个标志性成果，是他们所传播的基督教国家近代化方案在中国的一个翻版。洪仁玕曾把《资政新篇》的手写本寄给与之相熟的传教士，湛约翰（或湛孖士，John Chalmers）、晏玛太（M. T. Yates）、裨治文（E. C. Bridgman）等传教士均看过该书，理雅各、艾约瑟、杨笃信（或杨格非，Griffith John）等传教士还迅速将其内容或全译或摘译为英文，向世界各国展示。[①]

（二）洪秀全对《资政新篇》的态度

洪秀全对《资政新篇》的手稿逐字审阅，删除论及上帝无形的文字，加批阅 31 条，[②] 而后下诏"此篇傅镌刻官遵刻颁行"。对

---

① 参见〔日〕仓田明子：《〈资政新篇〉的西学知识与基督教之影响》，黄东兰主编：《新史学 第四卷 再生产的近代知识》，中华书局 2010 年版，第 101—102 页。

② 参见《艾约瑟牧师的报道》，罗尔纲、王庆成主编：《中国近代史资料丛刊续编·太平天国》（9），第 233 页。按，尽管如此，洪仁玕在他的不少论作中仍委婉、隐晦地保留了一些与洪秀全宗教思想相异的表述。

《资政新篇》的批阅、刊行反映了洪秀全思想的些许变化。其中，洪秀全表示认可的有 27 条，暂缓实行的两条，表示反对的两条。对洪仁玕所拟写的大部分建议和法例表示赞同，说明后期的洪秀全并非一味抱残守缺、故步自封，其思想认识还能够做到与时俱进。洪仁玕曾对艾约瑟牧师说："引进欧洲的先进东西（如铁路、蒸汽机之类）的主张，尤其博得了天王的极大赞同。"① 而且对之有所弃取，说明洪秀全经过了认真思索。

针对洪仁玕的"勿杀"论，洪秀全反驳说："爷令圣旨斩邪留正，杀妖杀有罪不能免也。""爷诚勿杀是诫人不好谋害妄杀，非谓天法之杀人也。"针对洪仁玕提议设新闻官、准卖新闻篇或行暗柜，洪秀全认为："钦定此策。杀绝妖魔行未迟。""此策现不可行，恐招妖魔乘机反间。俟杀绝残妖后行未迟也。"② 洪仁玕未经起义立国之艰辛，缺乏军旅生活锤炼，这几条提议明显与当时残酷的战争形势不相协调。在向西方学习的态度上，洪秀全比清朝皇帝开放和包容，太平天国"用夷之道，还施于彼"的思想和实践也几乎与清方阵营同步。③ 但对世界大势和西学的认识和兴趣，洪秀全还远不能和洪仁玕相比。他几乎逐条批阅了"以法法之"的 29 条建议，其中只对"朝廷考察""兴保人物之例""禁卖子为奴""立丈量官"不置可否，说明洪秀全对这些内容还没有考虑清楚。对表示认可的内容，洪秀全也只是批示"钦定此策是也""此策是也""是也""是"，字数多寡或体现了认可程度。绝大多数批"是"，从一个侧面反映了洪秀全对这些内容还比较陌生。我们只能说洪秀全通过《资政新篇》学习了解到这些反映时代潮流的新事物、新思想，但对近代化认可不排斥、持包容开放的态度，与向

① 参见《艾约瑟牧师的报道》，罗尔纲、王庆成主编：《中国近代史资料丛刊续编·太平天国》（9），第 235 页。

② 洪仁玕：《资政新篇》，《太平天国印书》（下），第 677—694 页。

③ 赵烈文：《能静居日记》，罗尔纲、王庆成主编：《中国近代史资料丛刊续编·太平天国》（7），第 100 页。

近代化思想转型还有很远的距离。洪秀全在阅读时对一些提议萌生了可以实行或将来可以实行的想法，与立即引进或作为施政纲领，还不能对等起来。我们不宜过高估计洪秀全所能达到的思想高度。

关键问题是《资政新篇》与《天朝田亩制度》反映了洪仁玕和洪秀全对未来社会秩序构建的不同取向。洪秀全在《天朝田亩制度》中设计的是一个理想化的古代大同模式的农本社会，取消私有财产和商业活动；而洪仁玕在《资政新篇》中精心描绘的是一幅开放的工商业社会的蓝图，发展私有经济，学习资本主义经营方式（如允许富者请人雇工）和技术，允许贫富差别的存在。这两者在经济制度和经济生活方面的构想相互对立。但洪秀全似乎没有意识到，更可能是不在意两份文件在具体内容上的这些分歧和差异。1860 年以后，太平军夺取苏南和浙江绝大多数地区，洪秀全几乎在同期重新刊刻了《天朝田亩制度》和《资政新篇》。[1] 《天朝田亩制度》仅据后期官制做了一些技术性修订，《资政新篇》仅据避讳制度以及宗教思想和对外观念变化做了个别字词的订正，在内容上基本没有变动。

太平天国与传统农民起义不同的地方主要是它鲜明的基督教意识形态因素。洪秀全最关心的是如何实现以他手创的上帝教控制国家的方方面面，即确立独尊上帝的一元意识形态局面。在确立中央集权、政教合一、独尊上帝等国家制度的根本旨趣上，《资政新篇》和《天朝田亩制度》是一致的。洪仁玕和洪秀全都设想建立一个以上帝教为核心价值观的富强国家，实现"天下共享天父上主皇上帝大福"，[2] "顶起天父、天兄纲常，太平一统江山万万年"。在这个过程中，洪秀全主要是建立了一个以上帝教为意识形态的国

---

① 《资政新篇》现存三个版本：英国剑桥大学图书馆藏本、牛津大学鲍德利图书馆修改本及上海文管会重刊本。其中上海文管会刊本年代最晚，在 1861 年前后。另据洪仁玕与艾约瑟问答，《资政新篇》除天京刊本外，忠王还答应在苏州印刷此书。可知《资政新篇》的实际刊本有多种，其他均已佚失。

② 《天朝田亩制度》，《太平天国印书》（上），第 409 页。

度，洪仁玕则希望通过改革尽快把它建设得富强发达。因此学习和借鉴一些西方近代化的科学技术和制度因素是洪秀全完全允许的。这是一位农民知识分子出身的太平天国最高领袖，何以会赞同洪仁玕那份崭新的近代化方案的根源所在。

过去有学者认为《资政新篇》丝毫不触及农民最关切的土地问题，故而不能得到农民的支持。洪仁玕在《资政新篇》结语部分特意表明，他所条陈的诸项建议是"古所无者""前古罕有者"，所以称之为"新"篇，以符"开新朝必颁新政"。[①] 为了突出这个核心特点，洪仁玕只能对天国大政有所取舍。而且土地制度既为《天朝田亩制度》的核心，此纲领又从未废行，自无复提之必要。《资政新篇》的颁行对《天朝田亩制度》的法律效力没有任何影响。此后不久，由洪仁玕领衔制定《制度则例集编》，其中即包括田赋之制，"男子十六岁以上，每丁耕田十亩"，[②] 仍是平均分配土地的方案，其基本精神与《天朝田亩制度》一致。此文献被洪秀全列入"旨准颁行诏书总目"。《资政新篇》的论述也不是面面俱到，如其中很少有关于教育的内容，之后洪仁玕在《钦定士阶条例》《钦定英杰归真》等文件中集中阐述了他关于教育、文风、科举等方面的改良建议。在这一领域，洪仁玕更多的是对传统文化进行反思，远不如容闳为洪仁玕提出的设立军事学校、实业学校以及确立有各级学校的教育体系等建议具有时代气息。[③] 洪仁玕很可能忽视了两份文件在社会秩序上的对立，包括他设计的专制主义中央集权的政治架构，是否和开放的资本主义工商社会相称，这本就是问题。在洪仁玕设想效仿的资本主义工商社会中，农业、农村、农民和土地已不是社会的核心要素，但在像中国这样的传统农本社会里，解决占人口绝大多数的农民的土地问题，是实现近代化和社会

---

① 洪仁玕：《开朝精忠军师干王洪宝制》，《太平天国印书》（下），第 700 页。

② 谢绥之：《燐血丛钞》，《太平天国史料专辑》，第 406 页。按，原文作《天朝制则例》，从内容看，应该是已经佚失的太平天国印书《钦定制度则例集编》。

③ 容闳：《西学东渐记》，湖南人民出版社 1981 年版，第 56—57 页。

转型的重要前提。因此，《资政新篇》对土地问题的缺载很可能是洪仁玕刻意之举。

有学者认为，《资政新篇》是洪秀全授意洪仁玕所作，洪秀全的批示表明他基本接受了近代化思潮，《资政新篇》是继《天朝田亩制度》后太平天国的第二个纲领性文献，而且还准备付诸实施。甚至有人预言，如果太平天国不失败，将会走上资本主义道路。这类判断不符合洪秀全的思想实际。洪秀全并不完全赞同《资政新篇》的内容，特别是在宗教要义上有令他反感的内容。洪仁玕在结语中说："因又揣知圣心图治大急，得策则行，小弟诚恐前后致有不符之迹，故恭录己所窥见之治法，为前古罕有者，汇成小卷，以资圣治，以广圣闻。"可见洪仁玕虽然是按制定"为邦大略"、"政治大略"（即治国纲领）的初衷进行撰写，但文本乃因揣知天王图治之急情而作，"急欲载阳献曝"，[①] 或"有不符之迹"，仍需"恭献圣鉴"，由天王裁定。他对洪秀全是否认同他的建议还比较担心，因此洪仁玕自己将这份文件定性为"方策"（建议书）。严格来说，还不能将这份并不被洪秀全完全认同的建议书或参考文献上升到纲领性文献的地位。即使只从书面上说，它也未成为太平天国的纲领，因为它是作为洪仁玕的个人作品被刊发的，不是作为天国最高领袖的诏旨刊发的。更不要说在实践的层面上，除外交思想在一定程度上付诸实践外，其余内容基本是一纸空文。

究其原因，后期太平天国中央权力下移，一些手握重兵的高级将领拥兵自重，各自为政，不时掣肘中央，成为推行新政的阻力。洪仁玕曾对容闳表示："他是孤立的，没有人支持他来付诸实施。其他诸王及领导人都出征在外。他说，他深知这些措施的必要性，但是任何一项措施，都必须经过多数人同意以后，才能实行。在其

---

① 洪仁玕：《开朝精忠军师干王洪宝制》，《太平天国印书》（下），第 701 页。

他人回来以前，一切不能决定。"① 而洪仁玕根底薄、声望低，又缺乏杨秀清的铁腕手段和权谋之术，不足以使上下一心，翕然从风。后来，在激烈的朝内党争中，洪仁玕出于对洪秀全的愚忠、对洪氏宗族的血缘亲情，一味迁就服从天王，偏袒王长、次兄，与忠王李秀成、英王陈玉成等地方实力派矛盾愈深，派系斗争成了他后期政治生涯中的主旋律。随着战局日蹙，洪秀全对洪仁玕也不再信赖，一度将其降职、撵出天京，甚至让其近乎赋闲。高处不胜寒，面对积重难返的太平天国，洪仁玕主政之初那种革故鼎新的壮志豪情逐渐消散，《资政新篇》设计的美好蓝图被束之高阁成为必然。

（三）《资政新篇》的历史地位

《资政新篇》集中反映了洪仁玕为挽救天国危机推行的新政方案。洪仁玕对西方的了解属于间接认知，《资政新篇》难免存在一些偏差。如在介绍美国时，认为"邦长五年一任"，其实美国总统的任期是四年，"数百年来，各君其邦"，而其时美国独立尚不足百年；言马来西亚、秘鲁、澳大利亚、印度信佛教也不确切，马来西亚主要是伊斯兰教，秘鲁和澳大利亚主要是天主教和新教，印度主要是印度教和伊斯兰教；至于"火轮车一日夜能行七八千里"，"火船汽船一日夜能行二千余里"，明显夸张；他将传教士作为西方代表，认为外交礼仪是决定国际关系的要素，这对西方国家政教分离、国家利益与意识形态分离的现实存在认知盲点。

除了《资政新篇》，洪仁玕在主政之初还主持颁布了一系列文件，尝试推行新政。如《立法制喧谕》力主健全法制，统一事权，整饬吏治；《颁新政喧谕》《克敌诱惑论》强调振奋精神，同仇敌忾；《兵则四要》提出师克在和，严明赏罚；《戒浮文巧言喧谕》《献试士条例本章》倡言改革科举，通经致用，革除浮文清

---

① 容闳：《我在美国和中国的生活回忆》，《太平天国史译丛》第 1 辑，中华书局1981 年版，第 208 页。

谈陋习。此外，洪仁玕还推行外交新思维及尝试修订和补充上帝教教义。而随着太平天国战局恶化、人事易动、权力纷争，洪仁玕的新旧思想此消彼长，这些闪光思想逐渐被愚忠、迂阔、保守的思想所取代，那些切中时弊、富有时代气息的政见逐渐被洪秀全的政治和宗教主张所同化。洪仁玕被俘后，在他留下的数篇供词中，竟没有一字提到近代化改革方案，反映了洪仁玕思想的蜕变。

结合前面的论述，我们认为洪秀全的思想在本质上还是传统思想，特别是儒家思想居于支配和主导地位，缺少务实和时代色彩。在向西方学习宗教方面，主要是洪秀全影响了洪仁玕，而在向西方学习先进的文化和制度方面，则是洪仁玕影响了洪秀全。近代首位留美生容闳到过天京，他盛赞洪仁玕"见闻稍广，故较各王略悉外情，即较洪秀全之识见，亦略高一筹。凡欧洲各大强国所以富强之故，亦能知其秘钥所在"。① 英国外交官富礼赐（Robert J. Forrest）也认为"在南京诸王之中，干王乃是独一无二的人物"。② 太平天国时代真正向西方学习的代表人物是洪仁玕，而不是洪秀全。

洪秀全是中国历史上第一个借用西方宗教文化反对中国传统的人。太平天国后期，受洪仁玕和《资政新篇》影响，洪秀全的视野已逾出单纯的宗教范畴，在学习西方文化上有了昙花一现的思想闪光。对于洪秀全思想本身，它的意义主要还是体现在反压迫反侵略的思想因应了时代主题。《资政新篇》不是太平天国主要领袖的思想，更不是太平天国运动实践的产物。它只是一个与洪秀全有个人关系，长期不在太平天国内，之前几乎未参与太平天国运动实践的洪仁玕，从外部带给太平天国主要领袖的一份建议书。因此，它与太平天国的关系、意义，以及其在思想史上的意义应该分开

① 容闳：《西学东渐记》，第57页。
② 〔英〕托马斯·布莱基斯顿：《江行五月》，第46页。

来谈。

从《天朝田亩制度》到《资政新篇》，其间的脉络相承以及曲折变化，反映了太平天国领导人强烈的革新精神和自强意识，表露出游离在近代门槛的旧式农民运动已经发生了时代变化的微妙信息。这两份文献均是中国农民战争史上弥足珍贵的思想文化遗产。

后来所谓同治中兴和洋务运动的近代化格局即奠基于反思太平天国战争的思想运动之上。当面临内忧外患的三千年未有之大变局，清王朝已不可能再按照祖宗之法原封不动地维系统治。在太平天国的冲击下，清朝权力格局和内外政策发生剧变，洋务派得以崛起。为"御外侮，靖内患"，洋务派主张"师夷长技""中体西用""自强求富"，在一定程度上开始改变保守排外的顽固思想，中国逐步走向开放和变革的近代化之路。因此，考察洋务运动的起源，不能忽视太平天国的客观推动作用。

而洋务运动的近代化尝试始终没有超越《资政新篇》提供的理论范畴。1861 年 4 月，曾国藩的机密幕僚赵烈文读过《资政新篇》后说："《资政新篇》一本，贼族洪仁玕所作以上洪逆者，文理较明白。其中所言，颇有见识：一曰'风风类'，言中国民人浮侈之习，难以法禁。惟在上者以为可耻之行，见则鄙之忽之，民自厌而去之矣。二曰'法法类'，皆是效法西人所谓，其钦折外洋，殆为心悦诚服，而于夷情最谙练，所有在沪西国教士皆列名其上，此皆两粤人习染年深，视外邦如神明。然其长处颇能变通用之，亦未可抹杀。三曰'刑刑类'，以为用刑当体第六天条弗杀之义，凡人重罪，惟当吊死云云。以此观之，其人亦尚仁恕，非暴虐之徒。此三类每条上皆有洪秀全批云'此策是也'数字。闻洪仁玕在贼中甚得权，其人亦粤西人，与逆同族，曾如县庠，缘事斥革，后投贼中。其未至金陵时，曾到上海留数载，故夷情最悉。观此一书，则贼中不为无人。志云：'知己知彼，百战百胜。'有志之士尚无忽诸。"① 赵烈文并不知道洪仁玕有在香港的流亡经历，且认为他太过推崇西方，但在认识到学习西方的近代化潮流是使中国摆脱积贫积弱的时势所趋方面，敌对营垒的有识之士可谓殊途同归。

《资政新篇》的问世和洪仁玕主持的新政，给后期沉闷的太平天国政局带来了新气象，使太平天国迎来了充满胜利希望的1860年，也给两千多年的旧式农民运动带来了新观念和新思想。尽管这是昙花一现。19世纪四五十年代的启蒙作品，如林则徐编译的《四洲志》、魏源的《海国图志》、徐继畬的《瀛寰志略》、姚莹的《康輶纪行》、梁廷枏的《海国四说》等，主要是从史地人文的角度介绍世界大势。曾国藩、李鸿章、左宗棠兴办的洋务事业，最初以"自强"标榜，其视野局限在"师夷长技以制夷"的命题范畴。这些早期的先进人物、代表作品、进步思潮，揭开了鸦片战争后近代中国向西方学习的序幕。然而在解答学习西方什么、为什么学习西方、怎样学习西方等问题上，早期的经世派大多没有做出系统回答，而且早期的启蒙思想本质上不过是以新卫旧（中体西用）。

比较而言，《资政新篇》来源于洪仁玕流亡香港、上海的切身感受和理性思考，是其个人思想的结晶。它倡言除旧布新、顺应时势，深刻系统全面地揭示了向西方学习的时代命题，所涉内容涵盖政治、经济、社会、外交、思想文化等方方面面，堪称当时国内最为完整先进的近代化方案。毋庸置疑，《资政新篇》将近代国人向西方学习推到了一个新的高度，代表了19世纪60年代之前中国人探索救国救民道路的最高水准。即使是19世纪70年代之后的早期改良派，其思想之系统和深度也未必全然超越洪仁玕。在鸦片战争惨败后的二十年光阴里，绝大多数国人还沉浸在天朝上国的迷梦之中，洪仁玕就已预见到了"时势"，而这些预见直到几十年后才被

---

① 赵烈文：《能静居日记》，罗尔纲、王庆成主编：《中国近代史资料丛刊续编·太平天国》（7），第79页。

国人普遍地认知。直到 1898 年，洋务派张之洞的《劝学篇》，维新派何启、胡礼垣的《新政真铨》，还在讨论中学、西学何为"体"何为"用"的问题。当洋务派倡议修铁路、开矿藏时，顽固守旧者纷纷指责其破坏风水龙脉，而洪仁玕早就表达过"勿得执信风水""动言风煞"的主张。从世界范围看，《资政新篇》表达的带有近代启蒙性质的思想和方案，在当时绝大多数前近代国家中是极为少见的，也早于日本西周、福泽谕吉等启蒙思想家提出的进步思想。容闳评价太平天国："太平军一役，中国全国于宗教及政治上，皆未受丝毫之利益也。其可称为良好结果者惟有一事，即天假此役，以破中国顽固之积习，使全国人民皆由梦中警觉，而有新国家之思想。"[①] 所谓"新国家之思想"，即近代化国家思想，主要是指《资政新篇》开近代中国全面学习西方之先河。《资政新篇》堪称近代中国向西方学习的一个里程碑。太平天国和洪仁玕也因之在中国近代思想史上占据一席之地。

三　旧式农民运动的历史局限

过去学界普遍认为，敌我力量对比悬殊，中外势力联合剿杀了太平天国，而旧式农民运动的局限使太平天国不可能从容应对近代新的政治环境，最终无法改变强弱悬殊的形势。历史实际却是：直到 1862 年之前，太平天国与清王朝长期处于势均力敌的战略相持状态，太平军也几度掌握战争主动权，大有改朝换代的可能。1862 年春，拥有先进武器和强悍军队的西方列强与清政府联合镇压太平天国的方案最终被敲定。随即列强在上海、宁波周边直接出兵进攻太平军，并特许个别军官组建雇佣军，与清军联合绞杀内地太平军。这势必使战争胜负的天平发生倾斜。可以

---

① 容闳：《西学东渐记》，第 62 页。

说，外国在华势力的武装干涉是太平天国败亡的一个主要外因。但列强的直接干涉仅在后期的局部地区，长期以来太平天国面临的主要敌人是清政府和湘军。倘若太平天国能够尽早修省自身弊政，改良战略指挥，缓和社会矛盾，联合遍及全国的反抗者，孤立敌人、强大自我、争取多数，以占领区相对稳定的社会经济秩序维系民心所向，那么推翻清朝并非全无可能。可是后期太平天国的社会政治实态是：党争、内讧、腐败、哗变、民变、团练、盗匪等不安定因素愈演愈烈，社会失控加剧，太平天国的内溃之势已萌生于军事溃败之先。因此，太平天国失败的主要原因并不在于中外势力的联合剿杀，而是其自身失误和自我瓦解。从思想史的角度考察太平天国失败的内因，大致可以分为两个层次：宗教思想层面和社会政治思想层面。

（一）拜上帝思想的消极性

利用宗教动员组织群众，是历史上旧式民众起事的特点。太平天国亦以宗教起家，又以宗教立国。在运动前期，上帝教的精神凝聚力、宣传员和组织功能得到强化，拜上帝思想成为太平军将士征伐江山的精神源泉，对太平天国的迅速崛起和蓬勃发展产生积极作用。但宗教是一把双刃剑。当太平天国定都天京、占有东南半壁、面临由"打江山"向"坐江山"统治方式转型的问题时，作为官方统治的意识形态，上帝教的痼疾逐渐暴露，对太平天国内政外交产生了深远的负面影响。

首先，上帝教教义对太平天国政治权力结构产生了消极影响。上帝教教义将基督教独一真神信仰和传统中国礼义人伦纲常伦理思想、中国民间宗教"人神媾通""代天言事"的造神巫术杂糅在一起，拒绝认同三位一体、上帝纯灵，鼓吹神人同形，建立了政教合一的政治体制，其政治军事组织兼具宗教组织，核心领导层成员兼具宗教和世俗双重身份。这就为政治权力的多元化、宗教权力与世俗权力的冲突埋下了伏笔。洪秀全借宗教烘托君权，宣扬奉天承运、天命正统、皇权至上，无论是在世俗还是在宗教上，他都是名义上的最高统治者，但实际权力都受到天父代言人、天父第四子、左辅正军师东王杨秀清的严重挑战，父子君臣关系在宗教和俗世之间不时倒置，乃至爆发流血漂杵的天京惨案，非一死不能了之。

后期太平天国权力格局紊乱，也肇起于上帝神话的瓦解。洪秀全无法圆满解释天父代言人和天兄代言人的突然消失，无法解答天国军民对上帝小家庭成员关系倒错的疑惑，只是一味迷信上帝，连篇累牍地宣传、反复论证自己作为真命天子的权威，老调重弹，没有任何真正鼓舞人心的新鲜内容，拜上帝思想的内涵非但没有得到丰富和发展，反而愈加僵化和空洞。但现实是严峻残酷的，洪秀全沉溺迷恋在宗教情绪中太久太深，白白错失了解决棘手问题的不少时机。洪秀全打着上帝的旗号为建立和巩固洪氏王朝、维护等级世袭制辩护，迷信"天功"，抹杀"人力"，"一味靠天""言天说地""信天不信人"，在宗教迷信中抱残守缺、自我陶醉，为加强皇权寻觅理论依据。这使太平天国权力中心不能及时对时局进行反省和分析，并迅速采取有效措施，而且直接动摇了广大太平天国军民的信仰，甚至使上帝信仰从神圣趋于平淡，乃至被唾弃。太平天国的败亡，极端迷信上帝无疑是一个祸根。

除了一些核心教义互相抵牾、难以自圆其说，太平军内部出现信仰危机还与拜上帝的理论和实践严重脱节有关。洪秀全等人一方面宣传"天下一家""四海皆兄弟"，另一方面又崇奉皇权、严判上下尊卑，厉行等级森严的礼仪制度。原本要建立一个均匀饱暖、同沐上帝恩泽，洋溢着手足亲情的太平盛世，却在现实中导致天国内部两极分化、吏治腐败、苦乐不均。洪秀全及大小官员均以救世主自居，构建了以两广客家贵族为核心的特权阶层，奉行特权政治，号召民众对天王"报恩"，对官员"贡献"，从而出现了官场的塌方式腐败。既然太平天国权力中心逐渐淡忘了其追随者的利益，仅关心极少数统治阶层的利益，那上帝教的构想如镜花水月、太虚幻境，自然难以继续汇聚人心、吸引民众。洪秀全等天国领袖终究摆脱不掉宗法社会对农民的精神束缚，所以，找不到新路，《资政新篇》成为一纸空文，太平天国归于失败。

其次，太平天国的社会战略也充斥着浓厚的宗教色彩。上帝教信奉上帝独一真神，具有强烈的排他性。为了尽快确立独尊上帝的一元意识形态，太平天国在其占领区采取了许多激烈的社会改造政策，特别是推行移风易俗的社会改造，以简单而激进的宗教运动强制民众改变传统信仰和风习，企图摧毁旧有思想文化根基，却只是以新的宗教迷信取代旧的宗教迷信，缺乏坚实深厚的群众基础，超出民众心理承受力，激化了与民众的对立，加剧了社会动荡，导致拜上帝信仰无法在民间立足。太平天国最终失去知识分子群体的支持也与其崇奉上帝，反孔非儒、毁灭偶像的偏激文化政策有关。太平天国忽视发展生产，在城市废除私有财产、取消私营商业和手工业，某种程度上也掺杂着拜上帝的宗教因素。太平军及其领导者将生产所获财富作为"天赐"，言其理所应当享尽"天福"，上帝教强化了这类幻想。有人讲："凡物皆天父赐来，不须钱买。"① 他们根本没有想过从事生产，一应所需取于民间，逐渐失去反抗者的本色而转变为新的寄生权贵。需要指出，一味倚靠"天功""天赐"，不仅弱化了太平军的危机意识，使他们对战局盲目乐观，缺乏理性认知，还助长了太平天国上下安富尊荣、及时享乐的思想。前期义无反顾、拓土开疆的理想和锐气在一片文恬武嬉、疲玩泄沓的社会氛围里悄然褪色。

总体上看，拜上帝思想的积极作用主要是在太平军兴时期，且在逐渐弱化。在太平天国中后期，它的消极性不断强化，逐渐与现实社会脱节，与实践行动脱节，甚至成为太平天国高层领导者政争的工具，严重危害政局和战局。拜上帝信仰没有得到恪守中国传统信仰的知识分子的支持，也逐渐与下层民众和广大太平军将士的利

---

① 张汝南：《金陵省难纪略》，《太平天国》（4），第716页。

益渐行渐远。因此它导致人心冷淡，而在政治大对决中，一个政权，哪怕是兴起于草根民众的政权，要想长久维系，民心的所向和转向至为关键。

（二）自我孤立的思想和政略

在拜上帝思想的官方意识形态指导下，太平天国形成了具体的改造中国社会的思想和政略，这些政略均有其独特的宗教和政治内涵，但大多与国情脱节，在重大的政治、经济和社会改造决策上犯了自我孤立的严重错误。

第一，皇权主义思想泛滥。建立洪氏王朝，是洪秀全确立反清思想后始终追求的政治目标。他将皇权思想与拜上帝思想和社会政治理念过度融合，不利于形成正确有效的内政外交决策。其一，导致领导层持久不息的权力斗争，引起了严重分裂和内耗。太平天国自始至终都没有建立起统一有力的政权机制，没有形成一个长期稳固的领导核心，权力资源分配的斗争极大地削弱了太平天国自身实力，即便是在强敌环伺、兵临城下的险恶环境中也未曾缓和。其二，皇权主义、帝王思想使"天下一家"的理想信念趋于模糊，在现实社会里构建了森严的礼仪制度、等级世袭制度，使政治信仰庸俗化、功利化，腐蚀了太平军将士的思想，助长了天国内部安富尊荣、贪图享乐的思想，加剧了政治腐败。权力斗争和吏治腐败互为因果。权力斗争和吏治腐败的蔓延，均使太平天国失去了民心。

第二，自我孤立的经济政略。《天朝田亩制度》的理想与实际悬隔，理想是好的，反映了农民的愿望，但有一个重要教训：任何美好的理想，如果在不具备实施条件的情况下，只能变为空想。后来，太平天国迫于恢复传统社会经济秩序，推行"着佃交粮"、"招业收租"和"代业收租"间杂并行的田赋政策，地方社会不公和行政腐败继续蔓延，捐费体系紊乱，招致地主、自耕农和佃农等乡村社会各阶层的普遍反对。在乡村政治实践中，太平天国对乡官群体和农民阶级的利益诉求缺少持续关注，特别是将维系战争进行和政权开销的经济压力强加给乡官群体，乡官再转嫁于民间。以自我为中心，一切均服务、服从于军事，旨在获取经济利益的地方政略，结果造成孤立自我的困局。

此外，缺少发展战时生产的重要思想。太平天国较之历史上其他民众起事的高明之处在于放弃流寇主义，经营后方基地，目的主要是解决军队的粮食问题，所以太平天国将地方行政的重点置于农村、农民和粮食上，这无疑是正确的。然而，太平天国虽然拥有后方基地，但战略重心置于"取民"上，前期主要是通过强制手段"打先锋""勒贡献""写大捐"，后期主要是照旧征收漕粮赋税，却囿于战守，盲目扩军，唯知索取，滥收滥征，不修政理，违背社会经济发展的客观规律，导致狭蹙的占领区民穷粮尽，战局逆转。不能认识到依靠战时根据地经济建设和生产发展支持战争消耗的重要性，是旧式农民运动共同的局限，太平天国亦不例外。

第三，太平天国的知识分子政策和人才政策（如反孔非儒、宽进宽取、任人唯亲），移风易俗的社会改造政策（如禁棺葬、易服式、变时令），违背现实经济规律和传统生活方式的城市政策（如废除私有财产、取消私营工商业、拆散家庭），非理性的宗教说教（如毁灭偶像），等等，均是以自我为中心的社会政略的体现。

第四，太平天国领导人在理政思路上缺少对战略全局客观清醒的认识。对待会党、秘密教门、土匪、少数民族起义的态度比较冷漠，孤立了自我，未能建立最广泛的统一战线共同反抗清朝。狭隘反满，宣扬大汉族主义，并落实为长期的暴力屠满行动，造成社会恐怖，这种带有偏激宗教色彩和狂热复仇情绪的民族政策，无法引起士绅阶层的共鸣，实际也把其他少数民族排斥于太平天国阵营之外。盲目从宗教层面处理对外事务，使太平天国长期对列强侵略的本质认识不清，以致影响战局走向，如丧失了攻打上海、完成东征战略的大好时机。太平天国自视正统、自我孤立，既不注重内修政理，积蓄自身力量，又忽视联合、招抚其他可以联合的外部反清力量，陷入了自我消耗的困境。

以自我为中心的行政思想，换言之，即民本思想的缺失。太平天国高擎反清的猎猎大旗，招呼天下义士用血火相搏，在大江南北打下一片天地，就此基址成立了与清廷相抗衡的新天朝，此政权甚至延续十有余年。曾几何时，太平天国的各项政策和措施、各级政权官员和各级太平军官兵的种种倒行逆施，加剧了社会的失控和民心的丧失，甚至引发了诸多民众反乱事件。最终，太平天国逐渐陷入同清军、团练、外国雇佣军和普通百姓同时作战的四面楚歌之中，很快陷于倾覆。太平天国由兴起到倾覆的历史过程，由天下云集响应到占领区民变蜂起的历史流变，深刻诠释了人心向背是一个政权能否长期延续发展的关键。当然，太平天国最后的失败并不是某个单一因素所致，而是内外因素合力作用的结果。尽管导致太平天国自我瓦解和衰亡的上述失误，虽然可以简单归纳为旧式农民运动的局限，但这些失误并不决然具有必然性和共性，因此不能因之排除太平天国推翻清朝、实现改朝换代的可能。

综上所述，若从思想史的角度审视太平天国的历史贡献和深刻教训，太平天国既有在意识形态构建、政权建设和社会改造思想方面的可赞可取之处，这在一定程度上是太平天国能够成为旧式农民起义最高峰的重要原因，同时也留给后世诸如迷信宗教、自我孤立的沉痛教训。太平天国思想史展现了其复杂多重的历史面相，须结合宏观和微观两个层面对它进行历史的评判：在长时段的历史格局中，反抗压迫和剥削的正义性、反对外来侵略和向西方寻求真理的积极意义应是太平天国历史形象的主流；置于相对时空范围内某一思想史的问题中考量，太平天国的历史形象则可能表现为对立统一的实质。

主要参考书目

篇前及正篇第一、二章

《十三经注疏》，中华书局，1980 年影印本。

永瑢等撰：《四库全书总目》，中华书局，1965。

《诸子集成》，中华书局，1954。

《二十五史》，上海古籍出版社，1986。

郑樵：《通志》，上海商务印书馆，1935。

黄宗羲著《明儒学案》，中华书局，2008。

陈子龙：《明经世文编》，中华书局，1962。

《清实录》（共六十册），中华书局 2008 年影印版。

《皇清经解》，中华书局，1984。

《嘉庆重修大清一统志》，1934 年上海涵芬楼影印本。

贺长龄等编《清经世文编》，中华书局，1992。

江庆柏编著《清朝进士题名录》，中华书局，2007。

徐世昌：《清儒学案》，中华书局，2008。

缪荃孙纂《续碑传集》，《近代中国史料丛刊》本。

《清朝文献通考》，上海商务印书馆，1936。

沈粹芬等编《清文汇》，北京出版社，1996。

中国近代史资料丛刊：《鸦片战争》（全六册），上海人民出版社，2000。

中国近代史资料丛刊：《第二次鸦片战争》（全六册），上海人民出版社，1978。

文庆等纂《筹办夷务始末》（道光朝），中华书局，1964。

贾桢等纂《筹办夷务始末》（咸丰朝），中华书局，1979。

王彦威辑、王亮编《清季外交史料》，书目文献出版社，1987年影印本。

郑鹤声编《近世中西史日对照表》，中华书局，1981。

朱熹：《晦庵集》（100 卷本），四部丛刊景明嘉靖本。

李贽：《李温陵集》（20 卷本），明刻本。

高攀龙：《高子遗书》（12 卷本），清文渊阁四库全书补配清文津阁四库全书本。

顾宪成：《泾皋藏稿》（22 卷本），清文渊阁四库全书本。

顾枢编：《顾端文公年谱》（4 卷本），清康熙何硕卿刻本。

邹元标：《愿学集》（8 卷本），清文渊阁四库全书补配清文津阁四库全书本。

张岱：《石匮书》（221 卷本），稿本补配清钞本。

万斯同撰：《明史》（416 卷本），清钞本。

毛奇龄：《西河集》（190 卷本）卷 122，清文渊阁四库全书本。

钱谦益：《牧斋初学集》（110 卷本），四部丛刊景明崇祯本。

钱谦益：《牧斋有学集》（50 卷本），四部丛刊景清康熙本。

惠栋：《松崖文钞》（2 卷本），清聚学轩丛书本。

惠栋：《左传补注》（6 卷本），清文渊阁四库全书本。

惠栋：《古文尚书考》（2 卷本），清乾隆宋廷弼刻本。

惠栋：《易汉学》（8 卷本），清文渊阁四库全书本。

惠栋：《九经古义》（16 卷本），清文渊阁四库全书本。

惠栋：《易例》（2 卷本），清皇清经解续编本。

王昶：《春融堂集》（68 卷本），清嘉庆十二年塾南书舍刻本。

张惠言：《茗柯文编》（5 卷本），清同治八年刻本。

恽敬：《大云山房文稿》（11 卷本），四部丛刊景清同治本。

赵翼：《廿二史札记》（36 卷本），清嘉庆五年湛贻堂刻本。

王鸣盛：《十七史商榷》（100 卷本），清乾隆五十二年洞泾草堂刻本。

管同：《因寄轩文集》（16 卷本），清道光十三年管氏刻本。

潘德舆：《养一斋集》（26 卷本），清道光刻本。

李兆洛：《养一斋集》（34 卷本）文集卷二，清道光二十三年活字印四年增修本。

傅恒等：《平定准噶尔方略》（171 卷本），文渊阁四库全书本。

董仲舒：《春秋繁露》，中华书局，1992。

韩愈：《韩愈集》，岳麓书社，2000。

柳宗元：《柳河东集》，上海古籍出版社，2008。

司马光：《资治通鉴》，中华书局，1963。

周敦颐：《周敦颐集》，中华书局，2009。

张载：《张载集》，中华书局，1978。

程颢、程颐：《二程集》，中华书局，2004。

朱熹：《朱子全书》，上海古籍出版社，2002。

朱熹：《朱子语类》，中华书局，1986。

朱熹：《四书集注》，岳麓书社，1985。

陆九渊：《陆象山全集》，中国书店，1992。

陈亮：《陈亮集》，中华书局，1974。

叶适：《叶适集》，中华书局，2010。

黄震：《黄氏日钞》，《四库全书》本。

丘浚：《大学衍义补》，《四库全书》本。

王守仁：《王文成公全书》，中华书局，2015。

李贽：《李贽文集》，社会科学文献出版社，2000。

李贽：《焚书 续焚书》，中华书局，2009。

袁宏道：《袁宏道集笺校》，上海古籍出版社，1981。

钱谦益：《钱牧斋全集》，上海古籍出版社，2003。

黄宗羲：《黄宗羲全集》，浙江古籍出版社，2012。

顾炎武：《顾亭林诗文集》，中华书局，1983。

顾炎武：《日知录集释》，岳麓书社，1994。

顾炎武：《顾炎武全集》，上海古籍出版社，2011。

王夫之：《船山全书》，岳麓书社，1998—1996。

归庄：《归庄集》，上海古籍出版社，1984。

唐甄：《潜书》，中华书局，1963。

毛奇龄：《西河集》，《四库全书》本。

傅山：《霜红龛集》，山西人民出版社，1985。

张尔岐：《蒿庵集 蒿庵集捃逸 蒿庵闲话》，齐鲁书社，1991。

阎若璩：《潜丘札记》，《四库全书》本。

朱彝尊：《曝书亭集》，四部丛刊本。

徐乾学：《憺园文集》，《续修四库全书》本。

李光地：《榕村全书》，清道光九年（1829）家刻本。

刘献廷：《广阳杂记》，中华书局，1957。

顾炎武：《天下郡国利病书》，光绪二十七年图书集成局铅印本。

王夫之：《张子蒙注》，中华书局，1975。

王夫之：《读通鉴论》，中华书局，1975。

王夫之：《黄书 噩梦》，中华书局，1956。

顾祖禹：《读史方舆纪要》，中华书局，1955。

全祖望：《全祖望集汇校集注》，上海古籍出版社，2000。

钱大昕：《十驾斋养新录》，江苏古籍出版社，2000。

《嘉定钱大昕全集》，凤凰出版社，2016。

戴震：《孟子字义疏证》，中华书局，1982。

戴震：《戴震全书》，黄山书社，1995。

袁枚：《袁枚全集》，江苏古籍出版社，1993。

赵翼：《檐曝杂记》，中华书局，1992。

章学诚：《文史通义》，中华书局，1985。

汪中：《述学》，上海商务印书馆《四部丛刊》本。

江藩：《国朝汉学师承记》，中华书局，1983。

焦循：《焦循诗文集》，广陵书社，2009。

姚鼐：《惜抱轩文集》，同治五年（1866）省心阁重刊本。

凌廷堪：《校礼堂文集》，中华书局，1998。

焦循：《雕菰楼集》，苏州文学山房本。

阮元：《研经室集》，中华书局，1993。

阮元：《畴人传》，商务印书馆，1955。

徐松：《新疆赋》，道光三年（1823）《徐星伯西域三种》汇刻本。

徐松：《西域水道记》，道光三年（1823）《徐星伯西域三种》汇刻本。

李兆洛：《养一斋文集》，光绪四年（1878）重刊本。

张穆：《蒙古游牧记》，同治六年（1867）寿阳祁氏刊本。

俞正燮：《癸巳类稿》，商务印书馆，1957。

倭仁：《倭文端公遗书》，光绪三年（1877）粤东翰元楼刻本。

何秋涛：《朔方备乘》，光绪畿辅通志局版。

姚莹：《中复堂全集》，《近代中国史料丛刊续编》本。

姚莹：《康輶纪行》，中华书局，2014。

《龚自珍全集》，中华书局，1959。上海古籍出版社，1999。

《林则徐集》，中华书局，1985。

《林则徐集·奏稿》，中华书局，1963。

《林则徐集·日记》，中华书局，1962。

《林则徐集·公牍》，中华书局，1963。

杨国桢辑《林则徐书简》（增订本），福建人民出版社，1985。

魏源：《海国图志》（50 卷本），道光二十四年（1844）古微堂刻本。

　　魏源：《海国图志》（百卷本），岳麓书社，2011。

　　魏源：《魏源集》，中华书局，1976。

　　魏源：《魏源全集》，岳麓书社，2004。

　　徐继畬：《松龛全集》，《近代中国史料丛刊续编》本。

　　徐继畬：《瀛寰志略》，道光庚戌（1850 年）刻本。上海书店出版社，2001。

　　梁廷枏：《海国四说》，中华书局，1993。

　　梁廷枏：《夷氛闻记》，中华书局，1959。

　　夏燮：《中西纪事》，中华书局，2020。

　　陈澧：《东塾集》，《近代中国史料丛刊》本。

　　《林昌彝诗文集》，上海古籍出版社。2012。

　　冯桂芬：《校邠庐抗议》，上海书店出版社，2002。

　　《曾国藩全集》，岳麓书社，1985。

　　郭嵩焘：《郭嵩焘诗文集》，岳麓书社，1984。

　　郭嵩焘：《郭嵩焘日记》，湖南人民出版社，1980。

　　章太炎：《章太炎全集》，上海人民出版社，1984。

　　梁启超：《饮冰室合集》，中华书局，1989。

　　《胡适学术文集·中国哲学史》，中华书局，1991。

　　钱穆：《中国近三百年学术史》，中华书局，1986。

　　萧公权：《中国政治思想史》，河北教育出版社，1999。

　　嵇文甫：《晚明思想史论》，东方出版社，1996。

　　侯外庐：《中国早期启蒙思想史》，人民出版社，1956。

　　葛兆光：《七世纪至十九世纪中国的知识、思想与信仰》，复旦大学出版社，2000。

　　［日］沟口雄三：《中国前近代思想的曲折与展开》，上海人民出版社，1997。

　　张舜徽：《清人文集别录》，中华书局，1963。

　　杨向奎主编《清儒学案新编》，齐鲁书社，1985。

王茂、蒋国保等：《清代哲学》，安徽人民出版社，1992。

赵园：《明清之际士大夫研究》，北京大学出版社，1999。

谢国桢：《顾亭林学谱》，上海商务印书馆，1957。

余英时：《论戴震与章学诚》，香港龙门书店，1976。

〔美〕费正清《中国：传统与变迁》，世界知识出版社，2002。

〔美〕艾尔曼：《从理学到朴学》，江苏人民出版社，1995。

张寿安：《以礼代理——凌廷堪与清中叶儒学思想之转变》，河北教育出版社，2001。

钟叔河：《走向世界丛书》，岳麓书社，1984—1986。

谢国桢：《顾亭林学谱》，商务印书馆，1957。

来新夏：《林则徐年谱》，上海人民出版社，1981。

刘逸生：《龚自珍己亥杂诗注》，中华书局，1980。

黄丽镛：《魏源年谱》，湖南人民出版社，1985。

李伯荣：《魏源师友记》，岳麓书社，1983。

正篇第三、四、五章

史料汇编（以出版时间为序）

奕䜣、朱学勤等：《钦定剿平粤匪方略》（全420卷），同治十一年（1872）刊本，国家图书馆藏。

中国史学会主编《中国近代史资料丛刊·太平天国》（全8册），神州国光社，1952。

王崇武、黎世清辑译《太平天国史料译丛》第1辑，神州国光社，1954。

金毓黻、田余庆等编《太平天国史料》，中华书局，1955。

静吾、仲丁编《吴煦档案中的太平天国史料选辑》，生活·读书·新知三联书店，1958。

太平天国历史博物馆编《太平天国史料丛编简辑》（全6册），中华书局，1961—1963。

中国科学院近代史研究所《近代史资料》编辑组编《近代史资料》总34号，中华书局，1964。

太平天国历史博物馆编《太平天国文书汇编》，中华书局，1979。

中国社会科学院近代史研究所《近代史资料》编辑部编《近代史资料》总39号，中华书局，1979。

太平天国历史博物馆编《太平天国资料汇编》（第2册上、下，李滨《中兴别记》），中华书局，1979。

苏州市博物馆、南京大学历史系、江苏师范学院历史系合编：《太平天国史料专辑》（《中华文史论丛》增刊），上海古籍出版社，1979。

太平天国历史博物馆编《太平天国印书》（全2册），江苏人民出版社，1979。

太平天国历史博物馆编《太平天国资料汇编》（第1册，杜文澜《平定粤寇纪略》），中华书局，1980。

北京太平天国历史研究会编《太平天国史译丛》（第1—3辑），中华书局，1981、1983、1985。

中国社会科学院近代史研究所《近代史资料》编辑室编《太平天国文献史料集》，中国社会科学出版社，1982。

上海社会科学院历史研究所编译《太平军在上海——〈北华捷报〉选译》，上海人民出版社，1983。

太平天国历史博物馆编《吴煦档案选编》（全7辑），江苏人民出版社，1983。

南京大学历史系太平天国史研究室编《江浙豫皖太平天国史料选编》，江苏人民出版社，1983。

王庆成编注：《天父天兄圣旨》，辽宁人民出版社，1986。

《清宣宗实录》（全7册），中华书局，1986年影印本。

《清文宗实录》（全 5 册），中华书局，1986—1987 年影印本。

《清穆宗实录》（全 7 册），中华书局，1987 年影印本。

中国第一历史档案馆编《清政府镇压太平天国档案史料》（全 26 册），社会科学文献出版社，1990—2001 年（该资料前 2 册由光明日报出版社出版）。

太平天国历史博物馆编《太平天国文书》，江苏人民出版社，1991。

太平天国历史博物馆编《太平天国文物》，江苏人民出版社，1992。

太平天国历史博物馆编《太平天国艺术》（全 2 册），江苏人民出版社，1994。

中国第一历史档案馆编《咸丰同治两朝上谕档》（全 24 册），广西师范大学出版社，1998 年影印本。

赵尔巽等：《清史稿》（全 48 册），中华书局，2003。

罗尔纲、王庆成主编《中国近代史资料丛刊续编·太平天国》（全 10 册），广西师范大学出版社，2004。

王庆成主编《影印太平天国文献十二种》，中华书局，2004。

《左宗棠全集》（全 15 册），岳麓书社，2009。

《曾国藩全集》（全 31 册），岳麓书社，2011。

中国社会科学院近代史研究所《近代史资料》编辑室编《〈近代史资料〉专刊·太平天国资料》，知识产权出版社，2013。

澳大利亚国家图书馆编《澳大利亚藏太平天国原刻官书丛刊》（全 3 册），国家图书馆出版社，2014。

太平天国历史博物馆编《太平天国史料汇编》（全 40 册），凤凰出版社，2018。

中外著述

（一）中文论著（以作者姓氏笔画为序）

王庆成：《太平天国的文献和历史——海外新文献刊布和文献

史事研究》，社会科学文献出版社，1993。

王庆成：《稀见清世史料并考释》，武汉出版社，1997。

王庆成：《太平天国的历史和思想》，中国人民大学出版社，2010。

卢瑞钟：《太平天国的神权思想》，三民书局，1985。

史式、吴良祚：《太平天国词语、避讳研究》，广西人民出版社，1993。

朱东安：《曾国藩幕府研究》，四川人民出版社，1994。

朱从兵：《太平天国文书制度再研究》，合肥工业大学出版社，2010。

华强：《太平天国地理志》，广西人民出版社，1991。

刘佐泉：《太平天国与客家》，河南大学出版社，2005。

祁龙威：《太平天国经籍志》，广西人民出版社，1993。

李文海、刘仰东：《太平天国社会风情》，中国人民大学出版社，1989。

张铁宝、袁蓉、毛晓玲：《太平天国文化》，南京出版社，2005。

张德顺：《士与太平天国》，南京出版社，2003。

茅家琦主编《太平天国通史》（全3册），南京大学出版社，1991。

茅家琦：《太平天国与列强》，广西人民出版社，1992。

茅家琦：《郭著〈太平天国史事日志〉校补》，台湾商务印书馆，2001。

罗尔纲：《太平天国史》（全4册），中华书局，1991。

罗尔纲：《增补本〈李秀成自述原稿注〉》，中国社会科学出版社，1995。

周新国、吴善中：《太平天国刑法、历法研究》，广西人民出版社，1993。

周伟驰：《太平天国与启示录》，中国社会科学出版社，2013。

郦纯：《太平天国制度初探》（全 2 册），中华书局，1989。

钟文典：《太平天国开国史》，广西人民出版社，1992。

姜涛、卞修跃：《中国近代通史》第 2 卷《近代中国的开端（1840—1864）》，江苏人民出版社，2007。

夏春涛：《天国的陨落——太平天国宗教再研究》，中国人民大学出版社，2006。

夏春涛：《从塾师、基督徒到王爷：洪仁玕》，社会科学文献出版社，2007。

郭廷以：《太平天国史事日志》（全 2 册），上海书店，1986。

郭毅生主编《太平天国历史地图集》，中国地图出版社，1989。

郭毅生：《太平天国经济史》，广西人民出版社，1991。

盛巽昌：《太平天国职官志》，广西人民出版社，1999。

崔之清主编《太平天国战争全史》（全 4 卷），南京大学出版社，2002。

崔之清、胡臣友：《洪秀全评传》（全 2 册），南京大学出版社，2011。

梁义群：《太平天国政权建设》，广西人民出版社，1995。

简又文：《太平天国典制通考》（全 3 册），简氏猛进书屋，1958。

简又文：《太平天国全史》（全 3 册），简氏猛进书屋，1962。

廖胜：《妇女与太平天国社会——太平天国妇女问题研究新论》，光明日报出版社，2007。

（二）中文论文（以作者姓氏笔画为序）

中华书局近代史编辑室编《太平天国史学术讨论会论文选集》（第 1—3 册），中华书局，1981。

北京太平天国历史研究会编《太平天国史论文选》（1949—1978）（全 2 册），生活·读书·新知三联书店，1981。

北京太平天国历史研究会编《太平天国学刊》（第 1—5 辑），

中华书局，1983—1987。

　　王庆成：《〈天父圣旨〉、〈天兄圣旨〉和太平天国历史》，《近代史研究》1985 年第 2 期

　　龙盛运：《关于太平天国史研究工作中的偏向问题——对祁龙威同志〈从《报恩牌坊碑序》问题略论当前研究太平天国史工作中的偏向〉一文的意见》，《光明日报》1958 年 3 月 3 日，第 3 版

　　朱庆葆：《农民与太平天国的兴亡》，《光明日报》2005 年 4 月 26 日，第 7 版

　　祁龙威：《从〈报恩牌坊碑序〉问题略论当前研究太平天国史工作中的偏向》，《光明日报》1957 年 5 月 23 日，第 3 版

　　杨国安：《"从贼"与"反贼"：变乱格局下地方绅民的反应及其关系网络——以咸丰年间太平军挺进两湖之际为中心的考察》，《江汉论坛》2012 年第 9 期

　　唐晓涛：《神明的正统性与社、庙组织的地域性——拜上帝会毁庙事件的社会史考察》，《近代史研究》2011 年第 3 期

　　茅家琦主编《太平天国史研究》（第 1—2 集），南京大学出版社，1981、1989。

　　夏春涛：《太平天国宗教"邪教"说辩证》，《山西大学学报》（哲学社会科学版）2002 年第 2 期

　　夏春涛：《"拜上帝会"说辨正》，《近代史研究》2005 年第 5 期

　　（三）译著（按出版时间为序）

　　[英] 呤唎：《太平天国革命亲历记》（全 2 册），王维周译，上海古籍出版社，1985。

　　[美] 孔飞力：《中华帝国晚期的叛乱及其敌人：1796—1864 年的军事化与社会结构》，谢亮生、杨品泉、谢思炜译，中国社会科学出版社，2002。

　　[美] 白凯：《长江下游地区的地租、赋税与农民的反抗斗争（1840—1945）》，林枫译，上海书店出版社，2005。

［美］史景迁：《太平天国》，朱庆葆、计秋枫等译，广西师范大学出版社，2011。

［美］托马斯·H. 赖利：《上帝与皇帝之争——太平天国的宗教与政治》，李勇、肖军霞、田芳译，谢文郁校，上海人民出版社，2011。

［英］托马斯·布莱基斯顿：《江行五月》，马剑、孙琳译，中国地图出版社，2013。

［美］裴士锋：《天国之秋》，黄中宪译、谭伯牛校，社会科学文献出版社，2014。

［美］解维廉：《曾国藩与太平天国：美国人眼中的曾国藩及太平天国运动》，王甜译，哈尔滨出版社，2014。

［美］萧公权：《中国乡村：论 19 世纪的帝国控制》，张皓、张升译，联经出版事业股份有限公司，2014。

［美］梅尔清：《躁动的亡魂：太平天国战争的暴力、失序与死亡》，萧琪、蔡松颖译，卫城出版，2020。

［日］仓田明子：《十九世纪口岸知识分子与中国近代化——洪仁玕眼中的“洋”场》，杨秀云译，凤凰出版社，2020。

（四）外文著述（按出版时间为序）

Taylor, Charles. *Five Years in China, With some Account of the Great Rebellion.* New York：Derby and Jackson，1860.

［美］戴作士：《在华五年记》。

Brine, Lindesay. *The Taeping Rebellion in China：A Narrative of Its Rise and Progress, Based upon Original Documents and Information Obtained in China.* London：John Murray，1862.

［英］白伦：《中国的太平叛乱：基于在中国搜集到的原始资料对叛乱兴起和发展的叙述》。

Boardman, Eugene Powers. *Christian Influence upon the Ideology of the Taiping Rebellion, 1851 – 1864.* Madison：University of Wisconsin Press，1952.

　　〔美〕濮友真：《1851—1864 年间基督教对太平天国意识形态的影响》。

Meadows, Thomas Taylor. *The Chinese and Their Rebellions, Viewed in Connection with Their National Philosophy, Ethics, Legislation, and Administration.* London, 1856; Reprinted, Stanford University Press, 1953.

　　〔英〕密迪乐：《中国人和他们的叛乱——以其国家哲学、伦理、法律和行政管理为视角》。

Michael, Franz and Chung-li Chang eds. *The Taiping Rebellion: History and Documents*, 3 Vols. Seattle: University of Washington Press, 1966 – 1971.

　　〔美〕梅谷、〔美〕张仲礼合编《太平天国叛乱：历史与文献》。

Shih, Vincent Y. C. *The Taiping Ideology: Its Sources, Interpretation, and Influences.* Seattle: University of Washington Press, 1967.

　　〔美〕施友忠：《太平天国的意识形态：它的起源、内涵及影响》。

O'Meara, J. J. eds. *British Parliamentary Papers · China.* 42 Vols. Dublin: Irish University Press, 1971 – 1972.

　　〔英〕奥迈拉等人合编《英国议会文书·中国》。

　　〔日〕小岛晋治：《太平天国革命の歴史と思想》，东京：研文出版，1978。

Wagner, Rudolf G. *Reenacting in Heavenly Vision: The Role of Religion in the Taiping Rebellion.* Berkeley: University of California Press, 1982.

　　〔美〕瓦格纳：《再现天国之梦：宗教在太平叛乱中的作用》

Clarke, Prescott and J. S. Gregory eds. *Western Reports on the Taiping: A Selection of the Documents.* London: Groom Helm Ltd. , 1982.

　　〔美〕克拉克、〔澳大利亚〕格利戈里合编《西方关于太平天国的报道：档案文献选编》。

　　［日］小岛晋治：《太平天国運動と現代中国》，东京：研文出版，1993。

　　［日］菊池秀明：《金田から南京へ：太平天国初期史研究》，东京：汲古书院，2013。

人名索引

（以姓氏笔画为序）

图书在版编目（CIP）数据

中国近代思想通史. 第一卷／王法周，刘晨著. --
北京：社会科学文献出版社，2022.7
ISBN 978 - 7 - 5201 - 8489 - 2

Ⅰ. ①中… Ⅱ. ①王… ②刘… Ⅲ. ①思想史 - 中国
- 近代 Ⅳ. ①B25

中国版本图书馆 CIP 数据核字（2021）第 105573 号

中国近代思想通史（第一卷）

主　　编／耿云志
著　　者／王法周　刘　晨

出 版 人／王利民
组稿编辑／宋月华
责任编辑／宋月华
责任印制／王京美

出　　版／社会科学文献出版社·人文分社（010）59367215
　　　　　地址：北京市北三环中路甲 29 号院华龙大厦　邮编：100029
　　　　　网址：www. ssap. com. cn
发　　行／社会科学文献出版社（010）59367028
印　　装／三河市东方印刷有限公司

规　　格／开　本：787mm × 1092mm　1/16
　　　　　印　张：48.5　字　数：672 千字
版　　次／2022 年 7 月第 1 版　2022 年 7 月第 1 次印刷
书　　号／ISBN 978 - 7 - 5201 - 8489 - 2
定　　价／1480.00 元（全八卷）

读者服务电话：4008918866